roux
vert s
jaune paille
rouille
vert anglais
noir
marron
bleu outremer
violet
bleu de Prusse
brun
prune
bleu lagon
vert amande
brique
rose bonbon
abricot
vert émeraude
ocre jaune
saumon
jaune citron
vert pré
gris souris

Jennifer McTavish

LE ROBERT
BENJAMIN

LE ROBERT
BENJAMIN

dictionnaires
LE ROBERT

RÉDACTION
Christine de BELLEFONDS
Laurence LAPORTE

ILLUSTRATION sous la direction artistique de Christiane BEYLIER

illustrateurs : Christine ADAM, Andrée BIENFAIT, Élisabeth BOGAERT, André BOOS, Rémi CHAYÉ, Patrick DEUBELBEISS, Luc FAVREAU, Catherine LOGET, Jean-Marc PAU, Caroline PICARD, Didier PIZZI, Jean-Marie POISSENOT, Étienne SOUPPART, Serge STROSBERG, Nicolas WINTZ et Marc BELLAN, Charles-Éric GOGNY, HÉLIADORE, Jean-Marc PARISELLE, Dominique-Cécile THIBAULT

calligraphie : José MENDOZA

secrétariat : Marylène LACAZE, Camille POLACK

LECTURE-CORRECTION : Nadine NOËL-LEFORT, Brigitte ORCEL

COUVERTURE : LA GALERIE

MAQUETTE : Gonzague RAYNAUD - **mise en pages :** Martine de CAGNY

Le Robert Benjamin : cet ouvrage est une œuvre collective au sens de l'article L 113-2 du Code de la Propriété intellectuelle. Publié par la société DICTIONNAIRES LE ROBERT, représenté par Marianne Durand, directrice déléguée.

Réimpression mise à jour février 2006

ISBN 2-84902-257-8

AVANT-PROPOS

Le Robert Benjamin est un vrai dictionnaire de la langue française destiné en France aux élèves du cycle 2 (cycle des apprentissages fondamentaux : maternelle grande section, CP, CE1) et, d'une façon générale, dans tous les pays francophones, aux premières années de l'enseignement primaire, pour faciliter la maîtrise de la lecture et de l'écriture, la compréhension d'un lexique usuel, la pratique des modes et des temps simples de la conjugaison.

L'élève de 5 à 8 ans, seul, à l'école sous la conduite de son maître, à la maison avec l'aide de ses parents, consultera sans difficulté un ouvrage tout particulièrement adapté par le texte et l'illustration à ses capacités de compréhension et aux champs de sa curiosité.

Le Robert Benjamin propose de vraies définitions simples et claires et des exemples vivants se référant à la vie quotidienne et à l'univers de l'enfant.

Il est utilisable d'une façon différente selon l'âge : les débutants y ont accès par le biais des illustrations et découvrent, avec l'aide du maître ou des parents qui peuvent alors leur lire les articles, à quel mot se rapporte l'image. Les élèves qui commencent l'apprentissage de la lecture et de l'écriture l'abordent en cherchant les mots à l'ordre alphabétique. Les plus grands tirent bénéfice des nombreuses données clairement indiquées sans aucune abréviation : noms et adjectifs donnés en entrée au masculin et au féminin, catégories grammaticales, synonymes, contraires, homonymes, pluriels difficiles, etc.

Le Robert Benjamin a, quel que soit l'âge de l'enfant, vocation à faciliter l'acquisition et l'usage par celui-ci d'un lexique de base. Non pas qu'à six ou huit ans on soit dénué de vocabulaire. L'oral précède l'écrit et l'enfant connaît un grand nombre de mots dont il n'a pas pour autant fixé la forme écrite, qu'il comprend dans un contexte isolé et limité sans pouvoir le définir avec clarté et en apprécier le sens dans des emplois nouveaux. Le Robert Benjamin permet ainsi à l'enfant de mieux comprendre, à l'oral comme à l'écrit, en apprenant dès le début de sa scolarité à chercher dans *son* dictionnaire les mots qu'il entend ou qu'il lit tant qu'il ne sait pas avec aisance en expliquer le sens.

Mais le Robert Benjamin permet aussi à l'enfant de mieux s'exprimer, à l'oral comme à l'écrit. Il apprend à écrire dès qu'il apprend à lire et a besoin de vérifier l'orthographe des mots, d'en consulter le sens plutôt que de les employer à mauvais escient, de chercher un synonyme plutôt que de risquer une répétition, d'utiliser les phrases proposées en exemple lorsqu'il s'agit d'organiser un récit.

La libre promenade, enfin, dans le Robert Benjamin est un moyen ludique mais très efficace de trouver, sans les chercher, des mots nouveaux et de tirer sans douleur, au jour le jour, les fils du lexique. Si l'enfant n'est pas un familier du texte, il l'est dès son plus jeune âge de l'image. Chaque image est ici un personnage, un objet, une scène qui questionne et appelle réponse. De l'image à la légende de l'image, de la légende à l'article du dictionnaire, les ponts sont jetés entre le monde et les mots pour le dire.

Le Robert Benjamin propose une nomenclature de 6000 mots et développe 8000 sens. Tous les mots utilisés dans les définitions et les exemples font l'objet d'un article dans le dictionnaire. Les annexes permettent en outre l'acquisition de mots supplémentaires : les planches thématiques évoquent chacune un monde différent avec son vocabulaire spécifique; un tableau donne les noms des unités de mesure, un autre les nombres écrits en toutes lettres.

Comment s'appelle la femelle du singe, le petit du chevreuil, quel est le cri de la cigogne? Tous ces mots connus ou inconnus sont signalés au début de l'ouvrage.

L'enfant a plaisir à consulter son dictionnaire et à l'interroger. Mais en retour le Robert Benjamin s'adresse à lui, instaurant un dialogue, sous forme de courtes phrases à la fin des articles. Ainsi :

- «Ne confonds pas porc et **port**» (article porc)
- «Tu peux dire aussi **orner**» (article décorer)
- «Cherche aussi **ardoise**» (article tuile)
- «Comment s'appelle le repas du soir?» (article déjeuner)

Dès l'âge de huit ans, l'élève qui se sera familiarisé avec le Robert Benjamin utilisera avec profit le Robert Junior qui propose un vocabulaire de 20000 mots et est particulièrement adapté aux derniers niveaux de l'enseignement primaire.

L'éditeur

Ce mot a plusieurs sens.

ampoule nom féminin. **1.** Une ampoule, c'est une boule de verre que l'on met dans une lampe et qui sert à éclairer. **2.** Une ampoule, c'est une petite poche remplie de liquide qui se forme sous la peau et qui fait mal.

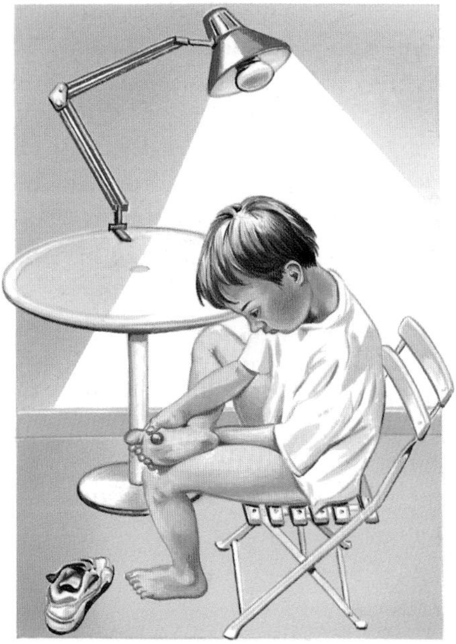

L'image illustre les deux sens du mot.

L'ampoule éclaire.
Antoine a une ampoule au pied.

***hold-up** nom masculin. *Des voleurs sont entrés dans la bijouterie pour faire un hold-up*, ils sont entrés dans la bijouterie en menaçant tout le monde avec des armes pour prendre les bijoux et l'argent.

Le pluriel des mots composés.

☞ Au pluriel : des **hold-up.**

Ce mot vient de l'anglais.

✦ Hold-up est un mot qui vient de l'anglais.

local nom masculin. Un local, c'est une pièce spéciale dans un bâtiment. *Carine range son tricycle dans le local à vélos de l'immeuble.*

Ce mot a un pluriel difficile.

☞ Au pluriel : des **locaux.**

locataire nom masculin et féminin. Un locataire, une locataire, c'est une personne qui donne de l'argent pour habiter dans un logement qui n'est pas à elle.

✦ La personne à qui appartient le logement est le **propriétaire.**

✦ Cherche aussi **louer** et **loyer.**

La catégorie grammaticale écrite en entier.

En consultant l'article *locataire*, on apprend les mots *propriétaire*, *louer* et *loyer* : c'est l'analogie.

loin adverbe. Loin, c'est à une grande distance de l'endroit où l'on est. *La piscine est loin de l'école.*

✦ Le contraire de loin, c'est **près.**

Ce mot a un contraire.

malin adjectif masculin,
maligne adjectif féminin. *Bernard est très malin*, il arrive toujours à se débrouiller, il a beaucoup d'idées.

✦ Tu peux dire aussi **astucieux, rusé.**

Le mot est donné au masculin et au féminin.

Ces mots ont le même sens : ce sont des synonymes.

malle nom féminin. Une malle, c'est une très grande valise. *Les vieux vêtements sont dans une malle au grenier.*

✦ Ne confonds pas **malle** et **mal.**

Ces mots se prononcent de la même façon mais s'écrivent de manière différente : ce sont des homonymes.

miauler verbe. *Le chat miaule*, il pousse son cri.

Le chat miaule.

Quand le chat miaule, il fait miaou : l'onomatopée est dans l'illustration.

La légende de l'illustration est une phrase.

moto nom féminin. Une moto, c'est un engin à deux roues qui a un moteur puissant. *Mon grand frère fait de la moto.*

✦ Moto, c'est le mot **motocyclette** en plus court.

Une définition.

Un exemple.

Ce mot est une abréviation.

DOSSIERS

chiffres arabes		chiffres romains
1	*un*	I
2	*deux*	II
3	*trois*	III
4	*quatre*	IV
5	*cinq*	V
6	*six*	VI
7	*sept*	VII
8	*huit*	VIII
9	*neuf*	IX
10	*dix*	X
11	*onze*	XI
12	*douze*	XII
13	*treize*	XIII
14	*quatorze*	XIV
15	*quinze*	XV
16	*seize*	XVI
17	*dix-sept*	XVII
18	*dix-huit*	XVIII
19	*dix-neuf*	XIX
20	*vingt*	XX
21	*vingt et un*	XXI
22	*vingt-deux*	XXII
23	*vingt-trois*	XXIII
30	*trente*	XXX
31	*trente et un*	XXXI
32	*trente-deux*	XXXII
40	*quarante*	XL
41	*quarante et un*	XLI
42	*quarante-deux*	XLII
50	*cinquante*	L
51	*cinquante et un*	LI
52	*cinquante-deux*	LII
60	*soixante*	LX
61	*soixante et un*	LXI
62	*soixante-deux*	LXII
70	*soixante-dix*	LXX
71	*soixante et onze*	LXXI
72	*soixante-douze*	LXXII
80	*quatre-vingts*	LXXX
81	*quatre-vingt-un*	LXXXI
82	*quatre-vingt-deux*	LXXXII
90	*quatre-vingt-dix*	XC
91	*quatre-vingt-onze*	XCI
100	*cent*	C
101	*cent un*	CI
102	*cent deux*	CII

chiffres arabes		chiffres romains
200	*deux cents*	CC
201	*deux cent un*	CCI
202	*deux cent deux*	CCII
300	*trois cents*	CCC
301	*trois cent un*	CCCI
302	*trois cent deux*	CCCII
400	*quatre cents*	CD
500	*cinq cents*	D
999	*neuf cent quatre-vingt-dix-neuf*	IM
1000	*mille*	M
1001	*mille un*	MI
1002	*mille deux*	MII
1100	*mille cent* ou *onze cents*	MC
1200	*mille deux cents* ou *douze cents*	MCC
2000	*deux mille*	MM

Au-delà de *deux mille*, on n'emploie guère les chiffres romains

9999	*neuf mille neuf cent quatre-vingt-dix-neuf*
10000	*dix mille*
99999	*quatre-vingt-dix-neuf mille neuf cent quatre-vingt-dix-neuf*
100000	*cent mille*
100001	*cent mille un* ou *cent mille et un*
100002	*cent mille deux*
101000	*cent un mille*
1000000	*un million*
1000000000	*un milliard*

Pour indiquer la place, le rang, on dit et on écrit :

1er	*premier*	11^e^	*onzième*	30^e^	*trentième*
2^e^	*deuxième* (*)	12^e^	*douzième*	40^e^	*quarantième*
3^e^	*troisième*	13^e^	*treizième*	50^e^	*cinquantième*
4^e^	*quatrième*	14^e^	*quatorzième*	60^e^	*soixantième*
5^e^	*cinquième*	15^e^	*quinzième*	70^e^	*soixante-dixième*
6^e^	*sixième*	16^e^	*seizième*	80^e^	*quatre-vingtième*
7^e^	*septième*	17^e^	*dix-septième*	90^e^	*quatre-vingt-dixième*
8^e^	*huitième*	18^e^	*dix-huitième*	100^e^	*centième*
9^e^	*neuvième*	19^e^	*dix-neuvième*	200^e^	*deux centième*
10^e^	*dixième*	20^e^	*vingtième*	1000^e^	*millième*

(*) On dit aussi *second*, *seconde*.

Pour connaître une longueur, un poids, un volume ou une durée, on se sert des unités de mesure.
On multiplie ces unités de mesure, ou au contraire on les divise, selon la grandeur de ce que l'on a à mesurer. Quand on les écrit, on utilise le plus souvent leur abréviation.

LES LONGUEURS

un **millimètre**	= 1 mm	*Jérémie écrit en laissant 2 mm entre chaque mot.*
un **centimètre**	= 1 cm = 10 mm	*Solène a grandi de 3 cm.*
un **décimètre**	= 1 dm = 10 cm = 100 mm	*La règle de Matthias est un double décimètre,* elle mesure 20 cm.
un **mètre**	= 1 m = 10 dm = 100 cm = 1000 mm	*La chambre de Pauline mesure 4 m sur 3.*
un **kilomètre**	= 1 km = 1000 m	*Papa a fait 20 km à vélo.*

LES POIDS

un **milligramme**	= 1 mg	*Un cheveu ne pèse que quelques milligrammes.*
un **centigramme**	= 1 cg = 10 mg	*Un œuf de mésange pèse 80 cg.*
un **décigramme**	= 1 dg = 10 cg = 100 mg	*Maman ajoute 3 dg de poivre dans la sauce.*
un **gramme**	= 1 g = 10 dg = 100 cg = 1000 mg	*Pour faire ce gâteau, il faut 300 g de farine.*
une **livre**	= 500 g	*Julie a acheté une livre de fraises.*
un **kilogramme**	= 1 kilo = 1 kg = 1000 g	*Paul pèse 30 kg.*
un **quintal**	= 100 kg	*Le fermier a récolté 40 quintaux de blé.*
une **tonne**	= 1 t = 1000 kg	*Le camion pèse 7 t.*

LES LIQUIDES

un **millilitre**	= 1 ml	*Mamie ajoute quelques millilitres de lait dans la purée pour qu'elle soit moins épaisse.*
un **centilitre**	= 1 cl = 10 ml	*Le cuisinier verse 3 cl d'huile dans la poêle.*
un **décilitre**	= 1 dl = 10 cl = 100 ml	*Le pâtissier fait fondre le chocolat dans 2 dl d'eau.*
un **litre**	= 1 l = 10 dl = 100 cl = 1000 ml	*Le réservoir de la voiture contient 50 l d'essence.*

LE TEMPS

une **seconde**	= 1 s	*Marie-José a couru 100 mètres en 12 secondes.*
une **minute**	= 1 min = 60 secondes	*Patricia est arrivée avec 5 minutes d'avance.*
un **quart d'heure**	= 15 minutes	*La récréation dure un quart d'heure.*
une **demi-heure**	= 30 minutes	*Le bus passe toutes les demi-heures.*
trois **quarts d'heure**	= 45 minutes	*Le train a trois quarts d'heure de retard.*
une **heure**	= 1 h = 60 minutes = 3600 secondes	*Coralie a dormi 2 heures après le déjeuner.*

Il y a 24 heures dans un **jour**, 7 jours dans une **semaine**, 30 ou 31 jours dans un **mois**, sauf le mois de février qui a 28 jours et 29 jours tous les 4 ans.
Il y a 12 mois dans un an et 100 ans dans un **siècle**.

LES ANIMAUX

Le mâle et la femelle sont parfois désignés par le même nom et l'on est ainsi obligé de parler de la *femelle du rossignol* ou du *mâle de la girafe.* Souvent le mâle et la femelle ont un nom différent, de même que leur petit : c'est le cas du *canard,* de la *cane* et du *caneton.*

Ce tableau va te renseigner sur les noms des animaux et va aussi t'apprendre le nom de leur cri.

nom du **mâle**	nom de la **femelle**	nom du **petit**	cri
un aigle	une aigle	un aiglon	l'aigle glatit ou trompette
une alouette	une alouette		l'alouette turlute
un âne	une ânesse	un ânon	l'âne brait
une bécasse	une bécasse	un bécasseau	la bécasse croule
une belette	une belette		la belette belote
un bélier	une brebis	un agneau	le mouton bêle

Un troupeau de **moutons** est l'ensemble des **béliers**, des **brebis** et des **agneaux**.

un bouc	une chèvre	un chevreau	la chèvre béguète, bêle ou chevrote
un buffle	une bufflonne	un bufflon	le buffle beugle ou mugit
une caille	une caille	un cailleteau	la caille cacabe
un canard	une cane	un caneton	le canard cancane ou caquette
un cerf	une biche	un faon	le cerf brame ou rait
un chacal	un chacal		le chacal aboie ou jappe
un chameau	une chamelle	un chamelon	le chameau blatère
un chat	une chatte	un chaton	le chat miaule
une chauve-souris	une chauve-souris		la chauve-souris grince
un cheval	une jument	un poulain	le cheval hennit

On appelle aussi le cheval mâle un **étalon.**

un chevreuil	une chevrette	un faon	le chevreuil brame ou rait
un chien	une chienne	un chiot	le chien aboie
une chouette	une chouette		la chouette hulule
une cigogne	une cigogne	un cigogneau	la cigogne claquette

nom du **mâle**	nom de la **femelle**	nom du **petit**	**cri**
un **coq**	une **poule**	un **poussin**	le coq **chante** la poule **glousse** le poussin **piaille**
un **corbeau**	un **corbeau**	un **corbillat**	le corbeau **croasse**
une **corneille**	une **corneille**	un **corneillard**	la corneille **craille** ou **croasse**
un **crapaud**	une **crapaude**	un **têtard**	le crapaud **coasse**
un **crocodile**	un **crocodile**		le crocodile **lamente** ou **vagit**
un **daim**	une **daine**	un **faon**	le daim **brame** ou **rait**
un **dindon**	une **dinde**	un **dindonneau**	le dindon **glougloute**
un **éléphant**	une **éléphante**	un **éléphanteau**	l'éléphant **barète** ou **barrit**
un **faisan**	une **faisane**	un **faisandeau**	le faisan **criaille**
une **girafe**	une **girafe**	un **girafeau**	
une **grenouille**	une **grenouille**	un **têtard**	la grenouille **coasse**
un **hérisson**	une **hérissonne**		
un **héron**	une **héronne**	un **héronneau**	
un **hibou**	un **hibou**		le hibou **hulule**
une **hirondelle**	une **hirondelle**	un **hirondeau**	l'hirondelle **gazouille** ou **trisse**
une **hyène**	une **hyène**		la hyène **hurle** ou **ricane**
un **jars**	une **oie**	un **oison**	le jars **jargonne** l'oie **cacarde**
un **lapin**	une **lapine**	un **lapereau**	le lapin **clapit**
un **lièvre**	une **hase**	un **levraut**	le lièvre **couine** ou **vagit**
un **lion**	une **lionne**	un **lionceau**	le lion **rugit**
un **loup**	une **louve**	un **louveteau**	le loup **hurle**

nom du **mâle**	nom de la **femelle**	nom du **petit**	**cri**
une **marmotte**	une **marmotte**		la marmotte **siffle**
un **merle**	une **merlette**	un **merleau**	le merle **siffle**
un **moineau**	une **moinelle**	un **moinet**	le moineau **pépie**
un **oiseau**	une **oiselle**	un **oisillon**	l'oiseau **chante** ou **gazouille**
un **ours**	une **ourse**	un **ourson**	l'ours **grogne**
une **panthère**	une **panthère**		la panthère **feule**, **miaule** ou **rugit**
un **paon**	une **paonne**	un **paonneau**	le paon **braille** ou **criaille**
une **perdrix**	une **perdrix**	un **perdreau**	la perdrix **cacabe** ou **glousse**
un **perroquet**	un **perroquet**		le perroquet **cause**, **jase** ou **parle**
un **phoque**	un **phoque**		le phoque **bêle**, **grogne** ou **rugit**
une **pie**	une **pie**		la pie **jacasse** ou **jase**
un **pigeon**	une **pigeonne**	un **pigeonneau**	le pigeon **roucoule**
un **pinson**	un **pinson**		le pinson **siffle**
une **pintade**	une **pintade**	un **pintadeau**	la pintade **cacabe** ou **criaille**
un **porc** ou un **cochon**	une **truie**	un **porcelet**	le porc **grogne**

On appelle aussi le porc mâle un **verrat.**

un **rat**	une **rate**	un **raton**	le rat **chicote** ou **couine**
un **renard**	une **renarde**	un **renardeau**	le renard **glapit**, **jappe** ou **trompette**
un **rhinocéros**	un **rhinocéros**		le rhinocéros **barète** ou **barrit**

nom du **mâle**	nom de la **femelle**	nom du **petit**	**cri**
un **rossignol**	un **rossignol**		le rossignol **chante**, **gringote** ou **trille**
un **sanglier**	une **laie**	un **marcassin**	le sanglier **grommelle**
un **singe**	une **guenon**		le singe **crie**, **hurle** ou **piaille**
une **souris**	une **souris**	un **souriceau**	la souris **chicote**
un **taureau**	une **vache**	un **veau**	la vache **beugle**, **meugle** ou **mugit**
un **tigre**	une **tigresse**		le tigre **feule**, **miaule** ou **râle**
un **zèbre**	un **zèbre**		le zèbre **hennit**

LES CONJUGAISONS

INDICATIF

présent		passé composé	
je	chante	j'	ai chanté
tu	chantes	tu	as chanté
il, elle	chante	il, elle	a chanté
nous	chantons	nous	avons chanté
vous	chantez	vous	avez chanté
ils, elles	chantent	ils, elles	ont chanté

imparfait		futur	
je	chantais	je	chanterai
tu	chantais	tu	chanteras
il, elle	chantait	il, elle	chantera
nous	chantions	nous	chanterons
vous	chantiez	vous	chanterez
ils, elles	chantaient	ils, elles	chanteront

CONDITIONNEL

présent	
je	chanterais
tu	chanterais
il, elle	chanterait
nous	chanterions
vous	chanteriez
ils, elles	chanteraient

SUBJONCTIF

présent	
que je	chante
que tu	chantes
qu'il, qu'elle	chante
que nous	chantions
que vous	chantiez
qu'ils, qu'elles	chantent

IMPÉRATIF

présent

chante
chantons
chantez

PARTICIPE

présent	passé
chantant	chanté, chantée chantés, chantées

INDICATIF

présent		passé composé	
je	finis	j'	ai fini
tu	finis	tu	as fini
il, elle	finit	il, elle	a fini
nous	finissons	nous	avons fini
vous	finissez	vous	avez fini
ils, elles	finissent	ils, elles	ont fini

imparfait		futur	
je	finissais	je	finirai
tu	finissais	tu	finiras
il, elle	finissait	il, elle	finira
nous	finissions	nous	finirons
vous	finissiez	vous	finirez
ils, elles	finissaient	ils, elles	finiront

CONDITIONNEL

présent	
je	finirais
tu	finirais
il, elle	finirait
nous	finirions
vous	finiriez
ils, elles	finiraient

SUBJONCTIF

présent	
que je	finisse
que tu	finisses
qu'il, qu'elle	finisse
que nous	finissions
que vous	finissiez
qu'ils, qu'elles	finissent

IMPÉRATIF

présent

finis
finissons
finissez

PARTICIPE

présent	passé
finissant	fini, finie
	finis, finies

INDICATIF

présent		passé composé	
je	place	j'	ai placé
tu	places	tu	as placé
il, elle	place	il, elle	a placé
nous	plaçons	nous	avons placé
vous	placez	vous	avez placé
ils, elles	placent	ils, elles	ont placé

imparfait		futur	
je	plaçais	je	placerai
tu	plaçais	tu	placeras
il, elle	plaçait	il, elle	placera
nous	placions	nous	placerons
vous	placiez	vous	placerez
ils, elles	plaçaient	ils, elles	placeront

CONDITIONNEL

présent	
je	placerais
tu	placerais
il, elle	placerait
nous	placerions
vous	placeriez
ils, elles	placeraient

SUBJONCTIF

présent	
que je	place
que tu	places
qu'il, qu'elle	place
que nous	placions
que vous	placiez
qu'ils, qu'elles	placent

IMPÉRATIF

présent

place
plaçons
placez

PARTICIPE

présent	passé
plaçant	placé, placée
	placés, placées

INDICATIF

présent		passé composé	
je	bouge	j'	ai bougé
tu	bouges	tu	as bougé
il, elle	bouge	il, elle	a bougé
nous	bougeons	nous	avons bougé
vous	bougez	vous	avez bougé
ils, elles	bougent	ils, elles	ont bougé

imparfait		futur	
je	bougeais	je	bougerai
tu	bougeais	tu	bougeras
il, elle	bougeait	il, elle	bougera
nous	bougions	nous	bougerons
vous	bougiez	vous	bougerez
ils, elles	bougeaient	ils, elles	bougeront

CONDITIONNEL

présent	
je	bougerais
tu	bougerais
il, elle	bougerait
nous	bougerions
vous	bougeriez
ils, elles	bougeraient

SUBJONCTIF

présent	
que je	bouge
que tu	bouges
qu'il, qu'elle	bouge
que nous	bougions
que vous	bougiez
qu'ils, qu'elles	bougent

IMPÉRATIF

présent

bouge
bougeons
bougez

PARTICIPE

présent

bougeant

passé

bougé, bougée
bougés, bougées

CONJUGAISON 5 aller

INDICATIF

présent	
je	vais
tu	vas
il, elle	va
nous	allons
vous	allez
ils, elles	vont

passé composé	
je	suis allé
tu	es allé
il	est allé
elle	est allée
nous	sommes allés
vous	êtes allés
ils	sont allés
elles	sont allées

imparfait	
j'	allais
tu	allais
il, elle	allait
nous	allions
vous	alliez
ils, elles	allaient

futur	
j'	irai
tu	iras
il, elle	ira
nous	irons
vous	irez
ils, elles	iront

CONDITIONNEL

présent	
j'	irais
tu	irais
il, elle	irait
nous	irions
vous	iriez
ils, elles	iraient

SUBJONCTIF

présent	
que j'	aille
que tu	ailles
qu'il, qu'elle	aille
que nous	allions
que vous	alliez
qu'ils, qu'elles	aillent

IMPÉRATIF

présent

va (sauf dans *vas-y*)
allons
allez

PARTICIPE

présent	passé
allant	allé, allée
	allés, allées

INDICATIF

présent		passé composé	
je	pars	je	suis parti
tu	pars	tu	es parti
il, elle	part	il	est parti
nous	partons	elle	est partie
vous	partez	nous	sommes partis
ils, elles	partent	vous	êtes partis
		ils	sont partis
		elles	sont parties

imparfait		futur	
je	partais	je	partirai
tu	partais	tu	partiras
il, elle	partait	il, elle	partira
nous	partions	nous	partirons
vous	partiez	vous	partirez
ils, elles	partaient	ils, elles	partiront

CONDITIONNEL

présent	
je	partirais
tu	patirais
il, elle	partirait
nous	partirions
vous	partiriez
ils, elles	partiraient

SUBJONCTIF

présent	
que je	parte
que tu	partes
qu'il, qu'elle	parte
que nous	partions
que vous	partiez
qu'ils, qu'elles	partent

IMPÉRATIF

présent

pars
partons
partez

PARTICIPE

présent	passé
partant	parti, partie
	partis, parties

INDICATIF

présent	
je	viens
tu	viens
il, elle	vient
nous	venons
vous	venez
ils, elles	viennent

passé composé	
je	suis venu
tu	es venu
il	est venu
elle	est venue
nous	sommes venus
vous	êtes venus
ils	sont venus
elles	sont venues

imparfait	
je	venais
tu	venais
il, elle	venait
nous	venions
vous	veniez
ils, elles	venaient

futur	
je	viendrai
tu	viendras
il, elle	viendra
nous	viendrons
vous	viendrez
ils, elles	viendront

CONDITIONNEL

présent	
je	viendrais
tu	viendrais
il, elle	viendrait
nous	viendrions
vous	viendriez
ils, elles	viendraient

SUBJONCTIF

présent	
que je	vienne
que tu	viennes
qu'il, qu'elle	vienne
que nous	venions
que vous	veniez
qu'ils, qu'elles	viennent

IMPÉRATIF

présent
viens
venons
venez

PARTICIPE

présent	passé
venant	venu, venue
	venus, venues

INDICATIF

présent		passé composé	
je	vois	j'	ai vu
tu	vois	tu	as vu
il, elle	voit	il, elle	a vu
nous	voyons	nous	avons vu
vous	voyez	vous	avez vu
ils, elles	voient	ils, elles	ont vu

imparfait		futur	
je	voyais	je	verrai
tu	voyais	tu	verras
il, elle	voyait	il, elle	verra
nous	voyions	nous	verrons
vous	voyiez	vous	verrez
ils, elles	voyaient	ils, elles	verront

CONDITIONNEL

présent	
je	verrais
tu	verrais
il, elle	verrait
nous	verrions
vous	verriez
ils, elles	verraient

SUBJONCTIF

présent	
que je	voie
que tu	voies
qu'il, qu'elle	voie
que nous	voyions
que vous	voyiez
qu'ils, qu'elles	voient

IMPÉRATIF

présent

vois
voyons
voyez

PARTICIPE

présent	passé
voyant	vu, vue
	vus, vues

INDICATIF

présent		passé composé	
je	sais	j'	ai su
tu	sais	tu	as su
il, elle	sait	il, elle	a su
nous	savons	nous	avons su
vous	savez	vous	avez su
ils, elles	savent	ils, elles	ont su

imparfait		futur	
je	savais	je	saurai
tu	savais	tu	sauras
il, elle	savait	il, elle	saura
nous	savions	nous	saurons
vous	saviez	vous	saurez
ils, elles	savaient	ils, elles	sauront

CONDITIONNEL

présent	
je	saurais
tu	saurais
il, elle	saurait
nous	saurions
vous	sauriez
ils, elles	sauraient

SUBJONCTIF

présent	
que je	sache
que tu	saches
qu'il, qu'elle	sache
que nous	sachions
que vous	sachiez
qu'ils, qu'elles	sachent

IMPÉRATIF

présent

sache
sachons
sachez

PARTICIPE

présent	passé
sachant	su, sue sus, sues

INDICATIF

présent		passé composé	
je	peux ou je puis	j'	ai pu
tu	peux	tu	as pu
il, elle	peut	il, elle	a pu
nous	pouvons	nous	avons pu
vous	pouvez	vous	avez pu
ils, elles	peuvent	ils, elles	ont pu

imparfait		futur	
je	pouvais	je	pourrai
tu	pouvais	tu	pourras
il, elle	pouvait	il, elle	pourra
nous	pouvions	nous	pourrons
vous	pouviez	vous	pourrez
ils, elles	pouvaient	ils, elles	pourront

CONDITIONNEL

présent	
je	pourrais
tu	pourrais
il, elle	pourrait
nous	pourrions
vous	pourriez
ils, elles	pourraient

SUBJONCTIF

présent	
que je	puisse
que tu	puisses
qu'il, qu'elle	puisse
que nous	puissions
que vous	puissiez
qu'ils, qu'elles	puissent

IMPÉRATIF

présent

peux
pouvons
pouvez

PARTICIPE

présent	passé
pouvant	pu

INDICATIF

présent		passé composé	
j'	ai	j'	ai eu
tu	as	tu	as eu
il, elle	a	il, elle	a eu
nous	avons	nous	avons eu
vous	avez	vous	avez eu
ils, elles	ont	ils, elles	ont eu

imparfait		futur	
j'	avais	j'	aurai
tu	avais	tu	auras
il, elle	avait	il, elle	aura
nous	avions	nous	aurons
vous	aviez	vous	aurez
ils, elles	avaient	ils, elles	auront

CONDITIONNEL

présent	
j'	aurais
tu	aurais
il, elle	aurait
nous	aurions
vous	auriez
ils, elles	auraient

SUBJONCTIF

présent	
que j'	aie
que tu	aies
qu'il, qu'elle	ait
que nous	ayons
que vous	ayez
qu'ils, qu'elles	aient

IMPÉRATIF

présent

aie
ayons
ayez

PARTICIPE

présent	passé
ayant	eu, eue
	eus, eues

INDICATIF

présent		passé composé	
je	dis	j'	ai dit
tu	dis	tu	as dit
il, elle	dit	il, elle	a dit
nous	disons	nous	avons dit
vous	dites	vous	avez dit
ils, elles	disent	ils, elles	ont dit

imparfait		futur	
je	disais	je	dirai
tu	disais	tu	diras
il, elle	disait	il, elle	dira
nous	disions	nous	dirons
vous	disiez	vous	direz
ils, elles	disaient	ils, elles	diront

CONDITIONNEL

présent	
je	dirais
tu	dirais
il, elle	dirait
nous	dirions
vous	diriez
ils, elles	diraient

SUBJONCTIF

présent	
que je	dise
que tu	dises
qu'il, qu'elle	dise
que nous	disions
que vous	disiez
qu'ils, qu'elles	disent

IMPÉRATIF

présent

dis
disons
dites

PARTICIPE

présent	passé
disant	dit, dite
	dits, dites

INDICATIF

présent		passé composé	
j'	écris	j'	ai écrit
tu	écris	tu	as écrit
il, elle	écrit	il, elle	a écrit
nous	écrivons	nous	avons écrit
vous	écrivez	vous	avez écrit
ils, elles	écrivent	ils, elles	ont écrit

imparfait		futur	
j'	écrivais	j'	écrirai
tu	écrivais	tu	écriras
il, elle	écrivait	il, elle	écrira
nous	écrivions	nous	écrirons
vous	écriviez	vous	écrirez
ils, elles	écrivaient	ils, elles	écriront

CONDITIONNEL

présent	
j'	écrirais
tu	écrirais
il, elle	écrirait
nous	écririons
vous	écririez
ils, elles	écriraient

SUBJONCTIF

présent	
que j'	écrive
que tu	écrives
qu'il, qu'elle	écrive
que nous	écrivions
que vous	écriviez
qu'ils, qu'elles	écrivent

IMPÉRATIIF

présent

écris
écrivons
écrivez

PARTICIPE

présent	passé
écrivant	écrit, écrite écrits, écrites

prendre CONJUGAISON 14

INDICATIF

présent	
je	prends
tu	prends
il, elle	prend
nous	prenons
vous	prenez
ils, elles	prennent

passé composé	
j'	ai pris
tu	as pris
il, elle	a pris
nous	avons pris
vous	avez pris
ils, elles	ont pris

imparfait	
je	prenais
tu	prenais
il, elle	prenait
nous	prenions
vous	preniez
ils, elles	prenaient

futur	
je	prendrai
tu	prendras
il, elle	prendra
nous	prendrons
vous	prendrez
ils, elles	prendront

CONDITIONNEL

présent	
je	prendrais
tu	prendrais
il, elle	prendrait
nous	prendrions
vous	prendriez
ils, elles	prendraient

SUBJONCTIF

présent	
que je	prenne
que tu	prennes
qu'il, qu'elle	prenne
que nous	prenions
que vous	preniez
qu'ils, qu'elles	prennent

IMPÉRATIF

présent

prends
prenons
prenez

PARTICIPE

présent	passé
prenant	pris, prise pris, prises

INDICATIF

présent		passé composé	
je	fais	j'	ai fait
tu	fais	tu	as fait
il, elle	fait	il, elle	a fait
nous	faisons	nous	avons fait
vous	faites	vous	avez fait
ils, elles	font	ils, elles	ont fait

imparfait		futur	
je	faisais	je	ferai
tu	faisais	tu	feras
il, elle	faisait	il, elle	fera
nous	faisions	nous	ferons
vous	faisiez	vous	ferez
ils, elles	faisaient	ils, elles	feront

CONDITIONNEL

présent	
je	ferais
tu	ferais
il, elle	ferait
nous	ferions
vous	feriez
ils, elles	feraient

SUBJONCTIF

présent	
que je	fasse
que tu	fasses
qu'il, qu'elle	fasse
que nous	fassions
que vous	fassiez
qu'ils, qu'elles	fassent

IMPÉRATIF

présent

fais
faisons
faites

PARTICIPE

présent	passé
faisant	fait, faite
	faits, faites

INDICATIF

présent		passé composé	
je	suis	j'	ai été
tu	es	tu	as été
il, elle	est	il, elle	a été
nous	sommes	nous	avons été
vous	êtes	vous	avez été
ils, elles	sont	ils, elles	ont été

imparfait		futur	
j'	étais	je	serai
tu	étais	tu	seras
il, elle	était	il, elle	sera
nous	étions	nous	serons
vous	étiez	vous	serez
ils, elles	étaient	ils, elles	seront

CONDITIONNEL

présent	
je	serais
tu	serais
il, elle	serait
nous	serions
vous	seriez
ils, elles	seraient

SUBJONCTIF

présent	
que je	sois
que tu	sois
qu'il, qu'elle	soit
que nous	soyons
que vous	soyez
qu'ils, qu'elles	soient

IMPÉRATIF

présent

sois
soyons
soyez

PARTICIPE

présent	passé
étant	été

lettres d'imprimerie		*écriture classique*		*écriture courante*	
A	a	A	a	A	a
B	b	B	b	B	b
C	c	C	c	C	c
D	d	D	d	D	d
E	e	E	e	E	e
F	f	F	f	F	f
G	g	G	g	G	g
H	h	H	h	H	h
I	i	I	i	I	i
J	j	J	j	J	j
K	k	K	k	K	k
L	l	L	l	L	l
M	m	M	m	M	m
N	n	N	n	N	n
O	o	O	o	O	o
P	p	P	p	P	p
Q	q	Q	q	Q	q
R	r	R	r	R	r
S	s	S	s	S	s
T	t	T	t	T	t
U	u	U	u	U	u
V	v	V	v	V	v
W	w	W	w	W	w
X	x	X	x	X	x
Y	y	Y	y	Y	y
Z	z	Z	z	Z	z

A

a A a

à préposition. 1. *Yves habite à Brest*, Brest est le lieu où Yves habite. 2. *Isabelle se lève à 8 heures*, 8 heures est le moment où Isabelle se lève.

abandonner verbe. 1. *Monsieur Laplace a abandonné son chien*, Monsieur Laplace est parti en laissant son chien pour toujours. 2. *Le coureur a abandonné la course*, le coureur a renoncé à continuer la course.

abat-jour nom masculin. Un abat-jour, c'est un objet en papier ou en tissu que l'on met autour de l'ampoule d'une lampe pour que la lumière ne soit pas trop forte.
☞ Au pluriel : des **abat-jour**.

abattre verbe. Abattre, c'est faire tomber par terre quelque chose qui est debout. *Le bûcheron a abattu un chêne.*

abeille nom féminin. Une abeille, c'est un insecte qui fabrique du miel. *Les abeilles trouvent leur nourriture dans les fleurs.*
✦ Cherche aussi **butiner**, **ruche**.

abîmer verbe. Abîmer, c'est mettre en mauvais état. *Guillaume abîme vite ses jouets*, il les casse car il n'est pas soigneux. *Les poires se sont abîmées*, elles ont pourri.

s'abonner verbe. *Mes parents se sont abonnés à plusieurs journaux*, ils ont payé pour recevoir les journaux chez eux.

d'abord adverbe. D'abord, c'est un mot qui veut dire en premier, pour commencer. *Mets ton pantalon d'abord, tu te chausseras après.*
✦ Le contraire de d'abord, c'est **ensuite**.

aboyer verbe. *Le chien aboie*, il pousse son cri.

Les **abeilles** butinent.

A

abreuvoir nom masculin. Un abreuvoir, c'est un petit bassin dans lequel boivent les vaches, les moutons, les chevaux. *Le berger mène son troupeau à l'abreuvoir.*

abréviation nom féminin. Une abréviation, c'est un mot dont on a enlevé une partie pour qu'il soit plus court. *« Foot » est l'abréviation de « football ». Quelle est l'abréviation de « télévision » ?*

abri nom masculin. *Edwige se met à l'abri du soleil sous le parasol,* elle se protège du soleil sous le parasol.

abricot nom masculin. Un abricot, c'est un petit fruit orange clair qui a un gros noyau et une peau très douce. *Maman a fait une tarte aux abricots.*

✦ Les abricots poussent sur les **abricotiers.**

s'abriter verbe. S'abriter, c'est se mettre dans un endroit où l'on ne risque rien, pour se protéger. *Il pleut, viens t'abriter !*

Nous nous sommes abrités pendant l'averse.

abrutir verbe. Abrutir, c'est fatiguer en donnant mal à la tête et en rendant incapable de faire quelque chose. *La chaleur nous a abrutis.*

absence nom féminin. *Papa a écrit un mot à l'institutrice pour expliquer mon absence,* il a écrit un mot qui expliquait pourquoi je n'étais pas là.

✦ Le contraire de absence, c'est **présence.**

absent adjectif masculin,
absente adjectif féminin. Une personne absente, c'est une personne qui n'est pas là. *Sandrine a la grippe, elle sera absente de l'école plusieurs jours.*

✦ Le contraire de absent, c'est **présent.**

absolument adverbe. *Il est absolument interdit de mâcher du chewing-gum en classe,* on n'a pas du tout le droit de mâcher du chewing-gum en classe.

✦ Tu peux dire aussi **tout à fait.**

absorber verbe. 1. *L'éponge absorbe l'eau,* elle laisse entrer l'eau en elle et la retient. 2. Absorber, c'est manger et boire. *Le malade n'a rien absorbé depuis hier.*

abus nom masculin. *L'abus d'alcool est dangereux pour la santé,* boire une trop grande quantité d'alcool est dangereux pour la santé.

✦ Tu peux dire aussi **excès.**

abuser verbe. *Martin aime beaucoup les bonbons mais il n'en abuse pas,* il aime beaucoup les bonbons mais il n'en mange pas trop.

accélérer verbe. Accélérer, c'est faire aller plus vite. *Le conducteur de la voiture accélère pour doubler le camion.*

✦ Le contraire de accélérer, c'est **ralentir.**

accent nom masculin. 1. L'accent d'une personne, c'est la manière dont elle prononce les mots. *Pascal habite Marseille, il a l'accent du Midi.* 2. Un accent, c'est un petit signe que l'on place sur certaines lettres. *Le e de « pavé » porte un accent aigu. Le e de « accès » porte un accent grave. Le i de « boîte » porte un accent circonflexe.*

accepter verbe. Accepter, c'est bien vouloir. *Mes parents accepteront sûrement de garder ton chat pendant le week-end.*

✦ Le contraire de accepter, c'est **refuser**.

accès nom masculin. L'accès, c'est la possibilité d'aller dans un lieu. *L'accès du parc est interdit aux animaux,* les animaux n'ont pas le droit d'entrer dans le parc.

✦ Tu peux dire aussi **entrée**.

L'accès du parc est interdit aux animaux.

accident nom masculin. Un accident, c'est quelque chose de grave qui arrive sans qu'on le fasse exprès. *Monsieur Duret a eu un accident de voiture.*

Le chanteur salue à la fin du spectacle, sous les acclamations du public.

acclamation nom féminin. Des acclamations, ce sont des cris de joie poussés en même temps par de nombreuses personnes.

accompagner verbe. Accompagner, c'est aller avec quelqu'un là où il va. *Ma grande sœur m'accompagne à l'école tous les matins.*

accord nom masculin. Être d'accord, c'est bien vouloir. *Maman est d'accord pour venir avec nous à la plage,* elle veut bien venir avec nous à la plage.

accordéon nom masculin. Un accordéon, c'est un instrument de musique qui produit des sons quand on l'étire puis le replie tout en appuyant sur des touches. *Le musicien porte son accordéon devant lui, attaché par des bretelles.*

accorder verbe. Accorder, c'est accepter de donner. *Papa m'a accordé la permission de faire du vélo sur le chemin,* il veut bien que je fasse du vélo sur le chemin.

✦ Le contraire de accorder, c'est **refuser**.

A

accoucher verbe. Accoucher, c'est donner naissance à son enfant. *La mère d'Alice a accouché d'un garçon.*

accourir verbe. Accourir, c'est venir en courant. *Les gens accourent pour voir passer la voiture du président.*

accrocher verbe. Accrocher, c'est faire tenir en suspendant. *Lionel accroche son blouson au portemanteau.*

s'**accroupir** verbe. S'accroupir, c'est s'asseoir les genoux pliés en posant les fesses sur les talons.

Céline et Denis se sont accroupis pour faire un château de sable.

accueillir verbe. *La directrice accueille les parents à l'entrée de son bureau,* elle les reçoit quand ils arrivent et les fait entrer dans son bureau.

accuser verbe. Accuser, c'est dire de quelqu'un qu'il a fait quelque chose de mal. *Virginie accuse Bruno de lui avoir caché sa règle,* elle dit que Bruno lui a caché sa règle.

Les clients font leurs achats.

achat nom masculin. 1. Faire des achats, c'est acheter des choses, faire des courses. 2. Un achat, c'est la chose que l'on a achetée. *Claire montre ses achats à Bernard : une trousse, un stylo, des crayons de couleur et une gomme.*

acheter verbe. Acheter, c'est donner de l'argent pour avoir quelque chose. *Maman achète de la viande chez le boucher.*

✦ Le boucher vend de la viande.

acide adjectif masculin et féminin. *Cette pomme est acide,* elle pique la langue.

acier nom masculin. L'acier, c'est un métal blanc très dur fabriqué avec du fer. *La lame du couteau est en acier.*

acrobate nom masculin et féminin. Un acrobate, une acrobate, c'est une personne qui marche en équilibre sur un fil, se balance très haut au-dessus du sol et fait des sauts très dangereux. *Bérengère a beaucoup aimé le numéro des acrobates au cirque.*

✦ Cherche aussi **funambule** et **trapéziste**.

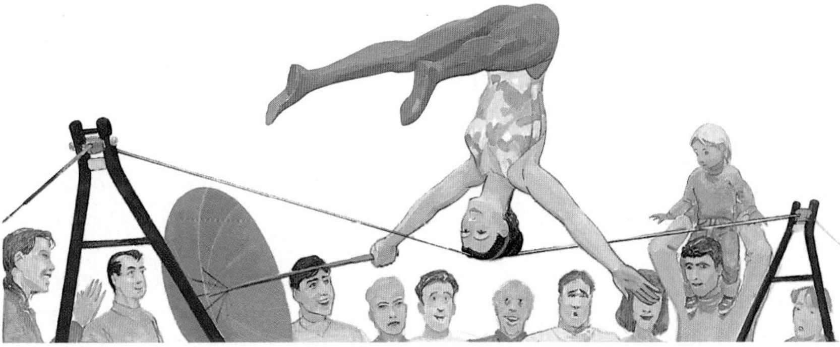

Il faut être souple pour faire des acrobaties.

acrobatie nom féminin. Les acrobaties, ce sont les exercices faits par les acrobates.

acte nom masculin. Un acte, c'est ce que l'on fait. *Manon s'est dénoncée pour que Corinne ne soit pas punie : c'est un acte courageux.*
✦ Tu peux dire aussi **action**.

acteur nom masculin,
actrice nom féminin. Un acteur, une actrice, c'est une personne dont le métier est de jouer dans des films ou dans des pièces de théâtre.
✦ Tu peux dire aussi **comédien**.

actif adjectif masculin,
active adjectif féminin. Une personne active, c'est une personne qui fait beaucoup de choses, qui ne reste jamais sans rien faire. *Madame Crépin est très active, elle travaille beaucoup et fait souvent du sport.*
✦ Tu peux dire aussi **dynamique**, **énergique**.

action nom féminin. 1. Une action, c'est ce que l'on fait. *Grégoire va donner quelques-uns de ses jouets à des enfants pauvres, il va faire une bonne action,* il va faire quelque chose de bien. 2. *Magali aime les films d'action,* elle aime les films où il se passe beaucoup de choses.

activité nom féminin. Une activité, c'est ce que l'on fait pour s'occuper. *Le mercredi, Thérèse a de nombreuses activités : elle va au judo, elle joue du piano et elle fait de la peinture.*
✦ Tu peux dire aussi **occupation**.

actuel adjectif masculin,
actuelle adjectif féminin. *Il n'y a plus de dinosaures à l'époque actuelle,* il n'y a plus de dinosaures à l'époque où nous vivons.

actuellement adverbe. Actuellement, c'est en ce moment. *Actuellement, nous apprenons à faire des divisions.*

addition nom féminin. Une addition, c'est une opération par laquelle on ajoute des nombres les uns aux autres. *Camille sait faire des additions avec une retenue.*
✦ Le contraire de addition, c'est **soustraction**.

additionner verbe. Additionner, c'est faire la somme de plusieurs nombres. *Armelle additionne 4 et 3,* elle fait l'addition : 4 + 3.
✦ Le contraire de additionner, c'est **soustraire**.

A

adieu interjection. On dit adieu à quelqu'un que l'on pense ne pas revoir bientôt ou que l'on risque de ne jamais revoir. *Quand Sylvie a déménagé, elle a dit adieu à ses voisins.*

adjectif nom masculin. Un adjectif, c'est un mot qui donne un renseignement sur le nom qu'il accompagne. *Dans la phrase «Le petit Saturnin a une chemise verte», «petit» et «verte» sont des adjectifs.*

admettre verbe. 1. Admettre, c'est bien vouloir, être d'accord. *Le maître n'admet pas que nous nous battions en classe.* 2. *Le grand frère de Daniel est admis en sixième,* il passe en sixième.
- ✦ Tu peux dire aussi **accepter**.
- ✦ Le contraire de admettre, c'est **refuser**.

admiration nom féminin. *Élisabeth est en admiration devant le bébé,* elle regarde le bébé d'une façon qui montre qu'elle le trouve très beau.

admirer verbe. Admirer, c'est trouver très beau, très bien. *Simon admire le nouveau vélo de Frédéric.*

adolescent nom masculin,
adolescente nom féminin. Un adolescent, une adolescente, c'est un jeune homme, une jeune fille qui n'est plus un enfant mais qui n'est pas encore un adulte. *On est un adolescent lorsqu'on a entre 13 et 18 ans.*

adopter verbe. *Monsieur et Madame Rieu ont adopté un petit garçon,* ils ont accueilli chez eux un petit garçon qui n'était pas leur enfant, ils se sont occupés de lui et l'ont élevé en en faisant leur propre fils.

adorable adjectif masculin et féminin. *Judith est une petite fille adorable,* c'est une petite fille gentille, jolie et bien élevée.

adorer verbe. Adorer, c'est aimer beaucoup. *Luc adore les chats.*
- ✦ Le contraire de adorer, c'est **détester**.

adresse nom féminin. *Donne-moi ton adresse,* dis-moi où tu habites, donne-moi le nom et le numéro de la rue, le nom de la ville et son code postal et le nom du pays.

adresser verbe. 1. *Madame Rodin est fâchée avec sa voisine, elle ne lui adresse plus la parole,* elle ne lui parle plus. 2. *Si vous voulez un renseignement adressez-vous au gardien,* allez demander au gardien.

adroit adjectif masculin,
adroite adjectif féminin. *Agnès est très adroite,* elle sait bien se servir de ses mains, elle tient les objets sans les casser, elle sait fabriquer et réparer beaucoup de choses.
- ✦ Tu peux dire aussi **habile**.
- ✦ Le contraire de adroit, c'est **maladroit**.

Léa est une adolescente.

Papa et Maman sont à l'aéroport.

adulte nom masculin et féminin. Un adulte, une adulte, c'est une grande personne. *Ce film n'est pas pour les enfants, il est réservé aux adultes.*

adverbe nom masculin. Un adverbe, c'est un mot invariable qui sert à ajouter quelque chose au sens de l'adjectif, du verbe ou de l'adverbe à côté duquel il se trouve. *Dans la phrase « Flore aime beaucoup le chocolat », « beaucoup » est un adverbe.*

✦ Souvent les adverbes se terminent par *-ment* comme : gentiment, méchamment, tristement...

adversaire nom masculin et féminin. Un adversaire, une adversaire, c'est la personne contre qui on se bat dans un match ou un combat. *Le boxeur a donné un grand coup sur le nez de son adversaire.*

aérer verbe. Aérer, c'est ouvrir la fenêtre pour faire entrer de l'air frais. *Le matin, Maman aère la chambre.*

aéroport nom masculin. Un aéroport, c'est un endroit où il y a des bâtiments où les voyageurs viennent prendre l'avion et des pistes sur lesquelles les avions décollent et atterrissent.

affaire nom féminin. 1. *Range tes affaires !* range les objets qui t'appartiennent, tes jouets, tes livres, ton cartable, tes vêtements. 2. *Maman a fait une bonne affaire en achetant cette voiture d'occasion,* elle a acheté une voiture qui ne lui a pas coûté cher et qui marche bien, c'est un bon achat.

affamé adjectif masculin,
affamée adjectif féminin. *Ce chien est affamé, il s'est précipité sur sa pâtée,* ce chien a très faim.

affection nom féminin. L'affection, c'est la tendresse et l'amour que l'on ressent pour une personne que l'on aime bien. *Romain a beaucoup d'affection pour sa petite sœur.*

affectueux adjectif masculin,
affectueuse adjectif féminin. *Aude est une petite fille très affectueuse,* elle aime bien donner des baisers et faire des câlins.

affiche nom féminin. Une affiche, c'est une grande feuille de papier sur laquelle il y a une image et quelque chose d'écrit. *Dans le métro, Laure aime bien regarder les affiches collées sur les murs.*

afficher verbe. *Les dates des vacances sont affichées dans le hall de l'école,* elles sont inscrites sur un papier qui est au mur, dans le hall de l'école.

affirmer verbe. Affirmer, c'est dire avec force en étant sûr de ce que l'on dit. *Je vous affirme que j'ai vu une baleine dans le port d'Ajaccio,* je vous assure que c'est vrai.

affluence nom féminin. *Le métro est plein aux heures d'affluence,* il est plein aux heures où beaucoup de gens prennent le métro parce qu'ils partent travailler ou qu'ils rentrent de leur travail.

affluent nom masculin. Un affluent, c'est une rivière qui se jette dans une autre rivière ou dans un fleuve. *Le Tarn est un affluent de la Garonne.*

Quelle affiche est-on en train de coller ?

s'affoler verbe. S'affoler, c'est faire n'importe quoi parce que l'on a très peur. *Luce s'est affolée en voyant une souris.*

affreux adjectif masculin,
affreuse adjectif féminin. **1.** Affreux, c'est très laid. *Ces chaussures violettes sont affreuses.* **2.** Affreux, c'est très désagréable. *Il fait un temps affreux,* il fait très mauvais.
✦ Le contraire de affreux, c'est **beau**.

Le ruisseau se jette dans la rivière, c'est son affluent.

a

affronter verbe. Affronter, c'est aller se battre avec courage. *Notre équipe affrontera l'équipe du lycée Carnot demain.*

afin de préposition. *Virginie prend son élan afin de sauter plus haut,* elle prend son élan pour sauter plus haut.

agaçant adjectif masculin,
agaçante adjectif féminin. *Ce bruit est agaçant,* il met de mauvaise humeur et donne envie de s'en aller.

agacer verbe. *Arrête de poser toutes ces questions, tu m'agaces,* tu me mets de mauvaise humeur, tu m'énerves.

âge nom masculin. L'âge d'une personne, c'est le nombre d'années qui ont passé depuis le jour de sa naissance. *Quel âge as-tu? Louis et Juliette ont le même âge.*

Il y a une grande différence d'âge entre Mamie et mon petit frère.

âgé adjectif masculin,
âgée adjectif féminin. *Arthur a une sœur plus âgée que lui,* il a une sœur qui a plus d'années que lui, qui est plus vieille que lui.

✦ Le contraire de âgé, c'est **jeune**.

s'agenouiller verbe. S'agenouiller, c'est se mettre à genoux, poser ses deux genoux par terre. *Dans une église, on s'agenouille pour prier.*

agent nom masculin. Un agent de police, c'est une personne qui s'occupe de la circulation, dans une ville.

L'agent arrête les voitures pour faire traverser les enfants.

s'aggraver verbe. S'aggraver, c'est devenir plus grave, plus mauvais. *Mon rhume s'est aggravé depuis hier.*

agile adjectif masculin et féminin. *L'acrobate est agile,* il est souple et rapide quand il bouge, même s'il a des mouvements difficiles à faire.

agir verbe. **1.** Agir, c'est faire quelque chose. *Réfléchis avant d'agir!* **2.** Agir, c'est être efficace. *Ce médicament agit vite,* il fait vite du bien.

A

agiter verbe. Agiter, c'est remuer dans tous les sens. *Agitez la bouteille avant de l'ouvrir*, secouez la bouteille.

agneau nom masculin. Un agneau, c'est un jeune mouton. *Le petit agneau tète la brebis.*

☞ Au pluriel : des **agneaux**.

L'agriculteur conduit son tracteur.

agrafe nom féminin. **1.** Une agrafe, c'est un petit crochet qui sert à fermer un vêtement. **2.** Une agrafe, c'est un petit fil de métal qui sert à attacher ensemble plusieurs feuilles de papier.

agrafer verbe. **1.** Agrafer, c'est fermer avec une agrafe. *Maman a agrafé sa jupe.* **2.** *Le maître agrafe deux feuilles de papier*, il les fait tenir ensemble avec une agrafe.

agrandir verbe. Agrandir, c'est rendre plus grand. *La boulangère a agrandi son magasin. Papa a fait agrandir une photo.*

agréable adjectif masculin et féminin. *L'odeur d'un gâteau qui cuit est une odeur très agréable*, c'est une bonne odeur que l'on a du plaisir à sentir.

✦ Le contraire de agréable, c'est **désagréable**.

agricole adjectif masculin et féminin. *Labourer la terre, semer et faire les moissons sont des travaux agricoles*, ce sont des travaux des champs.

agriculteur nom masculin,
agricultrice nom féminin. Un agriculteur, une agricultrice, c'est une personne dont le métier est de cultiver la terre pour faire pousser des céréales, des fruits et des légumes et d'élever des vaches, des moutons, des chèvres pour produire du lait et de la viande.

✦ Cherche aussi **fermier**, **paysan**.

agriculture nom féminin. L'agriculture, c'est le travail de la terre et l'élevage des animaux, pour nourrir les hommes.

aide nom féminin. *J'ai besoin de ton aide pour accrocher ce tableau*, j'ai besoin que tu le fasses avec moi, que tu m'aides. *Papa plante un clou à l'aide d'un marteau*, il plante un clou en se servant d'un marteau.

aider verbe. *Aide-moi à mettre le couvert*, viens le faire avec moi.

aigle nom masculin. Un aigle, c'est un grand oiseau de proie. *Les aigles ont un bec crochu et des griffes qui serrent très fort.*

✦ Cherche aussi **serres**.

aigu adjectif masculin,
aiguë adjectif féminin. Une voie aiguë, c'est une voix très haute qui a presque le même son que les cris. *Julie a une voix aiguë et Papa a une voix grave.*

Quel est le mot qui réunit Mamie, Florence, l'horloge et le pin?

aiguille nom féminin. **1.** Une aiguille, c'est une petite tige en métal qui a un bout pointu et l'autre bout percé d'un trou. *Mamie a enfilé une aiguille pour coudre un bouton.* **2.** *Florence tricote un pull avec des aiguilles à tricoter*, elle tricote avec de grandes tiges en métal qui sont pointues à un bout et ont une petite boule à l'autre bout. **3.** Une aiguille, c'est une tige fine qui avance sur le cadran d'une montre. *La petite aiguille indique les heures, la grande aiguille indique les minutes.* **4.** Les aiguilles de pin, les aiguilles de sapin, ce sont les petites feuilles très fines, très dures et très pointues du pin et du sapin.

aiguiser verbe. *Papa aiguise le couteau qui sert à découper la viande*, il frotte la lame du couteau contre un outil spécial pour qu'elle coupe très bien.

ail nom masculin. L'ail, c'est une plante qui a une odeur très forte et qui donne du goût à la viande, aux légumes ou aux sauces. *Mamie épluche une gousse d'ail.*

☞ Au pluriel : des **ails** ou des **aulx**.

aile nom féminin. **1.** Les ailes d'un oiseau, ce sont les deux membres recouverts de plumes qu'il a de chaque côté du corps et qui lui servent à voler. *L'oiseau ouvre ses ailes et s'envole.* **2.** Les ailes d'un avion, ce sont les deux parties plates et allongées fixées de chaque côté qui lui servent à rester en équilibre dans l'air.

ailleurs adverbe. Ailleurs, c'est dans un autre endroit. *Vous faites trop de bruit, allez jouer ailleurs.*

aimable adjectif masculin et féminin. *La boulangère est très aimable avec ses clients*, elle leur sourit, elle leur dit bonjour et elle cherche toujours à leur faire plaisir.

✦ Tu peux dire aussi **gentil**.
✦ Le contraire de aimable, c'est **désagréable**.

A

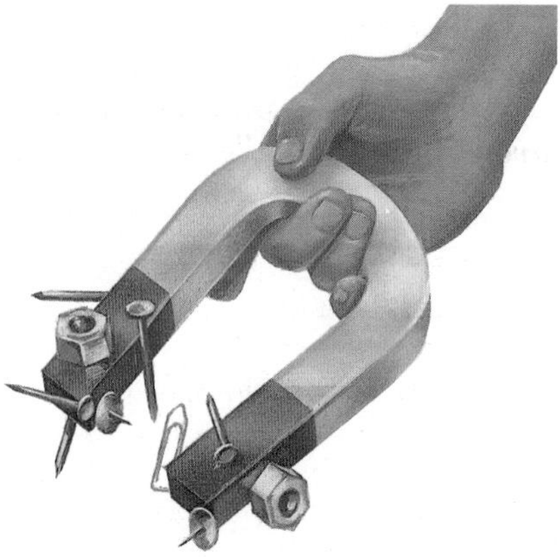

Un aimant.

aimant nom masculin. Un aimant, c'est un morceau d'acier qui attire le fer.

aimer verbe. 1. Aimer, c'est éprouver de l'amour pour quelqu'un. *Bernard aime sa femme*, il est amoureux de sa femme. 2. Aimer, c'est avoir du plaisir à manger quelque chose ou à faire quelque chose. *Guillaume aime beaucoup les frites. Clara aime dessiner.*

aîné adjectif masculin,
aînée adjectif féminin. *Ma sœur aînée vient d'entrer en sixième*, ma sœur qui est plus âgée que moi, plus vieille que moi.
✦ Le contraire de aîné, c'est **cadet**.
✦ Cherche aussi **benjamin**.

ainsi adverbe. Ainsi, c'est un mot qui veut dire comme cela, de cette façon. *Ne me regarde pas ainsi, je ne suis pas une bête curieuse.*

air nom masculin. 1. L'air, c'est le mélange d'oxygène et d'autres gaz qui nous entoure et que nous respirons. *À la montagne, l'air est pur.* 2. *Olivier regarde en l'air*, il regarde en haut, vers le ciel. 3. *Ce chien a l'air gentil*, il a la tête et le comportement d'un chien gentil, il semble gentil. 4. *Je me souviens des paroles de cette chanson mais j'ai oublié l'air*, j'ai oublié la musique de cette chanson.

aise nom féminin. 1. *Corinne est à l'aise dans ses bottes*, elle n'a pas mal aux pieds, elle est bien dans ses bottes. 2. *Patrice est mal à l'aise avec les grandes personnes*, il est intimidé, il n'aime pas être avec les grandes personnes.

ajouter verbe. Ajouter, c'est mettre en plus. *Il faut ajouter un peu de sel dans la purée. Si j'ajoute 2 au nombre 8, cela fait 10.*
✦ Le contraire de ajouter, c'est **enlever**.

alarme nom féminin. Une alarme, c'est une sonnerie qui annonce qu'il y a un danger.

Si on essaie de voler la voiture, l'alarme se met en marche.

album nom masculin. 1. Un album de photos, c'est un grand livre dans lequel on colle des photos. *Marie regarde l'album de photos du mariage de ses parents.* 2. Un album, c'est un grand livre avec beaucoup d'images. *Renaud range ses albums de bandes dessinées.*

alcool nom masculin. 1. L'alcool, c'est un liquide très fort qui fait tourner la tête quand on en boit. *Le vin, la bière sont des boissons qui contiennent de l'alcool.* 2. L'alcool à 90 degrés, c'est un liquide transparent avec lequel on nettoie une blessure pour la désinfecter. *Sois courageux quand je vais te mettre de l'alcool, ça va un peu te piquer.*

alerte nom féminin. *Dès qu'il a vu des flammes le gardien a donné l'alerte,* le gardien a prévenu tout le monde et il a appelé les pompiers.

algue nom féminin. Une algue, c'est une plante qui pousse dans l'eau. *À marée basse, on voit des rochers recouverts d'algues.*

aliment nom masculin. Un aliment, c'est une chose que l'on mange ou que l'on boit. *Les fruits, le pain, la viande, le lait sont des aliments.*

✦ Cherche aussi **nourriture**.

alimentation nom féminin. Un magasin d'alimentation, c'est un magasin où l'on achète des choses à manger. *L'épicerie et la boucherie sont des magasins d'alimentation.*

allée nom féminin. Une allée, c'est un chemin bordé d'arbres dans un jardin, un parc ou une forêt. *Justin fait du vélo dans l'allée qui mène au château.*

aller verbe. 1. *Alexis et Paule vont à l'école ensemble,* ils se rendent à l'école ensemble. 2. S'en aller, c'est partir. *Ne t'en va pas tout de suite, reste encore un peu!* 3. Aller bien, c'est se sentir bien, être en bonne santé. *Bonjour, comment allez-vous ? - Je vais bien, merci.* 4. *Il va sûrement pleuvoir avant ce soir,* il pleuvra sûrement avant ce soir.

aller nom masculin. L'aller, c'est le chemin que l'on fait pour aller dans un endroit. *Dans le car, nous avons chanté à l'aller et au retour nous avons dormi.*

allergie nom féminin. Une allergie, c'est une maladie qui apparaît quand on ne supporte pas quelque chose que l'on a mangé, que l'on a respiré ou que l'on a touché. *Hugues a une allergie aux fraises ; elles lui donnent des boutons.*

Des algues.

s'**allonger** verbe. S'allonger, c'est se coucher de tout son long. *Claude s'allonge dans l'herbe pour regarder les étoiles dans le ciel.*

✦ Tu peux dire aussi s'**étendre**.

allumer verbe. 1. *Françoise allume la lampe,* elle appuie sur le bouton de la lampe pour qu'elle éclaire. 2. *Papa a allumé sa cigarette,* il a mis une flamme sous le bout de sa cigarette pour que le tabac s'enflamme.

✦ Le contraire de allumer, c'est **éteindre**.

allumette nom féminin. Une allumette, c'est un petit bâton de bois dont un bout s'enflamme quand on le frotte. *Maman prend une allumette et allume les bougies du gâteau d'anniversaire.*

A

allure nom féminin. L'allure, c'est la vitesse à laquelle on va. *La moto roulait à toute allure*, elle roulait très vite.

alors adverbe. *Tu es prêt ? Alors viens vite*, dans ce cas-là viens vite. *Et alors, qu'a fait la princesse?* et après, qu'a fait la princesse?

alouette nom féminin. Une alouette, c'est un petit oiseau qui vit dans les champs.

altitude nom féminin. L'altitude, c'est la hauteur à laquelle se trouve un endroit. *Le sommet de cette montagne est à 3000 mètres d'altitude*, il est à une hauteur de 3000 mètres par rapport au niveau de la mer.

aluminium nom masculin. L'aluminium, c'est un métal gris clair très léger. *Maman enveloppe la viande dans du papier d'aluminium et la met dans le réfrigérateur.*

Une alouette.

Les amandes poussent sur les amandiers.

alphabet nom masculin. L'alphabet, c'est l'ensemble des 26 lettres qui servent à écrire. *Le a est la première lettre de l'alphabet.*

alphabétique adjectif masculin et féminin. L'ordre alphabétique, c'est l'ordre dans lequel sont rangées les lettres de l'alphabet. *Dans un dictionnaire les mots sont classés par ordre alphabétique.*

alpiniste nom masculin et féminin. Un alpiniste, une alpiniste, c'est une personne qui monte à pied tout en haut des montagnes. *Des alpinistes ont escaladé le mont Blanc.*

amande nom féminin. Une amande, c'est un petit fruit ovale. *On mange la graine de l'amande qui est enfermée dans une coquille vert clair.*

✦ Ne confonds pas amande et amende.

ambulance nom féminin. Une ambulance, c'est une grande voiture dans laquelle on transporte les blessés, les malades.

âme nom féminin. L'âme, c'est ce qui permet de penser et d'éprouver de la peine ou de la joie. *Les personnes qui croient en Dieu pensent que l'âme ne meurt jamais.*

s'améliorer verbe. S'améliorer, c'est changer en mieux. *Le temps va s'améliorer, on annonce du soleil pour demain.*

amende nom féminin. Une amende, c'est de l'argent que l'on doit donner parce que l'on a fait quelque chose d'interdit. *Une personne qui prend le métro sans ticket risque d'avoir une amende,* elle risque d'avoir à payer une certaine somme d'argent.
✦ Cherche aussi **contravention.**
✦ Ne confonds pas amende et **amande.**

amener verbe. *Ne laisse pas ton frère tout seul, amène-le chez nous,* viens avec lui chez nous.

amer adjectif masculin,
amère adjectif féminin. *Papa a acheté une plaque de chocolat amer,* il a acheté une plaque de chocolat noir qui contient très peu de sucre.
✦ Le contraire de amer, c'est **sucré.**

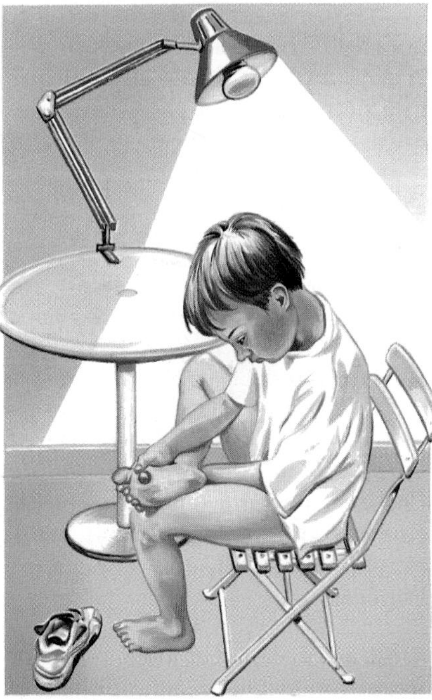

L'ampoule éclaire.
Antoine a une ampoule au pied.

ami nom masculin,
amie nom féminin. Un ami, une amie, c'est une personne que l'on aime beaucoup et avec qui l'on s'entend bien. *Fabrice est le meilleur ami d'Étienne. Laura a invité tous ses amis à son anniversaire.*
✦ Le contraire de ami, c'est **ennemi.**

amitié nom féminin. L'amitié, c'est le sentiment que l'on a pour ses amis, pour les personnes que l'on aime beaucoup et que l'on est content de voir souvent. *Fabrice a beaucoup d'amitié pour Étienne.*

amont nom masculin. L'amont, c'est la partie d'une rivière qui est entre sa source et l'endroit où l'on est.
✦ La rivière coule de l'amont vers l'**aval.**

amour nom masculin. L'amour, c'est le sentiment très fort que l'on éprouve pour une personne que l'on est très content de voir et qui vous manque quand elle n'est pas là. *Les fiancés se regardent avec amour, ils s'aiment.*
✦ Le contraire de amour, c'est **haine.**

amoureux adjectif masculin,
amoureuse adjectif féminin. *Le Prince Charmant est amoureux de Cendrillon,* il l'aime.

ampoule nom féminin. 1. Une ampoule, c'est une boule de verre que l'on met dans une lampe et qui sert à éclairer. 2. Une ampoule, c'est une petite poche remplie de liquide qui se forme sous la peau et qui fait mal.

amusant adjectif masculin,
amusante adjectif féminin. Une chose amusante, c'est une chose qui fait rire. *C'est très amusant de se déguiser.*
✦ Tu peux dire aussi **drôle.**
✦ Le contraire de amusant, c'est **ennuyeux, triste.**

A

s'amuser verbe. S'amuser, c'est jouer, s'occuper en faisant des choses agréables. *Élodie et Malika se sont amusées dans le jardin tout l'après-midi.*
✦ Cherche aussi se **distraire**.
✦ Le contraire de s'amuser, c'est s'**ennuyer**.

an nom masculin. Un an, c'est douze mois. *Louis a 7 ans.*
✦ Cherche aussi **année**.

analyse nom féminin. *On va me faire une analyse de sang,* on va me prendre du sang et regarder tout ce qu'il y a dedans pour voir si j'ai une maladie.

ananas nom masculin. Un ananas, c'est un gros fruit jaune très sucré, recouvert d'une épaisse peau marron avec des écailles. *Les ananas poussent dans les pays chauds.*

Des ananas.

anchois nom masculin. Un anchois, c'est un petit poisson que l'on pêche dans la mer Méditerranée. *Anna aime bien les pizzas sur lesquelles il y a des anchois.*

ancien adjectif masculin,
ancienne adjectif féminin. **1.** Une chose ancienne, c'est une chose qui existe depuis longtemps. *La montre de maman est ancienne, elle appartenait à sa grand-mère.* **2.** *Mon petit frère dort dans mon ancien lit,* il dort dans le lit que j'avais avant.
✦ Cherche aussi **vieux**.
✦ Le contraire de ancien, c'est **neuf**, **nouveau**.

Le pêcheur remonte l'ancre.

ancre nom féminin. Une ancre, c'est un objet très lourd en métal, accroché au bout d'une chaîne, que l'on jette au fond de l'eau pour qu'il s'y fixe et empêche le bateau d'avancer. *Les marins ont jeté l'ancre dans le port.*
✦ Ne confonds pas ancre et **encre**.

âne nom masculin. Un âne, c'est un animal qui ressemble à un petit cheval. *L'âne a de grandes oreilles pointues.*

anesthésie nom féminin. *On a fait une anesthésie à Catherine avant de l'opérer,* on lui a donné des médicaments qui la font dormir pour qu'elle n'ait pas mal pendant l'opération.

ange nom masculin. Un ange, c'est un jeune homme ou un enfant que l'on imagine vivant dans le ciel avec des ailes dans le dos.

angine nom féminin. Une angine, c'est une maladie de la gorge. *Monique a mal à la gorge et elle a de la fièvre : elle a une angine.*

angle nom masculin. Un angle, c'est un dessin fait par deux lignes droites qui se croisent. *Un triangle a 3 angles.*

anguille nom féminin. Une anguille, c'est un poisson qui ressemble à un serpent. *Les anguilles vivent dans les rivières.*

Une anguille.

animal nom masculin. Un animal, c'est un être vivant qui n'est ni une personne ni une plante. *Les chiens, les aigles, les truites, les araignées sont des animaux.*

☞ Au pluriel : des **animaux**.
✦ Tu peux dire aussi **bête**.

anneau nom masculin. Un anneau, c'est un objet rond en bois, en métal ou en plastique. *Mireille a un anneau d'or au doigt*, elle a une bague en or.

☞ Au pluriel : des **anneaux**.

année nom féminin. Une année, c'est douze mois. *Nos voisins ont passé leurs vacances en Espagne il y a quelques années.*

✦ Cherche aussi **an**.

anniversaire nom masculin. Ton anniversaire, c'est le jour où, chaque année, on fête ta naissance, où tu as un an de plus. *Pour son anniversaire, Julien a eu un jeu vidéo.*

annoncer verbe. Annoncer, c'est faire savoir. *Ma tante nous a annoncé qu'elle allait se marier.*

annuel adjectif masculin,
annuelle adjectif féminin. *La directrice de l'école organise la fête annuelle*, elle organise la fête qui a lieu tous les ans.

annuler verbe. *Le pique-nique est annulé à cause de la pluie*, le pique-nique qui était prévu n'aura pas lieu à cause de la pluie.

anonyme adjectif masculin et féminin. *Le commissaire de police a reçu une lettre anonyme*, il a reçu une lettre qui n'est pas signée, une lettre écrite par quelqu'un qui ne veut pas que l'on sache qui il est.

anorak nom masculin. Un anorak, c'est une grosse veste bien chaude, avec une capuche, qui protège du froid et de la pluie. *Jérôme met son anorak et ses moufles pour faire une bataille de boules de neige.*

anormal adjectif masculin,
anormale adjectif féminin. *La machine à laver fait un bruit anormal*, elle ne fait pas le bruit que l'on entend d'habitude.

☞ Au masculin pluriel : **anormaux**.
Au féminin pluriel : **anormales**.
✦ Le contraire de anormal, c'est **normal**.

anse nom féminin. L'anse, c'est la partie arrondie par laquelle on tient une tasse ou un panier.

A

antenne nom féminin. 1. Une antenne, c'est une sorte de corne très fine que les insectes et les crustacés ont sur la tête. *Les antennes servent à toucher et à sentir.* 2. Une antenne de télévision, c'est un objet en métal qui sert à recevoir les émissions de télévision. *Les antennes de télévision sont installées sur les toits.*

antibiotique nom masculin. Un antibiotique, c'est un médicament qui guérit les infections. *Claire a une otite, elle prend des antibiotiques.*

antilope nom féminin. Une antilope, c'est un animal d'Afrique qui a des cornes recourbées et de longues pattes fines. *Les antilopes courent très vite.*

✦ Cherche aussi **gazelle**.

Des antilopes.

antipathique adjectif masculin et féminin. Une personne antipathique, c'est une personne qui dit des choses désagréables à entendre et ne sourit jamais. *Nos nouveaux voisins sont très antipathiques, on n'a pas envie de leur parler.*

✦ Le contraire de antipathique, c'est **sympathique**.

apercevoir verbe. 1. Apercevoir, c'est voir un peu, commencer à voir, parce que l'on est loin ou parce que la chose ou la personne que l'on regarde est un peu cachée. *J'aperçois le sommet de la montagne à travers la brume.* 2. *En arrivant à la piscine, Julien s'est aperçu qu'il avait oublié son maillot*, il s'est rendu compte qu'il avait oublié son maillot.

apéritif nom masculin. Un apéritif, c'est une boisson qui contient souvent de l'alcool et que boivent les grandes personnes avant le déjeuner ou le dîner. *Les parents de Philippe viennent prendre l'apéritif à la maison.*

aplatir verbe. Aplatir, c'est rendre plat. *Nina s'est assise sur le chapeau de son grand-père et l'a complètement aplati.*

apparaître verbe. Apparaître, c'est se montrer tout à coup. *Le prestidigitateur fait des gestes au-dessus de la boîte et soudain un lapin apparaît.*

✦ Le contraire de apparaître, c'est **disparaître**.

appareil nom masculin. 1. Un appareil, c'est un objet qui sert à faire un travail. *Zoé a eu un appareil photo pour Noël.* 2. Un appareil, c'est un objet fait de petits fils de métal qui sert à redresser les dents. *Luc porte un appareil.*

apparence nom féminin. L'apparence, c'est ce que l'on voit d'abord quand on regarde une chose ou une personne. *Ce gâteau a belle apparence. En apparence, cet homme a l'air gentil*, quand on le voit, la première fois, il a l'air gentil.

✦ Il ne faut pas se fier aux apparences!

a

appartement nom masculin. Un appartement, c'est une habitation qui a plusieurs pièces, dans un immeuble. *Irène et ses frères habitent dans un grand appartement.*
✦ Cherche aussi **logement**.

appartenir verbe. *Ce blouson m'appartient*, ce blouson est à moi.

Le pêcheur accroche un appât à l'hameçon.

appât nom masculin. Un appât, c'est de la nourriture que l'on met dans un endroit pour attirer un animal et l'attraper.

appel nom masculin. *La maîtresse fait l'appel*, elle appelle chaque élève par son nom pour savoir s'il est là.

appeler verbe. 1. Appeler quelqu'un, c'est dire très fort son nom pour qu'il vienne. *Papa appelle Nicolas et Laure car le dîner est prêt.* 2. Appeler, c'est donner un nom. *Ferdinand a appelé son chat Caramel. Mon frère s'appelle Alexandre.*

appendicite nom féminin. *Carine a été opérée de l'appendicite*, on l'a opérée pour lui enlever un tout petit bout de l'intestin qui lui faisait mal.

appétissant adjectif masculin,
appétissante adjectif féminin. *Cette tarte est appétissante*, elle a l'air très bonne, elle donne envie de la manger.

appétit nom masculin. L'appétit, c'est l'envie de manger. *L'ogre a toujours bon appétit*, il est toujours content quand c'est le moment de manger car il a toujours faim. *Cette horrible histoire m'a coupé l'appétit*, elle m'a enlevé l'envie de manger.

L'ogre a bon appétit.

applaudir verbe. Applaudir, c'est frapper les paumes de ses deux mains l'une contre l'autre pour montrer que l'on est content. *À la fin du spectacle tout le monde a applaudi et a crié bravo.*

applaudissement nom masculin. *C'est la fin du spectacle, on entend les applaudissements dans la salle*, on entend le bruit que font les spectateurs en frappant dans leurs mains.

A

s'**appliquer** verbe. S'appliquer, c'est faire très attention quand on fait un travail et le faire le mieux possible. *Flora s'applique en recopiant sa récitation sur son cahier.*

apporter verbe. *Marion a apporté un cadeau à Hervé,* Marion a porté un cadeau là où se trouvait Hervé et elle le lui a donné.

appréciation nom féminin. *La maîtresse écrit ses appréciations sur les cahiers,* elle écrit ce qu'elle pense de l'élève et de son travail, elle dit s'il travaille bien ou mal.
✦ Cherche aussi **observation**.

apprendre verbe. 1. *Juliette apprend sa leçon,* elle travaille pour savoir sa leçon, elle étudie sa leçon. 2. *Le moniteur nous apprend à faire du ski,* il nous montre comme il faut faire, il nous enseigne le ski.

apprivoiser verbe. *Olivier et Marie ont apprivoisé un écureuil,* ils lui ont appris à ne pas avoir peur d'eux et à venir manger dans leurs mains.

s'**approcher** verbe. S'approcher, c'est venir plus près. *Approche-toi de la cage : tu verras mieux les animaux.*
✦ Le contraire de s'approcher, c'est s'**éloigner**.

approuver verbe. Approuver, c'est être d'accord. *Tu as eu raison de lui dire non, je t'approuve.*

appuyer verbe. Appuyer, c'est presser, pousser. *Appuyez sur le bouton et la porte s'ouvrira.*
✦ Le contraire de appuyer, c'est **tirer**.

après préposition et adverbe. 1. *Marc passera nous chercher après le déjeuner,* il passera nous chercher quand le déjeuner sera fini. 2. *Finis d'abord ton goûter et après tu pourras aller jouer,* finis ton goûter et ensuite tu pourras aller jouer.
✦ Le contraire de après, c'est **avant**.

après-demain adverbe. Après-demain, c'est le jour qui suivra demain. *Les vacances commencent après-demain.*

après-midi nom masculin ou féminin. L'après-midi, c'est le moment de la journée qui est entre le déjeuner et le dîner. *Demain matin nous ferons les courses et l'après-midi nous irons à la plage.*
☞ Au pluriel : des **après-midi**.
✦ Tu peux dire un après-midi ou une après-midi.

aquarium nom masculin. Un aquarium, c'est un grand récipient en verre que l'on a rempli d'eau pour y faire vivre des poissons.
☞ Au pluriel : des **aquariums**.
✦ Cherche aussi **bocal**.

L'aquarium.

araignée nom féminin. Une araignée, c'est un petit animal qui a huit grandes pattes fines et tisse des toiles pour y attraper les insectes dont elle se nourrit.

arbitre nom masculin. L'arbitre, c'est la personne qui fait respecter les règles du jeu, dans un match. *L'arbitre a sifflé la fin du match.*

arbre nom masculin. Un arbre, c'est une très grande plante qui a de grosses racines, un tronc et des branches. *Beaucoup d'arbres perdent leurs feuilles en hiver.*

arbuste nom masculin. Un arbuste, c'est un petit arbre.

arc nom masculin. Un arc, c'est une arme qui est faite d'un morceau de bois souple auquel on donne une forme courbe au moyen d'une corde attachée aux deux bouts. *Les Indiens lancent des flèches avec leurs arcs.*

arc-en-ciel nom masculin. Un arc-en-ciel, c'est une grande courbe de toutes les couleurs qui apparaît dans le ciel quand le soleil rencontre des gouttes de pluie.
☞ Au pluriel : des **arcs-en-ciel**.

architecte nom masculin et féminin. Un architecte, une architecte, c'est une personne dont le métier est de dessiner les plans des maisons et de diriger les personnes qui les construisent.

ardoise nom féminin. 1. Une ardoise, c'est une plaque de pierre gris foncé qui sert à recouvrir les toits des maisons. *En Bretagne, les maisons ont souvent des toits d'ardoises.* 2. Une ardoise, c'est une petite plaque sur laquelle on peut écrire puis effacer ce que l'on a écrit. *Autrefois les écoliers écrivaient avec une craie sur des ardoises.*

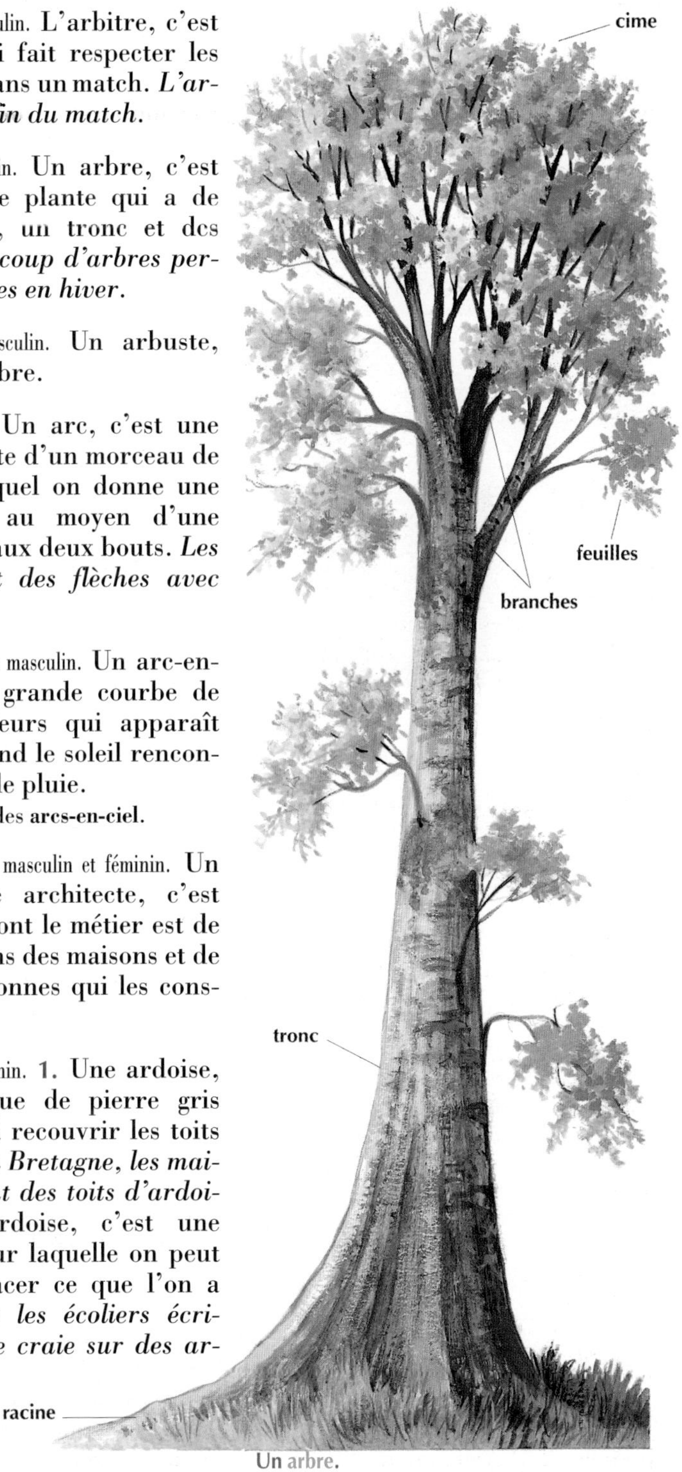

Un arbre.

A

arène nom féminin. Une arène, c'est une grande piste ronde recouverte de sable et entourée de gradins où les gens peuvent s'asseoir.

Le taureau est dans l'arène.

arête nom féminin. Une arête, c'est un petit os mince et pointu du squelette des poissons. *Isabelle n'aime pas manger du poisson parce qu'il y a des arêtes.*

argent nom masculin. 1. L'argent, c'est un métal blanc et brillant qui coûte cher. *Élise a un bracelet en argent.* 2. L'argent, c'est l'ensemble des pièces de monnaie et des billets de banque qui servent à payer. *Madame Darieu gagne beaucoup d'argent.*

arme nom féminin. Une arme, c'est un objet qui sert à blesser ou à tuer. *Les pistolets, les fusils, les poignards, les bombes sont des armes.*

armée nom féminin. Une armée, c'est l'ensemble des soldats d'un pays. *L'armée ennemie se prépare à attaquer.*

armoire nom féminin. Une armoire, c'est un meuble qui est fermé par des portes et dans lequel on range du linge, des vêtements, des provisions ou des médicaments. *Luc range le tube de dentifrice dans l'armoire de toilette.*

armure nom féminin. Une armure, c'est un vêtement en métal que portaient autrefois les guerriers pour se protéger pendant le combat.

arôme nom masculin. L'arôme, c'est l'odeur agréable qui se dégage de la nourriture. *Avant d'acheter du café, Maman sent son arôme.*

arracher verbe. Arracher, c'est enlever en tirant avec force. *Papa arrache les mauvaises herbes autour des rosiers. Le dentiste m'a arraché une dent.*

s'**arranger** verbe. *Yves s'est arrangé pour être assis à côté d'Antoine,* il a fait ce qu'il fallait pour réussir à être assis à côté d'Antoine.

✦ Tu peux dire aussi se **débrouiller**.

arrêt nom masculin. 1. L'arrêt d'autobus, c'est l'endroit où l'autobus s'arrête pour laisser descendre et monter les passagers, c'est la station. 2. *Nous avons passé quelques jours en Bretagne et il a plu sans arrêt,* il a plu tout le temps, la pluie ne s'est pas arrêtée de tomber.

arrêter verbe. 1. *La police a arrêté l'assassin,* elle l'a mis en prison. 2. *Le bébé n'arrête pas de pleurer depuis une heure,* il pleure tout le temps, il pleure sans arrêt, depuis une heure. 3. *Le car s'est arrêté devant l'école,* il a cessé d'avancer pour que l'on puisse en descendre ou monter dedans.

arrière nom masculin. L'arrière, c'est la partie qui est derrière. *Dans la voiture, Papa et Maman sont assis à l'avant, mon frère et moi nous sommes assis à l'arrière.*

✦ Le contraire de arrière, c'est **avant**.

en **arrière** adverbe. *Marche plus vite, ne reste pas tout seul en arrière,* ne reste pas loin derrière les autres.

Le coureur a franchi la ligne d'arrivée.

arrivée nom féminin. *Maman est sur le quai, elle attend l'arrivée du train,* elle attend que le train arrive, que le train soit là.

✦ Le contraire de arrivée, c'est **départ**.

arriver verbe. 1. Arriver, c'est être dans un endroit après avoir quitté l'endroit où l'on était avant. *Mon cousin arrive chez nous demain.* 2. *Luc n'est pas arrivé à ouvrir la boîte,* il n'a pas réussi à ouvrir la boîte. 3. *Qu'est-ce qui t'arrive?* qu'est-ce que tu as, qu'est-ce qui se passe?

arrondissement nom masculin. Un arrondissement, c'est une partie d'une grande ville qui porte un numéro. *Paris est divisé en 20 arrondissements.*

arroser verbe. *Louis arrose les fleurs sur le balcon,* il verse de l'eau sur les fleurs.

arrosoir nom masculin. Un arrosoir, c'est un récipient que l'on tient à la main par une anse et dans lequel on met de l'eau pour arroser les plantes.

✦ Le bout de l'arrosoir par où l'eau sort en petites gouttes s'appelle la **pomme d'arrosoir**.

art nom masculin. L'art, c'est ce que font les hommes quand ils créent de belles choses. *La peinture, la sculpture, la musique, la danse, le théâtre et le cinéma sont des arts.*

artichaut nom masculin. Un artichaut, c'est un légume vert formé de feuilles serrées les unes contre les autres. *Michel mange des fonds d'artichaut à la vinaigrette.*

✦ On mange aussi la base des feuilles de l'artichaut.

article nom masculin. 1. Un article, c'est un texte écrit dans un journal. *Maman a découpé dans le journal un article sur la vie des ours.* 2. Un article, c'est un mot que l'on met devant un nom. *« Le », « la », « les », « un », « une » et « des » sont des articles.*

articuler verbe. Articuler, c'est parler en prononçant bien toutes les syllabes. *Parle moins vite et articule, je ne comprends rien!*

artificiel adjectif masculin,
artificielle adjectif féminin. *Les fleurs qui sont dans ce vase ne sont pas de vraies fleurs, ce sont des fleurs artificielles,* ce sont des fleurs en papier, en tissu ou en plastique fabriquées par les hommes.

A

artiste nom masculin et féminin. 1. Un artiste, une artiste, c'est une personne qui crée de belles choses, qui peint des tableaux, sculpte des statues ou compose de la musique. 2. Un artiste, une artiste, c'est une personne dont le métier est de jouer dans des films ou des pièces de théâtre, de jouer de la musique ou de chanter.
✦ Cherche aussi **acteur**, **chanteur**, **comédien**, **musicien**, **peintre** et **sculpteur**.

Maman passe l'aspirateur.

as nom masculin. Un as, c'est une carte à jouer sur laquelle il y a un seul dessin. *Les quatre as sont les quatre cartes les plus fortes.*
✦ Dans un jeu de cartes, il y a l'as de trèfle, l'as de carreau, l'as de cœur et l'as de pique.

ascenseur nom masculin. Un ascenseur, c'est un appareil qui fait monter et descendre les gens dans un immeuble. *Luc a pris l'ascenseur et Marie est montée par l'escalier.*

aspect nom masculin. L'aspect d'une personne ou d'une chose, c'est ce que l'on voit tout de suite quand on la regarde. *Le gâteau est trop cuit, il n'a pas un aspect appétissant.*
✦ Tu peux dire aussi **air**.

asperge nom féminin. Une asperge, c'est un légume long et mince que l'on mange cuit. *Paul aime beaucoup les asperges à la vinaigrette.*

asperger verbe. Asperger, c'est mouiller en envoyant de l'eau. *La voiture nous a aspergés en roulant dans une flaque d'eau.*
✦ Tu peux dire aussi **arroser** et **éclabousser**.

aspirateur nom masculin. Un aspirateur, c'est un appareil qui nettoie par terre en attirant la poussière et les saletés.

aspirer verbe. Aspirer, c'est faire entrer du liquide dans sa bouche en buvant. *Florence aspire son jus d'orange avec une paille.*

assaisonner verbe. Assaisonner, c'est ajouter du sel, du poivre ou autre chose pour donner plus de goût à ce que l'on mange. *N'oublie pas de mettre du vinaigre quand tu assaisonnes la salade.*

assassin nom masculin. Un assassin, c'est une personne qui tue une autre personne en le faisant exprès. *Les policiers ont arrêté l'assassin de la vieille dame.*
✦ Tu peux dire aussi **criminel**, **meurtrier**.

assassiner verbe. Assassiner, c'est tuer exprès. *Ravaillac a assassiné Henri IV.*

s'asseoir verbe. *Marguerite s'assied sur sa chaise*, elle pose ses fesses sur sa chaise.
✦ On peut dire : *elle s'assied* ou *elle s'assoit*.
✦ Le contraire de s'asseoir, c'est se **lever**.

a

assez adverbe. *Solange est fatiguée, elle n'a pas assez dormi,* elle n'a pas dormi le temps suffisant pour se reposer.

✦ Tu peux dire aussi **suffisamment**.

assiette nom féminin. Une assiette, c'est un récipient dans lequel on met de la nourriture pour une seule personne. *Valérie mange son gâteau dans une assiette à dessert.*

Manon et Coline mangent leur gâteau dans des assiettes en carton.

assis adjectif masculin,
assise adjectif féminin. 1. *Anne est assise sur une chaise,* elle a les fesses posées sur une chaise. 2. *Le train est complet, il n'y a plus de places assises,* il n'y a plus de places où l'on peut s'asseoir.

✦ Le contraire de assis, c'est **debout**.

assister verbe. *Henri a assisté à la bagarre entre Jean et Ferdinand,* il a vu la bagarre, il était là quand la bagarre a eu lieu.

association nom féminin. Une association, c'est un groupe de personnes qui font quelque chose ensemble, qui s'occupent de la même chose. *L'association des parents d'élèves se réunira demain.*

s'**associer** verbe. S'associer, c'est se mettre ensemble pour faire quelque chose, pour travailler. *Ma mère et ma tante se sont associées pour s'occuper d'un magasin de chaussures.*

assommer verbe. *Le voleur a assommé le gardien,* il lui a tapé très fort sur la tête pour qu'il tombe comme s'il s'endormait tout d'un coup.

assorti adjectif masculin,
assortie adjectif féminin. *Corinne a un pull et des chaussettes assortis,* elle a un pull et des chaussettes de la même couleur, qui vont bien ensemble.

assurance nom féminin. *Quand on a une voiture, on doit avoir une assurance,* on doit donner de l'argent à des personnes qui s'occupent de vous rembourser si l'on a un accident ou si la voiture est volée.

assurer verbe. 1. Assurer, c'est affirmer en étant sûr de ce que l'on dit. *Je t'assure que c'est vrai.* 2. *Il faut assurer sa maison contre l'incendie,* il faut avoir donné de l'argent à des personnes qui s'occupent de vous rembourser s'il y a un incendie chez vous.

asthme nom masculin. L'asthme, c'est une maladie qui empêche de bien respirer. *Nicolas a souvent des crises d'asthme.*

asticot nom masculin. Un asticot, c'est un petit ver blanc. *Le pêcheur met un asticot au bout de l'hameçon pour attirer les poissons.*

✦ L'asticot est la **larve** de la mouche.

astre nom masculin. Les astres, ce sont les étoiles, les planètes, le Soleil et la Lune.

✦ La Terre est un astre.

astronaute nom masculin et féminin. Un astronaute, une astronaute, c'est une personne qui voyage dans l'espace à bord d'une fusée.

✦ Tu peux dire aussi **cosmonaute**.

L'astronome observe les astres avec son télescope.

astronome nom masculin et féminin. Un astronome, une astronome, c'est une personne dont le métier est d'observer le ciel, d'étudier les étoiles, les astres.

astuce nom féminin. Une astuce, c'est un moyen que l'on a imaginé pour réussir à faire quelque chose de difficile. *Viviane a trouvé une astuce pour réparer son sac à dos.*

✦ Tu peux dire aussi **truc**.

astucieux adjectif masculin, **astucieuse** adjectif féminin. Une personne astucieuse, c'est une personne qui arrive à se débrouiller, qui a des idées. *Viviane est astucieuse.*

✦ Tu peux dire aussi **malin**.

atelier nom masculin. Un atelier, c'est une pièce où il y a des outils.

Le mécanicien répare la voiture dans son atelier.

athlète nom masculin et féminin. Un athlète, une athlète, c'est un sportif qui fait de la course à pied, de la gymnastique, du lancer de poids, du saut en hauteur ou du saut en longueur.

athlétisme nom masculin. L'athlétisme, c'est l'ensemble des sports que font les athlètes.

atlas nom masculin. Un atlas, c'est un livre dans lequel il n'y a que des cartes de géographie. *Cherche dans ton atlas où se trouve la Bretagne.*

atmosphère nom féminin. L'atmosphère, c'est l'air qui entoure la Terre.

atome nom masculin. L'atome, c'est la plus petite partie de la matière.

atomique adjectif masculin et féminin. Une bombe atomique, c'est une bombe très puissante qui peut tout détruire sur la Terre en quelques secondes.

✦ Cherche aussi **nucléaire**.

atroce adjectif masculin et féminin. *Les terroristes ont commis un attentat atroce,* ils ont commis un attentat qui a fait très peur et où il y a eu beaucoup de morts.

✦ Tu peux dire aussi **horrible**.

attacher verbe. 1. *Le chien est attaché,* le chien est retenu par une chaîne ou par une corde qui l'empêche de s'en aller. 2. *En voiture, il faut attacher sa ceinture,* il faut mettre les deux bouts de la ceinture l'un dans l'autre pour la fermer. 3. *Christophe est très attaché à sa grand-mère,* il aime beaucoup sa grand-mère.

attaquer verbe. *Des grands ont attaqué François pour lui prendre son baladeur,* ils se sont jetés sur lui et l'ont frappé.

atteindre verbe. Atteindre, c'est arriver à toucher. *Le pot de confiture est dans le haut du placard, Gérald ne peut pas l'atteindre.*

attelage nom masculin. Un attelage, c'est un groupe d'animaux qui tirent un carrosse, une charrette ou un traîneau. *Le carrosse de la princesse était tiré par un attelage de chevaux blancs.*

attendre verbe. Attendre, c'est rester à l'endroit où l'on est jusqu'à ce que quelqu'un ou quelque chose arrive. *Pierre attend sa petite sœur à la sortie de l'école.*

attentat nom masculin. *Le président est mort dans un attentat,* il a été attaqué et tué par des personnes qui n'étaient pas d'accord avec sa manière de gouverner.

attente nom féminin. L'attente, c'est le temps pendant lequel on attend. *Le restaurant est complet, il y a une demi-heure d'attente,* il faut attendre une demi-heure avant de pouvoir s'installer à une table.

attentif adjectif masculin,
attentive adjectif féminin. *En classe, Barbara est attentive,* elle écoute avec attention.

✦ Le contraire de attentif, c'est **distrait**.

attention nom féminin. *Barbara écoute la maîtresse avec attention,* elle l'écoute bien, sans penser à autre chose. *Il faut faire attention quand on traverse la rue,* il faut bien regarder autour de soi, attendre que le feu soit rouge et être sûr que les voitures ne vont pas passer.

attentivement adverbe. *Barbara regarde attentivement ce que la maîtresse a écrit au tableau,* elle regarde avec attention, sans être distraite par autre chose.

atterrir verbe. *L'avion a atterri,* il s'est posé à terre.

✦ Le contraire de atterrir, c'est **décoller** et **s'envoler**.

L'avion atterrit.

A

atterrissage nom masculin. **L'atterrissage, c'est le moment où les roues de l'avion touchent le sol.**
✦ **Le moment où l'avion quitte le sol, c'est le décollage.**

Des aubergines.

attirer verbe. **Attirer, c'est faire venir vers soi.** *La confiture attire les guêpes.*
✦ **Le contraire de attirer, c'est éloigner.**

attitude nom féminin. **Une attitude, c'est la manière dont une personne réagit, dont elle se comporte.** *Les sauveteurs ont eu une attitude très courageuse.*

attraction nom féminin. **Une attraction, c'est un jeu auquel on participe dans une fête foraine ou dans un parc de loisirs.** *La grande roue est l'attraction préférée de Sébastien.*

attraper verbe. 1. **Attraper, c'est arriver à prendre.** *Le pêcheur a attrapé trois truites.* 2. *Philippe a attrapé la varicelle,* **il a la varicelle parce qu'il a été près de quelqu'un qui l'avait.**

aube nom féminin. **L'aube, c'est le moment où il commence à faire clair, très tôt le matin, juste avant que le soleil se lève.** *Quand il va à la chasse, Papa se lève à l'aube.*
✦ **Cherche aussi aurore.**

auberge nom féminin. **Une auberge, c'est un hôtel dans lequel il y a un restaurant, à la campagne.**

aubergine nom féminin. **Une aubergine, c'est un fruit long, à la peau violette, que l'on mange cuit.** *Maman prépare un gratin d'aubergines pour le dîner.*

aucun adjectif masculin,
aucune adjectif féminin. *Aucun élève de la classe n'est absent,* **pas un seul élève n'est absent.**
✦ **Tous les élèves sont présents.**

audacieux adjectif masculin,
audacieuse adjectif féminin. *Julie est audacieuse,* **elle n'a pas peur de faire des choses dangereuses et difficiles.**
✦ **Julie a de l'audace.**

auge nom féminin. **Une auge, c'est un bassin dans lequel les cochons viennent boire et manger.**

augmentation nom féminin. *Madame Martin a eu une augmentation de salaire,* **on lui donne un peu plus d'argent qu'avant pour son travail.**
✦ **Tu peux dire aussi hausse.**
✦ **Le contraire de augmentation, c'est réduction.**

augmenter verbe. 1. **Augmenter, c'est devenir plus grand.** *Le nombre de voitures qui roulent dans les villes augmente chaque année.* 2. **Augmenter, c'est devenir plus cher.** *Le prix de l'essence a augmenté.*
✦ **Le contraire de augmenter, c'est baisser, diminuer.**

aujourd'hui adverbe. **Aujourd'hui, c'est le jour où nous sommes.**

Aujourd'hui c'est mercredi, on ne va pas en classe.
✦ Cherche aussi **hier** et **demain**.

aurore nom féminin. L'aurore, c'est le moment où le soleil se lève et où il commence à faire jour. *À l'aurore le ciel est rose.*
✦ Cherche aussi **aube**.
✦ Le moment où il commence à faire nuit s'appelle le **crépuscule**.

ausculter verbe. *Le médecin ausculte Charles,* il écoute le bruit de son cœur et de sa respiration.
✦ L'appareil avec lequel le médecin ausculte les malades s'appelle un **stéthoscope**.

aussi adverbe. Aussi, c'est de la même façon. *Ma petite sœur a peur le soir lorsque Maman éteint la lumière; moi aussi j'ai peur dans le noir. Marie est aussi grande que Louis,* Marie et Louis ont la même taille.

Les cochons mangent dans leur auge.

aussitôt adverbe. Aussitôt, c'est tout de suite. *La fée toucha la citrouille avec sa baguette magique et aussitôt la citrouille se transforma en carrosse.*

autant adverbe. Autant, c'est le même nombre, la même quantité. *J'ai autant de billes que toi.*

auteur nom masculin. L'auteur, c'est l'homme ou la femme qui a écrit un livre ou une chanson, qui a fait un film ou a peint un tableau. *Qui est l'auteur de Babar?*
✦ Cherche aussi **écrivain**, **peintre**.

auto nom féminin. Une auto, c'est une voiture. *Fabienne joue avec ses petites autos.*
✦ Auto, c'est le mot **automobile** en plus court.

autobus nom masculin. Un autobus, c'est un grand véhicule qui transporte beaucoup de personnes dans les villes en faisant toujours le même trajet. *Papa prend l'autobus pour aller au bureau.*
✦ Tu peux dire aussi **bus**.

autocar nom masculin. Un autocar, c'est un grand véhicule qui transporte beaucoup de personnes sur les routes, pour les emmener d'une ville à l'autre ou d'un village à un autre. *Les enfants sont allés aux sports d'hiver en autocar.*
✦ Tu peux dire aussi **car**.

autocollant nom masculin. Un autocollant, c'est une image qui colle toute seule. *Gaspard a mis des autocollants sur la porte du réfrigérateur.*

automatique adjectif masculin et féminin. *Pour avoir un café Papa met de l'argent dans le distributeur automatique de boissons,* il met de l'argent dans le distributeur de boissons qui marche tout seul grâce à un mécanisme.

automatiquement adverbe. *Attention! les portes se ferment automatiquement,* elles se ferment toutes seules grâce à un mécanisme.

A

automne nom masculin. L'automne, c'est la saison de l'année qui vient après l'été et qui est avant l'hiver. *En automne, les feuilles deviennent jaunes et tombent des arbres.*

✦ L'automne commence le 22 ou le 23 septembre et finit le 21 décembre.

automobile nom féminin. Une automobile, c'est une voiture.

✦ Tu peux dire aussi **auto**.

automobiliste nom masculin et féminin. Un automobiliste, une automobiliste, c'est une personne qui conduit une automobile. *Les automobilistes doivent s'arrêter au feu rouge pour laisser traverser les piétons.*

autorisation nom féminin. Une autorisation, c'est une permission. *Ma grande sœur a l'autorisation de rentrer tard ce soir.*

✦ Le contraire de autorisation, c'est **interdiction**.

autoriser verbe. Autoriser, c'est donner la permission. *Maman nous autorise à regarder une cassette quand nous avons fini nos devoirs,* elle veut bien que nous le fassions.

✦ Tu peux dire aussi **permettre**.

✦ Le contraire de autoriser, c'est **défendre** et **interdire**.

autoritaire adjectif masculin et féminin. *Mon grand-père est très autoritaire,* il force les gens à lui obéir, il veut que l'on soit toujours du même avis que lui.

autorité nom féminin. *La directrice a de l'autorité,* elle sait comment faire pour que les élèves et les maîtres lui obéissent tout de suite.

autoroute nom féminin. Une autoroute, c'est une route très large où l'on peut rouler vite et qui est faite de deux parties séparées au milieu, une pour les voitures qui vont dans un sens et une autre pour celles qui vont dans l'autre sens. *On n'a pas le droit de faire demi-tour sur l'autoroute.*

autour adverbe. *Patrice et Juliette ont creusé un fossé autour du château de sable,* ils ont creusé un fossé qui entoure le château de sable.

autre adjectif masculin et féminin. **1.** *C'est trop compliqué de passer par ce chemin, j'ai une autre idée,* j'ai une idée différente. **2.** *Je voudrais une autre part de gâteau,* je voudrais une part de gâteau de plus.

autrefois adverbe. Autrefois, c'est dans le temps passé. *Autrefois il n'y avait pas d'électricité, on s'éclairait avec des bougies.*

✦ Tu peux dire aussi **jadis**.

autrement adverbe. Autrement, c'est d'une autre manière. *Je n'arrive pas à ouvrir cette boîte comme cela, je vais faire autrement.*

Nous avons pris l'autoroute pour partir en vacances.

autruche nom féminin. Une autruche, c'est un très grand oiseau qui a de longues pattes et qui court très vite mais ne vole pas. *Les œufs d'autruche sont très gros.*

✦ Les autruches vivent en Afrique du Sud.

Une autruche.

aval nom masculin. L'aval, c'est le côté vers lequel descend un cours d'eau. *Rouen est en aval de Paris sur la Seine,* Rouen est plus loin de la source de la Seine que Paris.

✦ Paris est en **amont** de Rouen.

avalanche nom féminin. Une avalanche, c'est une masse de neige qui se détache de la montagne et devient de plus en plus grosse en roulant le long de la pente. *Trois skieurs ont disparu dans une avalanche.*

avaler verbe. Avaler quelque chose, c'est le faire descendre dans sa gorge. *Tu mâches d'abord la nourriture que tu mets dans ta bouche et ensuite tu l'avales.*

avance nom féminin. **1.** En avance, c'est avant l'heure prévue. *Nous sommes arrivés en avance au rendez-vous.* **2.** À l'avance, c'est avant le moment prévu. *Si tu veux réserver une place dans le train pour le jour des départs en vacances, il faut t'y prendre longtemps à l'avance.*

✦ Le contraire de en avance, c'est en **retard**.

avancer verbe. **1.** Avancer, c'est marcher, rouler, aller en avant. *Les soldats romains avancent lentement dans la plaine.* **2.** *Ma montre avance de cinq minutes,* elle indique cinq minutes de plus que l'heure exacte.

✦ Si ta montre indique cinq minutes de moins que l'heure exacte, elle **retarde**.

avant préposition. *Lucie est rentrée à la maison avant son frère,* elle est rentrée plus tôt que lui.

✦ Le contraire de avant, c'est **après**.

avant nom masculin. L'avant, c'est la partie qui est devant. *L'avant du bateau est peint en bleu.*

✦ Le contraire de avant, c'est **arrière**.

avantage nom masculin. L'avantage d'une chose, c'est ce que cette chose a en plus des autres et qui la rend plus utile. *L'avantage de l'avion c'est qu'il va plus vite que le train.*

✦ Le contraire de avantage, c'est **inconvénient**.

avant-hier adverbe. Avant-hier, c'est le jour qui a précédé hier. *Hier c'était jeudi et avant-hier c'était mercredi.*

✦ Quel jour sommes-nous aujourd'hui?

avare adjectif masculin et féminin. *La tante de Loïc est avare,* elle ne veut pas dépenser son argent, elle le garde pour elle.

✦ Le contraire de avare, c'est **généreux**.

avec préposition. *Arthur est venu à mon anniversaire avec sa sœur,* Arthur et sa sœur sont venus tous les deux ensemble. *Mes grands-parents habitent une maison avec un jardin,* ils habitent une maison qui a un jardin.

✦ Le contraire de avec, c'est **sans**.

A

avenir nom masculin. L'avenir, c'est la partie du temps qui vient après le moment où l'on est. *Lorsqu'on est heureux on pense à l'avenir avec confiance.*
✦ Tu peux dire aussi **futur**.
✦ Cherche aussi **présent** et **passé**.

aventure nom féminin. Une aventure, c'est un événement extraordinaire et souvent dangereux qui arrive tout à coup. *Après bien des aventures, Tintin a réussi à découvrir le temple du Soleil et à sauver le professeur Tournesol.*

avenue nom féminin. Une avenue, c'est une rue très large avec des arbres sur les trottoirs. *Marion habite avenue des Thermes.*
✦ Cherche aussi **boulevard**.

averse nom féminin. Une averse, c'est une pluie qui arrive tout à coup et qui ne dure pas longtemps. *Nous irons nous promener quand l'averse sera passée.*

avertir verbe. Avertir, c'est dire qu'il va se passer quelque chose avant que cela n'arrive. *Lionel fait le guet pour avertir ses camarades du danger,* il fait le guet pour leur dire à l'avance s'il y a un danger, afin qu'ils fassent attention.
✦ Tu peux dire aussi **prévenir**.

avertissement nom masculin. Un avertissement, c'est une parole, un petit mot écrit ou un signe qui dit de faire attention, de se méfier, d'être prudent. *La lettre de menace finissait par ces mots : « Vous êtes prévenus : ceci est notre dernier avertissement. »*

aveu nom masculin. Faire un aveu, c'est dire des choses que l'on avait cachées parce qu'elles étaient vilaines. *L'assassin a fait des aveux complets aux policiers,* il a reconnu qu'il était coupable.
☞ Au pluriel : des **aveux**.
✦ L'assassin a tout **avoué**.

aveuglant adjectif masculin,
aveuglante adjectif féminin. *Les phares de la voiture qui va nous croiser ont une lumière aveuglante,* ils ont une lumière trop forte qui éblouit et empêche de voir pendant un instant.

aveugle nom masculin et féminin. Un aveugle, une aveugle, c'est une personne qui ne voit pas. *Les aveugles ont une écriture spéciale pour pouvoir lire et écrire.*

Coralie aide l'aveugle à traverser la rue.

aviateur nom masculin,
aviatrice nom féminin. Un aviateur, une aviatrice, c'était une personne qui pilotait un avion au début du XXe siècle quand les avions ont commencé à exister. *Les aviateurs portaient de grosses lunettes et des bonnets qui leur couvraient les oreilles à cause du froid et du vent.*
✦ Maintenant on dit un **pilote**.

aviation nom féminin. L'aviation, c'est tout ce qui a un rapport avec les avions. *Pendant la guerre, le colonel Chabaud était dans l'aviation,* il était pilote d'un avion militaire. *À Belle-Île les petits avions décollent et atterrissent sur un terrain d'aviation,* ils décollent et ils atterrissent dans un endroit aménagé pour les petits avions où il y a juste une piste.

avocat nom masculin,
avocate nom féminin. Un avocat, une avocate, c'est une personne dont le métier est d'aider les gens à comprendre la loi et de les défendre, devant les juges, lorsqu'ils sont accusés d'avoir fait quelque chose de mal. *Maître Henry est avocat.*

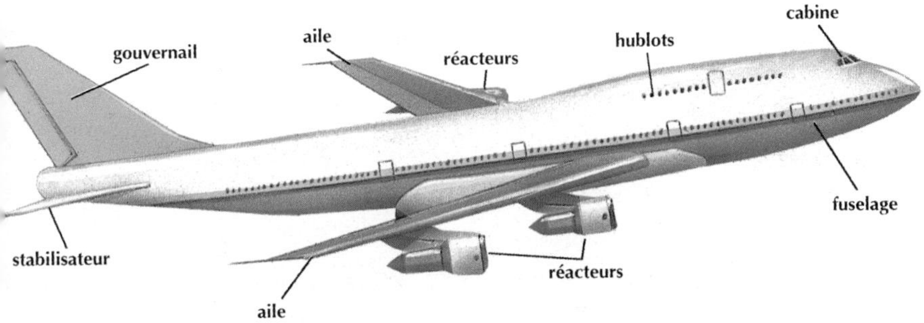

Un avion.

avion nom masculin. Un avion, c'est un appareil qui a un moteur et des ailes et qui vole. *Lola a pris l'avion toute seule pour aller chez sa grand-mère en Corse.*

aviron nom masculin. 1. Un aviron, c'est une rame. *Papa se sert des deux avirons pour faire avancer la barque.* 2. *Tous les dimanches mon oncle va faire de l'aviron sur la Marne,* il va pratiquer un sport où plusieurs personnes rament ensemble dans un long canoë.

avis nom masculin. *Maman dit à Papa : « Je ne sais pas si c'est bien de mettre Arnaud dans une autre école l'année prochaine, donne-moi ton avis »,* dis-moi ce que tu penses de cela.

avocat nom masculin. Un avocat, c'est un fruit ovale comme une poire qui a une peau verte ou marron et un gros noyau. *Lucie mange un avocat à la vinaigrette.*

✦ Les avocats poussent dans les pays chauds.

Combien vois-tu d'avocats ?

A

avoine nom féminin. L'avoine, c'est une plante qui ressemble un peu au blé. *Les chevaux mangent de l'avoine.*
✦ L'avoine est une **céréale**.

avoir verbe. 1. Avoir, c'est posséder. *Tu as un pull rouge. Les Duval ont une grosse voiture. Aline a deux frères.* 2. Avoir, c'est sentir au fond de soi. *J'ai mal au ventre.*

avouer verbe. Avouer, c'est dire que l'on a fait quelque chose qui n'est pas bien, ne plus mentir. *Damien a avoué que c'était lui qui avait cassé le vase.*
✦ Le contraire de avouer, c'est **nier**.

axe nom masculin. Un axe, c'est une tige qui passe au milieu de quelque chose. *Le globe lumineux qui représente la Terre tourne autour d'un axe.*

azalée nom féminin. Une azalée, c'est une plante en pot qui a de très belles fleurs.

Des azalées.

B

b B b

babines nom féminin pluriel. Les babines, ce sont les lèvres du chien. *Rex fait peur quand il retrousse les babines.*

Rex garde la maison; dès qu'un inconnu s'approche, il retrousse les babines.

bâbord nom masculin. Bâbord, c'est le côté gauche du bateau quand on regarde vers l'avant. *Attention, il y a des rochers à bâbord!*

✦ Le côté droit du bateau, c'est **tribord**.

bac nom masculin. Un bac, c'est un bateau qui transporte des personnes et des voitures d'une rive à l'autre. *Nous avons pris le bac pour aller à Belle-Île.*

bâcler verbe. *Pierre a bâclé ses devoirs,* il a fait ses devoirs trop vite, sans s'appliquer.

bagage nom masculin. Les bagages, ce sont les valises et les sacs dans lesquels on met les affaires que l'on emporte avec soi en voyage. *Maman a mis tous les bagages dans le coffre de la voiture.*

bagarre nom féminin. Une bagarre, c'est une lutte entre des personnes qui se donnent des coups. *Rémi cherche toujours la bagarre,* il veut toujours se battre.

se **bagarrer** verbe. Se bagarrer, c'est se battre. *Rémi et Franck se sont encore bagarrés pendant la récréation.*

bague nom féminin. Une bague, c'est un bijou que l'on porte au doigt. *La princesse avait une bague ornée de diamants.*

Sors de l'eau, Sandra, il y a une heure que tu es dans la salle de bains !

baguette nom féminin. 1. Une baguette, c'est un petit bâton mince. *Claire tape sur son tambour avec des baguettes.* 2. Une baguette, c'est un pain long et mince. *Ludovic est allé acheter une baguette à la boulangerie.*

se **baigner** verbe. Se baigner, c'est se mettre dans l'eau pour se laver ou pour nager. *Pendant les vacances, Caroline s'est baignée tous les jours dans la piscine.*

✦ Cherche aussi se **doucher**.

baignoire nom féminin. Une baignoire, c'est un grand récipient que l'on remplit d'eau pour prendre un bain et se laver, dans une salle de bains.

bâiller verbe. Bâiller, c'est ouvrir très grand la bouche sans le faire exprès et sans pouvoir s'en empêcher, quand on a faim ou sommeil, ou quand on s'ennuie. *Mets ta main devant la bouche quand tu bâilles !*

bain nom masculin. *Sandra prend son bain le soir avant de se coucher,* elle se met dans la baignoire remplie d'eau pour se laver.

baiser nom masculin. *Donne-moi un baiser sur la joue,* pose tes lèvres sur ma joue, embrasse-moi.

baisse nom féminin. *La température est en baisse,* elle est en train de baisser, il va faire moins chaud.

✦ Le contraire de baisse, c'est **hausse**.

baisser verbe. 1. Baisser, c'est mettre plus bas, faire descendre. *Le conducteur de la voiture baisse sa vitre pour demander son chemin. Corinne, baisse le son de la radio !* 2. Baisser, c'est devenir moins haut, diminuer. *Il n'a pas plu depuis longtemps, la rivière a baissé.*

✦ Le contraire de baisser, c'est **monter**.

bal nom masculin. Un bal, c'est une fête où l'on danse. *Ce soir, il y a un bal sur la place du village.*

☞ Au pluriel : des **bals**.

✦ Ne confonds pas bal et **balle**.

Alice écoute une cassette sur son baladeur.

baladeur nom masculin. Un baladeur, c'est un petit appareil avec des écouteurs, qui sert à entendre de la musique et que l'on peut porter sur soi.

balai nom masculin. Un balai, c'est une brosse accrochée à un long manche que l'on passe par terre pour enlever la poussière, les miettes, les saletés. *Xavier donne un coup de balai dans la salle à manger après le dîner.*

✦ Ne confonds pas balai et **ballet**.

balance nom féminin. Une balance, c'est un appareil qui sert à peser une chose, une personne ou un animal. *Le poissonnier pose la sole sur la balance pour connaître son poids.*

se **balancer** verbe. Se balancer, c'est faire aller son corps d'avant en arrière plusieurs fois de suite. *Delphine se balançait sur sa chaise et elle est tombée.*

balançoire nom féminin. Une balançoire, c'est une petite planche suspendue à deux cordes, sur laquelle on peut s'asseoir ou se mettre debout pour se balancer.

balayer verbe. Balayer, c'est enlever, avec un balai, la poussière, les miettes, les saletés qui sont par terre. *Xavier balaie la salle à manger.*

balcon nom masculin. Un balcon, c'est ce qui dépasse du mur d'une maison et prolonge une pièce à l'extérieur, derrière une porte-fenêtre. *Mathieu a mangé son goûter au soleil, sur le balcon.*

baleine nom féminin. Une baleine, c'est un très grand animal qui vit dans la mer. *Les baleines peuvent mesurer plus de 25 mètres et peser 150 tonnes.*

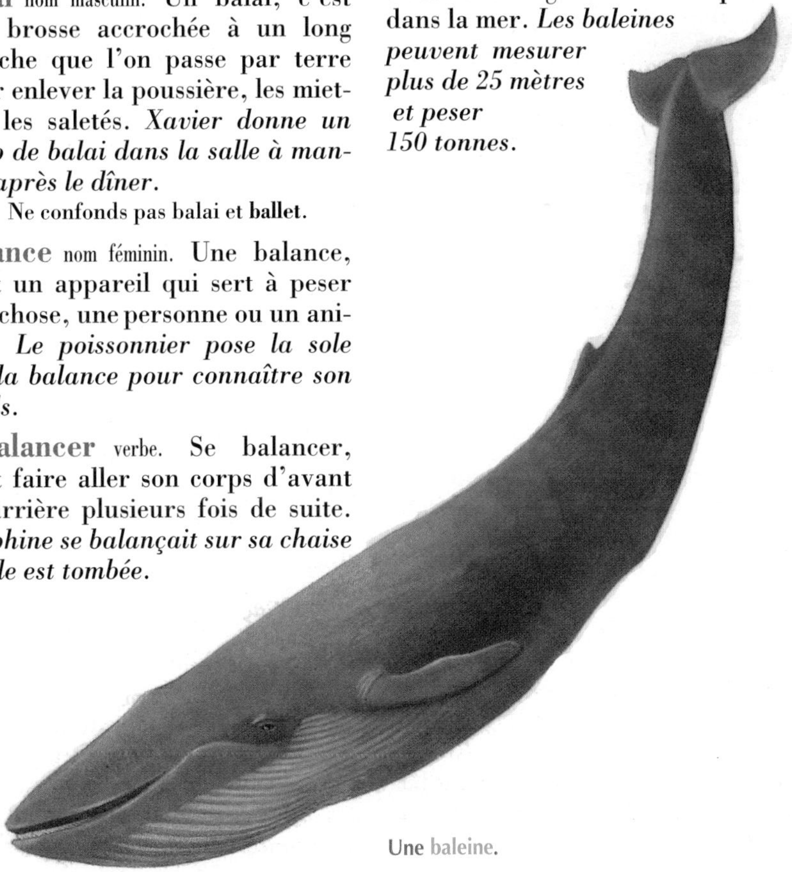

Une baleine.

balle nom féminin. 1. Une balle, c'est un petit objet rond avec lequel on joue. *Joëlle lance la balle à Pierre qui la rattrape.* 2. Une balle, c'est un petit morceau de métal envoyé par un fusil ou un pistolet et qui peut blesser ou tuer. *La balle a atteint le bandit en plein cœur.*

✦ Ne confonds pas balle et **bal**.

ballet nom masculin. Un ballet, c'est un spectacle où l'on voit danser des danseurs et des danseuses.

✦ Ne confonds pas ballet et **balai**.

ballon nom masculin. Un ballon, c'est une grosse balle ronde ou ovale. *Marc et Lucie jouent au ballon dans le jardin.*

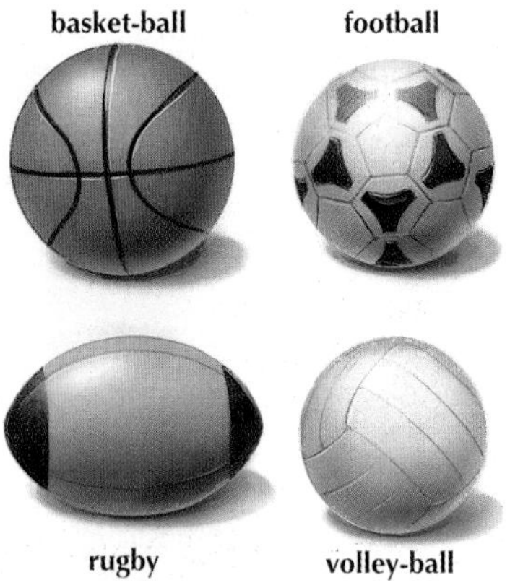

Des ballons.

bambou nom masculin. Le bambou, c'est une plante qui a une très longue tige dure et creuse dont on se sert pour fabriquer des meubles, des cannes à pêche, des clôtures. *Les bambous poussent dans les pays chauds.*

☞ Au pluriel : des **bambous**.

banal adjectif masculin,
banale adjectif féminin. Une chose banale, c'est une chose qui est courante et ordinaire, qui n'étonne personne. *C'est banal d'aimer le chocolat.*

☞ Au masculin pluriel : **banals**.
Au féminin pluriel : **banales**.

✦ Le contraire de banal, c'est **original**.

banane nom féminin. Une banane, c'est un fruit long recouvert d'une grosse peau jaune. *Les bananes poussent dans les pays chauds.*

banc nom masculin. Un banc, c'est un siège dur sur lequel plusieurs personnes peuvent s'asseoir les unes à côté des autres. *Coralie fait un tour de manège; ses parents l'attendent assis sur un banc à l'ombre.*

bande nom féminin. 1. Une bande, c'est un morceau de tissu ou de papier long et étroit. *Émilie s'est tordu le pied, le médecin lui a mis une bande autour de la cheville.* 2. *Une bande de voyous a couvert le mur d'inscriptions*, plusieurs voyous ensemble ont couvert le mur d'inscriptions. 3. Une bande dessinée, c'est une histoire racontée dans des dessins qui sont les uns à côté des autres.

bandeau nom masculin. Un bandeau, c'est un morceau de tissu long et étroit. *Éric a un bandeau sur les yeux pour jouer à colin-maillard.*

☞ Au pluriel : des **bandeaux**.

bander verbe. *Le médecin bande la cheville d'Émilie qui s'est tordu le pied*, il lui fait un pansement en lui mettant une bande.

bandit nom masculin. Un bandit, c'est une personne malhonnête qui vole et qui tue. *Les policiers ont arrêté les bandits qui avaient cambriolé la bijouterie.*

a b

banlieue nom féminin. La banlieue, c'est l'ensemble des petites villes qui sont autour d'une grande ville. *Les grands-parents d'Olivier habitent dans la banlieue de Lyon.*

banque nom féminin. Une banque, c'est une maison où l'on fait garder son argent et où l'on peut s'en faire prêter.

✦ La banque donne à ses clients des carnets de chèques et des cartes de crédit pour qu'ils paient leurs achats.

banquet nom masculin. Un banquet, c'est un repas de fête auquel assistent de nombreuses personnes.

banquette nom féminin. Une banquette, c'est un siège sur lequel plusieurs personnes peuvent s'asseoir les unes à côté des autres dans une voiture, un train, un autobus, un café.

baobab nom masculin. Un baobab, c'est un très grand et très gros arbre qui pousse en Afrique.

Le baobab est le plus gros de tous les arbres de la savane.

baptême nom masculin. 1. Le baptême, c'est la cérémonie au cours de laquelle une personne devient chrétienne. 2. *Hier, c'était le baptême de l'air de Florence,* elle a pris l'avion pour la première fois hier.

baptiser verbe. 1. Baptiser, c'est faire devenir chrétien en donnant le baptême. *Clément était dans les bras de sa marraine pendant que le prêtre le baptisait.* 2. *Amandine a baptisé son hamster Titou,* elle l'a appelé Titou.

barbe nom féminin. La barbe, ce sont les poils qui poussent sur le visage des hommes. *L'explorateur avait une grande barbe blanche.*

barbelé adjectif masculin. Du fil de fer barbelé, c'est du fil de fer avec des pointes. *Le pré où broutent les vaches est entouré de fil de fer barbelé.*

barbu adjectif masculin,
barbue adjectif féminin. *Le père d'Aurélien est barbu,* il a une barbe.

baromètre nom masculin. Un baromètre, c'est un appareil qui indique si le temps va changer.

barque nom féminin. Une barque, c'est un petit bateau que l'on fait avancer avec des rames.

barrage nom masculin. 1. Un barrage, c'est un grand mur construit en travers d'une rivière pour retenir l'eau qui servira à arroser la région ou à fabriquer de l'électricité. 2. *Les policiers ont fait un barrage sur la route,* ils ont barré la route afin d'empêcher les gens de passer.

Attention à la statue, ne lui mettez pas la tête en bas!

barre nom féminin. **1.** Une barre de fer, c'est un morceau de fer allongé et droit. **2.** Une barre, c'est un trait allongé. *N'oublie pas la barre du t quand tu écris.*

barreau nom masculin. Un barreau, c'est une petit barre. *Dans les prisons il y a des barreaux aux fenêtres.*

☞ Au pluriel : des **barreaux**.

barrer verbe. **1.** *La route est barrée*, elle est fermée, on ne peut pas passer. **2.** *Vincent barre « lundi » et écrit « mardi »*, il fait un trait sur « lundi » pour montrer qu'il supprime ce mot.

barrette nom féminin. Une barrette, c'est une pince qui sert à attacher les cheveux.

barrière nom féminin. Une barrière, c'est une sorte de porte faite de barreaux en bois ou en métal, qui ferme un jardin, un champ, un chemin. *Ferme la barrière afin que le chien ne puisse pas sortir.*

bas nom masculin. Le bas d'une chose, c'est la partie qui est la plus proche du sol. *Les chaussures sont rangées dans le bas du placard.*

✦ La partie qui est le plus près du plafond c'est le **haut**.

bas adjectif masculin,

basse adjectif féminin. **1.** *Chez le médecin, dans la salle d'attente, il y a des journaux sur une table basse*, il y a des journaux sur une table qui n'est pas haute, qui est près du sol. **2.** *Julie et Antoine parlent à voix basse au fond de la classe*, ils parlent doucement.

✦ Le contraire de bas, c'est **haut**.

bascule nom féminin. *Marie a un cheval à bascule*, elle a un petit cheval de bois sur lequel elle peut se balancer d'avant en arrière.

base nom féminin. La base d'une chose, c'est la partie qui est en bas, la plus proche du sol. *Cueille la fleur en la coupant bien à la base.*

basket nom féminin. Une basket, c'est une chaussure qui a une semelle épaisse en caoutchouc et que l'on met pour faire du sport. *Romain a mis ses baskets pour jouer au football.*

basse-cour nom féminin. La basse-cour, c'est l'endroit de la ferme où vivent les poules, les canards, les oies, les pintades, les dindons.

La fermière donne du grain aux animaux de la basse-cour.

bassin nom masculin. Un bassin, c'est une sorte de petit lac qui a été construit dans un jardin. *Les enfants font flotter leurs bateaux dans le bassin du square.*

bassine nom féminin. Une bassine, c'est un grand récipient rond et large dans lequel on met de l'eau. *Maman a mis du linge à tremper dans une bassine.*

✦ Tu peux dire aussi **cuvette**.

bataille nom féminin. Une bataille, c'est un combat entre deux armées. *Vercingétorix a gagné la bataille de Gergovie contre Jules César.*

bateau nom masculin. Un bateau, c'est un grand objet, construit pour flotter et se déplacer sur l'eau. *Dominique a pris le bateau pour aller en Corse.*

☞ Au pluriel : des **bateaux**.

✦ Les barques, les paquebots, les péniches, les voiliers sont des bateaux.

✦ Cherche aussi **navire**.

Un voilier, un paquebot, une barque sont des bateaux.

A B

bâtiment nom masculin. Un bâtiment, c'est un ensemble de murs avec un toit, des fenêtres, des portes, dans lequel on habite ou on travaille. *Une maison, un immeuble, une usine sont des bâtiments.*

bâtir verbe. *Cette ville a été bâtie au Moyen Âge*, elle a été construite au Moyen Âge.

bâton nom masculin. Un bâton, c'est un long morceau de bois que l'on peut tenir à la main.

Guignol donne des coups de bâton au gendarme.

batterie nom féminin. **1.** La batterie d'un orchestre, c'est l'ensemble des instruments de musique sur lesquels on tape. **2.** La batterie de la voiture, c'est ce qui donne l'électricité dont la voiture a besoin pour marcher.

battre verbe. Battre, c'est taper, donner des coups. *Mélanie bat son chat parce qu'il l'a griffée. Yves et Rémi se sont battus pendant la récréation.*

bavard adjectif masculin,
bavarde adjectif féminin. *Julie est très bavarde*, elle parle beaucoup et tout le temps.

bavardage nom masculin. *Patrice et Serge ont été punis pour bavardage*, ils ont été punis parce qu'ils bavardaient.

bavarder verbe. Bavarder, c'est parler beaucoup et sans arrêt de choses qui n'ont pas d'importance. *Julie et Benoît bavardent au lieu d'écouter.*

✦ Le contraire de bavarder, c'est se **taire**.

bave nom féminin. La bave, c'est le liquide qui coule de la bouche. *Le bébé a de la bave sur le menton.*

✦ Cherche aussi **salive**.

baver verbe. Baver, c'est avoir de la salive qui coule de la bouche. *Le chien bave en regardant son maître lui préparer sa pâtée.*

bavoir nom masculin. Un bavoir, c'est une petite serviette que l'on met autour du cou d'un bébé pour qu'il ne salisse pas ses vêtements.

beau adjectif masculin,
belle adjectif féminin. *Florent est beau habillé en rouge*, il est agréable à regarder. *Fabienne a une belle voix quand elle chante*, elle a une voix agréable à entendre.

☞ Au masculin pluriel : **beaux**.
Au féminin pluriel : **belles**.

✦ Tu peux dire aussi **joli**.

✦ Le contraire de beau, c'est **laid**, **vilain**.

beaucoup adverbe. **1.** Beaucoup, c'est une grande quantité. *Antoine a beaucoup de pommes dans son panier.* **2.** *Anne aime beaucoup nager*, elle aime énormément nager.

✦ Le contraire de beaucoup, c'est **peu**.

beauté nom féminin. La beauté, c'est la qualité de ce qui est beau. *La princesse était d'une grande beauté,* elle était très belle.

✦ Le contraire de beauté, c'est **laideur**.

bébé nom masculin. Un bébé, c'est un tout petit enfant qui vient de naître. *Le petit frère de Flora ne sait pas marcher, c'est encore un bébé.*

bec nom masculin. Le bec, c'est ce qui sert de bouche aux oiseaux et aux tortues. *La poule a attrapé un ver de terre avec son bec.*

bêche nom féminin. Une bêche, c'est une pelle dont on se sert pour remuer la terre d'un jardin.

becquée nom féminin. La becquée, c'est la nourriture qu'un oiseau prend dans son bec pour la donner à manger à ses petits qui ne savent pas encore voler. *L'oiseau donne la becquée à ses petits.*

bégayer verbe. Bégayer, c'est parler en répétant des morceaux de mots plusieurs fois de suite, sans le faire exprès.

bégonia nom masculin. Un bégonia, c'est une plante aux fleurs rouges, jaunes ou blanches, dont les feuilles sont brillantes.

Antoine a beaucoup de pommes, Luc en a peu.

beige adjectif masculin et féminin. *Henri a des chaussures beiges,* il a des chaussures de couleur brun clair.

beignet nom masculin. *Pour le goûter, Mamie va nous faire des beignets aux pommes,* elle va tremper des morceaux de pommes dans de la pâte et les faire frire dans de l'huile bouillante.

bêler verbe. *Les moutons et les chèvres bêlent,* ils poussent leur cri.

bélier nom masculin. Un bélier, c'est un mouton mâle. *Tous les moutons du troupeau suivent le bélier.*

✦ La **brebis** est un mouton femelle.

bénéfice nom masculin. Un bénéfice, c'est l'argent que l'on gagne quand on vend quelque chose plus cher qu'on ne l'a acheté. *J'ai acheté une petite voiture 3 euros, je te la vends 4 euros : je fais un bénéfice d'un euro.*

benjamin nom masculin,
benjamine nom féminin. Le benjamin, la benjamine, c'est l'enfant le plus jeune, dans une famille ou dans un groupe.

✦ Cherche aussi **cadet**.

✦ Le plus âgé, c'est l'**aîné**.

Paul est le benjamin, Léa est l'aînée.

béquille nom féminin. Une béquille, c'est un bâton spécial sur lequel on s'appuie quand on ne peut pas marcher normalement. *Malika s'est cassé la jambe, elle marche avec des béquilles.*

✦ Cherche aussi **canne**.

berceau nom masculin. Un berceau, c'est un petit lit de bébé, que l'on peut balancer.

☞ Au pluriel : des **berceaux**.

bercer verbe. Bercer, c'est faire aller doucement d'un côté puis de l'autre, dans un berceau ou dans ses bras. *Papa berce ma petite sœur pour qu'elle s'endorme.*

berceuse nom féminin. Une berceuse, c'est une chanson douce que l'on chante à un bébé pour qu'il s'endorme.

béret nom masculin. Un béret, c'est un chapeau rond et plat en tissu.

berge nom féminin. La berge, c'est le bord d'une rivière, d'un fleuve, d'un canal. *Le pêcheur s'est installé sur la berge.*

berger nom masculin,
bergère nom féminin. Un berger, une bergère, c'est une personne qui garde les moutons et les chèvres.

bergerie nom féminin. La bergerie, c'est la maison dans laquelle dorment les moutons.

✦ Les vaches dorment dans une **étable** et les chevaux dans une **écurie**.

besoin nom masculin. Un besoin, c'est quelque chose dont on ne peut absolument pas se passer. *Un petit chat a besoin de lait pour vivre,* le lait est nécessaire au petit chat pour qu'il vive, il lui faut absolument du lait.

bétail nom masculin. Le bétail, c'est l'ensemble de tous les gros animaux de la ferme, comme les vaches, les moutons, les cochons.

Les moutons et les vaches font partie du bétail.

bête nom féminin. Une bête, c'est un animal. *Vladimir aime beaucoup les bêtes. Les vaches sont des bêtes à cornes.*

bête adjectif masculin et féminin. Une personne bête, c'est une personne qui ne comprend rien, qui n'est pas capable de réfléchir.

✦ Tu peux dire aussi **idiot**, **sot**, **stupide**.

✦ Le contraire de bête, c'est **intelligent**.

bêtise nom féminin. 1. La bêtise, c'est le défaut d'une personne bête, qui ne comprend rien. 2. *Thibaud a fait une bêtise,* il a fait une chose qu'il ne fallait pas faire.

✦ Tu peux dire aussi **sottise**.

béton nom masculin. Le béton, c'est un mélange de sable, de pierres et d'eau qui devient très dur en séchant et qui sert à fabriquer des murs, des maisons.

Une bicyclette.

betterave nom féminin. La betterave, c'est une plante qui a une grosse racine. *Les betteraves à sucre donnent du sucre. On mange les betteraves rouges en salade.*

beurre nom masculin. Le beurre, c'est la matière grasse jaune que l'on obtient en battant la crème du lait de vache. *Maman fait cuire les escalopes dans du beurre.*

beurrer verbe. Beurrer, c'est recouvrir de beurre. *Victor beurre sa tartine.*

biberon nom masculin. Un biberon, c'est une petite bouteille avec une tétine qui permet à un bébé de boire facilement en tétant. *Antoine donne le biberon à sa petite sœur.*

bibliothèque nom féminin. Une bibliothèque, c'est un meuble avec des étagères sur lesquelles on range les livres.

biche nom féminin. La biche, c'est un grand animal qui vit dans la forêt; elle est la femelle du cerf.

✦ Le petit de la biche et du cerf, c'est le **faon**.

bicyclette nom féminin. Une bicyclette, c'est un engin à deux roues sur lequel on s'assied et que l'on fait avancer en appuyant sur les pédales, les mains posées sur le guidon. *Margot est allée au village à bicyclette.*

✦ Tu peux dire aussi **vélo**.

bidon nom masculin. Un bidon, c'est un récipient fermé par un bouchon ou un couvercle, qui sert à transporter des liquides. *Papa a un bidon d'huile dans le coffre de sa voiture.*

bien adverbe. Bien, c'est comme il faut, d'une manière qui plaît à tout le monde. *Thomas travaille bien à l'école.*

✦ Le contraire de bien, c'est **mal**.

Adeline se tient bien à table, Hervé se tient mal.

bien nom masculin. Le bien, c'est ce qui est agréable et utile. *Catherine est guérie, les médicaments lui ont fait du bien,* les médicaments l'ont fait aller mieux.

✦ Le contraire de bien, c'est **mal**.

a
b

A B

bien que conjonction. Bien que, c'est un mot qui indique que l'on va dire quelque chose qui s'oppose à ce que l'on vient de dire. *Il pleut bien qu'il y ait du soleil.*

✦ Tu peux dire aussi **quoique**.

bientôt adverbe. Bientôt, c'est dans peu de temps. *Au revoir et à bientôt !*

bière nom féminin. La bière, c'est une boisson jaune ou brune qui contient un peu d'alcool et qui pétille. *La bière est faite avec deux plantes : l'orge et le houblon.*

bifteck nom masculin. Un bifteck, c'est une tranche de viande de bœuf, c'est un steak. *Nous avons mangé des biftecks avec de la purée.*

✦ Bifteck est un mot qui vient de l'anglais.

bijou nom masculin. Un bijou, c'est un objet que l'on porte sur soi pour faire joli. *Les bagues, les bracelets, les colliers, les boucles d'oreilles sont des bijoux.*

☞ Au pluriel : des **bijoux**.

bijouterie nom féminin. Une bijouterie, c'est un magasin où l'on vend des bijoux.

bijoutier nom masculin,
bijoutière nom féminin. Un bijoutier, une bijoutière, c'est une personne qui fabrique ou qui vend des bijoux dans une bijouterie.

bille nom féminin. Une bille, c'est une petite boule en verre, en métal, en pierre ou en plastique avec laquelle on joue. *Anne-Laure et Vincent jouent aux billes pendant la récréation.*

billet nom masculin. 1. Un billet, c'est un rectangle de papier qui vaut une certaine somme d'argent. *Maman a payé avec un billet de 10 euros.* 2. *Pour prendre le train, il faut acheter un billet*, il faut acheter un rectangle de papier qui prouve que l'on a payé le prix du voyage.

biscotte nom féminin. Une biscotte, c'est une tranche de pain de mie qui a été séchée. *Mamie a acheté un paquet de biscottes.*

biscuit nom masculin. Un biscuit, c'est un petit gâteau sec. *Juliette a acheté deux paquets de biscuits en rentrant de l'école.*

bise nom féminin. La bise, c'est un vent froid qui souffle du nord, en hiver et au printemps.

bison nom masculin. Un bison, c'est un bœuf sauvage qui a un large front, des cornes courtes, une bosse sur le cou et une épaisse crinière sur la tête.

bizarre adjectif masculin et féminin. Quelque chose de bizarre, c'est quelque chose qui étonne, que l'on n'a pas l'habitude de voir.

✦ Tu peux dire aussi **étrange**.
✦ Le contraire de bizarre, c'est **normal**.

Il se passe quelque chose de bizarre, se dit Renaud.

blanc adjectif masculin,

blanche adjectif féminin. La couleur blanche, c'est la couleur la plus claire, la couleur du lait et de la neige. *Mon grand-père a les cheveux blancs.*

blanc nom masculin. Le blanc d'œuf, c'est le liquide transparent qui est autour du jaune et qui devient blanc et dur en cuisant.

blancheur nom féminin. *Sous le soleil la blancheur de la neige est éclatante,* la couleur blanche de la neige est éclatante.

blanchir verbe. Blanchir, c'est devenir blanc. *Les cheveux de mon grand-père ont blanchi depuis l'année dernière.*

blanchisserie nom féminin. Une blanchisserie, c'est un magasin où l'on apporte son linge sale à laver.

blé nom masculin. Le blé, c'est une céréale dont on écrase les grains pour faire de la farine. *Les grains de blé forment un épi en haut de la tige.*

blessé nom masculin,

blessée nom féminin. Un blessé, une blessée, c'est une personne qui a une blessure. *Les blessés ont été transportés à l'hôpital.*

blesser verbe. Blesser, c'est donner un coup qui abîme une partie du corps. *Le chasseur n'a pas tué le sanglier, il l'a seulement blessé.*

blessure nom féminin. Une blessure, c'est un endroit du corps qui a été abîmé parce que l'on a reçu un coup ou que l'on s'est coupé. *Maman a mis un pansement sur ma blessure.*

bleu adjectif masculin,

bleue adjectif féminin. La couleur bleue, c'est la couleur du ciel quand il n'y a pas de nuages.

☞ Au masculin pluriel : **bleus.**
Au féminin pluriel : **bleues.**

Denis a une combinaison de ski bleue.

bleu nom masculin. Un bleu, c'est une tache bleue qui apparaît sur la peau à l'endroit où l'on a reçu un coup. *Marc s'est fait un bleu à la cuisse en se cognant.*

☞ Au pluriel : des **bleus.**

bloc nom masculin. 1. Un bloc, c'est un gros morceau. *Un bloc de pierre est tombé de la montagne.* 2. Un bloc de papier, c'est un ensemble de feuilles collées sur un côté que l'on peut arracher facilement.

blond adjectif masculin,

blonde adjectif féminin. Une personne blonde, c'est une personne qui a les cheveux clairs presque jaunes.

bloquer verbe. Bloquer, c'est empêcher de bouger, de passer. *Le gardien de but a bloqué le ballon. La voiture est bloquée dans un embouteillage.*

a b

se **blottir** verbe. *Effrayée par l'orage, Marine a couru se blottir contre son père*, elle s'est serrée contre lui pour se mettre à l'abri.

blouse nom féminin. Une blouse, c'est un vêtement long que l'on met par-dessus ses habits pour ne pas les salir. *L'infirmière a une blouse blanche.*

blouson nom masculin. Un blouson, c'est une veste courte serrée dans le bas.

boa nom masculin. Un boa, c'est un grand et gros serpent qui étouffe l'animal qu'il veut manger en le serrant très fort. *Le boa est un serpent d'Amérique du Sud.*

Le boa étouffe sa proie.

bobine nom féminin. Une bobine de fil, c'est un petit cylindre autour duquel est enroulé du fil. *Maman a acheté une bobine de fil vert.*

bocal nom masculin. 1. Un bocal, c'est un récipient en verre, fermé par un couvercle. *Le bocal de cornichons est dans le placard.* 2. *Les poissons rouges tournent dans leur bocal*, dans leur aquarium rond.

☞ Au pluriel : des **bocaux**.

bœuf nom masculin. Un bœuf, c'est un taureau que l'on a rendu incapable de faire des petits. *Les bœufs et les vaches sont rentrés à l'étable.*

boire verbe. Boire, c'est avaler quelque chose de liquide. *Céline a bu un verre d'eau avant de se coucher.*

bois nom masculin. 1. Un bois, c'est un endroit où poussent beaucoup d'arbres, c'est une petite forêt. 2. Le bois, c'est la matière des arbres. *Baptiste ramasse du bois pour faire du feu.* 3. Les bois du cerf, ce sont ses cornes.

boisson nom féminin. Une boisson, c'est un liquide que l'on boit. *L'eau, le vin, les jus de fruits, le lait sont des boissons.*

C'est agréable une boisson fraîche quand on a soif !

boîte nom féminin. Une boîte, c'est un objet qui a un couvercle et dans lequel on range des choses. *Le marteau et le tournevis sont dans la boîte à outils.*

boiter verbe. Boiter, c'est marcher en penchant le corps plus d'un côté que de l'autre. *Jacques s'est tordu le pied, il boite.*

bol nom masculin. Un bol, c'est un petit récipient rond dans lequel on boit.

bombe nom féminin. Une bombe, c'est un objet fabriqué pour tout détruire autour de lui en explosant. *L'avion ennemi a lâché une bombe sur le village.*

bon adjectif masculin,
bonne adjectif féminin. **1.** Quelque chose de bon, c'est quelque chose qui est agréable à manger, à boire, à regarder, à entendre. *Ces crêpes sont très bonnes*, elles sont délicieuses. *Nous avons vu un bon film à la télévision.* **2.** *Ton addition est bonne*, tu as bien fait l'addition, elle est juste, exacte. **3.** Une personne bonne, c'est une personne gentille, généreuse, qui fait du bien aux autres. *Le médecin de notre village est un homme très bon.* **4.** *Sylvie est bonne en gymnastique*, elle fait très bien les exercices de gymnastique.
✦ Le contraire de bon, c'est **mauvais**.
✦ Ne confonds pas bon et **bond**.

bonbon nom masculin. Un bonbon, c'est une petite chose sucrée que l'on croque ou que l'on suce. *Luc aime les bonbons à la menthe.*

bond nom masculin. Un bond, c'est ce que l'on fait quand on saute et que les pieds quittent ensemble le sol d'un mouvement brusque. *Le kangourou avance en faisant des bonds.*
✦ Cherche aussi **saut**.
✦ Ne confonds pas bond et **bon**.

bondir verbe. Bondir, c'est sauter en l'air brusquement. *Le lion a bondi sur la gazelle.*

bonheur nom masculin. Le bonheur, c'est l'état dans lequel on est quand on est très content. *Tous les invités ont souhaité beaucoup de bonheur aux jeunes mariés.*
✦ Le contraire de bonheur, c'est **malheur**.

Les enfants font un bonhomme de neige.

bonhomme nom masculin. Un bonhomme de neige, c'est une sorte de statue que l'on fait avec de la neige, pour s'amuser.
☞ Au pluriel : des **bonshommes**.

bonjour nom masculin. Bonjour, c'est le mot que l'on dit à quelqu'un que l'on rencontre pour la première fois de la journée. *As-tu dit bonjour à Gilles? Bonjour, Gilles, comment vas-tu?*
✦ Le contraire de bonjour, c'est au **revoir**.

bonnet nom masculin. Un bonnet, c'est un chapeau. *Il fait froid, Annie a mis un bonnet de laine.*

bonsoir nom masculin. Bonsoir, c'est le mot que l'on dit le soir à quelqu'un que l'on rencontre ou que l'on quitte. *Matthias dit bonsoir à tout le monde et va se coucher.*

bonté nom féminin. La bonté, c'est la qualité d'une personne bonne, gentille, généreuse, qui aide les autres. *Le vieux médecin du village est d'une grande bonté.*
✦ Le contraire de bonté, c'est **méchanceté**.

bord nom masculin. Le bord d'une chose, c'est l'endroit où cette chose se termine. *Thérèse a rempli son verre jusqu'au bord*, elle l'a rempli jusqu'en haut. *Tanguy passe ses vacances au bord de la mer*, il passe ses vacances dans une région qui est le long de la mer.

border verbe. **1.** Border, c'est être sur le bord. *Des arbres bordent l'allée*, des arbres sont tout le long de l'allée. **2.** *Maman borde Karim dans son lit*, elle replie le bord des draps et des couvertures sous le matelas.

bordure nom féminin. Une bordure, c'est ce qui est le long du bord. *La pelouse est entourée d'une bordure de fleurs.*

borne nom féminin. Une borne, c'est un petit bloc de ciment qui indique les distances, au bord des routes. *Sur la route nationale, il y a une borne kilométrique rouge et blanche tous les kilomètres.*

bosse nom féminin. **1.** Une bosse, c'est une boule qui se forme sous la peau lorsque l'on s'est cogné. **2.** Une bosse, c'est une grosseur que certains animaux ont sur le dos.

bossu adjectif masculin,
bossue adjectif féminin. *La méchante sorcière était bossue*, elle avait une bosse dans le dos.

botte nom féminin. Une botte, c'est une chaussure qui monte jusque sous le genou. *Le pêcheur a des bottes en caoutchouc vertes.*

bouc nom masculin. Le bouc, c'est le mâle de la chèvre.

bouche nom féminin. La bouche, c'est l'ouverture qui est dans le bas du visage. *Martin a mis un biscuit tout entier dans sa bouche.*

✦ Pour les animaux, on ne dit pas la bouche mais on dit la **gueule**.

bouchée nom féminin. Une bouchée, c'est une quantité de nourriture que l'on met dans sa bouche en une seule fois. *Encore une bouchée et tu auras fini ta viande.*

boucher nom masculin,
bouchère nom féminin. Un boucher, une bouchère, c'est une personne qui vend de la viande. *Maman est allée chez le boucher acheter un rôti de veau.*

Le chameau a deux bosses, le dromadaire n'en a qu'une.

Cédric s'est fait une grosse bosse au front en tombant.

Sertorius se protège avec son bouclier.

boucher verbe. Boucher, c'est fermer. *Le maçon a bouché le trou dans le mur avec du ciment. Flora se bouche le nez parce que ça sent mauvais.*

boucherie nom féminin. Une boucherie, c'est un magasin où l'on vend de la viande. *Mamie est allée à la boucherie acheter des biftecks.*

bouchon nom masculin. 1. Un bouchon, c'est un objet qui sert à fermer une bouteille, un tube. *Avant de se brosser les dents, Karine dévisse le bouchon du tube de dentifrice.* 2. Un bouchon, c'est une grande quantité de voitures qui empêche de rouler normalement. *Il y a un bouchon sur l'autoroute.*

boucle nom féminin. 1. Une boucle, c'est une mèche de cheveux qui s'enroule sur elle-même. *Charlotte a des boucles blondes.* 2. Une boucle d'oreille, c'est un bijou que l'on porte à l'oreille. *Béatrice a des boucles d'oreilles bleues.*

bouclé adjectif masculin,
bouclée adjectif féminin. *Arthur a les cheveux bouclés,* il a les cheveux qui font de petites boucles.

✦ Cherche aussi **frisé**.

bouclier nom masculin. Un bouclier, c'est une plaque que le guerrier tient devant lui pour se protéger.

bouder verbe. Bouder, c'est montrer que l'on n'est pas content en prenant un air fâché et en ne parlant plus à personne. *Arnaud est vexé d'avoir perdu, il est allé bouder dans son coin.*

boue nom féminin. La boue, c'est de la terre mouillée par la pluie. *En rentrant de promenade, nous avons enlevé nos chaussures parce qu'elles étaient pleines de boue.*

✦ Ne confonds pas boue et **bout**.

bouée nom féminin. Une bouée, c'est un gros anneau gonflé d'air que l'on met autour de la taille pour flotter lorsque l'on va dans l'eau. *Lydia nage avec une bouée.*

bouger verbe. Bouger, c'est faire sans cesse des mouvements. *Arrête de bouger, la photo va être ratée !*

✦ Tu peux dire aussi **remuer**.

bougie nom féminin. Une bougie, c'est un morceau de cire contenant une mèche dont on allume le bout. *Serge a soufflé toutes les bougies de son gâteau d'anniversaire.*

bouillant adjectif masculin,
bouillante adjectif féminin. 1. De l'eau bouillante, c'est de l'eau qui est en train de bouillir. *Papa met les pâtes dans l'eau bouillante.* 2. *Je ne peux pas manger cette soupe, elle est bouillante,* elle est très chaude, elle est brûlante.

bouillie nom féminin. La bouillie, c'est de la farine et du lait cuits ensemble. *Le bébé mange de la bouillie au chocolat.*

bouillir verbe. *L'eau bout dans la casserole,* l'eau s'agite en formant de grosses bulles parce qu'elle est extrêmement chaude.

✦ Quand l'eau bout elle est à la température de 100 degrés.

bouilloire nom féminin. Une bouilloire, c'est un récipient avec un couvercle dans lequel on fait bouillir l'eau. *Papa a mis de l'eau dans la bouilloire électrique pour faire le thé.*

boulanger nom masculin,
boulangère nom féminin. Un boulanger, une boulangère, c'est une personne qui fait du pain et qui le vend. *Luc et Elsa ont acheté des croissants chez le boulanger.*

Le boulanger sort le pain du four.

boulangerie nom féminin. Une boulangerie, c'est un magasin où l'on vend du pain. *Marc va à la boulangerie acheter un pain au chocolat.*

boule nom féminin. Une boule, c'est un objet tout rond. *La Terre a la forme d'une boule. Les enfants ont fait une bataille de boules de neige. Papa et Maman jouent aux boules,* ils jouent à un jeu où l'on fait rouler des boules sur le sol.

boulet nom masculin. Un boulet de canon, c'est une grosse boule de métal que l'on mettait autrefois dans les canons pour tirer sur l'ennemi.

✦ Maintenant on met des obus dans les canons.

boulette nom féminin. Une boulette, c'est une petite boule. *Régis fait des boulettes avec de la mie de pain.*

boulevard nom masculin. Un boulevard, c'est une rue très large. *Marthe habite boulevard de l'Océan.*

✦ Cherche aussi **avenue**.

bouleverser verbe. 1. Bouleverser, c'est changer complètement et brusquement. *Cet événement imprévu a bouleversé nos plans.* 2. Bouleverser, c'est rendre très triste. *Papa a été bouleversé par la mort de son meilleur ami.*

bouquet nom masculin. Un bouquet de fleurs, ce sont plusieurs fleurs que l'on a cueillies et mises ensemble. *Elsa met le bouquet de roses dans un vase.*

bourdon nom masculin. Un bourdon, c'est un insecte qui ressemble à une grosse abeille couverte de poils qui vole en faisant du bruit.

bourdonner verbe. *Les abeilles bourdonnent autour de la ruche,* elles font un bruit, en volant, qui ressemble à un petit ronflement.

bourgeon nom masculin. Un bourgeon, c'est une petite pousse d'où vont sortir des feuilles ou des fleurs. *Au printemps, les arbres sont couverts de bourgeons.*

bourreau nom masculin. Le bourreau, c'est la personne qui fait marcher la machine qui tue les condamnés à mort. *Le visage du bourreau était caché sous une cagoule.*

☞ Au pluriel : des **bourreaux.**

bourrer verbe. Bourrer, c'est remplir jusqu'au bord en appuyant pour faire rentrer le plus de choses possibles. *Grégoire a tellement bourré son sac à dos qu'il n'arrive pas à le fermer.*

bousculer verbe. Bousculer, c'est pousser d'une manière brutale. *Isabelle a bousculé ses camarades pour entrer la première dans la salle de cinéma.*

boussole nom féminin. Une boussole, c'est un instrument qui sert à s'orienter. *L'aiguille de la boussole indique où est le nord.*

bout nom masculin. **1.** *Julie a donné un bout de son croissant à son frère,* elle lui a donné un morceau de son croissant. **2.** *La ferme est au bout du chemin,* elle se trouve à la fin du chemin.

✦ Ne confonds pas bout et **boue.**

bouteille nom féminin. Une bouteille, c'est un récipient avec un goulot étroit, dans lequel il y a du liquide. *La bouteille d'eau est vide.*

boutique nom féminin. Une boutique c'est une pièce dans laquelle un commerçant vend sa marchandise. *La boutique du charcutier, c'est la charcuterie.*

✦ Tu peux dire aussi **magasin.**

bouton nom masculin. **1.** Un bouton, c'est un petit objet, souvent rond, qui sert à fermer un vêtement. *Bruno attache les boutons de sa veste avant de sortir.* **2.** Un bouton, c'est un petit objet que l'on pousse ou que l'on tourne pour allumer, éteindre, ouvrir, fermer quelque chose. *Laure appuie sur le bouton de la télécommande.* **3.** Un bouton, c'est une petite boule rouge que l'on a sur la peau. *Charles a des boutons parce qu'il a la varicelle.* **4.** *Un bouton de rose,* c'est une rose encore fermée.

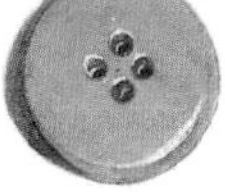

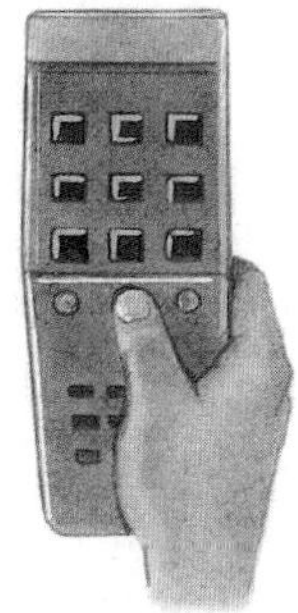
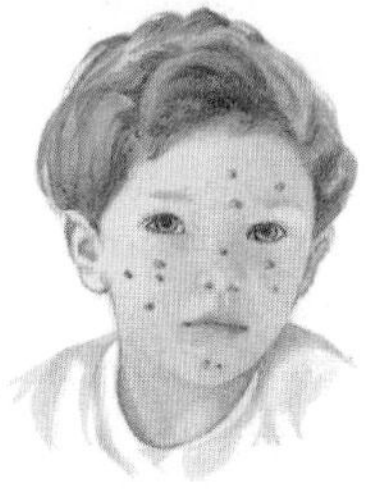

Quel est le mot qui réunit Bruno, la télécommande, Charles et la fleur?

A B

boutonner verbe. Boutonner, c'est fermer en attachant les boutons. *Bruno boutonne sa veste et met son écharpe.*

boxe nom féminin. La boxe, c'est un sport où deux personnes se frappent avec leurs poings protégés par de gros gants. *Maman regarde un combat de boxe à la télévision.*

boxeur nom masculin. Un boxeur, c'est un sportif qui fait de la boxe.

bracelet nom masculin. Un bracelet, c'est un bijou que l'on porte autour du bras. *Séverine a un bracelet en or.*

branche nom féminin. Une branche, c'est ce qui part du tronc d'un arbre et porte les feuilles et les fruits. *L'oiseau s'est perché sur une branche.*

brancher verbe. *Maman a branché la lampe avant de l'allumer,* elle a relié la lampe à la prise électrique pour que le courant passe.

bras nom masculin. Le bras, c'est la partie du corps qui commence à l'épaule et va jusqu'à la main. *Nous avons deux bras et deux jambes, ce sont les quatre membres du corps humain.*

brave adjectif masculin et féminin. *Monsieur Lorrain est un brave homme,* c'est un homme gentil et honnête qui aime rendre service à tout le monde.

bravo interjection. Bravo, c'est un mot que l'on dit à quelqu'un pour le féliciter parce qu'il a fait quelque chose de bien. *Bravo! tu as gagné.*

brebis nom féminin. La brebis, c'est la femelle du mouton.

Le petit agneau tète la brebis.

bref adjectif masculin,
brève adjectif féminin. *La panne d'électricité a été brève,* elle n'a pas duré longtemps.

✦ Tu peux dire aussi **court**.
✦ Le contraire de bref, c'est **long**.

bretelle nom féminin. Des bretelles, ce sont des bandes de tissu qui passent sur les épaules et qui servent à tenir un pantalon ou une jupe un peu trop large à la taille. *Papi n'aime pas mettre une ceinture, il préfère mettre des bretelles.*

bricoler verbe. Bricoler, c'est faire de petites réparations, de petits travaux dans la maison. *Cet été, à la campagne, Papa a bricolé : il a repeint les volets, il a réparé un meuble, il a posé le nouveau carrelage dans la salle de bains.*

bricoleur adjectif masculin,
bricoleuse adjectif féminin. *Anne-Sophie est très bricoleuse,* elle aime bien bricoler.

brigand nom masculin. Un brigand, c'est un homme qui, autrefois, attaquait les voyageurs pour leur voler leur argent. *La diligence a été attaquée par des brigands.*

brillamment adverbe. *Catherine a réussi brillamment son examen,* elle a réussi son examen en ayant une très bonne note.

brillant adjectif masculin,

brillante adjectif féminin. 1. *Le parquet vient d'être ciré, il est très brillant,* il renvoie la lumière dans les yeux. 2. *Catherine est une élève brillante,* Catherine est une élève qui travaille très bien.

briller verbe. *Les étoiles brillent dans le ciel,* elles renvoient de la lumière comme si elles étaient allumées.

✦ Tu peux dire aussi **étinceler, scintiller.**

brin nom masculin. Un brin d'herbe, c'est une herbe toute seule. *Jean-Jacques s'est allongé sur la pelouse, il a des brins d'herbe accrochés à son pull.*

brioche nom féminin. Une brioche, c'est une sorte de gâteau très léger souvent en forme de boule avec une autre boule plus petite par-dessus. *Nous avons mangé des brioches et des croissants au petit-déjeuner.*

brique nom féminin. Une brique, c'est un petit bloc de terre qui a été cuit. *Charles habite dans une maison en briques rouges.*

briquet nom masculin. Un briquet, c'est un petit appareil d'où l'on fait sortir une flamme. *Mon oncle allume sa cigarette avec un briquet.*

brise nom féminin. La brise, c'est un petit vent frais qui n'est pas très fort. *Ce soir il souffle une petite brise qui vient de la mer.*

se **briser** verbe. Se briser, c'est se casser en petits morceaux très nombreux.

Le vase s'est brisé en tombant par terre.

broche nom féminin. Une broche, c'est un bijou que l'on accroche sur un vêtement.

brochet nom masculin. Un brochet, c'est un poisson qui vit dans les rivières ou dans les lacs. *Les brochets ont 700 dents très pointues.*

brochette nom féminin. *Flora mange une brochette d'agneau,* elle mange des petits morceaux de viande d'agneau qui ont été cuits, enfilés les uns derrière les autres, sur une petite tige de métal.

broderie nom féminin. Une broderie, c'est un dessin fait sur un tissu avec du fil et une aiguille. *La nappe est ornée de broderies.*

bronzer verbe. Bronzer, c'est avoir la peau qui devient brune parce que l'on s'est mis au soleil. *Luce est en vacances depuis une semaine, elle est bien bronzée.*

A B

brosse nom féminin. Une brosse, c'est une petite plaque sur laquelle sont fixés des poils. Une brosse sert à nettoyer ou à frotter. *Jason met du dentifrice sur sa brosse à dents.*

brosser verbe. Brosser, c'est nettoyer ou frotter avec une brosse. *Léonore se brosse les cheveux.*

brouette nom féminin. Une brouette, c'est un petit chariot avec une seule roue, à l'avant, que l'on pousse devant soi. *Le jardinier transporte des feuilles mortes dans une brouette.*

brouillard nom masculin. Le brouillard, c'est une sorte de nuage près du sol qui enveloppe les maisons, les arbres, le paysage. *Quand il y a du brouillard, on ne voit pas loin devant soi.*

se **brouiller** verbe. *Anne et Sandrine se sont brouillées hier,* elles se sont fâchées, elles ne sont plus amies.

brouillon nom masculin. Un brouillon, c'est un travail écrit sur lequel on peut faire des ratures parce qu'on le recopiera proprement plus tard. *Justine fait d'abord son exercice au brouillon.*

broussailles nom féminin pluriel. Les broussailles, ce sont des herbes hautes et des ronces qui poussent toutes seules sur les terrains que l'on ne cultive pas.

brousse nom féminin. La brousse, c'est une sorte de forêt, où il ne pousse que de petits arbres minces et pas très hauts, dans les pays chauds.

brouter verbe. *Les vaches et les moutons broutent l'herbe,* ils arrachent l'herbe avec leurs dents puis ils la mangent.
✦ Cherche aussi **paître**.

broyer verbe. Broyer une chose, c'est l'écraser très fort jusqu'à ce qu'elle devienne comme de la poudre ou comme de la bouillie. *Nos dents broient les aliments que nous mettons dans notre bouche.*

bruine nom féminin. La bruine, c'est une petite pluie très fine.

bruit nom masculin. Le bruit, c'est l'ensemble des sons que l'on entend, quand ils sont trop forts ou quand ils sont trop nombreux en même temps. *Arrêtez de crier vous faites trop de bruit, j'aimerais bien un peu de silence !*

brûlant adjectif masculin,
brûlante adjectif féminin. *Attention le plat est brûlant !* le plat est très chaud, il peut te brûler.

Attention, le plat est brûlant !

brûler verbe. 1. *Appelez vite les pompiers, la maison brûle,* il y a le feu, des flammes détruisent la maison. 2. *Ne touche pas cette casserole, tu vas te brûler,* tu vas te faire très mal parce que c'est très chaud.

La montagne est dans la brume.

Le feu va s'éteindre : il faut remettre une bûche.

brume nom féminin. La brume, c'est un brouillard qui n'est pas épais.

brun adjectif masculin,
brune adjectif féminin. *Hervé a les cheveux bruns*, il a les cheveux de couleur sombre, entre le roux et le noir.

brusque adjectif masculin et féminin. *Irène a fait un mouvement brusque et elle a renversé son verre*, elle a fait tout d'un coup un mouvement très rapide.

brusquement adverbe. *Il faisait beau et brusquement il s'est mis à pleuvoir*, tout à coup il s'est mis à pleuvoir alors que l'on ne s'y attendait pas.
✦ Tu peux dire aussi **soudain**.

brutal adjectif masculin,
brutale adjectif féminin. Une personne brutale, c'est une personne violente qui fait des mouvements brusques et qui donne des coups. *Régis est brutal avec sa petite sœur*.
☞ Au masculin pluriel : **brutaux**.
Au féminin pluriel : **brutales**.
✦ Le contraire de brutal, c'est **doux**.

bruyant adjectif masculin,
bruyante adjectif féminin. *Cette rue est très bruyante*, il y a beaucoup de bruit dans cette rue.
✦ Le contraire de bruyant, c'est **tranquille**.

bûche nom féminin. Une bûche, c'est un gros morceau de bois coupé pour être brûlé. *Maman a mis des bûches dans la cheminée.*

bûcher nom masculin. Un bûcher, c'est un tas de bois sur lequel on faisait brûler, autrefois, certains condamnés à mort. *Jeanne d'Arc est morte sur le bûcher.*

bûcheron nom masculin,
bûcheronne nom féminin. Un bûcheron, une bûcheronne, c'est une personne dont le métier est de couper les arbres dans les forêts.

buée nom féminin. La buée, c'est de la vapeur d'eau qui recouvre une vitre quand il fait très froid dehors et très chaud dedans. *Quand Kevin est entré dans la maison ses lunettes se sont couvertes de buée.*

buffet nom masculin. 1. Un buffet, c'est un meuble dans lequel on range la vaisselle. *Les verres sont dans le haut du buffet.* 2. Un buffet, c'est une table sur laquelle on a mis des petits sandwichs, des pâtisseries et des boissons.

buffle nom masculin. Un buffle, c'est un gros bœuf sauvage qui a de grandes cornes. *Le buffle vit en troupeaux dans les forêts d'Asie et d'Afrique.*

A

B

buisson nom masculin. Un buisson, c'est un groupe de petits arbres très serrés les uns contre les autres. *Juliette s'est cachée derrière un buisson.*

bulldozer nom masculin. Un bulldozer, c'est une grosse machine avec laquelle on peut creuser le sol et déplacer de grandes quantités de terre.
✦ Bulldozer est un mot qui vient de l'anglais.

bulle nom féminin. Une bulle, c'est une petite boule remplie d'air. *David fait des bulles de savon.*

bulletin nom masculin. Le bulletin, c'est le papier sur lequel sont inscrites les notes d'un élève et les remarques de ses professeurs. *Hélène fait signer son bulletin par ses parents.*

bureau nom masculin. 1. Un bureau, c'est une table sur laquelle on écrit, on travaille. *Les enveloppes et le papier à lettres sont rangés dans le tiroir du bureau.* 2. Un bureau, c'est une pièce dans laquelle on travaille. *Le directeur va vous recevoir dans son bureau.*
☞ Au pluriel : des **bureaux**.

bus nom masculin. Un bus, c'est un autobus. *Laurent et Nicolas prennent le bus pour aller à la piscine.*
✦ Bus, c'est le mot **autobus** en plus court.

buse nom féminin. Une buse, c'est un oiseau qui attrape de petits animaux pour les manger. *La buse est un rapace.*

but nom masculin. 1. *Depuis son enfance le docteur Camus voulait devenir médecin, il a atteint son but,* il a réussi à faire ce qu'il voulait faire. 2. *Le ballon est entré dans les buts,* il est passé entre les deux poteaux au fond du terrain de football. 3. Un but, c'est un point que l'on marque quand on joue au football. *Notre équipe a gagné par deux buts à un.*

buté adjectif masculin,
butée adjectif féminin. *Adrien est buté,* il ne veut jamais changer d'avis.
✦ Tu peux dire aussi **entêté**, **têtu**.

buter verbe. 1. *Hervé a buté contre une pierre et il est tombé,* il a heurté une pierre avec le pied sans le faire exprès. 2. *En lisant à haute voix, Mathilde bute sur certains mots,* elle n'arrive pas à lire et à dire certains mots, elle lit en hésitant.

butin nom masculin. *Les voleurs partagent leur butin,* ils partagent tout ce qu'ils ont volé.

butiner verbe. *Les abeilles butinent,* elles vont sur les fleurs pour prendre leur nourriture.

La buse se jette sur sa proie.

C

c C c

cabane nom féminin. Une cabane, c'est une petite maison en bois. *Laurent et Marion ont construit une cabane au fond du jardin.*

cabine nom féminin. Une cabine, c'est une petite pièce. *À la piscine, on met son maillot dans une cabine de bain. Il y a une cabine de téléphone devant l'école.*

Maman est dans la cabine, elle téléphone à son amie Juliette.

cabinet nom masculin. **1.** Le cabinet du médecin, c'est la pièce où le médecin reçoit les malades. *Le médecin examine Bertrand dans son cabinet.* **2.** Les cabinets, ce sont les toilettes, les waters. *Hélène est allée aux cabinets.*

câble nom masculin. **1.** Un câble, c'est un gros fil qui transporte l'électricité. **2.** *À la maison, nous avons le câble,* la télévision est branchée sur un gros fil par lequel passent les images et nous pouvons voir des émissions qui viennent du monde entier.

cabossé adjectif masculin,
cabossée adjectif féminin. *La voiture est toute cabossée,* elle est pleine de bosses.

se **cabrer** verbe. *Le cheval a eu peur et il s'est cabré,* il s'est mis debout sur ses pattes de derrière.

cacahuète nom féminin. Une cacahuète, c'est la graine d'une plante qui pousse dans les pays chauds et que l'on mange grillée. *Marianne lance des cacahuètes aux singes du zoo.*

✦ Tu peux aussi écrire ce mot **cacahouète**.

A
B
C

C'est avec le cacao que l'on fait le chocolat.

cacao nom masculin. Le cacao, c'est la graine d'un arbre des pays chauds qui sert à fabriquer le chocolat.

cacher verbe. Cacher un objet, c'est le mettre quelque part où on ne peut pas le voir, où il est difficile de le trouver. *Cécile a caché le petit camion de Brice sous son lit. Benoît s'est caché derrière la porte*, il s'est mis derrière la porte pour qu'on ne le voie pas.

cachet nom masculin. Un cachet, c'est un médicament dur et souvent rond et plat que l'on avale avec de l'eau. *Delphine prend un cachet d'aspirine parce qu'elle a mal à la tête.*

✦ Tu peux dire aussi **comprimé**.

cachette nom féminin. Une cachette, c'est un endroit où l'on cache quelque chose ou dans lequel on peut se cacher. *Basile a trouvé une bonne cachette pour ses 10 euros.*

cactus nom masculin. Un cactus, c'est une plante verte sur laquelle il y a des épines et qui pousse dans les pays chauds.

✦ Les épines du cactus s'appellent des **piquants**.

cadavre nom masculin. Un cadavre, c'est le corps d'un animal mort ou d'une personne morte. *Le berger a trouvé le cadavre d'un mouton dans la montagne.*

cadeau nom masculin. Un cadeau, c'est un objet que l'on donne à quelqu'un pour lui faire plaisir. *Te souviens-tu des cadeaux que l'on t'a offerts pour ton anniversaire ?*

☞ Au pluriel : des **cadeaux**.

cadenas nom masculin. Un cadenas, c'est un anneau qui sert à fermer une boîte, un coffre ou une porte et que l'on ouvre avec une clé. *La porte de la cave est fermée avec un cadenas.*

Un champ de cactus.

cadet adjectif masculin,
cadette adjectif féminin. *Ma sœur cadette ne sait pas encore lire*, ma petite sœur, ma sœur qui est plus jeune que moi ne sait pas encore lire.
✦ Le contraire de cadet, c'est **aîné**.
✦ Cherche aussi **benjamin**.

cadran nom masculin. Le cadran de la montre, c'est la partie plate de la montre où sont inscrites les heures et sur laquelle tournent les aiguilles.

cadre nom masculin. Un cadre, c'est un bord que l'on met autour d'un tableau ou d'une photo.

Papi et Mamie ont mis des photos dans un cadre.

cafard nom masculin. Un cafard, c'est une petite bête marron qui vit dans les maisons dans les endroits sombres. *Quelle horreur, il y a des cafards sous l'évier !*
✦ Les cafards sont des **insectes**.

café nom masculin. Le café, c'est une boisson qui est faite avec des graines que l'on a grillées et moulues. *Le matin Béatrice boit un bol de café au lait.*
✦ Les graines de café poussent sur un petit arbre, dans les pays chauds.

cafetière nom féminin. Une cafetière, c'est un récipient dans lequel on fait du café. *Madame Fournier a une cafetière électrique.*

cage nom féminin. Une cage, c'est une sorte de petite maison faite avec des grilles ou du grillage, dans laquelle on enferme des animaux.

Tristan sort son hamster de sa cage pour jouer avec lui.

cagoule nom féminin. Une cagoule, c'est un bonnet de laine qui entoure la tête et le cou et laisse le visage découvert. *Mélanie met son anorak, sa cagoule et ses moufles et va jouer dans la neige.*

cahier nom masculin. Un cahier, c'est un ensemble de feuilles de papier attachées sur le côté et protégées par une couverture. *Prenez votre cahier de récitations et recopiez ce qui est écrit au tableau.*

caillou nom masculin. Un caillou, c'est une petite pierre. *Richard ramasse des cailloux blancs sur le chemin.*
☞ Au pluriel : des **cailloux**.

caisse nom féminin. **1.** Une caisse, c'est une grande boîte en bois ou en carton. *Papa est allé chercher une caisse de vin à la cave.* **2.** La caisse, c'est l'endroit où l'on paie dans un magasin. *Les clients font la queue à la caisse.*

caissier nom masculin,
caissière nom féminin. Un caissier, une caissière, c'est une personne qui est à la caisse d'un magasin et à qui on paie ce que l'on a acheté. *Le caissier ne doit pas se tromper en rendant la monnaie.*

calcul nom masculin. Un calcul, c'est une opération qui sert à compter. *Pour savoir à quoi est égal 3+7, il faut faire un calcul.*

calculer verbe. Calculer, c'est chercher un nombre en faisant une opération. *Pose l'addition et calcule combien font trois plus sept.*

calèche nom féminin. Une calèche, c'est une grande voiture tirée par des chevaux. *Le prince et la princesse traversèrent la ville en calèche.*

✦ Cherche aussi **carrosse**.

David a les mains pleines de cambouis.

calendrier nom masculin. Un calendrier, c'est un carton ou un bloc de feuilles où sont inscrits tous les jours et tous les mois de l'année, du 1er janvier au 31 décembre. *Séverine regarde la date sur le calendrier : c'est le 6 décembre, le jour de la Saint-Nicolas.*

à **califourchon** adverbe. *Hubert est assis à califourchon sur le poney,* il est assis une jambe de chaque côté du poney.

câlin nom masculin. *Maman fait un câlin à mon petit frère,* elle le serre dans ses bras, elle lui fait des caresses et elle lui donne des baisers.

calme nom masculin. *Papa ne peut lire que dans le calme,* il ne peut lire que quand il n'y a pas de bruit, que tout est tranquille.

calme adjectif masculin et féminin. *Aujourd'hui la mer est calme,* elle n'est pas agitée, il n'y a pas de vagues. *Nathalie est une enfant calme,* elle ne fait pas de bruit, elle ne s'énerve pas pour un rien.

✦ Tu peux dire aussi **tranquille**.

calmement adverbe. *Raconte-moi calmement ce que tu as fait,* raconte-moi ce que tu as fait sans crier, sans t'énerver.

calmer verbe. *Ce médicament calme la douleur,* il rend la douleur moins forte.

camarade nom masculin et féminin. Un camarade, une camarade, c'est une personne avec qui on s'entend bien, avec qui on aime bien être et s'amuser, mais que l'on aime moins qu'un ami. *Florian retrouve ses camarades à la récréation.*

✦ Cherche aussi **copain**.

cambouis nom masculin. Le cambouis, c'est la graisse noire très sale qu'il y a sur les chaînes de vélo et dans les moteurs.

cambriolage nom masculin. Un cambriolage, c'est un vol fait dans une maison ou dans un magasin quand il n'y a personne. *Il y a eu deux cambriolages dans l'immeuble où j'habite.*

cambrioler verbe. Cambrioler, c'est entrer dans une maison ou dans un magasin quand il n'y a personne et voler ce qu'il y a dedans. *Les voleurs ont cassé la vitrine et ont cambriolé la bijouterie.*

cambrioleur nom masculin, **cambrioleuse** nom féminin. Un cambrioleur, une cambrioleuse, c'est une personne qui entre chez quelqu'un ou dans un magasin en cassant la porte ou la fenêtre et qui vole tout ce qu'elle peut emporter. *La police a arrêté un cambrioleur.*
✦ Tu peux dire aussi **voleur**.

caméléon nom masculin. Un caméléon c'est un petit animal qui a de gros yeux et une langue très longue. Il change de couleur pour se cacher.

camembert nom masculin. Un camembert, c'est un fromage rond fait avec du lait de vache.

caméra nom féminin. Une caméra, c'est un appareil avec lequel on fait des films.

caméscope nom masculin. Un caméscope, c'est un appareil avec lequel on fait des films vidéo que l'on se passe à la télévision. *Maman nous filme avec son caméscope pendant que nous jouons dans le jardin.*

camion nom masculin. Un camion, c'est un gros véhicule qui peut transporter des marchandises, des choses lourdes. *Les déménageurs ont mis l'armoire dans leur camion.*

camionnette nom féminin. Une camionnette, c'est un véhicule plus petit qu'un camion et plus gros qu'une voiture. *Le plombier a garé sa camionnette devant la maison.*

camp nom masculin. **1.** Un camp, c'est un endroit où l'on habite dans des tentes. *Les soldats ont installé leur camp près de l'aéroport.* **2.** Un camp, c'est une équipe qui joue contre une autre équipe. *Matthias veut que Julien soit dans son camp pour jouer à la balle au prisonnier.*
✦ Ne confonds pas camp et **quand**.

campagne nom féminin. La campagne, c'est l'endroit où il y a des champs et des forêts, loin des grandes villes. *Claire et ses parents passent leurs vacances à la campagne.*

Dans l'herbe, le caméléon devient vert.

camper verbe. Camper, c'est dormir sous une tente ou dans une caravane. *Cet été, mon grand frère a campé avec des amis au bord de la mer.*

campeur nom masculin, **campeuse** nom féminin. Un campeur, une campeuse, c'est une personne qui dort sous une tente ou dans une caravane.

camping nom masculin. *Mon grand frère et ses amis font du camping,* ils campent, ils dorment sous une tente.

canal nom masculin. Un canal, c'est un grand fossé qui a été creusé par l'homme et rempli d'eau. *Les péniches naviguent sur les canaux et les rivières.*
☞ Au pluriel : des **canaux**.
✦ Un canal est un cours d'eau artificiel.

canapé nom masculin. Un canapé, c'est un siège avec un dossier, sur lequel plusieurs personnes peuvent s'asseoir. *Il y a un canapé et deux fauteuils dans le salon.*

canard nom masculin. Un canard, c'est un oiseau qui a un large bec et qui nage très bien. *Les canards se suivent les uns derrière les autres dans la mare.*
✦ La femelle du canard, c'est la **cane**.

canari nom masculin. Un canari, c'est un petit oiseau jaune.
✦ Le canari est un **serin** des îles Canaries.

Les canaris chantent.

cancer nom masculin. Un cancer, c'est une maladie très grave. *Pierre a un cancer du poumon.*

candidat nom masculin,
candidate nom féminin. Un candidat, une candidate, c'est une personne qui passe un examen, qui participe à un jeu ou qui se présente à une élection. *Tous les candidats ont bien répondu à la première question du concours.*
✦ Cherche aussi **concurrent**.

cane nom féminin. La cane, c'est la femelle du canard. *La cane vient de pondre un œuf.*
✦ Ne confonds pas cane et **canne**.

Le canard et la cane jouent avec leurs petits.

canette nom féminin. Une canette, c'est une petite boîte de métal qui contient une boisson. *Maman met des canettes de bière dans le réfrigérateur.*

caniche nom masculin. Un caniche, c'est un petit chien dont les poils sont très frisés. *Madame Chapier a un caniche gris.*

canif nom masculin. Un canif, c'est un petit couteau dont la lame se replie dans le manche et que l'on peut mettre dans sa poche. *Lise taille un morceau de bois avec son canif.*

caniveau nom masculin. Le caniveau, c'est l'endroit qui est au bord de la rue le long du trottoir. *Quand il pleut l'eau coule dans le caniveau et s'en va dans les égouts.*
☞ Au pluriel : des **caniveaux**.

canne nom féminin. 1. Une canne, c'est un bâton sur lequel on s'appuie quand on marche. *Depuis son accident, Mamie marche avec une canne car elle a peur de tomber à nouveau.* 2. Une canne à pêche, c'est un long bâton au bout duquel on attache un fil pour pêcher les poissons.

✦ Ne confonds pas canne et **cane**.

cannibale nom masculin et féminin. Un cannibale, une cannibale, c'est une personne qui mange les hommes. *Pendant que Babar dormait, les cannibales ont attaché Céleste pour la manger.*

canoë nom masculin. Un canoë, c'est un petit bateau qui ressemble à une barque mais qui est léger et que l'on peut porter.

✦ On fait avancer le canoë avec des **pagaies**.

Nous avons descendu la rivière en canoë.

canon nom masculin. 1. Un canon, c'est une arme en forme de gros tube avec laquelle on tire sur l'ennemi. *Les canons envoient des boulets ou des obus.* 2. Le canon d'un revolver, c'est la partie en forme de tube d'où partent les balles.

canot nom masculin. Un canot, c'est un petit bateau qui ressemble à une barque. *Sur les très gros bateaux il y a des canots de sauvetage.*

cantine nom féminin. La cantine, c'est une sorte de restaurant où l'on déjeune quand on est à l'école ou quand on travaille dans un bureau. *Aujourd'hui, à la cantine, on a mangé du poulet et de la purée.*

caoutchouc nom masculin. Le caoutchouc, c'est une matière très souple, élastique et imperméable. *Léa met des bottes en caoutchouc quand il pleut.*

✦ Le caoutchouc vient de la sève d'un arbre des pays chauds qui s'appelle un **hévéa**.

capable adjectif masculin et féminin. *N'aide pas ton frère, il est capable de faire cette addition tout seul,* il peut arriver à la faire tout seul.

✦ Le contraire de capable, c'est **incapable**.

cape nom féminin. Une cape, c'est un long manteau sans manches qui recouvre les bras. *Les mousquetaires avaient de grandes capes et des chapeaux à plumes.*

capitaine nom masculin. 1. Le capitaine, c'est la personne qui commande un bateau. *Le capitaine a donné l'ordre aux marins de lever l'ancre.* 2. Le capitaine d'une équipe de football, c'est le chef de l'équipe.

capitale nom féminin. La capitale d'un pays, c'est la ville où il y a le gouvernement. *La capitale de la Suisse, c'est Berne.*

✦ Quelle est la capitale de l'Espagne?

De la fumée sort du moteur, Papa a ouvert le capot.

capot nom masculin. Le capot d'une voiture, c'est la partie que l'on soulève et sous laquelle il y a le moteur.

caprice nom masculin. *Tatiana fait des caprices pour avoir une glace,* elle se met en colère et pleure en disant qu'elle veut une glace tout de suite.

capricieux adjectif masculin,
capricieuse adjectif féminin. *Tatiana est très capricieuse,* elle se met en colère et pleure quand elle veut avoir quelque chose.

capturer verbe. Capturer un animal, c'est attraper un animal vivant qui est en liberté. *Les chasseurs ont capturé un lion pour l'emmener au zoo.*

capuche nom féminin. La capuche, c'est la partie du manteau qui est attachée au col dans le dos et que l'on rabat sur sa tête pour se protéger. *Yvan met sa capuche car il commence à pleuvoir.*

capuchon nom masculin. Un capuchon, c'est un bouchon qui protège la plume d'un stylo ou la pointe d'un feutre. *Remets le capuchon du feutre quand tu as fini d'écrire.*

Le tatou, le crabe et la tortue ont une carapace.

car conjonction. *Léo enlève son pull car il a trop chaud,* il enlève son pull parce qu'il a trop chaud.

✦ Ne confonds pas car et **quart**.

car nom masculin. Un car, c'est un autocar. *Le car s'est arrêté dans le village, sur la place de l'église.*

✦ Car c'est le mot **autocar** en plus court.

✦ Ne confonds pas car et **quart**.

carabine nom féminin. Une carabine, c'est un fusil qui n'est pas lourd. *À la fête foraine, Luc tire sur des ballons avec une carabine.*

caractère nom masculin. *Marie a bon caractère,* elle est gentille et elle aime rire, elle est toujours de bonne humeur. *Philippe a mauvais caractère,* il n'est jamais content et il est souvent de mauvaise humeur.

carafe nom féminin. Une carafe, c'est une bouteille de verre qui est très large en bas et étroite en haut. *Le serveur du restaurant a posé une carafe d'eau sur la table.*

caramel nom masculin. Un caramel, c'est un bonbon marron fait avec du sucre très cuit.

carapace nom féminin. La carapace, c'est la partie très dure du corps de certains animaux. *La tortue a rentré sa tête et ses pattes sous sa carapace pour se protéger.*
✦ Quels sont les autres animaux qui ont une carapace?
✦ Cherche aussi **coquille**.

caravane nom féminin. 1. Une caravane, c'est un groupe d'hommes qui traversent le désert en transportant leurs affaires sur des dromadaires. 2. Une caravane, c'est une sorte de maison qui roule et que l'on traîne derrière une voiture.

La caravane traverse le désert.

Nous sommes partis faire du camping avec la caravane.

carcasse nom féminin. La carcasse d'un animal, c'est le squelette d'un animal mort. *Les hyènes se battent autour de la carcasse de l'antilope.*

caresse nom féminin. *Véronique fait une caresse au chat,* elle passe doucement sa main sur le corps du chat pour lui montrer qu'elle l'aime bien.

caresser verbe. Caresser, c'est passer doucement sa main. *Véronique caresse son chat.*

cargaison nom féminin. La cargaison d'un bateau, d'un avion ou d'un camion, c'est l'ensemble des caisses et des paquets remplis de choses à vendre qu'un bateau, qu'un avion ou qu'un camion transportent.
✦ Tu peux dire aussi **chargement**.

carie nom féminin. Une carie, c'est un trou dans une dent. *Claire va chez le dentiste car elle a une carie.*

carnaval nom masculin. Un carnaval, c'est une fête dans la rue où tout le monde est déguisé.
☞ Au pluriel : des **carnavals**.
✦ À Nice, à Rio, à Venise il y a un carnaval chaque année.

carnet nom masculin. 1. Un carnet, c'est un petit cahier. *Maman cherche le numéro de téléphone de son amie dans son carnet d'adresses.* 2. Un carnet de tickets de métro, c'est un ensemble de plusieurs tickets que l'on achète en même temps.

carnivore adjectif masculin et féminin. Un animal carnivore, c'est un animal qui mange de la viande. *Les chiens, les chats et les lions sont carnivores.*
✦ L'homme aussi est carnivore.

carotte nom féminin. Une carotte, c'est un légume long et orange. *Alexis mange des carottes râpées.*

carpe nom féminin. Une carpe, c'est un gros poisson qui vit dans les étangs, les rivières et les lacs. *Certaines carpes peuvent mesurer un mètre et peser vingt kilos.*

carré nom masculin. Un carré, c'est une figure qui a ses quatre côtés égaux et ses quatre angles droits. *La grille des mots croisés est divisée en petits carrés. Dessinez un carré qui a 3 centimètres de côté.*

carré adjectif masculin,
carrée adjectif féminin. *La table de la cuisine est carrée,* elle a la forme d'un carré.

carreau nom masculin. **1.** Un carreau, c'est la vitre d'une fenêtre. **2.** Du papier à carreaux, c'est du papier qui a des lignes qui forment des carrés.

☞ Au pluriel : des **carreaux**.

carrefour nom masculin. Un carrefour, c'est un endroit où deux ou plusieurs rues se coupent. *La voiture a tourné à droite au carrefour.*

✦ Cherche aussi **croisement**.

carrelage nom masculin. Un carrelage, c'est un ensemble de petites plaques brillantes qui recouvrent le sol. *Le carrelage de la cuisine est blanc.*

carrière nom féminin. Une carrière, c'est un très grand trou dans le sol d'où l'on sort du sable ou des pierres pour construire des maisons. *Il y a des carrières de marbre en Italie.*

✦ Les carrières sont en plein air alors que les mines sont sous la terre.

carrosse nom masculin. Un carrosse, c'est une très belle voiture à cheval. *Le carrosse du roi était tiré par quatre chevaux blancs.*

✦ Cherche aussi **calèche**.

cartable nom masculin. Un cartable, c'est un sac dans lequel on met ses cahiers, ses livres et sa trousse pour aller à l'école. *Valérie porte son cartable sur le dos.*

Blandine a cassé un carreau.

Georges écrit sur du papier à gros carreaux.

Dans un jeu de cartes, il y a quatre couleurs : cœur, trèfle, carreau, pique.

carte nom féminin. 1. Une carte, c'est un dessin sur lequel on voit la place des villes, des rivières, des montagnes d'un pays. *Cherche où se trouve Lyon sur la carte de France.* 2. Une carte, c'est un petit carton en forme de rectangle sur lequel il y a un dessin. *Laure joue aux cartes avec son frère.*

carton nom masculin. 1. Le carton, c'est du papier dur et épais. *La couverture de mon livre est en carton.* 2. Un carton, c'est une grande boîte en papier dur et épais. *Les déménageurs ont rangé les jouets d'Éric dans des cartons.*

cartouche nom féminin. Une cartouche, c'est un petit tube rempli de poudre ou de plombs que l'on met dans un fusil ou une carabine. *Le chasseur a mis une cartouche dans son fusil.*

cas nom masculin. 1. *En cas d'absence sonnez chez le gardien de l'immeuble voisin*, s'il n'y a personne sonnez chez le gardien de l'immeuble voisin. 2. *Je ne sais pas si tu restes chez Luc, en tout cas moi je pars*, de toute façon, moi je pars.

cascade nom féminin. Une cascade, c'est l'eau d'un torrent qui tombe de très haut, dans la montagne.

case nom féminin. 1. Une case, c'est chaque carré d'une grille de mots croisés, d'un jeu d'échecs, d'un jeu de dames ou d'un jeu de l'oie. *Irène lance les dés et avance son pion de deux cases.* 2. Une case, c'est une petite maison, dans les villages d'Afrique. *La case du sorcier est ronde avec un toit couvert de paille.*

caserne nom féminin. Une caserne, c'est une grande maison où habitent les soldats. *Les soldats se mettent en rangs dans la cour de la caserne.*

casier nom masculin. Un casier, c'est un meuble où il y a de petites séparations pour ranger les choses. *À la cave Papa met le vin dans des casiers à bouteilles.*

casque nom masculin. Un casque, c'est une sorte de chapeau dur et solide qui protège la tête contre les chocs.

Fabien met toujours un casque pour faire de la moto.

casquette nom féminin. Une casquette, c'est un chapeau plat avec une visière devant. *Monsieur Rolin met une casquette quand il va à la chasse.*

A
B
C

casser verbe. 1. *Jacques a cassé un verre,* il l'a mis en mille morceaux en le laissant tomber. 2. *Ma montre est cassée,* elle ne marche plus.

casserole nom féminin. Une casserole, c'est un récipient avec un long manche dans lequel on fait cuire les aliments. *Maman fait réchauffer les légumes dans une casserole.*

cassette nom féminin. Une cassette, c'est une boîte en matière plastique qui contient une bande où sont enregistrés des sons, des images. *Alice écoute une cassette sur son baladeur. Marion regarde une cassette vidéo.*

castor nom masculin. Un castor, c'est un petit animal avec une très belle fourrure, une queue plate et des pattes palmées. *Les castors construisent des barrages sur les rivières avec des petites branches.*

Un castor.

catastrophe nom féminin. Une catastrophe, c'est un accident très grave où il y a beaucoup de choses abîmées et de nombreuses personnes tuées. *Un tremblement de terre est une grande catastrophe.*

✦ Tu peux dire aussi **désastre**.

cathédrale nom féminin. Une cathédrale, c'est une grande église. *La cathédrale de Chartres a de très beaux vitraux.*

catholique adjectif masculin et féminin. *Marie et Benoît sont catholiques,* ce sont des chrétiens, ils croient en Dieu et en Jésus-Christ, ils ont été baptisés, ils vont à la messe et ils feront leur communion.

✦ Quand on est catholique, on obéit au **pape**.

✦ Cherche aussi **protestant**, **juif** et **musulman**.

cauchemar nom masculin. Un cauchemar, c'est un rêve qui fait peur. *Cette nuit, Carlos a fait un cauchemar : il a rêvé qu'il était attaqué par un requin.*

cause nom féminin. 1. *Les pompiers cherchent la cause de l'incendie,* ils cherchent à savoir pourquoi il y a eu un incendie. 2. *Maman est arrivée en retard à cause des embouteillages,* elle est arrivée en retard parce qu'il y avait des embouteillages.

cavalier nom masculin,
cavalière nom féminin. Un cavalier, une cavalière, c'est une personne qui est sur un cheval. *Les cavaliers sont passés au galop dans la forêt.*

cave nom féminin. Une cave, c'est une pièce sombre qui est sous une maison. *Papa met les bouteilles de vin dans la cave parce qu'il y fait frais.*

caverne nom féminin. Une caverne, c'est un grand creux dans un rocher qui peut servir de maison. *Les hommes de la préhistoire habitaient dans des cavernes.*

✦ Cherche aussi **grotte**.

ce adjectif masculin,
cette adjectif féminin. Ce, cette, ce sont des mots qui servent à mon-

trer. *Ce chat est gris. Cette écharpe est à moi. Ces fleurs sentent bon.*

☞ Au masculin et au féminin pluriel : **ces**.

céder verbe. Céder, c'est arrêter de dire non à quelqu'un et faire ce qu'il veut ou lui donner ce qu'il veut. *Héloïse voulait une glace, sa mère lui a dit non ; Héloïse s'est mise à pleurer, sa mère a cédé.*

cédille nom féminin. Une cédille, c'est un petit signe que l'on met sous le **c** devant **a**, **o** et **u** et qui indique que le **c** se prononce comme un **s**. *Il y a une cédille dans le mot façade.*

ceinture nom féminin. **1.** Une ceinture, c'est une bande de tissu ou de cuir que l'on attache autour de sa taille. *Alexandre met une ceinture pour tenir son pantalon.* **2.** *Maman attache sa ceinture de sécurité avant de démarrer,* elle attache la bande de tissu qui la tient serrée contre le siège, dans la voiture.

célèbre adjectif masculin et féminin. *Cette chanteuse est très célèbre,* beaucoup de personnes connaissent ses chansons et les aiment.

✦ Tu peux dire aussi **connu**.

Un cep.

Des cèpes.

céleri nom masculin. Le céleri, c'est un légume dont on mange les tiges ou la racine qui ressemble à une grosse boule blanche. *Mamie a fait de la purée de céleri pour le dîner.*

célibataire adjectif masculin et féminin. *L'oncle de Rémi est célibataire,* il n'est pas marié.

cendre nom féminin. La cendre, c'est la poudre grise ou noire qui reste quand quelque chose a brûlé. *La bûche a fini de brûler, il y a beaucoup de cendres dans la cheminée.*

✦ Quand on fume, on met la cendre de sa cigarette dans un **cendrier**.

centime nom masculin. La pièce de un centime, c'est la pièce de monnaie la plus petite et qui vaut le moins cher, dans l'argent français. *Ce bonbon coûte cinq centimes.*

✦ Il faut cent centimes pour faire un **euro**.

centimètre nom masculin. Les centimètres servent à mesurer la longueur, la largeur ou la hauteur de quelque chose. *Ma table a soixante centimètres de haut* ou *ma table a 60 cm de haut.*

✦ Il faut cent centimètres pour faire un **mètre** ou 100 cm = 1 m.

centre nom masculin. Le centre, c'est le milieu. *Papa a posé le plat de viande au centre de la table.*

cep nom masculin. Le cep, c'est la partie de la vigne qui est près du sol et qui ressemble à un petit tronc d'arbre tout tordu. *On taille les ceps de vigne au printemps.*

✦ Tu peux dire aussi un **pied de vigne**.

✦ Ne confonds pas **cep** et **cèpe**.

cèpe nom masculin. Un cèpe, c'est un gros champignon marron. *Nous mangeons une omelette aux cèpes.*

✦ Ne confonds pas **cèpe** et **cep**.

A
B
C

cependant adverbe. Cependant, c'est un mot qui indique qu'il se passe quelque chose de différent de ce qui devrait arriver. *Luc mange beaucoup et cependant il ne grossit pas.*

✦ Tu peux dire aussi **pourtant**.

céramique nom féminin. La céramique, c'est de la terre cuite.

cercle nom masculin. Un cercle, c'est une figure formée par une courbe fermée sur elle-même. *Pierre a tracé un cercle avec son compas.*

✦ Tu peux dire aussi **rond**.

cercueil nom masculin. Un cercueil, c'est une grande boîte en bois dans laquelle on met un mort avant de l'enterrer. *On a descendu le cercueil dans la tombe.*

céréale nom féminin. Les céréales, ce sont les plantes dont les graines servent à nourrir les hommes et les animaux. *Le blé, l'avoine, le seigle, le riz et le maïs sont des céréales. Raphaël mange des céréales au petit déjeuner*, il mange des flocons d'avoine, de riz ou de maïs.

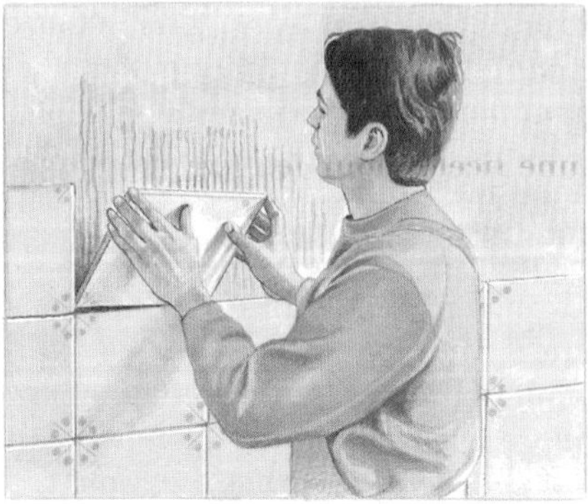

Papa met des carreaux de céramique sur les murs de la salle de bains.

cérémonie nom féminin. Une cérémonie, c'est une fête sérieuse et importante. *Le Président a organisé plusieurs cérémonies pour la fête nationale.*

cerf nom masculin. Un cerf, c'est un gros animal mâle qui a de très grandes cornes sur la tête et vit dans la forêt.

✦ La femelle du cerf, c'est la **biche**, son petit, c'est le **faon**.
✦ Les cornes du cerf s'appellent des **bois**.
✦ Ne confonds pas cerf, **serre** et **serres**.

Le maïs, le blé, l'orge, le seigle et l'avoine sont des céréales.

a b c

cerf-volant nom masculin. Un cerf-volant, c'est un jouet fait de papier ou de tissu que l'on tire avec une ficelle pour le faire voler dans le vent.

☞ Au pluriel : des **cerfs-volants.**

cerise nom féminin. Une cerise, c'est un petit fruit rond et rouge qui a un noyau et une longue queue.

✦ Les cerises poussent sur les **cerisiers.**

certain adjectif masculin,

certaine adjectif féminin. 1. *Myriam est certaine d'avoir vu une biche dans la forêt,* elle est sûre d'avoir vu une biche, elle dit qu'elle ne se trompe pas. 2. *Dans certains pays, il ne pleut presque jamais,* il y a quelques pays où il ne pleut presque jamais.

certainement adverbe. *Le ciel est sombre, il va certainement pleuvoir,* il va pleuvoir, c'est sûr, c'est certain.

✦ Tu peux dire aussi **sûrement.**

cerveau nom masculin. Le cerveau, c'est un organe qui sert à penser, à entendre, à sentir, à parler, à voir et à bouger. *Notre cerveau est à l'intérieur de notre tête.*

☞ Au pluriel : des **cerveaux.**

cervelle nom féminin. La cervelle, c'est le cerveau d'un animal. *Nous avons mangé de la cervelle d'agneau à la cantine.*

cesser verbe. Cesser, c'est arrêter. *Cesse de faire ce bruit !*

chacal nom masculin. Un chacal, c'est un animal sauvage qui ressemble à un renard. *Les chacals mangent des animaux morts.*

☞ Au pluriel : des **chacals.**

✦ Les chacals vivent en Asie et en Afrique.

chacun pronom masculin,

chacune pronom féminin. *Ces sucettes coûtent 30 centimes chacune,* chaque sucette coûte 30 centimes. *Retournez chacun à votre place,* que chaque élève retourne à sa place.

chagrin nom masculin. Le chagrin, c'est ce que l'on ressent quand on est très triste. *C'est la fin des vacances, Marianne a du chagrin car elle ne verra plus son amie Flora.*

✦ Tu peux dire aussi **peine, tristesse.**

chaîne nom féminin. 1. Une chaîne, c'est une suite d'anneaux de métal les uns dans les autres. *Le chien est attaché à sa niche par une grosse chaîne.* 2. Une chaîne de télévision, c'est un système qui envoie des images et des sons. *Antoine regarde un dessin animé sur la deuxième chaîne.*

✦ Ne confonds pas chaîne et **chêne.**

chair nom féminin. La chair, c'est la partie molle du corps de l'homme et des animaux qui est sous la peau. *L'ogre aime bien manger de la chair fraîche.*

✦ La chair des animaux, c'est la **viande.**

✦ Ne confonds pas chair et **cher.**

Un chacal.

A
B
C

chaise nom féminin. Une chaise, c'est un siège qui a un dossier et pas de bras et où peut s'asseoir une seule personne. *Marc s'est assis sur une chaise et Charlotte s'est assise dans un fauteuil.*

chalet nom masculin. Un chalet, c'est une maison en bois, dans la montagne. *Quand nous allons aux sports d'hiver, nous habitons dans un chalet.*

chaleur nom féminin. *Quelle chaleur, aujourd'hui!* il fait très chaud aujourd'hui!

✦ Le contraire de chaleur, c'est **froid**.

chambre nom féminin. Une chambre, c'est une pièce où l'on dort. *Il y a des lits superposés dans la chambre de Marie et de Nicolas.*

chameau nom masculin. Un chameau, c'est un grand animal d'Asie qui a deux bosses sur le dos. *Le chameau ne boit pas beaucoup et mange très peu.*

☞ Au pluriel : des **chameaux**.
✦ Cherche aussi **dromadaire**.

Le chameau peut marcher très longtemps sans être fatigué.

chamois nom masculin. Un chamois, c'est un animal qui a deux petites cornes lisses et recourbées et qui vit dans la montagne. *Le chamois est très agile, il grimpe très facilement dans les endroits difficiles.*

champ nom masculin. Un champ, c'est un grand terrain sur lequel on a planté des céréales, des légumes, des fruits ou des fleurs. *De chaque côté de la route il y a des champs de blé. L'agriculteur laboure son champ.*

✦ Ne confonds pas champ et **chant**.

champignon nom masculin. Un champignon, c'est une petite plante sans feuille qui est formée d'un pied et d'un chapeau. *Nous avons ramassé des champignons dans la forêt.*

✦ Attention il y a des champignons que l'on peut manger, les champignons **comestibles** et d'autres qui sont très dangereux, les champignons **vénéneux**.

champion nom masculin, **championne** nom féminin. Un champion, une championne, c'est une personne qui a gagné une compétition sportive. *Elle est championne du monde d'athlétisme,* c'est la meilleure sportive du monde en athlétisme.

championnat nom masculin. Un championnat, c'est une compétition sportive à la fin de laquelle celui qui gagne est déclaré champion. *Cette équipe a remporté le championnat de France de football.*

chance nom féminin. *Louise a de la chance,* il lui arrive souvent des choses agréables, par hasard, alors qu'elle n'a pas fait d'effort pour cela. *Tu as gagné un bel ours en peluche à la loterie, tu as de la chance!*

chandail nom masculin. Un chandail, c'est un pull. *Lambert a mis un chandail à col roulé car il fait froid.*

☞ Au pluriel: des **chandails**.
✦ Tu peux dire aussi **tricot**.

chandelle nom féminin. Une chandelle, c'est une sorte de bougie que l'on utilisait autrefois. *Dans les châteaux forts, on s'éclairait avec des chandelles.*

✦ On mettait les chandelles dans des **chandeliers**.

changer verbe. 1. *Richard a changé de chemise car il avait fait des taches dessus*, il a mis une autre chemise. 2. *Diane a grandi, elle a beaucoup changé*, son visage et son corps ne sont plus comme ils étaient avant.

chanson nom féminin. Une chanson, c'est de la musique avec des paroles. *Nous avons chanté des chansons à la fête de l'école.*

chant nom masculin. 1. *Louis écoute le chant des oiseaux*, il écoute le bruit agréable que font les oiseaux et qui ressemble à une musique. 2. *Salomé prend des cours de chant*, elle apprend à chanter.

✦ Ne confonds pas chant et **champ**.

chanter verbe. 1. *Au printemps les oiseaux chantent*, ils font un bruit agréable qui ressemble à une musique. 2. *Romain a chanté une belle chanson*, il a fait de la musique avec sa voix.

chanteur nom masculin,
chanteuse nom féminin. Un chanteur, une chanteuse, c'est une personne dont le métier est de chanter. *Le chanteur chante en jouant de la guitare.*

chapeau nom masculin. Un chapeau, c'est une sorte de vêtement que l'on se met sur la tête et qui protège du froid, de la pluie ou du soleil. *L'inspecteur de police a mis son chapeau et son imperméable avant de sortir.*

☞ Au pluriel : des **chapeaux**.

chapelle nom féminin. Une chapelle, c'est une petite église. *Nous avons visité la chapelle du château.*

chapiteau nom masculin. Le chapiteau, c'est la grande tente sous laquelle a lieu le spectacle du cirque.

☞ Au pluriel : des **chapiteaux**.

On monte un chapiteau sur la place, ce soir le cirque donnera son spectacle.

chapitre nom masculin. Un chapitre, c'est chacune des parties d'un livre qui a un numéro et quelquefois un titre. *Miguel a déjà lu deux chapitres de son livre.*

chaque adjectif masculin et féminin. Chaque, c'est un mot qui s'emploie pour parler d'une personne ou d'une chose qui fait partie d'un groupe. *Chaque élève a écrit son nom sur son cahier.*

✦ Tu peux dire aussi : **chacun** *des élèves a écrit son nom sur son cahier.*

charbon nom masculin. Le charbon, c'est une matière noire que l'on trouve dans le sol. *On brûle le charbon pour se chauffer.*

charcuterie nom féminin. **1.** La charcuterie, c'est le magasin du charcutier. *Mamie est allée acheter du jambon à la charcuterie.* **2.** La charcuterie, c'est le saucisson, le pâté, la saucisse et le jambon. *Nous avons mangé de la charcuterie comme hors-d'œuvre.*

charcutier nom masculin,
charcutière nom féminin. Un charcutier, une charcutière, c'est une personne qui vend du jambon, des saucisses, du saucisson, du pâté et souvent des plats tout prêts. *Papa a acheté du saucisson chez le charcutier.*

chargement nom masculin. Le chargement d'un camion, c'est tout ce qu'il transporte. *Ce camion a un gros chargement,* il transporte beaucoup de marchandises.

✦ Tu peux dire aussi **cargaison.**

charger verbe. *Les déménageurs ont chargé l'armoire dans le camion,* ils ont mis l'armoire dans le camion pour la transporter. *La voiture est trop chargée,* il y a trop de bagages dans la voiture et cela pèse trop lourd.

chariot nom masculin. Un chariot, c'est un véhicule qui a quatre roues et que l'on pousse devant soi. *À la gare, Maman a mis les valises et les sacs sur un chariot à bagages.*

charmant adjectif masculin,
charmante adjectif féminin. *Nos nouveaux voisins sont charmants,* ils sont très gentils et disent bonjour en souriant.

✦ Connais-tu l'histoire du Prince Charmant?

charpente nom féminin. La charpente d'une maison, c'est l'ensemble des poutres ou des tiges de métal qui soutiennent le toit.

La **charpente** d'une maison.

charrette nom féminin. Une charrette, c'est une voiture à deux roues tirée par un cheval. *Autrefois, à la campagne, on transportait le foin sur une charrette.*

charrue nom féminin. Une charrue, c'est une machine qui sert à labourer les champs. *L'agriculteur creuse un sillon dans la terre avec la charrue.*

✦ La charrue est tirée par un tracteur.

chasse nom féminin. Aller à la chasse, c'est aller poursuivre des animaux pour les attraper ou les tuer. *En automne, mon grand-père va à la chasse au sanglier.*

chasser verbe. 1. Chasser, c'est poursuivre des animaux pour les attraper ou les tuer. *Mon grand-père part tôt le matin pour chasser.* 2. Chasser, c'est faire partir en poussant. *Le vent a chassé les nuages.*

chasseur nom masculin. Un chasseur, c'est une personne qui chasse. *On entend les coups de fusil des chasseurs.*

chat nom masculin,
chatte nom féminin. Un chat, une chatte, c'est un petit animal au poil très doux qui peut vivre avec les hommes. *Le chat ronronne quand Charlotte le caresse et il miaule quand il a faim.*
✦ Le chat est un animal domestique.

châtaigne nom féminin. Une châtaigne, c'est un fruit qui ressemble à un marron et que l'on mange. *Luc fait griller des châtaignes dans la cheminée.*
✦ Les châtaignes sont moins rondes que les marrons, elles ont la forme d'un petit cœur.

châtaignier nom masculin. Un châtaignier, c'est un grand arbre sur lequel poussent les châtaignes. *Les châtaigniers ont un tronc un peu rouge.*

châtain adjectif masculin. *Élise a les cheveux châtains,* elle a les cheveux brun clair. *Romain est blond et Élise est châtain.*

château nom masculin. 1. Un château, c'est une très grande et très belle maison avec des tours, dans un grand parc. *Le roi Louis XIV a fait construire le château de Versailles.* 2. Un château fort, c'est un château entouré de fossés et de murailles qui le protègent. *Au Moyen Âge, les seigneurs habitaient dans des châteaux forts.*
☞ Au pluriel : des **châteaux**.

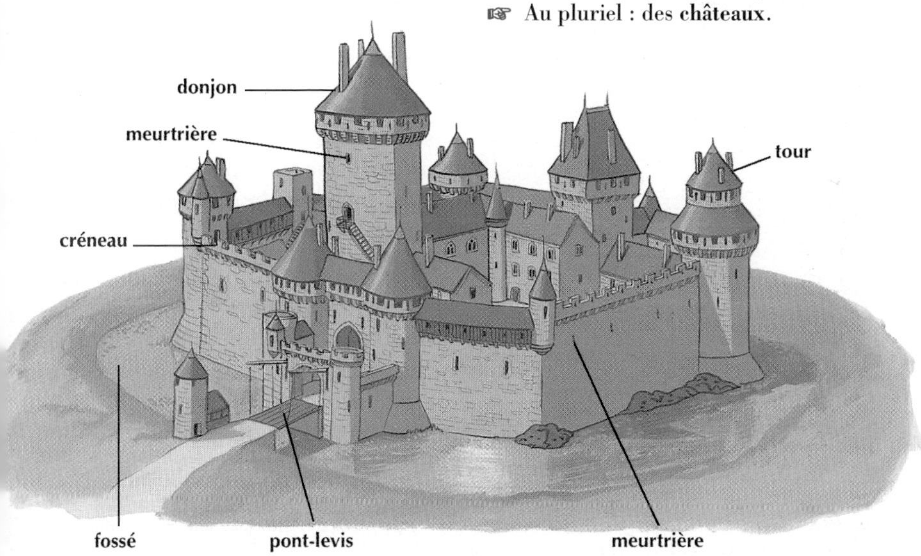

Le château fort.

a b c

A B C

chaton nom masculin. Un chaton, c'est un bébé chat. *La chatte de Richard a eu trois chatons.*

chatouiller verbe. Chatouiller, c'est toucher très doucement la peau, sous les pieds, sous les bras ou dans le cou, pour énerver et faire rire. *Marie chatouille son frère avec une plume d'oiseau.*

chaud adjectif masculin,
chaude adjectif féminin. 1. *Axel n'arrive pas à boire son chocolat car il est très chaud,* son chocolat est à une température très élevée, il est brûlant. 2. *Il neige, Jeanne a mis des vêtements chauds,* elle a mis des vêtements qui la réchauffent et la protègent contre le froid.
✦ Le contraire de chaud, c'est **froid**.

Pauline a chaud, Grégoire a froid.

chaudement adverbe. *Jeanne s'est habillée chaudement pour aller jouer dans la neige,* elle a mis des vêtements chauds.

chauffage nom masculin. Le chauffage, c'est l'ensemble des radiateurs qui chauffent une maison. *Papi a allumé le chauffage car il commence à faire froid.*

chauffer verbe. Chauffer, c'est donner de la chaleur. *Ce gros radiateur chauffe bien.*

chauffeur nom masculin. Un chauffeur, c'est une personne dont le métier est de conduire une voiture, un autobus, un autocar ou une locomotive. *Maman demande au chauffeur de taxi de l'emmener à la gare du Nord. La mère d'Arthur est chauffeur d'autobus.*
✦ Tu peux dire aussi **conducteur**.

chaussée nom féminin. La chaussée, c'est la partie de la rue ou de la route où roulent les voitures. *Lambert traverse la chaussée en faisant très attention.*
✦ De chaque côté de la chaussée il y a le **trottoir**.

chausser verbe. 1. *Thomas chausse du 30,* il porte des chaussures de taille 30. 2. *Ma petite sœur se chausse toute seule,* elle met ses chaussures toute seule.

chaussette nom féminin. Une chaussette, c'est un vêtement en coton ou en laine qui couvre le pied et le bas de la jambe. *Agnès a mis des chaussettes rouges.*

chaussure nom féminin. Une chaussure, c'est ce que l'on met à son pied pour marcher. *Les chaussures de Karim ont des semelles en caoutchouc.*
✦ Les **baskets**, les **bottes**, les **sandales**, sont des chaussures.
✦ Tu peux dire aussi **soulier**.

chauve adjectif masculin et féminin. *Le grand-père de Laura est chauve,* il n'a plus de cheveux.

chauve-souris nom féminin. Une chauve-souris, c'est un petit animal qui ressemble à une souris avec de très petits yeux, de grandes oreilles et des ailes. *Les chauves-souris mangent des insectes qu'elles chassent la nuit.*

☞ Au pluriel : des **chauves-souris**.

✦ Le jour, les chauves-souris dorment suspendues la tête en bas, serrées les unes contre les autres.

chavirer verbe. *Le bateau a chaviré,* il s'est retourné complètement.

chef nom masculin. Le chef, c'est la personne qui commande, qui dirige. *La police a arrêté le chef de la bande.*

chef-d'œuvre nom masculin. Un chef-d'œuvre, c'est une statue, un tableau, un livre, un morceau de musique ou un film très beau, très bien fait et que beaucoup de gens aiment. *La Joconde, de Léonard de Vinci, est un chef-d'œuvre.*

☞ Au pluriel : des **chefs-d'œuvre**.

chemin nom masculin. **1.** Un chemin, c'est une petite route en terre. *Émilie et Pierre cueillent des mûres sur les bords du chemin qui va à la ferme.* **2.** *Johnny a demandé son chemin à un agent,* il lui a demandé par où il fallait passer. **3.** Le chemin de fer, c'est le train.

cheminée nom féminin. **1.** La cheminée, c'est l'endroit où l'on fait du feu, dans une maison. *Maman met des bûches dans la cheminée.* **2.** La cheminée, c'est le tuyau par lequel sort la fumée, sur le toit de la maison. *En hiver la cheminée fume.*

chemise nom féminin. Une chemise, c'est un vêtement qui couvre le haut du corps et les bras. *Benoît a une belle chemise bleue.*

chêne nom masculin. Un chêne, c'est un grand arbre dont le bois est très dur. *Un chêne peut mesurer quarante mètres de haut et vivre plus de cinq cents ans.*

✦ Le fruit du chêne est le **gland**.

✦ Ne confonds pas chêne et **chaîne**.

chenille nom féminin. Une chenille, c'est une sorte de gros ver recouvert de poils. *Les chenilles mangent des feuilles et grandissent très vite.*

✦ La chenille est la **larve** du papillon.

chèque nom masculin. Un chèque, c'est un morceau de papier fabriqué par une banque ou par la poste, sur lequel on écrit une somme d'argent et qui sert à payer. *Papa a fait un chèque de cent euros pour payer les chaussures qu'il a achetées.*

Combien y a-t-il de cheminées ?

cher adjectif masculin,

chère adjectif féminin. 1. *Myriam écrit à sa grand-mère : « Ma chère Mamie »*, Mamie que j'aime beaucoup. 2. *Cette voiture est chère*, elle coûte beaucoup d'argent.

✦ Ne confonds pas cher et **chair**.

chercher verbe. Chercher, c'est essayer de trouver, de découvrir. *Alexandre cherche son pull qu'il a perdu. Marine réfléchit, elle cherche la réponse à la question qu'a posée la maîtresse.*

Le bouc, la chèvre et leurs petits.

chéri adjectif masculin,

chérie adjectif féminin. *« Mes petits-enfants chéris », nous dit souvent Papi*, mes petits-enfants que j'aime beaucoup.

cheval nom masculin. 1. Un cheval, c'est un grand animal avec une crinière, qui court très vite et peut porter des choses lourdes sur son dos. *Le cheval est rentré à l'écurie. Les chevaux hennissent.* 2. *Marc est à cheval sur le banc*, il est assis une jambe de chaque côté du banc, il est assis à califourchon.

☞ Au pluriel : des **chevaux**.

✦ La femelle du cheval, c'est la **jument**, leur petit, c'est le **poulain**.

chevalier nom masculin. Un chevalier, c'est un seigneur du Moyen Âge qui se battait à cheval.

cheveu nom masculin. Les cheveux, ce sont les poils qui poussent sur la tête. *Aurore a les cheveux roux.*

☞ Au pluriel : des **cheveux**.

cheville nom féminin. La cheville, c'est l'ensemble des petits os qui se trouvent entre la jambe et le pied et qui servent à bouger le pied. *Luc s'est foulé la cheville en tombant.*

✦ Sais-tu comment s'appelle l'ensemble des petits os qui se trouvent entre le bras et la main ?

chèvre nom féminin. Une chèvre, c'est un animal avec des cornes recourbées et un poil épais. *On fait du fromage avec le lait de chèvre.*

chewing-gum nom masculin. Un chewing-gum, c'est un bonbon élastique que l'on mâche.

☞ Au pluriel : des **chewing-gums**.

✦ Chewing-gum est un mot qui vient de l'anglais.

chez préposition. *Après l'école, Elsa va chez sa grand-mère*, elle va dans la maison où habite sa grand-mère. *Papa va acheter des croissants chez le boulanger*, il va dans la boutique du boulanger.

chien nom masculin,

chienne nom féminin. Un chien, une chienne, c'est un animal domestique qui mange de la viande. *Le chien aboie.*

✦ Le petit du chien, c'est le **chiot**.

chiffon nom masculin. Un chiffon, c'est un morceau de tissu qui sert à nettoyer ou à essuyer. *Papa fait briller ses chaussures avec un chiffon.*

chiffonné adjectif masculin,
chiffonnée adjectif féminin. *La jupe de Sarah est chiffonnée,* elle a des petits plis partout, elle n'est pas lisse.

✦ Tu peux dire aussi **fripé**, **froissé**.

chiffre nom masculin. Un chiffre, c'est un signe qui sert à écrire un nombre. *1, 2, 3, 4, 5, 6, 7, 8, 9 et 0 sont des chiffres.*

chimpanzé nom masculin. Un chimpanzé, c'est un grand singe qui vit dans les arbres, en Afrique. *Les chimpanzés sont très intelligents, ils s'apprivoisent facilement.*

chiot nom masculin. Un chiot, c'est un bébé chien. *La chienne d'Aurélie a eu deux chiots.*

Des chimpanzés.

chirurgien nom masculin,
chirurgienne nom féminin. Un chirurgien, une chirurgienne, c'est un médecin qui opère les malades et les blessés. *La mère d'Émeline est chirurgienne.*

Connais-tu tous ces chiens?

Le choc a été violent.

choc nom masculin. Un choc, c'est un coup très fort que reçoivent deux choses qui se cognent l'une contre l'autre.

chocolat nom masculin. Le chocolat, c'est un mélange de cacao et de sucre. *Agnès mange de la mousse au chocolat.*

chœur nom masculin. 1. Un chœur, c'est un groupe de chanteurs qui chantent ensemble. 2. *Les enfants ont repris le refrain tous en chœur,* ils ont repris le refrain tous ensemble.

✦ Ne confonds pas **chœur** et **cœur**.

choisir verbe. Choisir, c'est prendre la chose que l'on préfère parmi plusieurs choses. *Choisis le gâteau que tu veux.*

choix nom masculin. *Il y a un grand choix de bonnets dans ce magasin,* il y a beaucoup de bonnets parmi lesquels on peut choisir celui que l'on veut acheter.

☞ Au pluriel : des **choix**.

chômage nom masculin. *Monsieur Bodin est au chômage,* il n'a plus de travail.

chorale nom féminin. Une chorale, c'est un groupe de personnes qui chantent ensemble. *Nadine fait partie de la chorale de l'école.*

✦ Cherche aussi **chœur**.

Nadine fait partie de la chorale de l'école.

chose nom féminin. 1. Une chose, c'est un objet. *Un livre, une lampe et un manteau sont des choses.* 2. Une chose, c'est ce qui arrive, ce qui se passe. *Lambert a beaucoup de choses à raconter à Marie.*

chou nom masculin. Un chou, c'est un légume en forme de grosse boule dure composé de feuilles qui se recouvrent les unes les autres. *Il y a des choux blancs, des choux verts, des choux rouges et aussi de petits choux qui s'appellent des choux de Bruxelles.*

☞ Au pluriel : des **choux**.

✦ Cherche aussi **chou-fleur**.

chouette nom féminin. Une chouette, c'est un oiseau qui a une grosse tête et des yeux ronds. *La chouette se nourrit de petits animaux qu'elle chasse la nuit.*

✦ Cherche aussi **hibou**.

Étienne vise le centre de la cible.

chou-fleur nom masculin. Un chou-fleur, c'est un chou dont on mange les fleurs qui sont blanches et forment une grosse boule. *Maman a préparé du gratin de chou-fleur.*
☞ Au pluriel : des **choux-fleurs**.

chrétien nom masculin,
chrétienne nom féminin. Un chrétien, une chrétienne, c'est une personne qui croit en Jésus-Christ. *Diane est catholique et Henri est protestant : ce sont tous les deux des chrétiens.*

chronomètre nom masculin. Un chronomètre, c'est une montre qui sert à mesurer d'une façon très précise le temps que l'on met pour faire quelque chose. *L'arbitre regarde son chronomètre avant de siffler la fin du match.*

chuchoter verbe. Chuchoter, c'est parler tout bas, murmurer. *Julia et Alexis chuchotent pendant que la maîtresse écrit au tableau.*

chut! interjection. Chut!, c'est ce que l'on dit pour demander le silence. *Chut! Taisez-vous!*
✦ Ne confonds pas chut et **chute**.

chute nom féminin. 1. *Raphaël a fait une chute*, il est tombé. 2. *Les skieurs espèrent qu'il va y avoir des chutes de neige*, ils espèrent qu'il va neiger.
✦ Ne confonds pas chute et **chut**.

cible nom féminin. Une cible, c'est un objet que l'on essaie d'atteindre en tirant des plombs avec une carabine ou des fléchettes.

cicatrice nom féminin. Une cicatrice, c'est une marque qui reste sur la peau après une blessure, une brûlure ou une opération. *Le bandit avait une cicatrice sur la joue.*

cidre nom masculin. Le cidre, c'est une boisson faite avec du jus de pomme. *Il y a des bulles dans le cidre.*
✦ Le cidre contient un peu d'alcool.

ciel nom masculin. Le ciel, c'est l'espace que nous voyons dehors au-dessus de nos têtes. *Il fait beau aujourd'hui, le ciel est bleu.*
☞ Au pluriel : des **ciels** ou des **cieux**.

cigale nom féminin. Une cigale, c'est un insecte qui vit dans les arbres et qui fait un bruit aigu en frottant ses ailes. *L'été, en Provence, on entend les cigales toute la journée.*
✦ Cherche aussi **grillon**.

cigare nom masculin. Un cigare, c'est un rouleau de feuilles de tabac. *Papa a fumé un cigare après le dîner.*

cigarette nom féminin. Une cigarette, c'est un petit rouleau de papier rempli de tabac. *Maman fume trois cigarettes par jour.*

cigogne nom féminin. Une cigogne, c'est un grand oiseau blanc dont le bout des ailes est noir, qui a de longues pattes rouges et un long bec rouge. *En hiver, les cigognes partent vers les pays chauds.*

A
B
C

cil nom masculin. Les cils, ce sont les poils qui entourent les yeux, au bord des paupières. *Luis a de longs cils.*

cime nom féminin. Une cime, c'est un sommet pointu.

Les cimes des montagnes sont couvertes de neige.

ciment nom masculin. Le ciment, c'est une poudre blanche qui devient dure quand on la mélange avec de l'eau. *Le maçon construit le mur en mettant du ciment entre les briques.*

cimetière nom masculin. Un cimetière, c'est un grand jardin où l'on enterre les morts. *Marc est allé au cimetière mettre des fleurs sur la tombe de sa grand-mère.*

cinéma nom masculin. Un cinéma, c'est une salle où l'on voit des films sur un grand écran. *Papi m'a emmené au cinéma voir un dessin animé.*

cintre nom masculin. Un cintre, c'est une barre avec un crochet sur laquelle on met un vêtement pour le suspendre. *Myriam met son manteau sur un cintre et le range dans le placard.*

cirage nom masculin. Du cirage, c'est un produit qui sert à nettoyer et à faire briller les chaussures. *Benoît met du cirage noir sur ses chaussures en cuir.*

circoncision nom féminin. La circoncision, c'est l'opération au cours de laquelle on enlève un peu de peau au bout du sexe d'un petit garçon juif ou musulman.

circuit nom masculin. Un circuit, c'est un chemin qui ramène à l'endroit d'où l'on est parti. *Pendant la course, les voitures font le tour du circuit plusieurs fois.*

circulation nom féminin. *Les jours de départ en vacances, il y a beaucoup de circulation,* les jours de départ en vacances, il y a beaucoup de voitures qui se déplacent dans les rues et sur les routes.

circuler verbe. Circuler, c'est se déplacer. *Le sang circule dans le corps,* il part du cœur, va dans tout le corps et revient au cœur.

cire nom féminin. 1. La cire, c'est la matière jaune que fabriquent les abeilles pour construire les rayons de la ruche. *Les bougies sont faites avec de la cire.* 2. La cire, c'est un produit qui sert à nettoyer et à faire briller le bois. *La femme de ménage met de la cire sur le parquet.*

cirer verbe. Cirer, c'est mettre du cirage ou de la cire. *Benoît a ciré ses chaussures. La femme de ménage cire le parquet.*

Paul est allé au cirque.

cirque nom masculin. Un cirque, c'est une sorte de théâtre rond où le spectacle est fait par des acrobates, des clowns, des magiciens et des dompteurs avec leurs animaux.

✦ Cherche aussi **chapiteau**.

ciseaux nom masculin pluriel. Une paire de ciseaux, c'est un instrument composé de deux lames qui sert à couper. *Baptiste découpe un dessin avec des ciseaux.*

✦ Tu peux dire *des ciseaux* ou *une paire de ciseaux*.

cité nom féminin. Une cité, c'est un groupe d'immeubles. *Tous les enfants de la cité vont à l'école Jules-Ferry.*

citer verbe. Citer, c'est dire le nom. *Cite trois animaux dont le nom commence par un c.*

citoyen nom masculin,
citoyenne nom féminin. *Monsieur Carpentier est un citoyen français*, il est français.

✦ Il a la **nationalité** française.

citron nom masculin. Un citron, c'est un fruit jaune, ovale, au goût acide. *Papi met une rondelle de citron dans son thé.*

citronnade nom féminin. Une citronnade, c'est du jus de citron mélangé avec de l'eau et du sucre. *Soraya boit une citronnade bien fraîche.*

citrouille nom féminin. Une citrouille, c'est un très gros fruit rond, orange. *La citrouille s'est transformée en carrosse d'un coup de baguette magique.*

✦ Cherche aussi **potiron**.

Les citrons poussent sur des citronniers.

civil adjectif masculin,
civile adjectif féminin. Une guerre civile, c'est une guerre qui a lieu entre les habitants d'un même pays.

civil nom masculin. 1. Les civils, ce sont toutes les personnes qui ne sont pas des militaires. *Le bombardement a tué de nombreux civils.* 2. *Le policier est en civil,* il est habillé comme tout le monde, il n'est pas en uniforme.

clair adjectif masculin,
claire adjectif féminin. 1. Un endroit clair, c'est un endroit qui reçoit beaucoup de lumière du jour. *Notre classe est au dernier étage de l'école, elle est très claire,* notre classe n'est pas sombre. 2. *Matthieu a un pantalon bleu clair,* il a un pantalon d'un bleu qui est plus proche du blanc que du noir. 3. *Le maître donne toujours des explications claires,* il donne des explications que l'on comprend facilement, des explications qui ne sont pas compliquées.

clair nom masculin. Le clair de lune, c'est la lumière que la Lune envoie sur la Terre. *Quel beau clair de lune ce soir !*

✦ Au clair de la lune, mon ami Pierrot !

clairière nom féminin. Une clairière, c'est un endroit, dans une forêt, où il n'y a pas d'arbres et où il fait plus clair. *Boris et ses parents se sont arrêtés dans une clairière pour pique-niquer.*

clandestin adjectif masculin,
clandestine adjectif féminin. *Un marin a découvert un passager clandestin à bord du bateau,* il a trouvé une personne qui se cachait dans le bateau pour voyager sans payer.

claque nom féminin. Une claque, c'est une tape donnée avec le plat de la main. *Arrête ou je te donne une claque !*

✦ Tu peux dire aussi **gifle**.

claquer verbe. *Il y a un courant d'air, les portes claquent,* les portes se ferment toutes seules brusquement en faisant du bruit.

clarinette nom féminin. Une clarinette, c'est un instrument de musique en bois, long et droit, dans lequel on souffle.

Lucas joue de la clarinette.

classe nom féminin. 1. Une classe, c'est un groupe d'élèves qui suivent ensemble les cours donnés par un professeur. *Roméo et Charlotte sont dans la même classe. En quelle classe es-tu ?* 2. La classe, c'est la salle dans laquelle les élèves suivent les cours. *La récréation est terminée, nous retournons dans notre classe.*

classement nom masculin. *Maman fait du classement dans ses papiers,* elle range ses papiers dans un certain ordre.

classer verbe. Classer, c'est mettre ensemble dans un certain ordre. *Héloïse classe ses perles par couleur.*

✦ Cherche aussi **ranger**.

Le clavier du piano.

Le clavier du minitel.

clavier nom masculin. Un clavier, c'est un ensemble de touches sur lesquelles on appuie. *Le clavier du piano a des touches blanches et des touches noires. Où est le « A » sur le clavier du minitel?*

clé nom féminin. Une clé, c'est un objet en métal que l'on met dans une serrure pour ouvrir ou fermer. *La porte est fermée à clé.*

✦ Tu peux écrire aussi **clef**.
✦ Comment s'appelle l'anneau auquel on attache ses clés?

clémentine nom féminin. Une clémentine, c'est un petit fruit orange souvent sans pépins, moins gros qu'une mandarine. *Tatiana donne un quartier de clémentine à son frère.*

client nom masculin,
cliente nom féminin. Un client, une cliente, c'est une personne qui achète dans un magasin. *Les clients font la queue à la caisse.*

clientèle nom féminin. La clientèle, c'est l'ensemble des clients. *Ce magasin a une nombreuse clientèle,* beaucoup de personnes viennent acheter dans ce magasin.

clignoter verbe. Clignoter, c'est s'allumer et s'éteindre plusieurs fois de suite. *Quand le feu orange clignote, les voitures doivent ralentir.*

climat nom masculin. Le climat, c'est le temps qu'il fait dans une région. *Il n'y a pas d'arbres dans le désert car le climat est très sec.*

clinique nom féminin. Une clinique, c'est une maison où l'on soigne et où l'on opère les malades et les blessés et où naissent les bébés. *La petite sœur de Liliane est née à la clinique Saint-Jean.*

✦ Cherche aussi **hôpital**.

clochard nom masculin,
clocharde nom féminin. Un clochard, une clocharde, c'est une personne très pauvre, qui n'a pas de travail et pas de maison et qui vit dans la rue. *Papa a donné un euro à un clochard qui mendiait dans le métro.*

cloche nom féminin. Une cloche, c'est un objet en métal à l'intérieur duquel est suspendu un bâton qui produit un son quand il tape sur chaque côté. *C'est la fin de la messe, les cloches de l'église sonnent.*

à **cloche-pied** adverbe. *Étienne marche à cloche-pied,* il avance en sautant sur un seul pied, l'autre jambe étant repliée pour que le pied soit en l'air.

clocher nom masculin. Le clocher, c'est la partie pointue qui est au-dessus du toit d'une église et dans laquelle il y a les cloches.

Il y a une girouette sur le clocher de l'église.

cloison nom féminin. Une cloison, c'est un mur pas très épais qui sépare deux pièces, dans une maison.

clôture nom féminin. Une clôture, c'est une barrière qui entoure un jardin, un champ ou un pré.

clou nom masculin. Un clou, c'est une petite tige pointue, en métal, qui sert à fixer ou à suspendre quelque chose. *Maman a planté un clou dans le mur pour accrocher le tableau.*

☞ Au pluriel : des **clous**.

✦ On plante les clous avec un marteau.

clown nom masculin. Un clown, c'est un artiste qui fait rire, au cirque. *Les clowns avaient un drôle de costume et un nez tout rouge.*

✦ Clown est un mot qui vient de l'anglais.

club nom masculin. Un club, c'est un groupe de personnes qui se réunissent pour faire un sport ou jouer à un jeu. *Raphaël fait partie du club de football de l'école.*

coasser verbe. *La grenouille et le crapaud coassent,* ils poussent leur cri.

✦ Le corbeau **croasse**.

cobra nom masculin. Un cobra, c'est un grand serpent qui a sur le cou un dessin en forme de lunettes. *Les cobras vivent en Afrique et en Inde.*

✦ Le cobra est un serpent venimeux.

coccinelle nom féminin. Une coccinelle, c'est une petite bête rouge avec des points noirs. *Les coccinelles sont toutes petites et toutes rondes et elles volent.*

✦ On appelle aussi la coccinelle : bête à bon Dieu.

✦ La coccinelle est un **insecte**.

La coccinelle mange des pucerons.

cochon nom masculin. Un cochon, c'est un animal qui a la peau rose et la queue en tire-bouchon. *Les cochons sont élevés dans les fermes.*

✦ Tu peux dire aussi **porc**.

cocker nom masculin. Un cocker, c'est un petit chien à poils longs et doux avec de grandes oreilles qui pendent. *Les cockers sont des chiens de chasse.*

cocotte nom féminin. *Alexis fait une cocotte en papier,* il plie un morceau de papier et lui donne la forme d'un oiseau.

✦ Les enfants appellent les poules des cocottes.

cocotte nom féminin. Une cocotte, c'est une marmite. *Le lapin cuit doucement dans la cocotte.*

code nom masculin. Un code, c'est un ensemble de chiffres et de lettres que l'on ne dit à personne et qui est comme un message secret. *Pour ouvrir la porte de notre immeuble il faut connaître le code. Au moment de payer, Maman donne sa carte de crédit et tape son code sur la machine.*

cœur nom masculin. 1. Le cœur, c'est un organe très important qui envoie le sang dans le corps. *Quand Yves court, son cœur bat très vite.* 2. *Agnès a mal au cœur,* elle a envie de vomir.

✦ Le sang circule dans les veines et les artères.

✦ Ne confonds pas cœur et **chœur**.

coffre nom masculin. Un coffre, c'est une très grande boîte. *Alice range sa poupée dans son coffre à jouets. Papa met les bagages dans le coffre de la voiture.*

coffre-fort nom masculin. Un coffre-fort, c'est une grande boîte en métal, fermée par une serrure spéciale, où l'on met des choses précieuses. *Les voleurs ont ouvert le coffre-fort et ont pris l'argent et les bijoux.*

☞ Au pluriel : des **coffres-forts**.

se **cogner** verbe. Se cogner, c'est se heurter contre quelque chose et se faire mal. *Lambert s'est cogné à la table.*

coiffer verbe. Coiffer, c'est arranger les cheveux avec un peigne ou une brosse. *Richard coiffe sa petite sœur. Maman se coiffe devant la glace. Aurore est toujours mal coiffée.*

✦ Tu peux dire aussi **peigner**.

coiffeur nom masculin,
coiffeuse nom féminin. Un coiffeur, une coiffeuse, c'est une personne dont le métier est de coiffer, de couper les cheveux. *Benoît est allé chez le coiffeur, il a les cheveux très courts.*

coiffure nom féminin. La coiffure, c'est la façon dont les cheveux sont arrangés. *La maîtresse a une nouvelle coiffure aujourd'hui.*

✦ Le coiffeur travaille dans un **salon de coiffure**.

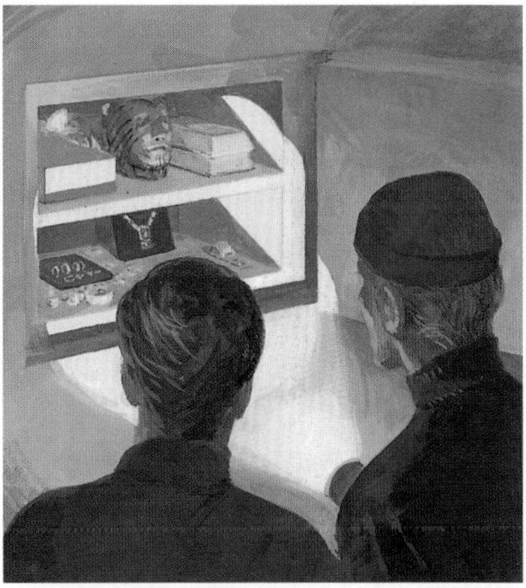

Les voleurs ont ouvert le coffre-fort pour prendre l'argent et les bijoux.

a
b
c

coin nom masculin. 1. *Le coin d'une pièce*, c'est l'angle fait par deux murs. *Ma chambre a quatre coins.* 2. *J'ai rencontré Marine au coin de la rue*, je l'ai rencontrée à l'endroit où la rue en croise une autre. 3. *Nous cherchons un coin tranquille pour pique-niquer*, nous cherchons un endroit tranquille pour pique-niquer.

coincer verbe. *Le tiroir est coincé, je ne peux plus l'ouvrir*, le tiroir est bloqué, on ne peut plus l'ouvrir ni le fermer. *Nous sommes restés coincés dans les encombrements pendant une heure.*

colis nom masculin. Un colis, c'est un paquet qui arrive par la poste. *Laura a reçu un colis qui venait des États-Unis.*

colle nom féminin. La colle, c'est un produit épais qui sert à faire tenir ensemble deux objets. *Diane met de la colle au dos d'une image pour la coller dans son cahier.*

collectif adjectif masculin,
collective adjectif féminin. Un travail collectif, c'est un travail que plusieurs personnes font ensemble.

La route descend après le col.
Marc relève le col de son blouson.

col nom masculin. 1. Le col, c'est la partie du vêtement qui est autour du cou. 2. Dans la montagne, un col, c'est un passage entre deux sommets.

colère nom féminin. *Nicolas est en colère*, il est très fâché et il crie.

colin nom masculin. Un colin, c'est un gros poisson qui vit dans la mer. *Justine et Adrien ont mangé des tranches de colin à la cantine.*

collection nom féminin. Une collection, c'est un ensemble d'objets de la même sorte que l'on garde parce qu'on les trouve intéressants. *Antoine a une belle collection de timbres. Myriam fait collection de petites voitures.*

collectionner verbe. *Flora collectionne les porte-clés*, elle essaie d'en avoir le plus possible et elle les garde.

collège nom masculin. Le collège, c'est le nom de l'école à partir de la classe de sixième jusqu'à la classe de troisième. *Romain a 11 ans, il va au collège.*

collègue nom masculin et féminin. *Papa déjeune avec des collègues*, il déjeune avec des personnes qui travaillent avec lui, au bureau.

coller verbe. Coller, c'est faire tenir deux choses ensemble avec de la colle. *Diane colle une image dans son cahier.*

✦ Le contraire de coller, c'est **décoller**.

collier nom masculin. 1. Un collier, c'est un bijou que l'on porte autour du cou. *Maman a un collier de perles bleues.* 2. Un collier, c'est une petite bande de cuir ou un cercle de métal que l'on attache autour du cou d'un chien ou d'un chat. *Maman attache la laisse au collier de Rex.*

Combien y a-t-il de colliers?

colline nom féminin. Une colline, c'est une petite montagne. *L'église du village est au sommet de la colline.*

colombe nom féminin. Une colombe, c'est un pigeon blanc.

✦ On raconte dans la Bible qu'il y a très longtemps, une colombe rapporta une petite branche d'olivier dans son bec et la donna à Noé pour lui montrer que le Déluge était fini. C'est pour cela que la colombe représente la paix.

colonie nom féminin. *Inès et Thomas vont partir cet été en colonie de vacances*, ils vont aller en vacances, sans leurs parents, avec d'autres enfants et des moniteurs.

colonne nom féminin. 1. Une colonne, c'est un grand pilier rond. *Les temples grecs étaient soutenus par des colonnes.* 2. *Raphaële a écrit ses chiffres en colonne*, elle les a écrits les uns au-dessous des autres. 3. La colonne vertébrale, c'est la longue ligne de petits os que nous avons dans le dos et qui soutient notre corps. *Les petits os de la colonne vertébrale s'appellent les vertèbres.*

coloriage nom masculin. Un album de coloriages, c'est un album dans lequel il y a des dessins à colorier.

colorier verbe. Colorier, c'est mettre de la couleur sur un dessin. *Olivier colorie les arbres en vert.*

combat nom masculin. Un combat, c'est une lutte où les personnes qui se battent doivent suivre des règles.

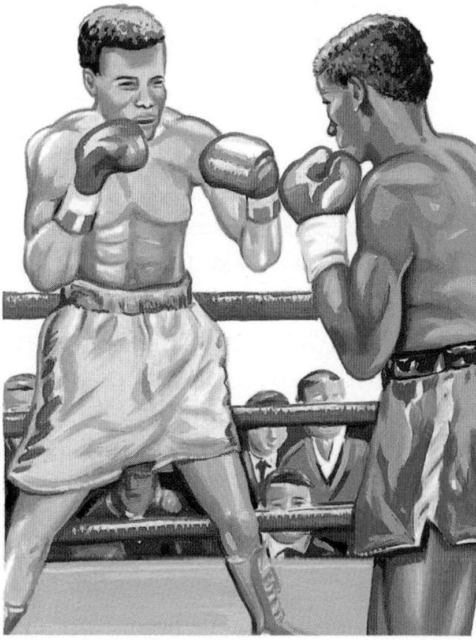

Un combat de boxe.

combattre verbe. Combattre, c'est se battre contre un ennemi ou contre quelque chose de dangereux. *Les Gaulois ont combattu les Romains. Les pompiers combattent l'incendie avec courage.*

combien adverbe. Combien, c'est un mot qui sert à poser les questions : quel nombre? quel prix? *Combien as-tu de doigts?* quel nombre de doigts as-tu? *Combien coûte ce gâteau?* quel est le prix de ce gâteau?

combinaison nom féminin. Une combinaison de ski, c'est un vêtement de ski qui est fait d'un pantalon et d'une veste en une seule pièce.

comédie nom féminin. 1. Une comédie, c'est une pièce de théâtre ou un film drôle. 2. *Julien dit qu'il a mal à la gorge pour ne pas aller en classe, mais c'est de la comédie,* il fait semblant d'avoir mal.

comédien nom masculin,
comédienne nom féminin. Un comédien, une comédienne, c'est une personne qui joue dans des pièces de théâtre ou dans des films.

✦ Tu peux dire aussi **acteur**.

comestible adjectif masculin et féminin. *Ces champignons sont comestibles,* on peut les manger sans être empoisonné.

✦ Le contraire de comestible, c'est **vénéneux**.

comique adjectif masculin et féminin. *Un film comique,* c'est un film drôle, qui fait rire.

commandant nom masculin, **commandante** nom féminin. Un commandant, une commandante, c'est un militaire, une militaire qui commande une troupe de soldats ou qui commande un équipage sur un navire. *À vos ordres, mon commandant.*

✦ Le **commandant de bord**, c'est le pilote d'un gros avion.

commande nom féminin. 1. *Maman a passé une commande chez le boucher,* elle a demandé au boucher de lui préparer plusieurs choses qu'elle ira chercher plus tard ou que le boucher lui livrera. 2. Les commandes de l'avion, ce sont les appareils qui servent à piloter.

Le pilote est aux commandes de l'avion.

commander verbe. 1. Commander, c'est être le chef et donner des ordres. *Le général commande son armée.* 2. *Maman a commandé un gâteau d'anniversaire chez le pâtissier,* elle a demandé, à l'avance, au pâtissier de lui faire un gâteau d'anniversaire.

comme conjonction et adverbe. *Adrien a chaud, il est rouge comme une tomate,* il est aussi rouge qu'une tomate, il est de la même couleur qu'une tomate. *Comme tu as grandi depuis l'année dernière!* tu as beaucoup grandi!

commencement nom masculin. Le commencement, c'est le moment où

a
b
c

quelque chose commence. *Marie a raté le commencement du film.*
- ✦ Tu peux dire aussi **début**.
- ✦ Le contraire de commencement, c'est **fin**.

commencer verbe. *La séance de cinéma commence à deux heures,* le début de la séance de cinéma est à deux heures.
- ✦ Tu peux dire aussi **débuter**.
- ✦ Le contraire de commencer, c'est **finir**.

comment adverbe. Comment, c'est un mot qui sert à poser la question : de quelle manière? *Comment vas-tu à l'école, à pied ou en voiture?*

commerçant nom masculin, **commerçante** nom féminin. Un commerçant, une commerçante, c'est une personne dont le métier est de vendre des marchandises. *Les commerçants du quartier ont décoré leurs magasins pour Noël.*
- ✦ Tu peux dire aussi **marchand**.

commerce nom masculin. Faire du commerce, c'est acheter et vendre des marchandises.

commercial adjectif masculin, **commerciale** adjectif féminin. Un centre commercial, c'est un endroit couvert où il y a toutes sortes de magasins.
- ☞ Au masculin pluriel : **commerciaux**. Au féminin pluriel : **commerciales**.

commettre verbe. *Cet homme a commis de nombreux vols,* il a volé plusieurs fois.
- ✦ Ce verbe s'utilise toujours pour dire que l'on a fait quelque chose de mal : *il a commis un meurtre, un crime, une faute, une erreur.*

commissaire nom masculin et féminin. Le commissaire, la commissaire c'est la personne qui dirige les inspecteurs et les agents de police d'un quartier ou d'une ville. *Un crime a été commis, le commissaire mène l'enquête.*

commissariat nom masculin. Un commissariat, c'est un bâtiment où travaillent le commissaire et les policiers. *Papa est allé au commissariat pour dire qu'on lui a volé sa voiture.*

commissions nom féminin pluriel. *Maman fait les commissions,* elle fait les courses, elle achète de la nourriture et des produits pour la maison.
- ✦ Tu peux dire aussi **provisions**.

commode nom féminin. Une commode, c'est un meuble pas très haut avec des tiroirs. *Maman range les chaussettes de Lambert dans la commode.*

commode adjectif masculin et féminin. *Ce sac est très commode pour voyager,* il contient beaucoup de choses et il ne prend pas trop de place, il est facile à utiliser pour voyager.
- ✦ Tu peux dire aussi **pratique**.

Tous les samedis, Maman fait les courses au centre commercial.

A B C

commun adjectif masculin, **commune** adjectif féminin. 1. *À l'hôtel, nos deux chambres ont une salle de bains commune,* il y a une seule salle de bains pour les deux chambres. 2. *Romain et Nicolas ont mis leurs billes en commun,* ils ont mis toutes leurs billes ensemble pour que toutes les billes soient à tous les deux.

commune nom féminin. Une commune, c'est une petite partie d'un pays dirigée par un maire. *Le village où j'habite n'a pas beaucoup d'habitants, c'est une petite commune.*

✦ Cherche aussi **village** et **ville**.

communication nom féminin. *Cette communication a coûté très cher,* cette conversation au téléphone a coûté très cher.

communion nom féminin. La communion, c'est un sacrement en souvenir de Jésus-Christ, chez les chrétiens. *Lilia fera sa communion l'année prochaine,* elle recevra ce sacrement l'année prochaine.

compagne nom féminin. *Julie va retrouver ses compagnes de jeu dans la cour de récréation,* elle va retrouver les filles avec lesquelles elle joue d'habitude.

✦ Richard retrouve ses **compagnons** de jeu.

✦ Tu peux dire aussi **camarade**.

compagnie nom féminin. *François aime la compagnie de Justine,* il aime être avec elle. *Charlotte tient compagnie à sa mère qui fait du repassage,* elle reste à côté de sa mère pour ne pas la laisser toute seule.

compagnon nom masculin. *Charles dit au revoir à son compagnon de voyage,* il dit au revoir au garçon qui a voyagé avec lui.

✦ Marie dit au revoir à sa **compagne** de voyage.

comparaison nom féminin. *Il n'y a pas de comparaison possible entre un chat et un chien,* on ne peut pas comparer un chat et un chien.

comparer verbe. Comparer deux choses, deux animaux, deux personnes, c'est les regarder attentivement pour voir leurs ressemblances et leurs différences. *Compare ces deux photos de Renaud et dis-moi laquelle est la plus réussie.*

compartiment nom masculin. Un compartiment, c'est une sorte de pièce à l'intérieur d'une voiture de train. *Papa ferme la porte du compartiment et s'assied.*

compas nom masculin. Un compas, c'est un instrument qui sert à dessiner des cercles.

Jérôme dessine un cercle avec son compas.

compétition nom féminin. Une compétition, c'est une course ou un match que l'on essaie de gagner. *Lambert participe à la compétition de judo de l'école.*

complet adjectif masculin,
complète adjectif féminin. *Le parking est complet*, le parking est plein, il n'y a plus une seule place libre.
✦ Le contraire de complet, c'est **vide**.

complètement adverbe. *Marc peut revenir à l'école, il est complètement guéri*, il est tout à fait guéri.
✦ Tu peux dire aussi **totalement**.

compléter verbe. Compléter, c'est ajouter ce qui manque.

Complète **la phrase.**

complice nom masculin et féminin. Un complice, une complice, c'est une personne qui aide quelqu'un à faire quelque chose de mal. *Le voleur avait un complice qui l'attendait dans la voiture.*

compliment nom masculin. Un compliment, c'est ce que l'on dit à quelqu'un pour le féliciter d'avoir fait quelque chose de bien. *Le professeur fait des compliments à Carine : elle n'a aucune faute dans sa dictée.*
✦ Tu peux dire aussi des **félicitations**.
✦ Le contraire de compliment, c'est **reproche**.

compliqué adjectif masculin,
compliquée adjectif féminin. *Cette histoire est très compliquée*, elle est très difficile à comprendre.
✦ Le contraire de compliqué, c'est **simple**.

complot nom masculin. Un complot, c'est le projet de faire du mal à quelqu'un, préparé en secret par plusieurs personnes. *Des terroristes ont préparé un complot contre le roi.*

comportement nom masculin. Le comportement, c'est la manière dont une personne se tient et agit. *Le directeur a parlé aux parents du comportement des élèves en classe.*
✦ Cherche aussi **attitude** et **conduite**.

composer verbe. 1. *Mozart a composé des opéras*, il a écrit de la musique d'opéra. 2. *La maison d'Antoine se compose de cinq pièces*, elle a cinq pièces. *Un balai se compose d'un manche et d'une brosse*, il est formé d'un manche et d'une brosse.

compote nom féminin. *Benoît mange de la compote de pommes*, il mange des pommes cuites dans un peu d'eau avec du sucre.

compréhensif adjectif masculin,
compréhensive adjectif féminin. Une personne compréhensive, c'est une personne qui écoute les autres, comprend leurs problèmes et accepte ce qu'ils font même si ce n'est pas très bien. *La maîtresse est compréhensive, elle n'a pas puni Céline.*
✦ Cherche aussi **indulgent**.

comprendre verbe. *Le bébé comprend ce que lui dit sa mère*, il sait ce que signifie ce que lui dit sa mère.

L'infirmière met une compresse sur le genou de François.

compresse nom féminin. Une compresse, c'est un morceau de tissu spécial que l'on met sur une blessure.

comprimé nom masculin. Un comprimé, c'est un médicament dur, souvent rond et plat, que l'on avale avec de l'eau.

✦ Cherche aussi **cachet**.

compte nom masculin. 1. Un compte, c'est un calcul. *La maîtresse fait le compte des élèves absents aujourd'hui,* elle regarde combien d'élèves sont absents. 2. *Martin s'est rendu compte qu'il avait oublié sa trousse à l'école,* il s'est aperçu qu'il avait oublié sa trousse.

✦ Ne confonds pas compte et **conte**.

compter verbe. 1. Savoir compter, c'est connaître les chiffres et pouvoir les dire dans l'ordre. *Cédric sait compter jusqu'à cinq.* 2. Compter sur quelqu'un, c'est avoir confiance en lui et savoir qu'il sera là si on a besoin de lui. *« Je compte sur toi pour me rappeler d'acheter du pain » m'a dit Maman.*

comptine nom féminin. Une comptine, c'est une petite poésie ou une petite chanson très facile à apprendre.

concert nom masculin. Un concert, c'est un spectacle où l'on écoute de la musique.

concierge nom masculin et féminin. Un concierge, une concierge, c'est une personne qui garde un immeuble et distribue le courrier aux gens qui y habitent. *Le concierge est en train de passer l'aspirateur dans l'escalier.*

✦ Tu peux dire aussi **gardien**.

conclure verbe. Conclure, c'est terminer ce que l'on dit ou ce que l'on écrit. *La directrice a conclu son discours en souhaitant de bonnes vacances à tous.*

conclusion nom féminin. Une conclusion, c'est ce que l'on pense de quelque chose après y avoir réfléchi. *Comme il était en retard à son rendez-vous à cause des encombrements, Papa est arrivé à la conclusion qu'il aurait dû prendre le métro.*

concombre nom masculin. Un concombre, c'est un fruit allongé et vert, qui ressemble à un gros cornichon. *Ferdinand mange des concombres à la vinaigrette.*

Des concombres.

concours nom masculin. *Raoul espère remporter le concours de pêche,* il espère être le meilleur pêcheur et gagner le premier prix.

concurrent nom masculin,
concurrente nom féminin. Un concurrent, une concurrente, c'est une personne qui participe à un concours, une compétition, un jeu. *Les concurrents sont prêts à prendre le départ de la course.*
✦ Cherche aussi **candidat.**

condamner verbe. Condamner, c'est donner une punition à quelqu'un que l'on juge coupable. *Le tribunal a condamné le voleur à un an de prison.*

condition nom féminin. Une condition, c'est ce qui est absolument nécessaire pour pouvoir faire quelque chose. *Tu regarderas la télévision à condition que tu aies appris tes leçons.*

conducteur nom masculin,
conductrice nom féminin. Un conducteur, une conductrice, c'est une personne qui conduit une voiture, un autobus, un train, un métro, un tracteur. *Le conducteur du train monte dans la locomotive.*
✦ Tu peux dire aussi **chauffeur.**

Max dit bonjour au conducteur du car.

conduire verbe. *La grande sœur de Julien apprend à conduire,* elle apprend à faire avancer une voiture en étant au volant.

conduite nom féminin. La conduite, c'est la manière dont une personne se tient. *Jean bavarde pendant la classe et il est insolent : il a une mauvaise conduite.*
✦ Cherche aussi **comportement.**

confiance nom féminin. La confiance, c'est le sentiment qu'a une personne qu'on ne lui mentira pas et qu'on ne lui fera rien de désagréable. *Sarah fait confiance à Antoine, il ne répétera son secret à personne.*

confidence nom féminin. Une confidence, c'est un secret que l'on dit à quelqu'un en qui l'on a confiance. *Richard fait ses confidences à Charlotte,* il lui dit à elle toute seule des choses que les autres ne savent pas.

confier verbe. **1.** *Mes parents confient mon petit frère à Mamie pour la soirée,* ils lui donnent mon petit frère à garder en sachant qu'elle s'en occupera bien. **2.** *Richard a confié un secret à Charlotte,* il lui a dit un secret à elle toute seule.

confiserie nom féminin. **1.** Une confiserie, c'est un magasin où l'on vend des bonbons. *Valérie s'est acheté des caramels à la confiserie.* **2.** Une confiserie, c'est un bonbon, une sucrerie, une friandise. *Les sucettes au citron sont les confiseries préférées de Gaëtan.*

confisquer verbe. *Le maître m'a confisqué mon baladeur,* il m'a pris mon baladeur pour me punir et il me le rendra plus tard.

A
B
C

confiture nom féminin. De la confiture, c'est un ensemble de fruits cuits dans du sucre. *Émilie met de la confiture de fraises sur sa tartine.*

confondre verbe. Confondre, c'est ne pas voir la différence qu'il y a entre plusieurs personnes ou plusieurs choses. *Anne a confondu son bonnet avec celui de Boris,* elle a pris le bonnet de Boris pour le sien.

confort nom masculin. Le confort, c'est ce qui rend la vie plus agréable et plus facile. *Alexandre aime bien son confort : il a mis tous les coussins sur le canapé et s'est installé avec son jeu vidéo.*

confortable adjectif masculin et féminin. *Papi est assis dans un fauteuil confortable,* il est assis dans un fauteuil dans lequel on est bien installé.

Le fauteuil dans lequel Papi est assis est confortable.

congé nom masculin. Un congé, c'est une période pendant laquelle on ne travaille pas. *Mon père est en congé de maladie,* il ne travaille pas en ce moment parce qu'il est malade.

✦ Cherche aussi **vacances**.

congélateur nom masculin. Un congélateur, c'est un appareil dans lequel on met des aliments que l'on doit garder à une température bien plus basse que zéro degré. *Emma range la glace à la vanille dans le congélateur.*

✦ Dans le **réfrigérateur**, la température est supérieure à zéro degré.

✦ Cherche aussi **surgelé**.

conjonction nom féminin. Une conjonction, c'est un mot invariable qui sert à unir des mots ou des phrases. *Dans la phrase : Estelle et Pascal sont en classe, « et » est une conjonction.*

conjugaison nom féminin. Une conjugaison, c'est l'ensemble des formes que prend un verbe à toutes les personnes du singulier et du pluriel et à tous les temps. *Connais-tu la conjugaison du verbe aller ?*

conjuguer verbe. Conjuguer, c'est dire ou écrire les formes d'un verbe. *Laurent conjugue le verbe aller au présent : je vais, tu vas, il va, nous allons, vous allez, ils vont.*

connaissance nom féminin. *Le jour de la rentrée, les parents ont fait la connaissance de la maîtresse,* ils ont vu la maîtresse pour la première fois et ils ont parlé avec elle.

connaître verbe. **1.** Connaître, c'est savoir. *Jules ne connaît pas le nom de la directrice,* il ne sait pas comment elle s'appelle. **2.** *Nathalie connaît la mère de Charles,* elle a déjà vu la mère de Charles, elle sait comment elle est.

connu adjectif masculin,
connue adjectif féminin. *Cet acteur est très connu,* beaucoup de per-

sonnes le reconnaissent quand elles le voient et savent qui il est.

✦ Tu peux dire aussi **célèbre**.

conquérir verbe. *Les Romains ont conquis la Gaule*, ils ont fait la guerre à la Gaule et ils ont obligé ses habitants à leur obéir.

consciencieusement adverbe. *Jérôme fait son dessin consciencieusement*, il le fait en s'appliquant, le mieux possible.

consciencieux adjectif masculin, **consciencieuse** nom féminin. *Jérôme est un élève consciencieux*, il s'applique et travaille avec soin.

conseil nom masculin. Un conseil, c'est ce que l'on dit à quelqu'un pour l'aider à savoir ce qu'il doit faire, à prendre une décision. *Je ne sais pas de quelle couleur colorier la maison : donne-moi un conseil.*

conseiller verbe. *Le médecin a conseillé à Maman de se reposer*, il lui a dit qu'elle devrait se reposer, que ce serait mieux pour elle de se reposer.

conséquence nom féminin. Une conséquence, c'est ce qui arrive à cause d'autre chose. *Chloé a été malade pendant deux mois : cela a eu de graves conséquences sur ses résultats scolaires.*

conserve nom féminin. Une boîte de conserve, c'est une boîte en métal dans laquelle les aliments restent bons longtemps. *Maman achète des petits-pois en conserve*, elle achète des petits-pois qui sont dans une boîte de conserve.

conserver verbe. Conserver, c'est garder en bon état. *On peut conserver de la viande plusieurs jours dans le réfrigérateur.*

Papa met sa valise à la consigne.

consigne nom féminin. La consigne, c'est l'endroit où l'on peut faire garder ses bagages dans une gare, un aéroport.

console nom féminin. Une console, c'est un appareil électronique avec lequel on joue à des jeux vidéo.

consoler verbe. *Diane console Damien qui pleure*, elle lui dit des choses gentilles pour qu'il ne soit plus triste.

consonne nom féminin. Une consonne, c'est une lettre qui représente un bruit fait par l'air qui passe dans la gorge et dans la bouche quand on parle. *Dans le mot « mer » il y a 2 consonnes :* m *et* r.

✦ Quelle est la **voyelle** qui est dans le mot « mer » ?

constater verbe. *En mettant son manteau, Louis constate qu'il manque un bouton*, il remarque qu'il manque un bouton.

construction nom féminin. *La construction de la nouvelle école est presque finie*, les ouvriers ont presque fini de construire la nouvelle école.

✦ Est-ce que tu as déjà joué avec un *jeu de construction ?*

✦ Le contraire de construction, c'est **démolition**.

a b c

A
B
C

Les ouvriers construisent la nouvelle école.

construire verbe. Construire une maison, c'est faire un sol, des murs, un toit et les mettre ensemble pour que cela devienne une maison.

✦ Tu peux dire aussi **bâtir**.
✦ Le contraire de construire, c'est **démolir**.

consulter verbe. 1. *Papa consulte l'horaire des trains,* il le regarde pour se renseigner sur l'heure des trains. 2. *Ma tante est allée consulter un médecin car elle était malade,* elle est allée chez un médecin pour se faire examiner.

contact nom masculin. 1. *Antoine s'est brûlé la main au contact du radiateur,* il s'est brûlé la main en touchant le radiateur. 2. *Maman monte dans la voiture et met le contact,* elle tourne la clé pour que le courant électrique sorte de la batterie et que la voiture puisse démarrer.

contagieux adjectif masculin,
contagieuse adjectif féminin. *Diane a la varicelle, elle est contagieuse,* si on va voir Diane on peut attraper sa maladie.

conte nom masculin. Un conte, c'est une histoire inventée qui raconte les aventures merveilleuses de princesses, de fées, de magiciens et d'ogres. *Est-ce que tu connais un conte dans lequel il y a sept nains?*

✦ Ne confonds pas conte et **compte**.

contenir verbe. *Cette boîte contient des biscuits,* il y a des biscuits dans cette boîte.

✦ Les fruits contiennent des vitamines.

content adjectif masculin,
contente adjectif féminin. *Myriam est contente de partir en vacances,* cela lui fait plaisir et la rend toute joyeuse.

contenu nom masculin. *Quel est le contenu de ce gros paquet?* qu'est-ce qu'il y a dans ce gros paquet? qu'est-ce qu'il contient?

continent nom masculin. Un continent, c'est une très grande étendue de terre qui regroupe plusieurs pays et que l'on peut parcourir sans traverser la mer. *Le monde est formé de six continents : l'Europe, l'Asie, l'Afrique, l'Amérique, l'Océanie et l'Antarctique.*

continuer verbe. Continuer, c'est ne pas s'arrêter de faire quelque chose. *Axel continue à jouer du piano alors que sa mère lui a dit de venir dîner.*

contour nom masculin. Le contour, c'est la ligne qui fait le tour. *Marie fait une carte de France : elle dessine d'abord les contours, puis elle place les villes, les fleuves et les montagnes.*

contraire nom masculin. Le contraire, c'est ce qui est opposé. *Chaud est le contraire de froid. Pour fermer le verrou tu le tournes vers la droite, pour l'ouvrir, tu fais le contraire,* tu le tournes vers la gauche.

contrarier verbe. *Papa est parti sans me dire au revoir, cela m'a contrariée,* cela m'a rendue mécontente et inquiète.

contravention nom féminin. Une contravention, c'est une somme d'argent que l'on doit payer parce que l'on a fait quelque chose d'interdit, quand on est en voiture.

✦ Cherche aussi **amende**.

Maman a une contravention parce que sa voiture est mal garée.

contre préposition. **1.** *Jeanne a poussé la table contre le mur,* elle a poussé la table tout près du mur. *Elsa se serre contre son père,* elle se serre tout près de son père. **2.** *Je t'échange cette petite voiture contre des billes,* je te donne cette petite voiture et tu me donnes des billes à la place. **3.** *Gildas s'est battu contre son père,* il s'est battu avec lui.

à **contrecœur** adverbe. *Agnès a prêté sa poupée à contrecœur,* elle a prêté sa poupée en se forçant, alors qu'elle n'en avait pas envie.

contredire verbe. Contredire, c'est dire le contraire. *Alexandre contredit tout le temps sa sœur,* il dit tout le temps le contraire de ce qu'elle vient de dire.

contrôle nom masculin. *À la frontière, des policiers s'occupent du contrôle des passeports,* ils regardent les passeports et vérifient qu'ils nous appartiennent et qu'ils ne sont pas trop vieux.

✦ Tu peux dire aussi **vérification**.

contrôler verbe. Contrôler, c'est regarder si tout est bien comme il faut. *Le contrôleur a contrôlé nos billets dans le train.*

✦ Tu peux dire aussi **vérifier**.

contrôleur nom masculin,
contrôleuse nom féminin. Un contrôleur, une contrôleuse, c'est une personne dont le métier est de contrôler les billets dans le train, le métro ou l'autobus. *Le contrôleur demande aux voyageurs de lui montrer leurs billets.*

convaincre verbe. *Mon oncle nous a convaincus de rester encore quelques jours chez lui,* il a tout fait pour que nous soyons d'accord pour rester chez lui, alors que nous voulions partir.

convalescence nom féminin. La convalescence, c'est la période, après une maladie, où l'on est encore fatigué et où il faut se reposer pour reprendre des forces.

Pendant sa convalescence, Léa a beaucoup lu.

A B C

convenable adjectif masculin et féminin. *Ce n'est pas convenable de dire des gros mots,* cela n'est pas bien, cela n'est pas poli.

conversation nom féminin. *Maman a eu une longue conversation avec la directrice,* elles ont parlé longtemps ensemble.

convocation nom féminin. Une convocation, c'est une lettre qui dit de venir à une réunion ou de venir passer un examen. *Mon cousin a reçu sa convocation à son concours.*

convoi nom masculin. Un convoi, c'est un groupe de voitures ou de camions qui voyagent ensemble et roulent en se suivant. *Nous avons doublé un convoi qui transportait de grosses machines.*

convoquer verbe. Convoquer, c'est demander de venir en envoyant une lettre, une convocation. *La directrice a convoqué tous les parents des élèves de CP.*

copain nom masculin,
copine nom féminin. Un copain, une copine, c'est un ami, une amie. *Émilie a invité tous ses copains pour son anniversaire.*

✦ Quand on parle avec des gens sérieux, c'est mieux de dire **ami** ou **camarade**.

copie nom féminin. Une copie, c'est une feuille de papier sur laquelle les élèves font leurs devoirs. *Lambert écrit son nom en haut de sa copie.*

copier verbe. Copier, c'est écrire une chose que l'on voit écrite ailleurs. *Nicolas copie une poésie sur son cahier. Il ne faut pas copier sur son voisin,* il ne faut pas regarder ce qu'écrit son voisin et écrire la même chose que lui.

copine va voir **copain**.

coq nom masculin. Le coq, c'est le mâle de la poule.

✦ Est-ce que tu sais comment s'appelle le morceau de peau rouge que le coq a sur la tête?

✦ Ne confonds pas coq et **coque**.

Le coq chante quand le soleil se lève.

coque nom féminin. 1. *Antoine mange un œuf à la coque,* il mange un œuf cuit qui est encore dans sa coquille. 2. La coque d'un bateau, c'est la partie du bateau formée du fond et des côtés. *Sur la coque sont construits le pont et le mât.*

✦ Ne confonds pas coque et **coq**.

coquelicot nom masculin. Un coquelicot, c'est une fleur d'un rouge éclatant qui pousse dans les champs en été. *Les coquelicots sont très fragiles, ils se fanent dès qu'on les cueille.*

✦ Gentil coquelicot, mesdames, gentil coquelicot, nouveau.

coqueluche nom féminin. La coqueluche, c'est une maladie contagieuse qui fait tousser. *Le bébé a été vacciné contre la coqueluche.*

coquet adjectif masculin,
coquette adjectif féminin. Une personne coquette, c'est une personne qui aime mettre de jolis vêtements et être bien coiffée pour plaire à ceux qui la regardent.

coquillage nom masculin. Un coquillage, c'est un petit animal qui vit dans la mer et dont le corps est protégé par une coquille. *Les huîtres et les moules sont des coquillages.*

✦ Le coquillage, c'est aussi seulement la coquille.

coquille nom féminin. La coquille, c'est l'enveloppe dure d'un escargot, d'un coquillage, d'un œuf.

✦ Les noix et les noisettes ont aussi une coquille.

coquin adjectif masculin,
coquine adjectif féminin. *Baptiste et Richard sont très coquins,* ils aiment rire et faire des farces.

cor nom masculin. Un cor, c'est un instrument de musique fait d'un long tube enroulé sur lui-même dans lequel on souffle.

✦ Ne confonds pas cor et **corps**.

corbeau nom masculin. Un corbeau, c'est un gros oiseau noir ou gris avec un grand bec. *On met des épouvantails dans les champs pour faire peur aux corbeaux.*

☞ Au pluriel : des **corbeaux**.
✦ Les corbeaux **croassent**.

corbeille nom féminin. Une corbeille, c'est un petit panier qui n'a pas d'anse. *Maman coupe le pain et met les morceaux dans une corbeille à pain. Olivier a jeté l'emballage de son cadeau dans la corbeille à papiers.*

Justine est très coquette.

corde nom féminin. Une corde, c'est une grosse ficelle. *L'âne est attaché à l'arbre avec une corde. Marine saute à la corde dans le square.*

cordon nom masculin. Un cordon, c'est une petite corde. *Pour ouvrir les rideaux, Maman tire sur le cordon.*

cordonnier nom masculin. Un cordonnier, c'est une personne dont le métier est de réparer les chaussures. *Papa va porter ses chaussures chez le cordonnier.*

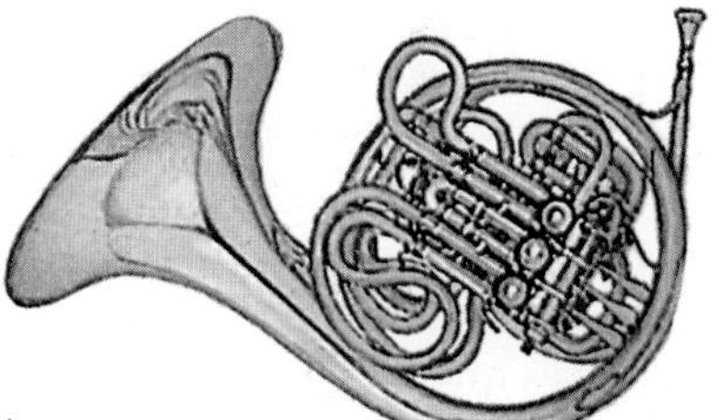

Un cor.

corne nom féminin. Les cornes, ce sont les deux pointes dures que certains animaux ont sur la tête. *Les taureaux, les chèvres, les gazelles, les girafes ont des cornes.*

✦ Est-ce que tu connais un animal qui a une ou deux cornes sur le nez ?

corneille nom féminin. Une corneille, c'est un oiseau noir plus petit qu'un corbeau.

✦ Les corneilles **croassent**.

cornet nom masculin. Un cornet, c'est un biscuit très fin qui a un peu la forme d'une corne et dans lequel on met des boules de glace. *Pierre s'est acheté un cornet de glace à la boulangerie.*

cornichon nom masculin. Un cornichon, c'est un tout petit concombre que l'on conserve dans du vinaigre. *Maman ouvre un bocal de cornichons.*

corps nom masculin. Le corps, c'est l'ensemble que forment la tête, le tronc, les bras et les jambes.

✦ Ne confonds pas corps et **cor**.

correct adjectif masculin,
correcte adjectif féminin. *Cette phrase est correcte,* cette phrase est juste, il n'y a pas de faute dans cette phrase.

✦ Le contraire de correct, c'est **incorrect**.

correctement adverbe. *Assieds-toi correctement,* assieds-toi bien, assieds-toi comme il faut s'asseoir.

correction nom féminin. *La maîtresse fait la correction de la dictée,* elle corrige la dictée, elle dit où sont les fautes.

correspondance nom féminin. La correspondance, c'est l'ensemble des lettres que l'on écrit et que l'on reçoit.

✦ Cherche aussi **courrier**.

correspondant nom masculin,
correspondante nom féminin. Un correspondant, une correspondante, c'est une personne du même âge qui habite dans un autre pays ou dans une autre ville et à qui l'on écrit régulièrement. *Raphaël est allé passer une semaine chez son correspondant allemand.*

correspondre verbe. **1.** *Ce morceau de puzzle correspond à ce trou dans le dessin,* il a la même forme que le trou, ils vont ensemble. **2.** *Depuis un an, Charlotte correspond avec une amie anglaise,* elle écrit à une amie anglaise qui lui répond régulièrement.

corriger verbe. *La maîtresse corrige la dictée,* elle dit quelles fautes nous avons faites et ce qu'il faut écrire à la place.

corsaire nom masculin. Un corsaire, c'était, autrefois, un capitaine de navire qui attaquait et pillait les bateaux de ceux qui étaient les ennemis de son pays. *Le roi ou l'empereur donnait aux corsaires l'autorisation de se battre ainsi.*

✦ Les **pirates** attaquaient même les bateaux de ceux qui n'étaient pas les ennemis de leur pays.

cortège nom masculin. Un cortège, c'est un ensemble de personnes qui marchent les unes derrière les autres en suivant quelqu'un ou quelque chose. *Les mariés sont sortis de la mairie, suivis du cortège des invités.*

corvée nom féminin. Une corvée, c'est une chose ennuyeuse ou pénible que l'on est obligé de faire, même si l'on n'en a pas envie. *Il faut que je range ma chambre : quelle corvée !*

cosmonaute nom masculin et féminin. Un cosmonaute, une cosmonaute, c'est une personne qui voyage dans l'espace, dans une fusée.

✦ Tu peux dire aussi **astronaute**.

Les cosmonautes sont sortis du vaisseau spatial.

Papa a mis son costume gris. Gwendoline a choisi un costume de fée.

costume nom masculin. 1. Un costume, c'est un pantalon et une veste d'homme faits dans le même tissu. 2. Un costume, c'est un vêtement que l'on met pour se déguiser.

côte nom féminin. 1. Les côtes, ce sont les os qui forment comme une cage autour du cœur et des poumons. *Nous avons douze paires de côtes.* 2. Une côte, c'est une route qui monte. *Leila a du mal à monter la côte à vélo.* 3. La côte, c'est le bord de la mer. *La côte d'Azur est au bord de la mer Méditerranée.* 4. *Quentin et Adeline sont assis côte à côte,* ils sont assis l'un à côté de l'autre.

côté nom masculin. 1. *Regarde bien de tous les côtés avant de traverser la rue,* regarde dans toutes les directions. 2. *Un triangle a trois côtés,* il est formé de trois lignes. 3. *Quentin s'assied à côté d'Adeline,* il s'assied près d'elle.

côtelette nom féminin. *Natacha mange une côtelette d'agneau,* elle mange une tranche de viande d'agneau qui a un petit morceau d'os sur le côté.

coton nom masculin. Le coton, c'est une matière blanche et douce dont on se sert pour faire des pansements et avec laquelle on fabrique du tissu. *Paul a une chemise en coton.*

✦ Le coton vient d'une plante qui pousse dans les pays chauds.

cou nom masculin. Le cou, c'est la partie du corps qui tient la tête. *Gérard a mis son écharpe autour du cou.*

☞ Au pluriel : des **cous**.
✦ Ne confonds pas cou et **coup**.

couche nom féminin. Une couche, c'est une sorte de culotte que l'on met aux bébés et que l'on jette quand elle est sale. *Mon petit frère a fait pipi dans sa couche, Papa va lui en mettre une propre.*

coucher verbe. 1. Coucher, c'est mettre au lit. *Maman couche ma petite sœur dans son couffin. Hier, Léon s'est couché à neuf heures,* il s'est mis au lit à neuf heures. 2. Coucher, c'est dormir. *Ce soir, Capucine vient coucher chez moi.* 3. *En hiver, le soleil se couche tôt,* il disparaît de bonne heure sous l'horizon.

coucher nom masculin. Le coucher du soleil, c'est le moment où le soleil disparaît, où il se couche.

✦ Le contraire de coucher, c'est **lever**.

A
B
C

couchette nom féminin. Une couchette, c'est un lit étroit dans un train, un bateau, une caravane.

coucou nom masculin. 1. Un coucou, c'est un oiseau gris et noir, gros comme un pigeon. *Quand le coucou chante, on a l'impression qu'il dit « coucou ».* 2. Un coucou, c'est une petite fleur jaune qui fleurit dans les champs au printemps.

☞ Au pluriel : des **coucous**.

coude nom masculin. Le coude, c'est l'endroit du bras où l'on peut le plier. *Mamie nous dit de ne pas mettre les coudes sur la table.*

✦ Comment s'appelle l'endroit où l'on plie la jambe?

coudre verbe. *Maman coud les boutons de ma chemise,* elle fait tenir les boutons sur la chemise avec du fil qu'elle passe dans les trous du bouton et dans le tissu à l'aide d'une aiguille.

✦ Pour ne pas se piquer le doigt en poussant l'aiguille, on met un **dé à coudre**.

couette nom féminin. 1. Une couette, c'est une grande enveloppe de tissu remplie d'une matière qui tient chaud; elle sert de drap de dessus et de couverture. *Romuald dort sous sa couette.* 2. *Agnès s'est fait des couettes,* elle s'est fait la raie au milieu et elle a attaché ses cheveux des deux côtés de la tête avec des élastiques, des rubans ou des barrettes.

couffin nom masculin. Un couffin, c'est un panier allongé dans lequel il y a un matelas. Un couffin sert à coucher et à transporter un bébé.

couler verbe. 1. *Laisse couler l'eau pour qu'elle soit fraîche,* laisse l'eau sortir du robinet. 2. *Un bateau a coulé pendant la tempête,* un bateau s'est enfoncé dans la mer.

couleur nom féminin. *Cette robe existe dans plusieurs couleurs,* cette robe existe en bleu, en rouge, en jaune, etc.

✦ Toutes les couleurs sont dans l'arc-en-ciel : violet, indigo, bleu, vert, jaune, orangé et rouge.

couleuvre nom féminin. Une couleuvre, c'est un serpent qui peut mesurer près de deux mètres de long. *La couleuvre n'est pas dangereuse pour l'homme.*

couloir nom masculin. Un couloir, c'est un long passage que l'on prend pour aller d'une pièce à une autre. *La classe de Rémi est la dernière à gauche, au bout du couloir.*

coup nom masculin. 1. *Papa enfonce un clou à coups de marteau,* il enfonce un clou en tapant dessus avec un marteau. *Le boxeur a donné un coup de poing à son adversaire,* il l'a frappé avec son poing. 2. *Maman attend un coup de téléphone,* elle attend qu'on lui téléphone. 3. *Héloïse se donne un coup de brosse,* elle se coiffe rapidement avec sa brosse. 4. *J'ai entendu un coup de feu,* j'ai entendu le bruit que fait un fusil ou un pistolet quand on tire une balle.

✦ Ne confonds pas coup et **cou**.

Arthur est dans son couffin.

De quelle couleur est cette voiture?

coupable adjectif masculin et féminin. *Cet homme a avoué qu'il était coupable*, il a avoué qu'il avait commis une faute grave.

✦ Le contraire de coupable, c'est **innocent**.

coupe nom féminin. 1. Une coupe, c'est un verre à pied, très large, dans lequel on boit du champagne. 2. Une coupe, c'est un vase en métal, avec un pied, que l'on donne au vainqueur d'une compétition. *Lambert a gagné la coupe de la compétition de judo.* 3. *Julie a une nouvelle coupe de cheveux*, on lui a coupé les cheveux d'une autre façon.

couper verbe. 1. Couper, c'est enlever un morceau avec un couteau ou des ciseaux. *Maman coupe le saucisson en tranches fines. Julie s'est fait couper les cheveux.* 2. *Papa s'est coupé en se rasant*, il s'est fait une entaille et il saigne.

couple nom masculin. Un couple, c'est l'ensemble formé par deux animaux de sexe différent ou par un homme et une femme. *Cyrille a un couple de hamsters dans une cage.*

couplet nom masculin. Les couplets, ce sont les parties d'une chanson dont les paroles ne sont pas les mêmes; entre chaque couplet, on chante le refrain. *Valérie connaît le refrain et le premier couplet de «Cadet Rousselle».*

✦ Cherche aussi **strophe**.

cour nom féminin. 1. Une cour, c'est un espace entouré de maisons, de murs ou de grilles, dehors. *Vivement la récréation que l'on puisse jouer dans la cour!* 2. La cour d'un roi, c'est l'endroit où le roi habite et l'ensemble des personnes qui vivent auprès de lui. *La cour de Louis XIV était à Versailles.*

✦ Ne confonds pas cour, **cours** et **court**.

courage nom masculin. Le courage, c'est la force que l'on a de faire des choses difficiles, dangereuses ou qui font mal, même si l'on a peur, que l'on est fatigué ou que l'on n'en a pas envie. *Les pompiers ont beaucoup de courage.*

courageux adjectif masculin,
courageuse adjectif féminin. Une personne courageuse, c'est une personne qui fait des choses dangereuses ou difficiles, sans montrer qu'elle a peur. *Igor a été courageux : il n'a pas pleuré quand le médecin lui a fait son vaccin.*

courant adjectif masculin,
courante adjectif féminin. *Le verbe faire est un mot très courant*, c'est un mot que l'on emploie beaucoup, que l'on dit et que l'on entend souvent.

✦ Tu peux dire aussi **fréquent**.
✦ Le contraire de courant, c'est **rare**.

courant nom masculin. 1. Le courant, c'est le mouvement de l'eau d'une rivière ou de la mer. *La barque a été emportée par le courant.* 2. Le courant, c'est l'électricité qui passe dans les fils. *Monsieur Lemercier est resté bloqué dans l'ascenseur pendant la panne de courant.* 3. *Ferme la fenêtre, je sens un courant d'air*, je sens de l'air froid qui arrive de la fenêtre.

courbe nom féminin. Une courbe, c'est une ligne qui dessine un morceau de cercle. *À la sortie du village, la route fait une courbe*, il y a un tournant.

coureur nom masculin,
coureuse nom féminin. Un coureur, une coureuse, c'est une personne qui participe à une course. *Didier aimerait être coureur cycliste et gagner le Tour de France.*

courgette nom féminin. Une courgette, c'est un long fruit vert, qui ressemble à un gros concombre, et que l'on mange cuit. *Marylène a mangé du gratin de courgettes.*

courir verbe. Courir, c'est avancer très vite à pied, plus rapidement qu'en marchant. *Thierry court derrière Odile : va-t-il la rattraper ?*

couronne nom féminin. Une couronne, c'est un cercle en métal orné de pierres précieuses que portent sur la tête les rois et les reines.

La couronne est la marque de l'autorité et de la noblesse du roi.

couronner verbe. *Louis XIV est devenu roi de France le jour où on l'a couronné*, le jour où on lui a mis la couronne des rois de France sur la tête.
✦ Cherche aussi **sacrer**.

courrier nom masculin. Le courrier, c'est l'ensemble des lettres que l'on envoie et que l'on reçoit par la poste.

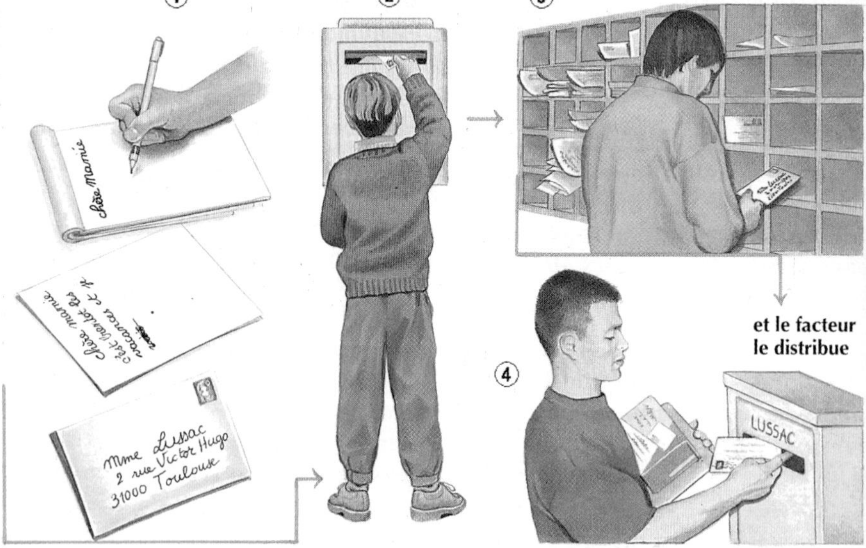

Madame Lussac reçoit du courrier aujourd'hui, son petit-fils lui a écrit.

cours nom masculin. 1. Un cours d'eau, c'est une rivière, un fleuve ou un torrent. *Nathalie a pique-niqué avec ses parents près d'un cours d'eau.* 2. *Marielle va au cours de danse,* elle apprend à danser, elle prend des leçons de danse avec un professeur. 3. *Étienne est en cours préparatoire,* il est dans la première classe de l'école primaire.
✦ Ne confonds pas cours, **cour** et **court**.

course nom féminin. 1. *Renaud et Nadège font la course,* ils courent le plus vite possible pour arriver le premier. *Qui va gagner la course?* 2. *Maman fait les courses au supermarché,* elle achète des choses, elle fait les commissions, des achats.

court adjectif masculin,
courte adjectif féminin. 1. *Monique a les cheveux courts,* ses cheveux n'ont pas beaucoup de longueur. 2. *Le discours du directeur était très court,* il n'a pas duré longtemps.
✦ Le contraire de court, c'est **long**.
✦ Ne confonds pas court, **cour** et **cours**.

cousin nom masculin,
cousine nom féminin. Tes cousins, tes cousines, ce sont les enfants des frères et des sœurs de tes parents. *Evelyne ressemble beaucoup à son cousin Bernard.*

coussin nom masculin. Un coussin, c'est un sac en tissu ou en cuir, rempli d'une matière molle comme de la mousse, sur lequel on s'assied ou on s'appuie. *Le chat s'est endormi sur le coussin du fauteuil.*

couteau nom masculin. Un couteau, c'est un instrument formé d'un manche et d'une lame, qui sert à couper. *Le boucher coupe la viande avec un grand couteau.*
☞ Au pluriel : des **couteaux**.
✦ Le couteau, la cuillère et la fourchette sont des **couverts**.

coûter verbe. *Ce paquet de bonbons coûte trois euros,* son prix est de trois euros.

coutume nom féminin. Les coutumes, ce sont les habitudes et la manière de vivre des personnes d'une région, d'un pays ou d'une famille. *Le jour de Noël, on s'offre des cadeaux, c'est la coutume.*

couture nom féminin. *Bertille fait de la couture,* elle coud.

couturier nom masculin,
couturière nom féminin. Un couturier, une couturière, c'est une personne dont le métier est de coudre des vêtements. *La cousine de Louis a fait faire sa robe de mariée par une couturière.*
✦ Cherche aussi **tailleur**.

couver verbe. *La poule couve ses œufs,* elle reste sur ses œufs pour qu'ils soient au chaud et que les poussins puissent naître.
✦ Le poussin sort de l'œuf au bout de vingt et un jours.

La poule couve.

couvercle nom masculin. Un couvercle, c'est ce que l'on met sur une boîte ou sur un récipient pour le fermer. *Léo a cassé le couvercle de la théière en le faisant tomber.*

couvert nom masculin. 1. Les couverts, ce sont les couteaux, les cuillères et les fourchettes. 2. *Mathieu met le couvert,* il installe sur la table tout ce qu'il faut pour pouvoir manger : les assiettes, les verres, les couteaux, les cuillères, les fourchettes, les serviettes, le sel, le poivre…

couvert adjectif masculin,
couverte adjectif féminin. 1. *Il fait froid, Marine n'est pas assez couverte,* elle n'a pas mis suffisamment de vêtements chauds. 2. *Romain va à la piscine couverte,* il va dans une piscine qui est dans un bâtiment et qui est protégée par un toit.

couverture nom féminin. 1. Une couverture, c'est un grand tissu épais que l'on met sur un lit pour tenir chaud. *David dort avec deux couvertures.* 2. La couverture d'un livre, c'est l'extérieur du livre sur lequel est écrit le titre.

couvrir verbe. Couvrir, c'est mettre par-dessus. *Papa couvre mes livres de classe avec du plastique transparent,* il les recouvre de plastique pour les protéger. *Il y a du vent, couvre-toi bien!* mets des vêtements chauds!

cow-boy nom masculin. Un cow-boy, c'est un homme qui garde de grands troupeaux dans l'ouest des États-Unis, en Amérique. *Le cow-boy, sur son cheval, a attrapé un bison avec son lasso.*
☞ Au pluriel : des **cow-boys**.
✦ Cow-boy est un mot qui vient de l'anglais.

crabe nom masculin. Un crabe, c'est un petit animal qui vit au bord de la mer, il a huit pattes et deux pinces. *Bruno mange du crabe avec de la mayonnaise.*
✦ Le crabe est un **crustacé**.

cracher verbe. Cracher, c'est envoyer avec force de la salive hors de sa bouche. *Il ne faut pas cracher par terre.*

craie nom féminin. La craie, c'est une roche blanche qui s'écrase facilement. *La maîtresse écrit au tableau avec une craie,* elle écrit avec un petit bâton fait à partir de cette roche.

craindre verbe. Craindre c'est avoir peur. *Ne craignez rien, ce chien n'est pas méchant.*

craintif adjectif masculin,
craintive adjectif féminin. *La chatte de Nicolas est très craintive,* elle a peur de tout.
✦ Tu peux dire aussi **peureux**.

crampe nom féminin. Une crampe, c'est une douleur que l'on a dans la main, dans la jambe ou à l'estomac parce que les muscles se durcissent tout d'un coup. *Pendant qu'elle courait, Jeanne a eu une crampe au mollet.*

Les cows-boys et les Indiens sont les héros des westerns.

Boris se cramponne à sa mère pour ne pas tomber.

se **cramponner** verbe. Se cramponner, c'est s'accrocher très fort avec ses mains.

crâne nom masculin. Le crâne, c'est l'ensemble des os qui forment la tête. *Quand on roule à moto, on met un casque pour ne pas se faire une fracture du crâne, si l'on a un accident.*

crapaud nom masculin. Un crapaud, c'est un petit animal à la peau rugueuse qui vit dans l'eau des mares et sur la terre. *Les crapauds sont très utiles car ils mangent les larves des insectes.*

✦ Le crapaud appartient à la même famille que la **grenouille**.
✦ Les crapauds **coassent**.

craquer verbe. 1. Craquer, c'est faire un bruit sec. *Quand on marche dans la maison la nuit, quelquefois le plancher craque.* 2. Craquer, c'est se déchirer tout à coup. *Le pantalon du gros monsieur a craqué quand il s'est assis.*

cratère nom masculin. Le cratère, c'est le grand trou qui est au sommet du volcan.

cravate nom féminin. Une cravate, c'est une bande de tissu que les hommes passent autour du cou sous le col de leur chemise et qu'ils nouent par-devant. *Papa a mis un costume et une cravate.*

crayon nom masculin. Un crayon, c'est une petite baguette de bois qui contient une longue mine. *Isabelle a fait un beau dessin avec ses crayons de couleur.*

crèche nom féminin. 1. *Ma petite sœur va à la crèche,* elle va dans un endroit où l'on s'occupe des bébés et des tout petits enfants pendant que leurs parents travaillent. 2. La crèche de Noël, c'est un ensemble de petits personnages et d'animaux qui représentent la naissance de Jésus dans une étable.

crédit nom masculin. *Mon oncle a acheté sa voiture à crédit,* quand il a acheté sa voiture il a donné au marchand seulement une partie de l'argent qu'il lui devait, il lui donnera le reste plus tard, un peu chaque mois.

✦ Quand on achète à crédit, l'objet que l'on achète coûte plus cher que si on le paye tout de suite.

La lave brûlante sort du cratère.

A
B
C

créer verbe. Créer, c'est fabriquer quelque chose de nouveau. *Cet inventeur vient de créer un nouveau jeu électronique.*

✦ Tu peux dire aussi **inventer**.

crème nom féminin. 1. La crème, c'est la partie grasse du lait. *On fabrique le beurre en battant la crème.* 2. *Pour le dessert il y a de la crème au chocolat,* il y a un plat sucré fait avec du lait, des œufs et du chocolat. 3. *Avant d'aller au soleil, Léa met de la crème sur son corps,* elle met un produit doux à toucher qui protège la peau.

crêpe nom féminin. Une crêpe, c'est un grand morceau rond de pâte cuite, très fine, que l'on roule ou que l'on plie pour le manger. *Maman fait sauter les crêpes dans la poêle pour les retourner.*

✦ Qu'est-ce que tu aimes mettre dans les crêpes : du sucre, de la confiture, du chocolat ?

crépiter verbe. *Le feu crépite dans la cheminée,* il fait de petits bruits secs, plusieurs fois de suite.

crépuscule nom masculin. Le crépuscule, c'est le moment où la lumière du jour devient très faible, quand le soleil se couche.

✦ Juste avant la nuit c'est le crépuscule, juste avant le jour c'est l'**aurore**.

cresson nom masculin. Le cresson, c'est une plante qui pousse dans l'eau et qui a de petites feuilles rondes vert foncé. *Nous avons mangé de la salade de cresson.*

crête nom féminin. 1. La crête du coq, c'est le morceau de peau rouge que le coq a sur la tête. 2. La crête d'une vague, c'est la partie qui est tout en haut de la vague. *La crête des vagues est couverte d'écume.*

creuser verbe. Creuser, c'est faire un trou. *Didier creuse le sable avec sa pelle pour faire un tunnel.*

creux adjectif masculin,
creuse adjectif féminin. *Cette balle est creuse,* elle est vide à l'intérieur.

creux nom masculin. Un creux, c'est un trou. *Sophie a trouvé un crabe dans un creux de rocher.*

☞ Au pluriel : des **creux**.

crevasse nom féminin. Une crevasse, c'est une fente très profonde dans un glacier.

Les alpinistes doivent faire très attention de ne pas tomber dans la crevasse.

crever verbe. Crever, c'est s'ouvrir brusquement en éclatant. *Les bulles de savon crèvent quand on les touche. Le pneu de la voiture est crevé,* il est dégonflé parce qu'il a un trou.

crevette nom féminin. Une crevette, c'est un petit animal avec de longues pattes, de grandes antennes et une fine carapace, qui vit dans la mer. *Aurélie décortique ses crevettes avant de les manger.*

✦ Les crevettes sautent dès qu'elles sont hors de l'eau.

Nous nous sommes baignés dans une crique.

cri nom masculin. Un cri, c'est un son très fort qui sort tout d'un coup de la bouche. *Gilles a poussé un cri quand il a vu l'énorme araignée.*

crier verbe. Crier, c'est faire sortir tout d'un coup de sa bouche un son ou un mot, très fort, parce que l'on a peur ou parce que l'on parle à quelqu'un qui est loin ou qui n'entend pas bien. *Ariane a crié : « Maman ! ».*

✦ Cherche aussi **hurler**.

crime nom masculin. *Cet homme est en prison car il a commis un crime,* car il a tué quelqu'un.

✦ Tu peux dire aussi **meurtre**.

criminel nom masculin,
criminelle nom féminin. Un criminel, une criminelle, c'est une personne qui a tué quelqu'un, qui a commis un crime.

✦ Tu peux dire aussi **assassin**, **meurtrier**.

crinière nom féminin. La crinière, c'est l'ensemble des poils que le cheval et le lion ont sur le cou. *Le cheval secoue sa crinière.*

✦ Les lions ont une crinière mais les lionnes n'en ont pas.

crique nom féminin. Une crique, c'est une petite plage entourée de rochers, de montagne ou de forêt où l'on est à l'abri du vent.

criquet nom masculin. Un criquet, c'est un insecte gris ou brun qui saute et qui vole.

✦ Les criquets sont plus petits que les **sauterelles**.

Les criquets peuvent dévorer tout un champ en quelques minutes.

crise nom féminin. Une crise, c'est quelque chose de désagréable qui arrive tout d'un coup. *Louis a eu une crise d'appendicite,* il a eu soudain très mal au ventre et il a fallu très vite l'opérer.

cristal nom masculin. Le cristal, c'est une sorte de verre très transparent et qui est lourd. *Les verres en cristal font un joli bruit quand on les frappe très légèrement.*

critique nom féminin. *Papa fait souvent des critiques à ma sœur,* il lui dit que ce qu'elle fait n'est pas bien, il lui fait des reproches.

critiquer verbe. *Notre voisine critique tout le monde,* elle trouve toujours que les autres font des choses qui ne sont pas bien, elle ne parle que de leurs défauts.

croasser verbe. *Le corbeau et la corneille croassent,* ils poussent leur cri.

✦ La grenouille **coasse**.

croc nom masculin. Les crocs d'un chien, ce sont ses grandes dents pointues. *Le chien a envie de mordre, il montre ses crocs.*

croche-pied nom masculin. *Valentin m'a fait un croche-pied,* il a attrapé ma jambe avec son pied pour me faire tomber.

☞ Au pluriel : des **croche-pieds**.

crochet nom masculin. Un crochet, c'est un clou dont le bout est recourbé. *Maman plante un crochet dans le mur pour y suspendre un tableau.*

crocodile nom masculin. Un crocodile, c'est un gros animal qui a des grandes mâchoires, des pattes courtes et le corps recouvert d'écailles. *Les crocodiles emportent leurs proies sous l'eau avant de les manger.*

✦ Les crocodiles vivent dans les fleuves et dans les lacs des pays chauds.

croire verbe. 1. *J'ai dit à Valentin que j'avais vu un lion dans la rue et il m'a cru,* il a pensé que ce que je disais était vrai. 2. *Il fait froid, je crois qu'il va neiger,* je pense qu'il va peut-être neiger mais je n'en suis pas sûr. 3. *Mes parents croient en Dieu,* ils sont sûrs que Dieu existe.

croisement nom masculin. Un croisement, c'est un endroit où une route traverse une autre route. *Il y a des feux rouges au croisement.*

✦ Cherche aussi **carrefour**.

croiser verbe. 1. *Croisez les bras,* pliez vos bras et posez-les l'un sur l'autre. 2. *Ce chemin croise la route,* ce chemin traverse la route. 3. *Lambert a croisé Romain dans la rue,* Lambert a rencontré Romain alors que chacun marchait dans un sens différent.

croisière nom féminin. Une croisière, c'est un long voyage en bateau pendant lequel on visite plusieurs endroits. *Nous avons fait une croisière aux Caraïbes.*

croissance nom féminin. *Olivier a dix ans, il est en pleine croissance,* il est en train de grandir beaucoup.

croissant nom masculin. 1. Un croissant de lune, c'est une partie de la lune qui est éclairée et qui a une forme d'arc. 2. *Aline mange un croissant pour son goûter,* elle mange une sorte de gâteau qui a la forme d'un croissant de lune.

Il y a cinq croissants sur cette image, trouve-les.

croix nom féminin. Une croix, c'est une marque formée de deux traits qui se coupent. *Sylvain a fait une croix sur la liste devant ses livres préférés.*

☞ Au pluriel : des **croix**.

croquer verbe. Croquer, c'est écraser avec ses dents quelque chose de dur en faisant du bruit. *Anne croque des bonbons.*

a
b
c

crotte nom féminin. Une crotte, c'est un morceau de matière solide qui sort par le derrière quand on a digéré ce que l'on a mangé. *Le chien a fait une crotte dans le caniveau.*

croustillant adjectif masculin,
croustillante adjectif féminin. *La croûte du pain frais est croustillante,* elle craque sous la dent en faisant un bruit agréable.

croûte nom féminin. 1. La croûte, c'est la partie dure à l'extérieur du pain ou du fromage. *Zoé enlève la mie et mange la croûte. Jacques enlève la croûte du camembert.* 2. Une croûte, c'est une plaque dure et brune faite de sang séché qui se forme sur une plaie. *Si tu arraches la croûte, tu vas saigner.*

croûton nom masculin. Le croûton, c'est le bout du pain. *Il y a très peu de mie dans le croûton.*

cru adjectif masculin,
crue adjectif féminin. *Les Japonais mangent du poisson cru,* ils mangent du poisson qui n'est pas cuit.
✦ Le contraire de cru, c'est **cuit**.

cruauté nom féminin. La cruauté, c'est la méchanceté de quelqu'un qui est content de faire du mal. *Pascale est d'une grande cruauté avec les animaux.*

cruel adjectif masculin,
cruelle adjectif féminin. *Pascale est cruelle avec les animaux,* elle aime leur faire du mal.

crustacé nom masculin. Un crustacé, c'est un animal qui a une carapace et de longues antennes et qui vit dans la mer.

cube nom masculin. Un cube, c'est un objet dont les six côtés sont formés par six carrés qui sont de la même taille. *Les dés avec lesquels on joue sont de petits cubes.*

cueillir verbe. *Aurore cueille des fleurs dans le jardin,* elle ramasse des fleurs en coupant la tige pour les détacher de la plante sur laquelle elles poussent.

cuillère nom féminin. Une cuillère, c'est un objet avec lequel on mange et qui est formé d'un manche et d'une partie creuse. *Maman tourne son café avec une petite cuillère pour faire fondre le sucre.*
✦ La cuillère, le couteau et la fourchette sont des **couverts**.

Les crevettes, les langoustes, les homards et les crabes sont des crustacés.

cuir nom masculin. Le cuir, c'est la peau de certains animaux avec laquelle on fait des chaussures, des sacs, des ceintures et des vêtements. *Luc a un blouson de cuir.*

✦ On peut utiliser la peau des vaches, des bœufs, des veaux, des porcs, des chèvres, des moutons, des serpents, des lézards, des crocodiles, des autruches.

✦ Ne confonds pas cuir et **cuire**.

cuirasse nom féminin. Une cuirasse, c'est une armure qui protège la poitrine, le ventre et le dos.

Le chevalier ne craint pas la mort, il a sa cuirasse.

cuire verbe. *Le gâteau cuit dans le four,* il est chauffé très fort par la chaleur du four jusqu'à ce qu'il soit bon à manger.

✦ Ne confonds pas cuire et **cuir**.

cuisine nom féminin. 1. Faire la cuisine, c'est préparer ce que l'on va manger. *Papa fait très bien la cuisine.* 2. La cuisine, c'est la pièce où l'on prépare les repas.

cuisinier nom masculin,
cuisinière nom féminin. Un cuisinier, une cuisinière, c'est une personne dont le métier est de faire la cuisine. *Richard voudrait être cuisinier dans un restaurant à la campagne.*

cuisinière nom féminin. Une cuisinière, c'est un appareil qui sert à faire cuire les aliments. *Une cuisinière a des plaques électriques ou des feux sur le dessus et un four dessous.*

cuisse nom féminin. La cuisse, c'est la partie de la jambe entre le genou et la hanche. *Marion a de grosses cuisses.*

cuisson nom féminin. La cuisson, c'est le temps pendant lequel on fait cuire ce que l'on va manger. *Il faut une heure de cuisson pour ce poulet.*

cuit adjectif masculin,
cuite adjectif féminin. *Ce bifteck n'est pas assez cuit,* on n'a pas fait cuire ce bifteck assez longtemps.

✦ Le contraire de cuit, c'est **cru**.

cuivre nom masculin. Le cuivre, c'est un métal rouge un peu mou. *Les fils électriques sont en cuivre.*

culotte nom féminin. Une culotte, c'est un vêtement que l'on met sous son pantalon ou sous sa jupe et qui couvre le bas du ventre et les fesses.

✦ Tu peux dire aussi **slip**.

culte nom masculin. 1. *Autrefois les Égyptiens rendaient un culte au Soleil,* ils admiraient le Soleil et lui offraient de la nourriture et des animaux. 2. *Le dimanche matin, Jacques va au culte,* il va à la cérémonie religieuse des protestants.

cultiver verbe. Cultiver des plantes, c'est les faire pousser. *Ces agriculteurs cultivent des fraises.*

culture nom féminin. *La culture des fraises se fait dans les régions où il y a beaucoup de soleil,* on fait pousser les fraises dans les régions où il y a beaucoup de soleil.

curieux adjectif masculin,
curieuse adjectif féminin. *Elsa est très curieuse,* elle veut toujours tout savoir même si cela ne la regarde pas.

curiosité nom féminin. La curiosité, c'est l'envie de tout savoir, même ce qui est un secret. *La curiosité est un vilain défaut.*

cuvette nom féminin. Une cuvette, c'est un récipient assez large et pas très profond dans lequel on met de l'eau. *Maman fait tremper des chaussettes dans une cuvette.*
✦ Tu peux dire aussi **bassine**.

cycliste nom masculin et féminin. Un cycliste, une cycliste, c'est une personne qui roule à bicyclette. *Les cyclistes doivent faire attention aux voitures.*

cyclone nom masculin. Un cyclone, c'est une tempête très forte avec un vent violent. *Il y a des cyclones dans les pays chauds et humides qui sont près de l'équateur.*

cygne nom masculin. Un cygne, c'est un grand oiseau blanc ou noir qui a un très long cou et qui nage comme le canard.
✦ Ne confonds pas cygne et **signe**.

cylindre nom masculin. Un cylindre, c'est un rouleau dont les deux bouts sont des cercles de la même taille.

Le cyclone détruit tout sur son passage.

D

d D d

dahlia nom masculin. Un dahlia, c'est une grosse fleur ronde qui existe dans de nombreuses couleurs. *Maman a acheté un bouquet de dahlias blancs chez le fleuriste.*

Des dahlias.

daim nom masculin. Un daim, c'est un gros animal brun avec des taches blanches qui vit dans la forêt. Il a des bois sur la tête comme le cerf.

✦ Le petit du daim est le faon.
✦ Le daim est de la même famille que le cerf.

dame nom féminin. 1. Une dame, c'est une grande personne de sexe féminin, c'est une femme. *Un monsieur et une dame attendent l'autobus.* 2. Le jeu de dames, c'est un jeu qui se joue à deux, avec des pions noirs et des pions blancs que l'on déplace sur des cases noires et blanches. *André a appris à jouer aux dames avec son oncle.*

danger nom masculin. Un danger, c'est quelque chose qui peut faire avoir un accident. *Luc peut aller à l'école tout seul sans danger : un agent de police fait traverser la rue aux enfants.*

dangereux adjectif masculin, **dangereuse** adjectif féminin. *Les trapézistes font un métier dangereux,* ils font un métier où ils risquent d'avoir des accidents.

La femelle du daim et son faon.

A
B
C
D

dans préposition. *Les verres sont rangés dans le buffet*, ils sont rangés à l'intérieur du buffet.
- ✦ Ne confonds pas dans et **dent**.
- ✦ Le contraire de dans, c'est **hors** de.

Les dattes poussent sur les dattiers.

danse nom féminin. Une danse, c'est une suite de mouvements et de pas que l'on fait en suivant le rythme de la musique. *La maîtresse nous a appris une danse pour la fête de l'école.*

danser verbe. Danser, c'est faire des pas et des mouvements en suivant le rythme de la musique. *Constant et Rosalie dansent très bien le rock.*

danseur nom masculin,
danseuse nom féminin. Un danseur, une danseuse, c'est une personne dont le métier est de danser. *J'ai vu une émission à la télévision sur les danseurs de l'Opéra de Paris.*
- ✦ C'est aussi une personne qui est en train de danser le rock, la valse ou une autre danse.

dard nom masculin. Le dard, c'est la petite pointe avec laquelle les abeilles et les guêpes piquent la peau.

date nom féminin. La date, c'est le jour, le mois et l'année. *Quelle est la date de naissance de Benjamin ? Le 8 juin 1997.*
- ✦ Ne confonds pas date et **datte**.

dater verbe. 1. Dater, c'est écrire la date. *Il ne faut pas oublier de dater et de signer un chèque.* 2. *L'invention du chewing-gum date de 1872*, on a inventé le chewing-gum en 1872, le chewing-gum existe depuis 1872.

datte nom féminin. Une datte, c'est un petit fruit marron très sucré, qui contient un noyau. *Lucie mange des dattes fourrées à la pâte d'amandes.*
- ✦ Les dattes poussent dans les pays chauds sur de grands palmiers qui s'appellent des **dattiers**.
- ✦ Ne confonds pas datte et **date**.

dauphin nom masculin. Un dauphin, c'est un animal au museau allongé en forme de bec, qui vit dans la mer. Il est très intelligent et il aime jouer. *Un dauphin peut mesurer cinq mètres de long.*
- ✦ Le dauphin est un mammifère, il appartient à la même famille que la baleine.

davantage adverbe. *Alice veut davantage de sucre sur ses fraises*, elle veut plus de sucre.
- ✦ Le contraire de davantage, c'est **moins**.

de préposition. 1. *Le cartable de Jean-Jacques est très lourd*, le cartable qui appartient à Jean-Jacques est très lourd. 2. *Marie a une veste de cuir*, elle a une veste en cuir. 3. *Saturnin vient de l'école*, il était à l'école et il en revient. 4. *Antoine m'a fait un signe de la main*, il m'a fait un signe avec la main. 5. *Flora tremble de froid*, elle tremble parce qu'elle a froid, à cause du froid.

a
b
c
d

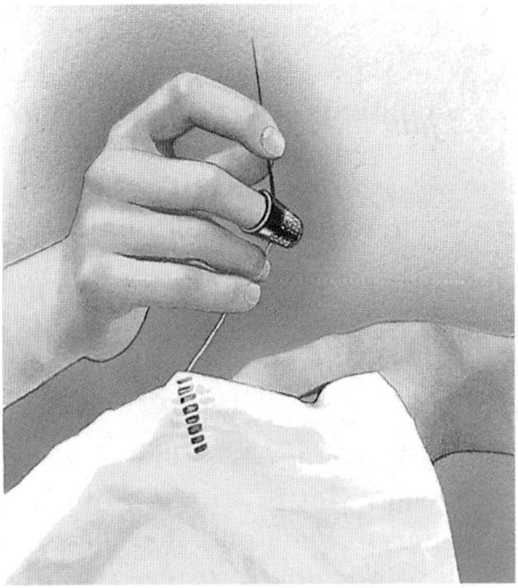

Mamie pousse l'aiguille avec son dé.

Antoine a lancé les dés, il obtient 8.

dé nom masculin. **1.** Un dé, c'est un petit cube qui a sur chaque face un certain nombre de points, de un à six. **2.** Un dé à coudre, c'est ce que l'on met au bout du doigt qui pousse l'aiguille pour ne pas se piquer en cousant.

déballer verbe. Déballer, c'est enlever le papier d'emballage qui enveloppe un paquet.

✦ Le contraire de déballer, c'est **emballer**.

Noémie déballe tous ses cadeaux.

se **débarbouiller** verbe. Se débarbouiller, c'est se laver le visage. *Édith se débarbouille avant de se coucher.*

débarquer verbe. Débarquer, c'est descendre d'un bateau ou d'un avion. *L'avion de Nice vient d'atterrir, les passagers vont bientôt débarquer.*

✦ Le contraire de débarquer, c'est **embarquer**.

débarras nom masculin. Un débarras, c'est une pièce dans laquelle on met les affaires qui encombrent et dont on ne se sert pas souvent. *Maman a rangé les skis dans le débarras, on les sortira l'hiver prochain.*

débarrasser verbe. Débarrasser, c'est enlever ce qui gêne et dont on n'a plus besoin. *Margot et Baptiste débarrassent la table après le repas,* ils enlèvent tout ce qui est sur la table, les assiettes, les couverts, les verres, etc.

débat nom masculin. Un débat, c'est une discussion où tout le monde donne son avis.

déborder verbe. *Ferme vite le robinet, la baignoire va déborder,* l'eau va couler par-dessus le bord de la baignoire.

Maman débouche la bouteille.

déboucher verbe. Déboucher, c'est enlever un bouchon.

debout adverbe. Être debout, c'est tenir sur ses pieds, n'être ni assis ni couché. *Quand la directrice entre dans la classe, les élèves se mettent debout. Le réveil a sonné ! debout !* lève-toi.

déboutonner verbe. *Brice déboutonne sa veste,* il ouvre sa veste en défaisant les boutons.

débrancher verbe. *Maman débranche le fer à repasser,* elle enlève de la prise électrique le fil du fer à repasser par où passe le courant.

se **débrouiller** verbe. Se débrouiller, c'est arriver à faire des choses difficiles tout seul. *Madeleine s'est débrouillée pour téléphoner pendant la récréation.*

✦ Elle est **dégourdie**.

début nom masculin. Le début, c'est le moment où quelque chose commence. *Thomas est venu trois fois chez Blandine depuis le début de la semaine.*

✦ Tu peux dire aussi **commencement**.
✦ Le contraire de début, c'est **fin**.

débutant nom masculin,
débutante nom féminin. Un débutant, une débutante, c'est une personne qui commence à apprendre quelque chose. *Rosine ne lit pas encore très bien, c'est une débutante.*

débuter verbe. Débuter, c'est commencer. *Les vacances de Noël débuteront le 20 décembre.*

✦ Le contraire de débuter, c'est **finir**.

décalquer verbe. Décalquer, c'est copier un dessin sur un papier transparent que l'on a posé dessus. *Ronan décalque la carte de France sur son livre de géographie.*

décapotable adjectif masculin et féminin. Une voiture décapotable, c'est une voiture dont le toit en tissu peut se replier.

décédé adjectif masculin,
décédée adjectif féminin. *L'arrière-grand-père de Sylvain est décédé,* il est mort.

déception nom féminin. La déception, c'est le sentiment de tristesse que l'on éprouve quand on n'a pas la chose que l'on pensait avoir, ou quand il ne se passe pas ce que l'on espérait. *Romain ne pourra pas venir à mon anniversaire, quelle déception !*

✦ Je suis **déçu** !

décès nom masculin. *Nous venons d'apprendre le décès de notre voisin,* nous venons d'apprendre la mort de notre voisin.

décevant adjectif masculin,
décevante adjectif féminin. *Ce film est décevant,* il n'est pas bien alors qu'on pensait qu'il serait bien.

décevoir verbe. Décevoir, c'est rendre triste parce qu'il ne se passe pas ce que l'on espérait ou que l'on n'a pas ce que l'on pensait avoir. *« Le travail de Léa me déçoit » dit la maîtresse,* la maîtresse pensait que Léa travaillerait mieux.

✦ Elle est **déçue**.

déchet nom masculin. Un déchet, c'est ce qui reste de quelque chose et qu'on ne peut pas utiliser soi-même. *La fermière donne tous les déchets de nourriture aux cochons.*

déchiffrer verbe. Déchiffrer, c'est arriver à lire quelque chose de mal écrit ou de difficile à comprendre. *Roméo déchiffrait déjà des notes de musique à cinq ans.*

déclaration nom féminin. Une déclaration, c'est ce que l'on dit quand on a quelque chose d'important à faire savoir. *Le Premier ministre doit faire une déclaration à la télévision ce soir.*

déclarer verbe. Déclarer, c'est faire savoir quelque chose d'important. *Le commissaire de police a déclaré aux journalistes que l'assassin a été arrêté.*

déclencher verbe. Déclencher, c'est mettre en marche un mécanisme. *Il faut appuyer sur le bouton pour déclencher l'ouverture de la porte d'entrée de l'immeuble.*

décodeur nom masculin. Un décodeur, c'est un appareil qui permet de voir des émissions sur certaines chaînes de télévision.

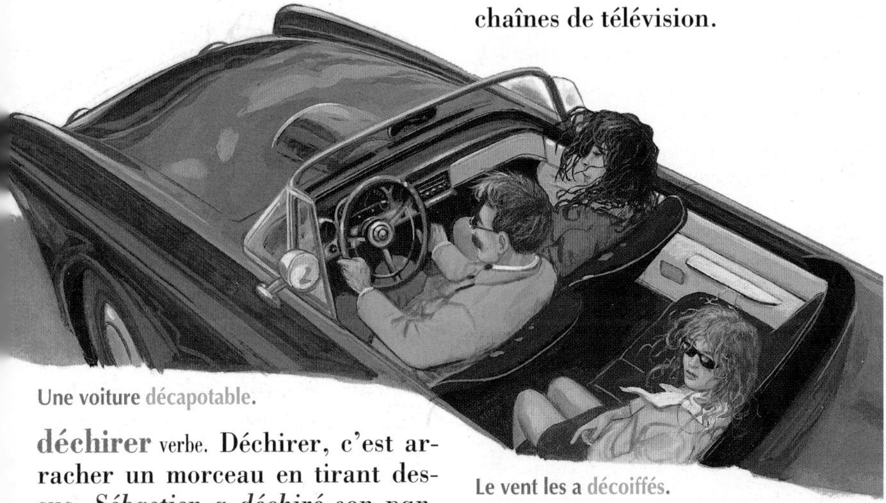

Une voiture **décapotable**.

Le vent les a **décoiffés**.

déchirer verbe. Déchirer, c'est arracher un morceau en tirant dessus. *Sébastien a déchiré son pantalon.*

décider verbe. Décider, c'est choisir de faire quelque chose. *Les parents d'Annabelle ont décidé de déménager.*

décision nom féminin. *Mon oncle a pris la décision de s'acheter une nouvelle voiture,* il s'est dit qu'il allait le faire et il ne va pas changer d'avis.

décoiffer verbe. Décoiffer, c'est mettre les cheveux n'importe comment.

décollage nom masculin. Le décollage, c'est le moment où l'avion quitte le sol. *Les passagers doivent attacher leur ceinture pour le décollage.*

✦ Le moment où l'avion se pose, c'est l'**atterrissage**.

a b c d

A
B
C
D

décoller verbe. 1. Décoller, c'est enlever quelque chose qui est collé. *Pauline décolle l'étiquette de la bouteille.* 2. *L'avion décollera dans une heure,* il quittera le sol et s'envolera dans une heure.

✦ Quand l'avion se pose, on dit qu'il **atterrit**.

décontracté adjectif masculin, **décontractée** adjectif féminin. *Alexis est très décontracté,* il ne se fait pas de souci, il est toujours à l'aise.

décor nom masculin. Un décor, c'est l'ensemble des paysages et objets qui sont sur une scène de théâtre pour représenter l'endroit où se passe l'action.

Le décor de la pièce représente une forêt.

décoration nom féminin. Une décoration, c'est un objet que l'on met quelque part pour faire joli. *Maman a sorti la boîte où sont rangées les décorations de Noël : les boules, les guirlandes, la crèche.*

Romain a fait une découverte dans le grenier : un coffre rempli de vieux vêtements avec lesquels il peut se déguiser.

décorer verbe. Décorer, c'est mettre de jolies choses dans un endroit pour qu'il soit plus beau. *La maîtresse décore la classe pour la fête avec nos dessins, des fleurs en papier et des guirlandes.*

✦ Tu peux dire aussi **orner**.

décortiquer verbe. *Christophe décortique les crevettes avant de les manger,* il enlève la partie dure des crevettes, la carapace.

découpage nom masculin. *Hubert fait des découpages dans de vieux magazines,* il découpe des images.

découper verbe. Découper, c'est couper du papier en suivant les contours. *Hubert découpe les photos de voitures dans le magazine de son père.*

décourageant adjectif masculin, **décourageante** adjectif féminin. *Je n'arrive pas à finir ce puzzle, c'est décourageant,* cela ne me donne pas envie de continuer à chercher, je n'ai plus de courage.

découssu adjectif masculin,
décousue adjectif féminin. *L'ourlet de ma jupe est décousu,* le fil qui tenait l'ourlet est parti.

découverte nom féminin. Faire une découverte, c'est trouver quelque chose qui était caché ou que personne ne connaissait.

découvrir verbe. Découvrir, c'est trouver quelque chose qui était caché ou que personne ne connaissait. *Justine a découvert un oiseau blessé dans un buisson.*
✦ Christophe Colomb a découvert l'Amérique en 1492.

décrire verbe. Décrire, c'est raconter comment est une personne ou une chose en donnant tous les détails. *La maîtresse nous a demandé de décrire l'endroit où nous avons passé nos vacances.*

décrocher verbe. 1. Décrocher, c'est enlever une chose qui était accrochée. *Après Noël on a décroché les boules et les guirlandes qui étaient sur le sapin.* 2. Décrocher, c'est soulever la partie du téléphone dans laquelle on entend et on parle. *Thomas décroche et dit : « Allô ! »*

Le téléphone a sonné, Thomas décroche.

déçu adjectif masculin,
déçue adjectif féminin. *Laure a été déçue de ne pas avoir un vélo pour Noël,* elle a été triste et un peu furieuse de ne pas avoir ce qu'elle voulait.

dedans adverbe. Dedans, c'est à l'intérieur. *Ouvre ton cartable, ta trousse est sûrement dedans.*

défaire verbe. 1. *En rentrant de vacances, Luc défait son sac,* il enlève les affaires qui sont dans son sac et les range. 2. *Attention, ton lacet s'est défait,* ton lacet n'est plus noué.

défaite nom féminin. Une défaite, c'est une bataille ou une guerre que l'on a perdue. *Napoléon a subi une importante défaite à Waterloo.*
✦ Le contraire de défaite, c'est **victoire**.

défaut nom masculin. Un défaut, c'est quelque chose qui n'est pas bien dans le caractère d'une personne. *Antoine a un gros défaut : il est très gourmand.*
✦ Le contraire de défaut, c'est **qualité**.

défendre verbe 1. Défendre, c'est protéger quelqu'un qui est attaqué. *Benoît défend toujours les plus petits dans la cour de récréation.* 2. Défendre, c'est interdire. *Je te défends de jouer au ballon dans ta chambre. Il est défendu de fumer dans le métro,* on n'a pas le droit, il est interdit de fumer dans le métro.

A B C D

défense nom féminin. 1. *Adrien prend toujours la défense de sa petite sœur*, il la protège, il la défend. 2. Une défense, c'est une dent très longue que certains animaux ont pour se défendre. *Les éléphants ont des défenses en ivoire.* 3. *Défense d'entrer*, il est interdit d'entrer.

défilé nom masculin. Un défilé, c'est une file de personnes, de chars, de motos, de chevaux qui avancent lentement les uns derrière les autres pour qu'on les regarde. *Nous avons vu le défilé du 14 juillet à la télévision.*

défiler verbe. Défiler, c'est marcher lentement en rangs les uns derrière les autres pour être regardé. *Le 14 juillet, les soldats défilent sur les Champs-Élysées, à Paris.*

définir verbe. *Ton dictionnaire définit les mots*, il explique ce que les mots veulent dire, il donne des définitions.

définitif adjectif masculin,
définitive adjectif féminin. *Nous allons vous donner les résultats définitifs du concours*, nous allons vous donner les derniers résultats qui ne changeront plus.

définition nom féminin. Une définition, c'est une petite phrase qui explique ce que veut dire un mot. *Si tu poses la question : « qu'est-ce que c'est un cylindre ? », ton dictionnaire te répond par une définition.*

défoncer verbe. 1. Défoncer, c'est casser en enfonçant. *Les policiers ont dû défoncer la porte pour entrer dans la maison.* 2. *Ce chemin est tout défoncé*, il a des trous et des bosses.

déformer verbe. Déformer, c'est changer la forme. *Ne tire pas comme cela sur ton pull, tu vas le déformer*, tu vas l'agrandir.

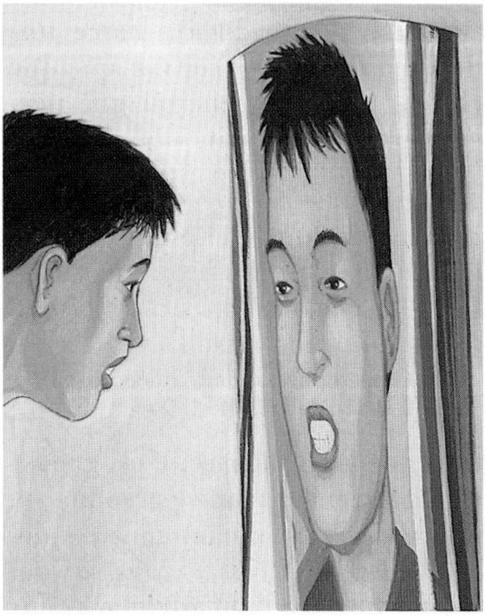

On se voit déformé dans cette glace.

dégager verbe. 1. *« Dégagez le passage », dit l'agent*, cessez d'encombrer la rue, circulez pour que l'on puisse passer. 2. *Le ciel se dégage*, il devient plus clair car les nuages s'en vont.

dégât nom masculin. *L'inondation a fait des dégâts*, elle a abîmé et cassé beaucoup de choses.

dégel nom masculin. Le dégel, c'est le moment où la neige et la glace fondent parce qu'il se met à faire plus chaud. *Le dégel commence dès que le printemps arrive.*
✦ Le contraire de dégel, c'est **gel**.

dégonfler verbe. *Papa a dégonflé le matelas pneumatique*, il a fait sortir l'air qui était à l'intérieur. *Un pneu de mon vélo s'est dégonflé*, l'air qui était à l'intérieur est parti et le pneu est tout aplati.
✦ Le contraire de dégonfler, c'est **gonfler**.

a b c d

dégourdi adjectif masculin, **dégourdie** adjectif féminin. *Julia est très dégourdie*, elle arrive à faire beaucoup de choses toute seule et elle sait toujours comment s'y prendre même si c'est compliqué.

✦ Elle sait se **débrouiller** toute seule.

dégoût nom masculin. *Hervé n'aime pas les escargots, il éprouve du dégoût quand il les voit dans son assiette*, il n'a pas envie d'en manger car cela lui donne mal au cœur de les regarder.

dégoûtant adjectif masculin, **dégoûtante** adjectif féminin. *Tes mains sont dégoûtantes, va les laver*, tes mains sont très sales.

dégoûter verbe. *Les escargots dégoûtent Hervé*, les escargots lui donnent mal au cœur, il n'a pas envie d'en manger quand il en voit.

Hervé a l'air dégoûté par les escargots.

degré nom masculin. Le degré, c'est une unité qui sert à mesurer la température. *L'eau de la piscine est à 18 degrés.*

✦ Tu peux aussi écrire 18°.

déguisement nom masculin. *Jean a mis un déguisement de cow-boy*, il a mis des habits et un chapeau de cow-boy pour se déguiser.

✦ Va voir aussi **costume**.

se **déguiser** verbe. Se déguiser, c'est s'amuser à mettre des vêtements pour ressembler à un personnage ou à un animal. *Pour le mardi gras, Camille s'est déguisée en chat et Jean en cow-boy.*

dehors adverbe. Dehors, c'est à l'extérieur de la maison.

Il fait froid dehors.

déjà adverbe. *Luce sait déjà lire et pourtant elle n'a que cinq ans*, elle sait lire dès maintenant alors qu'elle n'a pas encore l'âge de savoir lire. *Lola a déjà pris l'avion toute seule*, avant cette fois-ci, Lola a pris l'avion toute seule.

déjeuner verbe. Déjeuner, c'est manger le repas du matin ou de midi. *Carlos et Jean-Marc déjeunent à la cantine de l'école.*

déjeuner nom masculin. 1. Le déjeuner, c'est le repas de midi. *Pour le déjeuner, nous avons eu du poulet.* 2. Le petit-déjeuner, c'est le repas du matin. *Sarah boit du chocolat et mange des tartines pour son petit-déjeuner.*

✦ Comment s'appelle le repas du soir ?

Un delta forme une sorte de triangle.

délabré adjectif masculin,
délabrée adjectif féminin. *Ce vieux château est tout délabré,* il est tout abîmé.

délai nom masculin. Un délai, c'est le temps que l'on te donne pour faire quelque chose. *Quand tu empruntes un livre à la bibliothèque, tu as un délai de 15 jours pour le rendre.*

délayer verbe. *Nicolas délaie du cacao dans du lait,* il tourne le lait avec une cuillère pour que le cacao se mélange bien.

délicat adjectif masculin,
délicate adjectif féminin. *Aurore a une santé délicate,* Aurore est souvent malade.

✦ Aurore est une petite fille **fragile**.

délicieux adjectif masculin,
délicieuse adjectif féminin. *Cette glace au chocolat est délicieuse,* elle est très bonne.

✦ Le contraire de délicieux, c'est **infect**.

délirer verbe. Délirer, c'est dire des choses qui ne veulent rien dire sans s'en rendre compte, quand on est malade. *Raphaël a beaucoup de fièvre et il délire.*

délivrer verbe. *Les soldats sont entrés dans la forteresse et ont délivré tous les prisonniers,* les soldats ont rendu la liberté aux prisonniers, ils les ont libérés.

delta nom masculin. Le delta d'un fleuve, c'est un endroit où ce fleuve, juste avant de se jeter dans la mer, est divisé en plusieurs petits fleuves. *La Camargue est dans le delta du Rhône.*

déluge nom masculin. **1.** Le Déluge, c'est l'inondation, racontée dans la Bible, qui a recouvert toute la Terre autrefois et qui a noyé presque tout le monde. *Seule l'arche de Noé a échappé au Déluge.* **2.** Un déluge, c'est une pluie très forte. *Quel déluge! mettons-nous à l'abri.*

demain adverbe. Demain, c'est le jour qui vient après aujourd'hui. *Aujourd'hui nous sommes dimanche, demain c'est lundi. À demain!*

✦ **Hier**, **aujourd'hui** et demain.

demander verbe. **1.** Demander, c'est dire ce que l'on voudrait avoir. *Olivier a demandé de l'argent à sa mère pour s'acheter des bonbons.* **2.** Demander, c'est essayer de savoir en posant une question. *Émilie a demandé à son frère jusqu'à quel âge vivaient les chats.*

démanger verbe. *Cette piqûre de moustique me démange,* elle me donne envie de me gratter.

démarche nom féminin. La démarche, c'est la façon de marcher. *La directrice a une démarche rapide,* elle marche vite.

démarrage nom masculin. *Mamie n'aime pas faire les démarrages en côte,* elle n'aime pas faire démarrer sa voiture dans les côtes.

démarrer verbe. *Attention! la voiture démarre,* le moteur se met à marcher et la voiture commence à avancer.

Les voitures démarrent.

démarreur nom masculin. Le démarreur, c'est le mécanisme qui sert à mettre un moteur en marche.

démasquer verbe. Démasquer quelqu'un, c'est découvrir qui il est vraiment. *Le commissaire de police a démasqué l'auteur des lettres anonymes.*

démêler verbe. Démêler, c'est séparer des choses qui sont emmêlées. *Alice démêle ses cheveux avec un peigne.*

déménagement nom masculin. *Loïc a aidé sa mère à préparer le déménagement en mettant ses jouets dans des caisses,* il a aidé sa mère à préparer les affaires qui vont être transportées de leur ancienne maison dans leur nouvelle maison.

déménager verbe. Déménager, c'est transporter tous ses meubles, tous ses vêtements et toutes ses affaires dans la nouvelle maison où l'on va habiter. *Loïc et sa sœur ont changé d'école car leurs parents ont déménagé.*

déménageur nom masculin. Un déménageur, c'est un homme dont le métier est de transporter les meubles et les caisses lorsqu'on déménage. *Les déménageurs portent le canapé et le mettent dans le camion.*

demeure nom féminin. Une demeure, c'est une grande et belle maison. *Le prince habitait dans une immense demeure au milieu d'un parc.*

✦ C'est un mot que l'on trouve dans les contes de fées et que l'on ne dit pas dans la vie de tous les jours.

demi adjectif masculin,
demie adjectif féminin. *Françoise a acheté une demi-baguette,* elle a acheté la moitié d'une baguette. *Martin a bu un demi-litre de lait,* il a bu la moitié d'un litre de lait. *Il est quatre heures et demie, c'est l'heure du goûter,* il est quatre heures et la moitié d'une heure.

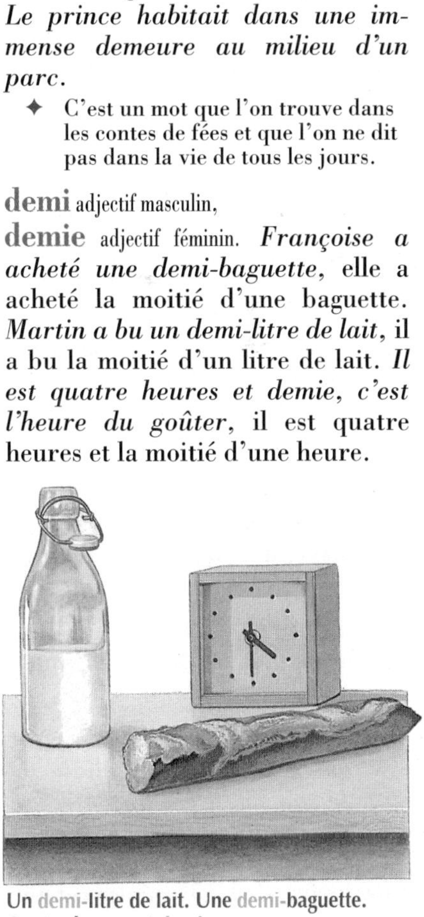

Un demi-litre de lait. Une demi-baguette. Quatre heures et demie.

A
B
C
D

démodé adjectif masculin,
démodée adjectif féminin. Des chaussures démodées, ce sont des chaussures qui ne sont plus à la mode.

demoiselle nom féminin. Une demoiselle, c'est une jeune fille. *Une dame, une demoiselle et un monsieur sont entrés dans le magasin.*

démolir verbe. Démolir une maison, c'est casser les murs, le toit et les faire tomber par terre jusqu'à ce que la maison devienne un tas de pierres.
✦ Tu peux dire aussi **détruire**.
✦ Le contraire de démolir, c'est **construire**.

démolition nom féminin. *La démolition des vieilles maisons derrière le port a duré un mois,* les ouvriers ont travaillé pendant un mois avec des grues et des bulldozers pour démolir les vieilles maisons.
✦ Le contraire de démolition, c'est **construction.**

démonstratif adjectif masculin,
démonstrative adjectif féminin. *Ce, cette, ces sont des adjectifs démonstratifs,* ce sont des adjectifs qui servent à montrer. *Dans la phrase : ce chien est noir, « ce » est un adjectif démonstratif.*

démonter verbe. *Le garagiste a démonté le moteur de la voiture pour le réparer,* il a enlevé un à un tous les morceaux du moteur.

démouler verbe. Démouler, c'est enlever du moule. *Maman démoule la tarte aux pommes.*

dénoncer verbe. Dénoncer, c'est dire qui a fait quelque chose de mal. *Je sais que c'est Raphaël qui a caché les craies, mais je ne veux pas le dénoncer à la maîtresse,* je ne veux pas dire à la maîtresse que c'est lui.

Virginie va se brosser les dents.

dent nom féminin. Une dent, c'est ce qui est planté dans la mâchoire et qui sert à mordre et à mâcher. *Virginie se brosse les dents avant de se coucher.*
✦ Un adulte a 32 dents.
✦ Ne confonds pas dent et **dans**.

dentelle nom féminin. De la dentelle, c'est un tissu dans lequel des trous font des dessins. *La mariée avait une très jolie robe de dentelle blanche.*

dentifrice nom masculin. Le dentifrice, c'est le produit que l'on met sur une brosse à dents pour se laver les dents. *Bérengère se brosse les dents avec du dentifrice à la framboise.*

dentiste nom masculin et féminin. Un dentiste, une dentiste, c'est une personne dont le métier est de soigner les dents. *Aïcha a une carie, elle doit aller chez le dentiste.*

dépannage nom masculin. *Le garagiste est venu pour le dépannage de la voiture,* il est venu réparer la voiture qui ne marchait plus.

dépanner verbe. Dépanner, c'est venir réparer une voiture ou une machine qui ne marche plus, qui est en panne.

dépanneuse nom féminin. Une dépanneuse, c'est un camion qui peut tirer derrière lui une voiture en panne. *La dépanneuse a remorqué la voiture de Papa jusqu'au garage.*

départ nom masculin. Le départ, c'est le moment où l'on s'en va. *À quelle heure est le départ du train?* à quelle heure le train part-il?

✦ Le contraire de départ, c'est **arrivée**.

Les coureurs sont prêts à prendre le départ.

département nom masculin. Un département, c'est une partie de la France. *Besançon est dans le département du Doubs.*

✦ Il y a 96 départements en France, plus la Guadeloupe, la Guyane, la Martinique et la Réunion.

dépasser verbe. 1. Dépasser, c'est passer devant en allant plus vite. *La voiture a dépassé le camion,* elle l'a doublé. 2. *Karim dépasse son frère,* il est plus grand que son frère.

se **dépêcher** verbe. Se dépêcher, c'est faire quelque chose le plus vite possible. *Je t'attends, dépêche-toi!*

✦ Tu peux dire aussi se **presser**.

dépendre verbe. *Denis ne sait pas s'il ira à la piscine demain, cela dépendra du temps,* sa décision est liée au temps qu'il fera : s'il fait beau, il ira, s'il ne fait pas beau, il n'ira pas.

dépense nom féminin. Une dépense, c'est de l'argent que l'on donne pour payer quelque chose. *L'achat d'une voiture est une grosse dépense.*

dépenser verbe. 1. Dépenser, c'est donner de l'argent pour acheter quelque chose. *Martin a dépensé tout son argent pour acheter un cadeau d'anniversaire à sa mère.* 2. *Tristan et Basile se sont dépensés sur la plage,* ils ont fait beaucoup de sport, ils ont fait travailler leur corps.

déplacer verbe. Déplacer, c'est changer de place. *Irène a déplacé son bureau, elle l'a mis devant la fenêtre.*

déplaire verbe. Déplaire, c'est ne pas plaire. *Ce chanteur me déplaît,* je n'aime pas ce chanteur.

✦ Le contraire de déplaire, c'est **plaire**.

déplier verbe. Déplier, c'est défaire ce qui est plié. *Maman déplie la nappe et la met sur la table.*

déposer verbe. Déposer, c'est poser ce que l'on porte. *Le facteur dépose le courrier chez le gardien.*

A B C D

déprimé adjectif masculin,
déprimée adjectif féminin. *Monsieur Larcher est déprimé,* il est très fatigué et triste et n'a envie de rien.

depuis préposition. *Mathilde est malade depuis deux jours,* cela fait deux jours qu'elle est malade.

député nom masculin.
députée nom féminin. Un député, une députée, c'est une personne qui a été élue pour représenter un groupe de citoyens à l'Assemblée nationale. *Madame Cartier est députée.*
✦ Les députés votent les lois.

dérailler verbe. *Le train a déraillé,* il est sorti des rails.

déranger verbe. Déranger une personne, c'est la gêner pendant qu'elle est en train de faire quelque chose. *Il ne faut pas déranger Martin pendant qu'il mange.*

déraper verbe. Déraper, c'est glisser sans le faire exprès. *La moto a dérapé sur le verglas.*

dernier adjectif masculin,
dernière adjectif féminin. **1.** *Lucie est arrivée dernière,* elle est arrivée après tous les autres. **2.** *Marc et Antoine se connaissent depuis l'année dernière,* ils ont fait connaissance l'année juste avant celle où nous sommes, il y a un an.

déroulement nom masculin. Le déroulement de l'histoire, c'est l'ordre dans lequel les choses se passent.

dérouler verbe. **1.** Dérouler, c'est défaire ce qui est enroulé. **2.** *Voilà comment la fête va se dérouler,* voilà comment elle va se passer, dans quel ordre les choses vont avoir lieu.

derrière préposition et adverbe. *Louis s'est caché derrière la porte,* il s'est mis du côté de la porte que l'on ne voit pas. *Dimitri marche derrière Corinne,* il marche à la suite de Corinne. *En voiture, les enfants doivent s'asseoir derrière,* ils doivent s'asseoir à l'arrière de la voiture.
✦ Le contraire de derrière, c'est **devant**.

derrière nom masculin. *Le petit Victor commence à marcher, il tombe souvent sur le derrière,* il tombe souvent sur les fesses.

Le jardinier a déroulé le tuyau d'arrosage.

Ce n'est pas la peine de pédaler dans la descente.

des article masculin et féminin pluriel. Des, c'est le pluriel de un, une. *Max a un stylo, une gomme et des crayons de couleur.*

dès préposition. *L'école est ouverte dès 8 heures*, elle est ouverte à partir de 8 heures. *Brice se lève dès que son réveil sonne*, il se lève tout de suite quand son réveil sonne.

désagréable adjectif masculin et féminin. 1. *La voisine a une voix désagréable*, elle a une voix qui n'est pas agréable, que l'on n'aime pas entendre, qui déplaît. 2. *La vendeuse était désagréable avec les clients*, elle n'était pas aimable.

désastre nom masculin. Un désastre, c'est quelque chose de grave qui arrive et qui est la cause de grands malheurs. *Il n'a pas plu depuis des semaines, c'est un désastre pour les agriculteurs.*

✦ Tu peux dire aussi **catastrophe**.

descendre verbe. Descendre, c'est aller du haut vers le bas. *Rachid a descendu l'escalier à toute vitesse. Maman est descendue à la cave.*

✦ Le contraire de descendre, c'est **monter**.

descente nom féminin. Une descente, c'est une route ou un chemin qui descend.

✦ Le contraire de descente, c'est **montée**.

description nom féminin. *Vincent a fait la description de la ferme de son oncle*, il nous a dit comment était la ferme en nous donnant tous les détails.

✦ Cherche aussi **décrire**.

désert adjectif masculin,
déserte adjectif féminin. Un endroit désert, c'est un endroit où il n'y a personne. *Le soir, les rues du village sont désertes.*

désert nom masculin. Un désert, c'est une région très sèche où très peu de plantes arrivent à pousser. *Le Sahara est un immense désert de sable.*

Un désert.

désespérer verbe. Désespérer, c'est penser que l'on n'arrivera pas à faire ce que l'on voulait faire. *Tu sauras bientôt faire du vélo comme ton frère, il ne faut pas désespérer.*

a b c d

désespoir nom masculin. Le désespoir, c'est ce que ressent une personne très malheureuse qui pense que les choses ne s'arrangeront jamais. *Quel désespoir pour Chantal d'avoir déchiré sa plus belle robe !*

se **déshabiller** verbe. Se déshabiller, c'est enlever ses vêtements. *Carlos se déshabille et va prendre son bain.*

✦ Le contraire de se déshabiller, c'est s'**habiller**.

désherber verbe. Désherber, c'est enlever les mauvaises herbes. *Le jardinier a désherbé les allées du parc.*

désigner verbe. 1. Désigner, c'est montrer en faisant un signe. *Gérard désigne les garçons qu'il veut prendre dans son équipe.* 2. *Le mot « buffet » désigne un meuble,* « buffet » est le nom d'un meuble.

désinfecter verbe. Désinfecter, c'est nettoyer avec un produit spécial qui tue les microbes. *L'infirmière désinfecte la blessure de Renaud avec de l'alcool.*

se **désintéresser** verbe. Se désintéresser, c'est ne plus apporter d'attention à quelque chose. *Adèle se désintéresse de son travail.*

✦ Le contraire de se désintéresser, c'est s'**intéresser**.

désir nom masculin. Un désir, c'est l'envie très forte d'avoir ou de faire quelque chose. *Maman est très fatiguée, elle n'a qu'un désir, se coucher.*

✦ Tu peux dire aussi **souhait**.

désirer verbe. Désirer, c'est vouloir quelque chose. *La maîtresse désire rencontrer les parents de ses élèves samedi prochain.*

✦ Tu peux dire aussi **souhaiter**.

désobéir verbe. Désobéir, c'est ne pas faire ce que quelqu'un a ordonné ou faire ce qu'il a interdit. *Yasmina a désobéi à ses parents, elle a lu dans son lit au lieu de dormir.*

✦ Le contraire de désobéir, c'est **obéir**.

Que voulez-vous comme dessert?

désobéissant adjectif masculin, **désobéissante** adjectif féminin. *Yasmina a été désobéissante,* elle a désobéi, elle n'a pas fait ce qu'on lui avait dit de faire.

✦ Le contraire de désobéissant, c'est **obéissant**.

désolé adjectif masculin, **désolée** adjectif féminin. *Maman est désolée d'être arrivée en retard à la réunion,* elle le regrette beaucoup.

✦ Le contraire de désolé, c'est **content**.

désordonné adjectif masculin, **désordonnée** adjectif féminin. *Camille est désordonnée,* elle ne range pas ses affaires et elle a du mal à les retrouver quand elle les cherche.

✦ Le contraire de désordonné, c'est **ordonné**.

désordre nom masculin. *La chambre de Frédéric est en désordre,* sa chambre n'est pas rangée, il y a beaucoup d'affaires qui traînent.

✦ Le contraire de désordre, c'est **ordre**.

désormais adverbe. Désormais, c'est à partir de maintenant. *Désormais, Cyrille et Natacha ne sont plus assis l'un à côté de l'autre en classe.*

✦ Tu peux dire aussi **dorénavant**.

dessert nom masculin. Le dessert, c'est ce que l'on mange à la fin du repas, après le fromage.

dessin nom masculin. **1.** Un dessin, c'est un ensemble de traits que l'on trace sur un papier pour représenter quelque chose. *Élodie a fait un dessin.* **2.** Un dessin animé, c'est un film fait avec des dessins qui se suivent. *Cédric regarde des dessins animés à la télévision.*

dessiner verbe. Dessiner, c'est tracer des traits qui représentent quelque chose sur un papier, c'est faire un dessin. *Jean-Charles dessine sa maison.*

Le chat a détalé dès qu'il a entendu du bruit.

dessous adverbe. Dessous, c'est sous quelque chose. *Le chat a couru vers le canapé et s'est caché dessous,* il s'est caché sous le canapé.

✦ Le contraire de dessous, c'est **dessus**.

dessus adverbe. Dessus, c'est sur quelque chose. *La chaise n'est pas solide, ne t'assieds pas dessus !*

✦ Le contraire de dessus, c'est **dessous**.

destinataire nom masculin et féminin. Le destinataire, la destinataire, c'est la personne à qui est envoyé un paquet ou une lettre. *Camille écrit le nom du destinataire sur l'enveloppe.*

✦ La personne qui envoie une lettre, c'est l'**expéditeur**.

destination nom féminin. La destination, c'est l'endroit où l'on va. *Le train à destination de Genève va partir.*

destruction nom féminin. *Le tremblement de terre a causé la destruction de plusieurs immeubles,* le tremblement de terre a détruit plusieurs immeubles, les murs et les toits sont tombés par terre cassés en mille morceaux.

✦ Cherche aussi **démolition**.

détacher verbe. Détacher, c'est défaire ce qui est attaché. *Papa a détaché le chien et il est parti se promener avec lui dans la forêt.*

✦ Le contraire de détacher, c'est **attacher**.

détail nom masculin. *Karim raconte ce qui lui est arrivé en donnant tous les détails,* il raconte tout, même les petites choses qui ne sont pas importantes.

☞ Au pluriel : des **détails**.

détaler verbe. Détaler, c'est s'en aller à toute vitesse.

détective nom masculin. Un détective, c'est une personne dont le métier est de mener des enquêtes pour des clients, mais qui ne fait pas partie de la police. *Le détective se cache pour suivre le mari de Madame Roland.*

✦ Sherlock Holmes, le célèbre détective, réussissait toujours à résoudre les énigmes.

déteindre verbe. Déteindre, c'est perdre un peu de sa couleur et la donner à un autre vêtement. *Tes chaussettes bleues ont déteint sur ma chemise blanche quand je les ai lavées.*

se **détendre** verbe. Se détendre, c'est se reposer pour être plus calme lorsqu'on est très fatigué ou énervé. *Maman a pris un bain chaud pour se détendre.*

détente nom féminin. **1.** La détente, c'est le repos après un effort. *Luce a beaucoup travaillé, elle a besoin d'un moment de détente.* **2.** *Le policier a sorti son revolver et il a appuyé sur la détente,* il a appuyé sur la pièce du revolver qui sert à faire partir le coup.

déterrer verbe. Déterrer, c'est sortir de la terre quelque chose qui était caché dedans. *Le chien a déterré son os.*

✦ Le contraire de déterrer, c'est **enterrer**.

détester verbe. Détester, c'est ne pas aimer du tout. *Yolaine déteste son professeur de gymnastique. Marc déteste les huîtres.*

détour nom masculin. Faire un détour, c'est prendre un chemin plus long que le chemin direct. *En sortant de l'école, Amina n'est pas rentrée directement à la maison, elle a fait un détour pour aller chercher son petit frère.*

détruire verbe. Détruire, c'est casser complètement. *Le tremblement de terre a détruit plusieurs immeubles.*

✦ Cherche aussi **destruction**.

✦ Tu peux dire aussi **démolir**.

dette nom féminin. Une dette, c'est une somme d'argent qu'une personne doit à une autre personne. *Je dois 4 euros à Patrick, je paierai mes dettes demain,* je rembourserai ce que je dois à Patrick demain.

dévaler verbe. Dévaler, c'est descendre à toute vitesse.

Myriam a dévalé l'escalier pour aller ouvrir la porte.

dévaliser verbe. Dévaliser, c'est voler tout ce qu'il y a dans un endroit. *Les cambrioleurs ont dévalisé le magasin de jouets,* ils ont emporté tous les jouets.

devancer verbe. Devancer, c'est être devant les autres parce qu'on va plus vite qu'eux, dans une course. *Le cheval numéro 4 a devancé ses concurrents, il va gagner.*

Une **devinette** : quelle différence y a-t-il entre un avion et un chewing-gum ?

Un avion décolle et un chewing-gum, ça colle.

devant préposition et adverbe. 1. Devant, c'est en avant. *Le chien court devant son maître. Au cinéma, Blandine aime bien se mettre devant,* elle aime bien se mettre dans les premiers rangs. 2. *Les parents attendent leurs enfants devant l'école,* ils attendent près de la porte d'entrée de l'école.

devanture nom féminin. La devanture d'un magasin, c'est la partie qui est derrière la vitre où sont montrées les marchandises. *Olivier regarde la devanture de la pâtisserie.*

✦ Tu peux dire aussi **vitrine**.

développer verbe. 1. *Papa a fait développer les photos de vacances,* il les a données au photographe pour qu'il fasse apparaître les images qui sont sur la pellicule. 2. *La gymnastique développe les muscles,* elle les rend plus gros et plus forts.

devenir verbe. *Hélène est devenue toute pâle quand elle a vu le serpent dans l'herbe,* elle a commencé à être pâle. *La chenille deviendra un papillon,* elle se transformera en papillon.

deviner verbe. Deviner, c'est trouver ce qui est caché ou ce que l'on ne dit pas. *Devine ce que j'ai dans la main.*

devinette nom féminin. Une devinette, c'est une question amusante dont il faut deviner la réponse. *Max nous a posé une devinette.*

dévisser verbe. Dévisser, c'est tourner dans l'autre sens ce qui était vissé pour le défaire. *Sonia ouvre le pot de confiture en dévissant le couvercle.*

✦ Le contraire de dévisser, c'est **visser**.

devoir verbe. 1. Devoir, c'est être obligé de faire quelque chose. *Papa doit se lever très tôt demain pour prendre le train. Sébastien a dû partir avant la fin du film,* il a fallu qu'il parte avant la fin du film. 2. *Je dois 4 euros à Patrick,* il faut que je rende 4 euros à Patrick. 3. *Il est plus de 8 heures, la boulangerie doit être fermée,* la boulangerie est sûrement fermée.

devoir nom masculin. Un devoir, c'est un travail écrit que l'on doit montrer au professeur. *Ma grande sœur a un devoir à faire à la maison et des leçons à apprendre.*

dévorer verbe. Dévorer, c'est manger en déchirant avec ses dents. *Le lion a dévoré le zèbre.*

diable nom masculin. Le diable, c'est le mal, pour les chrétiens. *On imagine le diable avec des cornes, une longue queue et une grande fourche à la main pour piquer les méchants.*

✦ Le diable habite en **enfer**.

A B C D

diadème nom masculin. Un diadème, c'est une sorte de couronne décorée seulement sur le devant. *La reine portait un diadème.*

diagnostic nom masculin. *Le médecin a examiné Audrey, puis il a fait son diagnostic*, il a dit le nom de la maladie qu'elle avait.

dialogue nom masculin. Un dialogue, c'est une conversation entre deux personnes.

dictionnaire nom masculin. Un dictionnaire, c'est un livre dans lequel on trouve ce que veulent dire les mots et comment ils s'écrivent. *Dans un dictionnaire les mots sont rangés dans l'ordre alphabétique.*

dieu nom masculin. Pour les chrétiens, pour les musulmans et pour les juifs, Dieu, c'est un être tout-puissant et éternel qui a créé le monde.

Quelles sont les différences et les ressemblances entre ces deux dessins?

diamant nom masculin. Un diamant, c'est une pierre précieuse transparente et très brillante. *La bague de la mariée est ornée d'un diamant.*

dictée nom féminin. Une dictée, c'est un exercice que l'on fait en classe : le professeur lit un texte et les élèves l'écrivent dans leur cahier. *Boris a fait deux fautes d'orthographe à sa dictée.*

dicter verbe. Dicter, c'est dire à haute voix des mots à quelqu'un qui les écrit en même temps. *La maîtresse nous a dicté un poème.*

différence nom féminin. 1. La différence, c'est la petite chose qui montre que deux personnes ou deux objets ne sont pas pareils. 2. *Olivier et Arthur ont deux ans de différence*, Olivier a deux ans de plus qu'Arthur, ils ont deux ans d'écart.

différent adjectif masculin,
différente adjectif féminin. *Les chiens et les chats sont des animaux très différents*, ils ne se ressemblent pas, ils ne mangent pas la même chose et ils n'ont pas le même comportement.

✦ Le contraire de différent, c'est **pareil**, **semblable**.

difficile adjectif masculin et féminin. *Léonore n'arrive pas à ouvrir le pot de confiture, c'est trop difficile,* il faut qu'elle fasse un trop gros effort, c'est trop dur.

✦ Le contraire de difficile, c'est **facile**.

difficulté nom féminin. **1.** Une difficulté, c'est une chose difficile. *Il y a plusieurs difficultés dans cette page de lecture,* il y a plusieurs choses difficiles à lire et à comprendre. **2.** *Lambert a des difficultés en classe,* il a des problèmes, il a du mal à suivre.

digérer verbe. Digérer, c'est transformer dans son corps les aliments que l'on a mangés. *Le chat digère sa pâtée, couché sur un fauteuil.*

✦ Va voir aussi **digestion**.

digestion nom féminin. La digestion, c'est la transformation, dans le corps, des aliments que l'on a mangés. *Après la digestion, une partie de ce que l'on a mangé va dans le sang et fait grandir et le reste s'en va.*

digue nom féminin. Une digue, c'est une sorte de long mur qui est dans la mer et protège des vagues.

✦ Cherche aussi **jetée**.

diligence nom féminin. Une diligence, c'est une voiture tirée par des chevaux qui transportait des voyageurs autrefois. *Les diligences étaient quelquefois attaquées par des bandits.*

dimension nom féminin. Les dimensions d'un objet, ce sont ses mesures, sa longueur, sa largeur et sa hauteur. *Quelles sont les dimensions de la table sur laquelle tu travailles à l'école ?*

diminuer verbe. Diminuer, c'est devenir moins grand. *En automne les jours diminuent,* les jours raccourcissent.

✦ Le contraire de diminuer, c'est **augmenter**.

diminutif nom masculin. Un diminutif, c'est un petit nom gentil qui est fait à partir du prénom d'une personne. *Ma sœur s'appelle Charlotte mais on l'appelle Lolotte, c'est son diminutif.*

✦ Est-ce que tu as un diminutif ?

dinde nom féminin. Une dinde, c'est un gros oiseau qui vit dans une basse-cour. *À Noël on mange de la dinde aux marrons.*

✦ La dinde est une **volaille**.

✦ La dinde est la femelle du **dindon**.

La dinde et le dindon.

dindon nom masculin. Le dindon, c'est le mâle de la dinde.

✦ Les dindons et les dindes n'ont pas de plumes sur la tête et sur le cou mais, à la place, ils ont une drôle de peau toute rouge.

dîner verbe. Dîner, c'est manger le repas du soir. *Demain, David et Marie vont dîner chez leur grand-mère.*

dîner nom masculin. Le dîner, c'est le repas du soir. *Arrête de jouer, c'est l'heure du dîner.*

dînette nom féminin. 1. *Sonia joue à la dînette avec sa sœur*, elles font semblant de prendre un repas. 2. *Coralie a eu une dînette pour Noël*, elle a eu des petites assiettes, des petits verres et des petits couverts avec lesquels elle peut jouer.

dinosaure nom masculin. Un dinosaure, c'est un énorme animal qui vivait il y a très longtemps. *Certains dinosaures avaient un très long cou et une très grande queue.*
✦ Les dinosaures ont maintenant disparu.

Les dinosaures.

dire verbe. 1. Dire, c'est faire connaître une chose par la parole. *Dis-moi comment tu t'appelles. Papa nous a dit d'aller nous coucher.* 2. *Qu'est-ce que c'est que cet animal, on dirait un gros chien*, cela ressemble à un gros chien.

direct adjectif masculin,
directe adjectif féminin. 1. *Maman a pris le chemin le plus direct pour aller au village*, elle a pris un chemin qui va tout droit au village sans faire de détours. 2. *Il y a un train direct entre Paris et Londres*, il y a un train qui va de Paris à Londres sans qu'on ait besoin de changer de train.

directement adverbe. *En sortant du cours de danse, Justine est rentrée directement à la maison*, elle est rentrée tout droit à la maison sans s'arrêter ailleurs avant.

directeur nom masculin,
directrice nom féminin. Le directeur, la directrice, c'est la personne qui dirige dans une école, dans un magasin, dans une usine, dans un bureau. *Les élèves se lèvent quand la directrice entre dans la classe.*

direction nom féminin. 1. *À son bureau, mon père a cinq personnes sous sa direction*, il donne des ordres à cinq personnes dont il est le chef. 2. *Le car a pris la direction de l'autoroute*, il est allé vers l'autoroute.

Maman discute avec son amie Juliette.

diriger verbe. 1. Diriger, c'est être le chef, commander. *L'oncle de Stéphanie dirige une usine*, il est le directeur d'une usine. 2. *Le bateau se dirigeait vers le port*, il allait vers le port.

discipline nom féminin. *Les élèves doivent respecter la discipline,* ils doivent faire ce que dit le règlement de l'école.

discours nom masculin. Faire un discours, c'est parler pour dire quelque chose d'important devant de nombreuses personnes réunies. *Le père de la mariée a fait un discours à la fin du repas.*

discret adjectif masculin,
discrète adjectif féminin. Une personne discrète, c'est une personne qui ne se mêle pas des affaires des autres. *Joris est très discret, il n'a pas demandé à Laetitia pourquoi elle avait pleuré.*

✦ Le contraire de discret, c'est **indiscret**.

discussion nom féminin. Une discussion, c'est une conversation où tout le monde donne son avis. *Papa et Maman ont eu une discussion au sujet des vacances.*

discuter verbe. Discuter, c'est parler avec quelqu'un.

disparaître verbe. Disparaître, c'est ne plus être visible. *Le soleil a disparu derrière les nuages.*

✦ Le contraire de disparaître, c'est **apparaître**.

disparition nom féminin. *Éric est triste depuis la disparition de son chat,* il est triste depuis que son chat a disparu, depuis qu'il ne sait pas où est passé son chat.

dispensaire nom masculin. Un dispensaire, c'est un endroit où l'on se fait soigner ou vacciner par des médecins et des infirmières sans avoir pris de rendez-vous.

dispenser verbe. *Christine est dispensée de gymnastique parce qu'elle a mal au dos,* elle a le droit de ne pas faire de gymnastique alors que c'est obligatoire.

disperser verbe. Disperser, c'est faire aller de tous les côtés, en désordre. *Les policiers ont dispersé les étudiants à la fin de la manifestation.*

✦ Le contraire de disperser, c'est **rassembler**.

disponible adjectif masculin et féminin. *L'avion n'est pas complet, il reste quelques places disponibles,* il reste quelques places libres que l'on peut utiliser.

disposer verbe. Disposer, c'est mettre d'une certaine façon. *Maman a disposé les verres sur la table.*

dispute nom féminin. *Il y a souvent des disputes entre Claire et Benoît,* Claire et Benoît ont souvent des discussions violentes où ils se disent des choses méchantes.

se **disputer** verbe. Se disputer, c'est se dire des choses méchantes, en criant, parce qu'on n'est pas d'accord.

Claire et Benoît se disputent.

disque nom masculin. Un disque, c'est une plaque ronde sur laquelle sont enregistrés des sons. *Joanne écoute un disque de son chanteur préféré.*

disquette nom féminin. Une disquette, c'est une petite plaque que l'on met dans son ordinateur quand on veut lire ou enregistrer un texte ou des images.

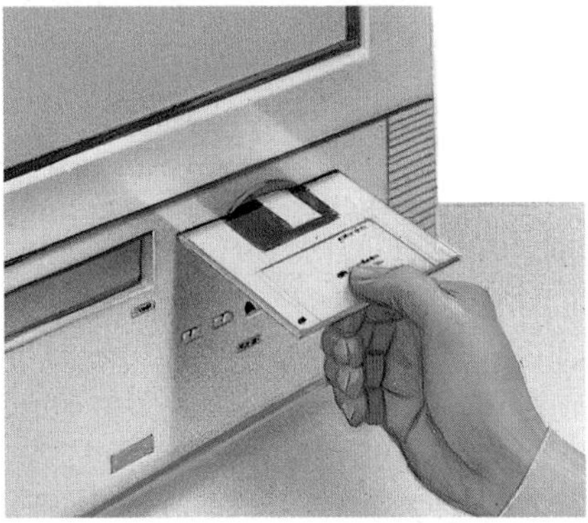

Constant met la disquette dans l'ordinateur.

dissipé adjectif masculin,
dissipée adjectif féminin. *Régis est dissipé en classe,* il fait du bruit, il n'écoute pas, il ne reste pas tranquille.
- ✦ Tu peux dire aussi **turbulent**.
- ✦ Le contraire de dissipé, c'est **sage**.

distance nom féminin. La distance, c'est la longueur qu'il y a entre deux choses, entre deux endroits. *Quelle distance y a-t-il entre ta maison et ton école ?*

distinguer verbe. 1. *Je distingue Elsa au loin,* je la vois au loin. 2. *Vincent et Éric sont jumeaux, on a du mal à les distinguer l'un de l'autre,* on a du mal à faire la différence entre eux, à savoir qui est Vincent et qui est Éric.

distraction nom féminin. Une distraction, c'est une chose que l'on aime faire pour passer le temps, pour se détendre. *La distraction préférée de Stéphane, c'est de jouer avec ses jeux vidéo.*

distraire verbe. Distraire, c'est faire passer un moment agréable, divertir. *Marion s'ennuie ; Maman lui lit une histoire pour la distraire. En sortant du bureau, François est allé au cinéma pour se distraire.*

distrait adjectif masculin,
distraite adjectif féminin. *En classe, Anaïs est distraite,* elle ne fait pas attention, elle pense à autre chose.
- ✦ Tu peux dire aussi **étourdi**.
- ✦ Le contraire de distrait, c'est **attentif**.

distrayant adjectif masculin,
distrayante adjectif féminin. *Ce film est distrayant,* il est amusant, il fait passer le temps d'une manière agréable.
- ✦ Le contraire de distrayant, c'est **ennuyeux**.

distribuer verbe. Distribuer, c'est donner quelque chose à chaque personne qui est là.

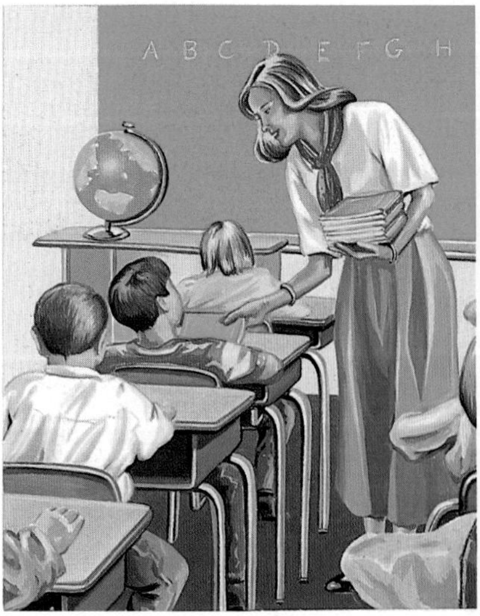

La maîtresse distribue les cahiers.

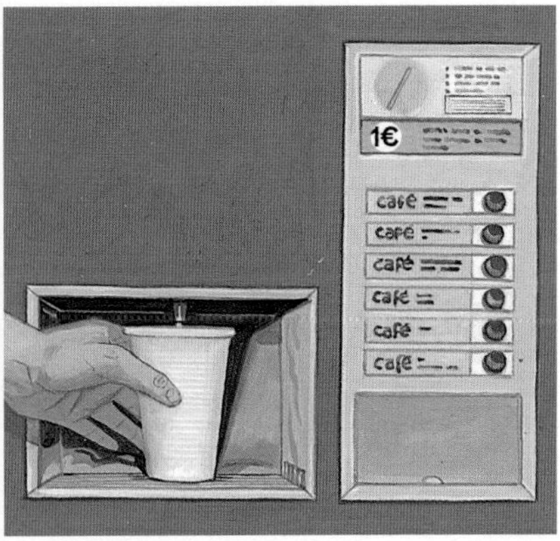

Il faut mettre une pièce de 1 euro dans le distributeur pour avoir un café.

distributeur nom masculin. Un distributeur de boissons, c'est un appareil qui donne des boissons quand on met de l'argent dedans.

distribution nom féminin. *Le jour de Noël, Kevin attend avec impatience la distribution des cadeaux,* il attend que l'on donne à chacun ses cadeaux.

divertir verbe. Divertir, c'est faire passer un moment agréable, amuser. *Charlotte raconte des histoires drôles à son grand-père pour le divertir.*

✦ Tu peux dire aussi **distraire**.

diviser verbe. Diviser, c'est calculer combien de fois un nombre est contenu dans un autre. *Je divise 8 par 2 et j'obtiens 4. 8 divisé par 2 égale 4.*

✦ 8 : 2 = 4.

✦ Le contraire de diviser, c'est **multiplier**.

division nom féminin. Une division, c'est une opération que l'on fait pour savoir combien de fois un nombre est contenu dans un autre. *Jennifer est en CE1, elle va apprendre à faire des divisions.*

✦ Le contraire de division, c'est **multiplication**.

divorce nom masculin. *Natacha vit chez son père depuis le divorce de ses parents,* elle vit chez son père depuis que ses parents ne sont plus mariés ensemble.

divorcer verbe. *Les parents de Natacha ont divorcé,* ils ne sont plus mariés ensemble et ils habitent chacun de leur côté.

docteur nom masculin. Un docteur, c'est une personne dont le métier est de soigner les malades. *Aline a mal au ventre, sa mère va l'emmener chez le docteur.*

✦ Tu peux dire aussi **médecin**.

document nom masculin. *Sonia doit trouver des documents sur les volcans,* elle doit trouver des photos, des dessins ou des textes qui représentent ou qui décrivent des volcans.

documentaire nom masculin. Un documentaire, c'est un film qui montre des animaux et explique comment ils vivent ou qui décrit un pays, une ville, une région et les gens qui y habitent. *Théo a regardé à la télévision un documentaire sur les hyènes.*

doigt nom masculin. Les doigts, ce sont les cinq parties qui terminent la main. *Hortense a mis une bague à chaque doigt.*

✦ Les pieds ont des **orteils**.

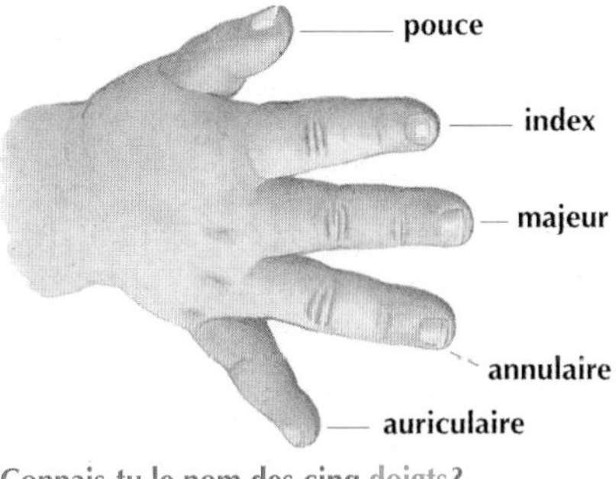

Connais-tu le nom des cinq doigts?

Le château est au milieu d'un vaste domaine.

domaine nom masculin. Un domaine, c'est une grande étendue de terre, à la campagne, avec une maison, une ferme, des champs et des forêts qui appartiennent à une seule personne.

domestique adjectif masculin et féminin. Un animal domestique, c'est un animal qui vit près des hommes et qui a besoin d'eux pour se nourrir. *Les chats, les chiens, les vaches, les cochons, les moutons, les chevaux sont des animaux domestiques.*

✦ Le contraire de domestique, c'est **sauvage**.

domestique nom masculin et féminin. Un domestique, une domestique, c'est une personne dont le métier est de travailler dans une maison qui n'est pas la sienne en s'occupant du ménage et de la cuisine.

✦ Aujourd'hui, on dit plutôt **employé de maison**.

domicile nom masculin. Le domicile, c'est la maison dans laquelle on habite.

✦ Les personnes qui n'ont pas de maison où habiter sont des **sans domicile fixe**; on dit aussi des **S.D.F.**

dominer verbe. Dominer, c'est être plus haut que ce qui est tout autour. *Le château fort domine le village.*

Les animaux domestiques.

domino nom masculin. Un domino, c'est une petite plaque blanche en forme de rectangle, partagée en deux parties sur lesquelles il y a un certain nombre de points noirs. *Édouard joue aux dominos avec Max.*

dommage nom masculin. *Élodie n'a pas pu venir à mon anniversaire, c'est dommage*, c'est triste et je le regrette.

dompteur nom masculin,
dompteuse nom féminin. Un dompteur, une dompteuse, c'est une personne qui apprend aux animaux à lui obéir et à faire des choses difficiles. *Regarde! le dompteur fait sauter le lion dans un cercle de feu.*

✦ Le dompteur **dresse** les animaux.

don nom masculin. *Juliette a un don pour le dessin*, elle dessine très bien sans faire beaucoup d'efforts.

✦ Elle est **douée** en dessin.
✦ Ne confonds pas don et **dont**.

donc conjonction. **1.** Donc, c'est un mot qui sert à expliquer pourquoi une chose est comme elle est, pourquoi quelque chose arrive. *Tu as laissé tomber le vase, donc il s'est cassé.* **2.** Donc, c'est un mot qui sert à donner plus d'importance à ce que l'on dit. *Viens donc à la maison ce week-end!*

donjon nom masculin. Le donjon, c'est la tour la plus haute d'un château fort. *La princesse était retenue prisonnière dans le donjon.*

donner verbe. **1.** Donner, c'est offrir quelque chose, faire un cadeau. *Salomé m'a donné une sucette.* **2.** *Benoît donne son numéro de téléphone à Marie*, il lui fait savoir son numéro de téléphone. **3.** *Éléonore s'est donné un coup de peigne*, elle s'est coiffée. **4.** *Ce cerisier donne beaucoup de cerises*, il produit beaucoup de cerises.

dont pronom. *Voici l'ami dont je t'ai parlé*, voici l'ami de qui je t'ai parlé.

✦ Ne confonds pas dont et **don**.

doré adjectif masculin,
dorée adjectif féminin. *Clémence a une jolie bague dorée*, elle a une bague jaune comme de l'or, mais qui n'est pas en or.

dorénavant adverbe. Dorénavant, c'est à partir de maintenant. *Dorénavant, Cédric emmène sa petite sœur à l'école.*

✦ Tu peux dire aussi **désormais**.

dorloter verbe. Dorloter, c'est s'occuper de quelqu'un avec tendresse, en lui faisant des câlins et des caresses.

dormir verbe. Dormir, c'est se reposer, les yeux fermés, en ne voyant plus rien, en n'entendant plus rien de ce qui se passe autour de soi et en faisant des rêves. *Yves a sommeil, c'est l'heure de dormir.*

dortoir nom masculin. Un dortoir, c'est une grande pièce dans laquelle il y a plusieurs lits.

Les élèves de la pension Jeanne-d'Arc dorment dans un dortoir.

a
b
c
d

dos nom masculin. Le dos, c'est la partie du corps qui est derrière et qui va du cou jusqu'aux fesses.

dose nom féminin. Une dose, c'est la quantité exacte du produit qu'il faut utiliser. *Maman met deux doses de lessive dans la machine à laver.*

✦ Ce médicament est dangereux, il ne faut pas dépasser la dose indiquée par le médecin !

dossard nom masculin. Un dossard, c'est un carré de tissu avec un numéro, attaché sur le dos d'un coureur. *Le coureur cycliste portant le dossard numéro 12 est arrivé premier.*

dossier nom masculin. 1. Le dossier, c'est la partie d'un siège sur laquelle on appuie son dos. 2. Un dossier, c'est un ensemble de papiers que l'on met les uns avec les autres pour les garder au même endroit.

douanier nom masculin, **douanière** nom féminin. Un douanier, une douanière, c'est une personne dont le métier est de contrôler les marchandises à la douane. *Le douanier a demandé à Papa d'ouvrir le coffre de la voiture.*

double adjectif masculin et féminin. *Sylvain a fait un double nœud à ses lacets,* il a fait deux nœuds l'un sur l'autre. *L'avenue Victoria est à double sens,* les voitures peuvent y rouler dans les deux sens.

double nom masculin. *Dix est le double de cinq,* dix c'est deux fois cinq.

✦ Le contraire de double, c'est moitié.

doubler verbe. 1. *Le prix de cette montre a doublé depuis l'année dernière,* le prix de cette montre a été multiplié par deux. 2. *La voiture a doublé le camion,* la voiture est passée devant le camion, elle l'a dépassé. 3. *Le blouson de Carine est doublé de fourrure,* il a de la fourrure à l'intérieur.

Le dossier du banc vient d'être repeint. Papa consulte son dossier de factures.

douane nom féminin. La douane, c'est l'endroit où l'on s'arrête, à la frontière entre deux pays, pour montrer son passeport et ses bagages. *Nous avons passé la douane en rentrant de Suisse.*

doucement adverbe. 1. *La voiture roule doucement sur le chemin qui va à la ferme,* la voiture roule lentement, elle ne roule pas vite. 2. *Parle plus doucement, ta petite sœur dort,* ne parle pas trop fort, parle sans crier.

douceur nom féminin. 1. *Olivier aime la douceur du pelage du chat,* il aime toucher le pelage du chat parce qu'il est doux. 2. *Mamie parle à ses petits-enfants avec douceur,* elle leur parle d'une manière très gentille.

douche nom féminin. *Tous les matins, Maman prend une douche,* elle fait couler de l'eau en pluie sur tout son corps pour se laver.
✦ Cherche aussi **bain**.

se **doucher** verbe. *Maman s'est douchée,* elle a pris une douche.

doué adjectif masculin,
douée adjectif féminin. *Juliette est très douée en dessin,* elle dessine très bien depuis qu'elle est toute petite, sans avoir appris.
✦ Elle a un **don** pour le dessin.

douillet adjectif masculin,
douillette adjectif féminin. *Anaïs pleure dès qu'elle se fait mal, elle est très douillette,* elle dit toujours qu'elle a très mal, même si ce n'est pas grave.

douleur nom féminin. La douleur, c'est la sensation très désagréable que l'on ressent dans son corps quand on a mal.

douloureux adjectif masculin,
douloureuse adjectif féminin. *Ce vaccin est douloureux,* il fait mal.
✦ Le contraire de douloureux, c'est **indolore**.

doute nom masculin. 1. *Est-ce que j'ai bien fermé la porte à clé, j'ai un doute,* je ne suis pas sûr d'avoir fermé la porte à clé. 2. *Papa rentrera sans doute à 8 heures comme d'habitude,* Papa rentrera sûrement à 8 heures, comme d'habitude.

douter verbe. 1. *Il fera peut-être moins froid demain mais j'en doute,* je ne suis pas sûr qu'il fera moins froid demain. 2. *Clément se doutait que sa mère ne serait pas contente en voyant ses mauvaises notes,* il avait pensé que sa mère ne serait sûrement pas contente.

doux adjectif masculin,
douce adjectif féminin. 1. *La fourrure de mon chat est très douce,* elle est très agréable à toucher. 2. L'eau douce, c'est l'eau qui n'est pas salée, c'est l'eau des rivières et des lacs. 3. *Mamie a une voix douce,* elle a une voix gentille, elle ne crie pas.

dragée nom féminin. Une dragée, c'est un bonbon fait d'une amande recouverte de sucre bleu, blanc ou rose. *On offre des dragées pour le baptême d'un bébé.*

dragon nom masculin. Un dragon, c'est un animal qui n'existe pas ; il a des ailes, des griffes et une queue de serpent. *Souvent, les dragons crachent du feu.*

Le joueur pousse un cri de douleur.

drame nom masculin. Un drame, c'est quelque chose de très grave qui arrive et qui rend tout le monde très triste. *La mort de la sœur de Corinne a été un drame. Arrête de pleurer, ce n'est pas un drame d'avoir cassé ton vélo !* ce n'est pas très grave.

A B C D

drap nom masculin. Les draps, ce sont les grands morceaux de tissu que l'on met dans le lit entre le matelas et la couverture et dans lesquels on dort.

drapeau nom masculin. Un drapeau, c'est un morceau de tissu dont les couleurs sont celles d'un pays. *Le drapeau français est bleu, blanc, rouge.*

☞ Au pluriel : des **drapeaux**.

dresser verbe. 1. Dresser, c'est mettre tout droit. *Le chat a entendu un bruit, il dresse les oreilles.* 2. Dresser un animal, c'est l'habituer à obéir. *Ce chien est bien dressé, il fait ce que son maître lui dit de faire.*

Joris est droitier, Camille est gauchère.

drogue nom féminin. La drogue, c'est un produit qui agit sur le cerveau et rend bizarre la personne qui en a pris. *La drogue est très mauvaise pour la santé.*

✦ Les personnes qui vendent de la drogue sont recherchées par la police et vont en prison.

droit nom masculin. Avoir le droit de faire quelque chose, c'est pouvoir faire quelque chose parce que cela a été permis. *Mon frère a le droit de regarder la télévision quand il a fini ses devoirs. Romane n'a pas le droit de monter devant dans la voiture.*

✦ Tu peux dire aussi **autorisation, permission**.

droit adjectif masculin,
droite adjectif féminin. 1. *Après le village, la route est toute droite,* la route ne fait pas de virages, elle est comme un fil bien tendu. 2. *Tiens ton verre droit,* tiens ton verre vertical, ne le penche pas. 3. La main droite, c'est la main qui est du côté opposé à celui du cœur. *Joris écrit de la main droite, mais Camille écrit de la main gauche.*

droite nom féminin. *Pour aller à la boulangerie, il faut tourner à droite en sortant de l'école,* il faut tourner du côté droit, du côté de la main droite.

✦ Le contraire de droite, c'est **gauche**.

droitier adjectif masculin,
droitière adjectif féminin. *Joris est droitier,* il se sert de sa main droite pour écrire, pour dessiner, pour manger.

✦ Camille est **gauchère**.

drôle adjectif masculin et féminin. *Ce film est drôle,* il fait rire.

✦ Tu peux dire aussi **amusant, comique**.

✦ Le contraire de drôle, c'est **triste**.

dromadaire nom masculin. Un dromadaire, c'est un grand animal qui vit dans le désert en Inde et en Afrique ; il ressemble au chameau mais il n'a qu'une seule bosse.

du article masculin. Du, c'est de + le. *Alexandra vient du Portugal. Victor est le fils du directeur de l'usine. Papi mange du fromage*, il mange un peu de fromage.

✦ Ne confonds pas du et **dû**.

dû adjectif masculin,
due adjectif féminin. *Le retard de l'avion est dû au mauvais temps*, l'avion est en retard à cause du mauvais temps. *Cette mauvaise odeur est due aux égouts*, on sent cette mauvaise odeur parce qu'il y a des égouts.

✦ Ne confonds pas dû et **du**.

duel nom masculin. *Autrefois les hommes se battaient en duel pour défendre leur honneur*, deux hommes se battaient l'un contre l'autre avec la même arme, une épée ou un pistolet.

dune nom féminin. Une dune, c'est une colline en sable, au bord de la mer ou dans le désert. *Marion et Jennifer escaladent la dune.*

dur adjectif masculin,
dure adjectif féminin. 1. *Ce beurre est trop dur, je n'arrive pas à l'étaler sur mon pain*, ce beurre ne s'enfonce pas quand on appuie dessus, il n'est pas mou. 2. *Ce jeu est très dur*, ce jeu est très difficile.

durant préposition. Durant, c'est pendant le temps qui se passe entre le début et la fin de quelque chose. *Lambert a rencontré Thomas durant les vacances.*

✦ Tu peux dire aussi **pendant**.

durcir verbe. Durcir, c'est devenir dur. *Maman a fait de la glace au chocolat et l'a mise dans le congélateur pour qu'elle durcisse.*

✦ Le contraire de durcir, c'est se **ramollir**.

durée nom féminin. La durée, c'est le temps qui se passe entre le début et la fin de quelque chose. *La durée du spectacle de marionnettes est d'une demi-heure.*

durer verbe. *Ce film dure une heure*, il se passe une heure entre le début et la fin du film.

Une dune.

A
B
C
D

duvet nom masculin. Le duvet, c'est l'ensemble des petites plumes très fines et très douces qui recouvrent le corps des jeunes oiseaux.

dynamique adjectif masculin et féminin. *Monsieur Cotte est dynamique,* il fait beaucoup de choses en étant toujours de bonne humeur.
✦ Tu peux dire aussi **actif**, **énergique**.

dynamite nom féminin. La dynamite, c'est une matière qui explose.
✦ La dynamite est un **explosif**.

dynastie nom féminin. Une dynastie, c'est une suite de rois de la même famille qui règnent les uns après les autres.

Les soldats font sauter le pont à la dynamite.

E

e E e

eau nom féminin. L'eau, c'est un liquide transparent, sans couleur, sans odeur et sans goût. *Corinne boit de l'eau. L'eau des rivières est douce, l'eau de mer est salée.*
☞ Au pluriel : les eaux.

éblouir verbe. 1. *La lumière de la lampe m'éblouit,* la lumière me fait mal aux yeux parce qu'elle est trop brillante et elle m'empêche de voir bien. 2. *Les enfants sont éblouis par les tours du prestidigitateur,* ils regardent les tours du prestidigitateur avec une grande admiration, sans rien dire.

éblouissant adjectif masculin, **éblouissante** adjectif féminin. 1. *La blancheur de la neige est éblouissante,* elle est trop brillante et elle fait mal aux yeux. 2. *La princesse était éblouissante de beauté dans sa robe de bal,* elle était si belle que l'on osait à peine la regarder.

éboueur nom masculin. Un éboueur, c'est une personne dont le travail est de ramasser les ordures. *Les éboueurs vident les poubelles dans le camion.*

ébouriffé adjectif masculin, **ébouriffée** adjectif féminin. *Le matin, quand il se réveille, Olivier a les cheveux ébouriffés,* il a les cheveux en désordre.

ébullition nom féminin. L'ébullition, c'est le moment où un liquide bout, où il y a des bulles à la surface. *Il faut attendre l'ébullition pour mettre les pâtes dans l'eau.*

écaille nom féminin. 1. Les écailles, ce sont les petites plaques dures qui recouvrent le corps des poissons, des serpents, des lézards, des tortues. 2. L'écaille, c'est la matière qui recouvre la carapace des tortues de mer et avec laquelle on fabrique des objets.

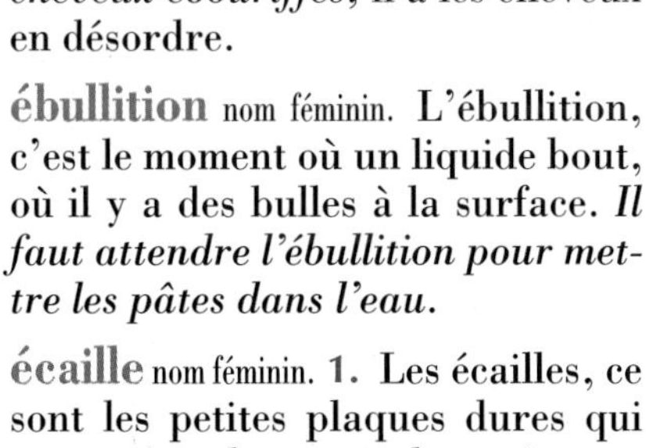

Le python et la truite sont recouverts d'écailles. Le peigne et les lunettes sont en écaille.

écarquiller verbe. Écarquiller les yeux, c'est les ouvrir très grand. *Marie écarquille les yeux pour mieux voir les clowns.*

écart nom masculin. 1. Un écart, c'est une différence entre deux nombres qui indiquent la température qu'il fait ou le prix que coûte une chose. *À la montagne, l'été, il y a de gros écarts de température entre le jour et la nuit.* 2. À l'écart, c'est à une certaine distance, un peu loin. *À la récréation Nicolas ne joue pas avec ses camarades, il se tient toujours à l'écart.*

écarter verbe. Écarter, c'est mettre plusieurs choses loin les unes des autres. *Essaie d'écarter les doigts le plus possible. La maîtresse écarte sa chaise du mur.*

✦ Le contraire de écarter, c'est **rapprocher**.

échafaud nom masculin. L'échafaud, c'est l'estrade sur laquelle montaient la personne qui était condamnée à mort et le bourreau qui lui coupait la tête. *Le 21 janvier 1793, le roi Louis XVI est monté sur l'échafaud.*

✦ Cherche aussi **guillotine**.

échafaudage nom masculin. Un échafaudage, c'est un ensemble de grandes planches que l'on installe les unes au-dessus des autres devant un immeuble ou un monument pour le réparer ou le nettoyer. *Les ouvriers sont sur l'échafaudage, ils font le ravalement de l'immeuble.*

échalote nom féminin. L'échalote, c'est une plante que l'on met dans des sauces et dans des plats pour leur donner du goût. *Papi prépare une sauce à l'échalote.*

✦ L'échalote ressemble à l'oignon et a un peu le même goût, en moins fort.

échange nom masculin. Faire un échange, c'est donner quelque chose et recevoir autre chose à la place. *On fait un échange : tu me prêtes ton vélo et je te prête le mien.*

échanger verbe. *David a échangé dix billes contre une petite voiture*, il a donné dix billes et il a eu une petite voiture à la place.

Pascal et Cédric jouent aux échecs.

échantillon nom masculin. Un échantillon, c'est une toute petite bouteille, un tout petit tube ou une toute petite boîte qui contient un petit peu d'un produit pour que le client puisse l'essayer. *Romane joue avec les échantillons de parfum de sa mère.*

s'**échapper** verbe. *L'oiseau s'est échappé de sa cage*, il est parti tout d'un coup, il s'est sauvé.

✦ Tu peux dire aussi s'**enfuir**.

écharde nom féminin. Une écharde, c'est une épine ou un tout petit morceau de bois qui s'est enfoncé sous la peau. *Léonore a une écharde sous le pied.*

écharpe nom féminin. Une écharpe, c'est une longue bande de tissu ou de tricot que l'on porte autour du cou. *En hiver, Laurent met une écharpe de laine bleue.*

échec nom masculin. *Le frère de Noémie a subi un échec à son examen*, il n'a pas réussi son examen, il a échoué.

✦ Le contraire de échec, c'est **réussite, succès.**

échecs nom masculin pluriel. Le jeu d'échecs, c'est un jeu qui se joue à deux avec des pièces que l'on bouge sur un plateau divisé en cases noires et blanches. *Les pièces du jeu d'échecs sont le roi, la reine, les cavaliers, les fous, les tours et les pions.*

échelle nom féminin. Une échelle, c'est un grand objet fait de deux longues barres verticales réunies par des barreaux sur lesquels on pose les pieds comme sur des marches. *Papa monte sur une échelle pour changer l'ampoule, au plafond.*

✦ Cherche aussi **escabeau.**

écho nom masculin. L'écho, c'est un son que l'on entend une deuxième fois quand on crie, parce qu'il se heurte contre une paroi et qu'il revient. *Dans la montagne ou dans une grotte, il y a souvent de l'écho.*

échouer verbe. 1. Échouer, c'est ne pas réussir, rater. *Le frère de Noémie a échoué à son examen.* 2. *Le bateau s'est échoué*, il a touché le fond et ne peut plus avancer.

éclabousser verbe. Éclabousser, c'est mouiller en envoyant de l'eau avec force.

La voiture nous a éclaboussés.

éclair nom masculin. 1. Un éclair, c'est une lumière très forte et très brève qui fait une ligne en zigzag, dans le ciel, pendant un orage. 2. Un éclair, c'est un gâteau long et étroit fourré de crème au chocolat ou au café et recouvert d'une couche brillante de pâte sucrée.

Est-ce que tu aimes les éclairs ?

a b c d e

Il est midi et il fait nuit, il y a une éclipse de Soleil.

éclaircie nom féminin. Une éclaircie, c'est un moment où le ciel s'éclaircit et où il fait beau tout d'un coup, après la pluie. *Nous avons profité d'une éclaircie, entre deux averses, pour sortir un peu.*

éclaircir verbe. 1. *Le détective doit éclaircir le mystère de la maison hantée,* il doit expliquer ce mystère, il doit le rendre clair pour qu'il ne soit plus difficile à comprendre. 2. *La pluie s'est arrêtée et le ciel s'éclaircit,* le ciel devient clair, sans nuages.

éclairer verbe. Éclairer, c'est donner de la lumière. *Les lampadaires éclairent la rue. Cette lampe de poche éclaire bien.*

éclat nom masculin. 1. Un éclat, c'est un morceau d'un objet que l'on casse et qui éclate en faisant de tout petits bouts. *Priscille a cassé un vase, attention il y a des éclats de verre par terre.* 2. *Bruno et Flora ont l'air de bien s'amuser, on entend des éclats de rire,* on entend le bruit que font des personnes qui rient très fort.

éclatant adjectif masculin,
éclatante adjectif féminin. *Le pré, recouvert de neige, est d'une blancheur éclatante,* il est d'une blancheur très brillante, très vive.

éclater verbe. 1. Éclater, c'est se déchirer tout d'un coup en faisant beaucoup de bruit et en envoyant des petits morceaux partout. *Le ballon de Romain a éclaté.* 2. *Clémence a éclaté de rire,* elle s'est mise à rire, tout d'un coup, en faisant beaucoup de bruit.

éclipse nom féminin. *Il y a une éclipse de Soleil,* le Soleil disparaît pendant quelques minutes parce qu'il est caché par la Lune.

écluse nom féminin. Une écluse, c'est une partie d'une rivière ou d'un canal, fermée par une porte à l'entrée et à la sortie, où l'on fait changer la hauteur de l'eau pour que les bateaux puissent passer d'un niveau à un autre. *La péniche franchit l'écluse.*

écœurant adjectif masculin,
écœurante adjectif féminin. *Ce gâteau est écœurant,* il donne envie de vomir.

école nom féminin. 1. L'école, c'est l'endroit où les maîtresses et les maîtres apprennent aux élèves tout ce qu'ils doivent savoir. *Audrey est à l'école primaire, en CP. Tous les matins, les enfants vont à l'école,* ils vont en classe. 2. L'école, c'est l'ensemble des élèves et des professeurs d'une école. *Toute l'école a aidé à organiser la kermesse.*

écolier nom masculin,
écolière nom féminin. Un écolier, une écolière, c'est un enfant qui va à l'école.

✦ On dit plutôt un élève.

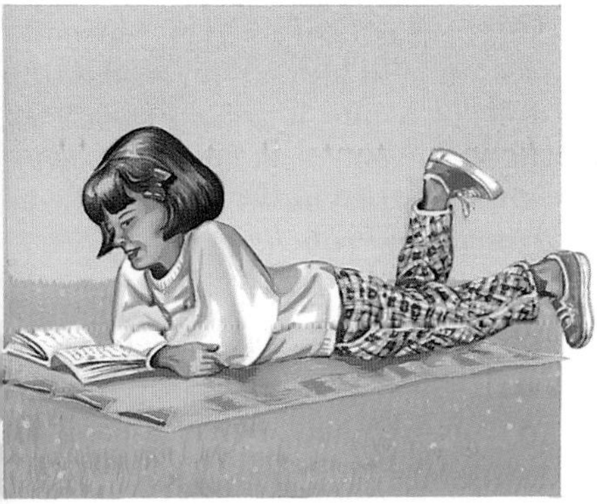

Bérénice a un pantalon écossais.

écologiste nom masculin et féminin. Un écologiste, une écologiste, c'est une personne qui veut protéger la nature. *Les écologistes ont fait une manifestation contre l'énergie nucléaire.*

économe adjectif masculin et féminin. Une personne économe, c'est une personne qui fait attention à ne pas dépenser beaucoup d'argent. *Marie est très économe et elle met ses économies dans une tirelire.*

économies nom féminin pluriel. Faire des économies, c'est ne pas dépenser son argent et le garder dans une tirelire ou dans une banque. *Donatien s'est acheté un livre avec ses économies,* il s'est acheté un livre avec l'argent qu'il a économisé.

économiser verbe. Économiser, c'est ne pas dépenser son argent et le mettre de côté. *Les parents d'Alexis économisent pour s'acheter une maison.*

✦ Les parents d'Alexis font des **économies**.

écorce nom féminin. L'écorce, c'est la partie de l'arbre qui recouvre le tronc et les branches et que l'on peut enlever. *Sous l'écorce il y a le bois.*

écorcher verbe. *Sandrine s'est écorché les jambes en marchant dans les ronces,* elle s'est un peu déchiré la peau des jambes.

✦ Tu peux dire aussi **égratigner**.

écossais adjectif masculin, **écossaise** adjectif féminin. Un tissu écossais, c'est un tissu qui est fabriqué avec des fils de plusieurs couleurs qui se croisent et font des rayures et des carreaux.

écouter verbe. 1. Écouter, c'est faire attention aux bruits, aux sons ou aux paroles que l'on entend. *Gildas écoute le chant des oiseaux.* 2. *Si tu m'avais écouté, tu ne serais pas arrivé en retard,* si tu avais fait comme je t'avais dit de faire, tu ne serais pas arrivé en retard.

écouteur nom masculin. Des écouteurs, ce sont deux appareils, souvent attachés sur un casque, que l'on met contre ses oreilles pour écouter de la musique sans que les autres entendent. *Alice a mis ses écouteurs pour écouter une cassette sur son baladeur.*

✦ L'écouteur, c'est aussi la partie du téléphone par laquelle on entend ce que dit l'autre.

écran nom masculin. L'écran, c'est la partie plate et rectangulaire sur laquelle on voit les images au cinéma, à la télévision ou sur un ordinateur. *Un grand lion vient d'apparaître sur l'écran.*

✦ Le **petit écran**, c'est la télévision.

écraser verbe. Écraser, c'est aplatir et mettre en petits morceaux en appuyant très fort. *Sophie écrase ses pommes de terre avec sa fourchette. Le chien a failli se faire écraser,* le chien a failli se faire tuer par une voiture qui lui aurait roulé dessus.

L'écureuil se nourrit de glands et de noisettes.

écrevisse nom féminin. Une écrevisse, c'est un petit animal qui vit dans les ruisseaux et qui a deux grosses pinces près de la tête.

s'**écrier** verbe. *« Non, ce n'est pas vrai », s'écria-t-il,* « non, ce n'est pas vrai », cria-t-il d'une voix forte.

✦ Tu peux dire aussi s'**exclamer**.

écrire verbe. 1. Écrire, c'est tracer des lettres, des mots. *Les enfants apprennent à lire et à écrire au cours préparatoire. Constance a écrit son nom sur son cahier.* 2. Écrire, c'est écrire une lettre. *Alix a écrit à Laura.*

écriture nom féminin. *Romane a une belle écriture,* elle forme bien ses lettres, elle écrit bien.

écrivain nom masculin. Un écrivain, c'est un homme ou une femme qui écrit des livres. *La comtesse de Ségur est un écrivain du 19e siècle.*

✦ Tu peux dire aussi **auteur**.

s'**écrouler** verbe. S'écrouler, c'est tomber tout d'un coup en se cassant. *Plusieurs immeubles se sont écroulés pendant le tremblement de terre.*

✦ Tu peux dire aussi s'**effondrer**.

écume nom féminin. L'écume, c'est la mousse blanche qui se forme sur les vagues dans la mer ou sur les lacs.

écureuil nom masculin. Un écureuil, c'est un petit animal qui vit dans la forêt; il a une fourrure rousse et une queue longue et épaisse. *L'écureuil est très agile, il bondit de branche en branche.*

écurie nom féminin. Une écurie, c'est un bâtiment dans lequel dorment les chevaux.

✦ Comment s'appelle la maison où dorment les vaches? les moutons? les cochons?

éducateur nom masculin,
éducatrice nom féminin. Un éducateur, une éducatrice, c'est une personne dont le métier est de s'occuper de l'éducation et de l'instruction des enfants. *Les instituteurs, les professeurs, les moniteurs des centres de plein air sont des éducateurs.*

éducation nom féminin. *Les parents s'occupent de l'éducation de leurs enfants,* ils s'occupent d'eux et leur apprennent tout ce qu'ils doivent savoir dans la vie en essayant de développer leurs qualités.

effacer verbe. Effacer, c'est faire disparaître quelque chose qui est inscrit quelque part. *La maîtresse efface ce qu'elle a écrit au tableau avec un chiffon. La mer efface les traces de nos pas sur le sable.*

effectif nom masculin. L'effectif, c'est le nombre de personnes qui forment un groupe. *L'effectif de notre classe est de vingt-quatre élèves.*

effectivement adverbe. Effectivement, c'est un mot qui sert à montrer que ce que l'on vient de dire est bien vrai. *Jean-Charles pensait qu'il aurait une bonne note à son dessin. Effectivement, il a eu 10 sur 10.*

✦ Tu peux dire aussi **en effet**.

effet nom masculin. 1. Un effet, c'est ce qui arrive à cause d'autre chose. *Ce médicament a un effet très rapide,* il agit vite. 2. En effet, c'est un mot qui sert à expliquer ce que l'on vient de dire. *Les arbres sont tout blancs, en effet il a neigé cette nuit.*

efficace adjectif masculin et féminin. Un produit efficace, c'est un produit qui fait rapidement ce que l'on attend de lui. *Ce sirop est très efficace contre la toux.*

s'**effondrer** verbe. S'effondrer, c'est tomber tout d'un coup et se casser.

✦ Tu peux dire aussi s'**écrouler**.

La falaise s'est effondrée.

s'**efforcer** verbe. S'efforcer, c'est faire tout ce que l'on peut pour réussir. *Sandrine s'efforce d'être sage en classe, mais elle n'y arrive pas toujours.*

✦ Elle fait des **efforts**.
✦ Tu peux dire aussi **essayer**.

effort nom masculin. *Hugues fait des efforts pour apprendre sa récitation,* il se donne du mal, il fait tout ce qu'il peut pour savoir sa récitation.

effrayant adjectif masculin,
effrayante adjectif féminin. Quelque chose d'effrayant, c'est quelque chose qui fait peur. *Lionel a fait un cauchemar effrayant.*

✦ Tu peux dire aussi **effroyable**, **épouvantable**, **horrible**, **terrible**.

effrayer verbe. Effrayer, c'est faire peur. *Au zoo, quand les lions rugissent, ils effraient les enfants.*

effroyable adjectif masculin et féminin. Quelque chose d'effroyable, c'est quelque chose qui fait très peur, qui est très effrayant. *Le tonnerre a fait un bruit effroyable.*

✦ Tu peux dire aussi **épouvantable**, **horrible**, **terrible**.

égal adjectif masculin,
égale adjectif féminin. 1. *Mamie coupe la tarte aux pommes en parts égales,* elle coupe la tarte en parts qui ont toutes la même taille, qui sont toutes pareilles. 2. *Tu peux jouer avec moi ou avec Valérie, cela m'est égal,* tu fais ce que tu veux, cela n'a pas d'importance pour moi.

☞ Au masculin pluriel : **égaux**.
Au féminin pluriel : **égales**.

La tarte aux pommes est coupée en parts égales.
Les parts du gâteau au chocolat sont inégales.

égaler verbe. *Deux plus deux égalent quatre,* deux plus deux font quatre.

✦ Tu peux écrire aussi **2+2=4.**

égaliser verbe. *L'équipe de football de notre ville a égalisé une minute avant la fin du match,* elle a marqué le même nombre de buts que l'autre équipe.

égalité nom féminin. *Les deux équipes de football sont à égalité,* elles ont marqué le même nombre de buts.

égarer verbe. *François a égaré sa règle,* il ne la retrouve plus, il ne sait pas où elle est.

✦ Tu peux dire aussi **perdre**.

église nom féminin. Une église, c'est une grande maison dans laquelle les catholiques se réunissent pour assister à la messe et prier.

✦ Cherche aussi **cathédrale** et **chapelle**.

✦ Les protestants vont au **temple**, les juifs à la **synagogue** et les musulmans à la **mosquée**.

égoïste adjectif masculin et féminin. Une personne égoïste, c'est une personne qui pense seulement à elle, qui ne fait pas attention aux autres. *Régis est très égoïste, il garde tous ses bonbons pour lui et ne m'en donne jamais.*

égout nom masculin. Un égout, c'est un tunnel, sous la terre, rempli de gros tuyaux dans lesquels va l'eau sale qui vient des maisons et des usines.

égratigner verbe. Égratigner, c'est arracher un tout petit morceau de peau. *Maman s'est égratigné les mains en taillant les rosiers.*

✦ Tu peux dire aussi **écorcher**.

égratignure nom féminin. Une égratignure, c'est une toute petite blessure sur la peau. *Après avoir cueilli des roses, Maman avait des égratignures sur les mains.*

élan nom masculin. Un élan, c'est un grand animal qui a une grosse tête et des bois aplatis. *Les élans vivent en Scandinavie, en Sibérie et au Canada.*

✦ L'élan est de la même famille que le cerf.

élan nom masculin. *Gilbert prend son élan avant de sauter,* il court vite pour être entraîné par son mouvement et sauter plus haut.

Un élan.

Gilbert prend son élan.

Le programme des candidats à l'élection est affiché sur les panneaux.

s'élancer verbe. *La panthère s'est élancée sur la gazelle*, elle s'est mise à courir vers la gazelle et elle s'est jetée sur elle.

✦ Tu peux dire aussi se **précipiter**, se **ruer**.

élargir verbe. Élargir, c'est rendre plus large. *Des ouvriers élargissent la route.*

élastique adjectif masculin et féminin. *Le caoutchouc est une matière élastique*, c'est une matière très souple qui s'allonge lorsque l'on tire dessus et qui reprend sa forme quand on la lâche.

élastique nom masculin. Un élastique, c'est un rond en caoutchouc que l'on met autour de quelque chose pour le faire tenir. *Céline a attaché ses cheveux avec un élastique pour se faire une queue de cheval.*

électeur nom masculin,
électrice nom féminin. Un électeur, une électrice, c'est une personne qui vote. *Ce sont les électeurs qui élisent les députés et le président de la République.*

élection nom féminin. L'élection du président de la République, c'est le choix que fait la population d'un pays, en votant, pour désigner le président de la République. *Le résultat de l'élection sera connu à 20 heures.*

✦ Cherche aussi **élire**.

électricité nom féminin. L'électricité, c'est ce qui permet aux lampes d'éclairer et qui fait marcher certaines machines.

✦ L'électricité est une source d'**énergie**.

électrique adjectif masculin et féminin. 1. Un appareil électrique, c'est un appareil qui marche à l'électricité. *Papa se rase avec un rasoir électrique.* 2. Un fil électrique, c'est un fil qui amène l'électricité. *La lampe ne marchait pas parce qu'on avait oublié de brancher le fil électrique dans la prise.*

électronique adjectif masculin et féminin. *Les jeux vidéo sont des jeux électroniques*, ce sont des jeux qui envoient des images et des sons grâce à des mécanismes très modernes.

élégant adjectif masculin,
élégante adjectif féminin. *La mère de Georges est toujours élégante*, elle est toujours bien habillée.

élément nom masculin. Un élément, c'est chacune des parties d'un ensemble. *Hervé a perdu un élément de son puzzle, il ne peut pas le terminer.*

✦ Tu peux dire aussi **pièce**.

élémentaire adjectif masculin et féminin. 1. *Deux et deux font quatre, c'est élémentaire*, c'est très simple, c'est très facile. 2. *Blandine est en cours élémentaire première année*, elle est en CE1, dans la classe qui suit le cours préparatoire.

Les éléphants.

éléphant nom masculin. Un éléphant, c'est un très gros animal d'Afrique et d'Asie. Il a une peau épaisse et rugueuse, une trompe et deux défenses. *Les éléphants d'Afrique ont de grandes oreilles. L'éléphant, quand il naît, pèse déjà 100 kilos.*

élevage nom masculin. *Dans cette région, on fait de l'élevage de vaches*, on s'occupe de vaches, on les nourrit, on les soigne pour gagner de l'argent avec leur lait et leur viande.

✦ Cherche aussi **élever**.

élève nom masculin et féminin. Un élève, une élève, c'est un enfant qui va à l'école, au collège ou au lycée. *Il y a vingt-trois élèves dans la classe de Coralie.*

élever verbe. 1. *Le fermier élève des poules et des cochons*, il les nourrit et les soigne, et gagne de l'argent en vendant leur viande et les œufs des poules. 2. *Les parents élèvent leurs enfants*, ils s'occupent de leurs enfants, les nourrissent, les envoient à l'école. *Clément est bien élevé*, il est poli. 3. S'élever, c'est aller vers le haut, monter. *L'avion s'élevait dans le ciel.*

éliminer verbe. *Si tu triches à notre jeu, tu seras éliminé*, tu ne joueras plus avec nous.

élire verbe. Élire quelqu'un, c'est le choisir en votant pour lui. *En France, on élit le président de la République tous les sept ans.*

✦ Cherche aussi **élection**.

elle pronom féminin. Elle, c'est un mot qui représente la troisième personne. *Elle est malade. Luce et Évelyne sont chez elles. Et Caroline, où est-elle?*

✦ Le pronom masculin de la troisième personne, c'est **il**.

✦ Cherche aussi **lui** et **eux**.

s'éloigner verbe. S'éloigner, c'est s'en aller plus loin.

✦ Le contraire de s'éloigner, c'est s'**approcher**, se **rapprocher**.

Le bateau s'éloigne, bientôt on ne le verra plus.

émail nom masculin. L'émail, c'est la matière blanche et dure qui recouvre les dents.

✦ Sous l'émail, il y a l'**ivoire**.

a b c d e

emballage nom masculin. Du papier d'emballage, c'est du papier qui sert à faire des paquets. *Papa enveloppe le paquet dans du papier d'emballage et l'apporte à la poste.*

emballer verbe. Emballer, c'est mettre dans un carton ou envelopper avec du papier pour faire un paquet. *Le vendeur emballe les verres pour qu'ils ne se cassent pas pendant le transport.*

✦ Le contraire de emballer, c'est **déballer**.

embarquer verbe. Embarquer, c'est monter dans un bateau ou dans un avion. *Les passagers de l'avion pour Madrid vont bientôt embarquer.*

✦ Le contraire de embarquer, c'est **débarquer**.

embêter verbe. 1. *Pascal embête tout le temps sa petite sœur,* il la dérange, il l'agace, il l'énerve. 2. S'embêter, c'est trouver que le temps ne passe pas vite parce que l'on n'a rien à faire ou que ce que l'on fait est ennuyeux. *Louise s'embête quand ses frères ne sont pas là,* elle s'ennuie.

✦ Embêter et s'embêter sont des mots que l'on dit seulement avec ses amis ou sa famille. On ne doit pas les écrire dans une rédaction.

s'**emboîter** verbe. *Charlotte joue avec des poupées qui s'emboîtent,* elle joue avec des poupées qui rentrent les unes dans les autres.

embouchure nom féminin. L'embouchure d'un fleuve, c'est l'endroit où un fleuve se jette dans la mer ou dans un lac.

embouteillage nom masculin. Un embouteillage, c'est un grand nombre de voitures et de camions qui encombrent une rue ou une route et empêchent de rouler normalement. *La voiture est bloquée dans les embouteillages.*

✦ Tu peux dire aussi **bouchon**, **encombrement**.

embrasser verbe. Embrasser, c'est donner un baiser. *Xavier embrasse sa mère et entre dans l'école.*

émigrer verbe. Émigrer, c'est quitter son pays pour aller vivre dans un autre pays. *Les grands-parents de Carlos ont émigré il y a longtemps.*

émission nom féminin. *Hier, à la télévision, nous avons regardé une émission sur les jumeaux,* nous avons vu un film, à la télévision, qui montrait des jumeaux et des gens qui parlaient des jumeaux.

✦ La liste de toutes les émissions se trouve dans le **programme** de télévision.

C'est amusant de jouer avec ces poupées qui s'emboîtent.

emmêler verbe. *Le chat a emmêlé tous les fils,* il a mélangé tous les fils ensemble, en désordre, et maintenant il y a des nœuds.

✦ Le contraire de emmêler, c'est **démêler**.

A B C D E

emmener verbe. *Demain, Papa m'emmènera à son bureau,* il ira à son bureau avec moi et je resterai là-bas avec lui.

Le chasseur est fier de ses succès, il a mis au mur des têtes de sanglier et de cerf empaillées.

émotif adjectif masculin,
émotive adjectif féminin. *Rachid pleure souvent, il est très émotif,* il est très impressionné et très ému par ce qu'il voit ou par ce qu'on lui dit, même si ce ne sont pas des choses graves ou importantes.
✦ Tu peux dire aussi **sensible**.

émotion nom féminin. L'émotion, c'est l'état dans lequel on est quand quelque chose fait un grand plaisir, une grande peine ou une grande peur. *Rachid a rougi d'émotion quand le maître lui a fait un compliment.*
✦ Cherche aussi **émouvoir**.

émouvant adjectif masculin,
émouvante adjectif féminin. *L'histoire du chien qui a sauvé des enfants qui s'étaient perdus en montagne est très émouvante,* elle fait pleurer parce qu'on la trouve belle.

émouvoir verbe. Émouvoir, c'est donner envie de pleurer parce que ce qui arrive rend très triste ou très heureux. *« La petite fille aux allumettes » est une histoire qui m'émeut toujours. Je suis toujours ému en entendant cette histoire.*
✦ Tu peux dire aussi **bouleverser**.

empaillé adjectif masculin,
empaillée adjectif féminin. Un animal empaillé, c'est un animal mort que l'on a rempli avec de la paille pour pouvoir le garder.

s'**emparer** verbe. *Le chien s'est emparé du rôti,* il a pris le rôti alors qu'il n'était pas pour lui.

empêcher verbe. *Les soucis empêchent Papa de dormir,* Papa ne peut pas dormir à cause de ses soucis. *Ma petite sœur m'empêche de lire,* elle me gêne et fait tout pour que je ne puisse pas lire.
✦ Le contraire de empêcher, c'est **laisser**.

empereur nom masculin. Un empereur, c'est le chef d'un empire. *Charlemagne fut sacré empereur en l'an 800.*
✦ Cherche aussi **impératrice**.

empiler verbe. Empiler, c'est mettre des choses les unes sur les autres en faisant une pile. *Dominique empile ses livres sur son bureau.*

empire nom masculin. Un empire, c'est un ensemble de pays dirigé par un empereur ou une impératrice.

emplacement nom masculin. Un emplacement, c'est un endroit que l'on choisit pour mettre quelque chose. *Papa cherche l'emplacement idéal dans le jardin pour installer la balançoire.*
✦ Tu peux dire aussi **place**.

emploi nom masculin. 1. *Maman lit le mode d'emploi de la machine à laver,* elle lit le papier sur lequel est expliqué comment on fait marcher la machine. 2. *Au début de l'année, le maître affiche l'emploi du temps,* il affiche un papier sur lequel il a écrit ce que nous devons faire tous les jours et à quelle heure nous allons le faire. 3. Un emploi, c'est un travail pour lequel on est payé. *Mon oncle cherche un emploi.*

Le voleur a laissé ses empreintes sur la moquette.

employé nom masculin,
employée nom féminin. Un employé, une employée, c'est une personne qui travaille pour un patron dans un bureau, un magasin ou une maison. *Le père de Guy est employé de banque,* il travaille dans une banque.

employer verbe. 1. Employer, c'est utiliser. *Mamie emploie de la lessive liquide pour laver les pulls. « Carrosse » est un mot qui ne s'emploie plus beaucoup, on le rencontre surtout dans des contes.* 2. Employer une personne, c'est la faire travailler et lui donner de l'argent. *Le boucher emploie cinq personnes,* il a cinq employés.

empoisonner verbe. Empoisonner, c'est tuer ou rendre très malade avec du poison. *La sorcière a essayé d'empoisonner la princesse.*

✦ On risque de s'empoisonner en mangeant des champignons vénéneux.

emporter verbe. Emporter, c'est prendre avec soi quand on s'en va. *Marie a emporté son ours en peluche en classe de neige.*

empreinte nom féminin. Une empreinte, c'est une marque laissée par une personne ou un animal.

✦ Tu peux dire aussi **trace**.

emprunter verbe. Emprunter, c'est prendre quelque chose qu'il faudra rendre, c'est se faire prêter quelque chose. *Jean-Jacques a emprunté la gomme de Catherine.*

ému va voir émouvoir.

en préposition. 1. *Maman est venue en voiture,* elle est venue dans une voiture. 2. *Marc est né en 1992,* il est né pendant l'année 1992. 3. *Papa a une montre en or,* il a une montre faite en or. 4. *Luce chante en prenant sa douche,* elle chante pendant qu'elle prend sa douche.

encadrer verbe. *Papa a encadré le dessin que je lui ai fait pour la fête des pères,* il a mis mon dessin dans un cadre.

enceinte adjectif féminin. Une femme enceinte, c'est une femme qui attend un bébé. *Maman est enceinte, je vais avoir un petit frère ou une petite sœur.*

a
b
c
d
e

La maison est encerclée, le criminel n'a pas d'autre solution que de se rendre.

encercler verbe. *Les policiers ont encerclé la maison,* ils se sont mis tout autour de la maison.

enchaîner verbe. Enchaîner, c'est attacher avec une chaîne. *Le chien ne peut pas s'échapper, il est enchaîné.*

enchanté adjectif masculin, **enchantée** adjectif féminin. *Maman est enchantée d'avoir rencontré la mère de Vanina,* elle est très contente de l'avoir rencontrée.

✦ Tu peux dire aussi **ravi**.

enchanteur nom masculin. Un enchanteur, c'est, dans les contes de fées, un homme qui a le pouvoir de faire de la magie. *Connais-tu Merlin l'Enchanteur?*

enclume nom féminin. Une enclume, c'est un gros bloc de métal très lourd où le forgeron pose les morceaux de fer très chauds sur lesquels il tape avec un marteau pour leur donner une forme.

encombrant adjectif masculin, **encombrante** adjectif féminin. *Julie porte un paquet encombrant,* elle porte un paquet qui prend beaucoup de place.

encombrement nom masculin. Un encombrement, c'est un grand nombre de voitures et de camions qui empêchent de rouler normalement. *Maman a été retardée par les encombrements.*

✦ Tu peux dire aussi **bouchon**, **embouteillage**.

encombrer verbe. Encombrer, c'est gêner en prenant trop de place. *Toutes ces valises encombrent le couloir.*

encore adverbe. 1. *Il est midi et Kevin dort encore,* il continue à dormir. 2. *Léa veut encore du gâteau,* elle veut plus de gâteau. 3. *Boris a encore oublié sa trousse à l'école,* il l'a oubliée une nouvelle fois.

encourager verbe. Encourager, c'est donner du courage à quelqu'un pour qu'il continue ce qu'il fait. *Les spectateurs encouragent les coureurs en les applaudissant.*

encre nom féminin. L'encre, c'est un liquide de couleur avec lequel on écrit. *Malika écrit à sa grand-mère avec un stylo à encre.*

✦ Ne confonds pas encre et **ancre**.

endive nom féminin. Une endive, c'est une plante à feuilles blanches que l'on a fait pousser dans le noir. On mange les endives crues ou cuites. *Mamie a préparé une salade d'endives.*

s'**endormir** verbe. S'endormir, c'est se mettre à dormir. *Joanne s'est endormie dès qu'elle s'est couchée.*

✦ Le contraire de s'endormir, c'est se **réveiller**.

endroit nom masculin. 1. *À quel endroit as-tu mal?* dans quelle partie de ton corps as-tu mal? où as-tu mal? *Nous avons trouvé un endroit* *très agréable pour pique-niquer,* nous avons trouvé un lieu, un emplacement très agréable. 2. L'endroit d'une chose, c'est le côté que l'on doit voir. *Marie a mis ses chaussettes à l'envers, elle va les enlever pour les remettre à l'endroit.*

énergie nom féminin. 1. L'énergie, c'est la force et la volonté qui rendent une personne capable de faire quelque chose de difficile ou de fatigant. *Papa lave sa voiture avec énergie.* 2. L'énergie, c'est ce qui permet aux machines de marcher, aux lampes d'éclairer, aux radiateurs de chauffer, aux voitures de rouler. *L'électricité, le pétrole, le charbon, le soleil sont des sources d'énergie.*

énergique adjectif masculin et féminin. *Madame Dorat est une femme énergique,* c'est une femme active, qui ne reste jamais sans rien faire.

✦ Tu peux dire aussi **dynamique**.

✦ Le contraire de énergique, c'est **mou**.

énerver verbe. 1. Énerver, c'est mettre quelqu'un de mauvaise humeur, le fatiguer et le rendre nerveux. *Yves m'énerve quand il raconte dix fois la même histoire,* il m'agace. 2. *La veille des vacances, Clémentine et Adrien étaient très énervés,* ils bougeaient sans arrêt, ils étaient nerveux et excités.

enfance nom féminin. L'enfance, c'est la partie de la vie où l'on est un enfant. *Mamie m'a raconté un souvenir d'enfance.*

enfant nom masculin et féminin. 1. Un enfant, une enfant, c'est un petit garçon, une petite fille. *Le frère de Damien a 15 ans, ce n'est plus un enfant, c'est un adolescent.* 2. Un enfant, une enfant, c'est le fils, la fille d'une personne. *Mes parents ont trois enfants : mon frère, ma sœur et moi.*

enfer nom masculin. L'enfer, c'est un endroit où les chrétiens croient que vont les âmes des méchants après leur mort. *En enfer, il y a le diable.*

✦ Les âmes des bons vont au **paradis**.

enfermer verbe. Enfermer, c'est mettre dans un endroit bien fermé, dont on ne peut pas sortir tout seul. *Diego a enfermé le chien dans le garage.*

enfin adverbe. 1. Enfin, c'est un mot qui sert à indiquer que ce que l'on attendait finit par arriver. *La pluie s'est enfin arrêtée.* 2. *Pour les vacances, nous irons d'abord chez mes grands-parents à Cabourg, puis chez ma tante à la Baule et enfin à Biarritz,* Biarritz sera le dernier endroit où nous irons.

Enfin, te voilà !

s'**enflammer** verbe. S'enflammer, c'est prendre feu, commencer à brûler. *L'essence s'enflamme facilement.*

enfler verbe. Enfler, c'est devenir gros. *Émilie s'est tordu le pied, sa cheville commence à enfler.*

✦ Tu peux dire aussi **gonfler**.

a b c d e

A B C D E

enfoncer verbe. 1. *Maman tape sur le clou avec un marteau pour l'enfoncer dans le mur*, elle tape sur le clou pour le faire entrer dans le mur. 2. *Les pompiers ont enfoncé la porte*, ils ont ouvert la porte en la poussant très fort et en donnant des coups dessus.

s'**enfuir** verbe. S'enfuir, c'est partir très vite. *Le prisonnier s'est enfui en passant par les égouts.*

✦ Tu peux dire aussi s'**échapper**.

engager verbe. 1. Engager quelqu'un, c'est le prendre avec soi et le payer pour travailler. *Le garagiste a engagé un mécanicien.* 2. *Le train s'est engagé dans le tunnel*, il a commencé à entrer dans le tunnel.

engin nom masculin. Un engin, c'est une machine, un appareil ou un outil. *Les ouvriers défoncent la route avec un gros engin.*

engloutir verbe. 1. Engloutir, c'est manger très vite quelque chose. *Lola a englouti son gâteau.* 2. *Le navire a été englouti par les flots*, il a été complètement recouvert par les vagues et il a disparu sous l'eau.

engourdi adjectif masculin,
engourdie adjectif féminin. *Aliénor a les doigts engourdis par le froid*, elle ne peut plus bouger ses doigts, elle a l'impression de ne plus avoir de doigts.

engrais nom masculin. Un engrais, c'est un produit que l'on met dans la terre pour que les plantes poussent mieux. *Le fermier a mis de l'engrais dans le champ de pommes de terre.*

engraisser verbe. 1. Engraisser un animal, c'est lui donner beaucoup à manger pour qu'il devienne plus gros. *La fermière engraisse les oies et les canards.* 2. *Monsieur Dodu fait un régime pour maigrir car il a engraissé*, il fait un régime parce qu'il a grossi.

énigme nom féminin. Une énigme, c'est quelque chose que l'on n'arrive pas à comprendre. *Comment le voleur a-t-il pu entrer dans le palais? la police devra résoudre cette énigme.*

✦ Tu peux dire aussi **mystère**.

enjamber verbe. Enjamber, c'est faire un grand pas au-dessus de quelque chose qui empêche de passer.

Papa enjambe le tronc d'arbre.

enlaidir verbe. Enlaidir, c'est rendre laid. *La vieille sorcière avait des verrues sur le nez qui l'enlaidissaient.*

enlèvement nom masculin. *Le policier demande à Armand de raconter son enlèvement*, il lui demande de raconter comment il a été enlevé et comment on s'est occupé de lui jusqu'à ce qu'on le rende à ses parents.

✦ Cherche aussi **kidnapper**, **rançon** et **ravisseur**.

enlever verbe. 1. *Cécile enlève son bonnet*, elle le retire, elle l'ôte. *Gérald a enlevé ses jouets du salon*, il a pris ses jouets qui étaient dans le salon pour les mettre ailleurs. 2. *Je n'arrive pas à enlever cette tache sur mon pull*, je n'arrive pas à faire disparaître cette tache. 3. *Deux hommes ont enlevé le petit Armand*, ils l'ont forcé à venir avec eux et ils l'ont gardé.

enneigé adjectif masculin,
enneigée adjectif féminin. *La route est enneigée*, elle est couverte de neige.

ennemi nom masculin,
ennemie nom féminin. 1. Un ennemi, une ennemie, c'est une personne qui ne vous aime pas et qui vous veut du mal. *Guillaume n'a pas d'ennemis, tout le monde l'aime bien.* 2. *Du temps de Jeanne d'Arc, l'Angleterre était l'ennemie de la France*, l'Angleterre était un pays contre lequel la France se battait.

✦ Le contraire de ennemi, c'est **ami**.

ennui nom masculin. 1. L'ennui, c'est ce que l'on éprouve quand on trouve le temps long parce que l'on n'a rien à faire ou que ce que l'on est en train de faire n'est pas intéressant. *Alexandre bâille d'ennui en regardant tomber la pluie.* 2. Un ennui, c'est quelque chose qui inquiète, qui donne du souci. *Madame Petit a des ennuis d'argent*, elle a des problèmes parce qu'elle n'a pas assez d'argent.

ennuyer verbe. 1. Ennuyer, c'est donner du souci. *Mon réveil est cassé, cela m'ennuie.* 2. S'ennuyer, c'est trouver que le temps ne passe pas vite parce que l'on est tout seul, que l'on n'a rien à faire ou que ce que l'on fait n'est pas intéressant. *Qu'est-ce que je pourrais faire pour me distraire, je m'ennuie tellement !*

ennuyeux adjectif masculin,
ennuyeuse adjectif féminin. *Luc trouve ce jeu très ennuyeux*, il n'aime pas ce jeu, il s'ennuie quand il y joue.

✦ Le contraire de ennuyeux, c'est **amusant, distrayant, intéressant**.

énorme adjectif masculin et féminin. Énorme, c'est très gros, très grand. *Les éléphants et les hippopotames sont des animaux énormes.*

✦ Le contraire de énorme, c'est **minuscule**.

L'hippopotame est énorme, l'oiseau semble minuscule.

A B C D E

énormément adverbe. *Il y avait énormément de monde à la fête de l'école,* il y avait beaucoup de monde.

enquête nom féminin. Une enquête, c'est tout ce que l'on fait pour savoir comment quelque chose s'est passé, pour découvrir la vérité. *Les policiers ont fait leur enquête et ont trouvé le coupable.*

enrager verbe. *Ingrid fait enrager son petit frère,* elle l'énerve pour qu'il se mette en colère et qu'il soit de mauvaise humeur.

enregistrer verbe. Enregistrer, c'est mettre des sons ou des images sur une bande spéciale pour pouvoir les écouter ou les regarder plus tard. *Papa enregistre le film qui passe à la télévision avec le magnétoscope.*

s'**enrhumer** verbe. S'enrhumer, c'est attraper un rhume. *Malika s'est enrhumée parce qu'elle n'était pas assez couverte.*

enrouler verbe. *Le jardinier enroule le tuyau d'arrosage pour le ranger,* il fait tourner le tuyau plusieurs fois autour d'un grand cylindre.

✦ Le contraire de enrouler, c'est **dérouler**.

enseigne nom féminin. Une enseigne, c'est un petit panneau placé au-dessus d'un tabac, d'une pharmacie, d'un restaurant, qui indique aux passants que le magasin est là. *On voit de loin l'enseigne de la pharmacie, c'est une croix verte lumineuse.*

enseigner verbe. Enseigner, c'est faire apprendre quelque chose. *Le père de Jean-Marc enseigne l'anglais,* il est professeur d'anglais.

ensemble adverbe. *Yves, Stéphanie et Muriel jouent ensemble,* ils jouent tous les trois les uns avec les autres.

ensemble nom masculin. Un ensemble, c'est un groupe de personnes ou de choses réunies. *Une classe est un ensemble d'élèves. Le mobilier d'une maison, c'est l'ensemble des meubles d'une maison.*

ensoleillé adjectif masculin,
ensoleillée adjectif féminin. *La chambre de Loïc est ensoleillée,* les rayons du soleil entrent dans sa chambre.

ensuite adverbe. Ensuite, c'est plus tard. *Héloïse va prendre son bain, ensuite elle ira se coucher.*

✦ Tu peux dire aussi **après**, **puis**.
✦ Le contraire de ensuite, c'est **d'abord**, **avant**.

entaille nom féminin. Une entaille, c'est une marque que l'on fait dans du bois en en enlevant un petit morceau. C'est aussi une petite blessure que l'on se fait quand on se coupe.

Éric s'est fait une entaille dans le doigt en faisant des entailles dans son bout de bois.

entamer verbe. *Alexis a entamé le saucisson,* il a coupé la première tranche du saucisson. *Mets sur la table la bouteille de vin entamée,* mets sur la table la bouteille de vin dont on a déjà bu une partie.

✦ Tu peux dire aussi **commencer**.
✦ Le contraire de entamer, c'est **finir**.

entasser verbe. Entasser, c'est mettre des choses les unes sur les autres en tas, en désordre. *Papa entasse sur son bureau les lettres auxquelles il doit répondre.*

Adrien entasse ses jouets.

entendre verbe. 1. Entendre, c'est se rendre compte, grâce à ses oreilles, qu'il y a du bruit. *J'ai entendu sonner à la porte. Mamie n'entend plus très bien, elle est un peu sourde.* 2. *Clémentine et Hervé s'entendent bien,* ils sont contents quand ils sont ensemble, ils sont amis et ne se disputent pas.

entente nom féminin. *Il y a une bonne entente entre tous les élèves de la classe,* tous les élèves s'entendent bien et sont contents de travailler ensemble.

enterrement nom masculin. L'enterrement, c'est le moment où l'on enterre une personne qui est morte. *Hier, Diane est allée à l'enterrement de sa grand-mère.*

enterrer verbe. 1. *On enterrera notre voisin demain,* on mettra dans sa tombe le corps de notre voisin qui est mort. 2. *Rex, le chien de Philippe, a enterré l'os du gigot dans le jardin,* il a mis l'os dans la terre.

s'**entêter** verbe. S'entêter, c'est ne pas changer d'idée même si c'est sûr que l'on se trompe. *Sophie s'entête à vouloir apprendre à lire à son chat.*

✦ Cherche aussi **têtu**.

enthousiasme nom masculin. L'enthousiasme, c'est le grand plaisir que l'on ressent lorsque l'on va faire ou voir quelque chose. *Anaïs a accepté avec enthousiasme de monter sur la moto de son oncle.*

entier adjectif masculin,
entière adjectif féminin. Une chose entière, c'est une chose à laquelle il ne manque rien. *Valentin a mangé une boîte entière de chocolats,* il a mangé tous les chocolats.

entièrement adverbe. *Le feu a entièrement brûlé la maison,* il a brûlé toute la maison.

✦ Tu peux dire aussi **complètement**, **totalement**.

entonnoir nom masculin. Un entonnoir, c'est un instrument large en haut et étroit en bas qui sert à faire entrer du liquide dans une bouteille, sans en verser à côté. *Maman se sert d'un entonnoir pour mettre le jus d'orange dans la bouteille.*

entourer verbe. Entourer, c'est mettre quelque chose autour. *Le maître a demandé d'entourer en rouge les adjectifs,* il a demandé de mettre du crayon rouge autour des adjectifs.

A B C D E

entracte nom masculin. Un entracte, c'est un moment d'arrêt entre deux parties d'un spectacle. *Maman nous a emmenés au cirque, à l'entracte nous avons mangé des glaces.*

✦ L'entracte, c'est une sorte de récréation.

entraînement nom masculin. L'entraînement, c'est l'ensemble des exercices que fait un sportif afin d'être en forme pour une compétition. *Éric a perdu la course parce qu'il manquait d'entraînement.*

entraîner verbe. 1. Entraîner, c'est emporter avec soi. *Le courant entraînait la barque.* 2. Entraîner, c'est être la cause de quelque chose. *Les inondations ont entraîné beaucoup de dégâts.* 3. *Myriam s'entraîne pour gagner la course,* elle fait des exercices de gymnastique, elle court souvent afin d'être prête et de pouvoir gagner la course.

entre préposition. 1. *Julia est assise entre Richard et Ferdinand,* Richard est d'un côté de Julia et Ferdinand de l'autre. 2. *Papa doit venir me chercher entre 11 heures et midi,* il viendra après 11 heures mais avant midi. 3. *Victor ne sait pas comment il va s'habiller, il hésite entre son pull bleu et son pull vert,* il se demande s'il va mettre son pull bleu ou son pull vert. 4. *Il y a eu une dispute entre Élisabeth et Paul,* Élisabeth et Paul se sont disputés l'un avec l'autre.

entrecôte nom féminin. Une entrecôte, c'est une grosse tranche de viande de bœuf.

✦ L'entrecôte a été découpée entre les côtes du bœuf.

entrée nom féminin. 1. L'entrée, c'est l'endroit par où l'on entre quelque part. *Papa et Maman ont rendez-vous devant l'entrée du cinéma.* 2. L'entrée, c'est la pièce où se trouve la porte par laquelle on entre dans une maison ou dans un appartement. *Valentin range son manteau dans le placard de l'entrée.* 3. *L'entrée du zoo est gratuite pour les enfants de moins de 4 ans,* les enfants de moins de 4 ans peuvent aller au zoo sans payer.

entrer verbe. 1. Entrer, c'est aller à l'intérieur. *Benoît est entré dans la boulangerie.* 2. *Lola entrera en CP à la rentrée,* elle commencera à aller en CP.

✦ Le contraire de entrer, c'est **sortir**.

entretenir verbe. *Le grand frère de Charlotte entretient bien sa moto,* il s'occupe bien de sa moto, il vérifie que tout marche et répare ce qui ne va pas.

Benoît a mis son tee-shirt à l'endroit.
Marie a mis son tee-shirt à l'envers.

entretien nom masculin. 1. *Les produits d'entretien sont rangés dans le placard,* les produits que l'on utilise pour faire le ménage, la lessive et la vaisselle sont rangés dans le placard. 2. Un entretien, c'est une conversation importante. *Papa a eu un entretien avec son patron.*

énumérer verbe. Énumérer, c'est dire l'un après l'autre. *Simon énumère les noms des rois de France qu'il connaît.*

envahir verbe. Envahir, c'est aller partout et prendre toute la place. *Des chenilles ont envahi le potager.*

✦ Cherche aussi **invasion.**

enveloppe nom féminin. Une enveloppe, c'est une feuille de papier pliée et collée dans laquelle on met une lettre pour l'envoyer. *Annie écrit le nom et l'adresse de ses grands-parents sur l'enveloppe et colle un timbre dessus.*

envelopper verbe. Envelopper, c'est entourer complètement. *La vendeuse enveloppe le cadeau dans un joli papier.*

envers préposition. *Clara est pleine de gentillesse envers les animaux,* elle est gentille avec les animaux.

envers nom masculin. L'envers d'une chose, c'est le côté que l'on ne doit pas voir.

✦ Le contraire de envers, c'est **endroit.**

envie nom féminin. *Nathalie a envie d'aller au cinéma,* elle aimerait bien aller au cinéma.

envier verbe. *Thibaut envie Lucie d'aller aux sports d'hiver,* il aimerait être à la place de Lucie.

✦ Thibaut est **jaloux** de Lucie.

environ adverbe. Environ, c'est à peu près. *Le père de Marc a environ 30 ans,* il a un peu moins ou un peu plus de 30 ans.

✦ Le contraire de environ, c'est **exactement.**

environs nom masculin pluriel. *Clément habite dans les environs de Bordeaux,* il habite près de Bordeaux, dans la région de Bordeaux.

s'envoler verbe. S'envoler, c'est monter vers le ciel en volant. *Les hirondelles se sont envolées.*

envoyer verbe. 1. *Anne envoie le ballon à Denis,* elle lui lance le ballon. 2. *Marion a envoyé une carte postale à Joris,* elle lui a écrit une carte postale et l'a fait partir par la poste.

épagneul nom masculin. Un épagneul, c'est un chien de chasse qui a de longs poils très doux et de grandes oreilles qui pendent. *L'épagneul ressemble au cocker, mais il est plus grand.*

Un épagneul.

épais adjectif masculin,

épaisse adjectif féminin. 1. *Les murs de la ferme sont épais,* ils sont gros. 2. *La soupe est épaisse,* elle n'est pas très liquide.

A
B
C
D
E

épaisseur nom féminin. *Mon livre a 20 centimètres de longueur, 10 centimètres de largeur et 2 centimètres d'épaisseur,* sa grosseur est de 2 centimètres.

s'**épanouir** verbe. *Les roses se sont épanouies,* elles se sont ouvertes.

éparpiller verbe. Éparpiller, c'est faire aller de tous côtés, en désordre. *Le vent a éparpillé les feuilles mortes sur la pelouse.*

✦ Tu peux dire aussi **disperser**.
✦ Le contraire de éparpiller, c'est **rassembler**.

épaule nom féminin. L'épaule, c'est l'endroit où le bras est attaché au corps.

épave nom féminin. Une épave, c'est ce qui reste d'un bateau qui a coulé au fond de l'eau ou qui a été rejeté par la mer.

Une épave est au fond de la mer.

épée nom féminin. Une épée, c'est une arme faite d'une longue lame fixée à une poignée. *Le chevalier blessa son adversaire d'un coup d'épée.*

épeler verbe. Épeler, c'est dire les lettres d'un mot l'une après l'autre. *Marie épelle son prénom : M, A, R, I, E.*

éperon nom masculin. Un éperon, c'est un morceau de métal pointu attaché à la botte d'un cavalier, qui sert à piquer le cheval pour le faire avancer plus vite.

épi nom masculin. Un épi de maïs, c'est un groupe de grains de maïs très serrés qui est en haut de la tige du maïs. *Audrey mange un épi de maïs grillé.*

✦ Il y a aussi des épis de blé, de seigle, d'orge...

épicerie nom féminin. Une épicerie, c'est un magasin où l'on vend des choses à manger et à boire, comme de la farine, de l'huile, du chocolat, du sucre, des boîtes de conserve, des yaourts, du vin, etc. *Maman est allée à l'épicerie acheter de la farine.*

épicier nom masculin,
épicière nom féminin. Un épicier, une épicière, c'est une personne qui s'occupe d'une épicerie.

✦ Chez qui achète-t-on de la viande?

épidémie nom féminin. Une épidémie, c'est une maladie que beaucoup de gens ont en même temps. *Il y a de nombreux élèves absents à cause de l'épidémie de grippe.*

épinard nom masculin. Les épinards, ce sont les feuilles vertes d'une plante que l'on peut manger.

Les épinards sont bons pour la santé car ils contiennent du fer.

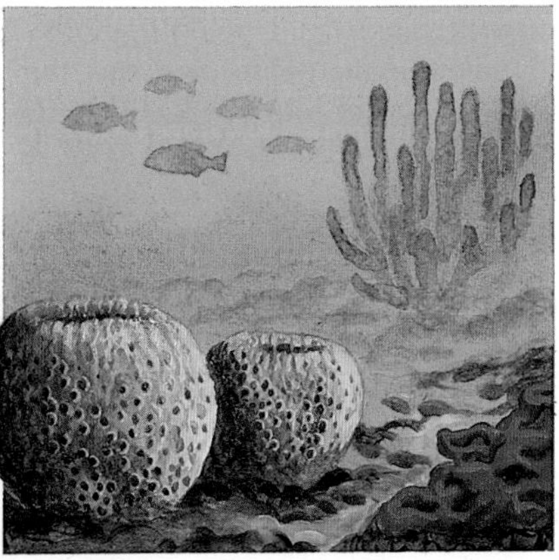

Les éponges vivent au fond de la mer.

Le maître efface le tableau avec une éponge.

épine nom féminin. Une épine, c'est une petite chose pointue qui pousse sur certaines plantes et qui pique si on la touche. *Les roses ont des épines.*

✦ Cherche aussi **piquant**.

épingle nom féminin. Une épingle, c'est une petite tige en métal qui a un bout pointu et une petite boule à l'autre bout. *Mamie attache ensemble les deux morceaux de tissu avec des épingles.*

épisode nom masculin. Un épisode, c'est une partie d'une histoire qu'on raconte en plusieurs fois. *Tous les jours en rentrant de l'école, Christian regarde un épisode de son feuilleton à la télévision.*

éplucher verbe. Éplucher, c'est enlever la peau des légumes et des fruits. *Papi épluche des pommes de terre.*

✦ Tu peux dire aussi **peler**.

épluchure nom féminin. Une épluchure, c'est un morceau de la peau d'un fruit ou d'un légume qu'on a enlevé en épluchant. *Léo donne les épluchures des carottes à son hamster.*

éponge nom féminin. 1. Une éponge, c'est un animal qui vit fixé au fond des mers chaudes. 2. Une éponge, c'est un objet qui absorbe l'eau et la rejette quand on appuie dessus.

époque nom féminin. *À l'époque des Gaulois, il n'y avait pas la télévision*, il n'y avait pas la télévision quand les Gaulois vivaient.

épouser verbe. *Papa a épousé Maman il y a dix ans*, il s'est marié avec elle, il y a dix ans.

épousseter verbe. Épousseter, c'est enlever la poussière. *La femme de ménage époussette les meubles avec un chiffon.*

épouvantable adjectif masculin et féminin. 1. *Ghislaine m'a raconté une histoire épouvantable*, elle m'a raconté une histoire qui fait peur, une histoire effrayante. 2. *Il fait un temps épouvantable*, il fait un temps affreux, très désagréable.

épouvantail nom masculin. Un épouvantail, c'est une sorte de bonhomme fait avec des morceaux de bois et habillé de vieux vêtements, que l'on met dans un champ pour faire peur aux oiseaux.

☞ Au pluriel : des **épouvantails**.

époux nom masculin,
épouse nom féminin. Des époux, ce sont un homme et une femme qui sont mariés ensemble. *Papa est l'époux de Maman,* il est son mari. *Maman est l'épouse de Papa,* elle est sa femme.

épreuve nom féminin. Une épreuve, c'est une partie d'un examen ou d'une compétition. *Serge a gagné l'épreuve du saut en hauteur.*

éprouver verbe. Éprouver, c'est avoir un sentiment. *Julie a éprouvé un sentiment de honte quand le maître a découvert qu'elle avait menti,* elle a eu honte.
✦ Tu peux dire aussi **ressentir**.

épuiser verbe. Épuiser, c'est fatiguer beaucoup. *Cette montée à bicyclette m'a épuisé.*

épuisette nom féminin. Une épuisette, c'est un petit filet fixé au bout d'un manche, qui sert à pêcher. *Fabienne a attrapé des crevettes avec son épuisette.*

équateur nom masculin. L'équateur, c'est une ligne qui entoure la Terre au milieu, à égale distance du pôle Nord et du pôle Sud. *Les pays qui sont près de l'équateur sont des pays chauds.*
✦ Cette ligne n'existe pas vraiment, elle a été imaginée pour être représentée sur les cartes de géographie.

équilibre nom masculin. *L'acrobate est en équilibre sur un fil de fer, à trois mètres du sol,* il arrive à rester debout sur le fil de fer sans tomber.

équipage nom masculin. L'équipage, c'est l'ensemble des personnes qui travaillent sur un bateau ou dans un avion. *Le commandant et tout son équipage vous souhaitent un bon voyage !*

équipe nom féminin. Une équipe, c'est un groupe de personnes qui travaillent ou qui jouent ensemble. *Le grand frère d'Adèle fait partie de l'équipe de football du collège.*

équipement nom masculin. L'équipement, c'est l'ensemble des objets nécessaires pour faire quelque chose. *Quentin a sorti de l'armoire son équipement de ski : la combinaison, le bonnet, les moufles, les lunettes et les chaussures.*

L'équipement de ski de Quentin.

équitation nom féminin. Faire de l'équitation, c'est monter à cheval.

erreur nom féminin. Une erreur, c'est une faute que l'on fait quand on se trompe. *Thomas a fait une erreur dans son addition.*

éruption nom féminin. 1. Une éruption de boutons, c'est un grand nombre de boutons qui sortent en même temps sur la peau. *Amandine a une éruption de petits boutons, c'est sûrement la rougeole.* 2. *Le volcan est en éruption,* la lave brûlante sort du cratère du volcan.

escabeau nom masculin. Un escabeau, c'est une petite échelle. *Maman monte sur l'escabeau pour décrocher les rideaux.*
☞ Au pluriel : des **escabeaux**.

escalade nom féminin. *Aurélie a fait de l'escalade sur les rochers, dans la forêt de Fontainebleau,* elle a grimpé sur les rochers en s'aidant des mains.

escalader verbe. Escalader, c'est monter tout en haut d'une montagne. *Des alpinistes on escaladé le mont Blanc.*

escale nom féminin. Une escale, c'est un arrêt pendant un voyage en bateau ou en avion. *L'avion pour Mexico fait escale à New York.*

escalier nom masculin. Un escalier, c'est un ensemble de marches qui permettent de monter ou de descendre à pied d'un étage à un autre. *L'ascenseur est en panne, il faut donc monter par l'escalier.*

escalope nom féminin. Une escalope, c'est une tranche de viande blanche, c'est-à-dire de veau, de dinde ou de poulet. *Mamie a préparé des escalopes de veau à la crème.*

escargot nom masculin. Un escargot, c'est un petit animal au corps mou qui porte une coquille sur le dos. Il a des yeux au bout des deux cornes qui sortent de sa tête. *Les escargots avancent très lentement en rampant.*

✦ L'escargot est de la même famille que la limace.

esclave nom masculin et féminin. Un esclave, une esclave, c'était une personne qui appartenait à une autre personne et qui était obligée de travailler pour elle sans être payée. *Les esclaves étaient vendus et achetés comme des marchandises.*

escrime nom féminin. L'escrime, c'est un sport de combat où deux adversaires essaient de se toucher avec une épée. *L'année prochaine, Jérôme fera de l'escrime.*

espace nom masculin. **1.** Un espace, c'est ce qui sépare deux choses. *Laissez un espace de deux carreaux entre chaque mot.* **2.** *Les enfants ont besoin d'espace pour s'amuser,* ils ont besoin de place. **3.** L'espace, c'est tout ce qui est en dehors de la Terre et de l'atmosphère, là où sont les planètes, les étoiles, la Lune et le Soleil. *Une nouvelle fusée vient d'être envoyée dans l'espace.*

L'espace.

A B C D E

espèce nom féminin. 1. Une espèce, c'est un ensemble de personnes, d'animaux ou de choses qui se ressemblent. *Les hommes et les femmes forment l'espèce humaine.* 2. *Benoît joue avec une espèce d'ours en peluche*, il joue avec une sorte d'ours en peluche, avec quelque chose qui ressemble à un ours en peluche, mais qui n'est pas vraiment un ours en peluche.

espérer verbe. Espérer, c'est penser que quelque chose dont on a envie va arriver. *Clara espère que Christophe va venir ce soir. Franck espère revoir Émilie bientôt.*

✦ Tu peux dire aussi **souhaiter**.

espion nom masculin,
espionne nom féminin. Un espion, une espionne, c'est une personne qui essaie de découvrir les secrets d'un pays étranger pour les dire à son pays. *Un espion a écouté la conversation que les deux présidents ont eue au téléphone.*

espionnage nom masculin. *Papa lit un roman d'espionnage*, il lit un roman qui raconte des histoires d'espions.

espoir non masculin. L'espoir, c'est le sentiment qu'éprouve une personne qui pense que ce qu'elle souhaite va arriver. *Nathalie a l'espoir de gagner la course*, elle espère gagner la course.

esprit nom masculin. L'esprit, c'est ce qui permet à une personne de penser, de réfléchir et de comprendre. *Victoire a l'esprit vif.*

essai nom masculin. *Laurent a mis le ballon dans le panier au troisième essai*, il a réussi à mettre le ballon dans le panier la troisième fois où il a essayé.

✦ Tu peux dire aussi **tentative**.

Un essaim d'abeilles.

essaim nom masculin. Un essaim d'abeilles, c'est un groupe d'abeilles serrées les unes contre les autres qui a quitté la ruche.

essayer verbe. 1. Essayer, c'est faire ce que l'on peut pour réussir quelque chose. *Matthieu a essayé de faire son lit tout seul.* 2. *Sophie essaie une robe de sa sœur*, elle met une robe de sa sœur pour voir si elle lui va.

essence nom féminin. L'essence, c'est un liquide qui vient du pétrole et qui sert à faire marcher un moteur. *Nous allons nous arrêter dans une station-service pour prendre de l'essence.*

essentiel adjectif masculin,
essentielle adjectif féminin. Une chose essentielle, c'est une chose très utile, dont on ne peut pas se passer. *La condition essentielle pour faire partie de la chorale de l'école, c'est de chanter juste.*

✦ Tu peux dire aussi **indispensable**, **nécessaire**.

essoufflé adjectif masculin,
essoufflée adjectif féminin. *Olivier a couru pour arriver à l'heure, il est tout essoufflé*, il a du mal à respirer, il n'a plus de souffle.

essuyer verbe. 1. Essuyer, c'est passer un tissu sur ce qui est mouillé pour enlever l'eau. *Papa lave les assiettes et Maman les essuie avec un torchon. Thierry sort de son bain et s'essuie avec une serviette.* 2. Essuyer, c'est frotter avec un chiffon pour enlever la poussière. *Jeanne essuie la commode.*

est nom masculin. L'est, c'est l'un des quatre points grâce auxquels on peut savoir où se trouvent des lieux. *La Suisse est à l'est de la France*

✦ L'est, l'ouest, le nord et le sud.

✦ Sur une carte de géographie, l'est est à droite.

et conjonction. Et, c'est un mot qui sert à relier deux mots ou deux phrases. *Papa et Maman sont venus. Je vais prendre mon bain et après j'irai me coucher.*

étable nom féminin. Une étable, c'est une maison dans laquelle dorment les vaches, les bœufs et les veaux.

✦ Les moutons dorment dans une **bergerie**, les chevaux dans une **écurie** et les cochons dans une **porcherie**.

établi nom masculin. Un établi, c'est une table très solide sur laquelle on pose du bois pour le scier. *Le menuisier travaille sur son établi.*

Le soleil se lève à l'est et se couche à l'ouest.

estomac nom masculin. L'estomac, c'est une sorte de poche dans le haut du ventre, dans laquelle vont les aliments que l'on vient de manger et où commence la digestion. *Sylvain a mangé sa glace trop vite, il a mal à l'estomac.*

✦ Après leur passage dans l'estomac, les aliments vont dans l'intestin.

estrade nom féminin. Une estrade, c'est une grande surface en bois plus haute que le plancher et qui fait comme une sorte de marche. *Le bureau de la maîtresse est sur une estrade.*

s'**établir** verbe. *Un nouveau boulanger s'est établi rue des Dames,* un boulanger a ouvert une boulangerie rue des Dames.

établissement nom masculin. Un établissement, c'est un bâtiment qui sert à quelque chose de spécial. *Une école est un établissement scolaire.*

étage nom masculin. *Rémi habite au deuxième étage,* il habite au deuxième niveau au-dessus du rez-de-chaussée.

étagère nom féminin. Une étagère, c'est une planche dans un placard ou fixée au mur. *Range les verres propres sur l'étagère.*

étalage nom masculin. L'étalage, c'est l'endroit où l'on voit les marchandises à vendre.

Un étalage de fruits et légumes.

étaler verbe. **1.** *Martine étale ses cartes postales sur la table,* elle les met les unes à côté des autres en prenant beaucoup de place. **2.** *Renaud étale la confiture sur son pain,* il recouvre son pain avec de la confiture.

étanche adjectif masculin et féminin. *Amélie a une montre étanche,* elle a une montre dans laquelle l'eau ne peut pas entrer.

étang nom masculin. Un étang, c'est une étendue d'eau, plus grande qu'une mare, mais plus petite et moins profonde qu'un lac. *Anatole a vu des carpes dans l'étang.*

étape nom féminin. Une étape, c'est une partie d'un voyage ou d'une course que l'on fait en plusieurs fois. *Comment s'appelle le cycliste qui a gagné l'étape d'aujourd'hui?*

état nom masculin. **1.** *L'état de santé de Mamie est bon,* Mamie est en bonne santé. *Le cartable de Lucie est en mauvais état,* il est abîmé. **2.** Un État, c'est un pays, une nation. *La France est un État.*

été nom masculin. L'été, c'est la saison la plus chaude de l'année, entre le printemps et l'automne. *Cet été, nous irons en vacances en Bretagne.*

✦ L'été commence le 21 juin et finit le 21 ou le 22 septembre.

éteindre verbe. **1.** *Les pompiers ont éteint l'incendie,* ils ont arrêté le feu. **2.** *Bertrand éteint la lumière en sortant de sa chambre,* il appuie sur un bouton pour que la lumière n'éclaire plus.

✦ Le contraire de éteindre, c'est **allumer**.

étendre verbe. **1.** Étendre, c'est mettre à plat quelque chose qui était plié. *Maman étend les draps mouillés sur la corde à linge pour les faire sécher.* **2.** S'étendre, c'est se coucher de tout son long, s'allonger. *Line s'est étendue sur son lit pour lire.* **3.** *Notre champ s'étend jusqu'à la barrière,* il va jusqu'à la barrière.

étendue nom féminin. *La mer est une étendue d'eau,* c'est un espace occupé par de l'eau.

éternel adjectif masculin,
éternelle adjectif féminin. *Le mont Blanc est couvert de neiges éternelles,* il est couvert de neiges qui ne fondent jamais.

éternuer verbe. Éternuer, c'est rejeter tout à coup de l'air par le nez et la bouche en même temps, en faisant un bruit particulier et sans pouvoir s'en empêcher. *Mets la main devant ta bouche quand tu éternues!*

étinceler verbe. *Les étoiles étincellent dans la nuit,* elles brillent comme si on les allumait et on les éteignait sans arrêt.

✦ Tu peux dire aussi **scintiller**.

étincelle nom féminin. Une étincelle, c'est une petite flamme.

✦ Les premiers hommes frottaient deux morceaux de bois l'un contre l'autre jusqu'à ce qu'apparaisse une étincelle avec laquelle ils pouvaient allumer un feu.

étiquette nom féminin. Une étiquette, c'est un morceau de papier collé sur un objet, sur lequel sont écrits des renseignements. *Laure écrit son nom sur l'étiquette et la colle sur son livre.*

s'**étirer** verbe. S'étirer, c'est tendre le plus possible ses jambes, ses bras et son dos. *Lionel vient de se réveiller, il s'étire et se lève.*

étoffe nom féminin. Une étoffe, c'est un ensemble de fils qui se croisent, avec lequel on fait des vêtements, des rideaux, on recouvre des fauteuils, etc.

✦ On dit plutôt **tissu**.

Bruno s'est enrhumé, il **éternue**.

étoile nom féminin. Une étoile, c'est un point brillant dans le ciel que l'on voit la nuit quand il fait beau. *Il y a des millions d'étoiles.*

✦ Cherche aussi **astre**.

étonnant adjectif masculin,
étonnante adjectif féminin. *David nous a raconté une histoire étonnante,* il nous a raconté une histoire qui nous a étonnés, que l'on ne croyait pas possible.

étonner verbe. *Cela m'étonnerait qu'il neige en été,* je ne pense pas que ce soit possible.

✦ Tu peux dire aussi **surprendre**.

étouffer verbe. Étouffer, c'est avoir du mal à respirer, manquer d'air. *Il fait trop chaud ici, on étouffe !*

étourderie nom féminin. *Séverine fait souvent des fautes d'étourderie dans ses dictées,* elle fait souvent des fautes parce qu'elle pense à autre chose, qu'elle n'est pas attentive.

étourdi adjectif masculin,
étourdie adjectif féminin. *Luc* a *oublié de mettre un t à « chat », il est étourdi,* il ne fait pas attention.

✦ Tu peux dire aussi **distrait**.
✦ Le contraire de étourdi, c'est **attentif**.

étrange adjectif masculin et féminin. *La nuit, on entend des bruits étranges,* on n'entend pas les mêmes bruits que d'habitude.

✦ Tu peux dire aussi **bizarre**.
✦ Le contraire de étrange, c'est **normal**.

étranger nom masculin,
étrangère nom féminin. **1.** Un étranger, une étrangère, c'est une personne qui est d'un autre pays. *John est anglais, c'est un étranger.* **2.** *Monsieur Dumas est parti en voyage à l'étranger,* il est parti en voyage dans des pays qui ne sont pas le sien.

étrangler verbe. Étrangler, c'est empêcher de respirer en serrant le cou très fort. *Ne tire pas sur mon écharpe, tu vas m'étrangler !*

être verbe. 1. *Romain est blond,* il a les cheveux blonds. 2. *Papa était à la cave,* il se trouvait à la cave. 3. *Ces crayons sont à Sabine,* ils appartiennent à Sabine.

être nom masculin. *Les hommes, les animaux et les plantes sont des êtres vivants,* ils vivent.

étrennes nom féminin pluriel. Les étrennes, ce sont les cadeaux que l'on offre le 1er janvier. *Papi m'a donné 15 euros pour mes étrennes.*

étrier nom masculin. Les étriers, ce sont les triangles en métal qui pendent de chaque côté de la selle d'un cheval, dans lesquels le cavalier met ses pieds.

Le cavalier a le pied dans l'étrier.

étroit adjectif masculin,

étroite adjectif féminin. *Le camion ne peut pas passer dans cette rue, elle est trop étroite,* la rue est trop petite dans le sens de la largeur.

✦ Le contraire de étroit, c'est **large**.

étude nom féminin. 1. *L'oncle de Fabien fait des études de médecine,* il apprend la médecine pour devenir médecin. 2. *Le soir, Léo reste à l'étude,* il reste à l'école après la classe pour apprendre ses leçons.

étudiant nom masculin,

étudiante nom féminin. Un étudiant, une étudiante, c'est une personne qui fait des études, qui continue à apprendre après le lycée. *Ma sœur est étudiante en anglais.*

✦ À l'école, au collège et au lycée, on est un **élève**.

étudier verbe. Étudier, c'est apprendre. *Jean est en train d'étudier sa leçon d'histoire.*

étui nom masculin. *Maman range ses lunettes dans son étui à lunettes,* elle les range dans une boîte qui est faite exprès pour cela.

euro nom masculin. L'euro, c'est la monnaie de la France et d'autres pays d'Europe. *Ce paquet de bonbons coûte 3 euros.*

✦ Cherche aussi **centime**.

eux pronom masculin pluriel. Eux, c'est un mot qui représente la troisième personne du pluriel. *Luc et Francine sont rentrés chez eux.*

s'**évader** verbe. S'évader, c'est réussir à partir d'un endroit où l'on était enfermé, sans que personne ne s'en rende compte. *Deux prisonniers se sont évadés cette nuit,* ils se sont enfuis de la prison.

✦ Tu peux dire aussi s'**échapper**.

✦ Cherche aussi **évasion**.

s'**évanouir** verbe. S'évanouir, c'est tout d'un coup ne plus se rendre compte de rien et tomber comme si on s'était endormi. *La princesse s'est évanouie.*

Une évasion spectaculaire.

s'**évaporer** verbe. *L'eau s'évapore à la chaleur*, elle se change en vapeur.

✦ Les nuages sont formés par l'eau de la mer et des fleuves qui s'est évaporée.

évasion nom féminin. *Le prisonnier a réussi son évasion*, il a réussi à s'enfuir de sa prison, il s'est évadé.

éveillé adjectif masculin,

éveillée adjectif féminin. *Ma petite sœur est très éveillée*, elle est très vive et s'intéresse à ce qui se passe autour d'elle.

événement nom masculin. Un événement, c'est quelque chose d'important qui arrive. *Un nouveau maire vient d'être élu, toute la ville parle de cet événement*.

éventail nom masculin. Un éventail, c'est un objet que l'on déplie et que l'on agite devant soi pour faire du vent et avoir moins chaud. *Maria m'a rapporté un éventail d'Espagne*.

☞ Au pluriel : des **éventails**.

évidemment adverbe. *Qui a gagné la course? Louis évidemment!* c'était sûr que Louis gagnerait la course.

✦ Tu peux dire aussi **bien sûr**.

évident adjectif masculin,

évidente adjectif féminin. Une chose évidente, c'est une chose qui est tout à fait sûre. *Adeline est plus jeune que Sylvie, c'est évident*, cela se voit, on ne peut pas dire le contraire.

évier nom masculin. Un évier, c'est une sorte de cuvette fixée au mur de la cuisine au-dessous d'un robinet. *Papa remplit l'évier pour faire la vaisselle*.

✦ Quelle différence y a-t-il entre un évier et un **lavabo**?

éviter verbe. 1. *Xavier évite de marcher dans les flaques d'eau*, il fait exprès de ne pas marcher dans les flaques d'eau. 2. *La voiture a évité le cycliste*, elle a réussi à ne pas le toucher, à ne pas le renverser.

A B C D E

exact adjectif masculin,

exacte adjectif féminin. *Avez-vous l'heure exacte? avez-vous l'heure précise, l'heure qu'il est vraiment?*

✦ Le contraire de exact, c'est **inexact**.

exactement adverbe. *Estelle pèse exactement 25 kilos,* elle pèse 25 kilos juste, pas plus et pas moins.

✦ Le contraire de exactement, c'est **environ**.

ex æquo adverbe. *Luc et Daniel ont tous les deux gagné la course, ils sont arrivés ex æquo,* ils sont arrivés tous les deux en même temps et sont tous les deux premiers.

exagérer verbe. **1.** *Aurélie exagère quand elle dit qu'elle a pêché un gros poisson,* elle veut faire croire qu'elle a pêché un gros poisson alors qu'elle en a pêché un petit. **2.** *Tu es encore en retard, vraiment tu exagères,* tu ne fais pas attention aux autres, tu ne te gênes pas.

examen nom masculin. **1.** *Le médecin m'a ausculté dans la salle d'examen,* il m'a ausculté dans la salle où il examine les malades. **2.** *Mon frère doit passer un examen pour entrer en seconde,* il doit faire un devoir qui montre qu'il sait ce qu'il doit savoir pour entrer en seconde.

examiner verbe. *Le médecin examine Patrice qui est malade,* il l'ausculte, il le regarde et le touche avec beaucoup d'attention pour savoir quelle est sa maladie.

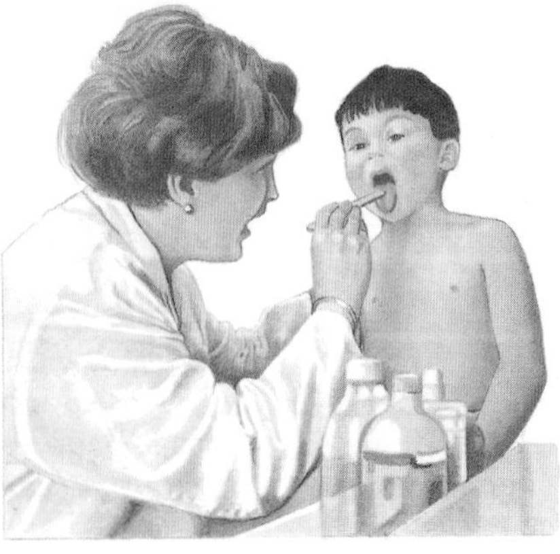

Le médecin examine Patrice.

exaucer verbe. *Cendrillon avait fait le vœu d'aller au bal et la fée a exaucé son vœu,* Cendrillon a pu aller au bal grâce à la fée qui a tout fait pour qu'elle puisse y aller.

✦ Le vœu de Cendrillon s'est **réalisé**.

excellent adjectif masculin,

excellente adjectif féminin. *Cette tarte aux fraises est excellente,* elle est très bonne. *Monsieur Huet est un excellent professeur,* c'est un très bon professeur.

✦ Le contraire de excellent, c'est **mauvais**.

exception nom féminin. *Tous les élèves iront à la piscine demain, à l'exception de Mathilde qui est enrhumée,* tous iront à la piscine sauf Mathilde.

exceptionnel adjectif masculin,

exceptionnelle adjectif féminin. Une chose exceptionnelle, c'est une chose rare, que l'on ne voit pas souvent. *Ce beau temps est exceptionnel pour la saison.*

✦ Le contraire de exceptionnel, c'est **normal**.

excès nom masculin. *Papa a eu une amende pour excès de vitesse,* il a eu une amende parce qu'il roulait trop vite.

excité adjectif masculin,

excitée adjectif féminin. *La veille de Noël, les enfants sont très excités,* ils ne restent pas tranquilles, ils sont énervés parce qu'il sont très contents.

✦ Le contraire de excité, c'est **calme**.

s'exclamer verbe. S'exclamer, c'est dire quelque chose très fort.

« Qu'est-ce qu'il fait froid ! » s'est exclamé Papa en ouvrant la fenêtre.

✦ Tu peux dire aussi s'**écrier**.

excursion nom féminin. Une excursion, c'est une grande promenade que l'on fait pour visiter un endroit. *Les élèves de la classe ont fait une excursion en car au Mont-Saint-Michel.*

excuse nom féminin. Une excuse, c'est une raison que l'on donne pour expliquer pourquoi on a fait quelque chose de mal ou pourquoi on a été absent. *Papa est arrivé en retard à son rendez-vous, mais il avait une bonne excuse : sa voiture est tombée en panne.*

excuser verbe. Excuser une personne, c'est ne pas lui en vouloir d'avoir fait quelque chose de mal. *Excusez-moi d'être en retard, mon réveil n'a pas sonné.*

✦ Tu peux dire aussi **pardonner**.

exemple nom masculin. 1. Un exemple, c'est un modèle que l'on peut imiter. *Pierre est très sage, tu devrais suivre son exemple*, tu devrais faire comme lui. 2. Un exemple, c'est quelque chose que l'on dit pour expliquer une chose difficile à comprendre. *Certains mammifères vivent dans la mer, par exemple la baleine et le dauphin.*

s'exercer verbe. S'exercer, c'est faire plusieurs fois la même chose pour arriver à la faire très bien. *Raphaël s'exerce à tracer des traits droits sans sa règle.*

✦ Tu peux dire aussi s'**entraîner**.

exercice nom masculin. 1. Un exercice, c'est un travail écrit, un devoir. *Le mardi matin, nous faisons des exercices de mathématiques.* 2. *Le professeur d'éducation physique nous fait faire des exercices de gymnastique*, il nous fait faire des mouvements de gymnastique.

exiger verbe. Exiger, c'est vouloir absolument. *La maîtresse exige le silence pendant qu'elle parle.*

✦ Tu peux dire aussi **réclamer**.

exil nom masculin. *Chassé de son pays, le roi a vécu en exil*, il a été obligé de vivre dans un autre pays.

existence nom féminin. L'existence, c'est la vie. *Les tortues géantes ont une existence très longue*, elles vivent longtemps.

exister verbe. *Le roi Dagobert a vraiment existé*, il a vécu, ce n'est pas un personnage que l'on a inventé. *Il y a longtemps qu'il n'existe plus de dinosaures*, il n'y a plus de dinosaures depuis longtemps.

exotique adjectif masculin et féminin. Un fruit exotique, c'est un fruit qui pousse dans des pays lointains.

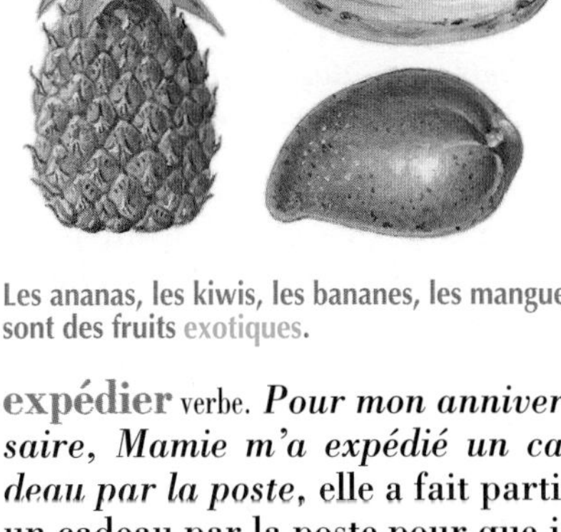

Les ananas, les kiwis, les bananes, les mangues sont des fruits exotiques.

expédier verbe. *Pour mon anniversaire, Mamie m'a expédié un cadeau par la poste*, elle a fait partir un cadeau par la poste pour que je le reçoive.

✦ Tu peux dire aussi **envoyer**.

Les explorateurs sont partis en expédition dans la forêt amazonienne.

expéditeur nom masculin, **expéditrice** nom féminin. L'expéditeur, l'expéditrice, c'est la personne qui envoie une lettre ou un paquet à quelqu'un.

✦ La personne qui reçoit une lettre ou un paquet, c'est le **destinataire**.

expédition nom féminin. Une expédition, c'est un grand voyage dans une région où il est difficile d'aller.

expérience nom féminin. 1. *Romuald a fait une expérience, il a mélangé de la peinture bleue et de la peinture jaune et cela a donné du vert,* il a fait ce mélange pour voir ce qui allait se passer. 2. *La maîtresse a l'expérience des enfants,* elle a l'habitude de s'occuper d'enfants.

explication nom féminin. Une explication, c'est ce que l'on dit pour faire comprendre quelque chose. *Romain demande une explication à la maîtresse parce qu'il n'a pas compris ce qu'il doit faire.*

expliquer verbe. Expliquer, c'est faire comprendre. *Le maître nous explique comment faire une multiplication.*

exploit nom masculin. Un exploit, c'est quelque chose de très difficile ou de très dangereux que l'on arrive à faire. *Les premiers hommes qui ont marché sur la Lune ont réalisé un exploit.*

explorateur nom masculin, **exploratrice** nom féminin. Un explorateur, une exploratrice, c'est une personne qui va dans des régions inconnues. *C'est grâce aux voyages des explorateurs que l'on a pu commencer à faire des cartes de géographie.*

✦ Les explorateurs **explorent** des régions inconnues.

explorer verbe. Explorer, c'est aller dans un endroit en regardant partout avec attention. *Serge et Marine explorent le parc, ils cherchent un endroit où faire une cabane.*

exploser verbe. Exploser, c'est éclater tout d'un coup en cassant tout et en faisant beaucoup de bruit.

explosif nom masculin. Un explosif, c'est un produit qui détruit tout autour de lui quand il explose. *La dynamite est un explosif.*

explosion nom féminin. Une explosion, c'est ce qui se passe quand quelque chose explose. *L'immeuble a été détruit par une explosion.*

exposer verbe. Exposer, c'est mettre des choses à une certaine place pour qu'on les voie bien. *La maîtresse expose nos plus beaux dessins sur les murs de la classe.*

exposition nom féminin. *Mamie m'a emmené au musée visiter une exposition de peinture,* elle m'a emmené au musée voir des tableaux

La voiture a explosé, une bombe était cachée sous le siège.

L'incendie a été vite arrêté grâce à l'extincteur.

peints par des peintres célèbres et accrochés aux murs.

exprès adverbe. *Roselyne a fait exprès de déchirer son livre,* elle voulait vraiment déchirer son livre.

✦ Tu peux dire aussi **volontairement**.

expression nom féminin. 1. *Le visage de Matthieu avait une expression de tristesse,* Matthieu avait l'air triste. 2. Une expression, c'est un groupe de mots. *« Léger comme une plume » est une expression qui veut dire « très léger ».*

exprimer verbe. 1. *Richard a exprimé sa colère en claquant la porte,* il a montré qu'il était en colère. 2. S'exprimer, c'est faire savoir ce que l'on pense. *Les muets s'expriment par gestes.*

extérieur nom masculin. 1. *Élise et Valentin jouent au ballon à l'extérieur de la maison,* ils jouent au ballon dehors, ils ne jouent pas dans la maison. 2. *L'extérieur du coffre est abîmé,* la partie du coffre que l'on voit quand il est fermé est abîmée.

✦ Le contraire de extérieur, c'est **intérieur**.

extincteur nom masculin. Un extincteur, c'est un appareil qui ressemble à une grande bouteille d'où sort un tuyau et qui est rempli d'un liquide spécial pour éteindre le feu.

extrait nom masculin. Un extrait, c'est un morceau d'un livre ou d'un film. *Bérengère n'a pas lu « Le Petit Prince » en entier, elle n'en a lu que des extraits.*

✦ Tu peux dire aussi **passage**.

extraordinaire adjectif masculin et féminin. Une chose extraordinaire, c'est une chose rare, que l'on n'a pas l'habitude de voir et qui étonne. *Un lapin qui saurait parler serait un lapin extraordinaire.*

✦ Tu peux dire aussi **exceptionnel**.

Le chat a l'extrémité de la queue blanche.

extraterrestre nom masculin et féminin. Un extraterrestre, une extraterrestre, c'est un être vivant qui habiterait sur une autre planète que la Terre. *Crois-tu qu'il y a des extraterrestres sur la planète Mars ?*

extrémité nom féminin. L'extrémité, c'est ce qui se trouve au bout de quelque chose. *L'extrémité de la canne de Papi a un bout pointu.*

F

f F f

fable nom féminin. Une fable, c'est une poésie qui raconte une histoire et qui se termine par une phrase qui fait réfléchir. *Est-ce que tu connais la fable de La Fontaine : « Le Corbeau et le Renard » ?*

fabrication nom féminin. *Le maître nous a emmenés dans une usine pour voir la fabrication des bouteilles,* il nous a emmenés voir comment on fabrique les bouteilles.

fabriquer verbe. *Maman a fabriqué un petit meuble pour ranger les jouets,* elle a construit un petit meuble pour ranger les jouets.

✦ Tu peux dire aussi faire.

façade nom féminin. La façade, c'est le mur d'une maison où se trouve la porte d'entrée.

face nom féminin. **1.** La face, c'est le côté de la tête où il y a le visage. **2.** Une face, c'est un côté d'un objet. *Un dé a six faces.* **3.** Le côté face d'une pièce de monnaie, c'est le côté où il y a une figure. **4.** *Hubert habite en face de la mairie,* la maison d'Hubert a sa façade qui regarde la mairie, de l'autre côté de la rue. *La villa est face à la mer,* la façade de la villa est tournée du côté de la mer.

se **fâcher** verbe. **1.** Se fâcher, c'est se mettre en colère. *Maman s'est fâchée contre mon petit frère parce qu'il ne voulait pas aller se coucher.* **2.** *Estelle s'est fâchée avec Corinne,* elles ne sont plus amies. *Estelle et Corinne sont fâchées.*

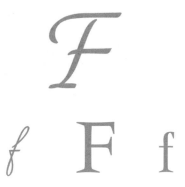

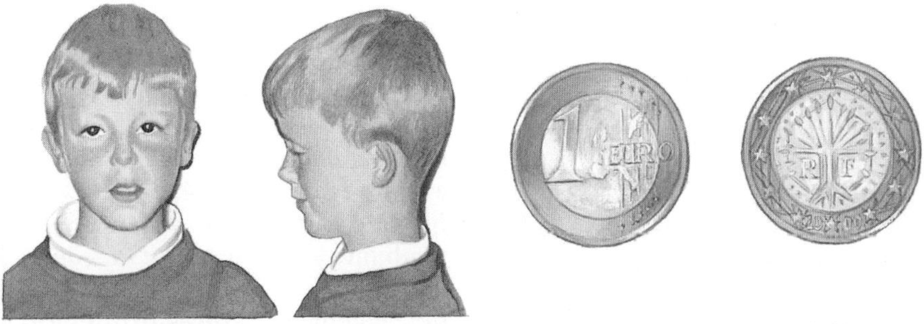

Paul est photographié de face et de profil. Une pièce de monnaie a un côté pile et un côté face.

A
B
C
D
E
F

facile adjectif masculin et féminin. *Cette dictée est facile,* elle se fait sans effort, il n'y a pas de difficultés dans cette dictée.
✦ Tu peux dire aussi **simple**.
✦ Le contraire de facile, c'est **difficile**.

facilement adverbe. *La maîtresse a une écriture que l'on lit facilement,* son écriture se lit sans effort, elle est facile à comprendre.

facilité nom féminin. *Cette addition est d'une grande facilité,* elle est facile à faire.
✦ Le contraire de facilité, c'est **difficulté**.

façon nom féminin. 1. *De quelle façon Julie était-elle habillée?* comment était-elle habillée? 2. *Xavier ira à la piscine ou au tennis, de toute façon il ne restera pas chez lui,* en tout cas il ne restera pas chez lui, quoi qu'il arrive il ne restera pas chez lui.
✦ Tu peux dire aussi **manière**.

facteur nom masculin,
factrice nom féminin. Le facteur, la factrice, c'est la personne dont le métier est d'apporter le courrier. *Léa attend une lettre, elle guette le facteur.*

facture nom féminin. Une facture, c'est un papier sur lequel est écrit ce qu'il y a à payer pour quelque chose que l'on a acheté ou des travaux que l'on a fait faire. *Mes parents ont reçu la facture du plombier qui a réparé le lavabo.*

facultatif adjectif masculin,
facultative adjectif féminin. Une chose facultative, c'est une chose que l'on n'est pas obligé de faire. *Le maître a donné des exercices de mathématiques facultatifs.*
✦ Le contraire de facultatif, c'est **obligatoire**.

faible adjectif masculin et féminin. 1. *Céline n'est pas tout à fait guérie, elle est encore faible,* elle manque de force. 2. *Raphaël est faible en orthographe,* il n'est pas bon en orthographe.
✦ Le contraire de faible, c'est **fort**.

faillir verbe. *Marc a failli tomber,* il était sur le point de tomber, il est presque tombé.

faim nom féminin. La faim, c'est le besoin, l'envie de manger. *C'est bientôt l'heure du dîner, j'ai faim.*

Les falaises d'Étretat.

faire verbe. 1. Faire, c'est fabriquer. *Le boulanger fait du pain.* 2. *Mamie fait de la couture,* elle coud. 3. *Marion s'ennuie, elle ne sait pas quoi faire,* elle ne sait pas à quoi s'occuper. 4. *Gilles s'est fait mal en tombant,* il a eu mal en tombant. 5. *Papa se fait du souci,* il s'inquiète. 6. *Quelle taille fais-tu?* combien mesures-tu? 7. *Au-*

jourd'hui il fait chaud, le temps est chaud.

✦ Ne confonds pas faire et fer.

faisan nom masculin. Un faisan, c'est un oiseau qui a des plumes de toutes les couleurs et une longue queue.

✦ Le faisan appartient à la même famille que la poule.

Un faisan.

fait nom masculin. Un fait, c'est quelque chose qui arrive. *S'endormir devant la télévision est un fait courant*, cela arrive souvent.

fakir nom masculin. Un fakir, c'est un homme qui fait des tours de magie en donnant l'impression que rien ne peut lui faire mal. *Nous avons vu à la fête foraine un fakir qui marchait sur des morceaux de verre et qui, ensuite, se couchait sur une planche à clous.*

falaise nom féminin. Une falaise, c'est une partie de la côte qui est très haute et forme une sorte de mur qui va directement dans la mer.

falloir verbe. Falloir, c'est être nécessaire ou obligatoire. *Il est 8 heures, il faut que tu te lèves*, tu dois te lever. *Demain il faudra prendre un parapluie. Tiens-toi comme il faut*, tiens-toi bien.

familial adjectif masculin,
familiale adjectif féminin. *Noël est une fête familiale*, c'est une fête que l'on passe en famille.

☞ Au masculin pluriel : **familiaux**.
Au féminin pluriel : **familiales**.

famille nom féminin. 1. Une famille, c'est l'ensemble formé par les enfants, les parents, les grands-parents, les oncles, les tantes et les cousins. *Le jour de Noël, toute la famille était réunie.* 2. Une famille d'animaux, c'est un ensemble d'animaux qui ont des points communs. *Le dauphin et la baleine appartiennent à la même famille.* 3. Une famille de mots, c'est un ensemble de mots qui se ressemblent et ont un rapport avec le même mot. *Écrire, écriture et écrivain sont des mots qui appartiennent à la même famille.*

famine nom féminin. *Dans certains pays, il y a la famine*, les gens n'ont pas à manger et peuvent mourir de faim.

se **faner** verbe. *Les roses se sont fanées*, elles sont devenues sèches et les pétales ont commencé à tomber.

fanfare nom féminin. Une fanfare, c'est un orchestre composé de musiciens qui soufflent dans des trompettes, des cors et d'autres instruments en cuivre et jouent du tambour et de la grosse caisse. *Le jour de la fête du village, la fanfare défile dans les rues.*

fantastique adjectif masculin et féminin. *Amélie aime beaucoup les films fantastiques*, elle aime les films qui racontent des histoires qui ne peuvent pas vraiment arriver, qui se passent dans des pays qui n'existent pas.

fantôme nom masculin. Un fantôme, c'est un mort qui serait revenu sur terre. *Françoise croit aux histoires de fantômes et de châteaux hantés.*

✦ Tu peux dire aussi **revenant**.

A
B
C
D
E
F

faon nom masculin. Le faon, c'est le petit du cerf et de la biche.

✦ Le faon est aussi le petit du daim.

farandole nom féminin. Une farandole, c'est une danse où tous les danseurs se suivent en se tenant par la main.

Nous faisons la farandole.

farce nom féminin. Une farce, c'est quelque chose que l'on fait à quelqu'un pour s'amuser. *Jean et Nicolas ont fait une farce à Sylvie : ils ont caché sa trousse.*

✦ Tu peux dire aussi **plaisanterie**.

farci adjectif masculin,
farcie adjectif féminin. *Maman a préparé des tomates farcies*, elle a rempli des tomates avec un mélange de viande hachée et d'autres aliments comme de l'oignon ou du persil.

fardeau nom masculin. Un fardeau, c'est une chose très lourde que l'on doit porter. *Le pauvre homme marchait avec difficulté, son fardeau sur les épaules.*

☞ Au pluriel : des **fardeaux**.

farine nom féminin. La farine, c'est une poudre qui est faite en écrasant des grains de blé. *Sarah mélange de la farine et des œufs pour faire un gâteau.*

✦ On fait aussi de la farine avec des grains de maïs ou de seigle.

farouche adjectif masculin et féminin. Un animal farouche, c'est un animal qui a peur et qui s'enfuit dès que l'on s'approche de lui. *Ce petit écureuil n'est pas farouche, Adrien a pu le caresser.*

fatigant adjectif masculin,
fatigante adjectif féminin. *Monsieur Maillard est déménageur, il a un métier fatigant*, il a un métier qui le fatigue.

fatigue nom féminin. La fatigue, c'est ce que l'on ressent quand on a sommeil parce que l'on a fait un effort, que l'on a beaucoup travaillé ou qu'il est tard.

fatiguer verbe. Fatiguer, c'est mettre dans un état où l'on n'a plus de force et où l'on a besoin de se reposer. *La promenade a fatigué Mamie. Mamie était très fatiguée.*

faucher verbe. Faucher, c'est couper l'herbe. *On fauche les blés en été.*

faucon nom masculin. Un faucon, c'est un oiseau au bec court et recourbé, qui vit le jour. *Le faucon est un rapace.*

On peut dresser les faucons pour la chasse.

se faufiler verbe. Se faufiler, c'est se glisser quelque part sans se faire remarquer. *Nicole s'est faufilée au premier rang, devant tout le monde, pour voir le défilé.*

faune nom féminin. La faune d'une région, c'est l'ensemble des animaux qui vivent dans cette région. *Les lions et les gazelles font partie de la faune des pays chauds.*

✦ Cherche aussi **flore**.

faut va voir **falloir**.

faute nom féminin. 1. *Olivia a fait des fautes dans sa dictée*, elle s'est trompée en écrivant certains mots, elle a fait des erreurs. 2. *C'est de ta faute si je suis tombé*, c'est à cause de toi que je suis tombé.

fauteuil nom masculin. Un fauteuil, c'est un siège avec un dossier et des bras. *Papi est assis dans son fauteuil.*

Quelle différence y a-t-il entre un fauteuil et une chaise?

fauve nom masculin. Un fauve, c'est un grand animal sauvage comme par exemple le lion, le tigre, la panthère. *Nous sommes allés voir les fauves qui étaient dans la ménagerie du cirque.*

✦ Les fauves sont des bêtes féroces.

faux adjectif masculin,
fausse adjectif féminin. 1. *Ce que tu dis est faux*, ce que tu dis n'est pas vrai, tu te trompes ou tu mens. 2. *Ton addition est fausse*, ton addition n'est pas juste, tu t'es trompé en calculant. 3. *J'ai vu un faux billet de 50 euros*, j'ai vu un billet de 50 euros qui avait l'air d'être vrai mais qui ne valait rien.

faux nom féminin. Une faux, c'est un outil formé d'un long manche et d'une grande lame recourbée qui sert à couper l'herbe.

✦ La faux sert à **faucher**.

favori adjectif masculin,
favorite adjectif féminin. *Magali joue avec sa poupée favorite*, elle joue avec la poupée qu'elle aime le mieux, avec sa poupée préférée.

fax nom masculin. Un fax, c'est un appareil avec lequel on envoie un message écrit à quelqu'un en faisant un numéro, comme au téléphone, et la personne reçoit tout de suite le message. *Papa a un fax dans son bureau.*

✦ Le papier que l'on reçoit par fax s'appelle aussi un fax.
☞ Au pluriel : des **fax**.

fée nom féminin. Une fée, c'est une femme qui a des pouvoirs magiques, mais qui n'existe que dans les contes. *D'un coup de baguette magique, la fée a transformé le crapaud en Prince Charmant.*

✦ Les contes dans lesquels apparaissent des fées sont des contes de fées.

A B C D E F

félicitations nom féminin pluriel. Des félicitations, ce sont des choses gentilles que l'on dit à quelqu'un qui a fait quelque chose de bien, pour qu'il sache que l'on est content et fier de lui. *La maîtresse a dit à Loïc : « Toutes mes félicitations ! »*

✦ Tu peux dire aussi **compliment**.

féliciter verbe. Féliciter une personne, c'est lui dire qu'on est content et fier de ce qu'elle a fait. *La maîtresse a félicité Loïc de n'avoir fait aucune faute à sa dictée.*

félin nom masculin. Les félins, ce sont les animaux de la famille du chat. *Le lion, le tigre, la panthère, le lynx, le guépard sont des félins.*

Le lion, le tigre et le chat sont des félins.

femelle nom féminin. Une femelle, c'est un animal qui porte les petits dans son ventre ou qui pond les œufs. C'est un animal de sexe féminin. *La biche est la femelle du cerf.*

✦ Le cerf est le **mâle** de la biche.

féminin adjectif masculin,
féminine adjectif féminin. 1. *Aurélie est un prénom féminin,* c'est un prénom de fille. *Une lionne est de sexe féminin,* c'est une femelle. 2. *« Table » est un nom féminin,* c'est un nom devant lequel on met l'article « la » ou « une ». *« Belle » est un adjectif féminin,* c'est un adjectif qui accompagne un nom féminin.

✦ Le contraire de féminin, c'est **masculin**.

femme nom féminin. 1. Une femme, c'est une grande personne, du sexe féminin, c'est une dame. *Maman est une femme, Papa est un homme.* 2. *Monsieur Bergé nous a présenté sa femme,* il nous a présenté la dame avec qui il est marié, son épouse.

✦ Monsieur Bergé est le **mari** de madame Bergé.

fendre verbe. Fendre, c'est couper dans le sens de la longueur. *Le bûcheron fend le tronc d'arbre avec sa hache. La planche s'est fendue,* un trou s'est formé dans la longueur de la planche.

fenêtre nom féminin. Une fenêtre, c'est une ouverture dans un mur, par laquelle l'air et la lumière entrent dans une pièce. *Papa nettoie les carreaux de la fenêtre du salon.*

fente nom féminin. Une fente, c'est un trou long et étroit. *Edwige glisse sa carte postale dans la fente de la boîte à lettres.*

fer nom masculin. 1. Le fer, c'est un métal gris. *La grille du parc est en fer forgé.* 2. *Maman a branché le fer à repasser,* elle a branché l'instrument en fer ou en acier qui sert à repasser les vêtements.

✦ Ne confonds pas fer et **faire**.

férié adjectif masculin,
fériée adjectif féminin. Un jour férié, c'est un jour où personne ne travaille. *Noël et le 1er Mai sont des jours fériés.*

ferme adjectif masculin et féminin. *Cette poire n'est pas encore mûre, elle est trop ferme,* elle est un peu trop dure.

✦ Le contraire de ferme, c'est **mou.**

ferme nom féminin. Une ferme, c'est un endroit où se trouvent la maison d'un agriculteur ainsi que les bâtiments où vivent les animaux qui lui appartiennent et les champs où sont faites les récoltes. *Léa et Gaspard vont à la ferme chercher des œufs et du lait.*

fermé adjectif masculin,
fermée adjectif féminin. *La boulangerie est fermée le lundi,* on ne peut pas aller dans la boulangerie le lundi, la porte est fermée et le boulanger et la boulangère ne travaillent pas.

✦ Le contraire de fermé, c'est **ouvert.**

fermer verbe. 1. Fermer, c'est boucher une ouverture. *Papa ferme le coffre de la voiture. La porte est fermée à clé, on ne peut pas entrer.* 2. *Le supermarché ferme à 8 heures,* on ne peut plus entrer dans le supermarché, on ne peut plus rien y acheter, à partir de 8 heures.

✦ Le contraire de fermer, c'est **ouvrir.**

fermeture nom féminin. 1. *La porte du garage a une fermeture automatique,* elle a un mécanisme pour la fermer qui est automatique. 2. *C'est l'heure de fermeture du magasin,* c'est l'heure où le magasin ferme.

✦ Le contraire de fermeture, c'est **ouverture.**

fermier nom masculin,
fermière nom féminin. Un fermier, une fermière, c'est une personne qui s'occupe de la ferme. *La fermière donne du grain aux poules.*

✦ Cherche aussi **agriculteur.**

féroce adjectif masculin et féminin. *Le tigre est un animal féroce,* c'est un animal sauvage qui est cruel et qui tue par instinct.

fertile adjectif masculin et féminin. Une terre fertile, c'est une terre où tout pousse très bien.

fesse nom féminin. Les fesses, ce sont les deux grosses parties rondes au bas du dos qui forment le derrière.

fessée nom féminin. Une fessée, c'est un coup, une tape sur les fesses. *Charlotte a fait une bêtise et elle a reçu une fessée.*

a b c d e f

C'est le soir, Maman ferme les volets.

C'est le matin, elle les ouvre.

Quel festin !

festin nom masculin. Un festin, c'est un repas de fête où il y a beaucoup de choses très bonnes à manger.

fête nom féminin. 1. Une fête, c'est une réunion où l'on invite des amis et où l'on s'amuse beaucoup. *Jérôme a fait une fête pour son anniversaire.* 2. Une fête foraine, c'est un ensemble de manèges et d'endroits où l'on peut faire des jeux et gagner des lots, dans une grande prairie ou sur une place, en plein air.

fêter verbe. *Le 21 juin, on fêtera l'anniversaire d'Elsa*, on fera une fête pour l'anniversaire d'Elsa.

feu nom masculin. 1. Un feu, c'est de la lumière et de la chaleur qui sortent en faisant des flammes lorsqu'on brûle quelque chose. *Papi a allumé un grand feu dans la cheminée.* 2. *Le feu a pris dans la forêt*, il y a un incendie dans la forêt. 3. *Les piétons attendent que le feu soit rouge pour traverser*, ils attendent que le signal lumineux soit rouge pour traverser.

☞ Au pluriel : des **feux**.

feu d'artifice nom masculin. Un feu d'artifice, c'est un spectacle qui a lieu la nuit, dehors, les soirs de fête, et où l'on voit de très nombreuses fusées qui montent dans le ciel et explosent en faisant de grandes traces de toutes les couleurs.

☞ Au pluriel : des **feux d'artifice**.

Un feu d'artifice.

feuillage nom masculin. Le feuillage, c'est l'ensemble des feuilles d'un arbre.

feuille nom féminin. 1. Une feuille, c'est la partie plate et verte qui pousse sur la tige d'une plante. *Les feuilles des arbres tombent en automne.* 2. Une feuille, c'est un rectangle de papier sur lequel on écrit ou on dessine. *Marine écrit son nom en haut de la feuille blanche.*

feuilleton nom masculin. Un feuilleton, c'est une histoire racontée en plusieurs épisodes qui se suivent, à la télévision, à la radio ou dans un journal. *Tous les mercredis, Anne regarde son feuilleton favori à la télévision.*

feutre nom masculin. Un feutre, c'est un stylo dont la pointe est remplie d'encre. *Loïc écrit à son oncle avec un feutre.*

✦ On dit aussi un **crayon feutre**.

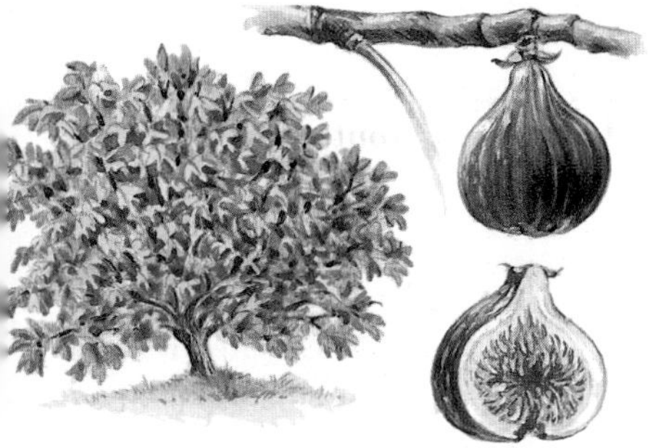

Les **figues** poussent sur des **figuiers**.

fève nom féminin. Une fève, c'est un tout petit objet qui est caché dans la galette des Rois. *Romain a trouvé la fève, il va choisir sa reine.*

fiancé nom masculin,
fiancée nom féminin. *Adrien embrasse sa fiancée,* il embrasse la jeune fille avec laquelle il va bientôt se marier.

ficelle nom féminin. Une ficelle, c'est un groupe de fils tordus ensemble. *Myriam attache le paquet avec une ficelle.*
✦ Une ficelle est plus mince qu'une corde.

fidèle adjectif masculin et féminin. *Maman aime beaucoup Monsieur et Madame Leconte car ce sont des amis fidèles,* ce sont des amis qui lui téléphonent et lui écrivent souvent et en qui elle peut avoir confiance.

fier adjectif masculin,
fière adjectif féminin. *« Tu as gagné le concours, je suis fière de toi », a dit la maîtresse à Justine,* je suis très contente d'avoir dans ma classe une petite fille comme toi.

fièvre nom féminin. *Alexandre est malade, il a de la fièvre,* la température du corps d'Alexandre est trop haute, elle est au-dessus de 37 degrés.

figue nom féminin. Une figue, c'est un fruit rond dont la peau est verte ou violette et dont la chair, à l'intérieur, est rouge avec de tout petits grains. *On peut manger des figues fraîches ou des figues sèches.*

figure nom féminin. **1.** La figure, c'est le visage. *La figure d'Émilie est barbouillée de chocolat.* **2.** Une figure, c'est une forme dessinée. *Le carré, le cercle et le rectangle sont des figures.*

fil nom masculin. Un fil, c'est un brin de coton, de nylon ou de soie, long et fin. *Mamie coud les boutons de la robe avec du fil bleu.*
✦ Ne confonds pas fil et file.

file nom féminin. Une file, c'est une suite de personnes ou de choses qui sont placées les unes derrière les autres. *Il y a une longue file de voitures au péage de l'autoroute.*
✦ Ne confonds pas file et fil.

filet nom masculin. **1.** Un filet, c'est un objet fait de grosses mailles de ficelle ou de corde qui sert à attraper les animaux. **2.** *Un filet d'eau coule du robinet,* un tout petit peu d'eau coule du robinet et cela fait comme un fil.

Les pêcheurs ramènent des poissons dans leurs **filets**.

a
b
c
d
e
f

A B C D E F

fille nom féminin. Une fille, c'est un enfant de sexe féminin. *Nos voisins ont deux filles et un garçon. Armelle est une petite fille très drôle.*

filleul nom masculin,
filleule nom féminin. Le filleul, la filleule, c'est la personne dont on est le parrain ou la marraine. *Clément est mon filleul.*

film nom masculin. Un film, c'est une suite d'images que l'on regarde sur un écran, où les personnages bougent et parlent comme dans la vie. *Julie regarde un film policier à la télévision.*

fils nom masculin. Un fils, c'est un enfant de sexe masculin. *Madame Maréchal a deux fils et une fille.*
☞ Au pluriel : des **fils**.
✦ Tu peux dire aussi **garçon**.

filtre nom masculin. Un filtre, c'est une sorte de passoire en papier ou en plastique qui garde les choses solides et laisse passer le liquide. *Papa met le café moulu dans un filtre.*

fin nom féminin. La fin, c'est le moment où quelque chose se termine. *C'est bientôt la fin des vacances. À la fin du livre, Igor et Sonia se marient.*
✦ Le contraire de fin, c'est **commencement**, **début**.
✦ Ne confonds pas fin et **faim**.

fin adjectif masculin,
fine adjectif féminin. *Inès a mis des chaussettes très fines*, elle a mis des chaussettes dont le tissu n'est pas épais.
✦ Tu peux dire aussi **mince**.
✦ Le contraire de fin, c'est **épais**.

finale nom féminin. La finale, c'est la dernière épreuve d'une compétition. *Notre équipe de football a gagné la finale du championnat.*

finalement adverbe. Finalement, c'est après avoir réfléchi à toutes les choses que l'on pouvait faire. *Mes parents ont hésité, et finalement ils sont partis en Grèce.*

finir verbe. 1. *Raphaël a fini ses devoirs*, il a fait ses devoirs complètement, jusqu'à la fin, il a terminé ses devoirs. *Émilie a fini le gâteau*, elle a mangé tout le gâteau qui restait. 2. *Le film finit à dix heures*, le film se termine à dix heures, la fin du film est à dix heures.
✦ Le contraire de finir, c'est **commencer**.

fixe adjectif masculin et féminin. *Dans le square, les bancs sont fixes*, ils sont attachés au sol et on ne peut pas les changer de place.
✦ Le contraire de fixe, c'est **mobile**.

fixer verbe. 1. *Papa fixe les étagères au mur*, il les fait tenir sur le mur pour qu'elles ne bougent pas. 2. *Le chat fixe la mouche qui est posée sur la vitre*, le chat regarde la mouche sans bouger les yeux.

flacon nom masculin. Un flacon, c'est une petite bouteille.

Mamie a des flacons de parfum dans sa salle de bains.

flair nom masculin. Le flair, c'est l'odorat du chien. *Grâce à leur flair, les chiens ont retrouvé la trace des bandits.*

flairer verbe. *Le chien a flairé un lièvre,* il a reniflé le sol un peu partout et il a reconnu l'odeur d'un lièvre.

flamant nom masculin. Un flamant, c'est un grand oiseau au plumage blanc ou rose qui a de longues pattes et un long cou. *Les flamants vivent dans les marais.*

flambeau nom masculin. Un flambeau, c'est un bâton qui a une grande flamme à un bout et qui sert à éclairer. *Autrefois, des flambeaux éclairaient la cour du château.*

☞ Au pluriel : des **flambeaux**.
✦ Tu peux dire aussi **torche**.

flamber verbe. Flamber, c'est brûler très fort en faisant des flammes. *Les bûches flambent dans la cheminée.*

flamme nom féminin. Une flamme, c'est la lumière jaune et orange qui jaillit lorsqu'il y a du feu. *Fais attention à la flamme de la bougie, tu risques de te brûler.*

flan nom masculin. Un flan, c'est un gâteau un peu mou fait avec du lait, des œufs et de la farine.

✦ Ne confonds pas flan et **flanc**.

flanc nom masculin. Le flanc d'un animal, c'est son côté. *La vache est couchée sur le flanc.*

✦ Ne confonds pas flanc et **flan**.

flaque nom féminin. Une flaque d'eau, c'est une petite mare qui se forme par terre quand il pleut. *Grégoire s'amuse à rouler dans les flaques avec son vélo.*

flash nom masculin. Un flash, c'est une lampe qui fait une lumière très forte qui dure très peu de temps, comme un éclair, et que l'on utilise pour prendre des photos. *Papa prend les photos au flash car il fait un peu sombre.*

☞ Au pluriel des **flashs** ou des **flashes**.
✦ Flash est un mot qui vient de l'anglais.

flèche nom féminin. 1. Une flèche, c'est une arme qui est faite d'un morceau de bois long et mince avec une pointe au bout. 2. Une flèche, c'est un dessin qui indique dans quel sens il faut aller.

Les Indiens lancent des flèches avec leurs arcs. Suivez les flèches pour trouver le chemin.

fléchette nom féminin. Une fléchette, c'est une petite flèche que l'on lance à la main contre une cible, pour jouer.

fleur nom féminin. La fleur, c'est la partie d'une plante qui est colorée et qui sent bon. *Éric cueille des fleurs dans le jardin. Il y a un bouquet de fleurs sur la table.*

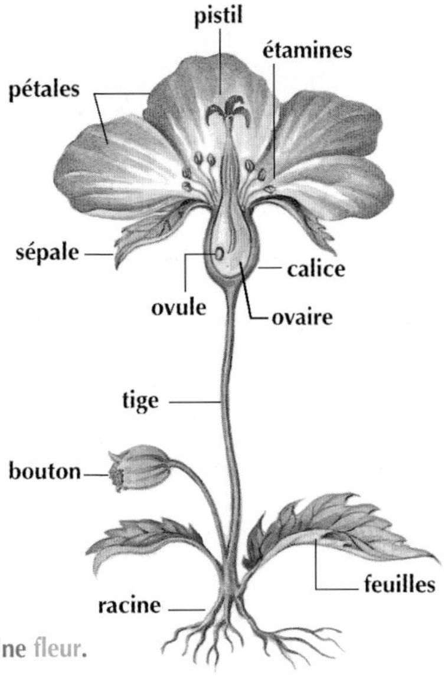

Une fleur.

fleurir verbe. *Les cerisiers fleurissent au printemps*, les fleurs poussent sur les cerisiers, au printemps.

fleuriste nom masculin et féminin. Un fleuriste, une fleuriste, c'est une personne dont le métier est de vendre des fleurs. *Charles a acheté un bouquet de roses chez le fleuriste.*

fleuve nom masculin. Un fleuve, c'est un cours d'eau qui se jette dans la mer. *Quel est le fleuve qui passe à Paris ?*

✦ Cherche aussi **rivière**.

flocon nom masculin. 1. Un flocon de neige, c'est une toute petite quantité très légère de neige qui tombe du ciel. *Un flocon de neige s'est posé sur le bout du nez d'Alice.* 2. Les flocons d'avoine, ce sont des petits morceaux d'avoine séchée. *Au petit-déjeuner, Jean-François mange des flocons d'avoine avec du lait.*

flore nom féminin. La flore d'une région, c'est l'ensemble des plantes qui poussent dans cette région.

✦ Cherche aussi **faune**.

flot nom masculin. Les flots, ce sont les eaux de la mer. *Le bateau navigue sur les flots.*

✦ C'est un mot que l'on ne dit pas beaucoup, on le rencontre surtout dans les livres.

flotter verbe. Flotter, c'est rester à la surface de l'eau. *Le petit bateau d'Henri flotte sur le bassin.*

✦ Le contraire de flotter, c'est **couler**.

flou adjectif masculin,
floue adjectif féminin. *La photo est floue*, les contours ne sont pas nets.

☞ Au masculin pluriel : **flous**.
Au féminin pluriel : **floues**.

fluide adjectif masculin et féminin. Quelque chose de fluide, c'est quelque chose qui coule, qui n'est ni solide, ni épais. *Mamie ajoute du lait dans la pâte à crêpes pour qu'elle soit plus fluide.*

flûte nom féminin. Une flûte, c'est un instrument de musique fait d'un tuyau de bois ou de métal percé de trous, dans lequel on souffle.

foi nom féminin. *Claire a la foi*, elle croit que Dieu existe, elle croit en Dieu.

✦ Ne confonds pas foi, **foie** et **fois**.

foie nom masculin. Le foie, c'est un organe qui est dans le haut du ventre, à droite, à côté de l'estomac. Il a un rôle très important dans la digestion. *Si tu manges trop de chocolat, tu vas avoir mal au foie.*

✦ Ne confonds pas foie, **foi** et **fois**.

foin nom masculin. Le foin, c'est l'herbe séchée que l'on donne à manger au bétail.

foire nom féminin. Une foire, c'est un grand marché. *Tous les ans, le 14 août, a lieu la foire de notre village où les paysans de la région viennent vendre leurs produits et leurs animaux.*

fois nom féminin. 1. *Solène a pris deux fois de la glace*, elle a pris de la glace et elle en a repris. 2. *C'est la première fois que Vincent va à la montagne*, Vincent va à la montagne alors qu'il n'y était encore jamais allé avant. 3. *Ne parlez pas tous à la fois*, ne parlez pas tous en même temps. 4. *Il était une fois un prince très beau*, il y avait un jour un prince très beau, il y a très longtemps. 5. *Deux fois trois égalent six*, quand on multiplie 2 par 3 on obtient 6.

✦ Ne confonds pas fois, **foi** et **foie**.

Anaïs joue de la flûte.

folie nom féminin. 1. La folie, c'est une maladie qui touche le cerveau. On ne se rend plus compte de ce que l'on fait, on dit et on fait des choses bizarres. 2. *C'est de la folie de plonger du haut de la falaise*, c'est très dangereux, il ne faut pas le faire.

✦ Cherche aussi **fou**.

folle va voir fou.

foncé adjectif masculin,
foncée adjectif féminin. *Jules a un pull rouge foncé*, il a un pull d'un rouge qui est plus proche du noir que du blanc.

✦ Cherche aussi **sombre**.
✦ Le contraire de foncé, c'est **clair**.

fonctionner verbe. *L'aspirateur ne fonctionne plus*, il ne marche plus, il est cassé.

fond nom masculin. 1. Le fond, c'est la partie la plus basse, la plus profonde. *Constance a fait tomber sa barrette au fond de la piscine.* 2. *Ma chambre est au fond du couloir*, elle est au bout du couloir.

fondre verbe. Fondre, c'est devenir liquide. *La neige fond au soleil*, elle se transforme en eau. *Le sucre a fondu dans le lait*, il s'est mélangé au lait.

fontaine nom féminin. Une fontaine, c'est l'ensemble formé par un robinet et le petit bassin dans lequel il coule. *Solange va chercher de l'eau fraîche à la fontaine.*

football nom masculin. Le football, c'est un sport où deux équipes de onze joueurs essaient d'envoyer le ballon, qui est rond, dans les buts de l'autre équipe, sans le toucher avec les mains. *Nous avons assisté à un match de football.*

✦ Football est un mot qui vient de l'anglais.

A B C D E F

force nom féminin. 1. La force, c'est ce qui rend capable de faire des efforts avec son corps, comme par exemple porter des choses lourdes. *Papa a beaucoup de force : il est arrivé à pousser cette grosse pierre. Mamie est très fatiguée, elle n'a plus la force de marcher.* 2. *Anne et Charlotte sont de la même force en calcul mental,* elles sont aussi fortes l'une que l'autre, elles calculent aussi vite l'une que l'autre.

Il faut de la force pour soulever ces haltères.

forcément adverbe. *Si tu cours avec des chaussures trop petites, tu auras forcément mal aux pieds,* c'est sûr que tu auras mal aux pieds.

forcer verbe. 1. Forcer, c'est obliger. *Maman me force à finir ma soupe,* elle ne me permet pas de ne pas finir ma soupe. *Manuel s'est forcé à sourire malgré son chagrin,* il a fait tout ce qu'il a pu pour réussir à sourire. 2. *Le voleur a forcé la porte du magasin,* il a ouvert la porte sans la clé, en cassant la serrure.

forêt nom féminin. Une forêt, c'est un grand terrain où poussent beaucoup d'arbres. *Dimanche, nous nous sommes promenés dans la forêt.*

✦ Cherche aussi **bois**.

forgeron nom masculin. Un forgeron, c'est un homme dont le métier est de fabriquer des objets en fer. *Le forgeron chauffe le fer, le pose sur son enclume et lui donne une forme en le tapant avec un marteau.*

forme nom féminin. 1. Une forme, c'est l'ensemble des contours d'un objet. *La piscine de Monsieur Roux a la forme d'un cœur.* 2. *Ce matin, Diego est en forme,* il se sent bien, il n'est pas fatigué, ni malade.

former verbe. 1. *La route forme un coude,* elle prend la forme d'un coude. *Matthieu forme mal ses «s»,* il dessine mal la forme des «s». 2. *La grande sœur de Stéphanie a formé un petit orchestre avec ses amis,* elle a fait un petit orchestre avec ses amis. 3. *Un balai est formé d'une brosse et d'un manche,* il est fait d'une brosse et d'un manche.

formidable adjectif masculin et féminin. *David a eu une idée formidable,* il a eu une très bonne idée.

formule nom féminin. Une formule, c'est une suite de mots que l'on dit toujours dans le même ordre. *La sorcière a dit la formule magique et la princesse s'est transformée en rocher.*

fort adjectif masculin,
forte adjectif féminin. 1. *Papa arrive à porter des choses très lourdes, il est fort,* il a de la force. 2. *Denise est forte en orthographe,* elle est bonne en orthographe, elle ne fait pas de fautes.

fort adverbe. *Parle moins fort,* on t'entend trop, tu fais trop de bruit.
✦ Le contraire de fort, c'est **doucement.**

forteresse nom féminin. Une forteresse, c'est un lieu protégé par des murs, des tours et des fossés, que l'on ne peut pas attaquer facilement. *Les ennemis n'ont pas pu entrer dans la forteresse.*

fortifiant nom masculin. Un fortifiant, c'est un médicament qui donne de la force quand on est fatigué. *Didier a pris des fortifiants après sa grippe.*

fortune nom féminin. Une fortune, c'est une grande quantité d'argent. *Oncle Picsou a une grande fortune.*
✦ Cherche aussi **richesse.**

fossé nom masculin. Un fossé, c'est un trou très long comme il y a au bord d'une route ou autour d'un château fort. *Alida enjambe le fossé.*

fossette nom féminin. Une fossette, c'est un petit creux dans les joues ou dans le menton.

Aurélie a des fossettes quand elle sourit.

fou adjectif masculin,
folle adjectif féminin. 1. Une personne folle, c'est une personne malade qui ne se rend pas compte de ce qu'elle fait et qui dit et fait des choses bizarres. 2. *Florian est fou de joie d'aller à la mer,* il est très content d'aller à la mer.
☞ Au masculin pluriel : **fous.**
Au féminin pluriel : **folles.**
✦ Cherche aussi **folie.**

foudre nom féminin. La foudre, c'est une sorte de secousse électrique qui se produit dans le ciel pendant un orage et qui est accompagnée d'un éclair et d'un coup de tonnerre. *La foudre est tombée sur un arbre et l'a brûlé.*

fouet nom masculin. Un fouet, c'est un instrument fait de bandes de cuir ou de cordes attachées à un manche et qui sert à donner des coups. *Le dompteur fait claquer son fouet devant le tigre.*

fouetter verbe. Fouetter, c'est donner des coups avec un fouet. *Le cow-boy fouette son cheval pour qu'il galope plus vite.*

fougère nom féminin. Une fougère, c'est une plante verte à longues feuilles très découpées, qui pousse dans les bois. *Les fougères n'ont jamais de fleurs.*

fouiller verbe. Fouiller, c'est chercher partout. *Agnès a fouillé dans les affaires de son frère pour retrouver son livre.*

fouillis nom masculin. *Quel fouillis dans la chambre de Frédéric !* quel désordre !

foulard nom masculin. Un foulard, c'est un morceau de tissu carré que l'on met autour du cou ou sur la tête. *Maman a mis son foulard bleu en soie autour du cou.*

foule nom féminin. La foule, c'est un grand nombre de personnes qui sont en même temps au même endroit.

A B C D E F

fouler verbe. *Émilie s'est foulé la cheville,* elle s'est tordu le pied, sa cheville a enflé et elle lui fait mal.

four nom masculin. Un four, c'est un appareil dans lequel on fait cuire des aliments. *Mamie met le rôti dans le four.*

fourche nom féminin. Une fourche, c'est un outil fait de plusieurs longues pointes de fer attachées à un long manche. *L'agriculteur prend le foin avec sa fourche et le met dans la mangeoire des vaches.*

✦ Les pointes de la fourche s'appellent des **dents**.

fourchette nom féminin. Une fourchette, c'est un objet fait d'un manche terminé par des pointes, qui sert à piquer les aliments pour les manger.

✦ La fourchette, le couteau et la cuillère sont des **couverts**.

fourmi nom féminin. Une fourmi, c'est un tout petit animal noir ou rouge qui vit en groupe. *Les fourmis sont très actives.*

✦ Les fourmis sont des **insectes**.

✦ De quelle couleur sont les fourmis qui piquent?

fourmilière nom féminin. Une fourmilière, c'est un endroit formé d'un petit tas de terre et de galeries creusées dans le sol, où vivent des milliers de fourmis.

fournir verbe. **1.** Fournir, c'est donner ce qui est nécessaire. *L'école fournit les livres de classe aux élèves.* **2.** *Diane a fourni un gros effort à la fin de l'année,* elle a fait un gros effort.

fourrage nom masculin. Le fourrage, c'est l'ensemble des plantes que l'on donne à manger au bétail.

fourré nom masculin. Un fourré, c'est un endroit où des herbes hautes et de petits arbres poussent très serrés les uns à côté des autres. *Le lapin s'est caché dans un fourré, on ne le voit plus.*

✦ Cherche aussi **buisson**.

fourré adjectif masculin,
fourrée adjectif féminin. **1.** *Édouard a mis ses bottes fourrées,* il a mis ses bottes dans lesquelles il y a de la fourrure ou de la laine. **2.** *Marguerite mange des dattes fourrées à la pâte d'amandes,* elle mange des dattes dans lesquelles on a mis de la pâte d'amandes.

fourrière nom féminin. **1.** La fourrière, c'est l'endroit où l'on met les animaux perdus ou abandonnés. **2.** La fourrière, c'est l'endroit où la police met les voitures mal garées. *Papi a dû payer une amende pour reprendre sa voiture qui était à la fourrière.*

Les chiens abandonnés sont mis à la fourrière. La voiture de Papi a été transportée à la fourrière.

Le chat a une fourrure très douce.

fourrure nom féminin. La fourrure, c'est le poil très épais et très beau de certains animaux.
✦ Tu peux dire aussi **pelage**.
✦ De quelle couleur est la fourrure du tigre ? Et celle de la panthère ?

foyer nom masculin. Le foyer, c'est la maison où l'on vit avec sa famille. *Quel plaisir de rentrer dans son foyer après une journée de travail !*

fracture nom féminin. *Roméo a une fracture du bras*, l'os de son bras est cassé.

fragile adjectif masculin et féminin. 1. Une chose fragile, c'est une chose qui se casse ou qui s'abîme facilement. *Fais attention en rangeant les verres, ils sont fragiles.* 2. Une personne fragile, c'est une personne qui est souvent malade, qui a une santé délicate. *Aurore est une petite fille fragile.*

fraîcheur nom féminin. 1. *Quand il fait très chaud, le chien recherche la fraîcheur*, il cherche un endroit où il fait frais. 2. *Ce poisson est d'une grande fraîcheur*, il est frais, il a été pêché il y a peu de temps.

frais adjectif masculin,
fraîche adjectif féminin. 1. *Luc boit de l'eau fraîche*, il boit de l'eau qui est un peu froide. 2. *Léa mange du pain frais*, elle mange du pain qui a été fait aujourd'hui.

frais nom masculin pluriel. *Papa a eu beaucoup de frais pendant son voyage*, il a dépensé beaucoup d'argent.
✦ Cherche aussi **dépense**.

fraise nom féminin. Une fraise, c'est un petit fruit rouge. *Mamie a fait une tarte aux fraises.*
✦ Les fraises poussent sur des **fraisiers**.

framboise nom féminin. Une framboise, c'est un fruit rouge à la peau très douce, plus petit qu'une fraise. *Julien étale de la confiture de framboises sur son pain.*
✦ Les framboises poussent sur des **framboisiers**.

franc nom masculin. Le franc, c'est la monnaie de la Suisse et de quelques pays d'Afrique.
✦ Le franc était aussi le nom de la monnaie de la France, de la Belgique et du Luxembourg avant l'euro.

franc adjectif masculin,
franche adjectif féminin. *Marion est franche*, elle dit la vérité, elle dit ce qu'elle pense vraiment sans rien cacher, ce n'est pas une menteuse.
✦ Tu peux dire aussi **sincère**.
✦ Le contraire de franc, c'est **hypocrite**.

franchement adverbe. Franchement, c'est sans mentir. *Léo a répondu franchement à la question de la directrice.*

franchir verbe. *Le cheval franchit le ruisseau*, il saute par-dessus le ruisseau. *Le coureur a franchi la ligne d'arrivée*, il a passé la ligne d'arrivée.

frange nom féminin. Une frange, c'est une sorte de bande de cheveux coupés droit qui couvrent le front. *Séverine a une frange.*

frapper verbe. Frapper, c'est donner un coup. *Régis a frappé sa petite sœur,* il l'a battue. *Marylène a entendu frapper à la porte,* elle a entendu quelqu'un taper à la porte.

Qui frappe à la porte ?

frein nom masculin. Un frein, c'est ce qui sert à ralentir et à arrêter une voiture, un camion, une bicyclette.

freiner verbe. Freiner, c'est faire aller moins vite une voiture ou une bicyclette en utilisant les freins. *Maman freine et arrête sa voiture au feu rouge.*

✦ Le contraire de freiner, c'est **accélérer**.

frelon nom masculin. Un frelon, c'est une grosse guêpe rousse, jaune et noire. *Les frelons tuent les abeilles et leur prennent leur miel.*

✦ Les piqûres de frelon font très mal.

fréquemment adverbe. Fréquemment, c'est souvent. *Catherine arrive fréquemment en retard à l'école.*

fréquent adjectif masculin,
fréquente adjectif féminin. Une chose fréquente, c'est une chose qui arrive souvent. *Attention, ce virage est très dangereux, les accidents sont fréquents à cet endroit,* il y a de nombreux accidents à cet endroit.

✦ Le contraire de fréquent, c'est **rare**.

frère nom masculin. *Paul est le frère de Léa,* Paul est un garçon qui a les mêmes parents que Léa.

✦ Léa est la **sœur** de Paul.

frétiller verbe. Frétiller, c'est remuer en faisant des petits mouvements rapides. *Le chien a la queue qui frétille quand on le caresse.*

friandise nom féminin. Une friandise, c'est un bonbon, un chocolat ou un petit gâteau. *Elsa aime beaucoup les friandises.*

frileux adjectif masculin,
frileuse adjectif féminin. Une personne frileuse, c'est une personne qui a facilement froid. *Mamie est frileuse.*

fripé adjectif masculin,
fripée adjectif féminin. *Le pantalon de Damien est fripé,* il a des petits plis partout.

✦ Il faudrait le repasser.
✦ Tu peux dire aussi **chiffonné**, **froissé**.

frisé adjectif masculin,
frisée adjectif féminin. *Jean-Charles a les cheveux frisés,* il a les cheveux qui font des boucles, qui ne sont pas raides. *Jean-Charles est frisé,* il a les cheveux frisés.

✦ Cherche aussi **bouclé**.

frisson nom masculin. Un frisson, c'est un petit mouvement du corps que l'on ne peut pas empêcher, quand on a froid ou quand on a de la fièvre. *Pascale est restée trop longtemps sous la pluie, maintenant elle a des frissons.*

frissonner verbe. Frissonner, c'est avoir le corps agité de petits mouvements, c'est avoir des frissons. *Pascale frissonne de froid.*

✦ Tu peux dire aussi **trembler**.

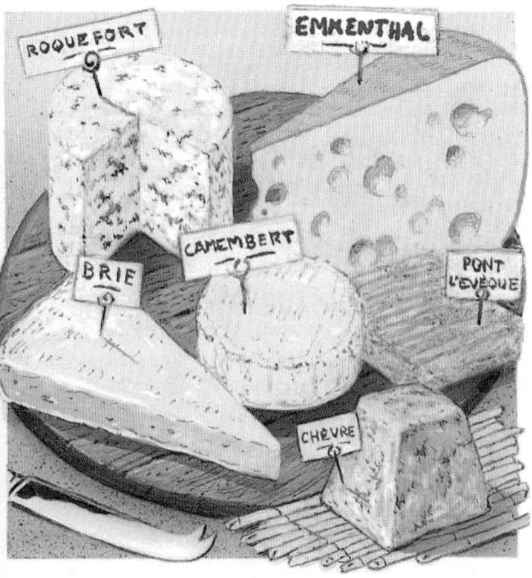

Quel beau plateau de fromages !

frit adjectif masculin,
frite adjectif féminin. Un aliment frit, c'est un aliment cuit dans de l'huile bouillante. *Chez Mamie, j'ai mangé du poisson frit.*

frite nom féminin. Des frites, ce sont des morceaux de pommes de terre longs et étroits, cuits dans de l'huile bouillante. *À la cantine, j'ai mangé un bifteck avec des frites.*

froid adjectif masculin,
froide adjectif féminin. *Thierry se lave les mains à l'eau froide,* il se lave les mains avec de l'eau qui est à une température assez basse.

✦ Le contraire de froid, c'est **chaud**.

froid nom masculin. *Quel froid aujourd'hui !* la température est très basse aujourd'hui !

✦ Le contraire de froid, c'est **chaleur**.

froissé adjectif masculin,
froissée adjectif féminin. *La robe de Capucine est froissée,* elle a des petits plis partout.

✦ Tu peux dire aussi **chiffonné**, **fripé**.

frôler verbe. Frôler, c'est passer tout près sans toucher ou en touchant à peine. *La voiture a frôlé le cycliste en le doublant.*

fromage nom masculin. Le fromage, c'est un aliment fait avec du lait de vache, de brebis ou de chèvre. *Le camembert est le fromage préféré de Lola.*

✦ Sais-tu qu'il y a 350 sortes de fromages différents faits en France ?

froncer verbe. *Le maître est fâché, il fronce les sourcils,* il rapproche ses sourcils en plissant le front.

front nom masculin. Le front, c'est la partie du visage qui est entre les yeux et les cheveux.

frontière nom féminin. La frontière, c'est l'endroit qui forme la limite entre deux pays. *Nous avons montré nos passeports en passant la frontière suisse.*

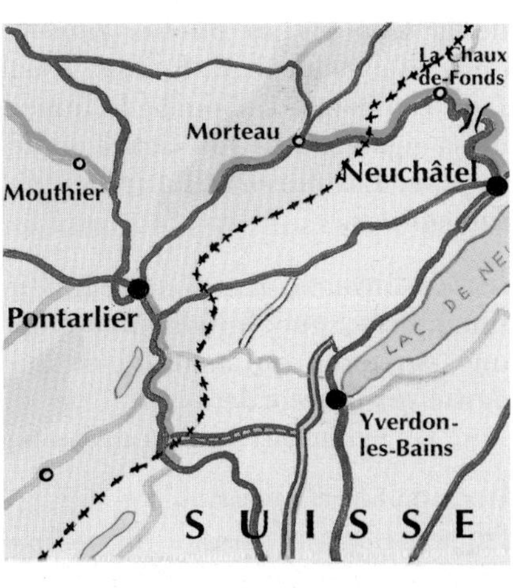

Pontarlier est en France, près de la frontière suisse.

A B C D E F

frotter verbe. Frotter, c'est faire passer une chose sur une autre plusieurs fois de suite, en appuyant. *Augustin frotte ses chaussures avec une brosse. Anne a sommeil, elle se frotte les yeux.*

fruit nom masculin. Un fruit, c'est ce qui pousse sur une plante ou sur un arbre après la fleur. *Les poires, les pommes et les bananes sont des fruits.*

✦ Quels autres fruits connais-tu ?

fuir verbe. **1.** Fuir, c'est partir très vite, s'enfuir. *Le chat a fait fuir le petit oiseau.* **2.** *Le robinet fuit*, il laisse couler de l'eau même quand il est fermé.

fuite nom féminin. **1.** *Le voleur a pris la fuite quand il a entendu arriver la police*, il s'est sauvé. **2.** *Le lavabo a une fuite*, de l'eau coule sous le lavabo.

fumée nom féminin. La fumée, c'est une sorte de nuage gris qui se forme au-dessus d'un feu ou d'une cigarette allumée.

fumer verbe. **1.** Fumer, c'est faire de la fumée. *Les bûches fument dans la cheminée.* **2.** Fumer, c'est faire venir dans sa bouche la fumée de sa cigarette, de son cigare ou de sa pipe. *Les parents d'Aurélien ne fument pas.*

funambule nom masculin et féminin. Un funambule, une funambule, c'est une personne qui marche et qui danse sur une corde.

✦ Les funambules sont des **acrobates**.

furieux adjectif masculin,
furieuse adjectif féminin. *Si je ne range pas mes affaires, Maman va être furieuse*, elle va être très en colère.

fusée nom féminin. Une fusée, c'est un engin qui va dans l'espace. *Les astronautes sont dans la fusée.*

✦ Tu peux dire aussi **vaisseau spatial**.
✦ Cherche aussi **satellite**.

fusil nom masculin. Un fusil, c'est une arme en forme de long tube, avec laquelle on envoie des balles. *Mon grand-père a pris son fusil et il est parti à la chasse.*

Le chasseur a tiré un coup de fusil.

fusiller verbe. Fusiller, c'est tuer avec un fusil quelqu'un qui est condamné à mort. *À la fin du film, le traître est fusillé.*

futur adjectif masculin,
future adjectif féminin. *Mon cousin nous a présenté sa future femme*, il nous a présenté celle qui va être sa femme.

futur nom masculin. **1.** Le futur, c'est la partie du temps qui va venir après le moment où l'on est, c'est l'avenir. *Personne ne sait comment nous vivrons dans le futur.* **2.** Le futur, c'est le temps du verbe qui montre que quelque chose se fera plus tard. *Dans « je jouerai demain », le verbe « jouer » est au futur.*

✦ Cherche aussi **passé** et **présent**.

G

g G g

gâcher verbe. Gâcher quelque chose, c'est l'abîmer en l'utilisant n'importe comment, sans faire attention. *Rémi a gâché plusieurs feuilles de papier avant de réussir son dessin.*

✦ Tu peux dire aussi **gaspiller**.

gâchette nom féminin. La gâchette, c'est la partie d'un fusil ou d'un pistolet qui fait partir le coup de feu quand on appuie sur la détente.

✦ On dit souvent *appuyer sur la gâchette*, mais on a tort. Il faut dire *appuyer sur la détente*.

gâchis nom masculin. Un gâchis, c'est un ensemble de choses abîmées, que l'on ne peut plus utiliser. *Toutes ces tranches de pain entamées, quel gâchis !*

gag nom masculin. Un gag, c'est une petite scène drôle à laquelle on ne s'attend pas, dans un film.

gage nom masculin. Un gage, c'est quelque chose que l'on doit faire quand on a perdu à un jeu. *Celui qui arrivera le dernier aura un gage : il devra faire le tour de la cour en sautant sur un pied.*

gagnant nom masculin,
gagnante nom féminin. Le gagnant, la gagnante, c'est la personne qui a gagné à un jeu ou à une compétition. *Le gagnant de la tombola aura une bicyclette.*

✦ Le contraire de gagnant, c'est **perdant**.

gagner verbe. 1. *Notre équipe a gagné le match*, elle a remporté la victoire. 2. *Mon grand frère gagne de l'argent en livrant des pizzas*, il reçoit de l'argent parce qu'il travaille.

On a gagné !

gai adjectif masculin,

gaie adjectif féminin. *Léonard est toujours gai,* il est toujours content et il rit souvent.

✦ Tu peux dire aussi **joyeux**.
✦ Le contraire de gai, c'est **triste**.
✦ Ne confonds pas gai et **guet**.

gaiement adverbe. *Les enfants chantaient gaiement dans le car,* ils chantaient avec gaieté.

✦ Le contraire de gaiement, c'est **tristement**.

gaieté nom féminin. *Benjamin a pleuré quand ses parents sont partis, mais il a vite retrouvé sa gaieté,* il a vite retrouvé sa bonne humeur et il a recommencé à être gai.

gain nom masculin. Un gain, c'est la somme d'argent que l'on gagne. *Le gagnant de la loterie a eu un gain de plusieurs milliers d'euros.*

galaxie nom féminin. Une galaxie, c'est un ensemble de milliards d'étoiles. *Il y a des milliards de galaxies dans l'univers.*

galerie nom féminin. Une galerie, c'est une sorte de couloir creusé sous la terre. *Les taupes ont creusé des galeries dans le jardin.*

galet nom masculin. Un galet, c'est un caillou plat qui est devenu lisse parce qu'il a été usé par la mer ou par l'eau d'un torrent. *Vladimir et Coralie jouent avec des galets sur la plage.*

galette nom féminin. Une galette, c'est un gâteau plat et rond.

galipette nom féminin. *Florian fait une galipette,* il pose les mains et la tête par terre, envoie ses jambes en l'air, roule sur le dos et retombe sur ses pieds.

galop nom masculin. Le galop, c'est la façon la plus rapide dont court un cheval. *Le cheval est parti au galop.*

✦ Cherche aussi **trot**.

galoper verbe. *Le cheval galopait,* il courait très vite, il allait au galop.

gambader verbe. Gambader, c'est courir pas très vite, dans tous les sens, en faisant de petits sauts. *Le chien gambade autour de son maître.*

gamelle nom féminin. Une gamelle, c'est une boîte dans laquelle on met son repas pour l'emporter. *C'est l'heure de déjeuner, les ouvriers sortent leur gamelle.*

gamin nom masculin,

gamine nom féminin. Un gamin, une gamine, c'est un enfant. *Marjorie est une gamine de 7 ans.*

✦ Quand on parle avec des gens sérieux, c'est mieux de dire un **petit garçon** ou une **petite fille**.

gamme nom féminin. La gamme, c'est la suite des notes de musique. *Pierre fait des gammes au piano.*

✦ Do, ré, mi, fa, sol, la, si, do.

gang nom masculin. Un gang, c'est une bande de personnes malhonnêtes ou d'assassins. *Le chef du gang a été arrêté par la police.*

Elsa a trouvé la fève dans la galette des Rois.

a b c d e f g

gangster nom masculin. Un gangster, c'est un bandit qui fait partie d'un gang. *Des gangsters ont attaqué la banque.*

gant nom masculin. Un gant, c'est un vêtement qui recouvre la main en entourant chaque doigt. *Aude a mis des gants blancs pour le mariage de sa cousine.*
✦ Cherche aussi **moufle**.

garantir verbe. *La montre de Zoé est garantie un an,* si la montre de Zoé ne marche plus, elle sera réparée gratuitement pendant un an.

garçon nom masculin. Un garçon, c'est un enfant de sexe masculin. *Les voisins ont trois enfants : deux filles et un garçon. Jonathan est un petit garçon très gentil.*
✦ Cherche aussi **fils**.

Mets à chacun sa paire de gants.

garage nom masculin. **1.** Un garage, c'est un endroit fermé dans lequel on range sa voiture. *Maman a rentré sa voiture dans le garage.* **2.** Un garage, c'est un endroit où l'on vend et où l'on répare des voitures. *Papa a conduit sa voiture au garage parce qu'elle faisait un bruit bizarre.*

garagiste nom masculin et féminin. Un garagiste, une garagiste, c'est une personne dont le métier est de vendre et de réparer les voitures, dans un garage.

garantie nom féminin. Une garantie, c'est un papier qui permet de ne pas payer la réparation de quelque chose que l'on a acheté il y a peu de temps et qui ne marche plus. *La garantie du magnétoscope est dans la boîte.*

garde nom féminin. **1.** *Mes parents ont confié mon petit frère à la garde de Mamie pour la soirée,* ils font garder mon petit frère par Mamie. **2.** *Rex est un chien de garde,* il surveille la maison et aboie si des gens s'en approchent.

garder verbe. **1.** *Le mercredi, c'est Mamie qui me garde,* c'est Mamie qui s'occupe de moi et qui me surveille. **2.** *Richard a gardé sa casquette sur la tête,* il a laissé sa casquette sur sa tête, il ne l'a pas enlevée. **3.** *Laure a gardé la cassette que je lui ai prêtée,* elle a toujours ma cassette, elle ne me l'a pas rendue. **4.** *La confiture se garde longtemps dans le réfrigérateur,* elle reste bonne, on peut la conserver longtemps dans le réfrigérateur.

A B C D E F G

garderie nom féminin. Une garderie, c'est un endroit où l'on garde les enfants. *Le mercredi, Antoine va à la garderie.*

✦ On garde les bébés à la **crèche**.

gardien nom masculin,
gardienne nom féminin. **1.** Un gardien, une gardienne, c'est une personne qui surveille un endroit, fait attention aux personnes qui entrent. *Le gardien de l'immeuble sort les poubelles.* **2.** Le gardien de but, c'est le joueur de football qui est devant les buts pour arrêter le ballon.

gare nom féminin. Une gare, c'est un endroit où les trains arrivent et d'où ils partent. *Le train entre en gare.*

gaspillage nom masculin. *Ne dépense pas tout ton argent pour acheter des bonbons, c'est du gaspillage,* tu gaspilles ton argent, tu le dépenses n'importe comment.

gaspiller verbe. *Nicole gaspille son argent,* elle le dépense n'importe comment, elle ne fait pas attention.

gâteau nom masculin. Un gâteau, c'est un aliment fait avec de la farine, des œufs, du beurre et du sucre. *Quel est ton gâteau préféré ?*

☞ Au pluriel : des **gâteaux**.

gâter verbe. **1.** *Papi et Mamie m'ont gâté pour mon anniversaire,* ils m'ont fait de très beaux cadeaux. **2.** *Anne-Cécile est une enfant gâtée,* elle a toujours tout ce qu'elle désire et elle fait toujours tout ce qu'elle veut. **3.** Se gâter, c'est s'abîmer. *Les fraises se sont gâtées,* elles ont pourri. *Le temps se gâte,* il devient mauvais.

Arthur prend le train, ses parents l'accompagnent à la gare.

garer verbe. *Madame Fournier a garé sa voiture devant l'école,* elle a rangé sa voiture le long du trottoir, devant l'école.

gauche adjectif masculin et féminin. Le côté gauche, c'est le côté du cœur. *Camille écrit de la main gauche.*

✦ Le contraire de gauche, c'est **droit**.

gauche nom féminin. La gauche, c'est le côté du cœur. *Pour aller à la gare, prenez la première route à gauche.*

✦ Le contraire de gauche, c'est **droite**.

gaucher adjectif masculin,
gauchère adjectif féminin. *Camille est gauchère,* elle se sert de sa main gauche pour écrire, dessiner, manger.

✦ Joris est **droitier**.

gaufre nom féminin. Une gaufre, c'est une sorte de gâteau fait avec une pâte liquide cuite dans un moule spécial qui dessine de petits carrés.

Clara mange des gaufres.

gaufrette nom féminin. Une gaufrette, c'est un gâteau sec qui ressemble à une petite gaufre. *Papa a acheté un paquet de gaufrettes.*

gaver verbe. Gaver, c'est faire manger de force et beaucoup. *On gave les oies et les canards pour qu'ils soient gros et gras.*

gaz nom masculin. 1. Un gaz, c'est une matière que l'on ne voit pas, qui n'est ni un liquide ni un solide. *L'air est composé de plusieurs gaz.* 2. Le gaz, c'est un gaz spécial que l'on brûle pour se chauffer et faire cuire les aliments. *Mamie a une cuisinière à gaz.*

☞ Au pluriel : des **gaz**.

gazelle nom féminin. Une gazelle, c'est un animal qui a de longues cornes recourbées et de longues pattes très fines. *Les gazelles vivent en troupeaux dans le désert, en Afrique et en Asie.*

✦ La gazelle appartient à la même famille que l'antilope.

gazon nom masculin. Le gazon, c'est de l'herbe courte et très serrée que l'on fait pousser et qui forme une pelouse. *Maman tond le gazon devant la maison.*

gazouiller verbe. *Les oiseaux gazouillent,* ils chantent en faisant un petit bruit.

géant nom masculin,
géante nom féminin. Un géant, une géante, c'est une personne beaucoup plus grande que les autres. *Il était une fois un géant qui avait enjambé la montagne pour venir délivrer la princesse.*

✦ Le contraire de géant, c'est **nain**.

géant adjectif masculin,
géante adjectif féminin. *Dans certains pays, il y a des fourmis géantes,* il y a des fourmis énormes, beaucoup plus grandes que les fourmis normales.

✦ Le contraire de géant, c'est **nain**.

gel nom masculin. Le gel, c'est le moment où l'eau devient de la glace parce qu'il fait très froid. *En hiver, Mamie rentre les plantes qui étaient sur son balcon, à cause du gel.*

✦ Le contraire de gel, c'est **dégel**.

gelée nom féminin. 1. *La météo annonce des gelées pour cette nuit,* elle annonce qu'il va faire très froid et que l'eau va geler. 2. Une gelée, c'est une confiture faite avec le jus du fruit et du sucre. *Thomas met de la gelée de groseilles sur sa tranche de pain.*

geler verbe. 1. *L'eau gèle à zéro degré,* l'eau durcit et devient de la glace à zéro degré. 2. *Cette nuit, il a gelé,* il a fait très froid, l'eau s'est changée en glace et la terre a durci.

gémir verbe. Gémir, c'est pousser de petits cris pour se plaindre quand on a mal. *On entend gémir une biche blessée dans la forêt.*

gênant adjectif masculin,
gênante adjectif féminin. *Le bruit de la perceuse est très gênant,* ce bruit est désagréable et il dérange.

gencive nom féminin. La gencive, c'est la chair qui recouvre la base des dents, dans la bouche. *Quand elles commencent à pousser, les dents percent les gencives.*

gendarme nom masculin et féminin. Un gendarme, une gendarme, c'est un militaire, une militaire qui surveille les routes et protège les gens.

Les gendarmes contrôlent les automobilistes.

gendarmerie nom féminin. La gendarmerie, c'est la maison où travaillent et habitent les gendarmes.

gendre nom masculin. *Monsieur et Madame Laplace aiment beaucoup leur gendre,* ils aiment beaucoup le mari de leur fille.

gêne nom féminin. *Papi ressent une gêne lorsqu'il marche,* il a du mal à marcher car quelque chose l'empêche de marcher normalement.

gêner verbe. *Ce bruit me gêne, je ne peux pas lire,* ce bruit est désagréable et il me dérange.

général nom masculin. Un général, c'est le chef le plus important, dans l'armée.
☞ Au pluriel : des **généraux**.

Le général passe devant ses troupes.

général adjectif masculin,
générale adjectif féminin. 1. *La classe a eu une punition générale,* tout le monde a été puni. 2. *En général, il fait très froid l'hiver,* presque toujours, il fait très froid l'hiver.
☞ Au masculin pluriel : **généraux**.
Au féminin pluriel : **générales**.

généralement adverbe. *Généralement Papa rentre à 8 heures,* d'habitude Papa rentre à 8 heures.

généreux adjectif masculin,
généreuse adjectif féminin. *Mamie est très généreuse,* elle aime bien faire des cadeaux ou donner de l'argent aux autres.

✦ Le contraire de généreux, c'est **avare**.

générosité nom féminin. La générosité, c'est la qualité d'une personne qui aime beaucoup faire des cadeaux ou donner de l'argent aux autres. *Mamie est d'une grande générosité.*

génial adjectif masculin,
géniale adjectif féminin. *Le téléphone est une invention géniale,* c'est une invention qui a été faite par des personnes très intelligentes.

☞ Au masculin pluriel : **géniaux**.
Au féminin pluriel : **géniales**.

génie nom masculin. 1. Un génie, c'est une personne qui a des pouvoirs magiques, mais qui n'existe que dans les contes. *Un génie était caché dans la lampe d'Aladin.* 2. *L'architecte qui a construit ce monument a du génie,* il est très doué, il peut créer et inventer des choses extraordinaires.

génisse nom féminin. Une génisse, c'est une jeune vache.

genou nom masculin. Le genou, c'est l'endroit de la jambe où l'on peut la plier. *Papa s'est mis à genoux,* il a posé ses deux genoux par terre, il s'est agenouillé.

☞ Au pluriel : des **genoux**.
✦ Comment s'appelle l'endroit du bras où on peut le plier?

genre nom masculin. 1. *J'aime bien ce genre de livres avec beaucoup d'images,* j'aime bien les livres qui ressemblent à ce livre, j'aime bien cette sorte de livres. 2. *Cette fille a un drôle de genre,* elle a une façon de s'habiller et des manières très particulières, un peu vulgaires.

gens nom masculin pluriel. Les gens, ce sont les personnes. *Il y a beaucoup de gens dans ce magasin.*

gentil adjectif masculin,
gentille adjectif féminin. 1. *La maîtresse est gentille,* elle cherche à faire plaisir, elle n'est pas sévère, elle n'est pas méchante. 2. *Les enfants ont été très gentils toute la journée,* ils ont été sages, ils sont restés tranquilles.

gentillesse nom féminin. La gentillesse, c'est la qualité d'une personne gentille. *La maîtresse est d'une grande gentillesse.*

✦ Le contraire de gentillesse, c'est **méchanceté**.

gentiment adverbe. *L'agent de police nous a aidés très gentiment,* il nous a aidés avec beaucoup de gentillesse, en étant très gentil.

✦ Le contraire de gentiment, c'est **méchamment**.

Papa s'est mis à genoux pour enlever les mauvaises herbes.

a b c d e f **g**

A
B
C
D
E
F
G

géographie nom féminin. La géographie, c'est l'étude de la Terre avec ses montagnes, ses fleuves et ses déserts, les animaux et les hommes qui y habitent et les plantes qui y poussent. *Il y a une grande carte de géographie sur le mur de la classe.*

géométrie nom féminin. La géométrie, c'est l'étude des lignes, des surfaces et des volumes. *Mon grand frère a un exercice de géométrie à faire : il doit tracer des triangles.*

géranium nom masculin. Un géranium, c'est une plante à fleurs rouges, roses ou blanches. *Il y a des pots de géraniums sur le balcon.*

gercé adjectif masculin,
gercée adjectif féminin. *Il fait très froid, Capucine a les lèvres gercées*, ses lèvres sont très sèches et elles ont de toutes petites écorchures qui font mal.

germe nom masculin. Le germe, c'est la première petite pousse qui sort d'une graine pour donner une nouvelle plante.

germer verbe. *Les grains de blé ont germé*, des germes sont sortis des grains de blé, le blé pousse.

geste nom masculin. 1. Un geste, c'est un mouvement que l'on fait avec les bras, les mains ou la tête. *Papa a fait un geste de la main pour dire au revoir à Jean-François.* 2. *Coralie a aidé l'aveugle à traverser la rue, c'est un beau geste*, c'est une bonne action.

gesticuler verbe. Gesticuler c'est faire beaucoup de gestes. *Dominique gesticule en nous racontant son voyage.*

gibier nom masculin. Le gibier, c'est l'ensemble des animaux que l'on chasse pour les manger.

gicler verbe. Gicler, c'est jaillir en éclaboussant. *Marguerite a roulé dans une flaque avec sa bicyclette et la boue a giclé sur son pantalon.*

gifle nom féminin. Une gifle, c'est un coup donné avec la main ouverte, sur la joue de quelqu'un.
✦ Tu peux dire aussi **claque**.

Ariane donne une gifle à son frère.

gifler verbe. Gifler, c'est donner une gifle. *Ariane a giflé son frère.*

gigantesque adjectif masculin et féminin. *Le mammouth était un animal gigantesque*, c'était un animal énorme, très grand.

gigot nom masculin. Un gigot, c'est une cuisse d'agneau ou de mouton préparée pour être mangée. *Alexandre mange du gigot avec des haricots.*

gilet nom masculin. 1. Un gilet, c'est un pull à manches longues boutonné devant. *Julie a mis un gilet de laine bleu par-dessus son tee-shirt.* 2. Un gilet, c'est un vêtement sans manches que les hommes portent entre leur chemise et leur veste.

girafe nom féminin. Une girafe, c'est un grand animal au cou très long qui vit en Afrique. *Les girafes peuvent manger les feuilles des arbres qui sont à six mètres de hauteur.*

girouette nom féminin. Une girouette, c'est un petit objet en métal qui est placé au sommet d'un toit et qui tourne pour indiquer la direction du vent. *Il y a une girouette en forme de coq sur le clocher de l'église.*

gisement nom masculin. Un gisement, c'est une grande quantité de fer, de charbon, d'or, de pétrole ou d'une autre matière, dans le sol.
✦ Cherche aussi **mine**.

givre nom masculin. Le givre, c'est de la glace toute blanche et très fine qui couvre les vitres et les plantes lorsqu'il a fait très froid. *Il a gelé pendant la nuit et ce matin les arbres sont couverts de givre.*

glace nom féminin. **1.** Une glace, c'est une plaque de verre dans laquelle on peut se voir, c'est un miroir. *Nicole se regarde dans la glace.* **2.** La glace, c'est de l'eau qui a gelé. *Olivier patine sur la glace.* **3.** Une glace, c'est une crème très froide. *Damien mange une glace à la framboise.*

glacé adjectif masculin,
glacée adjectif féminin. *Maman boit un verre d'eau glacée,* elle boit un verre d'eau très froide, qui a été refroidie par de la glace. *Valentin a les pieds glacés,* il a les pieds très froids.

glacier nom masculin. Un glacier, c'est une grosse masse de neige, qui s'est transformée en glace, très haut dans la montagne. *Les glaciers ne fondent jamais complètement.*
✦ Il y a quelquefois des crevasses dans les glaciers.

glaçon nom masculin. Un glaçon, c'est un petit morceau de glace. *Papa met des glaçons dans son verre.*

glaïeul nom masculin. Un glaïeul, c'est une très grande fleur rouge, rose ou blanche. *Maman a mis un grand bouquet de glaïeuls dans le salon.*

gland nom masculin. Le gland, c'est le fruit du chêne. *Les cochons et les écureuils mangent des glands.*

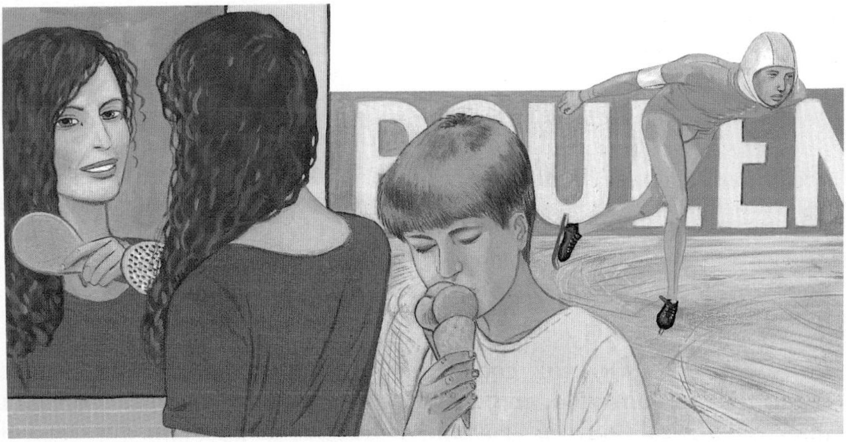

Nicole se regarde dans la glace. Damien mange une glace. Olivier patine sur la glace.

Attention ! le parquet est glissant.

glissant adjectif masculin,
glissante adjectif féminin. Un parquet glissant, c'est un parquet sur lequel on risque de glisser.

glisser verbe. 1. Glisser, c'est avancer très vite sur une surface lisse et glissante sans pouvoir s'en empêcher. *La voiture glisse sur le verglas*, elle dérape. 2. *Éléonore s'est glissée sous sa couette*, elle s'est mise tout doucement sous sa couette.

globe nom masculin. Un globe, c'est une grosse boule. Le globe terrestre, c'est la Terre.

gloire nom féminin. *Ce pianiste est au sommet de la gloire*, il est très célèbre et tout le monde l'admire parce qu'il a beaucoup de talent.

glousser verbe. *La poule glousse pour appeler ses petits*, elle pousse de petits cris.

gobelet nom masculin. Un gobelet, c'est un verre sans pied, en plastique, en métal ou en carton. *Lorsqu'on fait un pique-nique, on boit dans des gobelets en carton.*

godet nom masculin. Un godet, c'est un petit gobelet dans lequel on met de l'eau pour rincer ses pinceaux quand on fait de la peinture. *Le peintre trempe son pinceau dans un godet.*

goéland nom masculin. Un goéland, c'est un grand oiseau gris et blanc qui vit au bord de la mer. *Les goélands pêchent des poissons pour se nourrir.*

✦ Le goéland ressemble à une grosse mouette.

golf nom masculin. Le golf, c'est un sport où l'on doit faire entrer une balle dans plusieurs trous en la frappant avec une sorte de canne.

✦ Ne confonds pas golf et **golfe**.

Papa joue au golf.

golfe nom masculin. Un golfe, c'est un endroit où la mer avance loin dans les terres et forme un grand bassin ouvert vers le large. *Marine et Loïc passent leurs vacances dans le golfe du Morbihan.*

✦ Ne confonds pas golfe et **golf**.

gomme nom féminin. Une gomme, c'est un petit morceau de caoutchouc ou de plastique qui sert à effacer ce qui est écrit au crayon ou à l'encre.

gommer verbe. Gommer, c'est effacer avec une gomme. *Linda gomme la fleur qu'elle vient de dessiner.*

gonfler verbe. 1. Gonfler, c'est remplir d'air. *Papa gonfle le matelas pneumatique.* 2. Gonfler, c'est devenir gros, enfler. *Émilie s'est tordu le pied, sa cheville commence à gonfler.*

gorge nom féminin. La gorge, c'est le fond de la bouche. *Benoît a mal à la gorge, il a peut-être une angine.*

gorgée nom féminin. Une gorgée, c'est la quantité de liquide que l'on avale en une seule fois. *Diane a bu quelques gorgées d'eau à la bouteille.*

gorille nom masculin. Un gorille, c'est un grand singe qui marche à quatre pattes ; il vit en Afrique. *Les gorilles sont les plus grands et les plus forts de tous les singes.*

✦ Les gorilles peuvent mesurer 2 mètres et peser 200 kilos. Ils vivent jusqu'à 40 ans.

goudron nom masculin. Le goudron, c'est une pâte noire que l'on utilise pour recouvrir les routes et les trottoirs. *Le goudron a une odeur très forte.*

Un golfe.

gouffre nom masculin. Un gouffre, c'est un trou très profond et très large, dans la terre. *Trois hommes sont descendus avec une corde au fond du gouffre pour l'explorer.*

goulot nom masculin. Le goulot, c'est la partie étroite, dans le haut d'une bouteille, là où est enfoncé le bouchon. *Diane boit au goulot.*

gourde nom féminin. Une gourde, c'est un bidon en plastique ou en métal dans lequel on met à boire quand on part en promenade.

gourmand adjectif masculin, **gourmande** adjectif féminin. *Antoine est gourmand,* il aime manger de bonnes choses et il en mange beaucoup.

gourmandise nom féminin. La gourmandise, c'est le défaut d'une personne qui ne peut s'empêcher de manger trop de bonnes choses. *Antoine n'a plus faim, mais il reprend du gâteau par gourmandise.*

gousse nom féminin. Les gousses d'ail, ce sont toutes les parties recouvertes d'une peau fine qui forment une tête d'ail. *Mamie met une gousse d'ail dans le gigot.*

goût nom masculin. 1. Le goût, c'est ce qui permet de sentir avec la langue et le palais si ce que l'on mange est sucré ou salé, bon ou mauvais. *Le goût est l'un des cinq sens.* 2. *Ces pommes ont un goût acide,* elles sont acides. 3. *Madame Nollet a du goût,* elle sait faire la différence entre ce qui est beau et ce qui est laid, elle a toujours de jolies choses.

goûter verbe. 1. Goûter, c'est manger ou boire un peu de quelque chose pour en connaître le goût. *Fais-moi goûter ta glace!* 2. Goûter, c'est manger au milieu de l'après-midi. *Charlotte est allée goûter chez Kévin.*

goûter nom masculin. Le goûter, c'est le petit repas que l'on mange dans l'après-midi. *Papa m'a acheté un pain au chocolat pour mon goûter.*

goutte nom féminin. Une goutte, c'est une très petite quantité de liquide, toute ronde. *Il commence à pleuvoir, j'ai reçu des gouttes de pluie.*

gouttière nom féminin. Une gouttière, c'est une sorte de tuyau ouvert, en métal, fixé au bord du toit, qui reçoit l'eau de pluie.

Le chat se promène sur le toit, au-dessus de la gouttière.

gouvernail nom masculin. Le gouvernail, c'est l'appareil, à l'arrière du bateau, qui sert à le diriger.
☞ Au pluriel : des **gouvernails**.

gouvernement nom masculin. Le gouvernement, c'est l'ensemble des personnes qui dirigent un pays. *Le Premier ministre est le chef du gouvernement.*

gouverner verbe. Gouverner, c'est diriger un pays.

grâce nom féminin. 1. *Justine danse avec grâce,* elle danse en faisant de jolis mouvements et en souriant. 2. *Émilie a eu une bonne note à son dessin grâce à sa sœur,* elle a eu une bonne note parce que sa sœur l'a aidée à faire son dessin.

gracieux adjectif masculin,
gracieuse adjectif féminin. *Dorothée est gracieuse,* elle fait de jolis mouvements et elle sourit.

gradin nom masculin. Des gradins, ce sont des bancs placés les uns derrière les autres en montant, comme des marches d'escalier, dans un cirque ou dans un stade.

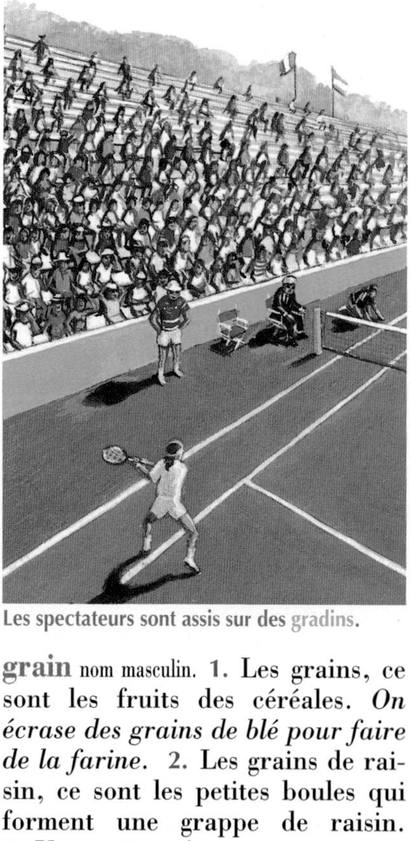

Les spectateurs sont assis sur des gradins.

grain nom masculin. 1. Les grains, ce sont les fruits des céréales. *On écrase des grains de blé pour faire de la farine.* 2. Les grains de raisin, ce sont les petites boules qui forment une grappe de raisin. 3. Un grain, c'est un tout petit morceau. *C'est impossible de* *compter les grains de sable qu'il y a sur une plage.* **4.** Un grain de beauté, c'est une petite tache marron sur la peau. *Antoinette a un grain de beauté sur l'épaule.*

graine nom féminin. Une graine, c'est un grain qui vient d'une plante et qui donne naissance à une nouvelle plante quand on le met dans la terre. *Papi a semé des graines de radis dans le potager.*

graisse nom féminin. **1.** La graisse, c'est une couche de matière grasse sous la peau. *Papa a grossi, il doit faire de la gymnastique pour perdre sa graisse.* **2.** La graisse, c'est une matière grasse qui vient des plantes ou des animaux et qui sert à faire la cuisine ou à faire glisser les pièces d'un mécanisme. *Le beurre est une graisse qui vient des animaux, l'huile est une graisse qui vient des plantes.*

grammaire nom féminin. La grammaire, c'est l'ensemble des règles qu'il faut suivre pour bien parler et bien écrire, sans faire de fautes. *Clément a fait une faute de grammaire : il a oublié de mettre un s au pluriel.*

gramme nom masculin. Les grammes servent à savoir combien pèse une chose. *Cette lettre pèse vingt grammes* ou *cette lettre pèse 20 g.*

✦ Il faut mille grammes pour faire un **kilo** ou 1000 g = 1 kg.

grand adjectif masculin,
grande adjectif féminin. **1.** *Elsa est plus grande que Marie,* elle mesure plus de centimètres que Marie. **2.** *Laurent est le grand frère de Stéphanie,* c'est son frère qui est plus âgé qu'elle. *Martin dit qu'il sera pilote d'avion quand il sera grand,* quand il sera un adulte. **3.** *Monsieur et Madame Sanchez ont une grande maison,* ils ont une maison qui a de nombreuses pièces et dans laquelle il y a beaucoup de place.

✦ Le contraire de grand, c'est **petit**.

grand-chose pronom. Pas grand-chose, c'est peu de chose, presque rien. *Alexis n'avait pas grand-chose à nous raconter.*

grandeur nom féminin. *Ces deux bateaux ne sont pas de la même grandeur,* il y en a un qui est plus grand que l'autre.

✦ Tu peux dire aussi **taille**.

grandir verbe. Grandir, c'est devenir plus grand. *Isabelle a beaucoup grandi depuis l'année dernière.*

grand-mère nom féminin. La grand-mère, c'est la mère du père ou de la mère. *Aude ressemble beaucoup à sa grand-mère.*

☞ Au pluriel : des **grand-mères** ou des **grands-mères**.

✦ Cherche aussi **mamie**.

Judith et Marc ont 12 ans. Judith est grande, Marc est petit.

grand-père nom masculin. Le grand-père, c'est le père du père ou de la mère. *Sébastien est allé à la pêche avec son grand-père.*

☞ Au pluriel : des **grands-pères**.
✦ Cherche aussi **papi**.

grands-parents nom masculin pluriel. Les grands-parents, ce sont les parents des parents, ce sont les grands-pères et les grands-mères. *Les grands-parents d'Estelle habitent à la campagne.*

grange nom féminin. Une grange, c'est une maison dans laquelle on garde le foin et les grains que l'on a récoltés.

grappe nom féminin. Une grappe, c'est un groupe de grains accrochés sur une tige.

Les grappes de raisin poussent sur les vignes.

gras adjectif masculin,
grasse adjectif féminin. 1. *Le beurre et l'huile sont des matières grasses,* ce sont des matières formées de graisse. 2. *Ce mouton est bien gras,* il est gros. 3. *Ophélie a les mains grasses,* elle a les mains sales, pleines de graisse.

gras nom masculin. *Jean-Baptiste n'a pas mangé le gras du jambon,* il n'a pas mangé la partie blanche sur le bord du jambon, qui est de la graisse.

gratter verbe. Gratter, c'est frotter avec ses ongles ou ses griffes. *Le chat gratte à la porte. Julien se gratte parce que ses boutons le démangent.*

gratuit adjectif masculin,
gratuite adjectif féminin. *L'entrée du zoo est gratuite pour les enfants de moins de quatre ans,* les enfants de moins de quatre ans entrent au zoo sans payer.

✦ Le contraire de gratuit, c'est **payant**.

gratuitement adverbe. Gratuitement, c'est sans payer. *Les bébés voyagent gratuitement dans le train.*

grave adjectif masculin et féminin. 1. *Augustin a eu un grave accident,* il a eu un accident où il aurait pu mourir. 2. Une voix grave, c'est une voix dont le son est bas. *Papa a une voix grave et Marie a une voix aiguë.*

gravement adverbe. *Le blessé a été gravement brûlé,* il a eu une grosse brûlure.

✦ Le contraire de gravement, c'est **légèrement**.

graver verbe. Graver, c'est écrire ou dessiner sur une matière dure en creusant avec quelque chose de pointu. *Francine a gravé son nom sur un bâton avec un canif.*

gravier nom masculin. *Les allées du jardin sont recouvertes de gravier,* les allées du jardin sont recouvertes de nombreux petits cailloux.

grêle nom féminin. La grêle, c'est une pluie très forte, où l'eau qui tombe s'est changée en glace.

grêler verbe. *Il grêle,* il tombe de la grêle.

grêlon nom masculin. Un grêlon, c'est un morceau de glace qui tombe quand il grêle. *Les grêlons ont abîmé la voiture.*

grelot nom masculin. Un grelot, c'est une petite boule en métal avec une petite bille à l'intérieur qui fait du bruit quand on la fait bouger. *L'ours en peluche de Daniel a un collier avec des grelots.*

grelotter verbe. Grelotter, c'est trembler parce que l'on a froid. *Fabienne n'est pas assez couverte, elle grelotte.*

grenadine nom féminin. La grenadine, c'est un sirop rouge très sucré fait avec des fruits. *Anne met un peu de grenadine dans son verre d'eau.*

On fabrique la grenadine à partir d'un fruit, la grenade.

grenier nom masculin. Le grenier, c'est le dernier étage d'une maison, juste sous le toit. *Papa range les vieux journaux dans le grenier.*

grenouille nom féminin. Une grenouille, c'est un petit animal qui nage et qui saute grâce à ses pattes de derrière très longues. *Les grenouilles vivent dans les mares et sur la terre.*

- ✦ Le petit de la grenouille est le **têtard**.
- ✦ La grenouille appartient à la même famille que le crapaud.

grève nom féminin. Une grève, c'est un arrêt du travail pour montrer que l'on n'est pas content et pour obtenir quelque chose. *Les ouvriers de l'usine font grève parce qu'ils veulent être payés davantage.*

gribouiller verbe. Gribouiller, c'est écrire ou dessiner n'importe comment, sans s'appliquer. *Ma petite sœur a gribouillé sur les murs du salon.*

griffe nom féminin. Une griffe, c'est une sorte d'ongle pointu qu'ont certains animaux. *Le chat sort ses griffes et saute sur la souris.*

griffer verbe. Griffer, c'est faire une égratignure en donnant un coup de griffe ou un coup d'ongle. *Jean a griffé Aurélie sur la joue.*

grignoter verbe. Grignoter, c'est manger lentement, petit bout par petit bout. *Le bébé grignote son biscuit.*

grillage nom masculin. Un grillage, c'est un ensemble de fils de fer qui se croisent et qui servent à fermer un endroit. *Un grillage empêche les poules de s'échapper du poulailler.*

grille nom féminin. Une grille, c'est un ensemble de barreaux qui entourent un jardin, servent de porte ou empêchent de passer par une ouverture. *Pousse la grille pour entrer dans le square.*

A B C D E F G

griller verbe. Griller, c'est faire cuire, sur une petite grille de métal ou sur une plaque, au-dessus d'un feu très fort. *Mamie fait griller des saucisses et des côtelettes d'agneau.*

grillon nom masculin. Un grillon, c'est un insecte qui habite dans les champs et fait un bruit aigu en frottant ses ailes.

✦ Cherche aussi **cigale**.

grimace nom féminin. Une grimace, c'est un mouvement qui déforme le visage. *Julien s'amuse à faire des grimaces : il plisse le front, tire la langue et essaie de loucher.*

Julien fait des grimaces.

grimper verbe. Grimper, c'est monter en haut de quelque chose de difficile à atteindre. *L'écureuil a grimpé tout en haut de l'arbre.*

grincer verbe. Grincer, c'est faire un bruit aigu très désagréable. *La porte grince quand on l'ouvre.*

grippe nom féminin. La grippe, c'est une maladie qui donne de la fièvre. *Quentin tousse et a mal partout, il a sûrement la grippe.*

gris adjectif masculin,
grise adjectif féminin. La couleur grise, c'est un mélange de noir et de blanc. *Martial a un pantalon gris.*

grive nom féminin. Une grive, c'est un oiseau marron et noir. *Les grives aiment beaucoup manger des grains de raisin.*

grogner verbe. *Les cochons et les ours grognent*, ils poussent leur cri.

gronder verbe. 1. *Le tonnerre gronde*, il fait un bruit qui dure longtemps et que l'on entend de loin. 2. Gronder une personne, c'est lui faire des reproches. *Amélie s'est fait gronder par son père parce qu'elle a fait une bêtise.*

gros adjectif masculin,
grosse adjectif féminin. 1. Une grosse chose, c'est une chose qui prend beaucoup de place. *Madame Morand a une grosse voiture.* 2. Une personne grosse, c'est une personne qui a beaucoup de graisse et qui est très lourde. *Papa est trop gros, il va faire un régime pour maigrir.* 3. *Monsieur Ducret a de gros ennuis*, il a des ennuis importants.

groseille nom féminin. Une groseille, c'est un petit fruit rouge ou blanc qui pousse en grappes. *Mamie a fait de la gelée de groseille.*

✦ Les groseilles poussent sur les **groseilliers**.

grosseur nom féminin. *Ces fraises ne sont pas toutes de la même grosseur*, elles n'ont pas toutes la même taille, il y en a qui sont plus grosses que les autres.

grossir verbe. 1. Grossir, c'est devenir plus gros, engraisser. *Albert a grossi de 5 kilos depuis l'année dernière.* 2. *Une loupe grossit ce que l'on regarde*, une loupe donne l'impression que ce que l'on regarde est plus gros.

Les premiers hommes dessinaient des animaux sur les parois des grottes.

grotte nom féminin. Une grotte, c'est un grand trou dans un rocher, dans une montagne ou sous la terre, qui ressemble à une grande pièce.
✦ Cherche aussi **caverne**.

groupe nom masculin. 1. Un groupe, c'est un ensemble de personnes. *Un groupe d'élèves ira à la piscine demain matin.* 2. Un groupe, c'est un ensemble de choses qui se ressemblent. *Un nouveau groupe d'immeubles vient d'être construit à la sortie de la ville.*

grouper verbe. Grouper, c'est mettre ensemble. *Julien groupe toutes ses affaires de classe sur son bureau. Les élèves se sont groupés autour de la maîtresse dans la cour.*

grue nom féminin. Une grue, c'est un appareil très haut qui permet de soulever et de déplacer des objets très lourds. *La grue a monté le bloc de béton en haut de l'immeuble en construction.*

gruyère nom masculin. Le gruyère, c'est un fromage avec des trous, fait avec du lait de vache. *Stanislas met du gruyère râpé dans ses pâtes.*

guenon nom féminin. La guenon, c'est la femelle du singe.

guépard nom masculin. Un guépard, c'est un animal roux clair avec des taches noires qui ressemble à la panthère. Il vit en Afrique et en Asie. *Le guépard est l'animal qui court le plus vite.*
✦ Le guépard est un **félin**.

guêpe nom féminin. Une guêpe, c'est un insecte jaune et noir. *Marc a été piqué par une guêpe.*
✦ C'est la guêpe femelle qui pique.

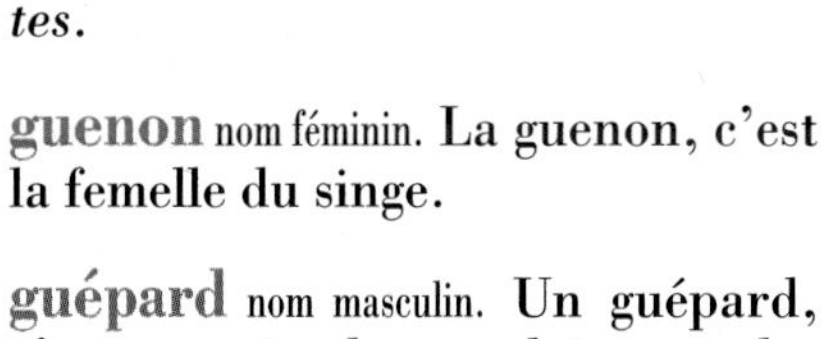

Les guêpes sont attirées par le sucre.

A
B
C
D
E
F
G

guérir verbe. Guérir, c'est aller mieux, ne plus être malade. *Angélique est bien soignée, elle va vite guérir.*

guérison nom féminin. *Angélique doit rester au lit jusqu'à sa guérison,* elle doit rester au lit jusqu'à ce qu'elle soit guérie.

guerre nom féminin. Une guerre, c'est une lutte entre des peuples. *Les Romains ont fait la guerre aux Gaulois.*

guerrier nom masculin. Un guerrier, c'était un homme dont le métier était de faire la guerre.
✦ Maintenant on dit un **soldat**.

guet nom masculin. Faire le guet, c'est surveiller un endroit pour voir si quelqu'un approche. *Le voleur a un complice qui fait le guet devant la bijouterie.*
✦ Ne confonds pas guet et **gai**.

guetter verbe. Guetter, c'est attendre quelqu'un en regardant partout avec attention pour le voir arriver. *Coralie est à la fenêtre, elle guette sa mère qui rentre de son bureau.*

gueule nom féminin. La gueule, c'est la bouche de certains animaux. *Le renard tenait la poule dans sa gueule.*

gui nom masculin. Le gui, c'est une plante qui a des feuilles toujours vertes et de petites boules blanches. Le gui pousse sur les arbres. *Nous avons décoré la maison avec du gui et du houx pour le réveillon du nouvel an.*

guichet nom masculin. Un guichet, c'est une ouverture par laquelle on parle aux employés d'une poste, d'une banque, d'une gare, d'un cinéma ou d'un théâtre.

guide nom masculin et féminin. 1. Un guide, une guide, c'est quelqu'un qui accompagne des personnes pour leur montrer un endroit et leur donner des explications sur ce qu'elles voient. *La guide nous a fait visiter le château.* 2. Un guide, c'est un livre qui donne des renseignements sur une région, un pays et que l'on utilise quand on voyage. *Maman a acheté un guide pour visiter la Suisse.*

guider verbe. Guider, c'est accompagner en montrant le chemin. *Suivez-moi, je vais vous guider jusqu'à la sortie.*

guidon nom masculin. Le guidon, c'est la partie d'une bicyclette ou d'une moto qui est à l'avant, sur laquelle on pose les mains pour diriger la roue.

guignol nom masculin. Le guignol, c'est un spectacle de marionnettes dont le personnage principal est Guignol. *Mercredi, Mamie nous a emmenés au guignol.*

La caissière est derrière le guichet.

guillotine nom féminin. La guillotine, c'était une machine qui servait à couper la tête des personnes condamnées à mort. *Pendant la Révolution française, de très nombreux nobles ont été envoyés à la guillotine.*

✦ Cherche aussi **échafaud**.

guirlande nom féminin. Une guirlande, c'est une sorte de ficelle sur laquelle sont accrochés des fleurs et des papiers découpés pour faire joli. *Au mois de décembre, des guirlandes décorent les rues du village.*

guitare nom féminin. Une guitare, c'est un instrument de musique qui a des cordes que l'on pince avec les doigts. *Laure apprend à jouer de la guitare.*

guitariste nom masculin et féminin. Un guitariste, une guitariste, c'est une personne dont le métier est de jouer de la guitare. *Max est guitariste dans un orchestre.*

gymnase nom masculin. Un gymnase, c'est une grande salle où l'on fait de la gymnastique.

gymnastique nom féminin. La gymnastique, c'est l'ensemble des mouvements et des exercices que l'on fait pour avoir un corps plus souple et plus musclé. *Papa fait de la gymnastique tous les matins. La mère d'Isabelle est professeur de gymnastique,* elle est professeur d'éducation physique.

Laure joue de la guitare.

H

h H h

habile adjectif masculin et féminin. *Laure sait bien bricoler car elle est très habile,* elle sait bricoler car elle se sert bien de ses mains et elle fait vite ce qu'il y a à faire, sans rien casser.

✦ Tu peux dire aussi **adroit**.
✦ Le contraire de habile, c'est **maladroit**.

habileté nom féminin. L'habileté, c'est la qualité d'une personne qui sait bien se servir de ses mains, d'une personne qui est habile.

habiller verbe. Habiller, c'est mettre des vêtements, des habits. *Chloé habille sa poupée. Julien est trop petit, il ne sait pas s'habiller tout seul.*

habit nom masculin. Un habit, c'est ce que l'on met sur son corps pour le couvrir et le protéger.

✦ Tu peux dire aussi **vêtement**.

habitant nom masculin,
habitante nom féminin. Un habitant, une habitante, c'est une personne qui vit toute l'année dans un endroit. *Il y a un million d'habitants à Robertville.*

habitation nom féminin. Une habitation, c'est un endroit où l'on habite, c'est un logement, un appartement ou une maison. *On construit de nouvelles habitations près de chez nous.*

habiter verbe. *Pascal habite à Lyon,* Pascal vit à Lyon, sa maison est à Lyon. *Les lapins habitent dans des terriers,* les lapins vivent dans des terriers.

habitude nom féminin. 1. *Arnaud a l'habitude de boire du chocolat au petit-déjeuner,* il boit toujours du chocolat au petit-déjeuner. 2. *D'habitude, Papa rentre du bureau à 8 heures,* presque tous les jours, Papa rentre du bureau à 8 heures.

Ariane se demande quels habits elle va mettre aujourd'hui.

s'**habituer** verbe. *Héloïse s'est habituée à sa nouvelle école,* maintenant qu'elle est allée souvent dans cette nouvelle école, elle l'aime bien.

***hache** nom féminin. Une hache, c'est un instrument qui est fait d'une grosse lame attachée au bout d'un long manche et qui sert à fendre le bois.

***hacher** verbe. Hacher, c'est couper en très petits morceaux avec un couteau ou un appareil spécial. *Mamie hache des échalotes. Cécile mange un bifteck haché,* elle mange un bifteck coupé en très petits morceaux.

***hachures** nom féminin pluriel. Les hachures, ce sont des petits traits les uns à côté des autres qui servent à indiquer les ombres sur un dessin ou sur une carte de géographie.

***haie** nom féminin. Une haie, c'est un ensemble d'arbustes serrés les uns à côté des autres qui forment comme un petit mur et protègent du vent. *Papa taille les haies du jardin.*

***haillons** nom masculin pluriel. Des haillons, ce sont de vieux vêtements abîmés et déchirés. *Le pauvre homme était en haillons.*

***haine** nom féminin. La haine, c'est le sentiment très fort que l'on ressent quand on déteste quelqu'un et que l'on a envie de lui faire du mal. *Victor éprouve de la haine pour l'automobiliste qui a écrasé son chien.*

***haïr** verbe. Haïr, c'est ressentir de la haine. *Notre voisine est très méchante, elle hait les enfants.*

✦ Tu peux dire aussi **détester**.

haleine nom féminin. L'haleine, c'est l'air qui sort de la bouche quand on souffle.

***hall** nom masculin. Un hall, c'est une grande pièce par laquelle on entre dans une école, dans un immeuble ou dans une gare.

☞ Au pluriel : des **halls**.

✦ Hall est un mot qui vient de l'anglais.

Monsieur Dupré a rendez-vous dans le hall de l'hôtel.

halogène adjectif masculin et féminin. Une lampe halogène, c'est une lampe avec une ampoule spéciale qui fait un éclairage très fort, comme la lumière du jour.

haltère nom masculin. Un haltère, c'est un poids fait de deux boules attachées par une barre que l'on doit soulever quand on fait certains exercices de gymnastique. *Jean-François soulève des haltères pour se muscler les bras.*

***hamburger** nom masculin. Un hamburger, c'est un bifteck haché, cuit, qui est à l'intérieur d'un petit pain rond.

☞ Au pluriel : des **hamburgers**.
✦ Hamburger est un mot qui vient de l'anglais.

Louis mange un hamburger avec des frites.

***hameau** nom masculin. Un hameau, c'est un tout petit village. *Dans un hameau, il n'y a pas de magasins.*

☞ Au pluriel : des **hameaux**.

hameçon nom masculin. Un hameçon, c'est un petit crochet en métal qui est au bout du fil d'une canne à pêche et sur lequel on attache un appât pour prendre le poisson. *La truite a mordu à l'hameçon.*

***hamster** nom masculin. Un hamster, c'est un petit animal au pelage roux et blanc qui ronge ce qu'il mange. *Quand ils vivent en liberté, les hamsters creusent des galeries où ils font d'énormes provisions de graines pour l'hiver.*

***hanche** nom féminin. La hanche, c'est la partie du corps qui est sur le côté juste au-dessous de la taille.

✦ La hanche, c'est l'endroit du corps où la cuisse s'attache au tronc.

huile, hiver (sans *) : on dit l'huile, l'hiver

***handicapé** nom masculin,
***handicapée** nom féminin. Un handicapé, une handicapée, c'est une personne dont le corps ne fonctionne pas bien parce qu'elle a eu un accident ou parce qu'elle est née comme cela. *Le handicapé était dans un fauteuil roulant.*

✦ Cherche aussi **infirme**.
✦ Les handicapés mentaux, ce sont les personnes dont le cerveau n'est pas normal.

***hangar** nom masculin. Un hangar, c'est une sorte de grand garage où l'on range de grosses machines. *Le tracteur est dans le hangar.*

***hanneton** nom masculin. Un hanneton, c'est un gros insecte roux, avec des antennes, qui vole en faisant beaucoup de bruit. *Les hannetons mangent les racines et les feuilles des arbres.*

***hanté** adjectif masculin,
***hantée** adjectif féminin. *On dit que le château est hanté*, on dit qu'un fantôme vient souvent dans le château et qu'on peut le voir.

La gardienne discute devant l'immeuble, les mains sur les hanches.

a b c d e f g h

A B C D E F G H

***hareng** nom masculin. Un hareng, c'est un poisson au dos bleu-vert et au ventre brillant qui vit dans les mers froides. *Papi mange des filets de hareng.*

***haricot** nom masculin. Les haricots verts, ce sont des légumes minces et longs, vert vif, que l'on mange cuits. *Nous avons mangé du gigot avec des haricots verts.*

✦ Il y a aussi des haricots blancs qui sont de grosses graines blanches que l'on mange cuites ; ce sont ces haricots que l'on s'amuse à faire pousser.

harmonica nom masculin. Un harmonica, c'est un petit instrument de musique que l'on tient dans une main et que l'on fait glisser entre ses lèvres en soufflant et en aspirant. *Le cow-boy jouait de l'harmonica.*

***harpe** nom féminin. Une harpe, c'est un grand instrument de musique en bois qui a la forme d'un triangle dans lequel sont tendues des cordes que l'on pince avec ses doigts.

Elle joue de la harpe.

***harpon** nom masculin. Un harpon, c'est une sorte de grande flèche très pointue attachée à une corde dont on se sert pour pêcher les gros poissons et les baleines.

***hasard** nom masculin. Le hasard, c'est ce qui fait que quelque chose arrive sans que l'on sache pourquoi, alors que l'on ne l'avait pas prévu. *La maîtresse tire un nom au hasard dans une grande corbeille,* elle prend un papier sans choisir, sans savoir quel nom sera écrit dessus. *Augustin a retrouvé son cahier, par hasard, sous son lit,* il a retrouvé son cahier sous son lit alors qu'il ne le cherchait pas.

La loterie est un jeu de hasard.

***hâte** nom féminin. *David et Marie ont hâte de partir en vacances,* ils sont très pressés de partir en vacances, ils aimeraient bien partir tout de suite.

***hausse** nom féminin. Une hausse, c'est une augmentation. *Il y a eu cette année une importante hausse des prix,* les prix ont beaucoup augmenté.

✦ Le contraire de hausse, c'est baisse.

***hausser** verbe. *Zoé n'a même pas répondu, elle a juste haussé les*

* haie, * hibou (avec *) : on dit la haie, le hibou

épaules, elle a levé ses épaules et les a baissées, très vite, pour montrer que ce que l'on lui disait lui était bien égal. *Madame la directrice hausse la voix*, elle se met à parler plus fort.

✦ Le contraire de hausser, c'est **baisser**.

***haut** nom masculin. Le haut d'une chose, c'est la partie qui est la plus proche du plafond. *Les dictionnaires sont rangés dans le haut de la bibliothèque.*

✦ La partie qui est le plus près du sol, c'est le **bas**.

***haut** adjectif masculin,
***haute** adjectif féminin. 1. *Cette montagne est très haute*, elle monte loin vers le ciel. 2. *Anaïs lit une poésie à voix haute*, elle lit en parlant fort.

✦ Le contraire de haut, c'est **bas**.

***hauteur** nom féminin. La hauteur, c'est la mesure que l'on prend à partir du sol et en allant vers le ciel. *Quelle est la hauteur de la tour Eiffel? - Elle a 320 mètres de hauteur.*

***haut-parleur** nom masculin. Le haut-parleur, c'est la partie d'une télévision ou d'une radio par où sortent les sons.

☞ Au pluriel : des **haut-parleurs**.

hebdomadaire adjectif masculin et féminin. Un journal hebdomadaire, c'est un journal que l'on peut acheter chaque semaine.

héberger verbe. *Nous avons hébergé Stéphane pendant une semaine*, Stéphane est venu dormir à la maison pendant une semaine.

hectare nom masculin. Les hectares servent à mesurer la surface d'un champ, d'une forêt ou d'un domaine.

huile, hiver (sans *) : on dit l'huile, l'hiver

hélice nom féminin. Une hélice, c'est un appareil fait de deux ou trois ailes fixées sur un axe. *Les hélices tournent et font avancer les bateaux et les avions.*

hélicoptère nom masculin. Un hélicoptère, c'est une sorte d'avion qui avance grâce à une grande hélice horizontale qui est placée au-dessus de son toit. *Les hélicoptères montent tout droit au-dessus du sol quand ils décollent et descendent tout droit sur le sol quand ils atterrissent.*

L'hélicoptère est allé chercher un nageur imprudent.

***hennir** verbe. *Le cheval hennit*, il pousse son cri.

✦ Et le mouton, qu'est-ce qu'il fait? et la vache?

herbe nom féminin. L'herbe, c'est un ensemble de petites plantes dont les tiges sont souples et vertes et qui forment sur le sol comme un tapis tout vert. *Les vaches broutent l'herbe du pré. Nous avons pique-niqué sur l'herbe. Papa tond l'herbe devant la maison.*

✦ Cherche aussi **gazon** et **pelouse**.

***hérisson** nom masculin. Un hérisson, c'est un petit animal dont le corps est couvert de piquants. *Les hérissons se mettent en boule quand ils ont peur.*

héritage nom masculin. Un héritage, c'est l'ensemble de l'argent, des meubles et des maisons qu'une personne qui vient de mourir donne à d'autres personnes. *Ma grand-mère a laissé son château à ses enfants en héritage.*

hériter verbe. Hériter, c'est recevoir de l'argent, des meubles ou des maisons d'une personne qui vient de mourir. *Mes parents ont hérité du château de ma grand-mère.*

héritier nom masculin,
héritière nom féminin. Un héritier, une héritière, c'est une personne qui reçoit de l'argent, des meubles ou des maisons d'une personne qui vient de mourir.

héroïne va voir héros.

***héron** nom masculin. Un héron, c'est un grand oiseau avec un long cou mince, un très long bec et de longues pattes fines. *Les hérons vivent au bord des étangs.*

***héros** nom masculin,
héroïne nom féminin. **1.** Un héros, une héroïne, c'est une personne très courageuse qui a réussi à faire des choses très difficiles ou très dangereuses. *Ce soldat est un héros de la guerre de 1940.* **2.** Un héros, une héroïne, c'est le personnage principal d'un livre, d'un film ou d'une pièce de théâtre. *À la fin du film, le héros et l'héroïne se marient.*

✦ Connais-tu des héros de bandes dessinées ?

hésitation nom féminin. *Juliette a obéi à sa mère sans hésitation,* elle a obéi tout de suite, sans attendre pour se décider.

hésiter verbe. Hésiter, c'est attendre pour faire quelque chose parce que l'on n'arrive pas à se décider, parce que l'on ne sait pas quoi choisir. *Thomas hésite entre un éclair au café et un éclair au chocolat.*

heure nom féminin. Les heures servent à mesurer le temps. Une journée est divisée en 24 heures. Une heure est divisée en 60 minutes. *Quelle heure est-il ? Il est neuf heures dix (9 h 10). C'est l'heure de partir.*

Le héron se nourrit de poissons.

heureusement adverbe. *Elsa est tombée de vélo, mais heureusement elle ne s'est pas fait mal,* Elsa a eu de la chance, tout va bien, elle ne s'est pas fait mal.

✦ Le contraire de heureusement, c'est **malheureusement**.

***haie, *hibou (avec *) : on dit** la haie, le hibou

heureux adjectif masculin,
heureuse adjectif féminin. *Les enfants jouent sur la plage, ils sont heureux,* ils sont contents car ils font ce qu'ils aiment faire, ils éprouvent du bonheur.
✦ Le contraire de heureux, c'est **malheureux**.

***heurter** verbe. Heurter, c'est toucher une seule fois en tapant fort. *La voiture a heurté le mur en sortant du garage.*

hiberner verbe. *Certains animaux hibernent,* ils passent l'hiver sans bouger, en dormant tout le temps ou en se réveillant de temps en temps pour manger.
✦ Il y a de nombreux animaux qui hibernent : les écureuils, les marmottes, les ours, les hérissons, les serpents... En connais-tu d'autres?

***hibou** nom masculin. Un hibou, c'est un oiseau de nuit qui a une face ronde et aplatie, avec de petites plumes dressées sur la tête. *Les hiboux se nourrissent de petits rongeurs.*
☞ Au pluriel : des **hiboux**.
✦ Cherche aussi **chouette**.

hier adverbe. Hier, c'est le jour qui est avant celui où l'on est. *Hier, il a plu.*
✦ Hier, **aujourd'hui** et **demain**.
✦ Cherche aussi **veille**.

hippocampe nom masculin. Un hippocampe, c'est un petit poisson dont la tête ressemble à celle d'un cheval et qui a une queue recourbée.

hippopotame nom masculin. Un hippopotame, c'est un gros animal d'Afrique qui passe la plus grande partie de son temps dans l'eau des fleuves. *La peau de l'hippopotame est très épaisse.*
✦ Les hippopotames se nourrissent d'herbe.

huile, hiver (sans *) : on dit l'huile, l'hiver

hirondelle nom féminin. Une hirondelle, c'est un oiseau noir avec le ventre blanc qui a de longues ailes fines. *Les hirondelles arrivent en France au printemps et repartent vers l'Afrique en automne.*

histoire nom féminin. 1. *Papi me raconte souvent des histoires,* il me raconte des choses qui se sont vraiment passées ou qui sont inventées. *Connais-tu l'histoire de Boucle d'or?* 2. L'histoire, c'est l'ensemble des événements importants qui se sont passés dans tous les pays du monde jusqu'à maintenant. *À l'école, nous apprenons l'histoire de France.*

hiver nom masculin. L'hiver, c'est la saison de l'année qui vient après l'automne et qui est avant le printemps. *L'hiver est la saison la plus froide, pendant laquelle il peut neiger.*
✦ L'hiver commence le 21 ou le 22 décembre et finit le 20 ou le 21 mars.

***hocher** verbe. Hocher la tête, c'est remuer la tête de haut en bas pour dire oui ou de droite à gauche pour dire non.

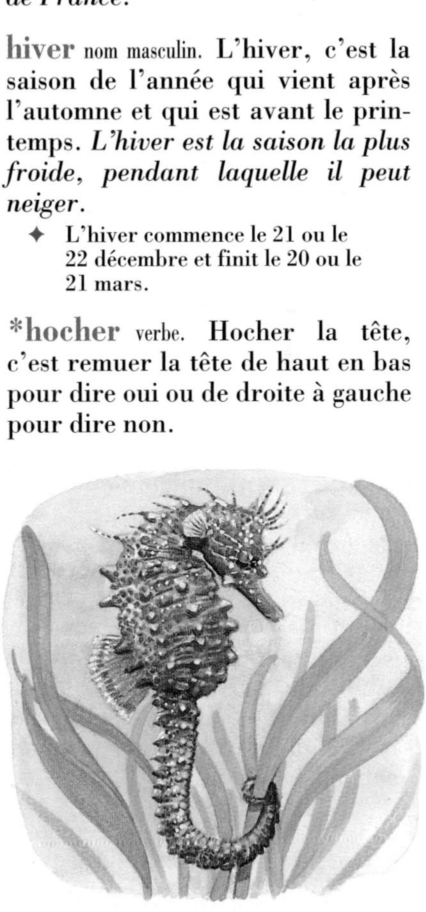

Un hippocampe.

A
B
C
D
E
F
G
H

***hold-up** nom masculin. *Des voleurs sont entrés dans la bijouterie pour faire un hold-up,* ils sont entrés dans la bijouterie en menaçant tout le monde avec des armes pour prendre les bijoux et l'argent.

☞ Au pluriel : des **hold-up**.
✦ Hold-up est un mot qui vient de l'anglais.

***homard** nom masculin. Un homard, c'est un animal bleu foncé qui vit dans la mer, dont les pattes de devant sont terminées par de grosses pinces. *Le homard devient rouge quand on le fait cuire.*

✦ Le homard est un **crustacé**.

homme nom masculin. 1. Un homme, c'est un être humain, de sexe masculin ou féminin, de n'importe quel âge. *L'homme pense et parle, à la différence des animaux.* 2. Un homme, c'est une grande personne de sexe masculin, un monsieur. *Papi est un homme, Mamie est une femme.*

honnête adjectif masculin et féminin. Une personne honnête, c'est une personne qui ne vole pas, qui ne triche pas et ne trompe pas les autres.

✦ Le contraire de honnête, c'est **malhonnête**.

honnêtement adverbe. *Solange a gagné la partie honnêtement,* elle a gagné en étant honnête, sans tricher.

honnêteté nom féminin. L'honnêteté, c'est la qualité d'une personne qui est honnête, qui ne vole pas, ne triche pas et ne trompe pas les autres. *La boulangère est d'une grande honnêteté.*

honneur nom masculin. 1. L'honneur, c'est le sentiment d'une personne qui n'a rien à se reprocher, qui est fière de ce qu'elle fait et qui veut que l'on pense du bien d'elle et qu'on lui fasse confiance. *Le chevalier s'est battu en duel pour défendre son honneur.* 2. *Le maire du village a organisé une fête en l'honneur des pompiers,* il a organisé une fête pour remercier les pompiers de ce qu'ils font et pour leur faire plaisir en montrant qu'il est content et fier d'eux.

***honte** nom féminin. La honte, c'est le sentiment que l'on éprouve quand on a fait quelque chose de mal et que quelqu'un s'en rend compte. *Romuald a honte d'avoir mangé toutes les crêpes et de ne pas en avoir laissé pour son frère.*

***honteux** adjectif masculin,

***honteuse** adjectif féminin. 1. *Clémence est honteuse d'avoir laissé punir Hubert à sa place,* elle n'est pas fière d'elle. 2. *Quelqu'un s'est amusé à couper les moustaches du chat, c'est honteux,* c'est très méchant de faire cela, c'est très mal.

hôpital nom masculin. Un hôpital, c'est une grande maison où l'on soigne et où l'on opère les malades et les blessés. *La mère de Sophie est médecin à l'hôpital.*

☞ Au pluriel : des **hôpitaux**.
✦ Cherche aussi **clinique**.

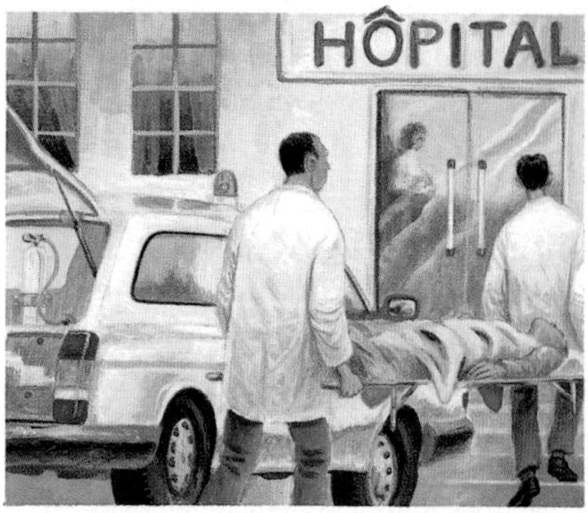

Le blessé a été transporté à l'hôpital.

***hoquet** nom masculin. *Anaïs a le hoquet,* elle a de petites secousses et elle fait à chaque fois un petit bruit avec sa gorge sans pouvoir s'en empêcher.

horaire nom masculin. L'horaire des trains, c'est le tableau ou le livre qui indique l'heure de départ et d'arrivée des trains. *Papa consulte l'horaire des trains sur le minitel.*

horizon nom masculin. L'horizon, c'est la ligne que l'on voit au loin, à l'endroit où le ciel et la terre semblent se toucher. *Le soleil se couche à l'horizon.*

horizontal adjectif masculin, **horizontale** adjectif féminin. Une ligne horizontale, c'est une ligne qui est dans le même sens que la surface de l'eau. *On dort en position horizontale.*

☞ Au masculin pluriel : **horizontaux.** Au féminin pluriel : **horizontales.**
✦ Quand on est debout, on est en position **verticale.**

horloge nom féminin. Une horloge, c'est un grand appareil qui donne l'heure. *L'horloge de la mairie est arrêtée.*

✦ Cherche aussi **pendule, montre** et aussi **réveil.**

horreur nom féminin. 1. L'horreur, c'est à la fois du dégoût et de la peur. *Les passagers du bateau poussèrent des cris d'horreur en voyant le monstre sortir de l'eau.* 2. *Mélanie a horreur de plonger,* elle n'aime pas du tout plonger, elle déteste cela.

horrible adjectif masculin et féminin. 1. *Martin raconte toujours des histoires horribles,* il raconte toujours des histoires qui font peur et qui dégoûtent. 2. *Madame Clary a une robe horrible,* elle a une robe très laide.

✦ Tu peux dire aussi **affreux.**

***hors de** préposition. *Le poisson a sauté hors de l'eau,* il a sauté à l'extérieur de l'eau.

✦ Le contraire de hors de, c'est **dans.**
✦ Ne confonds pas hors et **or.**

***hors-d'œuvre** nom masculin. Un hors-d'œuvre, c'est un plat froid que l'on mange au début du repas, avant le reste. *Que voulez-vous comme hors-d'œuvre ?*

☞ Au pluriel : des **hors-d'œuvre.**

hortensia nom masculin. Un hortensia, c'est une plante qui a des fleurs blanches, roses ou bleues qui font de grosses boules.

hospitaliser verbe. *Le frère de Karine a été hospitalisé une semaine,* il est allé à l'hôpital parce qu'il était malade et il y est resté une semaine pour qu'on le soigne.

hôtel nom masculin. Un hôtel, c'est une maison qui a des chambres où l'on peut aller dormir en payant. *Nous avons passé une nuit à l'hôtel.*

hôtesse nom féminin. Une hôtesse de l'air, c'est une femme qui s'occupe des passagers dans un avion.

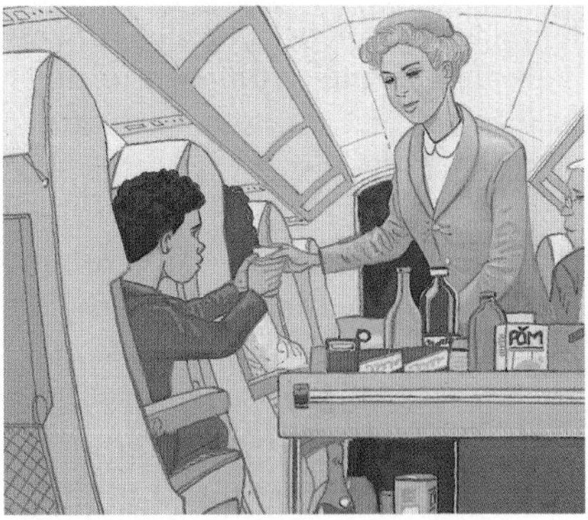

L'hôtesse apporte un jus d'orange à Victor.

huile, hiver (sans *) : on dit l'huile, l'hiver

A
B
C
D
E
F
G
H

***hotte** nom féminin. Une hotte, c'est un grand panier que l'on porte sur le dos. *La hotte du Père Noël est remplie de jouets.*

***houblon** nom masculin. Le houblon, c'est une plante dont on utilise les fleurs pour faire de la bière.

***houle** nom féminin. La houle, c'est le mouvement qui agite la mer. *Sarah a mal au cœur en bateau quand il y a de la houle.*

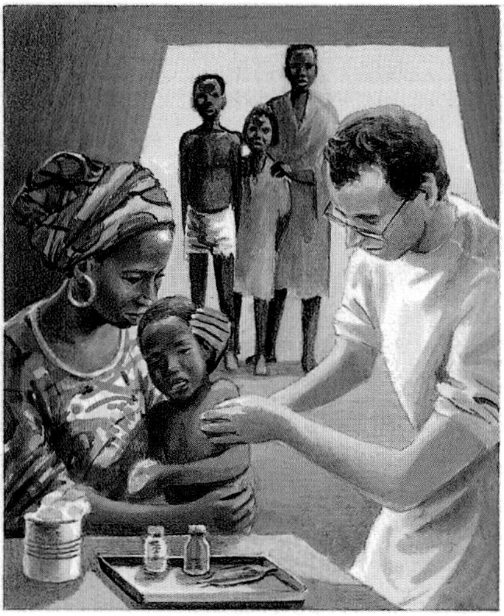

Les médecins de l'organisation humanitaire vaccinent les habitants du village.

***houx** nom masculin. Le houx, c'est un petit arbre qui a des feuilles vertes brillantes qui piquent. Ses fruits sont de petites boules rouges. *À Noël, j'ai aidé Maman à décorer la maison avec du houx et du gui.*

☞ Au pluriel : des **houx**.
✦ Ne confonds pas houx, **ou** et **où**.

***hublot** nom masculin. Un hublot, c'est une petite fenêtre dans un bateau ou dans un avion. *Les montagnes semblent toutes petites, vues d'avion, à travers le hublot.*

huile nom féminin. L'huile, c'est un liquide gras que l'on fait avec des plantes. *Mamie met de l'huile d'olive dans la salade.*

huître nom féminin. Une huître, c'est un coquillage. *Lucie a mangé une douzaine d'huîtres.*

✦ Parfois, on trouve des perles dans les huîtres.

humain adjectif masculin,
humaine adjectif féminin. Les êtres humains, ce sont les hommes, les femmes et les enfants. *Il y a plus de deux cents os dans le corps humain,* il y a plus de deux cents os dans notre corps.

humanitaire adjectif masculin et féminin. *Madame Morel travaille pour une organisation humanitaire,* elle travaille avec un groupe de personnes qui s'occupent des gens qui ont besoin d'aide, parce qu'ils sont pauvres ou qu'ils ont eu des malheurs.

humanité nom féminin. L'humanité, c'est l'ensemble des hommes, des femmes et des enfants, c'est l'ensemble des êtres humains.

humeur non féminin. *Pascal est toujours de bonne humeur,* il est toujours aimable, gai et souriant. *Hier, Papa était de mauvaise humeur,* il était désagréable, rien ne lui faisait plaisir.

humide adjectif masculin et féminin. **1.** Humide, c'est un peu mouillé. *Prends une autre serviette pour t'essuyer, celle-là est humide.* **2.** *Nous habitons une région humide,* nous habitons une région où il pleut beaucoup.

✦ Le contraire de humide, c'est **sec**.

humidité nom féminin. L'humidité, c'est l'eau qui est contenue dans l'air. *La table en fer que Papa a mise dans la cave a rouillé à cause de l'humidité.*

a b c d e f g h

humilier verbe. Humilier une personne, c'est lui faire de la peine en se moquant d'elle ou en disant des choses désagréables sur elle pour qu'elle ait honte.
✦ Cherche aussi **vexer**.

humour nom masculin. *Monsieur Robin a de l'humour*, il fait rire les gens en se moquant des choses désagréables qui arrivent, sans avoir l'air de s'amuser, et il ne se fâche pas quand on lui fait des farces.

***hurlement** nom masculin. Un hurlement, c'est un cri très fort qui dure longtemps. *La princesse entendait au loin les hurlements des loups.*

***hurler** verbe. 1. *Les loups hurlent*, ils poussent leur cri. 2. *Bénédicte a hurlé de douleur*, elle a crié très fort pendant assez longtemps. *Les enfants hurlaient dans le car*, ils parlaient, ils chantaient et ils criaient très fort.

***hutte** non féminin. Une hutte, c'est une petite maison faite avec des branches, de la terre et de la paille. *Les Gaulois vivaient dans des huttes.*
✦ Cherche aussi **cabane** et **case**.

hydravion non masculin. Un hydravion, c'est un avion qui décolle et se pose sur l'eau.

hyène nom féminin. Une hyène, c'est un animal d'Afrique et d'Asie, qui se nourrit de cadavres d'animaux. *Les hyènes voient très bien et ont un bon odorat, mais elles sentent très mauvais.*
✦ Tu peux dire **la hyène** ou **l'hyène**.

huile, hiver (sans *) : on dit l'huile, l'hiver

hygiène nom féminin. L'hygiène, c'est ce que l'on doit faire tous les jours pour être propre et en bonne santé. *Pour une bonne hygiène, il faut se brosser les dents matin et soir.*

hymne nom masculin. L'hymne national, c'est le chant que l'on chante en l'honneur de son pays. *Les spectateurs se sont levés quand on a joué l'hymne national avant le début du match.*
✦ « La Marseillaise » est l'hymne national français.

hypnotiser verbe. *Le magicien hypnotise un spectateur*, il le fait dormir en le regardant sans bouger les yeux, en passant les mains devant son visage et en lui disant certaines paroles.

hypocrite adjectif masculin et féminin. *Mon frère est hypocrite*, il dit le contraire de ce qu'il pense.
✦ Le contraire de hypocrite, c'est **franc**, **sincère**.

Les hyènes mangent souvent les restes du repas du lion.

I I i

iceberg nom masculin. Un iceberg, c'est un très gros morceau de glace qui flotte sur la mer près du pôle Nord ou près du pôle Sud. *Certains icebergs peuvent avoir 200 kilomètres de longueur.*

ici adverbe. Ici, c'est à l'endroit où l'on est. *Ici, il pleut depuis une semaine, là-bas il fait très beau. Viens ici avec nous, sous le parasol.*

idéal nom masculin. *L'idéal, ce serait que tout le monde soit heureux,* ce qu'il y aurait de mieux, ce serait que tout le monde soit heureux.

idée nom féminin. Une idée, c'est une pensée nouvelle qui vient à l'esprit quand on réfléchit. *J'ai une idée, si on allait tous à la piscine! Quelle bonne idée!*

identique adjectif masculin et féminin. Deux objets identiques, ce sont deux objets exactement pareils.
- ✦ Tu peux dire aussi **semblable**.
- ✦ Le contraire de identique, c'est **différent**.

identité nom féminin. L'identité d'une personne, c'est ce qui fait qu'on la reconnaît parmi les autres, c'est-à-dire son nom, son âge et son aspect physique. *Les policiers m'ont demandé de leur montrer mes papiers d'identité,* ils m'ont demandé de leur montrer les papiers sur lesquels il y a mon nom, ma date de naissance et ma photo.

idiot adjectif masculin,
idiote adjectif féminin. *Linda ne comprend rien à ce qu'on lui dit, elle est idiote,* elle n'est pas intelligente, elle est bête.
- ✦ Tu peux dire aussi **sot**, **stupide**.

idiotie nom féminin. Une idiotie, c'est une action ou une parole idiote. *David et Thomas se racontent des idioties et ça les fait rire.*

Anne et Karine ont des robes identiques.

A B C D E F G H I

idole nom féminin. *Ce chanteur est l'idole des adolescentes*, les adolescentes aiment beaucoup ce chanteur.

if nom masculin. Un if, c'est un arbre dont les feuilles sont toujours vertes.

✦ Les ifs sont de la même famille que les sapins.

Papi taille les ifs.

igloo nom masculin. Un igloo, c'est une maison ronde faite avec des blocs de glace ou de neige. *Les Esquimaux habitent dans des igloos.*

ignorant nom masculin,
ignorante nom féminin. Un ignorant, une ignorante, c'est une personne qui n'a rien appris en classe, qui ne sait rien en histoire, en géographie, en français ou en mathématiques. *Ces élèves sont des ignorants.*

ignorer verbe. Ignorer, c'est ne pas savoir. *Les enfants ignorent l'âge de la maîtresse.*

✦ Le contraire de ignorer, c'est **connaître**, **savoir**.

il pronom masculin. Il, c'est un mot qui représente la troisième personne. *Il est blond. Ils jouent au tennis. Et Mathieu, où est-il?*

✦ Cherche aussi **lui** et **eux**.
✦ Le pronom féminin de la 3e personne, c'est **elle**.
✦ Ne confonds pas il et **île**.

île nom féminin. Une île, c'est une terre entourée d'eau. *La Corse est une île.*

✦ Ne confonds pas île et **il**.

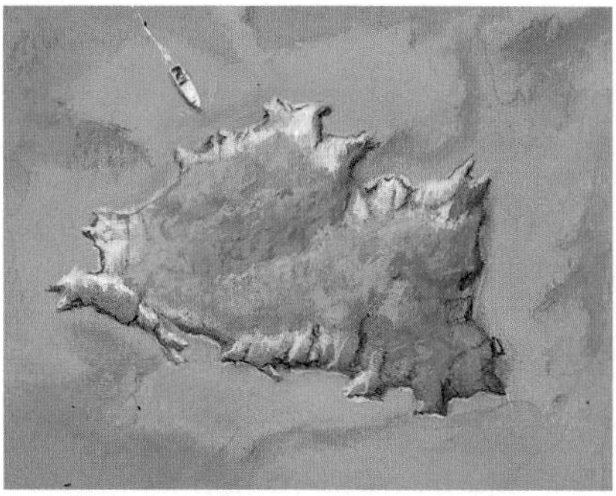

L'explorateur a découvert une île déserte.

illisible adjectif masculin et féminin. *Ce devoir est illisible*, il est très difficile à lire parce que les lettres sont mal écrites.

✦ Le contraire de illisible, c'est **lisible**.

illuminer verbe. Illuminer, c'est éclairer d'une lumière très brillante. *Les éclairs illuminent le ciel. À Noël les rues sont illuminées*, elles sont éclairées par beaucoup de petites lumières.

illusion nom féminin. 1. *J'ai cru entendre quelqu'un sonner mais c'était une illusion*, j'ai eu l'impression que quelqu'un avait sonné mais c'était faux. 2. *Raphaël ne gagnera jamais la course, il se fait des illusions*, il veut croire qu'il va gagner parce que cela lui fait plaisir, mais il n'y arrivera pas.

illustration nom féminin. Une illustration, c'est une image, dans un livre, qui montre quelque chose dont on vient de parler dans le texte. *Nina tourne les pages de son dictionnaire et regarde les illustrations.*

illustrer verbe. Illustrer, c'est décorer avec des images. *Lionel colle des cartes postales dans son cahier de géographie pour l'illustrer.*

image nom féminin. 1. Une image, c'est un dessin ou une photo, dans un livre. *Nina aime mieux regarder les images que lire le texte de son dictionnaire.* 2. Une image, c'est ce que l'on voit sur un écran de télévision ou de cinéma. *Il faut régler la télévision, l'image est floue.*

imagination nom féminin. *Olivier a beaucoup d'imagination,* il a beaucoup d'idées et il est capable d'inventer des histoires ou de créer des objets nouveaux.

imaginer verbe. Imaginer, c'est inventer une histoire ou un nouvel objet, dans sa tête. *Olivier a imaginé un nouveau jeu.*

imam nom masculin. Un imam, c'est un chef de la religion musulmane.

imbécile nom masculin et féminin. Un imbécile, une imbécile, c'est une personne qui n'est pas intelligente, qui est bête. *Marine a traité son frère d'imbécile.*

imiter verbe. Imiter quelqu'un, c'est faire exactement comme lui pour lui ressembler. *Charlotte s'amuse à imiter la maîtresse,* elle fait les mêmes gestes qu'elle et essaie de parler comme elle. *Romain imite le cri du mouton.*

immédiatement adverbe. Immédiatement, c'est tout de suite. *Antoine, rentre immédiatement à la maison !*

immense adjectif masculin et féminin. Immense, c'est très grand. *La Chine est un pays immense.*

✦ Le contraire de immense, c'est **minuscule**.

immeuble nom masculin. Un immeuble, c'est une très grande maison où il y a plusieurs étages et de nombreux appartements.

Benoît et Adeline habitent dans un immeuble ancien.

immigré nom masculin,
immigrée nom féminin. Un immigré, une immigrée, c'est une personne qui est venue d'un autre pays pour vivre dans notre pays. *Les parents de Karim sont des immigrés.*

immobile adjectif masculin et féminin. *Le photographe demande aux enfants de rester immobiles,* il demande aux enfants de ne pas bouger.

a b c d e f g h i

immortel adjectif masculin,
immortelle adjectif féminin. *Alexandre voudrait que sa mère soit immortelle,* il voudrait que sa mère ne meure jamais.

✦ Il n'y a que les dieux qui sont immortels !

impair adjectif masculin,
impaire adjectif féminin. Un nombre impair, c'est un nombre qui, quand on le divise par deux, ne tombe pas juste. *3 et 29 sont des nombres impairs.*

✦ Le contraire de impair, c'est **pair**.

Sébastien est dans la rue, du côté des numéros impairs.

imparfait nom masculin. L'imparfait, c'est le temps du verbe que l'on emploie pour parler de ce qui est arrivé dans le passé et qui a duré un certain temps ou qui a recommencé plusieurs fois. *Dans la phrase : « L'année dernière Papa m'emmenait à l'école tous les matins », le verbe « emmener » est à l'imparfait.*

✦ Cherche aussi **présent** et **futur**.

impasse nom féminin. Une impasse, c'est une petite rue qui est fermée à un bout.

impatient adjectif masculin,
impatiente adjectif féminin. Une personne impatiente, c'est une personne qui ne sait pas attendre tranquillement, qui veut que tout arrive vite, qui est toujours pressée. *Ne sois pas aussi impatient, tes amis vont arriver ! Léa est impatiente de partir en vacances.*

✦ Le contraire de impatient, c'est **patient**.

impeccable adjectif masculin et féminin. *Ton pantalon est impeccable,* il est très propre et bien repassé.

impératrice nom féminin. Une impératrice, c'est une femme qui gouverne un empire. *Catherine II était impératrice de Russie.*

✦ L'impératrice, c'est aussi la femme de l'**empereur**.

imperméable adjectif masculin et féminin. *La tente de camping est faite avec une toile imperméable,* elle est faite avec une toile qui ne laisse pas passer l'eau.

Quel mot réunit la tente et le pêcheur ?

imperméable nom masculin. Un imperméable, c'est un manteau qui protège de la pluie.

✦ Un imperméable est en tissu **imperméable**.

impertinent adjectif masculin,
impertinente adjectif féminin. *Lambert a répondu à la maîtresse sur un ton impertinent,* il lui a répondu sur un ton impoli et avec l'air de se moquer d'elle.

✦ Tu peux dire aussi **insolent**.

impoli adjectif masculin,
impolie adjectif féminin. *Flora ne dit jamais merci, elle est très impolie,* elle ne sait pas ce que c'est que la politesse, elle est mal élevée.

✦ Le contraire de impoli, c'est **poli**.

impolitesse nom féminin. L'impolitesse, c'est le défaut d'une personne qui n'est pas polie.

✦ Le contraire de impolitesse, c'est **politesse**.

importance nom féminin. *La décision que tu vas prendre a beaucoup d'importance pour nous,* c'est une décision très sérieuse qui nous intéresse beaucoup. *Tu as fait une tache sur ton pantalon mais cela n'a pas d'importance,* cela ne fait rien, ce n'est pas grave.

important adjectif masculin,
importante adjectif féminin. *Mamie a quelque chose d'important à te dire,* elle a quelque chose de sérieux et de très intéressant à te dire.

importer verbe. Importer, c'est avoir de l'importance, être intéressant. *Tu peux venir aujourd'hui ou demain, peu importe,* cela n'a pas d'importance, cela m'est égal. *N'importe qui est capable de sauter par-dessus ce petit ruisseau,* tout le monde est capable de le faire. *Tu dis n'importe quoi,* tu dis des choses sans réfléchir. *Ne laisse pas tes chaussettes sales n'importe où,* ne les laisse pas dans un endroit qui n'est pas leur place.

impossible adjectif masculin et féminin. *Il est impossible d'aller plus vite, il y a trop de voitures sur la route,* on ne peut pas aller plus vite.

✦ Le contraire de impossible, c'est **possible**.

impôt nom masculin. Les impôts, ce sont les sommes d'argent que chaque personne donne à l'État. *Les impôts servent à construire les routes, les hôpitaux, les écoles et à payer ce qui sert à tout le monde.*

impression nom féminin. Une impression, c'est ce que l'on ressent à l'intérieur de soi quand il se passe quelque chose. *Cela m'a fait une impression bizarre de prendre l'avion tout seul pour la première fois. J'ai l'impression que quelqu'un nous suit,* je pense que quelqu'un nous suit mais je n'en suis pas tout à fait sûr.

✦ Cherche aussi **sensation**.

impressionnant adjectif masculin,
impressionnante adjectif féminin. *Les lions sont impressionnants quand on les voit de tout près,* les lions font une forte impression, on trouve qu'ils sont très beaux et très grands et en même temps ils font peur.

impressionner verbe. Impressionner, c'est faire ressentir de la peur et de l'admiration en même temps. *Les trapézistes ont beaucoup impressionné Max.*

imprimer verbe. Imprimer, c'est reproduire des mots ou des dessins sur du papier avec une encre spéciale. *Ce sont de très grosses machines qui impriment les livres et les journaux dans les imprimeries.*

imprimerie nom féminin. Une imprimerie, c'est une usine où l'on imprime des livres et des journaux.

A B C D E F G H I

imprudence nom féminin. Une imprudence, c'est une action que l'on fait sans réfléchir et qui pourrait être dangereuse et provoquer un accident. *Le campeur a fait une imprudence en allumant un feu dans la forêt qui était très sèche.*

imprudent adjectif masculin,
imprudente adjectif féminin. *Tu as été imprudent en traversant la rue sans regarder,* tu n'as pas fait attention à ce qui pouvait être dangereux.
✦ Le contraire de imprudent, c'est **prudent**.

Il est imprudent de jeter sa cigarette n'importe où.

inadmissible adjectif masculin et féminin. *Il est inadmissible de faire tant de bruit,* on ne peut pas l'accepter, on ne peut pas le supporter.

inattention nom féminin. *Mathilde a fait des fautes d'inattention dans son devoir,* elle a fait des petites fautes parce qu'elle n'a pas fait attention.
✦ Le contraire de inattention, c'est **attention**.

incapable adjectif masculin et féminin. *Ce bébé est incapable de manger tout seul,* il ne peut pas manger tout seul.
✦ Le contraire de incapable, c'est **capable**.

incassable adjectif masculin et féminin. Un objet incassable, c'est un objet qui ne se casse pas.

Heureusement, les verres de ces lunettes sont incassables.

incendie nom masculin. Un incendie, c'est un grand feu qui brûle une maison tout entière ou toute une forêt. *Les pompiers essaient d'éteindre l'incendie.*

incident nom masculin. Un incident, c'est un petit ennui ou une petite panne qui n'est pas grave. *Notre voyage s'est déroulé sans incident.*
✦ Un **accident**, c'est grave.

incliner verbe. Incliner, c'est pencher.

incompréhensible adjectif masculin et féminin. *Ce que tu dis est incompréhensible, parle moins vite,* ce que tu dis est impossible à comprendre, on ne peut pas le comprendre.

inconnu adjectif masculin,
inconnue adjectif féminin. *L'actrice qui joue dans ce film est encore inconnue,* on ne la connaît pas, elle n'est pas célèbre.
✦ Le contraire de inconnu, c'est **connu**.

inconscient adjectif masculin,
inconsciente adjectif féminin. *Valentin s'amuse à marcher pieds nus dans la neige, il est complètement inconscient*, il ne pense pas que ce qu'il fait peut être dangereux.

inconvénient nom masculin. Un inconvénient, c'est un petit défaut, c'est quelque chose qui manque ou qui ne va pas. *Ce sac est joli, mais il a un inconvénient, il est trop petit.*

✦ Le contraire de inconvénient, c'est **avantage**.

incorrect adjectif masculin,
incorrecte adjectif féminin. *Cette phrase est incorrecte*, il y a des fautes dans cette phrase, cette phrase est fausse.

✦ Le contraire de incorrect, c'est **correct**.

incroyable adjectif masculin et féminin. *Ce que tu racontes est incroyable*, ce que tu racontes est tellement bizarre qu'on ne peut pas le croire.

✦ Tu peux dire aussi **invraisemblable**.

indemne adjectif masculin et féminin. *Le frère de Noémie est sorti indemne de son accident de moto*, il n'a pas été blessé.

Marine incline son siège.

indépendance nom féminin. *Mademoiselle Lavigne ne s'est jamais mariée car elle tient à son indépendance*, elle veut avoir sa liberté, faire ce qu'elle a envie de faire sans rien demander à personne.

indépendant adjectif masculin,
indépendante adjectif féminin. 1. *Mademoiselle Lavigne est une femme indépendante*, elle aime faire ce qu'elle veut, être libre. 2. *La France est un pays indépendant*, c'est un pays libre, qui n'est pas dirigé par un autre pays.

indication nom féminin. Une indication, c'est une explication qui aide à se servir de quelque chose ou à trouver son chemin. *Maman a suivi mes indications et elle a trouvé le bureau de la directrice.*

indice nom masculin. Un indice, c'est un signe qui donne la preuve de quelque chose. *Les policiers recherchent des indices pour trouver l'assassin.*

indifférence nom féminin. *Ludovic regarde Paul et Marc se battre, avec indifférence*, il les regarde sans s'intéresser, il ne prend parti ni pour Paul ni pour Marc.

indifférent adjectif masculin,
indifférente adjectif féminin. 1. *Tu peux rester ou partir, cela m'est indifférent*, cela m'est égal, cela n'a pas d'importance pour moi. 2. *Ludovic est indifférent à ce qui se passe autour de lui*, rien ne l'intéresse, tout lui est égal.

indigène nom masculin et féminin. Un indigène, une indigène, c'est une personne qui est née dans le pays dont on parle. *L'explorateur a été très bien accueilli par les indigènes.*

Il y a plusieurs milliards d'individus sur la Terre.

indigestion nom féminin. *Antoine a mangé trop de mousse au chocolat, il a une indigestion,* il est un peu malade parce que sa digestion se fait mal, il a mal au cœur.

indiquer verbe. Indiquer, c'est montrer. *La grande aiguille de la montre indique les minutes. L'agent nous a indiqué le chemin pour aller à la mairie.*

indiscipliné adjectif masculin,

indisciplinée adjectif féminin. *Lambert est un élève indiscipliné,* il n'obéit pas, il n'est pas sage, il ne respecte pas la discipline.

indiscret adjectif masculin,

indiscrète adjectif féminin. *Julie a posé une question indiscrète à la maîtresse,* elle lui a demandé quelque chose qui ne la regardait pas.

indiscrétion nom féminin. L'indiscrétion, c'est le défaut d'une personne qui cherche à savoir des choses qui ne la regardent pas. *Anaïs écoute aux portes. Quelle indiscrétion!*

indispensable adjectif masculin et féminin. Une chose indispensable, c'est une chose dont on a absolument besoin, dont on ne peut pas se passer. *De bonnes chaussures sont indispensables pour marcher dans la montagne.*

- ✦ Tu peux dire aussi **nécessaire**.
- ✦ Le contraire de indispensable, c'est **inutile**.

individu nom masculin. Un individu, c'est une personne, un être humain.

indolore adjectif masculin et féminin. *La piqûre que va te faire le médecin est indolore,* elle ne fait pas mal, tu ne sentiras rien.

- ✦ Le contraire de indolore, c'est **douloureux**.

indulgence nom féminin. L'indulgence, c'est la qualité d'une personne qui pardonne facilement et qui n'est pas sévère. *Le maître a beaucoup d'indulgence pour ses élèves.*

indulgent adjectif masculin,

indulgente adjectif féminin. Une personne indulgente, c'est une personne qui pardonne facilement. *Maman a été indulgente avec mon petit frère, elle ne l'a pas puni.*

- ✦ Le contraire de indulgent, c'est **sévère**.

industrie nom féminin. L'industrie, c'est tout ce que les hommes font pour utiliser les sources d'énergie et transformer ce qui existe dans la nature afin de fabriquer des objets. *C'est grâce à l'industrie que l'on obtient du tissu à partir du coton.*

Une zone industrielle.

industriel adjectif masculin,
industrielle adjectif féminin. Une région industrielle, c'est une région où il y a beaucoup d'usines.

inégal adjectif masculin,
inégale adjectif féminin. 1. *Mamie a coupé la tarte en parts inégales*, elle a coupé la tarte en parts qui ne sont pas toutes pareilles, elle a fait de grosses parts et de petites parts. 2. *Le travail de Mathilde est inégal*, parfois il est bon, parfois il est mauvais, son travail est irrégulier.

☞ Au masculin pluriel : **inégaux**.
Au féminin pluriel : **inégales**.

✦ Le contraire de inégal, c'est **égal**.

inévitable adjectif masculin et féminin. *Une voiture est passée au feu rouge, l'accident était inévitable*, l'accident devait arriver, on ne pouvait pas l'éviter.

inexact adjectif masculin,
inexacte adjectif féminin. *L'adresse écrite sur l'enveloppe est inexacte*, elle est fausse, ce n'est pas la bonne adresse.

✦ Le contraire de inexact, c'est **exact**.

inexcusable adjectif masculin et féminin. *Tu es inexcusable d'avoir fouillé dans le sac de ta grand-mère*, on ne peut pas te pardonner d'avoir fait cela, tu n'as aucune excuse.

inexplicable adjectif masculin et féminin. *La colère de Rodolphe est inexplicable*, elle est impossible à expliquer, on ne sait pas pourquoi Rodolphe est en colère.

✦ Tu peux dire aussi **incompréhensible**.

infantile adjectif masculin et féminin. *La rougeole est une maladie infantile*, c'est une maladie qu'ont les enfants.

infect adjectif masculin,
infecte adjectif féminin. *Cette purée est infecte*, elle est très mauvaise.

✦ Le contraire de infect, c'est **délicieux**.

s'**infecter** verbe. *Il faut mettre de l'alcool sur ta blessure, sinon elle va s'infecter*, si on ne met pas d'alcool, des microbes vont venir dans ta blessure et du pus va se former.

✦ Il faut **désinfecter** la blessure.

infection nom féminin. 1. Une infection, c'est une très mauvaise odeur. *Quelle infection dans cette poubelle!* 2. *Papa met de l'alcool sur ma blessure pour éviter l'infection*, il met de l'alcool pour éviter que des microbes viennent dans ma blessure, pour que ma blessure ne s'infecte pas.

A B C D E F G H I

inférieur adjectif masculin,
inférieure adjectif féminin. 1. *Le bruit vient de l'étage inférieur,* il vient de l'étage du dessous. *Les jambes sont les membres inférieurs,* ce sont les membres du bas du corps. 2. *Quatre est inférieur à douze,* quatre est un nombre plus petit que douze.

✦ Le contraire de inférieur, c'est **supérieur**.

infernal adjectif masculin,
infernale adjectif féminin. *Aymeric a été infernal cette après-midi,* il a été très excité et difficile à supporter.

☞ Au masculin pluriel : **infernaux.** Au féminin pluriel : **infernales.**

✦ Tu peux dire aussi **insupportable**.

infini adjectif masculin,
infinie adjectif féminin. *L'espace est infini,* il n'a pas de limites. *Le nombre des étoiles dans le ciel est infini,* leur nombre est si grand qu'on ne peut pas les compter.

infirme adjectif masculin et féminin. Une personne infirme, c'est une personne qui ne peut pas se servir d'une partie de son corps.

✦ Cherche aussi **handicapé**.

Le grand-père de Sylvain est dans un fauteuil roulant parce qu'il est infirme.

infirmerie nom féminin. *Tatiana est allée se faire faire un pansement à l'infirmerie,* elle est allée dans la pièce de l'école où une infirmière donne des médicaments et soigne les enfants qui sont malades, qui se sont blessés ou qui se sont fait mal.

infirmier nom masculin,
infirmière nom féminin. Un infirmier, une infirmière, c'est une personne qui s'occupe des malades et des blessés, qui leur donne leurs médicaments et leur fait leurs pansements. *L'infirmière a fait une piqûre à Cédric.*

influençable adjectif masculin et féminin. *Martin est très influençable,* il finit toujours par penser la même chose que les autres et par faire comme eux.

influence nom féminin. *Louise a une bonne influence sur son frère,* son frère l'écoute et fait des choses bien grâce à elle.

influencer verbe. *Choisis ce que tu préfères, je ne veux pas t'influencer,* je ne veux pas te pousser à prendre ce que je préfère au lieu de ce que tu préfères.

information nom féminin. 1. Une information, c'est un renseignement. *La directrice doit donner aux parents des informations sur notre départ en classe de neige.* 2. Les informations, ce sont les nouvelles, les événements importants qui se sont passés dans la journée racontés par des journalistes. *Tous les soirs, mes parents regardent les informations à la télévision.*

informaticien nom masculin,
informaticienne nom féminin. Un informaticien, une informaticienne,

c'est une personne qui s'occupe d'informatique. *La mère de Blaise est informaticienne.*

informatique nom féminin. L'informatique, c'est la technique qui permet de travailler avec des ordinateurs.

informer verbe. Informer, c'est faire savoir. *Le directeur a informé les parents qu'il n'y aurait pas classe samedi matin.*

infusion nom féminin. Une infusion, c'est une boisson chaude que l'on prépare en laissant tremper des plantes dans de l'eau bouillante.

✦ Tu peux dire aussi **tisane**.

ingénieur nom masculin et féminin. Un ingénieur, une ingénieur, c'est une personne qui a fait des études scientifiques et qui fait des recherches et dirige des travaux dans des usines. *La mère de Cyrille est ingénieur.*

ingrat adjectif masculin,
ingrate adjectif féminin. Une personne ingrate, c'est une personne qui ne remercie pas quand on lui a rendu service et qui fait semblant de ne pas s'en souvenir.

inhalation nom féminin. *Rémi fait des inhalations pour soigner son rhume,* il met son visage au-dessus d'un appareil rempli d'un liquide très chaud pour respirer la vapeur par le nez.

initiale nom féminin. L'initiale d'un mot, c'est la première lettre de ce mot. *Les initiales de Claude Morin sont C.M.*

initiative nom féminin. Une initiative, c'est ce que quelqu'un décide de faire le premier sans que personne ne le lui ait demandé. *Denise a pris l'initiative de sortir le chien pendant que ses parents dormaient.*

injure nom féminin. Une injure, c'est un mot méchant que l'on dit à quelqu'un pour lui faire de la peine et lui montrer que l'on n'est pas d'accord avec lui ou qu'on ne l'aime pas.

✦ Cherche aussi **insulter**.

Les deux automobilistes se crient des injures.

injuste adjectif masculin et féminin. *Le maître a puni Xavier et n'a même pas grondé David, c'est injuste,* c'est contraire à la justice, ce n'est pas ce qu'il aurait fallu faire.

✦ Le contraire de injuste, c'est **juste**.

injustice nom féminin. Une injustice, c'est quelque chose d'injuste, qui n'est pas comme il faudrait. *C'est une injustice de punir Xavier qui n'a rien fait de mal !*

innocent adjectif masculin,
innocente adjectif féminin. Une personne innocente, c'est une personne qui n'a rien fait de mal. *Ce n'est pas Françoise qui a cassé le carreau, elle est innocente.*

✦ Le contraire de innocent, c'est **coupable**.

inondation nom féminin. Une inondation, c'est une grande quantité d'eau qui recouvre un endroit. *Les inondations ont fait des dégâts dans les champs de blé.*

inonder verbe. *Il a tellement plu que la rivière a débordé et a inondé les champs,* l'eau de la rivière a recouvert les champs.

inquiet adjectif masculin,
inquiète adjectif féminin. *Mon frère n'est pas encore rentré à la maison, Maman est inquiète,* elle se fait du souci, elle a peur qu'il lui soit arrivé quelque chose.

s'**inquiéter** verbe. S'inquiéter, c'est se faire du souci, avoir peur que quelque chose de grave soit arrivé. *Mes parents s'inquiètent toujours quand mon frère rentre tard.*

inscription nom féminin. **1.** Une inscription, c'est un ensemble de mots que l'on peut lire sur un mur ou sur un panneau. *Le mur de l'école est tout couvert d'inscriptions.* **2.** *Papa s'est occupé de mon inscription à la compétition de judo,* il a fait mettre mon nom sur la liste de ceux qui vont participer à la compétition de judo.

inscrire verbe. **1.** Inscrire, c'est écrire. *Élisabeth inscrit son nom sur la première page de son cahier.* **2.** S'inscrire, c'est faire écrire son nom sur une liste pour faire partie d'un groupe. *Pierre s'est inscrit à la chorale de l'école,* maintenant il est membre de la chorale.

insecte nom masculin. Un insecte, c'est un petit animal sans os, qui a six pattes. Certains insectes ont des ailes.

Les mouches, les moustiques, les fourmis, les sauterelles, les libellules et les papillons sont des insectes.

inquiétude nom féminin. L'inquiétude, c'est ce que ressent une personne qui est inquiète, qui se fait du souci. *Maman était folle d'inquiétude en attendant le retour de mon frère.*

inséparable adjectif masculin et féminin. *Irène et Amélie sont inséparables,* elles sont toujours ensemble, elles sont très amies.

Raphaël a l'insigne du club de football de l'école.

insigne nom masculin. Un insigne, c'est un signe que portent toutes les personnes qui font partie d'un groupe. *Raphaël est fier d'avoir l'insigne du club de football de l'école.*

insister verbe. Insister, c'est demander quelque chose plusieurs fois et avec force jusqu'à ce qu'on l'obtienne. *Christophe a insisté pour que Sabine vienne à son anniversaire.*

insolation nom féminin. Une insolation, c'est une maladie que l'on peut avoir si l'on reste trop longtemps au soleil.

✦ Une insolation est plus grave qu'un **coup de soleil**. Le coup de soleil brûle la peau, qui devient rouge. Quand on a une insolation, on a mal dans tout le corps.

insolent adjectif masculin,
insolente adjectif féminin. *Capucine est souvent insolente avec la maîtresse,* elle lui répond d'une façon désagréable et impolie, elle ne lui parle pas avec respect.

✦ Tu peux dire aussi **impertinent**.

insouciant adjectif masculin,
insouciante adjectif féminin. Une personne insouciante, c'est une personne qui ne se fait jamais de souci, qui ne se rend pas compte qu'il peut y avoir du danger.

inspecteur nom masculin,
inspectrice nom féminin. 1. Un inspecteur, une inspectrice, c'est une personne qui contrôle le travail des autres. *Un inspecteur vient dans notre classe une fois par an.* 2. Un inspecteur de police, c'est un policier qui fait des enquêtes.

installer verbe. 1. *Les ouvriers ont installé des nouveaux radiateurs dans notre maison de campagne,* ils ont travaillé pour les mettre en place et les faire marcher. 2. *Papi s'installe dans son fauteuil pour lire le journal,* il se met dans son fauteuil et s'assied pour être bien à l'aise.

instant nom masculin. Un instant, c'est un tout petit moment. *Attendez un instant, le magasin va ouvrir dans cinq minutes.*

instinct nom masculin. L'instinct, c'est une force qui pousse les êtres vivants à faire certaines choses qui sont utiles pour eux, sans avoir appris à les faire. *Grâce à l'instinct, cette chatte s'occupe très bien de ses petits.*

instituteur nom masculin,
institutrice nom féminin. Un instituteur, une institutrice, c'est une personne qui enseigne aux enfants ce qu'ils doivent savoir, à l'école maternelle ou à l'école primaire.

✦ Tu peux dire aussi **maître**, **professeur**.

instructif adjectif masculin,
instructive adjectif féminin. *Ce film sur les animaux est très instructif,* il apprend beaucoup de choses intéressantes.

instruction nom féminin. *Ces pauvres gens n'ont pas beaucoup d'instruction,* ils ne savent pas les choses que l'on apprend en classe.

s'**instruire** verbe. S'instruire, c'est apprendre toutes les choses qu'il faut savoir dans la vie. *Les enfants vont à l'école pour s'instruire.*

A B C D E F G H I

instrument nom masculin. 1. Un instrument, c'est un objet qui sert à faire un travail, c'est un outil. *Le chirurgien a des instruments pour opérer les malades.* Un instrument de mesure, c'est un objet qui sert à mesurer la dimension, le poids ou la température. 2. Un instrument de musique, c'est un objet fabriqué pour jouer de la musique.

Un violon est un instrument de musique, une balance est un instrument de mesure.

insuffisant adjectif masculin,
insuffisante adjectif féminin. *Remplis plus la baignoire, cette quantité d'eau est insuffisante pour prendre un bain,* cette quantité d'eau ne suffit pas, il n'y a pas assez d'eau pour prendre un bain.
✦ Le contraire de insuffisant, c'est **suffisant**.

insulter verbe. Insulter quelqu'un, c'est lui crier des paroles méchantes pour le vexer. *L'automobiliste est sorti furieux de sa voiture et nous a insultés.*
✦ Cherche aussi **injure**.

insupportable adjectif masculin et féminin. *Romain et Alexandre sont des enfants insupportables,* ce sont des enfants qui font beaucoup de bruit et qui cassent tout, ce sont des enfants difficiles à supporter.
✦ Tu peux dire aussi **infernal**.

intact adjectif masculin,
intacte adjectif féminin. *Ma montre est tombée par terre, mais elle est intacte,* elle est comme avant, elle n'est pas cassée.

intelligence nom féminin. L'intelligence, c'est la qualité d'une personne qui comprend vite et qui fait exactement ce qu'il faut faire lorsqu'il se passe quelque chose de nouveau ou de dangereux.
✦ Le contraire de intelligence, c'est **bêtise**, **sottise**, **stupidité**.

intelligent adjectif masculin,
intelligente adjectif féminin. *Agnès est une petite fille très intelligente,* elle comprend vite les choses et fait exactement ce qu'il faut faire quand il se passe quelque chose de nouveau ou de dangereux.
✦ Le contraire de intelligent, c'est **bête**, **idiot**, **sot**, **stupide**.

intention nom féminin. *Les parents d'Irène ont l'intention de déménager,* ils ont le projet de déménager, ils voudraient déménager.

interdiction nom féminin. *Le malade a l'interdiction de sortir pendant une semaine,* il est interdit au malade de sortir pendant une semaine, le malade n'a pas le droit de sortir.
✦ Le contraire de interdiction, c'est **autorisation**, **permission**.

interdire verbe. Interdire, c'est dire à une personne qu'elle n'a pas le droit de faire quelque chose. *Papa m'a interdit de me baigner aujourd'hui, il y a de trop grosses vagues.*
✦ Tu peux dire aussi **défendre**.
✦ Le contraire de interdire, c'est **autoriser**, **permettre**.

a b c d e f g h i

intéressant adjectif masculin, **intéressante** adjectif féminin. 1. *Mamie nous a raconté une histoire très intéressante,* elle nous a raconté une histoire que nous avons écoutée avec attention et qui nous a appris beaucoup de choses. 2. *Monsieur Galet vend sa voiture à un prix intéressant,* il la vend à un prix assez bas alors qu'elle vaut beaucoup d'argent, il pourrait la vendre plus cher.

intéresser verbe. 1. *Cette émission m'intéresse beaucoup,* je regarde cette émission avec attention et elle m'apprend beaucoup de choses. 2. *Corinne s'intéresse aux animaux,* elle aime les animaux et elle cherche à apprendre beaucoup de choses sur eux.

intérêt nom masculin. *Séverine écoute avec intérêt l'histoire que lui raconte sa grand-mère,* elle écoute sa grand-mère sans penser à autre chose, en ayant envie de savoir la suite.

✦ Le contraire de intérêt, c'est **ennui**.

Il est interdit de fumer dans cette salle de restaurant.

intérieur nom masculin. 1. *Il fait froid, Clarisse et Bertrand jouent à l'intérieur de la maison,* ils jouent dans la maison. 2. *L'intérieur de la boîte est rouge,* la partie qui est dans la boîte est rouge.

✦ Le contraire de intérieur, c'est **extérieur**.

interjection nom féminin. Une interjection, c'est un mot que l'on dit pour montrer que l'on est surpris, déçu, content ou triste, que l'on a mal ou pour obtenir quelque chose. *Chut! est une interjection.*

international adjectif masculin, **internationale** adjectif féminin. *Chaque année ont lieu les championnats internationaux de tennis,* chaque année ont lieu des championnats de tennis auxquels participent plusieurs pays, plusieurs nations.

☞ Au masculin pluriel : **internationaux**.

Au féminin pluriel : **internationales**.

interphone nom masculin. Un interphone, c'est une sorte de téléphone qui est à l'entrée d'un immeuble et grâce auquel on peut parler aux personnes qui sont dans leur appartement pour leur demander d'ouvrir la porte.

interrogation nom féminin. 1. *Hier, la maîtresse a fait une interrogation écrite,* elle a posé aux élèves des questions auxquelles il fallait qu'ils répondent par écrit. 2. Un point d'interrogation, c'est un petit signe (?) qui est à la fin d'une phrase où l'on pose une question.

interrogatoire nom masculin. Un interrogatoire, c'est un ensemble de questions qu'un policier ou un juge pose à une personne pour savoir la vérité quand il y a eu un vol ou un crime.

A
B
C
D
E
F
G
H
I

interroger verbe. Interroger, c'est poser des questions. *Le maître a interrogé Colombe en histoire de France.*

interrompre verbe. 1. Interrompre quelqu'un, c'est le faire s'arrêter de parler parce qu'on parle en même temps que lui. *Tais-toi, ne m'interromps pas tout le temps, tu parleras quand ce sera ton tour.* 2. Interrompre quelque chose, c'est l'arrêter un petit moment ou pour toujours. *Nous avons interrompu notre voyage.*

interrupteur nom masculin. Un interrupteur, c'est un petit appareil qui permet d'arrêter ou de remettre le courant électrique. *Pascale appuie sur l'interrupteur pour allumer la lampe.*

interruption nom féminin. Une interruption, c'est un arrêt. *Il y a eu une interruption de courant pendant une heure, à cause de l'orage. Il a plu toute la journée sans interruption,* il a plu sans arrêt.

intervalle nom masculin. Un intervalle, c'est un espace entre deux choses.

Les arbres de l'allée sont plantés à intervalles réguliers.

intervenir verbe. Intervenir, c'est arriver vite pour aider à faire quelque chose d'important. *Les sauveteurs sont rapidement intervenus pour sauver les personnes qui se noyaient.*

intervertir verbe. Intervertir deux choses, c'est mettre une chose à la place de l'autre. *En écrivant « Pipa » au lieu de « Papi », tu as interverti le « i » et le « a ».*

interview nom féminin. Une interview, c'est une conversation entre un journaliste et une personne célèbre, que l'on lit dans les journaux, que l'on voit à la télévision ou que l'on entend à la radio.
✦ Interview est un mot qui vient de l'anglais.

Le cycliste donne une interview à un journaliste.

intestin nom masculin. L'intestin, c'est une sorte de long tuyau enroulé dans le ventre, au-dessous de l'estomac, où passent les aliments à la fin de la digestion.

intime adjectif masculin et féminin. 1. *Constance écrit ce qui lui arrive chaque jour dans son journal intime,* elle l'écrit dans un cahier secret que personne n'a le droit de lire. 2. *Benoît est un ami intime de mon frère,* c'est le meilleur ami de mon frère, à qui il raconte tout.

intimider verbe. *Les grandes personnes intimident Martin,* les grandes personnes font peur à Martin, elles le rendent timide, il est mal à l'aise avec elles.

s'intituler verbe. *Comment s'intitule ce livre?* quel est le titre de ce livre?

intoxication nom féminin. *Vincent a eu une intoxication alimentaire,* il a été très malade, comme s'il avait été empoisonné, à cause de quelque chose qu'il a mangé.

introduire verbe. 1. Introduire, c'est faire entrer, mettre à l'intérieur. *Maman introduit la clé dans la serrure et ouvre la porte.* 2. *Les cambrioleurs se sont introduits dans l'appartement par la terrasse,* ils sont entrés dans l'appartement en passant par la terrasse.

intrus nom masculin,
intruse nom féminin. Un intrus, une intruse, c'est une personne qui arrive au milieu d'autres personnes alors qu'on ne lui a pas demandé de venir. *François est arrivé comme un intrus pendant notre réunion secrète.*

inutile adjectif masculin et féminin. *Antoine emporte souvent des vêtements inutiles quand il part en voyage,* il emporte souvent des vêtements qui ne servent à rien, qu'il ne mettra pas.

✦ Le contraire de inutile, c'est **indispensable, nécessaire, utile.**

invasion nom féminin. Une invasion, c'est l'arrivée, tout d'un coup, d'un très grand nombre de personnes ou d'animaux qui gênent parce qu'ils prennent trop de place. *Il y a une invasion de touristes dans le musée.*

✦ Cherche aussi **envahir.**

inventer verbe. 1. Inventer, c'est fabriquer une chose nouvelle pour la première fois. *C'est un Français qui a inventé le parachute.* 2. Inventer, c'est imaginer. *Lionel invente toujours des histoires extraordinaires.*

inventeur nom masculin,
inventrice nom féminin. Un inventeur, une inventrice, c'est une personne qui invente quelque chose. *Benjamin Franklin est l'inventeur du paratonnerre.*

invention nom féminin. 1. Une invention, c'est une technique ou un objet que l'on a inventé. *L'électricité est une belle invention.* 2. *Ton histoire de soucoupe volante, c'est une invention,* c'est une histoire que tu as imaginée, c'est un mensonge.

inverse adjectif masculin et féminin. Le sens inverse, c'est le sens opposé, l'autre sens.

Alexandre a croisé Arnaud qui venait en sens inverse.

L'**iris** de cet œil est vert. Ces **iris** sont bleus.

invincible adjectif masculin et féminin. *Obélix est un héros invincible,* c'est un héros que l'on ne peut jamais vaincre, un héros qui gagne toujours.

invisible adjectif masculin et féminin. *On entend arriver l'avion mais il est encore invisible à cause des nuages,* on entend l'avion mais on ne peut pas le voir.

✦ Le contraire de invisible, c'est **visible**.

invitation nom féminin. Une invitation, c'est une demande de la part d'une personne de venir chez elle prendre un repas ou passer quelques jours.

invité nom masculin,
invitée nom féminin. Un invité, une invitée, c'est une personne que l'on a invitée chez soi. *Les invités vont arriver.*

inviter verbe. *Martine a invité des amis de sa classe pour son anniversaire,* elle a demandé à des amis de sa classe de venir chez elle.

involontaire adjectif masculin et féminin. *J'ai pris ton écharpe dans le vestiaire à la place de la mienne, c'était involontaire,* je ne voulais pas le faire, je n'ai pas fait exprès.

✦ Le contraire de involontaire, c'est **volontaire**.

invraisemblable adjectif masculin et féminin. *Cette histoire de fantôme est invraisemblable,* c'est une histoire à laquelle on ne peut pas croire tellement elle est bizarre.

✦ Tu peux dire aussi **incroyable**.

iris nom masculin. **1.** Un iris, c'est une grande fleur bleue, violette, blanche ou jaune avec une très longue tige et des feuilles pointues. **2.** L'iris, c'est la partie ronde et colorée au milieu de l'œil. *Au milieu de l'iris, il y a un petit trou, c'est la pupille.*

ironie nom féminin. L'ironie, c'est une façon de se moquer de quelqu'un ou de quelque chose en disant le contraire de ce que l'on devrait dire. *« Ton pantalon est vraiment très joli » m'a dit Papi avec ironie en regardant mon vieux jean déchiré.*

ironique adjectif masculin et féminin. *Papi est souvent ironique,* il se moque souvent des autres, il parle avec ironie.

irrégulier adjectif masculin,
irrégulière adjectif féminin. *Le travail de Gildas est irrégulier,* le travail de Gildas n'est pas régulier, quelquefois Gildas travaille bien, quelquefois il travaille mal.

✦ Tu peux dire aussi **inégal**.
✦ Le contraire de irrégulier, c'est **régulier**.

irrespirable adjectif masculin et féminin. *Ouvre la fenêtre, il y a trop de fumée de cigarette, l'air est irrespirable,* l'air est désagréable et dangereux à respirer.

On irrigue ce champ parce que la terre est trop sèche.

irriguer verbe. Irriguer le sol, c'est faire venir de l'eau dans des petits canaux pour arroser le sol afin qu'il soit plus fertile.

irriter verbe. 1. Irriter, c'est énerver, mettre en colère. *Capucine irrite sa grand-mère en posant tout le temps des questions.* 2. Irriter, c'est piquer, faire un peu mal. *La fumée m'irrite la gorge.*

islam nom masculin. L'islam, c'est la religion des musulmans.

isolé adjectif masculin,
isolée adjectif féminin. Une maison isolée, c'est une maison seule, loin des autres maisons et du village.

israélite nom masculin et féminin. Un israélite, une israélite, c'est une personne de religion juive.
✦ Cherche aussi **juif**.
✦ Cherche aussi **catholique, musulman, protestant**.

issue nom féminin. Une issue, c'est un endroit par où on peut sortir d'un lieu. *Au fond de la salle, il y a un panneau qui indique l'issue de secours.*

itinéraire nom masculin. Un itinéraire, c'est un chemin que l'on doit prendre pour aller d'un endroit à un autre. *Il est conseillé de prendre cet itinéraire pour éviter les embouteillages.*

ivoire nom masculin. L'ivoire, c'est la matière très dure et blanche dont sont faites les défenses des éléphants et les dents des hommes et des animaux.

ivre adjectif masculin et féminin. *Après avoir bu quatre verres de champagne, Mamie était un peu ivre,* elle ne tenait plus très bien debout et disait un peu n'importe quoi parce qu'elle avait bu trop d'alcool.
✦ Tu peux dire aussi **soûl**.

ivrogne nom masculin et féminin. Un ivrogne, une ivrogne, c'est une personne qui tous les jours boit trop d'alcool et qui est très souvent ivre.

La sorcière habite une maison isolée dans la forêt.

J

j J j

jabot nom masculin. Le jabot, c'est la poche que les oiseaux ont dans le cou, où la nourriture s'arrête avant de passer dans l'estomac.

jacasser verbe. *La pie jacasse*, elle pousse son cri.

jacinthe nom féminin. Une jacinthe, c'est une plante qui a des fleurs roses ou violettes en grappes. *Les jacinthes sentent très bon.*

jadis adverbe. Jadis, c'est il y a longtemps. *Jadis, les écoliers mettaient des tabliers noirs.*

✦ Tu peux dire aussi **autrefois**.

jaguar nom masculin. Un jaguar, c'est un animal d'Amérique du Sud, beige avec des taches noires, qui ressemble à la panthère.

✦ Le jaguar est un **félin**.

jaillir verbe. *L'eau jaillit du robinet*, elle sort avec force.

jalousie nom féminin. La jalousie, c'est l'envie d'avoir ce que quelqu'un d'autre a.

jaloux adjectif masculin,
jalouse adjectif féminin. Une personne jalouse, c'est une personne qui a envie d'avoir ce que quelqu'un d'autre a. *Fabrice est jaloux de Natacha parce qu'elle a plus de jeux vidéo que lui.*

jamais adverbe. Jamais, c'est à aucun moment, pas une seule fois. *Cécile n'est jamais allée aux sports d'hiver.*

✦ Le contraire de jamais, c'est **souvent**, **toujours**.

jambe nom féminin. La jambe, c'est la partie du corps qui va du tronc jusqu'au pied. *Nous avons quatre membres : deux jambes et deux bras.*

✦ Comment s'appelle le haut de la jambe ?

Un jaguar.

jambon nom masculin. Le jambon, c'est la cuisse du porc qui est préparée pour être mangée. *Luce a mangé deux tranches de jambon.*

A B C D E F G H I J

japper verbe. *Le petit chien jappe,* il aboie en poussant de petits cris aigus.

jardin nom masculin. **1.** Un jardin, c'est un terrain à côté d'une maison où l'on fait pousser de l'herbe, des arbres, des fleurs, des légumes et des fruits. *Joanne et Olivier jouent dans le jardin.* **2.** Un jardin public, c'est un endroit dans une ville avec des arbres, des bancs et des jeux pour les enfants. *Manuel fait du toboggan et de la balançoire dans le jardin public en sortant de l'école.*

jardinage nom masculin. *Papi aime bien faire du jardinage,* il aime bien s'occuper du jardin.

✦ Il taille les haies, arrose les fleurs, arrache les orties, cueille les fruits et les légumes.

jardinier nom masculin,
jardinière nom féminin. Un jardinier, une jardinière, c'est une personne dont le métier est de s'occuper des jardins. *Le jardinier a planté des tulipes.*

jars nom masculin. Le jars, c'est le mâle de l'oie. *On dit que les jars sont méchants.*

jasmin nom masculin. Le jasmin, c'est un petit arbre à fleurs jaunes ou blanches qui sentent très bon. *Le jasmin est en fleur en hiver.*

jaune adjectif masculin et féminin. La couleur jaune, c'est la couleur du citron ou de l'or. *Quentin a une chemise jaune. Le mimosa a des fleurs jaunes.*

jaune nom masculin. Le jaune d'œuf, c'est la boule jaune qui est à l'intérieur de l'œuf, dans le blanc. *Mamie ajoute un jaune d'œuf dans la sauce.*

jaunir verbe. Jaunir, c'est devenir jaune. *Les feuilles des arbres jaunissent, c'est l'automne.*

javelot nom masculin. Un javelot, c'est une sorte de lance qu'il faut envoyer le plus loin possible. *L'athlète prend son élan et lance le javelot.*

jazz nom masculin. Le jazz, c'est une musique qui a été créée par des musiciens noirs des États-Unis et qui a beaucoup de rythme. *Papi écoute souvent des disques de jazz.*

✦ Jazz est un mot qui vient de l'anglais.

je pronom masculin et féminin. Je, c'est un mot qui représente la première personne du singulier. *Je m'appelle Clara. J'ai six ans.*

✦ Cherche aussi **moi**.

jean nom masculin. Un jean, c'est un pantalon qui est fait dans un tissu très solide. *Émilie a mis un jean vert.*

✦ Jean est un mot qui vient de l'anglais.

jet nom masculin. *Il y a un jet d'eau au milieu du bassin,* il y a de l'eau qui jaillit au milieu du bassin, monte haut et retombe.

Un jasmin.

jetée nom féminin. Une jetée, c'est une sorte de mur qui est construit dans la mer pour empêcher les vagues d'atteindre le port.
✦ Cherche aussi **digue**.

jeune adjectif masculin et féminin. *Marc est plus jeune que Léa,* il a moins d'années qu'elle.
✦ Le contraire de jeune, c'est **âgé**, **vieux**.

jeune nom masculin et féminin. Les jeunes, ce sont les jeunes gens et les jeunes filles. *Les jeunes du quartier se retrouvent souvent sur la place de la Mairie.*
✦ Cherche aussi **adolescent**.

Julien pêche sur la jetée.

jeter verbe. 1. Jeter, c'est envoyer loin de soi avec force, c'est lancer. *Aurélien jette des morceaux de pain aux canards.* 2. Jeter, c'est mettre à la poubelle. *Maman a jeté les fleurs fanées.* 3. *Le lion s'est jeté sur la gazelle,* il a sauté sur la gazelle, il s'est précipité sur elle. 4. *Les fleuves se jettent dans la mer,* l'eau des fleuves va dans la mer.

jeu nom masculin. 1. *Nathalie ne pense qu'au jeu,* elle ne pense qu'à s'amuser. 2. Un jeu, c'est un objet qui sert à jouer. *Jérôme a sorti son jeu de dames. Claire cherche un jeu de cartes. Natacha a beaucoup de jeux vidéo.*
☞ Au pluriel : des **jeux**.

à jeun adverbe. À jeun, c'est sans avoir mangé. *Il faut que tu sois à jeun pour ta prise de sang,* il faut que tu n'aies rien mangé depuis que tu t'es réveillé.

jeunesse nom féminin. 1. La jeunesse, c'est le moment de la vie où l'on est jeune, où l'on n'est plus un enfant et où l'on n'est pas encore un adulte. *Dans sa jeunesse, Papi avait les cheveux très noirs.* 2. La jeunesse, c'est l'ensemble des jeunes. *Marine regarde à la télévision les émissions pour la jeunesse.*

jockey nom masculin. Un jockey, c'est une personne qui monte un cheval dans une course. *Les jockeys sont prêts à prendre le départ.*
✦ Jockey est un mot qui vient de l'anglais.
✦ Un jockey est un **cavalier**.

joie nom féminin. La joie, c'est le sentiment que l'on éprouve quand on est heureux et très content. *Mamie a accepté avec joie de venir me garder.*
✦ Tu peux dire aussi **plaisir**.
✦ Le contraire de joie, c'est **tristesse**.

A B C D E F G H I J

joindre verbe. 1. *Anne joint les mains*, elle rapproche ses mains l'une de l'autre jusqu'à ce qu'elles se touchent. 2. *Charles joindra une photo à la lettre qu'il enverra à sa grand-mère*, il mettra une photo dans sa lettre. 3. *Maman n'a pas réussi à joindre la mère de Sandra au téléphone*, elle n'a pas réussi à l'avoir au téléphone.

joint adjectif masculin,
jointe adjectif féminin. *Élise a sauté à pieds joints dans la flaque d'eau*, elle a sauté, les deux pieds serrés l'un contre l'autre.

joli adjectif masculin,
jolie adjectif féminin. *Ingrid est jolie*, elle est agréable à regarder. *Abel a une jolie voix*, il a une voix agréable à entendre.

- ✦ Tu peux dire aussi **beau**.
- ✦ Le contraire de joli, c'est **affreux**, **laid**, **vilain**.

jongler verbe. Jongler, c'est lancer plusieurs objets en l'air en même temps, les rattraper et recommencer. *Le clown jongle avec quatre balles*.

jongleur nom masculin,
jongleuse nom féminin. Un jongleur, une jongleuse, c'est une personne dont le métier est de jongler. *Au cirque, Raoul a applaudi les jongleurs*.

jonquille nom féminin. Une jonquille, c'est une fleur jaune qui pousse dans les champs et dans les bois au printemps. *Davy a cueilli des jonquilles pour sa mère*.

joue nom féminin. La joue, c'est la partie du visage qui est sous l'œil, entre le nez et l'oreille. *Côme embrasse Armelle sur les deux joues*.

jouer verbe. 1. Jouer, c'est s'amuser, faire quelque chose pour se distraire. *Danièle et Bernard jouent dans le jardin. Patrick joue à la poupée*. 2. *Benoît sait jouer du piano*, il sait faire de la musique avec un piano. 3. *Marthe joue Cendrillon dans la pièce*, elle a le rôle de Cendrillon, c'est elle qui fait Cendrillon.

Thierry joue dans son bain.

jouet nom masculin. Un jouet, c'est un objet avec lequel on joue. *Séverine a eu beaucoup de jouets à Noël.*

joueur nom masculin,
joueuse nom féminin. Un joueur, une joueuse, c'est une personne qui joue à un jeu ou qui participe à un match. *Yannick distribue des cartes à chacun des joueurs.*

jour nom masculin. 1. Le jour, c'est le temps, entre le lever et le coucher du soleil, pendant lequel il fait clair. *Le coq chante dès qu'il fait jour.* 2. Un jour, c'est une durée de 24 heures, de minuit à minuit. *Lundi, mardi, mercredi, jeudi, vendredi, samedi et dimanche sont les sept jours de la semaine. Quel jour sommes-nous ?*

journal nom masculin. Un journal, c'est un ensemble de feuilles de papier imprimées sur lesquelles sont racontés les événements importants qui se sont passés dans la journée ou la veille. *Papa lit son journal en prenant son petit-déjeuner.*
☞ Au pluriel : des **journaux**.
✦ Cherche aussi **magazine**.

journaliste nom masculin et féminin. Un journaliste, une journaliste, c'est une personne qui écrit dans un journal ou dit les informations à la radio ou à la télévision. *Le président de la République a répondu aux questions des journalistes.*

journée nom féminin. Une journée, c'est le temps entre le lever et le coucher du soleil. *Il a plu toute la journée.*
✦ Cherche aussi **jour**.

joyeux adjectif masculin,
joyeuse adjectif féminin. *Ce matin, Annie rit tout le temps, elle est très joyeuse,* elle est très contente et heureuse.
✦ Tu peux dire aussi **gai**.
✦ Le contraire de joyeux, c'est **triste**.

judo nom masculin. Le judo, c'est un sport de combat qui a été inventé au Japon et qui apprend à se défendre si on est attaqué. *Juliette et Pauline font du judo.*

juge nom masculin et féminun Un juge, une juge, c'est une personne dont le métier est de dire si quelqu'un est coupable ou non et de décider à quelle peine il faut le condamner. *Le juge a condamné la voleuse à deux ans de prison.*

juger verbe. *Le voleur sera jugé demain au tribunal,* le juge dira s'il pense que cette personne est coupable de vol et s'il faut la punir.

juif adjectif masculin,
juive adjectif féminin. *David et Sarah sont juifs,* ils croient en Dieu et prient à la synagogue.
✦ Cherche aussi **israélite**.
✦ Cherche aussi **catholique**, **musulman**, **protestant**.

Les journalistes relisent un article.

a b c d e f g h i j

jumeau nom masculin,
jumelle nom féminin. Des jumeaux, des jumelles, ce sont des enfants nés en même temps de la même mère.

☞ Au masculin pluriel : des **jumeaux**. Au féminin pluriel : des **jumelles**.

Élise et Sandra sont jumelles.

jumelles nom féminin pluriel. Des jumelles, ce sont des lunettes spéciales qui permettent de voir ce qui est très loin comme si c'était très près.

jument nom féminin. La jument, c'est la femelle du cheval.

jungle nom féminin. La jungle, c'est une forêt des pays chauds avec des broussailles très épaisses et de hautes herbes. *De très nombreux animaux sauvages vivent dans la jungle.*

✦ Connais-tu « Le Livre de la jungle » de Rudyard Kipling, qui raconte les aventures de Mowgli ?

jupe nom féminin. Une jupe, c'est un vêtement qui part de la taille et couvre une partie des jambes. *Marie a une jupe courte et sa sœur a une jupe longue.*

jurer verbe. Jurer, c'est promettre en affirmant qu'on tiendra sa promesse. *Je te jure que je ne dirai rien à personne !*

✦ Tu peux dire aussi **assurer**.

jus nom masculin. Le jus, c'est le liquide qui est contenu dans un fruit. *Maman fait du jus d'orange.*

Antoine observe les chamois avec ses jumelles.

jusque préposition. *Alain a couru jusqu'à la piscine,* il est allé à la piscine en courant et il s'est arrêté. *Je t'attendrai jusqu'à midi,* je ne t'attendrai plus après midi.

juste adjectif masculin et féminin. 1. *Ton calcul est juste,* il est exact, il n'est pas faux. 2. *Les chaussures de Paul sont un peu justes,* elles sont un petit peu trop petites. 3. *Le maître est toujours juste,* il punit quand on a fait quelque chose de mal et il récompense quand on le mérite, il n'est pas injuste.

justice nom féminin. *Le maître traite ses élèves avec justice,* il traite tous ses élèves de la même façon, il n'est pas plus sévère avec ceux qu'il aime le moins ni plus indulgent avec ceux qu'il préfère.

K

k K k

kangourou nom masculin. Un kangourou, c'est un animal d'Australie qui avance en sautant sur ses pattes de derrière. *La femelle du kangourou a une grande poche sur le ventre dans laquelle elle garde son petit pendant six mois.*

☞ Au pluriel : des **kangourous**.

karaté nom masculin. Le karaté, c'est un sport de combat qui a été inventé au Japon. *Le karaté est un sport plus violent que le judo.*

✦ Quand on fait du karaté, on arrête les coups avant de toucher son adversaire.

Sébastien et Nicolas font du karaté.

képi nom masculin. Un képi, c'est un chapeau rond et dur, avec une visière. *Le général salue en portant la main à son képi.*

kermesse nom féminin. Une kermesse, c'est une fête où il y a des stands avec des jeux, des objets à acheter et une tombola. *Maman a acheté une nappe à la kermesse de l'école.*

ketchup nom masculin. Le ketchup, c'est une sauce tomate un peu forte et sucrée.

✦ Ketchup est un mot qui vient de l'anglais.

kidnapper verbe. *Deux hommes ont kidnappé le petit Armand,* ils l'ont emmené de force avec eux et ils l'ont gardé, ils le rendront à ses parents contre de l'argent.

✦ Tu peux dire aussi **enlever**.

kilo nom masculin. Un kilo, c'est un poids de mille grammes. *Lola pèse 22 kilos* ou *elle pèse 22 kg.*

✦ Kilo, c'est le mot **kilogramme** en plus court.

kilomètre nom masculin. Un kilomètre, c'est une distance de mille mètres. *La maison de Théo est à deux kilomètres du village* ou *elle est à 2 km du village.*

Maman est allée au kiosque acheter un journal.

kiosque nom masculin. Un kiosque à journaux, c'est une toute petite boutique, sur le trottoir, où l'on vend des journaux.

kiwi nom masculin. 1. Un kiwi, c'est un oiseau gros comme une poule, qui a de toutes petites ailes et un long bec. Il vit en Nouvelle-Zélande. *Le kiwi court, il ne vole pas.* 2. Un kiwi, c'est un fruit à la peau rugueuse et marron et à la chair verte.

klaxonner verbe. *L'automobiliste a klaxonné au croisement,* il a fait un bruit assez fort avec un appareil spécial dans sa voiture pour prévenir qu'il arrive.

koala nom masculin. Un koala, c'est un animal d'Australie qui ressemble à un petit ours. *Les koalas grimpent aux arbres.*

✦ Le koala est de la même famille que le kangourou.

Des kiwis.

L

ℓ L l

la va voir **le**.

là adverbe. **1.** Là, c'est à l'endroit qui n'est pas celui où l'on est. *Ne reste pas là, viens ici avec nous. La montagne que tu vois là-bas, c'est le mont Blanc,* la montagne que tu vois au loin, c'est le mont Blanc. **2.** Là, c'est à l'endroit où l'on est. *Assieds-toi là. Est-ce que ton père est là ?*

laboratoire nom masculin. Un laboratoire, c'est un endroit où l'on fait des expériences et des analyses. On y fabrique aussi des médicaments.

labourer verbe. Labourer, c'est creuser et retourner la terre d'un champ. *L'agriculteur laboure avant de semer.*

labyrinthe nom masculin. Un labyrinthe, c'est un ensemble compliqué de chemins dans lequel on se perd et dont on n'arrive pas à sortir.

lac nom masculin. Un lac, c'est une grande étendue d'eau, entourée par des terres. *Tanguy fait du voilier sur le lac.*

✦ Un lac est plus grand et plus profond qu'un étang.

lacer verbe. Lacer, c'est attacher avec un lacet. *Mon petit frère ne lace pas ses chaussures tout seul.*

✦ Ne confonds pas lacer et se **lasser**.

lacet nom masculin. **1.** Un lacet, c'est un cordon que l'on passe dans les petits trous qui sont sur le dessus de la chaussure. **2.** Une route en lacets, c'est une route qui tourne beaucoup, qui a de nombreux virages.

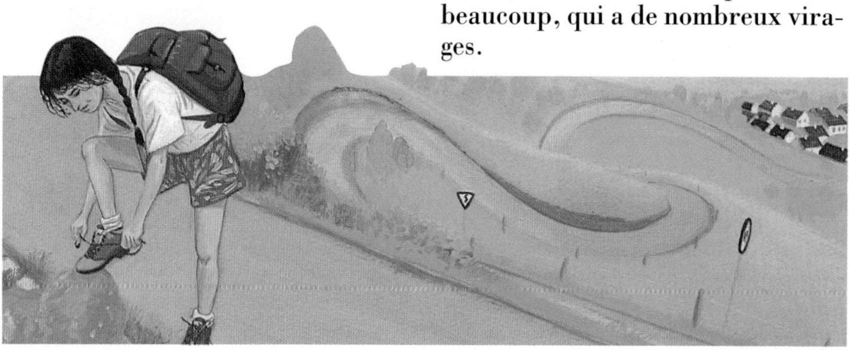

Lætitia attache les lacets de ses chaussures. - La route monte en lacets.

lâche adjectif masculin et féminin. Une personne lâche, c'est une personne qui n'a pas de courage, qui ne fait pas de choses un peu dangereuses parce qu'elle a peur. *Carole est lâche, elle est partie en courant sans attendre son petit frère dès qu'elle a vu arriver le gros chien.*

lâcher verbe. Lâcher, c'est arrêter de tenir, laisser tomber. *Claire a lâché le verre et il s'est cassé.*

laid adjectif masculin,
laide adjectif féminin. *Le cousin de Renaud est laid,* il n'est pas agréable à regarder.

- ✦ Tu peux dire aussi **vilain**.
- ✦ Le contraire de laid, c'est **beau**.
- ✦ Ne confonds pas laid et **lait** .

laideur nom féminin. *La maison où habite Patrick est d'une grande laideur,* elle est très laide.

- ✦ Le contraire de laideur, c'est **beauté**.

laine nom féminin. La laine, c'est le fil que l'on fabrique avec les poils du mouton.

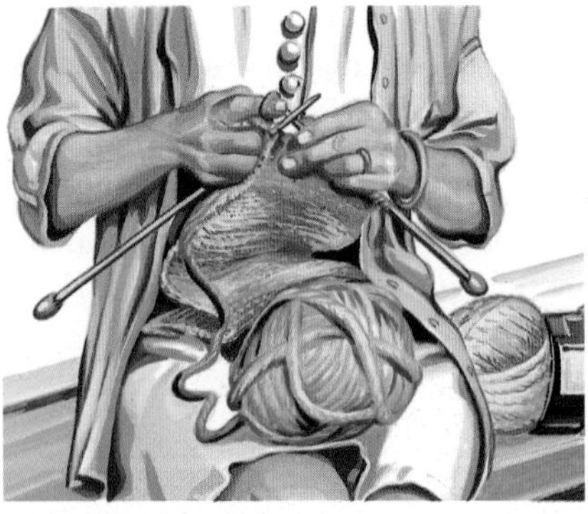

Mamie tricote un pull en laine.

laisse nom féminin. Une laisse, c'est une bande de cuir ou de plastique que l'on attache au collier d'un chien pour le tenir. *Édith promène son chien en laisse.*

laisser verbe. 1. Laisser, c'est ne pas prendre avec soi. *Mathilde a laissé son cartable à l'école. Pendant les vacances, nous laissons notre chat chez Barbara.* 2. Laisser, c'est permettre à quelqu'un de faire quelque chose, ne pas l'en empêcher. *Papa a laissé ma grande sœur conduire la voiture. Laisse-moi tranquille!* 3. *Marie a mangé le jambon mais elle a laissé les épinards,* elle n'a pas mangé les épinards.

lait nom masculin. Le lait, c'est le liquide blanc qui sort des mamelles de certains animaux qui viennent d'avoir un petit, comme les vaches, les brebis et les chèvres, et des seins des femmes qui viennent d'avoir un bébé.

- ✦ Ne confonds pas lait et **laid**.

Le lait sert à faire du beurre, du fromage, des yaourts.

laitue nom féminin. Une laitue, c'est une salade.

lama nom masculin. Un lama, c'est un animal d'Amérique du Sud, roux et blanc, qui ressemble à un petit chameau sans bosse. *Les lamas vivent dans les montagnes.*

lambeau nom masculin. Un lambeau, c'est un morceau de tissu déchiré. *Pierre s'est encore battu : ses habits sont en lambeaux.*

☞ Au pluriel : des **lambeaux**.

lame nom féminin. La lame d'un couteau, c'est la partie du couteau qui coupe. *Maman aiguise la lame du couteau.*

✦ Une paire de ciseaux a deux lames.

lamentable adjectif masculin et féminin. *Madeleine a trouvé que le film était lamentable*, elle a trouvé que le film n'était pas bien.

se **lamenter** verbe. Se lamenter, c'est se plaindre sans arrêt. *Arrête de te lamenter !*

lampadaire nom masculin. Un lampadaire, c'est une lampe montée sur une tige assez haute. *Il faut changer l'ampoule du lampadaire du salon.*

lampe nom féminin. Une lampe, c'est un appareil qui éclaire. *L'abat-jour de la lampe de ma chambre est jaune.*

✦ Cherche aussi **ampoule**.

lampion nom masculin. Des lampions, ce sont des lampes en papier de toutes les couleurs.

lance nom féminin. Une lance, c'est une arme formée d'un long manche avec une pointe en fer à un bout. *Le chevalier a été tué d'un coup de lance.*

lancer verbe. 1. Lancer, c'est envoyer loin de soi. *Caroline lance la balle à Matthias.* 2. *Le chat s'est lancé à la poursuite de la souris*, il s'est précipité derrière la souris.

landau nom masculin. Un landau, c'est une sorte de petit lit monté sur des roues, dans lequel on couche un bébé pour le promener. *Papa a emmené mon petit frère au square dans son landau.*

☞ Au pluriel : des **landaus**.

✦ Quand mon petit frère sera plus grand, on le promènera dans une **poussette**.

lande nom féminin. Une lande, c'est une grande étendue de terre qui n'est pas cultivée, où poussent des plantes sauvages. *T'es-tu déjà promené dans la lande bretonne ?*

langage nom masculin. 1. Le langage, c'est l'ensemble des mots que l'on utilise. *C'est grâce au langage que l'on peut penser et parler.* 2. Le langage, c'est ce qui permet de se faire comprendre, sans être des mots. *Les dauphins ont leur langage.*

langouste nom féminin. Une langouste, c'est un animal gris qui vit dans la mer. *La langouste ressemble à un homard, mais elle n'a pas de pinces.*

✦ La langouste est un **crustacé**.

On a suspendu des lampions pour la fête.

a b c d e f g h i j k l

langoustine nom féminin. Une langoustine, c'est un petit animal gris qui a de longues pinces et qui vit dans la mer. *Romuald a mangé des langoustines à la mayonnaise.*

✦ La langoustine est un **crustacé**.

langue nom féminin. 1. La langue, c'est l'organe qui est dans la bouche et qui sert à sentir le goût des aliments et à parler. *Jacques a tiré la langue à son père.* 2. Une langue, c'est l'ensemble des mots avec lesquels parlent les gens d'un pays. *Les Français et les Espagnols ne parlent pas la même langue.*

lanière nom féminin. Une lanière, c'est une bande longue et étroite de cuir, de plastique ou de tissu. *Sally a cassé une lanière de sa sandale.*

lanterne nom féminin. Une lanterne, c'est une sorte de boîte transparente dans laquelle on met une lumière. *La lanterne qui est sur le mur de la maison éclaire le jardin.*

laper verbe. *Le chat lape son lait,* il le boit en donnant de petits coups de langue.

Le chat lape son lait.

lapin nom masculin,
lapine nom féminin. Un lapin, une lapine, c'est un petit animal qui a un pelage très doux et de grandes oreilles. *Étienne va donner de l'herbe aux lapins.*

✦ Le lapin est de la même famille que le lièvre.

large adjectif masculin et féminin. *La rue est large,* il y a beaucoup de place entre les deux côtés de la rue.

✦ Le contraire de large, c'est **étroit**.

large nom masculin. *Le bateau est parti vers le large,* il est parti loin de la côte, en pleine mer.

largeur nom féminin. La largeur, c'est le petit côté d'un rectangle. *Dessinez un rectangle de 6 centimètres de longueur et 4 centimètres de largeur.*

larme nom féminin. Une larme, c'est une goutte d'eau salée qui sort des yeux quand on pleure.

De grosses larmes coulent sur les joues de Didier.

larve nom féminin. Une larve, c'est la forme qu'ont certains animaux quand ils naissent. *La chenille est la larve du papillon.*

✦ Comment s'appelle la larve de la grenouille ?

laser nom masculin. Un laser, c'est un rayon de lumière que les chirurgiens utilisent pour certaines opérations ou qui sert pour écouter des disques.

✦ Laser est un mot qui vient de l'anglais.

se lasser verbe. *Nathalie s'est lassée de jouer à la poupée,* elle en a eu assez, elle n'aime plus jouer à la poupée.

✦ Ne confonds pas se lasser et **lacer**.

lasso nom masculin. Un lasso, c'est une longue corde avec une boucle à un bout. *Le cow-boy attrape un bison au lasso.*

lavabo nom masculin. Un lavabo, c'est une sorte de cuvette avec des robinets, fixée au mur dans une salle de bains. *Joachim se lave les mains dans le lavabo.*

✦ Dans la cuisine, il y a un **évier**.

lavage nom masculin. *La tache de gras sur ta robe partira au lavage,* la tache partira quand on lavera ta robe.

lavande nom féminin. La lavande, c'est une plante à fleurs bleues qui sentent très bon. *La lavande sert à faire du parfum.*

lave nom féminin. La lave, c'est la matière brûlante qui sort d'un volcan en éruption.

laver verbe. Laver, c'est rendre propre en nettoyant avec de l'eau et du savon ou de la lessive. *Léa lave la voiture de ses parents. Paul se lave les mains avant de se mettre à table.*

le article masculin,
la article féminin. *Le directeur et la maîtresse ont les clés de l'école.*

☞ Au masculin et au féminin pluriel : **les**.

lécher verbe. Lécher, c'est passer la langue sur quelque chose. *Florence lèche sa glace. Le petit chien m'a léché la main.*

leçon nom féminin. **1.** Une leçon, c'est ce qu'un élève doit apprendre et savoir. *Grégoire apprend sa leçon d'histoire.* **2.** *Julie prend des leçons de piano,* elle apprend à jouer du piano avec un professeur, elle suit des cours de piano.

lecteur nom masculin,
lectrice nom féminin. **1.** Un lecteur, une lectrice, c'est une personne qui lit un journal ou un livre. *Ce journal a de nombreux lecteurs.* **2.** Un lecteur de cassettes, c'est un appareil avec lequel on écoute des cassettes.

lecture nom féminin. *Yannick aime la lecture,* il aime lire.

légende nom féminin. **1.** Une légende, c'est une histoire inventée il y a très longtemps. *La légende dit qu'un fantôme vient dans le château les nuits d'orage.* **2.** Une légende, c'est un petit texte placé sous une photo ou sous un dessin qui explique ce que l'on voit. *Que dit la légende de l'illustration de cette page ?*

léger adjectif masculin,
légère adjectif féminin. Un objet léger, c'est un objet qui n'a pas beaucoup de poids, qui se soulève facilement.

✦ Le contraire de léger, c'est **lourd**.

Le sac de Papa est léger, les valises de Maman sont lourdes.

La vieille voiture roule lentement, la voiture de sport roule vite.

légèrement adverbe. Légèrement, c'est un peu. *Maman s'est brûlée légèrement en sortant le plat du four.*

✦ Le contraire de légèrement, c'est **gravement**.

légèreté nom féminin. *Cette valise est d'une grande légèreté,* elle est très légère.

légume nom masculin. Un légume, c'est une plante dont on mange certaines parties. *Mamie prépare de la soupe de légumes.*

✦ Quels légumes connais-tu?

lendemain nom masculin. Le lendemain, c'est le jour qui vient après celui dont on parle. *Charles est arrivé le jeudi et il est reparti le lendemain, vendredi.*

✦ **Demain**, c'est le lendemain d'aujourd'hui.

lent adjectif masculin,
lente adjectif féminin. *Ghislaine est lente,* elle met beaucoup de temps pour faire ce qu'elle a à faire, elle ne va pas vite.

✦ Le contraire de lent, c'est **rapide**.

lente nom féminin. Une lente, c'est un œuf de pou.

lentement adverbe. *Louis marche lentement,* il ne marche pas vite.

✦ Le contraire de lentement, c'est **rapidement, vite**.

lenteur nom féminin. La lenteur, c'est le défaut d'une personne qui met trop de temps pour faire quelque chose, qui est lente. *Ghislaine apprend à lire avec lenteur.*

✦ Le contraire de lenteur, c'est **rapidité**.

lentille nom féminin. 1. Les lentilles, ce sont des petites graines rondes et plates que l'on mange cuites. *Hier soir, nous avons mangé des saucisses avec des lentilles.* 2. Une lentille, c'est un petit rond de verre ou de plastique que l'on se met sur l'œil pour bien voir.

léopard nom masculin. Un léopard, c'est une panthère jaune et noire qui vit en Afrique.

✦ Le léopard est un **félin**.

lessive nom féminin. 1. La lessive, c'est un produit en poudre ou liquide qui sert à laver le linge. *Papa met la lessive dans la machine à laver.* 2. *Marie est en train de faire la lessive,* elle est en train de laver du linge.

✦ Quand on lave des assiettes, des verres et des couverts, que fait-on?

lettre nom féminin. 1. Les lettres, ce sont des signes qui servent à écrire les mots. *Il y a 26 lettres dans l'alphabet français. Par quelle lettre commence ton prénom?* 2. Une lettre, c'est un texte que l'on écrit à quelqu'un et qu'on lui envoie dans une enveloppe. *Charlotte a répondu à la lettre de Vincent.*

leur adjectif masculin et féminin. *Nicolas et Olivier ont mis leurs chaussures,* ils ont mis les chaussures qui sont à eux. *Monsieur et Madame Legrand aiment beaucoup leur fils.*

☞ Au masculin et au féminin pluriel : **leurs**.

lever verbe. 1. Lever, c'est mettre plus haut. *Marc a levé la main.* 2. *Le matin, Cécile se lève à 8 heures,* elle sort de son lit à 8 heures. *Quand le directeur entre dans la classe, les élèves se lèvent,* les élèves se mettent debout. 3. *Le soleil se lève,* il apparaît à l'horizon et il commence à faire jour.

lever nom masculin. Le lever du soleil, c'est le moment où le soleil apparaît, où il se lève.

✦ Le contraire de lever, c'est **coucher**.

levier nom masculin. Un levier, c'est une barre très solide que l'on met sous un objet lourd pour le soulever.

Il faut un levier pour soulever cette grosse pierre.

lèvre nom féminin. Les lèvres, ce sont les deux parties roses qui entourent la bouche. *Maman se met du rouge à lèvres.*

lézard nom masculin. Un lézard, c'est un petit animal qui ressemble à un serpent, mais qui a quatre pattes. *Le lézard a le corps recouvert d'écailles.*

✦ Le lézard est un **reptile**.

liaison nom féminin. *Un car fait la liaison entre la gare et l'aéroport,* il fait régulièrement le trajet entre la gare et l'aéroport pour les relier.

liane nom féminin. Une liane, c'est une plante qui a de longues tiges ressemblant à des cordes qui s'accrochent aux arbres des forêts dans les pays chauds. *Le singe sautait de liane en liane.*

libellule nom féminin. Une libellule, c'est un insecte qui a la tête ronde, le corps allongé et quatre ailes transparentes. *Les libellules vivent près de l'eau.*

libérer verbe. Libérer, c'est rendre libre. *Le prisonnier a été libéré,* il est sorti de prison, il a été remis en liberté.

liberté nom féminin. 1. La liberté, c'est le droit de faire, de penser et de dire ce que l'on veut. 2. *Le prisonnier a été remis en liberté,* il n'est plus enfermé dans une prison. *Monsieur Dumay a une panthère en liberté dans son jardin,* il a dans son jardin une panthère qui n'est pas dans une cage et qui n'est pas attachée.

libraire nom masculin et féminin. Un libraire, une libraire, c'est une personne qui vend des livres dans une librairie.

librairie nom féminin. Une librairie, c'est un magasin où l'on vend des livres. *Papa est allé à la librairie acheter un dictionnaire.*

libre adjectif masculin et féminin. **1.** *Tu es libre de venir ou non avec moi,* tu fais ce que tu veux, tu n'es pas obligé de venir avec moi. **2.** *Le prisonnier est libre,* il est sorti de prison. **3.** *Ce taxi est libre,* il n'y a pas de passagers dans ce taxi.

licencier verbe. Licencier, c'est renvoyer de son travail. *Le patron de l'usine a licencié dix ouvriers.*

licorne nom féminin. Une licorne, c'est un cheval blanc avec une barbe en pointe au bout du menton et une longue corne au milieu du front. *La licorne est un animal qui n'a jamais existé ; on la rencontre seulement dans les contes et les légendes.*

liège nom masculin. Le liège, c'est l'écorce d'un arbre qui est très légère, imperméable et élastique.

Le liège sert à fabriquer des bouchons.

lien nom masculin. Un lien, c'est une corde, une ficelle, un ruban qui sert à attacher plusieurs choses ensemble. *Le bandit a ligoté le gardien avec un lien très solide.*

lier verbe. **1.** Lier, c'est attacher. *La fermière lie les pattes de la poule pour la vendre au marché.* **2.** *Adrien et Thomas sont très liés,* ils sont amis.

lierre nom masculin. Le lierre, c'est une plante qui monte le long des murs ou des arbres. Ses feuilles sont toujours vertes et brillantes. *La façade de la maison est recouverte de lierre.*

lieu nom masculin. **1.** Un lieu, c'est un endroit. *Lille est le lieu de naissance de Quentin,* Quentin est né à Lille. **2.** *La finale du tournoi de tennis aura lieu dimanche,* la finale se passera dimanche. **3.** *Tu devrais lire au lieu de regarder la télévision,* tu devrais lire plutôt que de regarder la télévision.

☞ Au pluriel : des **lieux**.
✦ Ne confonds pas lieu et **lieue**.

lieue nom féminin. Une lieue, c'était une distance d'environ 4 kilomètres. *Avec ses bottes de sept lieues, l'Ogre pouvait aller très loin en faisant un seul pas.*

✦ C'est dans « Le Petit Poucet » que l'on parle de l'Ogre et des bottes de sept lieues.
✦ Ne confonds pas lieue et **lieu**.

lièvre nom masculin. Un lièvre, c'est un animal sauvage qui ressemble à un lapin. *Le lièvre a des oreilles plus longues que le lapin.*

ligne nom féminin. **1.** Une ligne, c'est un trait long et fin. *Chantal écrit sur les lignes horizontales de son cahier.* **2.** Une ligne, c'est une suite de mots écrits les uns à côté des autres. *Lisez les trois premières lignes du texte.*

ligoter verbe. Ligoter, c'est attacher solidement quelqu'un pour qu'il ne puisse pas se servir de ses bras et de ses jambes. *Les bandits ont ligoté le gardien sur une chaise.*

lilas nom masculin. Le lilas, c'est un arbuste qui a des fleurs en grappes, violettes ou blanches, qui sentent très bon.

limace nom féminin. Une limace, c'est un petit animal au corps mou qui avance en rampant.
✦ La limace est de la même famille que l'escargot, mais elle n'a pas de coquille.

Les limaces mangent les salades.

lime nom féminin. Une lime, c'est un outil qui sert à user et à rendre lisse ce que l'on frotte avec lui. *Le plombier coupe le tuyau en plomb avec une lime.*

limitation nom féminin. *Les automobilistes doivent respecter les limitations de vitesse,* ils ne doivent pas rouler plus vite que la vitesse autorisée.

limite nom féminin. 1. Une limite, c'est l'endroit où se termine un lieu. *La haie indique la limite du jardin.* 2. *Mathieu attend toujours la dernière limite pour faire ses devoirs,* il attend toujours le moment après lequel il sera trop tard pour faire ses devoirs.

limiter verbe. *En ville, la vitesse est limitée à 50 kilomètres à l'heure,* on n'a pas le droit de rouler plus vite que 50 kilomètres à l'heure.

limonade nom féminin. De la limonade, c'est de l'eau sucrée qui pétille, avec un goût de citron. *Céline boit un verre de limonade bien fraîche.*
✦ Quelles autres boissons avec des bulles connais-tu?

limpide adjectif masculin et féminin. *L'eau de la source est limpide,* elle est claire et transparente.
✦ Le contraire de limpide, c'est **trouble**.

linge nom masculin. Le linge, c'est l'ensemble des choses en tissu dont on se sert dans une maison: les draps, les nappes, les torchons, les serviettes, et les vêtements que l'on peut laver soi-même. *Anatole met son linge sale dans la machine à laver.*

lion nom masculin,
lionne nom féminin. Un lion, une lionne, c'est un grand animal d'Afrique et d'Asie qui a la queue terminée par une touffe de poils. *Le lion a une crinière, la lionne n'en a pas.*
✦ Le lion est un **félin**, il **rugit**.
✦ On dit que le lion est le roi des animaux.

lionceau nom masculin. Le lionceau, c'est le petit du lion et de la lionne.
☞ Au pluriel : des **lionceaux**.

liquide adjectif masculin et féminin. *À la chaleur, la glace devient liquide,* elle fond et elle coule, elle se transforme en eau.

liquide nom masculin. *L'eau, le lait, le vin sont des liquides,* ce sont des matières qui coulent.
✦ Cherche aussi **gaz** et **solide**.

a b c d e f g h i j k l

A B C D E F G H I J K L

lire verbe. 1. Lire, c'est regarder ce qui est écrit et le comprendre. *Au C.P., nous apprenons à lire. Bérénice sait lire son nom. Victor a lu la lettre de Françoise.* 2. *Le soir, Maman me lit une histoire,* elle dit à haute voix une histoire qui est écrite dans un livre.

Natacha lit dans son lit.

lis nom masculin. Un lis, c'est une grande fleur blanche qui sent très bon.

✦ Ne confonds pas lis et **lisse**.

lisible adjectif masculin et féminin. *L'écriture du maître est très lisible,* elle est facile à lire.

✦ Le contraire de lisible, c'est **illisible**.

lisiblement adverbe. *Anna, écris lisiblement!* écris bien pour que ton écriture soit facile à lire.

lisière nom féminin. La lisière d'une forêt, c'est l'endroit où la forêt s'arrête. *La route suit la lisière de la forêt.*

lisse adjectif masculin et féminin. *Le bois de la table est lisse,* il est doux, il n'y a rien qui dépasse quand on le touche.

✦ Le contraire de lisse, c'est **rugueux**.
✦ Ne confonds pas lisse et **lis**.

liste nom féminin. Une liste, c'est une suite de mots ou de noms écrits les uns au-dessous des autres. *Papa fait la liste de toutes les choses qu'il doit acheter au supermarché.*

lit nom masculin. Un lit, c'est un meuble sur lequel on se couche pour dormir. Il a deux parties : le sommier et le matelas sur lequel on met des draps et des couvertures. *Sandra, il est tard, c'est l'heure d'aller au lit.*

litière nom féminin. 1. La litière, c'est la paille que l'on met par terre dans les étables et les écuries. *Les vaches se couchent sur la litière.* 2. La litière, c'est le sable spécial dans lequel les chats font leurs crottes. *Camille change la litière du chat.*

litre nom masculin. Le litre sert à mesurer les liquides. *Cette bouteille contient un litre d'eau* ou *elle contient 1 l d'eau.*

littérature nom féminin. La littérature, c'est l'ensemble des livres qui ont été écrits par des écrivains. *« Le Petit Prince » de Saint-Exupéry appartient à la littérature française.*

livraison nom féminin. *Maman attend la livraison du nouveau canapé,* elle attend que les employés du magasin où elle a acheté un canapé le lui apportent à la maison.

✦ On va **livrer** le canapé.

livre nom masculin. Un livre, c'est un ensemble de feuilles de papier imprimées attachées sur le côté et recouvertes d'une couverture. *Mon petit frère fait semblant de lire mon livre, mais il regarde seulement les images.*

Igor prend un livre dans la bibliothèque.

livre nom féminin. Une livre, c'est la moitié d'un kilo, c'est 500 grammes.

livrer verbe. *On doit livrer le nouveau canapé demain,* demain des employés vont apporter à la maison le canapé qu'on a acheté.

livreur nom masculin,
livreuse nom féminin. Un livreur, une livreuse, c'est une personne qui livre une marchandise que l'on a achetée. *Le livreur viendra jeudi à 14 heures.*

local nom masculin. Un local, c'est une pièce spéciale dans un bâtiment. *Carine range son tricycle dans le local à vélos de l'immeuble.*

☞ Au pluriel : des **locaux**.

locataire nom masculin et féminin. Un locataire, une locataire, c'est une personne qui donne de l'argent pour habiter dans un logement qui n'est pas à elle.

✦ La personne à qui appartient le logement est le **propriétaire**.
✦ Cherche aussi **louer** et **loyer**.

location nom féminin. *Monsieur Rouget a payé 150 euros pour la location de la voiture,* il a donné 150 euros pour qu'on lui prête une voiture.

✦ Il a **loué** une voiture.

locomotive nom féminin. Une locomotive, c'est une machine qui tire un train et le fait avancer.

logement nom masculin. Un logement, c'est un endroit où l'on habite, c'est une maison ou un appartement. *Roland et ses parents ont un logement de trois pièces.*

✦ Tu peux dire aussi **habitation**.

Papi achète une livre de cerises.

loger verbe. 1. Loger, c'est habiter. *Ma cousine loge chez des amis.* 2. *Si vous ne trouvez pas d'hôtel, nous vous logerons pour la nuit,* nous vous garderons à la maison pour dormir.

logique adjectif masculin et féminin. *Antoine a mangé trop de chocolats, maintenant il a mal au cœur, c'est logique,* c'est normal, c'était sûr que cela allait arriver.

A B C D E F G H I J K L

loi nom féminin. Une loi, c'est une règle qui dit ce que l'on a le droit de faire et ce que l'on n'a pas le droit de faire. *Il faut obéir aux lois, sinon on risque de devoir payer une amende ou d'aller en prison.*

loin adverbe. Loin, c'est à une grande distance de l'endroit où l'on est. *La piscine est loin de l'école.*
✦ Le contraire de loin, c'est **près**.

lointain adjectif masculin,
lointaine adjectif féminin. *L'oncle de Christophe revient d'un pays lointain,* il revient d'un pays qui est à une grande distance de chez lui, qui est loin.

loir nom masculin. Un loir, c'est un petit animal qui a des poils gris et une grosse queue et qui dort tout l'hiver. *Les loirs habitent dans les arbres et passent l'hiver dans des terriers ou dans des greniers.*
✦ Le loir est un **rongeur**.

Un loir.

loisirs nom masculin pluriel. 1. Les loisirs, ce sont les moments où l'on ne travaille pas et pendant lesquels on fait ce qu'on aime pour se distraire. *Depuis qu'ils sont à la retraite, Papi et Mamie ont beaucoup de loisirs.* 2. Les loisirs, ce sont les choses que l'on aime faire pour se distraire. *Le tennis et le cinéma sont les loisirs préférés de Léa,* ce sont ses distractions préférées.

long adjectif masculin,
longue adjectif féminin. 1. Long, c'est grand dans le sens de la longueur. *Clarisse a les cheveux longs. Maman a mis une jupe longue,* elle a mis une jupe qui va jusqu'aux pieds. 2. *Joël a dormi un long moment,* il a dormi un moment qui a duré longtemps.
✦ Le contraire de long, c'est **court**.

long nom masculin. *Pascal et Marie marchent le long de la rivière,* ils marchent au bord de la rivière.

longer verbe. *La route longe la mer,* elle suit le bord de la mer.

longtemps adverbe. Longtemps, c'est un long moment. *Capucine a attendu longtemps l'autobus.*

longueur nom féminin. 1. La longueur, c'est la plus grande dimension d'une chose. *Le lit fait 2 mètres de longueur et 90 centimètres de largeur. La longueur du tuyau est de 10 mètres.* 2. La longueur, c'est le temps que dure quelque chose. *Quelle est la longueur de ce film?* quelle est la durée de ce film?

lorsque conjonction. *Tu iras jouer lorsque tu auras fini de goûter,* tu iras jouer au moment où tu auras fini de goûter.
✦ Tu peux dire aussi **quand**.

losange nom masculin. Un losange, c'est une figure qui a ses quatre côtés égaux.

lot nom masculin. Un lot, c'est une somme d'argent ou un objet que l'on gagne dans une loterie. *Michel a gagné le gros lot de la tombola : un magnétoscope.*

loterie nom féminin. Une loterie, c'est un jeu où l'on gagne un lot quand le numéro que l'on a sur son billet est tiré, au hasard, sans choisir. *Annick a acheté trois billets de loterie.*

louche nom féminin. Une louche, c'est une grande cuillère avec un long manche.

Papa sert la soupe avec la louche.

loucher verbe. Loucher, c'est avoir les deux yeux qui ne regardent pas dans la même direction. *Une mouche s'est posée sur le nez de Paul, cela le fait loucher.*

louer verbe. 1. Louer, c'est donner de l'argent pour utiliser quelque chose que l'on rend après. *Le mercredi, Mamie loue des cassettes de dessins animés. Monsieur et Madame Massot louent leur maison,* ils sont locataires, leur maison ne leur appartient pas. 2. Louer, c'est recevoir de l'argent parce que l'on prête quelque chose. *Madame Gardel loue les appartements dont elle est propriétaire.*

loup nom masculin. Un loup, c'est un animal sauvage qui ressemble à un gros chien. Il a un museau pointu et une fourrure très douce. *Les loups vivent en bandes.*

✦ Le loup **hurle**.
✦ La femelle du loup, c'est la **louve**.

loupe nom féminin. Une loupe, c'est un verre très épais qui fait paraître plus gros les objets ou les insectes que l'on regarde à travers.

✦ Une loupe grossit moins qu'un **microscope**.

Isabelle regarde ses timbres avec une loupe.

lourd adjectif masculin,
lourde adjectif féminin. *La valise est lourde,* elle pèse un grand poids, elle est difficile à porter.

✦ Le contraire de lourd, c'est **léger**.

loutre nom féminin. Une loutre, c'est un petit animal qui a les pattes palmées et une fourrure brune très épaisse et très douce. *Les loutres vivent près de l'eau et nagent très bien.*

louve nom féminin. La louve, c'est la femelle du loup.

loyer nom masculin. Le loyer, c'est l'argent que le locataire donne au propriétaire du logement qu'il habite. *Monsieur Massot paie son loyer tous les mois.*

Un oiseau est entré par la lucarne.

lucarne nom féminin. Une lucarne, c'est une petite fenêtre dans le toit d'une maison.

lueur nom féminin. Une lueur, c'est une petite lumière qui éclaire très peu. *Nous avons dîné à la lueur des bougies pendant la panne d'électricité.*

luge nom féminin. Une luge, c'est une sorte de siège sur lequel on se met pour glisser sur la neige. *Loïc descend la piste à toute vitesse sur sa luge.*
✦ Cherche aussi **traîneau**.

lui pronom masculin et féminin. Lui, c'est un mot qui représente la troisième personne. *J'ai vu Mamie et je lui ai dit bonjour.*

lumière nom féminin. La lumière, c'est ce qui éclaire, ce qui fait que l'on n'est pas dans l'obscurité. *Le soleil n'entre pas dans la cave, il n'y a pas beaucoup de lumière. Il fait sombre, allume la lumière,* allume la lampe.

lumineux adjectif masculin,
lumineuse adjectif féminin. *Le réveil de Myriam a des chiffres lumineux,* il a des chiffres qui brillent et que l'on voit même dans l'obscurité.
✦ Sais-tu ce qu'est une enseigne lumineuse ?

lune nom féminin. La Lune, c'est l'astre qui tourne autour de la Terre et qui est éclairé par le Soleil. *La Lune est à presque 400 000 kilomètres de la Terre.*
✦ La Lune est un **satellite** de la Terre.

Pour la première fois, le 21 juillet 1969, deux astronautes américains ont marché sur la Lune.

lunette nom féminin. 1. Des lunettes, ce sont des verres que l'on met devant les yeux pour mieux voir. *Papa met ses lunettes pour lire.* 2. *L'astronome observe le ciel avec une lunette*, il observe le ciel en regardant dans un instrument spécial qui fait voir les objets éloignés comme s'ils étaient près.

lutin nom masculin. Un lutin, c'est un petit personnage très malicieux.
✦ Les lutins n'existent pas vraiment, on les rencontre seulement dans les contes de fées et les légendes.

lutte nom féminin. Une lutte, c'est un combat.

lutter verbe. *Arthur lutte contre le sommeil*, il fait tout ce qu'il peut pour ne pas s'endormir.

luxe nom masculin. *Laetitia aimerait vivre dans le luxe*, elle aimerait vivre dans une très grande maison avec des meubles et des tapis très beaux, être servie par des domestiques, avoir des voitures, des vêtements et des bijoux très chers.

luzerne nom féminin. La luzerne, c'est une plante à petites fleurs violettes que mangent les vaches et les lapins.

lycée nom masculin. Le lycée, c'est le nom de l'école où l'on va après le collège, à partir de la classe de seconde. *Le grand frère de Lambert est en première au lycée Carnot.*

lynx nom masculin. Un lynx, c'est un animal sauvage qui ressemble à un gros chat, avec des oreilles pointues d'où sort une touffe de poils. *Le lynx a une très bonne vue.*
☞ Au pluriel : des lynx.
✦ Le lynx est un félin.

Les lutins ont un bonnet pointu.

M

m M m

ma va voir **mon**.

mâcher verbe. Mâcher, c'est écraser avec ses dents. *Adrien mâche bien sa viande avant de l'avaler. Sylvia mâche du chewing-gum.*

machine nom féminin. Une machine, c'est un gros objet en métal avec un moteur qui fait un travail pour l'homme. *André met les draps sales dans la machine à laver.*

mâchoire nom féminin. Les mâchoires, ce sont les os où sont fixées les dents et qui permettent d'ouvrir la bouche.

✦ Quand on ouvre la bouche, il n'y a qu'une seule mâchoire qui bouge : celle du haut ou celle du bas?

maçon nom masculin. Un maçon, c'est un ouvrier qui construit des maisons.

madame nom féminin. Madame, c'est le nom que l'on donne à une dame quand on lui parle, quand on lui écrit ou quand on parle d'elle. *Au revoir Madame! J'ai rencontré Madame Lussac et ses deux enfants.*

☞ Au pluriel : **mesdames**.

mademoiselle nom féminin. Mademoiselle, c'est le nom que l'on donne à une jeune fille quand on lui parle, quand on lui écrit ou quand on parle d'elle. *Bonjour Mademoiselle! Le soir, Mademoiselle Rodin promène son chien.*

☞ Au pluriel : **mesdemoiselles**.

magasin nom masculin. Un magasin, c'est une maison où un commerçant vend des marchandises. *Arthur est allé s'acheter des billes dans un magasin de jouets.*

✦ Tu peux dire aussi **boutique**.

magazine nom masculin. Un magazine, c'est un journal où il y a beaucoup de photos en couleurs, qui paraît toutes les semaines ou tous les mois. *Mon frère lit un magazine de sports.*

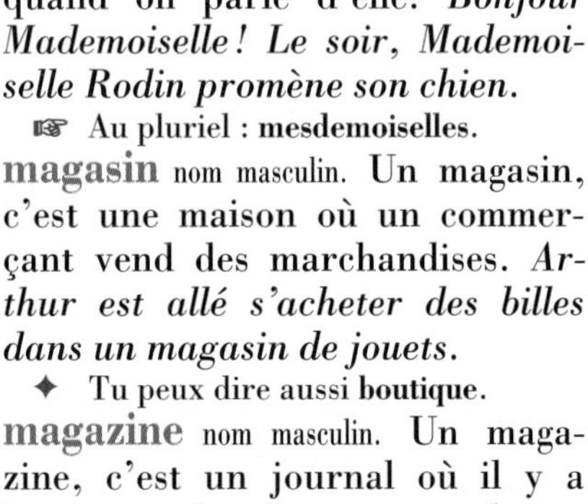

Monsieur, Madame **et** Mademoiselle **Royer.**

A B C D E F G H I J K L M

magicien nom masculin, **magicienne** nom féminin. Un magicien, une magicienne, c'est une personne qui fait des tours de magie. *Le magicien a fait sortir une colombe de son chapeau.*
✦ Cherche aussi **prestidigitateur**.

magie nom féminin. *David fait des tours de magie*, il fait apparaître ou disparaître des personnes, des animaux ou des choses, sans que l'on comprenne comment il fait.

magique adjectif masculin et féminin. *La fée a transformé la citrouille en carrosse d'un coup de baguette magique*, elle l'a transformée avec une baguette qui peut faire des choses extraordinaires.

magnétoscope nom masculin. Un magnétoscope, c'est un appareil qui permet d'enregistrer une émission ou un film sur une cassette vidéo et de les repasser à la télévision.

magnifique adjectif masculin et féminin. *Du haut de la colline, la vue est magnifique*, la vue est très belle.
✦ Tu peux dire aussi **splendide**, **superbe**.

maigre adjectif masculin et féminin. *Romain a recueilli un petit chat tout maigre*, il a recueilli un petit chat qui n'a pas beaucoup de graisse, qui n'est pas assez gros.
✦ Le contraire de maigre, c'est **gras**, **gros**.

maigrir verbe. Maigrir, c'est perdre du poids, devenir plus maigre. *Mon oncle a fait un régime et il a beaucoup maigri.*
✦ Le contraire de maigrir, c'est **engraisser**, **grossir**.

mail nom masculin. Un mail, c'est un message qu'on envoie et qu'on reçoit sur un ordinateur. *Louise a reçu un mail de Théo.*

maille nom féminin. **1.** Les mailles, ce sont les petites boucles que l'on fait en tricotant. *Mamie compte les mailles de son tricot.* **2.** Les mailles d'un filet, ce sont les trous entre les fils du filet. *Le poisson est passé à travers les mailles du filet.*

maillot nom masculin. **1.** Un maillot de bain, c'est un vêtement que l'on met pour se baigner dans la mer ou dans une piscine. **2.** Un maillot, c'est un vêtement qui couvre le haut du corps et que l'on met pour faire du sport. *Les joueurs de notre équipe de football ont un maillot rouge et blanc.*

main nom féminin. La main, c'est la partie du corps située au bout du bras, qui sert à toucher et à prendre les choses. *On a deux mains et chaque main a cinq doigts.*
✦ Comment s'appelle la partie du corps située au bout de la jambe, qui sert à marcher ?

maintenant adverbe. *Il faut partir maintenant si nous voulons arriver à l'heure*, il faut partir tout de suite.

maire nom masculin. Le maire, c'est la personne qui dirige la commune.

Lequel des deux devrait maigrir ?

Le maire de notre ville est une femme.
✦ Ne confonds pas maire, **mer** et **mère**.

mairie nom féminin. La mairie, c'est la maison où se trouve le bureau du maire. *Il y a un drapeau au-dessus de la porte de la mairie.*
✦ Tu peux dire aussi **hôtel de ville**.

mais conjonction. Mais, c'est un mot qui indique que l'on va ajouter quelque chose qui explique que ce que l'on vient de dire n'est pas possible. *Je veux bien te prêter mon vélo, mais il est trop grand pour toi.*

maïs nom masculin. Le maïs, c'est une plante qui a de très gros épis à grains jaunes.
✦ Le maïs est une **céréale**.

Laurent aime bien le maïs.

maison nom féminin. Une maison, c'est un bâtiment dans lequel on habite. *La maison de Julien a deux étages. Mercredi, Marie est restée à la maison,* elle est restée chez elle.

maître nom masculin,
maîtresse nom féminin. Un maître, une maîtresse, c'est une personne qui enseigne aux enfants ce qu'ils doivent savoir, à l'école primaire.
✦ Tu peux dire aussi **instituteur**, **professeur**.
✦ Ne confonds pas maître, **mètre** et **mettre**.

majeur adjectif masculin,
majeure adjectif féminin. *En France, les garçons et les filles sont majeurs à 18 ans,* ils sont entièrement responsables de ce qu'ils font et ils ont le droit de voter à partir de 18 ans.
✦ Avant d'être majeur, on est **mineur**.

majuscule nom féminin. Une majuscule, c'est une grande lettre que l'on met au début d'une phrase ou d'un nom propre.
✦ Une petite lettre, c'est une **minuscule**.

Pourquoi y a-t-il une majuscule à Clémentine et une minuscule à clémentine ?

mal nom masculin. 1. *Candice a mal au ventre,* elle a une douleur dans le ventre. 2. *Florent a du mal à apprendre ses leçons tout seul,* il n'arrive pas à apprendre ses leçons tout seul. 3. *Il ne faut pas dire du mal des autres,* il ne faut pas dire des choses méchantes sur les autres.
☞ Au pluriel : des **maux**.
✦ Ne confonds pas mal et **malle**.

mal adverbe. *Hervé se tient mal à table,* il ne se tient pas comme il faut.
✦ Le contraire de mal, c'est **bien**.

A B C D E F G H I J K L M

malade adjectif masculin et féminin. *Agnès est malade,* elle a une maladie.

maladie nom féminin. *Papi a une grave maladie,* quelque chose ne va pas bien dans son corps.

maladroit adjectif masculin,
maladroite adjectif féminin. Une personne maladroite, c'est une personne qui fait des gestes trop brusques, sans faire attention. *Jérémie est maladroit, il a renversé son verre sur la nappe.*
✦ Le contraire de maladroit, c'est **adroit**.

mâle nom masculin. Un mâle, c'est un animal de sexe masculin. *Le cerf est le mâle de la biche.*
✦ La biche est la **femelle** du cerf.

malgré préposition. *Virginie est allée à la piscine malgré son rhume,* elle est allée à la piscine bien qu'elle ait un rhume.

malheur nom masculin. Un malheur, c'est quelque chose de triste, de grave qui arrive à quelqu'un. *La mère de Pierre vient de mourir, c'est un grand malheur pour toute la famille.*
✦ Le contraire de malheur, c'est **bonheur**.

malheureusement adverbe. *Arnaud voudrait jouer dehors, malheureusement il pleut,* il ne peut pas le faire car il pleut, il n'a pas de chance.
✦ Le contraire de malheureusement, c'est **heureusement**.

malheureux adjectif masculin,
malheureuse adjectif féminin. *Constance est malheureuse d'avoir perdu sa poupée,* elle est triste, elle a de la peine.
✦ Le contraire de malheureux, c'est **heureux**.

malhonnête adjectif masculin et féminin. Une personne malhonnête, c'est une personne qui triche, qui vole et qui trompe les gens. *Les voleurs sont des gens malhonnêtes.*
✦ Le contraire de malhonnête, c'est **honnête**.

malin adjectif masculin,
maligne adjectif féminin. *Bernard est très malin,* il arrive toujours à se débrouiller, il a beaucoup d'idées.
✦ Tu peux dire aussi **astucieux**, **rusé**.

malle nom féminin. Une malle, c'est une très grande valise. *Les vieux vêtements sont dans une malle au grenier.*
✦ Ne confonds pas malle et **mal**.

maltraiter verbe. Maltraiter, c'est donner des coups, faire du mal en étant brutal. *Ne maltraite pas ce chien, il ne t'a rien fait !*

maman nom féminin. Une maman, c'est une mère. *Demande à ton papa et à ta maman de venir. Je vais chercher Maman. Maman, viens m'aider !*

mamelle nom féminin. Les mamelles, ce sont les parties du corps des femelles des mammifères qui donnent du lait.
✦ Les mamelles des vaches, ce sont les **pis**. Celles des femmes, ce sont les **seins**.

mamie nom féminin. Mamie, c'est le nom que l'on donne à sa grand-mère. *Je vais téléphoner à Papi et à Mamie.*

mammifère nom masculin. Un mammifère, c'est un animal qui respire par des poumons et dont la femelle a des mamelles. *Le chien, la panthère et la baleine sont des mammifères.*
✦ L'homme et la femme sont eux aussi des mammifères.

mammouth nom masculin. Un mammouth, c'était un très gros éléphant, couvert de longs poils, qui avait de très longues défenses recourbées. Il vivait au temps des premiers hommes. *Les hommes de la préhistoire chassaient le mammouth pour se nourrir.*

manche nom féminin. La manche, c'est la partie d'un vêtement qui entoure le bras. *Il fait chaud, Papa a mis une chemise à manches courtes.*

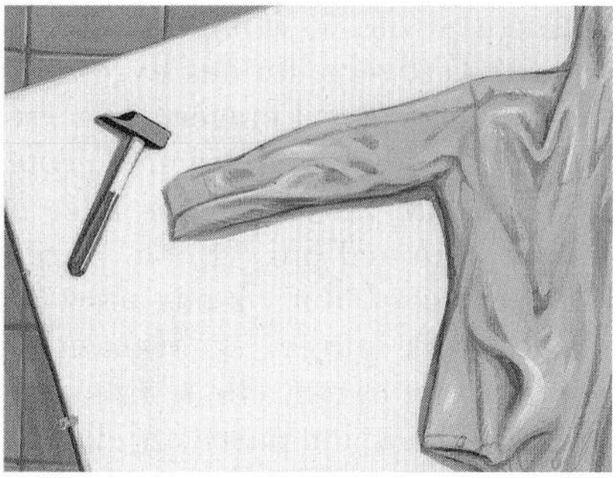

Quel point commun y a-t-il entre la chemise et le marteau?

manche nom masculin. Le manche, c'est la partie allongée par laquelle on tient un couteau, un balai, une pelle, une hache ou un marteau.

manchot nom masculin. Un manchot, c'est un gros oiseau noir et blanc aux pattes palmées qui vit au pôle Sud. Il marche et ne vole pas : ses ailes lui servent à nager.

✦ Le **pingouin**, qui ressemble au manchot, vit au pôle Nord.

mandarine nom féminin. Une mandarine, c'est un fruit qui ressemble à une petite orange et qui a un goût plus sucré. *Renaud donne un quartier de mandarine à sa sœur.*

✦ La mandarine est plus grosse que la **clémentine**.

Olivier et Valérie font un tour de manège.

manège nom masculin. 1. *Olivier et Valérie ont fait un tour de manège,* ils sont montés dans des petites voitures et sur des chevaux de bois qui tournent ensemble, les uns derrière les autres. 2. Un manège, c'est un endroit où l'on apprend à monter à cheval.

Margot apprend à monter à cheval au manège.

A B C D E F G H I J K L M

mangeoire nom féminin. Une mangeoire, c'est un récipient dans lequel on met la nourriture des vaches, des chevaux, des poules ou des oiseaux.

manger verbe. Manger, c'est mâcher et avaler de la nourriture. *Lucie a mangé toutes les fraises.*

mangue nom féminin. Une mangue, c'est un gros fruit ovale jaune orangé au goût sucré, qui a un gros noyau plat. *La mangue est un fruit des pays chauds.*
✦ C'est un fruit **exotique**.

manie nom féminin. Une manie, c'est une habitude qui agace les autres et que l'on ne peut pas s'empêcher d'avoir. *Ma tante a la manie de fermer les placards à clé.*

manière nom féminin. *Je me demande de quelle manière je vais faire tenir mon cartable sur mon vélo,* je me demande comment je vais faire pour y arriver.
✦ Tu peux dire aussi **façon**.

manifestation nom féminin. Une manifestation, c'est un grand nombre de personnes qui marchent dans la rue en criant des slogans pour montrer qu'elles ne sont pas contentes. *Les parents d'Hippolyte sont allés à une manifestation contre l'énergie nucléaire.*

manifestement adverbe. *Manifestement, Yves n'a pas appris sa leçon,* on voit bien qu'Yves n'a pas appris sa leçon.

mannequin nom masculin. Un mannequin, c'est une personne dont le métier est de porter des vêtements qui viennent d'être fabriqués et de les montrer en défilant ou en se faisant photographier pour les journaux. *Claudia est mannequin.*

Les escaliers du palais ont été faits avec des blocs de marbre.

manquer verbe. 1. *Il manque un livre sur l'étagère,* un des livres qui devrait être sur l'étagère n'y est pas. 2. *Catherine a manqué l'école aujourd'hui,* elle n'est pas allée à l'école aujourd'hui. 3. *La purée manque de sel,* il n'y a pas assez de sel dans la purée. 4. *Maman a manqué son avion,* elle n'a pas pu prendre son avion parce qu'elle est arrivée en retard, elle a raté son avion.

manteau nom masculin. Un manteau, c'est un vêtement chaud et long que l'on met par-dessus les autres pour aller dehors. *Maman a mis son manteau rouge.*
☞ Au pluriel : des **manteaux**.

manuel adjectif masculin,
manuelle adjectif féminin. *Le menuisier fait un travail manuel,* il travaille avec ses mains.

maquette nom féminin. *Mon grand frère construit une maquette d'avion,* il fabrique un avion en petit.

maquillage nom masculin. *Maman a beaucoup de produits de maquillage,* elle a des crèmes et des poudres qu'elle se met sur le visage pour être encore plus jolie.

se maquiller verbe. *Maman va dîner chez des amis ce soir, elle se maquille avant de partir,* elle se met de la poudre sur le visage, des produits de couleur sur les paupières et sur les cils et du rouge à lèvres pour être encore plus belle.

marbre nom masculin. Le marbre, c'est une belle pierre très dure.

marchand nom masculin,
marchande nom féminin. Un marchand, une marchande, c'est une personne qui vend des marchandises. *Papa a acheté une salade chez le marchand de légumes. Alexis va s'acheter une petite voiture chez le marchand de jouets.*
✦ Cherche aussi **commerçant** et **vendeur**.

marchandise nom féminin. Une marchandise, c'est une chose que l'on vend ou que l'on achète. *L'épicier a un stock de marchandises dans le sous-sol de son magasin.*

marche nom féminin. 1. Une marche, c'est l'endroit plat sur lequel on pose le pied quand on monte ou quand on descend un escalier. *L'escalier qui va à la cave a 19 marches.* 2. *Les enfants ont fait une marche en forêt,* ils ont fait une promenade à pied dans la forêt. 3. *Mamie a mis le moteur de la tondeuse en marche,* elle a fait démarrer la tondeuse.

marché nom masculin. 1. Le marché, c'est l'endroit où les commerçants viennent vendre leurs marchandises certains jours. *Le samedi matin, Charles va au marché avec son père.* 2. *Mamie fait le marché deux fois par semaine,* elle fait les courses, elle achète tout ce qu'il faut pour manger.

marcher verbe. 1. Marcher, c'est avancer en mettant un pied devant l'autre, en faisant des pas. *Martin court derrière sa mère qui marche vite.* 2. Marcher, c'est fonctionner, ne pas être cassé ou en panne. *Mon réveil ne marche plus, il faut changer la pile.*

mare nom féminin. Une mare, c'est une petite étendue d'eau peu profonde. *Est-ce que tu entends les grenouilles coasser dans la mare ?*

marécage nom masculin. Un marécage, c'est un terrain couvert d'eau où poussent des plantes qui aiment l'humidité. *Les roseaux ont envahi le marécage.*

marée nom féminin. La marée, c'est le mouvement de la mer dont le niveau monte et descend deux fois par jour.

Léo ramasse des coquillages à marée basse.

Six heures plus tard, c'est la marée haute.

A B C D E F G H I J K L M

marelle nom féminin. La marelle, c'est un jeu où l'on pousse un objet dans des cases dessinées par terre, en sautant sur un pied. *Amandine et Zoé jouent à la marelle.*

marge nom féminin. La marge, c'est la partie que l'on laisse vide, sur le côté d'une feuille. *Le maître écrit ses remarques dans la marge.*

marguerite nom féminin. Une marguerite, c'est une grande fleur à cœur jaune et à nombreux pétales blancs, qui pousse dans les prés.
✦ Une **pâquerette** est une petite marguerite.

mari nom masculin. *Le mari de Brigitte s'appelle Bernard,* l'homme avec lequel Brigitte est mariée s'appelle Bernard.
✦ Tu peux dire aussi **époux**.
✦ Brigitte est la **femme** de Bernard.

mariage nom masculin. Le mariage, c'est la cérémonie au cours de laquelle un homme et une femme se marient. *Le jour de son mariage, Brigitte avait une belle robe blanche.*
✦ Cherche aussi **noce**.

marié nom masculin,
mariée nom féminin. Un marié, une mariée, c'est une personne qui se marie. *Le maire félicite les mariés et leur souhaite beaucoup de bonheur. Brigitte avait une robe de mariée en dentelle.*

se **marier** verbe. *Brigitte et Bernard se sont mariés hier,* ils ont été unis au cours d'une cérémonie parce qu'ils veulent vivre ensemble, ils sont devenus mari et femme.

marin nom masculin. Un marin, c'est un homme dont le métier est de naviguer et de travailler sur un bateau. *Les marins peuvent rester en mer plusieurs mois.*

marin adjectif masculin,
marine adjectif féminin. *La baleine est un animal marin,* c'est un animal qui vit dans la mer.

marine nom féminin. La marine d'un pays, c'est l'ensemble formé par les marins et par les bateaux de guerre et les bateaux de commerce de ce pays. *Mon cousin a fait son service militaire dans la marine.*
✦ Le **bleu marine**, c'est le bleu foncé des uniformes des marins.

marionnette nom féminin. Une marionnette, c'est une poupée que l'on fait bouger et parler. *Camille est allée voir un spectacle de marionnettes.*
✦ Cherche aussi **guignol**.

marmite nom féminin. Une marmite, c'est un grand récipient rond qui a deux anses et un couvercle. *La sorcière fait cuire de la soupe empoisonnée dans une grosse marmite.*

marmotte nom féminin. Une marmotte, c'est un petit animal à la fourrure épaisse qui vit dans la montagne. *Les marmottes dorment pendant tout l'hiver.*
✦ La marmotte est un **rongeur**.

marque nom féminin. 1. Une marque, c'est un signe que l'on fait sur une chose. *Avant de planter le clou, Maman fait une marque au crayon sur le mur.* 2. *Quelles marques de voitures connais-tu?* quels noms d'usines où l'on fabrique des voitures connais-tu?

marquer verbe. 1. Marquer, c'est indiquer. *La petite aiguille de la montre marque les heures. Que marque la grande aiguille de la montre?* 2. *Notre équipe a marqué un but,* elle a réussi un but.

marraine nom féminin. La marraine, c'est la femme qui tient l'enfant dans l'église le jour de son baptême et qui promet de veiller sur lui. *Le parrain et la marraine de Clément lui ont fait un cadeau pour son anniversaire.*

✦ Clément est leur **filleul.**

marron nom masculin. Le marron, c'est le fruit du marronnier.

✦ Les marrons que l'on mange, ce sont les fruits du châtaignier, ce sont des **châtaignes.**

Que ramasse Julie? De quelle couleur sont ses gants?

marron adjectif masculin et féminin. *Julie a des gants marron,* elle a des gants de couleur brune, de la couleur des marrons.

☞ Au masculin et au féminin pluriel : **marron.**

marronnier nom masculin. Un marronnier, c'est un grand arbre sur lequel poussent les marrons. *Au printemps, les marronniers ont des fleurs roses ou blanches.*

marteau nom masculin. Un marteau, c'est un outil qui sert à taper, à enfoncer des clous.

☞ Au pluriel : des **marteaux.**

masculin adjectif masculin,
masculine adjectif féminin. **1.** *Antoine est un prénom masculin,* c'est un prénom de garçon. *Un bélier est un animal de sexe masculin,* c'est un mâle. **2.** *« Fauteuil » est un nom masculin,* c'est un nom devant lequel on met l'article « le » ou « un ». *« Heureux » est un adjectif masculin,* c'est un adjectif qui accompagne un nom masculin.

✦ Le contraire de masculin, c'est **féminin.**

masque nom masculin. Un masque, c'est comme un autre visage, en carton ou en plastique, que l'on met sur sa figure pour se déguiser. *Michel a mis un masque de lion pour le mardi gras.*

masse nom féminin. Une masse, c'est une très grande quantité, un gros tas. *Une énorme masse de neige barrait la route.*

massif nom masculin. **1.** Un massif de fleurs, c'est un groupe de fleurs plantées les unes à côté des autres pour décorer un jardin. **2.** Le massif du Mont-Blanc, c'est le groupe de montagnes qui forment un bloc autour du mont Blanc.

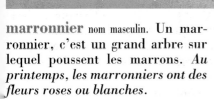

Le massif de fleurs est devant le massif du Mont-Blanc.

massivement adverbe. *Les téléspectateurs ont répondu massivement à l'appel lancé au cours de l'émission*, ils ont été très nombreux à répondre à l'appel.

mât nom masculin. Le mât, c'est le très haut poteau dressé sur le pont d'un bateau. *Le mât porte les voiles.*

match nom masculin. Un match, c'est une lutte sportive entre deux personnes ou deux équipes. *Florent et Clémentine regardent un match de football à la télévision.*

☞ Au pluriel : des **matchs** ou des **matches**.

matelas nom masculin. Le matelas, c'est la partie molle du lit sur laquelle on s'allonge pour dormir. *Papa fait le lit d'Arthur : il met d'abord un drap bleu sur le matelas.*

✦ Le matelas est posé sur le **sommier**.

matériaux nom masculin pluriel. *Le bois, la pierre, les briques, le fer et le ciment sont des matériaux*, ce sont des matières qui servent à construire des maisons, des routes, à fabriquer des machines.

matériel nom masculin. Le matériel, c'est l'ensemble des objets dont on se sert pour faire quelque chose. *Mon cousin est parti en vacances en emportant tout son matériel de camping.*

maternel adjectif masculin,
maternelle adjectif féminin. 1. L'amour maternel, c'est l'amour qu'une mère éprouve pour ses enfants. 2. *Monsieur Porte est le grand-père maternel de Christian Blum*, Monsieur Porte est le père de la mère de Christian Blum. 3. L'école maternelle, c'est l'école où vont les enfants de 2 à 6 ans. 4. *La langue maternelle de John est l'anglais*, la première langue que John a apprise, quand il était tout petit, est l'anglais.

maternité nom féminin. La maternité, c'est la partie d'un hôpital ou d'une clinique où naissent les bébés. *Maman a accouché hier, elle est encore à la maternité.*

Maman fait de la mayonnaise.

mathématiques nom féminin pluriel. La leçon de mathématiques sert à apprendre à compter, à calculer, à mesurer, à faire des opérations. *Hortense fait un exercice de mathématiques.*

matière nom féminin. Une matière, c'est ce qu'il y a de plus important dans une chose, c'est ce dont cette chose est faite et que l'on peut toucher. *Le beurre et l'huile sont des matières grasses.*

matin nom masculin. Le matin, c'est le début de la journée. *Le dimanche matin, Caroline se lève tard.*

✦ La fin de la journée, c'est le **soir**.

matinée nom féminin. La matinée, c'est le début de la journée, depuis le lever du soleil jusqu'à midi. *Max et Lydia ont passé la matinée à la piscine.*

mauvais adjectif masculin,
mauvaise adjectif féminin. *Cette glace est mauvaise*, elle a un goût désagréable. *Thierry est un mauvais élève*, il ne travaille pas bien.
✦ Le contraire de mauvais, c'est **bon**.

mauve adjectif masculin et féminin. *Mamie a un pull mauve*, elle a un pull violet clair.

maximum nom masculin. Le maximum, c'est la plus grande quantité possible. *Aujourd'hui la température ne devrait pas dépasser un maximum de 20 degrés*, il ne devrait pas faire plus de 20 degrés.
✦ La plus petite quantité possible, c'est le **minimum**.

mayonnaise nom féminin. Une mayonnaise, c'est une sauce épaisse faite en mélangeant très vite de la moutarde, de l'huile et du jaune d'œuf.

mazout nom masculin. Le mazout, c'est un liquide épais qui vient du pétrole et que l'on fait brûler dans une chaudière pour chauffer une maison.

mécanicien nom masculin,
mécanicienne nom féminin. Un mécanicien, une mécanicienne, c'est une personne qui s'occupe des moteurs et des machines et les répare. *Le mécanicien a réussi à faire démarrer la voiture qui était en panne.*

mécanique adjectif masculin et féminin. *Fabienne a une poupée mécanique*, elle a une poupée qui bouge toute seule quand on remonte un ressort caché à l'intérieur.

mécanisme nom masculin. *Cette montre a un mécanisme compliqué*, elle contient de nombreuses petites roues sans lesquelles elle ne marcherait pas.

méchamment adverbe. *David s'est moqué de son frère méchamment*, il s'est moqué de lui pour lui faire de la peine.
✦ Le contraire de méchamment, c'est **gentiment**.

méchanceté nom féminin. La méchanceté, c'est le défaut d'une personne qui fait exprès du mal ou de la peine aux autres. *Cédric a cassé la poupée d'Elsa par méchanceté.*
✦ Le contraire de méchanceté, c'est **gentillesse**.

méchant adjectif masculin,
méchante adjectif féminin. *Cédric a été méchant avec sa sœur*, il lui a fait du mal exprès. *Ce chien est méchant avec les gens qu'il ne connaît pas*, il attaque et il mord les gens qu'il ne connaît pas.
✦ Le contraire de méchant, c'est **gentil**.

Attention, chiens méchants !

mèche nom féminin. **1.** La mèche de la bougie, c'est le cordon qui sort de la bougie et que l'on fait brûler. **2.** *Mamie a des mèches blanches*, elle a par endroits de nombreux cheveux blancs.

A B C D E F G H I J K L M

médaille nom féminin. Une médaille, c'est un bijou plat et rond que l'on porte accroché à une chaîne. C'est aussi une grosse pièce de métal que l'on donne comme récompense à un sportif qui a gagné une compétition.

Combien de médailles Pierre a-t-il ?

médecin nom masculin. Un médecin, c'est une personne dont le métier est de soigner les malades. *Agnès a de la fièvre, Papa a appelé le médecin.*

✦ Tu peux dire aussi **docteur**.

médecine nom féminin. *Le grand frère de Denis fait des études de médecine,* il apprend de quelle façon fonctionne le corps et comment on soigne les maladies.

médical adjectif masculin,
médicale adjectif féminin. *Aujourd'hui, Sylvia et Jean passent la visite médicale,* ils sont examinés par un médecin.

☞ Au masculin pluriel : **médicaux**.
Au féminin pluriel : **médicales**.

médicament nom masculin. Un médicament, c'est un produit que l'on prend pour se soigner ou pour arrêter d'avoir mal. *Papa est allé acheter des médicaments à la pharmacie.*

✦ Tu peux dire aussi **remède**.
✦ Comment s'appelle le papier sur lequel le médecin écrit le nom des médicaments qu'il faut acheter ?

méduse nom féminin. Une méduse, c'est un petit animal au corps mou et transparent en forme de cloche, qui vit dans la mer. *Claire s'est fait piquer par une méduse.*

se **méfier** verbe. Se méfier, c'est faire attention parce que l'on n'a pas confiance. *Méfie-toi de Martine, elle ne sait pas garder un secret.*

meilleur adjectif masculin,
meilleure adjectif féminin. *Mes bonbons sont meilleurs que les tiens,* mes bonbons ont un goût plus agréable que les tiens, tes bonbons ne sont pas très bons. *Capucine est ma meilleure amie,* Capucine est celle de mes amies que j'aime le plus.

mélange nom masculin. Un mélange, c'est un ensemble de choses différentes que l'on a mélangées. *La pâte à crêpes est un mélange de lait, d'œufs et de farine.*

mélanger verbe. Mélanger, c'est mettre plusieurs choses différentes ensemble et les remuer. *Pour faire de la vinaigrette, il faut mélanger de l'huile et du vinaigre.*

se **mêler** verbe. *Gérard se mêle toujours de ce qui ne le regarde pas,* il s'occupe toujours de ce qui ne le regarde pas, il veut toujours tout savoir.

mélodie nom féminin. Une mélodie, c'est une suite de notes de musique qui font un air. *Julien se souvient de la mélodie de la chanson mais pas des paroles.*

melon nom masculin. Un melon, c'est un gros fruit rond, vert clair, dont on mange l'intérieur qui est orange et a un goût sucré. *On mange des melons en été.*

membre nom masculin. 1. Les membres, ce sont les quatre parties du corps qui s'attachent au tronc. *Les bras et les jambes sont les membres du corps humain. Les ailes et les pattes sont les membres des oiseaux.* 2. Un membre, c'est une personne qui fait partie d'un groupe ou d'un club. *Mes oncles et mes tantes sont des membres de ma famille. Patrick est membre du club de judo du collège.*

même adjectif masculin et féminin. 1. *Jacques et Julie ont les mêmes baskets,* leurs baskets sont identiques, elles sont exactement pareilles. 2. *Christine et Laurence sont arrivées en même temps,* elles sont arrivées ensemble. 3. *Louis a fait un gâteau lui-même,* il a fait un gâteau tout seul, sans que personne ne l'aide.

même adverbe. 1. *L'épicerie est ouverte tous les jours, même le dimanche,* elle est ouverte aussi le dimanche. 2. *Il pleut, mais Loïc joue quand même dehors,* il joue dehors bien qu'il pleuve, malgré la pluie.

mémoire nom féminin. La mémoire, c'est ce qui permet de se souvenir. *Aglaé a une très bonne mémoire, elle sait le numéro de téléphone de tous ses amis par cœur.*

menace nom féminin. Une menace, c'est une parole que l'on dit ou un geste que l'on fait à quelqu'un pour lui faire peur. *Le bijoutier n'a pas ouvert son coffre-fort malgré les menaces du voleur.*

Des melons.

menacer verbe. Menacer quelqu'un, c'est essayer de lui faire peur pour l'obliger à faire quelque chose. *Le voleur menaçait le bijoutier avec un revolver.*

ménage nom masculin. Le ménage, c'est l'ensemble des travaux que l'on fait pour que l'intérieur d'une maison soit propre. *Papi fait le ménage : il passe l'aspirateur, essuie les meubles et range les affaires à leur place. Monsieur Bonnot a une femme de ménage,* il paie une femme pour qu'elle fasse le ménage chez lui.

ménagerie nom féminin. La ménagerie, c'est l'endroit où vivent les animaux d'un cirque. *Est-ce que l'on peut visiter la ménagerie du cirque ?*

mendiant nom masculin,
mendiante nom féminin. Un mendiant, une mendiante, c'est une personne très pauvre qui demande de l'argent aux gens qui passent dans la rue pour pouvoir manger. *Hugues a donné une pièce à un mendiant.*

✦ Cherche aussi **clochard**.

mendier verbe. Mendier, c'est demander de l'argent aux passants parce que l'on est très pauvre. *Une pauvre femme avec un bébé mendie à la sortie du métro.*

mener verbe. 1. *Ce chemin mène à la rivière,* il va jusqu'à la rivière. 2. *Le commissaire mène l'enquête,* il s'occupe de l'enquête et il la dirige. 3. *Notre équipe va sûrement gagner le match, elle mène 3 buts à 1,* elle est en tête, elle a plus de buts que l'autre équipe.

A B C D E F G H I J K L M

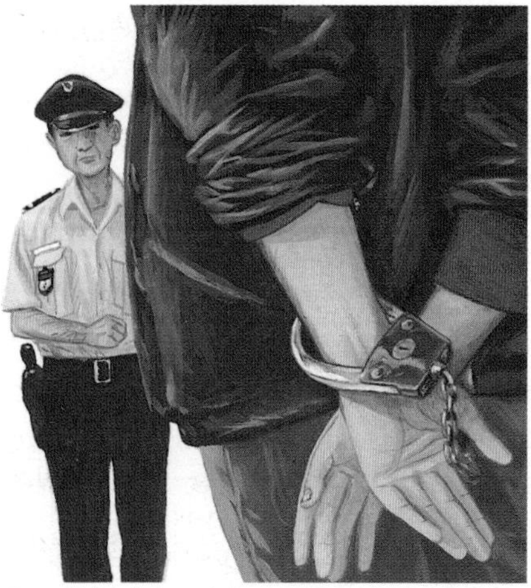

Le policier lui a mis les menottes.

menottes nom féminin pluriel. Les menottes, ce sont les deux bracelets en métal réunis par une chaîne que les policiers mettent aux poignets des personnes qu'ils emmènent en prison.

mensonge nom masculin. Un mensonge, c'est une chose fausse que l'on dit pour tromper, c'est ce que l'on dit quand on ment. *Quel mensonge vas-tu encore inventer ?*

mensuel adjectif masculin,
mensuelle adjectif féminin. *Ce magazine est mensuel,* il paraît une fois par mois.

mental adjectif masculin,
mentale adjectif féminin. *La maîtresse nous fait faire du calcul mental,* elle nous fait faire des opérations sans les poser, sans écrire les nombres, nous devons calculer dans notre tête.

☞ Au masculin pluriel : **mentaux**.
Au féminin pluriel : **mentales**.

menteur nom masculin,
menteuse nom féminin. Un menteur, une menteuse, c'est une personne qui ment, qui dit des mensonges et invente des histoires pour tromper. *Kévin est un menteur, il dit que son père est gendarme et ce n'est pas vrai.*

menthe nom féminin. La menthe, c'est une plante qui sent très bon et qui a un goût très agréable. On s'en sert pour faire des bonbons et des sirops. *Justine mange un bonbon à la menthe.*

La menthe rafraîchit.

mentir verbe. Mentir, c'est dire des choses fausses en sachant que ce n'est pas la vérité, c'est dire des mensonges. *Dorothée a menti à son père.*

✦ Dorothée est une **menteuse** !

menton nom masculin. Le menton, c'est le bas du visage au-dessous de la bouche. *Mon oncle a une barbe, on ne voit pas son menton.*

menu nom masculin. Le menu, c'est l'ensemble des plats qui sont servis pendant le repas. *De la soupe, du jambon avec des pâtes et un yaourt, voilà le menu de notre dîner ce soir. Au restaurant, mes parents ont pris le menu à 30 euros.*

menuisier nom masculin. Un menuisier, c'est une personne qui sait utiliser le bois pour fabriquer des meubles, des portes, des fenêtres, etc. *Le menuisier a installé des étagères dans la chambre de Basile.*

mépriser verbe. *Marius méprise tout le monde,* il pense que les autres sont moins bien que lui, il se trouve mieux qu'eux.

mer nom féminin. La mer, c'est une grande étendue d'eau salée. *Bérénice passe ses vacances au bord de la mer. Marseille est un port de la mer Méditerranée.*

✦ Une très grande mer qui sépare des continents est un **océan**.

✦ Ne confonds pas mer, **maire** et **mère**.

mercerie nom féminin. Une mercerie, c'est un magasin où l'on trouve tout ce qui est nécessaire pour coudre. *Mamie est allée à la mercerie acheter des aiguilles, du fil, des rubans et des boutons.*

La mercerie.

merci interjection. Merci, c'est un mot que tu dis à quelqu'un qui t'a fait un cadeau, qui t'a dit quelque chose de gentil ou qui t'a rendu un service. *Merci pour ton cadeau, Mamie! Sois poli, dis merci à Paul de t'avoir aidé.*

✦ Tu dis merci pour **remercier**.

mère nom féminin. Une mère, c'est une femme qui a un ou plusieurs enfants. C'est aussi une femelle qui a un ou plusieurs petits. *Maxime doit venir avec son père et sa mère. Les chatons restent près de leur mère.*

✦ Tu peux dire aussi **maman**.

✦ Ne confonds pas mère, **maire** et **mer**.

meringue nom féminin. Une meringue, c'est un gâteau fait avec du blanc d'œuf et du sucre. *Camille mange une meringue avec de la glace à la vanille et du chocolat chaud.*

mériter verbe. *Corentin n'a fait aucune faute à sa dictée, il mérite des compliments,* il doit recevoir des compliments, c'est normal qu'on lui fasse des compliments.

merlan nom masculin. Un merlan, c'est un poisson de mer qui ressemble à la morue et que l'on pêche près des côtes. *Vendredi, nous avons mangé du merlan frit à la cantine.*

merle nom masculin. Un merle, c'est un oiseau noir qui a un bec jaune. *J'ai entendu un merle siffler.*

merveilleux adjectif masculin, **merveilleuse** adjectif féminin. *Il fait un temps merveilleux,* il fait très beau.

✦ Tu peux dire aussi **magnifique**, **splendide**, **superbe**.

mésange nom féminin. Une mésange, c'est un petit oiseau qui a un très joli chant. *Les mésanges sont très utiles car elles mangent des insectes.*

mesdames va voir **madame**.

mesdemoiselles va voir **mademoiselle**.

message nom masculin. Un message, c'est quelque chose que l'on dit à une personne de la part de quelqu'un ou que l'on s'arrange pour lui faire parvenir si elle n'est pas là. *Vanessa a laissé un message sur le répondeur de Didier.*

messe nom féminin. La messe, c'est la principale cérémonie religieuse des catholiques. *Le dimanche, Pauline va à la messe.*

✦ Les protestants vont au **culte**.

messieurs va voir monsieur.

mesure nom féminin. Une mesure, c'est une dimension. *Maman prend les mesures du coffre de sa voiture pour voir si la commode entre dedans,* elle regarde quelles sont la longueur, la largeur et la hauteur du coffre.

mesurer verbe. 1. *Papa mesure le salon,* il regarde quelles sont la longueur, la largeur et la hauteur du salon, il prend les mesures du salon. 2. *Anne mesure un mètre dix,* la hauteur de son corps est un mètre dix, sa taille est de un mètre dix. *Combien mesures-tu ?*

métal nom masculin. Un métal, c'est une matière dure et brillante. *Le fer et l'or sont des métaux.*

☞ Au pluriel : des **métaux**.

métallique adjectif masculin et féminin. *Les outils sont rangés dans une boîte métallique,* ils sont rangés dans une boîte en métal.

météo nom féminin. La météo, c'est l'étude de ce qui se passe dans l'atmosphère et qui permet de prévoir le temps qu'il va faire.

✦ Météo, c'est le mot **météorologie** en plus court.

méthode nom féminin. Une méthode, c'est une manière de faire quelque chose. *Il y a plusieurs méthodes pour apprendre à lire.*

métier nom masculin. Un métier, c'est le travail que l'on fait pour gagner de l'argent. *Monsieur Lemaire est vétérinaire, il aime beaucoup son métier.*

✦ Quel métier veux-tu faire plus tard ?

✦ Tu peux dire aussi **profession**.

mètre nom masculin. Un mètre, c'est cent centimètres. *Le salon mesure quatre mètres de longueur et trois mètres de largeur* ou *il mesure 4 m sur 3 m.*

✦ Mille mètres font un **kilomètre** : 1000 m = 1 km.

✦ Ne confonds pas mètre, **maître** et **mettre**.

métro nom masculin. Un métro, c'est un train qui roule dans une grande ville, le plus souvent sous la terre. *Papa et Maman prennent le métro pour aller à leur bureau.*

✦ Métro, c'est le mot **métropolitain** en plus court.

mettre verbe. 1. Mettre, c'est placer à un endroit. *Matthias met les verres sur la table,* il pose les verres sur la table. *Demain, Sophie mettra sa robe bleue,* elle s'habillera avec sa robe bleue.

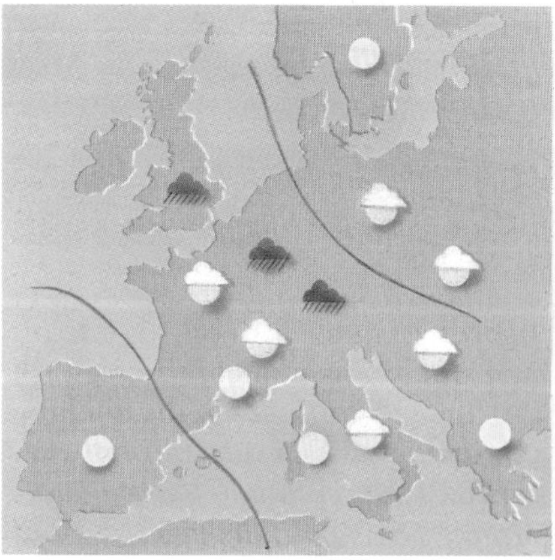

Quel temps la météo prévoit-elle pour demain ?

2. *Grégoire a mis une demi-heure pour apprendre sa leçon,* il a passé une demi-heure à apprendre sa leçon, il lui a fallu une demi-heure. 3. Se mettre, c'est s'installer. *Nous nous mettons à table à 8 heures. Franck s'est mis au lit,* il s'est couché. 4. *Fabienne s'est mise à ranger sa chambre en rentrant de l'école,* elle a commencé à ranger sa chambre en rentrant de l'école.

✦ Ne confonds pas mettre, **maître** et **mètre**.

meuble nom masculin. *Les chaises, les tables, les armoires, les lits sont des meubles,* ce sont de gros objets dont on a besoin pour vivre dans une maison.

✦ Cherche aussi **mobilier**.

meugler verbe. *La vache meugle,* elle pousse son cri.

La vache meugle.

meule nom féminin. Une meule de foin, c'est un gros tas de foin dans un champ.

meunier nom masculin,
meunière nom féminin. Un meunier, une meunière, c'est une personne qui fabrique de la farine, dans un moulin.

✦ Connais-tu une chanson où l'on parle d'un meunier qui dort?

meurtre nom masculin. *Cet homme a été condamné car il a commis un meurtre,* il a tué quelqu'un exprès.

✦ Tu peux dire aussi **crime**.

meurtrier nom masculin,
meurtrière nom féminin. Un meurtrier, une meurtrière, c'est une personne qui a tué quelqu'un en le faisant exprès. *La meurtrière a été arrêtée par la police.*

✦ Le meurtrier a commis un **meurtre**.
✦ Tu peux dire aussi **assassin**, **criminel**.

miauler verbe. *Le chat miaule,* il pousse son cri.

Le chat miaule.

micro nom masculin. Un micro, c'est un appareil devant lequel on parle pour augmenter le son de sa voix ou pour enregistrer ce que l'on dit. *Parlez bien devant le micro pour que tout le monde vous entende.*

✦ Micro, c'est le mot **microphone** en plus court.

microbe nom masculin. Un microbe, c'est un être vivant très petit, que l'on ne peut voir qu'au microscope et qui donne des maladies. *Mets la main devant la bouche quand tu tousses, je ne veux pas de tes microbes !*

✦ Un **virus** est encore plus petit qu'un microbe.

a b c d e f g h i j k l m

microscope nom masculin. Un microscope, c'est un appareil qui grossit les objets et permet de regarder des choses ou des êtres vivants si petits qu'on ne peut pas les voir autrement. *Aurélien observe un cheveu au microscope.*

✦ Le microscope grossit beaucoup plus que la **loupe**.

microscopique adjectif masculin et féminin. *Les microbes sont microscopiques*, ils sont si petits que l'on ne peut les voir qu'au microscope.

midi nom masculin. 1. Midi, c'est le milieu de la journée, entre le matin et l'après-midi. *Nous déjeunons à midi et demi*, nous déjeunons à 12 heures 30. 2. Le Midi, c'est le sud de la France. *Anne-Marie passe ses vacances dans le Midi.*

mie nom féminin. La mie, c'est la partie molle à l'intérieur du pain.

✦ La partie dure du pain, c'est la **croûte**.

miel nom masculin. Le miel, c'est le produit sucré que fabriquent les abeilles avec ce qu'elles prennent dans les fleurs. *Igor met du miel sur sa tartine.*

miette nom féminin. Une miette, c'est un tout petit morceau de pain ou de gâteau. *Diane donne des miettes de pain aux oiseaux.*

mieux adverbe. *Carole est presque guérie, elle va mieux*, sa santé est meilleure. *Henri chante mieux que sa sœur*, sa voix est plus jolie.

mignon adjectif masculin,
mignonne adjectif féminin. *Magali est une petite fille très mignonne*, elle est jolie, gracieuse et aimable.

migrateur adjectif masculin,
migratrice adjectif féminin. *Les cigognes sont des oiseaux migrateurs*, ce sont des oiseaux qui changent de région suivant les saisons.

milieu nom masculin. 1. Le milieu, c'est la partie d'une chose qui est à égale distance de ses bords, c'est le centre. *Luce a posé le vase au milieu de la table.* 2. Le milieu, c'est le moment qui est aussi près du début que de la fin. *Paul s'est réveillé au milieu de la nuit.*

☞ Au pluriel : des **milieux**.

militaire adjectif masculin et féminin. *Papa a fait son service militaire*, il a été dans l'armée pendant un certain temps quand il était jeune. *J'ai vu passer un camion militaire*, j'ai vu passer un camion qui appartient à l'armée.

militaire nom masculin et féminin. Un militaire, une militaire, c'est une personne qui fait partie de l'armée.

✦ Tu peux dire aussi **soldat**.

milliardaire nom masculin et féminin. Un milliardaire, une milliardaire, c'est une personne très riche.

Est-ce que tu aimerais être un milliardaire ?

millier nom masculin. Un millier, c'est environ mille. *Notre ville a plusieurs milliers d'habitants.*

mime nom masculin et féminin. Un mime, une mime, c'est une personne qui fait reconnaître un personnage, un animal ou toute une scène, sans parler, en faisant seulement des gestes.

mimer verbe. *Rodolphe mime un boucher*, il essaie de faire comprendre qu'il imite un boucher en faisant les mêmes gestes que lui, sans parler.

mimosa nom masculin. Le mimosa, c'est un arbre dont les petites fleurs jaunes en forme de boules sentent très bon.

Un mimosa.

mince adjectif masculin et féminin. *Virginie est mince*, elle n'est pas grosse. *Cette tranche de saucisson est mince*, elle est fine, elle n'est pas épaisse.

mine nom féminin. 1. *Emma a bonne mine*, l'aspect de son visage montre qu'elle va bien. 2. La mine d'un crayon, c'est le petit bâton noir ou de couleur à l'intérieur du crayon qui laisse une trace sur le papier quand on écrit ou quand on dessine. *La mine de ton crayon est usée, va chercher ton taille-crayon*. 3. Une mine, c'est un endroit creusé sous la terre où l'on trouve du charbon, des métaux ou des pierres précieuses.

mineur nom masculin. Un mineur, c'est un ouvrier qui travaille dans une mine. *Les mineurs sont descendus au fond de la mine.*

mineur adjectif masculin,
mineure adjectif féminin. Une personne mineure, c'est un jeune homme ou une jeune fille qui n'a pas encore 18 ans.

✦ À 18 ans, on devient **majeur**.

minimum nom masculin. Le minimum, c'est la plus petite quantité possible. *Papa emporte toujours en voyage un minimum d'affaires*, il emporte le moins d'affaires possible.

✦ La plus grande quantité possible, c'est le **maximum**.

ministre nom masculin et féminin. Un ministre, une ministre, c'est une personne qui fait partie du gouvernement d'un pays. *Le Premier ministre est le chef du gouvernement.*

minitel nom masculin. Un minitel, c'est un appareil avec un écran et un clavier qui est branché sur le téléphone et qui permet d'obtenir de nombreux renseignements. *Guy cherche le numéro de téléphone de Kévin sur le minitel.*

minuit nom masculin. Minuit, c'est le moment où l'on change de jour, douze heures après midi. *Papa et Maman se sont couchés à minuit et demi*, ils se sont couchés à 0 heure trente.

minuscule adjectif masculin et féminin. *Une puce est un animal minuscule*, c'est un tout petit animal.

✦ Le contraire de minuscule, c'est **énorme**.

minuscule nom féminin. Une minuscule, c'est une petite lettre. *Candice écrit son nom en minuscules.*

✦ Une grande lettre, c'est une **majuscule**.

minute nom féminin. Une minute, c'est une durée de 60 secondes. *La récréation dure 15 minutes,* elle dure un quart d'heure.

✦ Il y a 60 minutes dans une heure.

miracle nom masculin. Un miracle, c'est un événement extraordinaire que l'on ne peut pas expliquer. *Tous les passagers de l'avion ont été sauvés, c'est un miracle.*

mirage nom masculin. Un mirage, c'est un paysage que l'on croit voir dans le désert mais qui est une illusion.

L'oasis que l'on aperçoit au loin n'est qu'un mirage.

miroir nom masculin. Un miroir, c'est une plaque de verre spécial dans laquelle on se voit. *Juliette se regarde dans le miroir.*

✦ Tu peux dire aussi **glace**.

misère nom féminin. *Le pauvre homme a perdu son travail, ses amis l'ont abandonné, il a fini sa vie dans la misère,* il a fini sa vie sans argent, dans une très grande pauvreté.

✦ Le contraire de misère, c'est **richesse**.

mission nom féminin. Une mission, c'est une chose que l'on doit faire pour quelqu'un qui l'a demandé. *Xavier a pour mission de rapporter les clés de la maison de campagne à sa grand-mère.*

mite nom féminin. Une mite, c'est un petit papillon blanc qui mange les tissus de laine. *Une mite a fait un trou dans mon pull vert.*

mitraillette nom féminin. Une mitraillette, c'est une arme qui ressemble à un gros fusil et qui tire un grand nombre de balles à la suite.

mixte adjectif masculin et féminin. Une école mixte, c'est une école où il y a des filles et des garçons.

Mon école est mixte.

mobile adjectif masculin et féminin. Une chose mobile, c'est une chose qui peut bouger ou que l'on peut faire bouger. *Les ponts-levis des châteaux forts étaient mobiles.*

✦ Le contraire de mobile, c'est **fixe**.

mobile nom masculin. Un mobile, c'est un ensemble de petits objets légers accrochés au bout de fils qui pendent. On le suspend et il bouge tout seul. *Maman a installé un mobile au-dessus du berceau de mon petit frère.*

mobilier nom masculin. Le mobilier, c'est l'ensemble des meubles d'une maison. *Les parents d'Isabelle ont un mobilier très moderne.*

mode nom féminin. La mode, c'est la manière de s'habiller qui plaît pendant un moment. *Les pantalons rouges sont à la mode cette année*, beaucoup de gens aiment mettre un pantalon rouge cette année.

✦ Quand quelque chose n'est plus à la mode, c'est **démodé**.

modeler verbe. La pâte à modeler, c'est une pâte spéciale à laquelle on peut donner la forme que l'on veut avec les mains. *Mathilde a fait un chien en pâte à modeler.*

moderne adjectif masculin et féminin. *Franck habite dans un immeuble moderne*, il habite dans un immeuble qui a été construit il y a peu de temps.

✦ Le contraire de moderne, c'est **ancien**.

modeste adjectif masculin et féminin. Une personne modeste, c'est une personne qui ne parle pas de ce qu'elle fait de bien, qui ne se vante pas. *Émilie est modeste, elle ne m'a pas dit qu'elle avait eu 10 à sa dictée.*

✦ Le contraire de modeste, c'est **orgueilleux**, **prétentieux**.

La mode a beaucoup changé depuis le début du 20e siècle.

mode nom masculin. Un mode d'emploi, c'est un papier sur lequel est expliqué comment se servir de quelque chose. *Papa lit le mode d'emploi de la perceuse.*

modèle nom masculin. **1.** Un modèle, c'est un objet que l'on doit dessiner ou un dessin que l'on doit imiter. *Le maître a dessiné au tableau une fleur qui va nous servir de modèle.* **2.** Un modèle de voiture, c'est une certaine voiture. *J'ai vu une publicité pour un nouveau modèle de voiture.*

moelle nom féminin. La moelle, c'est la matière grasse et molle qui est à l'intérieur des os.

moi pronom masculin et féminin. Moi, c'est un mot qui représente la première personne du singulier. *Fais ce que tu veux, moi je m'en vais.*

✦ Cherche aussi **je**.
✦ Ne confonds pas moi et **mois**.

moineau nom masculin. Un moineau, c'est un petit oiseau brun. *Les moineaux mangent des graines, des insectes et des fruits.*

☞ Au pluriel : des **moineaux**.

A B C D E F G H I J K L M

moins adverbe et préposition. 1. *Irène a moins de stylos que Julien*, elle a une quantité de stylos plus petite que celle qu'a Julien. *Paul a moins de 10 ans*, il n'a pas encore 10 ans. 2. *Quatre moins trois égalent un*, si on fait une soustraction et que l'on enlève trois de quatre, on obtient un. *4 - 3 = 1*.

✦ Le contraire de moins, c'est **plus**.

mois nom masculin. Un mois, c'est chacune des douze parties de l'année. *La rentrée des classes a lieu au mois de septembre*.

✦ Janvier, février, mars, avril, mai, juin, juillet, août, septembre, octobre, novembre, décembre.
✦ Ne confonds pas mois et **moi**.

moisi adjectif masculin,
moisie adjectif féminin. *La confiture est moisie*, elle est abîmée, elle est recouverte de tout petits champignons qui forment une sorte de mousse bleue ou verte.

moisson nom féminin. *Les agriculteurs font la moisson en été*, ils coupent les céréales et les ramassent.

✦ Cherche aussi **récolte**.

moissonner verbe. Moissonner, c'est récolter les céréales.

✦ Moissonner, c'est faire la **moisson**.

moite adjectif masculin et féminin. *Régis a les mains moites*, il a les mains un peu humides parce qu'il transpire.

✦ Le contraire de moite, c'est **sec**.

moitié nom féminin. 1. *Marc a mangé la moitié du croissant*, il a mangé une partie du croissant qui est égale à la partie qui reste, il a mangé un demi-croissant. 2. *Djamel s'est à moitié endormi dans la voiture*, il s'est presque endormi dans la voiture.

molle va voir **mou**.

mollet nom masculin. Le mollet, c'est la partie arrière de la jambe, entre la cheville et le genou.

Le cycliste a les **mollets** musclés.

moment nom masculin. Un moment, c'est un temps court, plus long qu'un instant. *Le médecin va vous recevoir dans un moment. Le téléphone a sonné au moment où je partais*, le téléphone a sonné juste quand je partais.

momie nom féminin. Une momie, c'est le corps d'un mort que l'on a conservé il y a très longtemps en mettant dedans des herbes et des parfums et en l'entourant de petites bandes spéciales.

mon adjectif masculin,
ma adjectif féminin. *Voilà mon cahier, ma trousse et mes crayons*, voilà le cahier, la trousse et les crayons qui sont à moi.

☞ Au masculin et au féminin pluriel : **mes**.

monde nom masculin. 1. Le monde, c'est l'ensemble de tout ce qui existe, la Terre, le Soleil, les astres, le ciel, l'espace, c'est l'univers. 2. Le monde, c'est la Terre. *Les parents d'Éric ont beaucoup voyagé, ils connaissent le monde entier*. 3. *Il y a beaucoup de monde sur la plage*, il y a beaucoup de gens sur la plage.

mondial adjectif masculin,
mondiale adjectif féminin. La population mondiale, c'est la population du monde entier.
☞ Au masculin pluriel : **mondiaux**. Au féminin pluriel : **mondiales**.

moniteur nom masculin,
monitrice nom féminin. Un moniteur, une monitrice, c'est une personne qui apprend à quelqu'un à faire quelque chose. *Le moniteur de ski nous a montré comment attacher nos skis.*

Une momie égyptienne.

monnaie nom féminin. 1. La monnaie d'un pays, c'est l'argent que l'on utilise dans ce pays. *L'euro est la monnaie de la France.* 2. La monnaie, c'est la différence qu'il y a entre l'argent que l'on donne pour acheter un objet et le prix de cet objet. *La boulangère rend la monnaie à Claire qui lui a donné un billet de 10 euros pour acheter une baguette.*

monotone adjectif masculin et féminin. *Monsieur Duclos a une vie monotone,* il ne lui arrive jamais rien, tout est toujours pareil dans sa vie.

monsieur nom masculin. Monsieur, c'est le nom que l'on donne à un homme quand on lui parle, quand on lui écrit ou quand on parle de lui. *Bonjour Monsieur. Je dirai à Monsieur Colas de te téléphoner. Un monsieur est venu.*
☞ Au pluriel : **messieurs**.

monstre nom masculin. Un monstre, c'est un animal ou une personne qui n'est pas comme les autres et qui fait peur. *Tristan a fait un cauchemar, il a rêvé qu'un monstre qui ressemblait à un dragon avec deux têtes était caché sous son lit.*
✦ Heureusement, les monstres n'existent pas vraiment, on les rencontre dans les contes !

montagne nom féminin. Une montagne, c'est une sorte de bosse très haute sur le sol d'un pays, faite de terre et de rochers. *Du haut de la montagne, on a une très belle vue de la région.*

montagneux adjectif masculin,
montagneuse adjectif féminin. Une région montagneuse, c'est une région où il y a des montagnes. *Les Alpes et les Pyrénées sont des régions montagneuses.*

montée nom féminin. Une montée, c'est une route ou un chemin qui monte. *Il faut pédaler fort dans la montée.*
✦ Tu peux dire aussi **côte**.
✦ Le contraire de montée, c'est **descente**.

monter verbe. 1. Monter, c'est aller du bas vers le haut. *Betty est montée au grenier. Diego est malade, sa température a encore monté,* la température de Diego a augmenté. 2. *Margot sait monter à cheval,* elle sait faire du cheval. 3. *Maman monte la bibliothèque,* elle installe comme il faut toutes les parties de la bibliothèque pour qu'elle tienne debout.

A B C D E F G H I J K L M

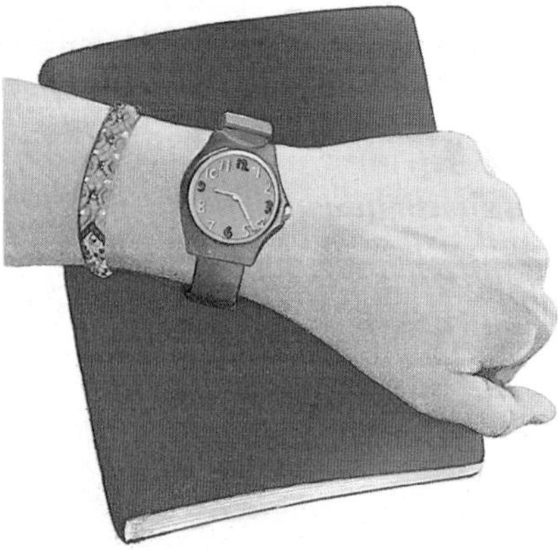

La petite aiguille de la montre indique les heures, la grande aiguille indique les minutes.

montre nom féminin. Une montre, c'est une sorte de petite boîte qui donne l'heure, accrochée à un bracelet. *Lucie regarde l'heure à sa montre.*
✦ Cherche aussi **horloge** et **pendule**.

montrer verbe. Montrer, c'est faire voir. *Isabelle m'a montré sa poupée.*

monument nom masculin. Un monument, c'est un bâtiment très beau ou très célèbre que l'on visite. *La tour Eiffel est le monument de Paris le plus connu.*

se **moquer** verbe. Se moquer de quelqu'un, c'est rire de lui. *Tout le monde se moque de moi parce que j'ai un gros bouton sur le nez !*

moquette nom féminin. Une moquette, c'est un tapis qui est fixé par terre et qui recouvre tout le sol d'une pièce. *Boris a de la moquette bleue dans sa chambre.*

morale nom féminin. 1. *Axel n'aime pas qu'on lui fasse la morale*, il n'aime pas qu'on lui dise qu'il n'a pas été gentil ou qu'il a fait quelque chose de mal et qu'on l'oblige à avoir une bonne conduite. 2. La morale d'une histoire, c'est le conseil qui est donné à la fin d'une histoire et dont il faut se souvenir. *Il y a toujours une morale à la fin des fables de La Fontaine.*

morceau nom masculin. Un morceau, c'est une partie de quelque chose. *Marie mange un morceau de pain*, elle mange un bout de pain. *Le vase s'est cassé en mille morceaux.*
☞ Au pluriel : des **morceaux**.

mordre verbe. Mordre, c'est serrer entre ses dents. *Mon chien est très gentil, il ne mord pas.*

mors nom masculin. Le mors, c'est la petite barre de métal que l'on met dans la bouche du cheval pour le faire aller où l'on veut.
✦ Ne confonds pas mors et **mort**.

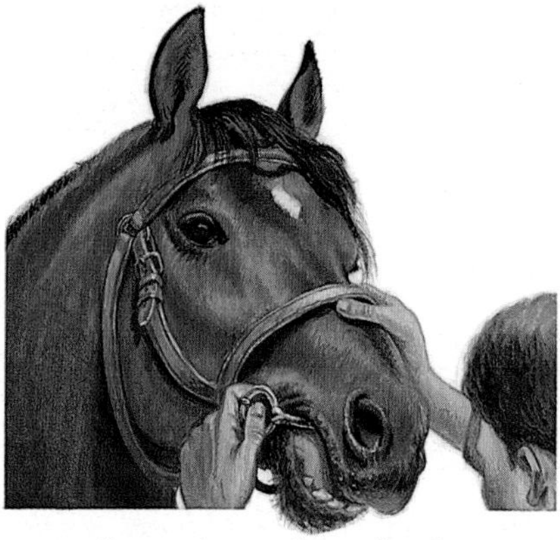

Le cavalier met le mors à son cheval.

morsure nom féminin. Une morsure, c'est une blessure faite en mordant.

mort nom féminin. La mort, c'est l'arrêt de la vie. *J'ai beaucoup pleuré à la mort de Papi.*
✦ Tu peux dire aussi **décès**.
✦ Ne confonds pas mort et **mors**.

mort adjectif masculin,
morte adjectif féminin. *Thomas a vu un rat mort dans la cave*, il a vu un rat qui n'était plus en vie.
✦ Le contraire de mort, c'est **vivant**.

mort nom masculin,
morte nom féminin. Un mort, une morte, c'est une personne qui n'est plus en vie. *L'accident a fait deux morts et cinq blessés.*

mortel adjectif masculin,
mortelle adjectif féminin. *Une morsure de vipère peut être mortelle,* elle peut faire mourir.

morue nom féminin. Une morue, c'est un gros poisson qui vit dans les mers froides. *À la cantine, nous avons mangé de la morue avec des pommes de terre.*

morve nom féminin. La morve, c'est le liquide qui sort du nez.

mosquée nom féminin. Une mosquée, c'est une grande maison dans laquelle les musulmans vont prier.
✦ Les catholiques vont à l'**église**, les protestants au **temple** et les juifs à la **synagogue**.

Une mosquée.

mot nom masculin. 1. Un mot, c'est une suite de lettres qui veut dire quelque chose. *« École » est un mot de 5 lettres. Une phrase est une suite de mots.* 2. Un mot, c'est une lettre assez courte. *Quand on manque l'école, les parents doivent écrire un mot à la maîtresse.*

moteur nom masculin. Un moteur, c'est un appareil qui fait fonctionner une machine ou qui fait tourner les roues d'un véhicule. *Le moteur du camion est en panne.*
✦ Un moteur marche grâce à l'énergie qu'il transforme.

motif nom masculin. 1. Un motif, c'est la cause, la raison de quelque chose. *Pour quel motif n'as-tu pas appris ta leçon?* pourquoi n'as-tu pas appris ta leçon? 2. Un motif, c'est un dessin sur un tissu ou un papier peint. *Les rideaux sont bleus avec des motifs blancs.*

moto nom féminin. Une moto, c'est un engin à deux roues qui a un moteur puissant. *Mon grand frère fait de la moto.*
✦ Moto, c'est le mot **motocyclette** en plus court.

mou adjectif masculin,
molle adjectif féminin. 1. Une chose molle, c'est une chose qui change de forme quand on appuie dessus. *Le chat aime dormir sur un coussin bien mou,* il aime dormir sur un coussin dans lequel il s'enfonce, un coussin qui n'est pas dur. 2. Une personne molle, c'est une personne qui se laisse vivre, qui n'a pas d'énergie, qui est très lente. *Secoue-toi, sois moins molle!*
☞ Au masculin pluriel : **mous**.
Au féminin pluriel : **molles**.

mouche nom féminin. Une mouche, c'est un insecte noir qui a deux ailes et une petite trompe. *Une mouche s'est posée sur la vitre.*

se **moucher** verbe. Se moucher, c'est souffler par le nez, en pressant les narines l'une après l'autre, pour le déboucher. *Prends un mouchoir et mouche-toi!*

Les rochers sont recouverts de mousse.

Quand on verse la bière dans un verre, cela fait de la mousse.

moucheron nom masculin. Un moucheron, c'est une toute petite mouche.

mouchoir nom masculin. Un mouchoir, c'est un morceau de tissu ou de papier spécial dans lequel on se mouche. *Adrien a mis un paquet de mouchoirs en papier dans sa poche.*

moudre verbe. Moudre, c'est écraser des grains pour en faire de la poudre. *On moud les grains de blé pour faire de la farine.*
✦ Cherche aussi **moulu**.

mouette nom féminin. Une mouette, c'est un oiseau gris et blanc qui vit au bord de la mer ou des fleuves. *La mouette ressemble au goéland, mais elle est plus petite.*

moufle nom féminin. Une moufle, c'est un gant dans lequel les doigts sont ensemble sauf le pouce. *Claude met ses moufles et va faire des boules de neige.*

mouiller verbe. *François mouille l'éponge pour essuyer le tableau,* il trempe l'éponge dans l'eau. *La voiture nous a mouillés en roulant dans une flaque,* elle a envoyé de l'eau sur nous. *Le linge n'est pas sec, il est encore mouillé,* il est humide.

moule nom féminin. Une moule, c'est un petit coquillage qui a une coquille noire. *C'est amusant d'aller ramasser les moules accrochées aux rochers, à marée basse.*

moule nom masculin. Un moule, c'est un objet creux dans lequel on fait cuire de la pâte qui prend sa forme. *Stéphane a fait un gâteau dans un moule en forme de cœur.*

moulin nom masculin. **1.** Un moulin, c'est un appareil qui écrase les grains pour faire de la poudre. *Papa moud le café avec un moulin électrique.* **2.** Un moulin, c'est un bâtiment où l'on moud les grains des céréales pour faire de la farine.

moulu adjectif masculin,
moulue adjectif féminin. *Maman a acheté du poivre moulu,* elle a acheté du poivre qui a été écrasé et mis en poudre.
✦ Cherche aussi **moudre**.

mourir verbe. **1.** Mourir, c'est arrêter de vivre. *Le grand-père de Ludovic est mort il y a un mois.* **2.** *Rebecca meurt d'envie de manger une glace,* elle a très envie de manger une glace.

mousquetaire nom masculin. Un mousquetaire, c'était un soldat qui devait protéger le roi.

mousse nom féminin. **1.** La mousse, c'est une plante verte qui a de toutes petites tiges et qui fait comme un tapis sur le sol ou qui couvre les pierres et les arbres. **2.** La mousse, c'est un ensemble de petites bulles très serrées. **3.** Une mousse, c'est une crème faite avec des blancs d'œufs.

Agathe mange de la mousse au chocolat.

mousser verbe. Mousser, c'est faire de la mousse. *Ce shampooing mousse beaucoup.*

moustache nom féminin. **1.** Une moustache, c'est l'ensemble des poils qui poussent entre le nez et la bouche d'un homme. **2.** Les moustaches du chat, ce sont les longs poils qui sont de chaque côté du museau du chat.

moustique nom masculin. Un moustique, c'est un insecte qui a des ailes et de longues pattes fines. *Les moustiques vivent dans les endroits chauds et humides.*

✦ La piqûre des moustiques est douloureuse.

moutarde nom féminin. La moutarde, c'est une sorte de sauce épaisse qui pique un peu la langue et donne du goût à ce que l'on mange. *Joris mange du poulet froid avec de la moutarde.*

mouton nom masculin. Un mouton, c'est un animal qui a un poil frisé avec lequel on fabrique la laine. *Le berger emmène les moutons paître dans la montagne.*

✦ Le mouton mâle, c'est le **bélier**, la femelle, c'est la **brebis** et le petit, c'est l'**agneau**.

mouvement nom masculin. Faire un mouvement, c'est faire bouger une partie du corps. *Le professeur de gymnastique nous a fait faire des mouvements difficiles.*

✦ Cherche aussi **geste**.

moyen adjectif masculin,
moyenne adjectif féminin. **1.** *Monsieur Mayet mesure 1 mètre 73, il est de taille moyenne,* il n'est ni grand, ni petit. **2.** *Julie est une élève moyenne,* elle n'est ni bonne élève ni mauvaise élève. **3.** *Jessica et Alban sont au cours moyen première année,* ils sont en CM1, dans la classe qui suit le cours élémentaire deuxième année.

Les moustaches du chat sont très sensibles.
Papi a une belle moustache.

moyen nom masculin. *Catherine a trouvé un moyen pour empêcher son hamster de s'échapper,* elle a trouvé comment faire pour empêcher son hamster de s'échapper.

moyenne nom féminin. La moyenne, c'est la moitié du total des points que l'on peut avoir à un devoir. *Jean-Pierre a eu la moyenne à sa dictée, il a eu 5 sur 10.*

muer verbe. **1.** *Le serpent a mué,* il a changé de peau. **2.** *La voix de mon grand frère est en train de muer,* sa voix est en train de changer, de devenir plus grave.

muet adjectif masculin,
muette adjectif féminin. **1.** Une personne muette, c'est une personne qui ne peut pas parler. **2.** Un film muet, c'est un film sans paroles, où l'on n'entend pas parler les acteurs.

muguet nom masculin. Le muguet, c'est une plante dont les fleurs sont de petites cloches blanches qui sentent très bon. *On offre du muguet le 1er mai.*

mule nom féminin. Une mule, c'est un animal femelle dont le père est un âne et la mère une jument.

mulet nom masculin. Un mulet, c'est un animal mâle dont le père est un âne et la mère une jument. *Antoine et Karine ont fait une promenade en montagne à dos de mule et de mulet.*

mulot nom masculin. Un mulot, c'est un petit rat qui vit dans les champs et dans les bois.

✦ On appelle le mulot aussi **rat des champs.**

multiplication nom féminin. Une multiplication, c'est une opération par laquelle on additionne plusieurs fois le même nombre. *Pour savoir combien coûteront deux sucettes à 50 centimes on fait la multiplication : deux fois cinquante égalent cent* ou *2 × 50 = 100.*

✦ Le contraire de multiplication, c'est **division.**

multiplier verbe. Multiplier, c'est additionner plusieurs fois le même nombre. *Arnaud multiplie cinquante par deux.*

✦ 50 × 2 = 100.

✦ Le contraire de multiplier, c'est **diviser.**

munitions nom féminin pluriel. Les munitions, ce sont les balles et les cartouches que l'on met dans les pistolets ou les fusils. *Les soldats transportent les munitions dans un camion.*

mur nom masculin. Un mur, c'est un ensemble de pierres, de briques ou de plaques de béton qui forme les côtés d'une maison ou qui sépare deux endroits. *Luce a mis un poster sur le mur de sa chambre.*

✦ Ne confonds pas mur, **mûr** et **mûre.**

Le mulot a une queue plus longue que son corps.

mûr adjectif masculin,
mûre adjectif féminin. 1. Un fruit mûr, c'est un fruit qui a fini de se développer et qui est bon à manger. 2. *Émilie est très mûre pour son âge*, elle réfléchit et elle agit presque comme une adulte alors qu'elle est encore très jeune.

✦ Ne confonds pas mûr, **mur** et **mûre**.

Les tomates du haut sont bien mûres, celles du bas sont encore vertes.

mûre nom féminin. Une mûre, c'est un petit fruit sauvage noir qui pousse sur les ronces. *Loïc et Anne cueillent des mûres le long du chemin.*

✦ Ne confonds pas mûre, **mur** et **mûr**.

mûrir verbe. Mûrir, c'est devenir mûr. *Le raisin mûrit au soleil.*

murmurer verbe. *Ariane murmure un secret à l'oreille de Lionel*, elle lui dit à voix basse un secret à l'oreille.

✦ Tu peux dire aussi **chuchoter**.

muscle nom masculin. Les muscles, ce sont des organes qui sont sous la peau et qui servent à faire bouger le corps. *Les muscles durcissent quand on les tend.*

musclé adjectif masculin,
musclée adjectif féminin. *Les jambes des cyclistes sont très musclées*, elles ont des muscles très gros et très forts.

museau nom masculin. Le museau, c'est la partie avant, allongée et pointue, de la tête de certains animaux. *Le chien approche son museau et renifle sa pâtée.*

☞ Au pluriel : des **museaux**.

Reconnais le museau du singe, du chien, de l'ours, du requin et du bœuf.

musée nom masculin. Un musée, c'est une grande maison dans laquelle on expose des tableaux, des sculptures et des objets anciens et précieux pour que les visiteurs puissent venir les voir. *Constance et Vincent ont vu les momies de l'ancienne Égypte, au Musée du Louvre.*

muselière nom féminin. Une muselière, c'est un ensemble de lanières que l'on attache autour du museau d'un chien pour l'empêcher d'ouvrir la gueule. *Ce chien est méchant, on lui a mis une muselière pour l'empêcher de mordre.*

musicien nom masculin, **musicienne** nom féminin. Un musicien, une musicienne, c'est une personne dont le métier est de composer et de jouer de la musique. *Mozart est un grand musicien qui vivait au 18e siècle. Le chanteur est entouré de ses musiciens.*

musique nom féminin. La musique, c'est l'art de mettre ensemble des sons de manière à ce que cela soit agréable à entendre. *Il ne faut pas faire de bruit quand Papi écoute de la musique. J'aime bien la musique de ce film.*
✦ Ce sont les **notes** qui représentent les sons.

musulman adjectif masculin, **musulmane** adjectif féminin. *Djemel et Farida sont musulmans,* ils croient en un dieu unique appelé Allah et en Mahomet, son prophète, et ils vont prier à la mosquée.
✦ Cherche aussi **catholique**, **juif**, **protestant**.

myope adjectif masculin et féminin. *Laure a des lunettes car elle est myope,* elle a des lunettes car elle ne voit pas bien de loin.

myrtille nom féminin. Une myrtille, c'est un petit fruit rond et noir qui pousse dans la montagne.

Pascal mange de la tarte aux myrtilles.

mystère nom masculin. Un mystère, c'est quelque chose que l'on n'arrive pas à comprendre. *Comment la statue a-t-elle pu disparaître ? C'est un mystère.*
✦ Tu peux dire aussi **énigme**.

mystérieux adjectif masculin, **mystérieuse** adjectif féminin. *La disparition de cette statue est mystérieuse,* elle est difficile à comprendre, c'est un mystère.

N

n N n

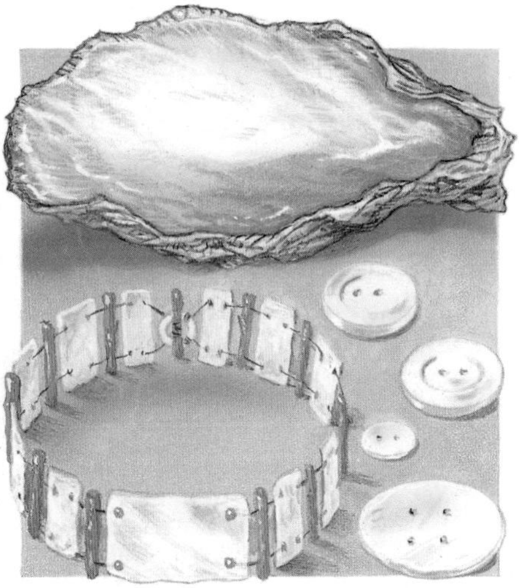

Avec la nacre, on fait des boutons et des bijoux.

nacre nom féminin. La nacre, c'est une matière brillante et blanche qui recouvre l'intérieur de la coquille des huîtres. *La chemise de Papi a des boutons de nacre.*

nage nom féminin. 1. *Marine est allée jusqu'au bateau à la nage,* elle est allée jusqu'au bateau en nageant. 2. *Antoine a trop couru, il est en nage,* il transpire, il a le corps couvert de sueur.

nageoire nom féminin. Une nageoire, c'est un organe court et plat qui permet aux poissons, aux baleines, aux dauphins ou aux phoques d'avancer et de se diriger dans l'eau. *Les poissons ont plusieurs nageoires.*

nager verbe. Nager, c'est avancer dans l'eau en faisant des mouvements avec les bras et les jambes, sans que les pieds touchent le fond. *Esther ne sait pas encore nager.*

nageur nom masculin,
nageuse nom féminin. Un nageur, une nageuse, c'est une personne qui nage. *L'arbitre donne le signal du départ aux nageurs.*

naïf adjectif masculin,
naïve adjectif féminin. *Aurore est très naïve,* elle croit tout ce qu'on lui dit.

nain nom masculin,
naine nom féminin. Un nain, une naine, c'est une personne beaucoup plus petite que les autres. *Blanche-Neige a été recueillie par les sept nains.*

✦ Le contraire de nain, c'est **géant**.

nain adjectif masculin,
naine adjectif féminin. *Raphaël a un lapin nain,* il a un lapin qui restera toujours petit.

✦ Le contraire de nain, c'est **géant**.

A B C D E F G H I J K L M N

naissance nom féminin. La naissance, c'est le moment où l'on commence à vivre hors du ventre de sa mère. *La naissance de mon petit frère est prévue en mai. Quelle est ta date de naissance ?*
✦ Le contraire de naissance, c'est **mort**.

naître verbe. Naître, c'est commencer à vivre en dehors du ventre de sa mère. *Je suis né le 20 décembre*, le jour de ma naissance est le 20 décembre.
✦ Le contraire de naître, c'est **mourir**.

nappe nom féminin. Une nappe, c'est un grand tissu que l'on met sur une table pour la protéger. *Papa pose les assiettes et les couverts sur la nappe.*

narine nom féminin. Les narines, ce sont les deux ouvertures de chaque côté du nez. *Sonia respire l'air frais du matin par les narines.*
✦ Cherche aussi **naseau**.

naseau nom masculin. Les naseaux, ce sont les narines du cheval, du bœuf, du chameau et de quelques autres grands mammifères. *Le cheval souffle par les naseaux.*
☞ Au pluriel : des **naseaux**.
✦ Cherche aussi **narine**.

natation nom féminin. *Augustin prend une leçon de natation*, il apprend à nager.

nation nom féminin. Une nation, c'est l'ensemble des personnes qui habitent le même pays. C'est aussi le pays lui-même.
✦ Tu peux dire aussi **État**.

national adjectif masculin,
nationale adjectif féminin. *La fête nationale française est le 14 juillet*, la fête de la nation française est le 14 juillet.
☞ Au masculin pluriel : **nationaux**.
Au féminin pluriel : **nationales**.
✦ Sais-tu comment s'appelle l'hymne national français ?

nationalité nom féminin. *David a la nationalité française*, il fait partie de la nation française, il est français.
✦ David est **citoyen** français.

natte nom féminin. Une natte, c'est une coiffure que l'on fait en passant trois mèches de cheveux l'une sur l'autre, chacune à son tour. *Camille s'est fait des nattes.*
✦ Tu peux dire aussi **tresse**.

nature nom féminin. La nature, c'est tout ce qui existe sur Terre et qui n'est pas fabriqué par l'homme : la campagne, la mer, la montagne, les fleurs, les rivières, les animaux. *Les écologistes veulent protéger la nature.*

Augustin prend une leçon de natation.

naturel adjectif masculin,
naturelle adjectif féminin. *Le miel est un produit naturel*, c'est un produit que l'on trouve dans la nature et qui n'a pas été fabriqué par l'homme.

naufrage nom masculin. *Le bateau a fait naufrage*, le bateau s'est enfoncé dans la mer, il a coulé.

Léa fait du ski nautique.

nautique adjectif masculin et féminin. Le ski nautique, c'est du ski que l'on fait sur l'eau, tiré par un bateau.

navet nom masculin. Un navet, c'est un légume rond, blanc ou un peu rose, que l'on mange cuit. *Nous avons mangé du canard aux navets.*

navette nom féminin. **1.** Une navette, c'est un car, un train, un bateau ou un petit avion qui fait souvent l'aller et retour entre deux endroits qui ne sont pas très loin l'un de l'autre. *Une navette relie l'aéroport au centre de la ville.* **2.** Une navette spatiale, c'est un engin qui va dans l'espace et qui revient sur la Terre.

navigateur nom masculin,
navigatrice nom féminin. Un navigateur, une navigatrice, c'est une personne qui fait de longs voyages sur la mer, c'est un marin.

naviguer verbe. Naviguer, c'est voyager sur l'eau. *Le bateau navigue vers le pôle Sud. Ce vieux marin navigue depuis très longtemps.*

navire nom masculin. Un navire, c'est un grand bateau qui navigue sur la mer. *Ce navire transporte des marchandises.*

ne adverbe. Ne, c'est un mot qui se met devant un verbe pour indiquer que l'on ne fait pas quelque chose. *Agnès ne veut pas jouer avec moi. Antoine n'a jamais mangé d'escargots. Il ne pleut plus.*

✦ Ne est souvent suivi de « pas », de « jamais » ou de « plus ».

nécessaire adjectif masculin et féminin. *Les vitamines sont nécessaires à notre organisme,* les vitamines sont très utiles, on ne peut pas s'en passer.

✦ Tu peux dire aussi **indispensable**.

✦ Le contraire de nécessaire, c'est **inutile**.

négliger verbe. *Papi ne veut pas se soigner, il néglige sa santé,* il ne fait pas attention à sa santé, il pense que cela n'a pas d'importance.

Magellan était un grand navigateur.

a b c d e f g h i j k l m n

neige nom féminin. La neige, c'est de l'eau gelée qui tombe du ciel en flocons blancs et légers quand il fait froid. *Nous avons fait une bataille de boules de neige. Arthur et Benjamin sont en classe de neige*, ils sont à la montagne avec les enfants de la classe, ils continuent à étudier avec leur maîtresse et ils font aussi du ski et de la luge.

neiger verbe. *Il neige, tout est blanc dehors*, il tombe de la neige.

nénuphar nom masculin. Un nénuphar, c'est une plante qui pousse dans l'eau et qui a de grandes feuilles rondes et des fleurs blanches ou jaunes. *La grenouille s'est cachée dans un nénuphar.*

néon nom masculin. Le néon, c'est un gaz qui sert à éclairer.

Les enseignes lumineuses au néon brillent dans la nuit.

nerf nom masculin. Un nerf, c'est une sorte de fil qui relie chaque partie du corps au cerveau. Il dit au cerveau ce que ressent le corps et envoie au corps les ordres du cerveau. *Les nerfs servent à sentir, à voir, à entendre et à bouger.*

nerveux adjectif masculin,
nerveuse adjectif féminin. **1.** *Si Papa est obligé d'attendre, il devient nerveux*, il est de mauvaise humeur, il bouge tout le temps, il est très énervé. **2.** Le système nerveux, c'est l'ensemble des nerfs.

nervure nom féminin. Les nervures d'une feuille, ce sont les fines lignes en relief que l'on voit à la surface d'une feuille d'arbre.

net adjectif masculin,
nette adjectif féminin. **1.** *Il y a une différence très nette entre ces deux voitures*, il y a une différence que l'on voit bien, une différence dont on est sûr. **2.** *Règle la télévision pour que l'image soit plus nette*, règle la télévision pour que l'on voie bien tous les détails, pour que l'image ne soit plus floue.

nettement adverbe. *On voit très nettement la montagne à l'horizon*, on la voit d'une manière claire, on la voit bien.

nettoyer verbe. Nettoyer, c'est enlever la saleté pour rendre propre. *Quand les enfants ont fini de prendre leur bain, Papa nettoie la baignoire.*

neuf adjectif masculin,
neuve adjectif féminin. *Chloé a mis sa jupe neuve*, elle a mis la jupe qu'elle vient d'acheter et qui n'a pas encore servi.

neveu nom masculin. Le neveu, c'est le fils du frère ou de la sœur. *Ma grande sœur a un fils et une fille, j'ai donc un neveu et une nièce.*

☞ Au pluriel : des **neveux**.
✦ Cherche aussi **oncle** et **tante**.

nez nom masculin. Le nez, c'est la partie qui dépasse du visage, entre le front et la bouche, et qui sert à sentir les odeurs et à respirer. *Papi a un grand nez. Lambert saigne du nez.*

☞ Au pluriel : des **nez**.

✦ Cherche aussi **narine** et **odorat**.

ni conjonction. Ni, c'est un mot que l'on met dans une phrase où il y a « ne » pour parler de deux choses que l'on n'a pas, que l'on ne veut pas ou que l'on ne fait pas. *Léa ne veut ni beurre ni confiture sur son pain. Romain ne sait jouer ni aux dames ni aux échecs.*

✦ Ne confonds pas ni et **nid**.

niche nom féminin. Une niche, c'est une petite maison qui sert d'abri à un chien et dans laquelle il dort.

Le chien est couché près de sa niche.

nicotine nom féminin. La nicotine, c'est un produit dangereux qui est dans le tabac. *La nicotine rend les dents et les doigts jaunes lorsque l'on fume.*

nid nom masculin. Un nid, c'est un abri que les oiseaux construisent pour y pondre et couver leurs œufs et élever leurs petits.

✦ Ne confonds pas nid et **ni**.

nièce nom féminin. La nièce, c'est la fille du frère ou de la sœur. *Ma grande sœur a une fille et un fils, j'ai donc une nièce et un neveu.*

✦ Cherche aussi **oncle** et **tante**.

nier verbe. Nier, c'est dire que quelque chose n'est pas vrai. *Charlotte accuse Jean-Pierre de lui avoir pris sa trousse, mais Jean-Pierre nie.*

✦ Le contraire de nier, c'est **avouer**.

niveau nom masculin. **1.** *À cause de la pluie, le niveau de la rivière a monté,* la hauteur à laquelle arrive la rivière est plus grande que d'habitude. **2.** *Le niveau de la classe est très bon cette année,* l'ensemble des élèves est intelligent et a de bonnes notes.

☞ Au pluriel : des **niveaux**.

noble nom masculin et féminin. Les nobles, ce sont les personnes qui, autrefois, du temps des rois, possédaient des châteaux entourés de champs et de forêts.

noce nom féminin. Une noce, c'est la fête que l'on fait juste après le mariage. *Papi et Mamie sont invités à une noce à la campagne.*

nœud nom masculin. Faire un nœud, c'est passer l'un sur l'autre les deux bouts d'un lacet, d'une ficelle ou d'un ruban en les entourant et en les serrant. *Alice refait le nœud de ses lacets.*

✦ Cherche aussi **nouer**.

noir adjectif masculin,
noire adjectif féminin. La couleur noire, c'est la couleur la plus foncée. *Olivier a un chat noir.*

noir nom masculin. *Sébastien a peur dans le noir,* il a peur lorsqu'il n'y a pas de lumière du tout et qu'on ne voit rien.

✦ Tu peux dire aussi **obscurité**.

A B C D E F G H I J K L M N

noisette nom féminin. Une noisette, c'est un petit fruit rond, marron clair, qui est dans une coquille. *L'écureuil a une provision de noisettes pour l'hiver.*

✦ Les noisettes poussent sur les **noisetiers**.

noix nom féminin. Une noix, c'est un fruit qui est dans une coquille ovale très dure. *Maman a mis des noix dans la salade d'endives.*

☞ Au pluriel : des **noix**.

Les noix poussent sur les noyers.

nom nom masculin. Un nom, c'est un mot qui sert à désigner une personne, un animal ou une chose. *Écris ton nom de famille et ton prénom sur ton cahier. Tibère est le nom que Ferdinand a donné à son chat. Quel est le nom de cette rue? Banane, poire et abricot sont des noms de fruits.*

✦ Ne confonds pas nom et **non**.

nomade nom masculin et féminin. Un nomade, une nomade, c'est une personne qui n'a pas de maison et qui dort toujours sous une tente ou dans une caravane qu'elle change très souvent de place. *Les nomades du désert se déplacent sur des chameaux.*

nombre nom masculin. **1.** Un nombre, c'est ce qui sert à compter. *342 est un nombre de trois chiffres.* **2.** Un nombre de personnes ou de choses, c'est une quantité de personnes ou de choses. *Quel nombre de poupées as-tu?* combien de poupées as-tu?

nombreux adjectif masculin,
nombreuse adjectif féminin. *Justine a reçu de nombreux cadeaux pour son anniversaire*, elle a reçu un grand nombre de cadeaux, elle a reçu beaucoup de cadeaux pour son anniversaire.

nombril nom masculin. Le nombril, c'est le petit creux que l'on a au milieu du ventre. C'est l'endroit où l'on a coupé le cordon qui reliait le bébé à sa mère quand il était dans son ventre.

se **nommer** verbe. *Le directeur de l'école se nomme Roland Maillard*, Roland Maillard est le nom du directeur de l'école.

✦ Tu peux dire aussi s'**appeler**.

non adverbe. Non, c'est un mot qui sert à dire que l'on n'est pas d'accord ou que l'on ne veut pas de quelque chose. *Veux-tu un gâteau? - Non, merci!*

✦ Le contraire de non, c'est **oui**.
✦ Ne confonds pas non et **nom**.

nord nom masculin. Le nord, c'est l'un des quatre points grâce auxquels on peut savoir où se trouvent des lieux. *La Belgique est au nord de la France.*

✦ L'aiguille de la boussole indique toujours le nord.
✦ Le nord, l'est, l'ouest, le sud.
✦ Sur une carte de géographie, le nord est toujours en haut.

normal adjectif masculin,
normale adjectif féminin. *La température est normale pour la saison,* la température est la même que d'habitude en cette saison. *C'est normal qu'il pleuve en automne,* il pleut toujours en automne.
☞ Au masculin pluriel : **normaux.** Au féminin pluriel : **normales.**
✦ Le contraire de normal, c'est **exceptionnel.**

normalement adverbe. *Normalement je déjeune à la cantine,* d'habitude je déjeune à la cantine.
✦ Tu peux dire aussi en **principe.**

note nom féminin. 1. Les notes de musique, ce sont des signes qui représentent des sons. 2. Une note, c'est un nombre qui indique ce que le professeur pense du travail d'un élève.

nouer verbe. Nouer, c'est faire un nœud pour attacher. *Alice noue les lacets de ses baskets.*

nouille nom féminin. Les nouilles, ce sont des pâtes longues et plates. *Guénolé mange des nouilles avec du fromage râpé.*

nourrice nom féminin. Une nourrice, c'est une femme dont le métier est de garder les bébés et les petits enfants avant qu'ils aient l'âge d'aller à l'école. *Papa emmène mon petit frère chez la nourrice tous les matins.*

nourrir verbe. 1. Nourrir, c'est donner à manger. *Tristan nourrit son hamster avec des graines et des carottes.* 2. *Les oiseaux se nourrissent d'insectes et de vers,* ils mangent des insectes et des vers.

Sais-tu lire les notes ?

Julie a eu une bonne note à son devoir.

noter verbe. 1. Noter, c'est donner une note. *Le maître a noté les dictées.* 2. Noter, c'est écrire quelque chose dont on veut se souvenir. *Fatima a noté le numéro de téléphone de Frédéric.*

notre adjectif masculin et féminin. *Notre voiture est rouge,* la voiture qui est à nous est rouge.
☞ Au masculin et au féminin pluriel : **nos.**

nourriture nom féminin. La nourriture, c'est l'ensemble des aliments que l'on mange. *Jean aime la nourriture chinoise.*

nous pronom masculin et féminin pluriel. Nous, c'est un mot qui représente la première personne du pluriel. *Nous partirons demain. Alexandre et moi, nous sommes dans la même classe. Mamie nous a donné 100 francs à chacun.*

nouveau adjectif masculin,
nouvelle adjectif féminin. 1. *Henri a mis ses nouvelles chaussures,* il a mis des chaussures qu'il n'avait pas avant. *Il y a un nouvel élève dans la classe,* il y a un élève qui vient d'arriver, qui n'était pas là avant. 2. De nouveau, c'est une fois de plus. *Lucile est de nouveau arrivée en retard,* elle est encore arrivée en retard.

☞ Au masculin pluriel : **nouveaux.**
Au féminin pluriel : **nouvelles.**

nouvelle nom féminin. Une nouvelle, c'est un événement qui est arrivé récemment et que l'on vient d'apprendre. *Sandra a une bonne nouvelle à vous annoncer : son petit frère est né cette nuit. Papa écoute les nouvelles à la radio,* il écoute les informations à la radio.

noyau nom masculin. Le noyau, c'est la partie dure qui est au milieu d'un fruit.

☞ Au pluriel : des **noyaux.**

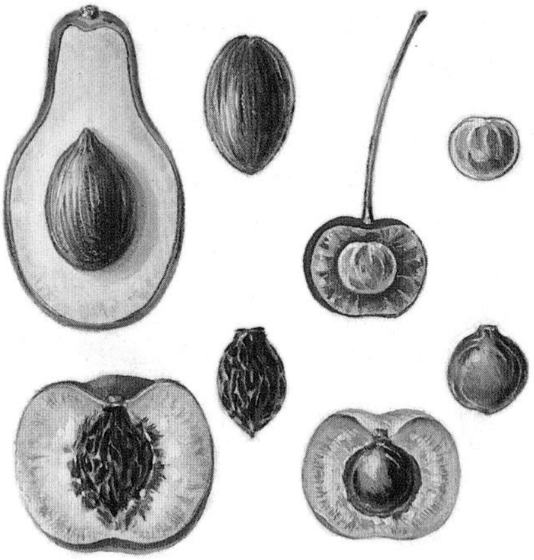

L'avocat, la cerise, la pêche et l'abricot ont un noyau.

se **noyer** verbe. Se noyer, c'est mourir sous l'eau parce que l'on ne peut plus respirer. *Il y a de grosses vagues, fais attention, tu risques de te noyer.*

nu adjectif masculin,
nue adjectif féminin. *Ma petite sœur est toute nue sur la plage,* elle n'a aucun vêtement sur elle. *Daniel marche pieds nus,* il marche sans chaussures.

nuage nom masculin. Un nuage, c'est un ensemble de gouttes d'eau dans le ciel.

Il y a de gros nuages, il va sûrement pleuvoir.

nuageux adjectif masculin,
nuageuse adjectif féminin. *Le ciel est nuageux,* il est rempli de nuages.

nucléaire adjectif masculin et féminin. L'énergie nucléaire, c'est l'énergie qui vient des atomes.

✦ Cherche aussi **atomique.**

nuire verbe. Nuire, c'est faire du mal. *Le tabac nuit à la santé.*

nuisible adjectif masculin et féminin. Les animaux nuisibles, ce sont les animaux qui font des dégâts dans les jardins, qui mangent les récoltes ou qui donnent des maladies. *Les rats, les taupes, les puces sont des animaux nuisibles.*

Il fait jour.

Il fait nuit.

nuit nom féminin. La nuit, c'est le temps qui se passe entre le coucher et le lever du soleil et pendant lequel il fait noir. *J'ai bien dormi cette nuit.*

✦ Le contraire de nuit, c'est **jour**.

nul adjectif masculin,
nulle adjectif féminin. 1. *Les deux équipes ont fait match nul,* elles ont eu le même nombre de points toutes les deux, il n'y a ni gagnant ni perdant. 2. *Clémence est nulle en dessin,* elle est très mauvaise en dessin.

numéro nom masculin. 1. Un numéro, c'est un nombre qui sert à reconnaître une personne ou une chose. *À la tombola, c'est le billet numéro 147 qui a gagné. Le billet n° 147 a gagné. Anaïs habite au numéro 3 de la rue de l'Église. Donne-moi ton numéro de téléphone.* 2. Un numéro, c'est une partie d'un spectacle. *Ce que Paul préfère au cirque, c'est le numéro des clowns.*

nuque nom féminin. La nuque, c'est la partie arrière du cou. *Damien a un coup de soleil sur la nuque.*

O

o O o

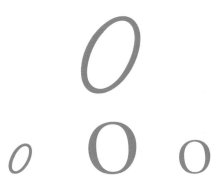

La caravane s'est arrêtée dans une oasis.

oasis nom féminin. Une oasis, c'est un endroit dans le désert où il y a de l'eau et où poussent des plantes et des arbres.

obéir verbe. Obéir, c'est faire ce que quelqu'un a ordonné ou ne pas faire ce qu'il a interdit. *Sarah obéit toujours à ses parents.*

✦ Le contraire de obéir, c'est **désobéir**.

obéissant adjectif masculin,
obéissante adjectif féminin. *Sarah est une petite fille obéissante,* elle obéit, elle fait ce qu'on lui ordonne de faire et elle ne fait pas ce qu'on lui interdit.

✦ Le contraire de obéissant, c'est **désobéissant**.

objet nom masculin. Un objet, c'est une chose que l'on peut voir et toucher. *Une lampe, une montre, un appareil photo sont des objets.*

obligatoire adjectif masculin et féminin. *Il est obligatoire de prendre une douche avant de se baigner dans la piscine,* on est obligé de prendre une douche avant de se baigner dans la piscine, le règlement ordonne de le faire.

✦ Le contraire de obligatoire, c'est **facultatif**.

obliger verbe. *Maman m'oblige à me brosser les dents avant de me coucher,* elle m'ordonne de le faire, elle ne permet pas que je ne le fasse pas. *Benoît a été obligé de partir,* il a dû partir, il n'a pas pu faire autrement.

✦ Tu peux dire aussi **forcer**.

oblique adjectif masculin et féminin. Une ligne oblique, c'est une ligne droite qui n'est ni horizontale, ni verticale.

obscur adjectif masculin,
obscure adjectif féminin. *La cave est obscure,* il n'y a pas beaucoup de lumière dans la cave, il y fait noir.

✦ Tu peux dire aussi **sombre**.
✦ Le contraire de obscur, c'est **clair**.

Le canon envoie des obus.

obscurité nom féminin. *Les chats voient bien dans l'obscurité,* ils voient bien dans le noir, ils voient bien même quand il n'y a pas de lumière.

observation nom féminin. 1. *Que nous apprend l'observation des fourmis?* qu'est-ce que l'on apprend quand on regarde avec attention des fourmis? 2. *La maîtresse nous a fait des observations sur notre travail,* elle nous a dit ce qu'elle pensait de notre travail et elle nous a fait des reproches.

observer verbe. Observer, c'est regarder avec attention pour apprendre des choses. *Solange observe l'araignée qui est en train de faire sa toile.*

obstacle nom masculin. Un obstacle, c'est un objet qui empêche de passer ou qui gêne pour passer. *Le cheval s'est arrêté devant l'obstacle.*

obtenir verbe. Obtenir, c'est réussir à avoir. *Benjamin a obtenu le premier prix au concours de flûte.*

obus nom masculin. Un obus, c'est un objet en métal, rempli d'explosif, en forme de cylindre avec un bout pointu.

occasion nom féminin. 1. Une occasion, c'est quelque chose qui arrive au bon moment et qui peut aider. *Papa a rencontré la directrice dans la rue et il a profité de l'occasion pour lui demander un conseil.* 2. *Papi a acheté une voiture d'occasion,* il a acheté une voiture qui n'est pas neuve et qui a déjà servi à quelqu'un d'autre.

occupation nom féminin. Une occupation, c'est ce que l'on fait pour s'occuper. *Lire et dessiner sont les occupations préférées d'Anne-Sophie.*

✦ Tu peux dire aussi **activité**.

occuper verbe. 1. *La table occupe beaucoup de place,* elle prend beaucoup de place. 2. *Léa occupe la salle de bains depuis une heure,* elle est dans la salle de bains depuis une heure. *Le taxi est occupé,* il n'est pas libre, il y a un passager dedans. 3. *Éléonore ne sait pas quoi faire pour s'occuper,* elle ne sait pas quoi faire pour utiliser son temps, pour se distraire. 4. *Quand Papa et Maman ne sont pas là, une jeune fille s'occupe de mon petit frère et de moi,* une jeune fille nous garde et reste avec nous. 5. *Roland s'occupe toujours des affaires des autres,* il essaie toujours de savoir ce qui ne le regarde pas, il se mêle des affaires des autres.

océan nom masculin. Un océan, c'est une grande mer entre deux continents. *Pour aller d'Europe en Amérique, il faut traverser l'océan Atlantique.*

odeur nom féminin. Une odeur, c'est ce que l'on sent avec le nez. *Les roses ont une odeur très agréable.*

odieux adjectif masculin,
odieuse adjectif féminin. *La fille des voisins est odieuse,* elle est très désagréable et insupportable.

odorat nom masculin. L'odorat, c'est ce qui permet de sentir les odeurs avec le nez et de savoir si elles sont bonnes ou mauvaises. *L'odorat est l'un des cinq sens.*
✦ Cherche aussi **flair**.

œil nom masculin. L'œil, c'est un organe qui permet de voir. *Joël a les yeux marron.*
☞ Au pluriel : des **yeux**.
✦ Cherche aussi **vue**.

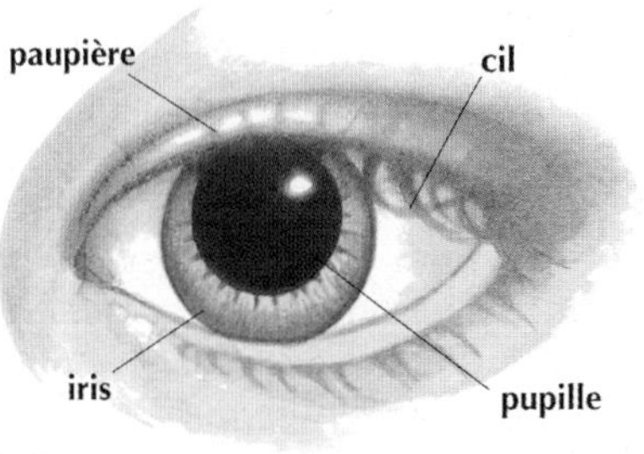

L'œil.

œillet nom masculin. Un œillet, c'est une fleur rouge, rose ou blanche qui sent très bon. *Noémie a offert un bouquet d'œillets à sa mère.*

œuf nom masculin. Un œuf, c'est une sorte de boule ovale que pond un oiseau et dans laquelle se développe un petit. *La poule couve ses œufs, bientôt des poussins vont naître.*

œuvre nom féminin. Une œuvre, c'est un livre, un objet créé et fabriqué par un artiste, une musique, un film ou une pièce de théâtre. *On peut voir les œuvres des peintres et des sculpteurs célèbres dans les musées.*

offrir verbe. Offrir, c'est donner en cadeau. *Mamie m'a offert un jeu vidéo pour mon anniversaire.*

ogre nom masculin. Un ogre, c'est un géant qui fait très peur et qui mange les enfants. *Le Petit Poucet a réussi à s'échapper de la maison de l'ogre.*
✦ Les ogres n'existent pas vraiment, on les rencontre dans les contes de fées.

oie nom féminin. Une oie, c'est un gros oiseau blanc ou gris, qui a un long cou et des pattes palmées. *Il y a un grand troupeau d'oies dans la cour de la ferme.*
✦ Le mâle de l'oie, c'est le **jars**.

oignon nom masculin. 1. Un oignon, c'est une plante qui a une odeur très forte et un goût piquant. *Papa coupe des oignons et les fait cuire avec les pommes de terre.* 2. Un oignon, c'est la racine de certaines plantes. *Le jardinier plante des oignons de tulipe et de jacinthe.*

oiseau nom masculin. Un oiseau, c'est un animal qui a des plumes, deux ailes qui lui permettent de voler, deux pattes et un bec. La femelle pond des œufs. *Les pigeons, les merles, les autruches, les chouettes sont des oiseaux.*
☞ Au pluriel : des **oiseaux**.

Un oiseau.

A B C D E F G H I J K L M N O

olive nom féminin. Une olive, c'est un petit fruit ovale vert qui devient noir quand il est mûr et qui a un noyau. *Maman assaisonne la salade avec de l'huile d'olive.*

✦ Les olives poussent sur les **oliviers**.

olympique adjectif masculin et féminin. Les Jeux olympiques, ce sont des compétitions sportives auxquelles participent des concurrents du monde entier. Ils ont lieu tous les quatre ans dans un pays différent.

ombre nom féminin. *Ne reste pas au soleil, viens à l'ombre sous les arbres*, viens à l'endroit où les arbres empêchent les rayons du soleil de passer.

omelette nom féminin. Une omelette, c'est un plat fait avec des œufs battus et cuits dans une poêle. *Maman a fait une omelette au jambon.*

on pronom. On, c'est un mot qui représente la troisième personne. *On a sonné à la porte*, quelqu'un a sonné à la porte.

oncle nom masculin. L'oncle, c'est le frère du père ou de la mère. *L'oncle et la tante de Paul et de Léa sont venus hier.*

✦ Paul et Léa sont leur **neveu** et leur **nièce**.

ongle nom masculin. Un ongle, c'est la partie dure qui recouvre le bout de chaque doigt et de chaque orteil. *Maman se met du vernis rouge sur les ongles.*

opéra nom masculin. 1. Un opéra, c'est une pièce de théâtre avec de la musique qui est entièrement chantée. *« Carmen » est un opéra très célèbre.* 2. Un opéra, c'est un théâtre où l'on assiste à des opéras et à des ballets. *Justin n'est jamais allé à l'opéra.*

opération nom féminin. 1. Les 4 opérations, ce sont l'addition, la soustraction, la multiplication et la division. *Aurélien a plusieurs opérations à faire dans son cahier de mathématiques.* 2. *Papi a subi une grave opération*, un chirurgien lui a ouvert le corps pour enlever une partie malade ou la soigner, Papi a été opéré.

opérer verbe. Opérer, c'est ouvrir le corps d'un malade ou d'un blessé pour en enlever une partie ou pour le soigner. *Le chirurgien a opéré Carine de l'appendicite.*

✦ Carine a subi une **opération**.

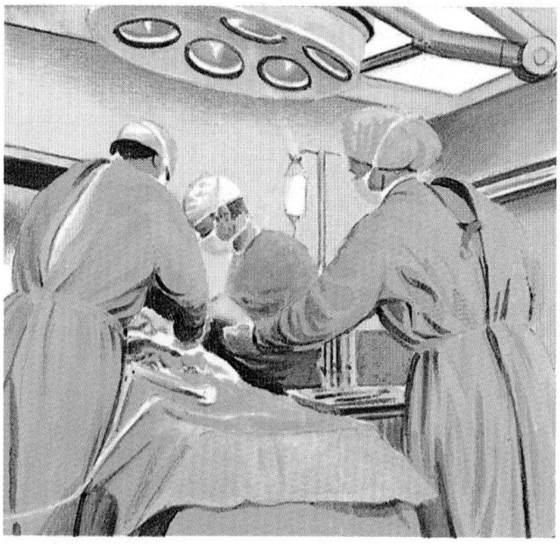

Le chirurgien est en train d'opérer.

opinion nom féminin. L'opinion d'une personne, c'est ce qu'elle pense au sujet de quelque chose. *Quelle est ton opinion sur cette émission ?*

✦ Tu peux dire aussi **avis**.

opposé adjectif masculin,
opposée adjectif féminin. *Samuel et Irène sont partis dans deux directions opposées*, Samuel est parti vers la droite et Irène est partie vers la gauche, ils sont partis tous les deux en sens inverse.

s'opposer verbe. *Mes parents s'opposent à ce que je regarde la télévision le soir*, ils ne veulent pas que je regarde la télévision le soir, ils m'interdisent de regarder la télévision le soir.

opticien nom masculin, **opticienne** nom féminin. Un opticien, une opticienne, c'est une personne dont le métier est de fabriquer et de vendre des lunettes. *Maman s'est acheté des lunettes de soleil chez l'opticien.*

optimiste adjectif masculin et féminin. Une personne optimiste, c'est une personne qui pense que tout ira bien, qui a confiance en l'avenir. *Thierry est optimiste, il prend toujours les choses du bon côté.*
✦ Le contraire de optimiste, c'est **pessimiste**.

or nom masculin. L'or, c'est un métal jaune et brillant qui coûte très cher. *Charlotte a une bague en or.*
✦ Ne confonds pas or et **hors**.

or conjonction. Or, c'est un mot qui indique que l'on va ajouter quelque chose qui montre que ce que l'on vient de dire n'est pas possible ou qu'il se passe quelque chose que l'on n'attendait pas. *Nous voulions faire un pique-nique, or il s'est mis à pleuvoir.*
✦ Ne confonds pas or et **hors**.
✦ Or est un mot que l'on n'emploie pas beaucoup. On dit plutôt **cependant** ou **mais**.

orage nom masculin. Un orage, c'est une très grosse pluie accompagnée d'éclairs et de coups de tonnerre dans le ciel. *Rentrons vite à la maison, il va y avoir un orage!*
✦ Cherche aussi **foudre**.

orageux adjectif masculin, **orageuse** adjectif féminin. *Le temps est orageux,* il va y avoir de l'orage.

orange nom féminin. Une orange, c'est un fruit rond d'un jaune un peu rouge. *Jordan boit un jus d'orange.*
✦ Les oranges poussent sur les **orangers**.

orange adjectif masculin et féminin. La couleur orange, c'est la couleur jaune un peu rouge des oranges. *Martial a des chaussettes orange.*
☞ Au masculin et au féminin pluriel : **orange**.

orangeade nom féminin. Une orangeade, c'est du jus d'orange mélangé avec de l'eau et du sucre. *Maxime boit une orangeade bien fraîche.*

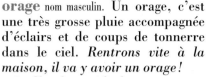

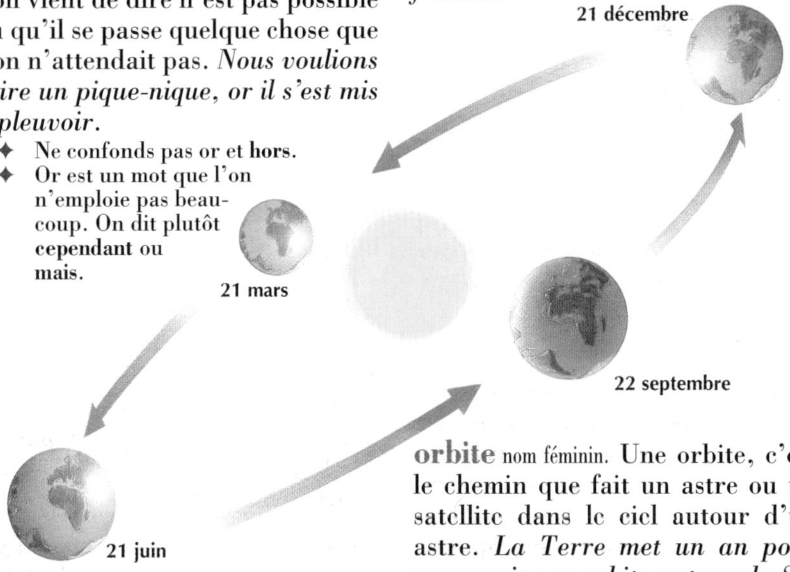

La Terre met un an pour parcourir son orbite autour du Soleil.

orbite nom féminin. Une orbite, c'est le chemin que fait un astre ou un satellite dans le ciel autour d'un astre. *La Terre met un an pour parcourir son orbite autour du Soleil.*

a b c d e f g h i j k l m n o

orchestre nom masculin. Un orchestre, c'est un groupe de plusieurs musiciens qui jouent d'instruments différents. *Le père d'Amélie joue du violon dans un orchestre.*
✦ Celui qui dirige les musiciens de l'orchestre, c'est le **chef d'orchestre**.

ordinaire adjectif masculin et féminin. *Papa a acheté du vin ordinaire,* il a acheté du vin pas très cher, qui n'est ni bon ni mauvais.

ordinateur nom masculin. Un ordinateur, c'est une machine électronique qui peut faire très vite des calculs et des dessins, sur laquelle on peut taper des textes et qui donne de nombreux renseignements.
✦ Cherche aussi **informatique**.

ordonnance nom féminin. Une ordonnance, c'est un papier sur lequel un médecin inscrit les médicaments que doit prendre un malade. *Maman montre l'ordonnance au pharmacien.*

ordonné adjectif masculin,
ordonnée adjectif féminin. *Jérémie est très ordonné,* il a de l'ordre, il range toujours ses affaires.
✦ Le contraire de ordonné, c'est **désordonné**.

ordonner verbe. Ordonner, c'est donner un ordre, obliger à faire quelque chose. *Le maître nous ordonne de nous mettre en rangs.*
✦ Cherche aussi **commander**.

ordre nom masculin. 1. *Dans un dictionnaire, les mots sont rangés par ordre alphabétique,* ils suivent le sens de l'alphabet, ils sont rangés de A à Z. 2. *Jérémie a de l'ordre,* il aime que ses affaires soient à leur place et il les range comme il faut. 3. Un ordre, c'est ce que l'on dit à quelqu'un pour l'obliger à faire quelque chose, c'est ce que l'on ordonne. *Le directeur nous a donné l'ordre de nous taire.*

ordures nom féminin pluriel. Les ordures, ce sont toutes les choses que l'on jette. *Les éboueurs ramassent les ordures tous les jours.*
✦ Cherche aussi **poubelle**.

oreille nom féminin. Les oreilles, ce sont les deux organes qui sont de chaque côté de la tête et qui servent à entendre.
✦ Cherche aussi **ouïe**.

Jérémie a les oreilles décollées.
Le lapin a de grandes oreilles.

oreiller nom masculin. Un oreiller, c'est un coussin sur lequel on pose sa tête pour dormir. *Dans son lit, Raphaël a des draps bleus et une taie d'oreiller assortie.*
✦ Cherche aussi **traversin**.

organe nom masculin. Un organe, c'est une partie du corps qui sert à quelque chose de précis. *Le nez est l'organe de l'odorat.*

organisation nom féminin. 1. L'organisation, c'est la préparation. *Papa et Maman s'occupent de l'organisation de notre voyage en Italie.* 2. Une organisation, c'est un groupe de personnes qui travaillent ensemble pour atteindre un certain but. *Alexandre est médecin dans une organisation humanitaire.*

organiser verbe. *Papa et Maman organisent notre voyage en Italie,* ils préparent tout pour que notre voyage se passe bien.

organisme nom masculin. L'organisme, c'est le corps humain. *Le sommeil est nécessaire à l'organisme.*

orge nom féminin. L'orge, c'est une plante qui a un épi entouré de longs poils. *L'orge sert à faire de la bière.*

✦ L'orge est une **céréale**.

orgue nom masculin. Un orgue, c'est un grand instrument de musique qui se compose de nombreux tuyaux et de plusieurs claviers. *On joue souvent de l'orgue dans les églises.*

☞ Au pluriel orgue est un nom féminin : les **grandes orgues**.

Il joue de l'orgue.

orgueil nom masculin. L'orgueil, c'est le sentiment que l'on ressent lorsque l'on pense qu'on est mieux que les autres.

orgueilleux adjectif masculin, **orgueilleuse** adjectif féminin. *Clara est très orgueilleuse,* elle pense qu'elle est mieux que les autres.

✦ Tu peux dire aussi **prétentieux**.
✦ Le contraire de orgueilleux, c'est **modeste**.

orientation nom féminin. *Laure ne se perd jamais car elle a le sens de l'orientation,* elle ne se perd jamais car elle comprend toujours à quel endroit elle est et elle sait facilement retrouver son chemin.

s'**orienter** verbe. S'orienter, c'est comprendre à quel endroit on se trouve et savoir quel chemin prendre pour aller là où l'on veut aller. *Une boussole aide à s'orienter.*

original adjectif masculin, **originale** adjectif féminin. *Ariane a des chaussures originales,* elle a des chaussures qui ne ressemblent pas aux chaussures que l'on met d'habitude.

☞ Au masculin pluriel : **originaux**.
Au féminin pluriel : **originales**.
✦ Le contraire de original, c'est **banal**.

origine nom féminin. 1. *Carlos est d'origine espagnole,* ses grands-parents sont espagnols. 2. L'origine, c'est le point de départ, le commencement. *Les savants cherchent à découvrir l'origine de l'humanité.*

orme nom masculin. Un orme, c'est un grand arbre. *Il y a des ormes le long de la rivière.*

orner verbe. Orner, c'est rendre plus beau. *De jolis posters ornent les murs de la chambre d'Anne.*

✦ Tu peux dire aussi **décorer**.

A B C D E F G H I J K L M N O

ornière nom féminin. Une ornière, c'est un trou creusé dans un chemin par les roues d'une voiture, d'un camion ou d'un tracteur.

Ce chemin est plein d'ornières.

orphelin nom masculin,
orpheline nom féminin. Un orphelin, une orpheline, c'est un enfant dont les parents sont morts.

orteil nom masculin. Un orteil, c'est un doigt de pied. *On a cinq orteils à chaque pied.*

orthographe nom féminin. L'orthographe, c'est la manière correcte d'écrire les mots. *Lionel a fait beaucoup de fautes d'orthographe dans sa dictée.*

ortie nom féminin. Une ortie, c'est une plante dont les feuilles piquent et donnent des petits boutons quand on les touche.

os nom masculin. Les os, ce sont toutes les parties dures qui sont sous la peau et les muscles, dans notre corps et dans le corps de certains animaux. *L'ensemble des os du corps forme le squelette.*

✦ Quand on dit *un os* on prononce le s, mais quand on dit *des os* on ne prononce pas le s.

oseille nom féminin. L'oseille, c'est une plante qui a des feuilles vertes au goût acide que l'on mange cuites. *Maman a fait de la soupe à l'oseille.*

oser verbe. Oser, c'est avoir le courage de faire quelque chose d'un peu dangereux. *Julien n'ose pas nager sans sa bouée. Répète ce que tu viens de dire, si tu l'oses !*

osier nom masculin. L'osier, c'est un petit arbre dont on prend les branches les plus minces pour faire des paniers ou des fauteuils. *Marion a mis les tranches de pain dans une corbeille en osier.*

otage nom masculin. Un otage, c'est une personne que des gens font prisonnière pour pouvoir obtenir quelque chose en échange s'ils la libèrent. *Les cambrioleurs ont emmené un client de la banque en otage pour pouvoir s'enfuir.*

✦ Les personnes qui prennent des otages sont des **ravisseurs**.

otarie nom féminin. Une otarie, c'est un gros animal qui vit dans les mers froides et qui ressemble un peu à un phoque mais avec un cou plus long.

ôter verbe. **1.** Ôter, c'est enlever, retirer. *Charles a ôté son pull car il avait trop chaud.* **2.** Ôter, c'est retrancher, soustraire. *J'ai 10, j'ôte 3, il reste 7.*

otite nom féminin. Une otite, c'est une maladie de l'oreille. *Audrey a très mal à l'intérieur de l'oreille, elle a une otite.*

ou conjonction. Ou, c'est un mot qui indique que l'on a le choix. *Tu veux une glace à la fraise ou au chocolat ?*

✦ Ne confonds pas ou, **où** et **houx**.

où adverbe. Où, c'est un mot qui sert à poser la question : dans quel endroit? *Où est Myriam? Dis-moi où tu as caché mon cahier.*

✦ Ne confonds pas où, **ou** et **houx**.

oubli nom masculin. Un oubli, c'est quelque chose que l'on aurait dû faire et que l'on a oublié de faire. *Excuse-moi de ne pas t'avoir téléphoné comme je te l'avais promis : c'est un oubli.*

oublier verbe. **1.** Oublier, c'est ne pas se souvenir. *J'ai oublié le nom de ton chat.* **2.** Oublier, c'est laisser, sans le faire exprès. *Maman a oublié son parapluie dans l'autobus.*

ouest nom masculin. L'ouest, c'est l'un des quatre points grâce auxquels on peut savoir où se trouvent des lieux. *Le soleil se lève à l'est et se couche à l'ouest.*

✦ L'ouest, l'est, le nord et le sud.
✦ Sur une carte de géographie, l'ouest est à gauche.

oui adverbe. Oui, c'est un mot qui sert à dire que l'on est d'accord. *Tu viens avec nous au cinéma ? - Oui.*

✦ Le contraire de oui, c'est **non**.
✦ Ne confonds pas oui et **ouïe**.

ouïe nom féminin. L'ouïe, c'est ce qui permet, grâce aux oreilles, d'entendre les sons. *Les chats ont une très bonne ouïe.*

✦ L'ouïe est l'un des cinq sens.
✦ Ne confonds pas ouïe et **oui**.

ouistiti nom masculin. Un ouistiti, c'est un petit singe avec une très longue queue. *Les ouistitis vivent dans les forêts d'Amérique du Sud.*

Des ouistitis.

ouragan nom masculin. Un ouragan, c'est une très forte tempête avec un vent très violent.

ourlet nom masculin. L'ourlet, c'est le bord du tissu que l'on a replié et que l'on a cousu. *La jupe de Sonia est trop longue, il faut refaire l'ourlet pour la raccourcir.*

Sais-tu comment on dit oui en allemand, en italien, en anglais et en espagnol?

A B C D E F G H I J K L M N O

ours nom masculin. Un ours, c'est un grand animal qui a une épaisse fourrure, un long museau et des pattes avec des griffes. *Il y a des ours blancs au pôle Nord, des ours bruns en Europe et en Asie et des ours gris en Amérique du Nord.*

✦ La femelle de l'ours est l'**ourse** et leur petit est l'**ourson**.

oursin nom masculin. Un oursin, c'est un petit animal rond qui vit dans la mer et dont la carapace est couverte de piquants. *Papi aime bien manger des huîtres et des oursins.*

outil nom masculin. Un outil, c'est un instrument dont on se sert, avec les mains, pour faire un travail. *Le tournevis et le marteau sont des outils.*

ouvert adjectif masculin,
ouverte adjectif féminin. *La boucherie est ouverte, le soir, jusqu'à 8 heures,* on peut entrer dans la boucherie et y faire des achats, le soir, jusqu'à 8 heures.

✦ Le contraire de ouvert, c'est **fermé**.

ouverture nom féminin. 1. *Les portes de l'aéroport ont une ouverture automatique,* elles ont un mécanisme pour les ouvrir qui est automatique. 2. *Les touristes font la queue en attendant l'ouverture du musée,* ils font la queue en attendant que le musée ouvre.

✦ Le contraire de ouverture, c'est **fermeture**.

ouvrier nom masculin,
ouvrière nom féminin. Un ouvrier, une ouvrière, c'est une personne dont le métier est de faire un travail manuel. *Madame Lebet travaille comme ouvrière à l'usine de chaussures. Des ouvriers sont venus réparer la machine à laver.*

ouvrir verbe. 1. Ouvrir, c'est déplacer ce qui fermait pour que l'on puisse passer ou voir. *Ouvre la fenêtre, il fait trop chaud. Corinne a ouvert la porte et elle est sortie dans le jardin.* 2. *Le musée ouvre à 10 heures,* les visiteurs peuvent entrer dans le musée à partir de 10 heures.

✦ Le contraire de ouvrir, c'est **fermer**.

ovale adjectif masculin et féminin. *Un œuf est ovale,* il a une forme ronde un peu allongée.

oxygène nom masculin. L'oxygène, c'est un gaz invisible et sans odeur que l'on trouve dans l'air. *S'il n'y a pas assez d'oxygène dans l'air, on n'arrive plus à respirer et on étouffe.*

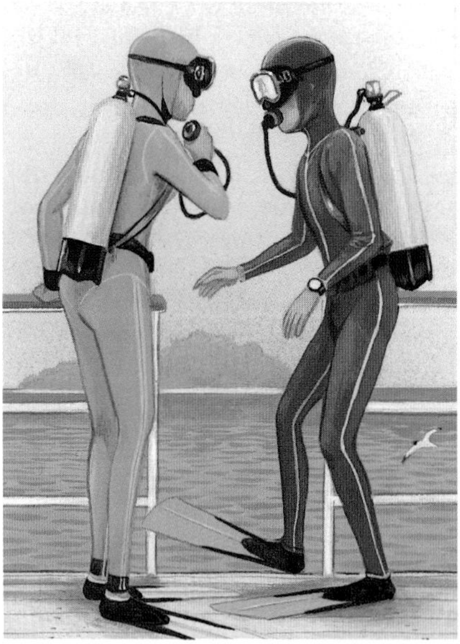

Il y a de l'oxygène dans les bouteilles que l'on utilise pour faire de la plongée sous-marine.

ozone nom masculin. L'ozone, c'est un gaz bleu qui se forme dans l'air et nous protège des rayons du soleil.

P

p P p

pagaie nom féminin. Une pagaie, c'est une petite rame que l'on tient avec ses deux mains. *On fait avancer le canoë avec une pagaie.*
✦ Cherche aussi **aviron**.

page nom féminin. **1.** Une page, c'est une feuille de papier. *Anne-Laure a arraché une page de son cahier.* **2.** Une page, c'est chaque côté d'une feuille de papier. *Clément a lu les cinq premières pages de son livre.*

paillasson nom masculin. Un paillasson, c'est un petit tapis que l'on met devant la porte d'entrée d'une maison ou d'un appartement pour s'essuyer les pieds. *Rémi s'est essuyé les pieds sur le paillasson.*

paille nom féminin. **1.** La paille, c'est l'ensemble des tiges de céréales qui restent quand on a enlevé le grain. *La paille sert de litière aux vaches.* **2.** Une paille, c'est un petit tube long et mince avec lequel on boit. *Ophélie boit sa limonade avec une paille.*

paillette nom féminin. Une paillette, c'est une petite plaque mince et brillante. *Maman a mis sa robe du soir à paillettes dorées.*

pain nom masculin. Le pain, c'est un aliment fait avec de la farine et de l'eau et cuit dans un four. *Alexandra est allée acheter du pain à la boulangerie.*
✦ Ne confonds pas pain et **pin**.

Quel pain préfères-tu ?

pair adjectif masculin,
paire adjectif féminin. Un nombre pair, c'est un nombre qui tombe juste quand on le divise par 2. *Les nombres 4, 8, 34 sont des nombres pairs.*
✦ Le contraire de pair, c'est **impair**.
✦ Ne confonds pas pair, **paire** et **père**.

A B C D E F G H I J K L M N O P

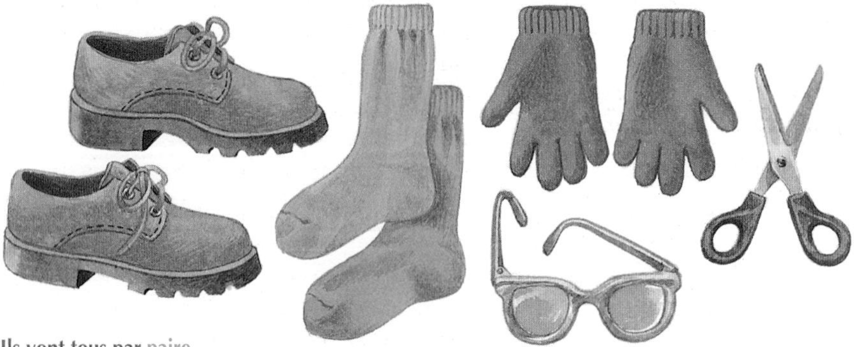

Ils vont tous par paire.

paire nom féminin. 1. Une paire, c'est un ensemble de deux choses qui vont toujours par deux. *Zoé a une nouvelle paire de chaussures.* 2. Une paire, c'est un objet formé de deux parties. *Franck range sa paire de ciseaux dans sa trousse.*

✦ Ne confonds pas paire, **pair** et **père**.

paître verbe. *Les vaches paissent dans le pré,* elles arrachent l'herbe avec leurs dents et la mangent.

✦ Cherche aussi **brouter**.

paix nom féminin. 1. *Notre pays vit en paix avec ses voisins,* notre pays n'est pas en guerre. 2. *« Taisez-vous, j'aimerais avoir la paix pour écouter les informations ! » a dit Papa,* Papa a dit qu'il aimerait qu'on le laisse tranquille et être dans le calme pour écouter les informations.

palais nom masculin. 1. Un palais, c'est un château très grand et très beau. *Le président de la République française habite le palais de l'Élysée, à Paris.* 2. Le palais, c'est la partie du haut, à l'intérieur de la bouche.

pâle adjectif masculin et féminin. *Charles doit être malade, il est tout pâle,* son visage a perdu ses couleurs, il est presque blanc.

palette nom féminin. Une palette, c'est une plaque sur laquelle un peintre met ses couleurs. *Le peintre mélange ses couleurs sur sa palette.*

palier nom masculin. Un palier, c'est l'endroit où arrive un escalier à chaque étage. *Dans mon immeuble, il y a trois appartements par palier.*

pâlir verbe. Pâlir, c'est devenir pâle. *Louise a pâli de peur.*

palissade nom féminin. Une palissade, c'est une sorte de mur en planches devant un endroit où l'on fait des travaux. *Il y a une palissade autour de l'immeuble en construction.*

palme nom féminin. 1. Une palme, c'est une feuille de palmier. *Le toit de la case est fait de palmes.* 2. Une palme, c'est une sorte de chaussure en caoutchouc avec un bout long et plat qui ressemble à une nageoire et qui permet de nager plus vite. *Loïc met ses palmes et plonge.*

palmé adjectif masculin,
palmée adjectif féminin. Des pattes palmées, ce sont des pattes dont les doigts sont reliés entre eux par de la peau.

palmier nom masculin. Un palmier, c'est un arbre des pays chauds qui a de très grandes feuilles à son sommet. *Les feuilles du palmier font une sorte d'éventail.*

✦ Les feuilles du palmier sont des **palmes**.

✦ Les **dattes** poussent sur des palmiers qui s'appellent des dattiers.

pamplemousse nom masculin. Un pamplemousse, c'est un fruit rond, jaune ou rose, plus gros qu'une orange. *Le pamplemousse a un goût un peu acide.*

✦ Les pamplemousses poussent sur les **pamplemoussiers**.

pancarte nom féminin. Une pancarte, c'est une plaque sur laquelle est écrit quelque chose que tout le monde peut lire. *Il y a une pancarte sur la porte de la boulangerie : « Le magasin est fermé jusqu'au 3 septembre ».*

panda nom masculin. Un panda, c'est un gros animal noir et blanc qui ressemble à un petit ours et qui vit en Asie. Il a les yeux entourés de noir.

pané adjectif masculin,

panée adjectif féminin. *Geneviève a mangé une escalope panée*, elle a mangé une escalope recouverte de

Le canard a les pattes palmées.

toutes petites miettes de pain qui font une sorte de croûte.

panier nom masculin. Un panier, c'est un sac en osier avec une ou deux anses. *Maman revient du marché avec son panier rempli de légumes.*

panne nom féminin. Une panne, c'est l'arrêt d'une machine ou d'un moteur parce que quelque chose s'est cassé. *Il faut réparer la machine à laver qui est tombée en panne.*

✦ Quand une voiture est en panne, on fait venir une **dépanneuse**.

panneau nom masculin. Un panneau, c'est une plaque de métal ou de bois sur laquelle est inscrite une indication. *Un panneau indique la direction à prendre pour rejoindre l'autoroute.*

☞ Au pluriel : des **panneaux**.

panoplie nom féminin. *Martine a une panoplie d'infirmière*, elle a un déguisement et tous les objets dont se sert une infirmière.

pansement nom masculin. Un pansement, c'est un morceau de tissu ou de coton spécial que l'on met sur une blessure pour qu'elle reste propre. *Maman m'a mis un pansement sur le doigt, parce que je me suis coupé.*

pantalon nom masculin. Un pantalon, c'est un vêtement qui va de la taille jusqu'aux pieds, en entourant chaque jambe. *Florian a mis un pantalon vert.*

panthère nom féminin. Une panthère, c'est un animal au pelage jaune avec des taches noires ou au pelage tout noir. Elle vit en Afrique et en Asie. *La panthère n'a pas peur des hommes, elle peut même les attaquer.*

✦ La panthère est un **félin**.

✦ Cherche aussi **jaguar**, **léopard**.

pantin nom masculin. Un pantin, c'est une sorte de poupée dont on peut faire bouger les bras, les jambes et la tête en tirant sur une ficelle. *Pinocchio était un pantin de bois.*
✦ Cherche aussi **marionnette**.

pantoufle nom féminin. Une pantoufle, c'est une chaussure que l'on met pour rester chez soi. *Estelle met sa chemise de nuit et ses pantoufles après avoir pris son bain.*

paon nom masculin. Un paon, c'est un grand oiseau vert et bleu qui a une longue queue de plumes qu'il peut relever et ouvrir comme un éventail.
✦ Quand le paon ouvre sa queue en éventail, on dit qu'il fait la roue.

papa nom masculin. Un papa, c'est un père. *Où sont ton papa et ta maman? Papa est venu me chercher à l'école. Papa, regarde-moi!*

pape nom masculin. Le pape, c'est le chef des catholiques. *Le pape habite à Rome.*

Des papillons.

papeterie nom féminin. Une papeterie, c'est un magasin où l'on vend tout ce qu'il faut pour écrire et dessiner. *Le jour de la rentrée, Emmanuelle est allée à la papeterie acheter des cahiers, des crayons, des stylos et une gomme.*

papi nom masculin. Papi, c'est le nom que l'on donne à son grand-père. *Papi et Mamie sont dans le jardin.*

papier nom masculin. Le papier, c'est une matière fine fabriquée à partir d'une pâte que l'on obtient avec du bois ou des chiffons. *Héloïse dessine sur une feuille de papier. Jérôme enveloppe le cadeau pour sa mère dans un joli papier à fleurs.*

papillon nom masculin. Un papillon, c'est un insecte qui a de grandes ailes avec de jolies couleurs. *Les papillons se nourrissent du pollen des fleurs.*
✦ Cherche aussi **chenille**.

paquebot nom masculin. Un paquebot, c'est un grand bateau qui transporte des passagers sur la mer pour les emmener dans des pays lointains. *Les parents de Victor sont allés en paquebot aux États-Unis.*

pâquerette nom féminin. Une pâquerette, c'est une petite marguerite blanche qui fleurit dans les prés, au printemps.

paquet nom masculin. 1. Un paquet, c'est un objet qui est enveloppé dans du papier et attaché pour être transporté facilement. *Le facteur a apporté un paquet pour Laura,* il a apporté un colis pour Laura. *La vendeuse a fait un joli paquet avec un ruban rouge.* 2. *Papa a acheté un paquet de cigarettes,* il a acheté des cigarettes qui sont dans un emballage de papier ou de carton.

par préposition. 1. Par, c'est à travers. *Le chat est entré par la fenêtre. Nous sommes passés par la Suisse pour aller en Italie.* 2. Par, c'est un mot qui sert à désigner la personne qui fait l'action. *Olivier a été interrogé par la maîtresse.*

✦ Ne confonds pas par et **part**.

parachute nom masculin. Un parachute, c'est un objet formé d'un grand morceau de tissu qui se déplie dans l'air et permet à une personne qui saute d'un avion en vol de descendre lentement.

Le pilote de l'avion a sauté en parachute.

parachutiste nom masculin et féminin. Un parachutiste, une parachutiste, c'est une personne qui saute en parachute pour faire du sport ou parce que c'est son métier, dans l'armée.

paradis nom masculin. Le paradis, c'est un endroit où les chrétiens croient que vont, après leur mort, les âmes des hommes qui ont été bons et honnêtes. *Le paradis est un endroit très beau où l'on est heureux pour toujours.*

✦ Les âmes des méchants vont en **enfer**.

paragraphe nom masculin. Un paragraphe, c'est un morceau de texte. *On va à la ligne quand on commence un nouveau paragraphe.*

paraître verbe. 1. *Marc paraît content d'aller faire du ski,* quand on regarde Marc il a le visage de quelqu'un qui est content, il a l'air content, il semble content d'aller faire du ski. 2. *Il paraît que David va changer d'école,* on dit, on raconte que David va changer d'école.

parallèle adjectif masculin et féminin. Deux lignes parallèles, ce sont deux lignes qui sont l'une à côté de l'autre, toujours à la même distance l'une de l'autre et qui ne se touchent jamais.

La voie ferrée est parallèle à l'autoroute.

a b c d e f g h i j k l m n o p

A B C D E F G H I J K L M N O P

paralysé adjectif masculin,
paralysée adjectif féminin. *Sébastien a eu un accident, ses deux jambes sont paralysées*, ses deux jambes ne peuvent plus bouger.

parapluie nom masculin. Un parapluie, c'est un objet fait d'un tissu imperméable et d'un manche, que l'on ouvre au-dessus de sa tête pour se protéger de la pluie. *Maman a pris son parapluie car il risque de pleuvoir.*

parasol nom masculin. Un parasol, c'est un objet qui ressemble à un grand parapluie et qui sert à se protéger du soleil. *Viens te mettre à l'ombre sous le parasol !*

paratonnerre nom masculin. Un paratonnerre, c'est une tige de fer attachée sur le toit et reliée au sol, qui sert à protéger une maison contre la foudre.

parc nom masculin. Un parc, c'est un grand jardin avec beaucoup d'arbres, des allées et des pelouses. *Nous nous sommes promenés dans le parc du château.*

Le château est entouré d'un grand parc.

parce que conjonction. Parce que, c'est un mot qui indique la cause. *Valérie pleure parce qu'elle s'est fait mal.*

✦ Tu peux dire aussi **car**.

parcourir verbe. *Les cyclistes ont parcouru 60 kilomètres en une journée*, ils ont fait un trajet de 60 kilomètres en une journée.

parcours nom masculin. Le parcours, c'est le chemin pour aller d'un endroit à un autre. *L'autobus suit toujours le même parcours.*

✦ Tu peux dire aussi **trajet**.

pardon nom masculin. Pardon, c'est un mot que l'on dit, par politesse, pour s'excuser lorsqu'on dérange quelqu'un ou lorsqu'on lui demande un service. *Pardon monsieur, savez-vous où est la rue des Plantes ?*

pardonner verbe. Pardonner, c'est ne plus être fâché, décider que ce n'est pas grave et que l'on va oublier ce qui a fait de la peine. *Flora est triste mais elle a pardonné à son frère de lui avoir cassé sa poupée*, elle ne lui en veut plus.

✦ Flora a **excusé** son frère.

pareil adjectif masculin,
pareille adjectif féminin. *Ces deux montres sont pareilles*, elles ont la même taille, la même forme, la même couleur, elles se ressemblent exactement.

✦ Tu peux dire aussi **identique**, **semblable**.

✦ Le contraire de pareil, c'est **différent**.

parent nom masculin,
parente nom féminin. 1. Les parents, ce sont le père et la mère. *Les parents de Thomas sont très sévères.* 2. Un parent, une parente, c'est

une personne de la famille. *Tante Cécile est une parente de mon père,* c'est une personne de la famille de mon père.

paresse nom féminin. La paresse, c'est le défaut d'une personne qui ne veut pas faire d'efforts et qui aime ne rien faire.

paresseux adjectif masculin,
paresseuse adjectif féminin. Une personne paresseuse, c'est une personne qui ne veut pas faire d'efforts et qui aime ne rien faire.

Sébastien est très paresseux, il aime mieux dormir que faire ses devoirs.

parfait adjectif masculin,
parfaite adjectif féminin. *Cette voiture est parfaite pour une famille nombreuse,* cette voiture est très bien pour une famille nombreuse, il n'en existe pas de mieux.

parfaitement adverbe. *Alexandra parle parfaitement l'espagnol,* elle parle très bien l'espagnol, sans faire aucune faute.

parfois adverbe. Parfois, c'est de temps en temps. *Papa se met parfois en colère.*

✦ Tu peux dire aussi **quelquefois**.
✦ Le contraire de parfois, c'est **jamais** et **toujours**.

parfum nom masculin. 1. *Loïc respire le parfum des roses,* il respire la bonne odeur des roses. 2. *Maman s'est mis du parfum,* elle a mis sur elle et sur ses vêtements un liquide qui sent bon. 3. *Marion veut une glace mais elle ne sait pas quel parfum choisir,* elle ne sait pas quel goût choisir.

pari nom masculin. Un pari, c'est un jeu où l'on promet de donner quelque chose à la personne qui a raison. *François et Romain ont fait un pari.*

✦ Est-ce que tu as déjà fait des paris?

parier verbe. Parier, c'est faire un pari. *François a parié une petite voiture avec Romain qu'il courait plus vite que lui.*

parking nom masculin. Un parking, c'est un endroit où l'on peut garer de nombreuses voitures les unes à côté des autres. *Maman a garé la voiture dans le parking du supermarché.*

✦ Parking est un mot qui vient de l'anglais.

parler verbe. 1. Parler, c'est faire savoir ce que l'on pense en disant des mots. *Matthias a un an, il ne sait pas encore parler. Alexandra sait parler l'espagnol,* elle sait s'exprimer en espagnol. 2. *Thomas et Benjamin sont fâchés, ils ne se parlent plus,* ils ne se disent plus rien, ils ne s'adressent plus la parole.

parmi préposition. Parmi, c'est au milieu de plusieurs personnes ou de plusieurs choses. *Claire est allée s'asseoir parmi les spectateurs. On aperçoit le toit de la maison parmi les arbres.*

A B C D E F G H I J K L M N O P

paroi nom féminin. Une paroi, c'est un côté d'une montagne ou d'un rocher qui est tout droit comme un mur. *Les alpinistes ont escaladé la paroi de la montagne, attachés les uns aux autres avec une corde.*

parole nom féminin. **1.** La parole, c'est la possibilité de dire des mots pour se faire comprendre. *Les animaux ne peuvent pas s'exprimer par la parole. Ne me coupe pas la parole!* ne m'empêche pas de parler en parlant en même temps que moi, ne m'interromps pas! **2.** *Je me souviens de l'air de cette chanson mais j'ai oublié les paroles,* j'ai oublié le texte de la chanson.

parquet nom masculin. Le parquet, c'est le sol d'une maison recouvert de longs morceaux de bois minces et étroits, attachés les uns aux autres.

✦ Cherche aussi **plancher**.

Il faut cirer le parquet pour qu'il brille.

parrain nom masculin. Le parrain, c'est l'homme qui tient l'enfant dans l'église le jour de son baptême et qui promet de veiller sur lui. *Le parrain et la marraine de Delphine lui ont fait un cadeau pour son anniversaire.*

✦ Delphine est leur **filleule**.

part nom féminin. **1.** Une part, c'est un morceau de quelque chose qui a été séparé en plusieurs parties. *Marine a mangé deux parts de tarte aux fraises.* **2.** *Jérôme n'a pas pu venir mais je t'apporte un cadeau de sa part,* je t'apporte un cadeau qui vient de lui. **3.** *Je n'aime pas ce restaurant, allons déjeuner autre part,* allons déjeuner ailleurs, dans un autre endroit. *J'ai déjà vu cet homme quelque part,* j'ai déjà vu cet homme dans un endroit mais je ne me souviens plus où. *J'ai cherché mes chaussettes bleues partout mais je ne les trouve nulle part,* je ne les trouve dans aucun endroit.

✦ Ne confonds pas part et **par**.

partager verbe. Partager, c'est séparer en plusieurs parts. *Mamie a partagé la tarte en huit. Anne a partagé son pain au chocolat avec Ferdinand,* elle lui a donné un morceau de son pain au chocolat.

partenaire nom masculin et féminin. Le partenaire, la partenaire, c'est la personne avec laquelle on joue, contre les autres, dans un jeu ou dans un sport.

✦ Le contraire de partenaire, c'est **adversaire**.

parti nom masculin. *Myriam prend toujours le parti de sa sœur,* elle dit toujours que sa sœur a raison, elle défend toujours sa sœur.

✦ Ne confonds pas parti et **partie**.

participer verbe. *Si tu veux participer à la loterie, il faut acheter un billet,* si tu veux jouer avec les autres à la loterie, il faut acheter un billet.

Chez Madame Rose, il y a des fleurs partout.

particulier adjectif masculin, **particulière** adjectif féminin. 1. *La nourriture chinoise a un goût très particulier*, elle a un goût qui ne ressemble pas à celui qu'ont les autres nourritures, elle a un goût spécial. 2. *Nicolas aime beaucoup les animaux et, en particulier, les chiens*, il aime les chiens plus que les autres animaux, il aime surtout les chiens.

particulièrement adverbe. Particulièrement, c'est plus que tout le reste, surtout. *Nicolas aime beaucoup les animaux, et particulièrement les chiens.*

✦ Tu peux dire aussi en **particulier**, **spécialement**.

partie nom féminin. 1. Une partie, c'est un morceau. *Papi ne nous a raconté qu'une partie de l'histoire.* 2. Une partie, c'est la durée d'un jeu jusqu'à ce qu'il y ait un gagnant. *David et Sophie ont fait une partie de ping-pong.*

✦ Ne confonds pas partie et **parti**.

partir verbe. 1. Partir, c'est quitter un endroit, s'en aller. *Il est tard, je dois partir. Maman part en voyage demain.* 2. Partir, c'est ne plus être là, disparaître. *La tache est partie au lavage.* 3. *Nous sommes en vacances à partir de demain*, demain est le jour où nous commençons à être en vacances.

partout adverbe. Partout, c'est dans tous les endroits. *Papi a cherché ses lunettes partout et il ne les a pas trouvées.*

pas nom masculin. Un pas, c'est le mouvement que l'on fait quand on met un pied devant l'autre pour marcher. *Papa est pressé, il fait de grands pas. Il y a des traces de pas sur le chemin*, il y a des traces faites par les chaussures de quelqu'un qui marchait.

passage nom masculin. 1. Un passage, c'est un endroit par où l'on peut passer. *Lionel a découvert un passage secret. Il faut traverser dans le passage pour piétons. Le passage à niveau est fermé*, l'endroit où la voie ferrée croise la route est fermé. 2. Un passage, c'est un morceau d'un livre, d'un film ou d'une chanson, c'est un extrait. *Il y a dans ce film un passage qui fait très peur.*

passager nom masculin, **passagère** nom féminin. Un passager, une passagère, c'est une personne qui voyage en train, en bateau ou en voiture mais qui ne conduit pas et qui n'est pas quelqu'un de l'équipage. *L'hôtesse de l'air demande aux passagers d'attacher leur ceinture.*

passant nom masculin, **passante** nom féminin. Un passant, une passante, c'est une personne qui marche dans la rue. *Juliette a demandé l'heure à un passant.*

A B C D E F G H I J K L M N O P

passé nom masculin. Le passé, c'est la partie du temps qui est avant aujourd'hui. *Mamie nous raconte des souvenirs du passé.*
✦ Cherche aussi **présent** et **avenir**.

passeport nom masculin. Un passeport, c'est un petit carnet dans lequel sont écrits le nom, l'adresse, la date de naissance et la nationalité d'une personne avec sa photo. C'est une pièce d'identité qui sert pour aller à l'étranger. *Lorsque l'on va dans un autre pays, on montre son passeport à la frontière.*

passer verbe. **1.** Passer, c'est avancer sans s'arrêter. *La voiture des pompiers est passée très vite dans la rue.* **2.** Passer, c'est venir dans un lieu et y rester peu de temps. *Olivier est passé me voir à la maison.* **3.** *Ce film passe à la télévision demain,* les images de ce film seront sur l'écran de la télévision demain. **4.** *Mon grand frère passe en sixième,* il pourra aller en sixième l'année prochaine parce qu'il a bien travaillé cette année. **5.** *Marie a passé l'après-midi à lire,* elle a utilisé le temps qu'elle avait l'après-midi en lisant, elle a lu tout l'après-midi. **6.** *Martin ne peut pas se passer de sa mère,* il a besoin de sa mère tout le temps, il veut toujours être avec elle. **7.** *Cette histoire se passe au Canada,* tous les événements de cette histoire arrivent au Canada, cette histoire a lieu au Canada.

passerelle nom féminin. Une passerelle, c'est un escalier qui sert à monter dans un avion ou dans un grand bateau.

passion nom féminin. *Clément voudrait être pilote, il a une passion pour les avions,* il a un très grand intérêt pour les avions, il adore les avions.

passionnant adjectif masculin,
passionnante adjectif féminin. *Le livre que je suis en train de lire est passionnant,* il est tellement intéressant que je ne pense à rien d'autre quand je le lis.

passionner verbe. Passionner, c'est intéresser très fort. *Ce film sur les ours a passionné Marion.*

passoire nom féminin. Une passoire, c'est un ustensile plein de petits trous dont on se sert quand on fait la cuisine pour laisser partir l'eau des pâtes ou des légumes que l'on vient de faire cuire. *Maman verse d'abord les pâtes dans la passoire puis elle les met dans un plat.*

pasteur nom masculin. Un pasteur, c'est une personne qui dirige le culte dans la religion protestante. *Les pasteurs peuvent être des hommes ou des femmes. Les pasteurs ont le droit de se marier.*

Le bateau est à quai, les voyageurs descendent par la passerelle.

pâte nom féminin. **1.** La pâte, c'est un mélange de farine et d'eau que l'on cuit et qui sert à faire du pain ou des gâteaux. **2.** Les pâtes, ce sont des morceaux de pâte qui ont des formes différentes et que l'on mange après les avoir fait cuire dans de l'eau bouillante. *Les nouilles et les spaghettis sont des pâtes.*

pâté nom masculin. **1.** Un pâté, c'est un mélange de viande hachée et d'épices, cuit dans un plat spécial et que l'on mange froid. *Anaïs mange une tranche de pâté de campagne.* **2.** *Loïc fait des pâtés sur la plage,* il fait des sortes de gâteaux en sable mouillé avec son seau.

✦ Ne confonds pas pâté et **pâtée**.

pâtée nom féminin. La pâtée, c'est le mélange qui est préparé pour nourrir un chien ou un chat. *Le chien mange sa pâtée.*

✦ Ne confonds pas pâtée et **pâté**.

paternel adjectif masculin,
paternelle adjectif féminin. *Monsieur Blum est le grand-père paternel de Christian Blum,* c'est le père du père de Christian Blum.

✦ Monsieur Porte est le grand-père **maternel** de Christian Blum.

patiemment adverbe. Patiemment, c'est avec beaucoup de calme, sans s'énerver, avec patience. *Jérôme attend patiemment son tour.*

patience nom féminin. La patience, c'est la qualité d'une personne qui reste calme, qui attend sans s'énerver et qui finit de faire ce qu'elle a commencé, même si c'est difficile. *Il faut beaucoup de patience pour faire un puzzle.*

patient adjectif masculin,
patiente adjectif féminin. Une personne patiente, c'est une personne qui reste calme et continue à faire ce qu'elle a commencé, avec courage, sans s'énerver.

✦ Le contraire de patient, c'est **impatient**.

patin nom masculin. **1.** Les patins à glace, ce sont des chaussures spéciales sous lesquelles il y a une lame pour pouvoir glisser sur la glace. *Pierre et Léonore font du patin à glace.* **2.** Les patins à roulettes, ce sont des semelles sous lesquelles se trouvent des petites roues qui permettent de se déplacer sur le sol en roulant. *Laure et Pascal font du patin à roulettes.*

✦ Cherche aussi **roller**.

Des patins à glace et des patins à roulettes.

patinage nom masculin. Le patinage, c'est le sport que l'on pratique quand on fait du patin à glace ou du patin à roulettes. *Marion regarde le championnat de patinage à la télévision.*

patiner verbe. Patiner, c'est faire du patin à glace ou du patin à roulettes. *Pierre et Léonore patinent sur le lac gelé.*

patineur nom masculin,
patineuse nom féminin. Un patineur, une patineuse, c'est une personne qui patine.

A B C D E F G H I J K L M N O P

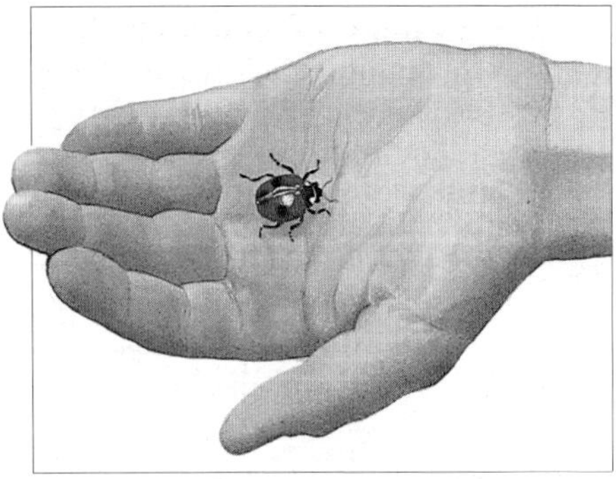

Ariane tient une coccinelle dans la paume de sa main.

patinoire nom féminin. Une patinoire, c'est une piste de glace sur laquelle on fait du patin à glace.

pâtisserie nom féminin. 1. Une pâtisserie, c'est un gâteau. *Carole aime beaucoup les pâtisseries.* 2. Une pâtisserie, c'est un magasin où l'on fait et où l'on vend des gâteaux. *Antoine est allé à la pâtisserie acheter des éclairs.*

pâtissier nom masculin,
pâtissière nom féminin. Un pâtissier, une pâtissière, c'est une personne qui fait des gâteaux et qui les vend. *Papi a acheté une tarte aux fraises chez le pâtissier.*

patrie nom féminin. La patrie, c'est le pays où l'on est né. *Ces hommes ont fui leur patrie parce qu'il y avait la guerre.*

patron nom masculin,
patronne nom féminin. Un patron, une patronne, c'est une personne qui fait travailler des ouvriers ou des employés dans une usine, un magasin, un bureau. *La patronne du café est à la caisse.*

patte nom féminin. Les pattes d'un animal, ce sont ses membres. *Le chien se dresse sur ses pattes de derrière et attrape le biscuit que lui tend son maître.*

pâturage nom masculin. Un pâturage, c'est un grand pré où les vaches et les moutons viennent paître. *Le soir, les vaches rentrent du pâturage.*

paume nom féminin. La paume, c'est l'intérieur de la main.

paupière nom féminin. La paupière, c'est la peau qui recouvre et protège l'œil, en haut et en bas. *Quand on s'endort, on ferme les paupières.*
✦ Les paupières sont bordées de **cils**.

pause nom féminin. Une pause, c'est un petit moment pendant lequel on s'arrête de travailler ou de marcher, pour se reposer. *Au bout de deux heures de marche, nous avons fait une pause pour pique-niquer.*

pauvre adjectif masculin et féminin. Une personne pauvre, c'est une personne qui n'a pas assez d'argent pour s'acheter des vêtements et manger tous les jours. *Cet homme est si pauvre qu'il doit mendier.*
✦ Le contraire de pauvre, c'est **riche**.

pauvreté nom féminin. La pauvreté, c'est l'état dans lequel est une personne qui n'a pas assez d'argent. *Il y a beaucoup de pays, dans le monde, où les gens vivent dans la pauvreté.*
✦ Le contraire de pauvreté, c'est **richesse**.

pavé nom masculin. Un pavé, c'est un petit bloc de pierre qui sert à recouvrir le sol des rues.

pavillon nom masculin. Un pavillon, c'est une maison avec un petit jardin. *Sophie et Nicolas habitent un pavillon en banlieue.*

payant adjectif masculin,
payante adjectif féminin. *L'entrée du musée est payante,* il faut payer pour entrer dans le musée.
✦ Le contraire de payant, c'est **gratuit**.

paye nom féminin. La paye, c'est l'argent que l'on reçoit lorsque l'on a travaillé. *Le patron du restaurant donne leur paye à ses employés à la fin de chaque mois.*
✦ Tu peux dire aussi **salaire**.

payer verbe. Payer, c'est donner de l'argent pour avoir quelque chose. *Marc a payé son tee-shirt 15 euros.*

pays nom masculin. Un pays, c'est un territoire entouré de frontières et dirigé par un gouvernement. *Dans quel pays es-tu né ? La France et la Belgique sont des pays d'Europe.*
✦ Tu peux dire aussi **État**, **nation**.

paysage nom masculin. Le paysage, c'est la campagne, la mer ou les montagnes que l'on voit dehors quand on regarde autour de soi. *Mamie admire le paysage par la fenêtre de la voiture.*

paysan nom masculin,
paysanne nom féminin. Un paysan, une paysanne, c'est une personne qui cultive la terre et élève des animaux.
✦ Maintenant on dit plutôt un **agriculteur**.

péage nom masculin. Le péage, c'est l'endroit où l'on paye, sur une autoroute, pour avoir le droit d'y rouler avec sa voiture. *Les voitures ralentissent avant d'arriver au péage.*

peau nom féminin. 1. La peau, c'est ce qui recouvre le corps des hommes et des animaux. *La peau des bébés est très douce.* 2. La peau, c'est ce qui recouvre les fruits et les légumes. *Julien enlève la peau de la banane avant de la manger.*
☞ Au pluriel : des **peaux**.
✦ Ne confonds pas peau et **pot**.

pêche nom féminin. Une pêche, c'est un fruit qui a un gros noyau très dur et une peau qui ressemble à du velours. *Il y a des pêches blanches et des pêches jaunes.*

Les pêches poussent sur les pêchers.

Philippe est parti à la pêche de bonne heure.

pêche nom féminin. *Philippe s'est levé tôt pour aller à la pêche,* il s'est levé tôt pour aller attraper des poissons.

pêcher verbe. Pêcher, c'est attraper des poissons qui sont dans l'eau. *Philippe est allé pêcher dans la rivière.*

a b c d e f g h i j k l m n o p

pêcheur nom masculin,
pêcheuse nom féminin. Un pêcheur, une pêcheuse, c'est une personne qui va à la pêche parce qu'elle aime bien pêcher ou parce que c'est son métier. *Les pêcheurs ont ramené de gros poissons dans leurs filets.*

pédale nom féminin. Une pédale, c'est un morceau de métal sur lequel on appuie avec le pied pour faire marcher un mécanisme. *Anaïs appuie sur les pédales de son vélo pour monter la côte. L'automobiliste a appuyé sur la pédale de frein et s'est arrêté.*

pédaler verbe. Pédaler, c'est appuyer sur les pédales d'une bicyclette. *David pédale vite pour arriver avant son frère.*

pédiatre nom masculin et féminin. Un pédiatre, une pédiatre, c'est un médecin qui soigne les enfants. *Maman a emmené ma petite sœur chez le pédiatre pour la faire vacciner.*

peigne nom masculin. Un peigne, c'est un objet avec des petites pointes serrées les unes à côté des autres, qui sert à démêler les cheveux, à se coiffer. *Mamie se donne un coup de peigne,* elle se coiffe rapidement.

✦ Les pointes du peigne s'appellent des **dents**.

peigner verbe. Peigner, c'est arranger les cheveux avec un peigne. *Nathalie peigne sa poupée. Julien se peigne avant de partir.*

✦ Cherche aussi **coiffer**.

peindre verbe. **1.** Peindre, c'est recouvrir avec de la peinture. *Les ouvriers peignent le mur de l'immeuble en blanc.* **2.** Peindre, c'est tracer des traits avec un pinceau et de la peinture pour faire un dessin. *Luc a peint un très beau tableau.*

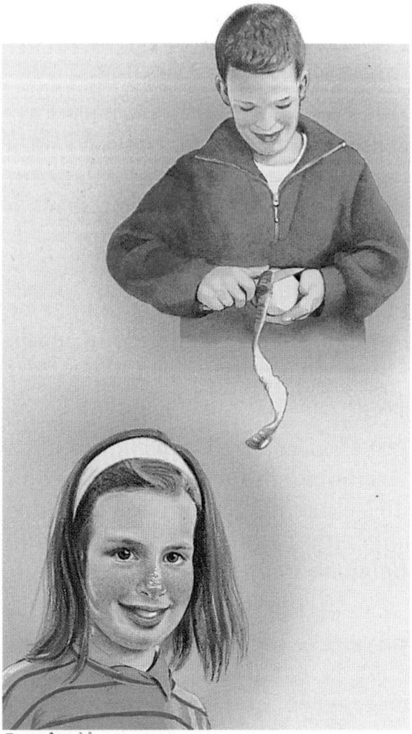

Benoît pèle une pomme.
Cécile a attrapé un coup de soleil, elle a le nez qui pèle.

peine nom féminin. **1.** La peine, c'est ce que l'on ressent quand on est triste. *Arthur a fait de la peine à sa mère en lui disant quelque chose de méchant.* **2.** La peine, c'est un effort qui fatigue. *Alex s'est donné beaucoup de peine pour réussir son examen.* **3.** À peine, c'est presque pas, très peu. *Parle plus fort, je t'entends à peine.*

peintre nom masculin et féminin. **1.** Un peintre en bâtiment, une peintre en bâtiment, c'est un ouvrier, une ouvrière qui peint les murs des maisons. **2.** Un peintre, une peintre, c'est un artiste, une artiste qui peint des tableaux. *Picasso est un grand peintre du 20e siècle.*

peinture nom féminin. 1. La peinture, c'est la matière qui sert à peindre. *Il y a des tubes de peinture de toutes les couleurs dans cette boîte.* 2. *Charlotte aime beaucoup faire de la peinture,* elle aime beaucoup peindre.

pelage nom masculin. Le pelage, c'est l'ensemble des poils d'un animal. *Ce chat a un beau pelage gris.*
✦ Tu peux dire aussi **fourrure**.

peler verbe. 1. Peler un fruit, c'est enlever sa peau, c'est l'éplucher. 2. Peler, c'est avoir le dessus de la peau qui s'en va par petits morceaux.

pélican nom masculin. Un pélican, c'est un grand oiseau qui a une grande poche sous son long bec, dans laquelle il garde les poissons qu'il a pêchés pour ses petits. *Les pélicans vivent dans les régions chaudes.*

pelle nom féminin. Une pelle, c'est un outil qui est fait d'une plaque mince attachée à un manche. *Renaud creuse un trou dans le sable avec sa pelle.*

pellicule nom féminin. Une pellicule, c'est un rouleau de papier spécial que l'on utilise pour faire des photos ou du cinéma. *Papi a donné une pellicule à développer chez le photographe.*

pelote nom féminin. Une pelote de laine, c'est une boule faite par un long fil de laine enroulé sur lui-même. *Mamie a acheté des pelotes de laine pour me tricoter un pull.*

peloton nom masculin. Un peloton, c'est un groupe de coureurs qui courent ensemble, dans une course. *Ce cycliste est en tête du peloton.*

pelouse nom féminin. Une pelouse, c'est un terrain couvert d'herbe bien coupée, dans un jardin ou un parc.
✦ L'herbe d'une pelouse, c'est le **gazon**.

Le ballon de Lucie est resté sur la pelouse.

peluche nom féminin. *Hugo dort avec son ours en peluche,* il dort avec un ours fait dans un tissu qui a des poils comme de la fourrure.

pencher verbe. Pencher, c'est faire aller vers le bas, incliner. *Le chanteur penche la tête pour saluer le public. Ne te penche pas par la fenêtre, c'est dangereux.*

pendant préposition. Pendant, c'est un mot qui indique le temps qui se passe entre le début et la fin de quelque chose. *J'ai attendu Zoé pendant une heure.*
✦ Tu peux dire aussi **durant**.

pendre verbe. 1. Pendre, c'est être accroché par le haut. *L'ampoule pend au plafond.* 2. *Ils ont pendu le bandit,* ils l'ont tué en l'attachant par le cou avec une corde et en le suspendant en l'air.

a b c d e f g h i j k l m n o p

A B C D E F G H I J K L M N O P

pendule nom féminin. Une pendule, c'est une petite horloge qui est posée sur un meuble ou qui est accrochée à un mur.

✦ Cherche aussi **montre**.

La pendule indique 8 heures et demie, Xavier est en retard.

pénétrer verbe. Pénétrer, c'est entrer. *La lumière pénètre dans la chambre à travers les volets. Les cambrioleurs ont pénétré dans la maison sans faire de bruit.*

pénible adjectif masculin et féminin. *Le travail des infirmières est quelquefois pénible*, il est quelquefois dur et fatigant.

péniche nom féminin. Une péniche, c'est un long bateau dont le fond est plat, qui sert à transporter des marchandises sur les fleuves et sur les canaux. *La péniche navigue sur la Seine.*

pensée nom féminin. Une pensée, c'est ce que l'on a dans l'esprit quand on réfléchit ou quand on se souvient. *Claire aimerait connaître les pensées de son amie*, elle aimerait savoir ce qu'elle pense.

penser verbe. 1. Penser, c'est faire venir des idées dans son esprit en réfléchissant. *À quoi penses-tu? Je pense au film que j'ai vu hier.* 2. Penser, c'est ne pas oublier. *Pense à fermer la fenêtre avant de partir.*

pension nom féminin. Une pension, c'est une école où l'on habite et où l'on prend ses repas. *Luce est en pension à la montagne.*

pensionnaire nom masculin et féminin. Un pensionnaire, une pensionnaire, c'est une personne qui habite et qui prend ses repas dans l'école où elle fait ses études. *Les pensionnaires peuvent rentrer chez eux le week-end.*

pente nom féminin. Une pente, c'est un terrain qui n'est pas plat, qui monte ou qui descend. *Victor a descendu la pente, à skis, en 5 minutes.*

pépin nom masculin. Un pépin, c'est une petite graine que l'on trouve dans certains fruits. *Les pommes ont des pépins.*

✦ Sais-tu dans quels autres fruits il y a des pépins?

percer verbe. 1. Percer, c'est faire un trou, trouer. *Les ouvriers ont percé le mur pour faire passer un câble.* 2. *Le bébé a une dent qui perce*, il a une dent qui pousse à travers la gencive.

perceuse nom féminin. Une perceuse, c'est un outil qui sert à percer des trous. *Papi a une perceuse électrique.*

perche nom féminin. Une perche, c'est un bâton long et mince. *Cet athlète fait du saut à la perche*, il saute en hauteur en s'appuyant sur une perche.

se percher verbe. Se percher, c'est se poser sur un endroit qui est en hauteur. *Le pigeon s'est perché sur le bord du toit.*

perchoir nom masculin. Un perchoir, c'est un endroit où se perchent les oiseaux qui sont dans une cage.

Les oiseaux chantent sur leur perchoir.

perdant nom masculin,
perdante nom féminin. Le perdant, la perdante, c'est la personne qui a perdu à un jeu ou à une compétition. *Le perdant aura un gage.*
✦ Le contraire de perdant, c'est **gagnant**.

perdre verbe. 1. Perdre, c'est ne plus avoir avec soi. *Victoire a perdu sa trousse*, elle a égaré sa trousse. 2. Perdre, c'est être battu à un jeu. *Diane a gagné la partie de ping-pong et Antoine a perdu.* 3. Se perdre, c'est ne plus retrouver son chemin. *Maman s'est perdue car elle ne connaissait pas bien la ville, elle a dû demander son chemin à un passant.*

perdrix nom féminin. Une perdrix, c'est un oiseau au plumage gris ou roux. *Le chasseur a tué deux perdrix.*
☞ Au pluriel : des **perdrix**.

père nom masculin. Un père, c'est un homme qui a un ou plusieurs enfants. C'est aussi un animal mâle qui a un ou plusieurs petits. *Lola est partie en vacances avec son père et sa mère.*
✦ Tu peux dire aussi **papa**.
✦ Ne confonds pas père, **pair** et **paire**.

perfection nom féminin. *Camille chante à la perfection*, elle chante d'une manière parfaite, elle chante très bien.

périmé adjectif masculin,
périmée adjectif féminin. *Le billet de train de Jean-Paul est périmé*, il ne peut plus être utilisé car la date jusqu'à laquelle il était valable est passée.

période nom féminin. Une période, c'est le temps qui se passe entre le début et la fin de quelque chose. *Les rues sont illuminées pendant la période des fêtes de Noël.*

perle nom féminin. 1. Une perle, c'est une petite boule brillante et dure faite de nacre, que l'on trouve à l'intérieur des huîtres. *Mamie a un collier de perles.* 2. Une perle, c'est une petite boule percée d'un trou. *Rosalie enfile des perles de bois.*

permettre verbe. 1. Permettre, c'est donner le droit de faire quelque chose. *Maman m'a permis d'aller passer le week-end chez Blandine*, elle m'a donné la permission de le faire, elle m'a autorisé à le faire. 2. Permettre, c'est rendre quelque chose possible. *Le fax permet de recevoir un message très rapidement*, on peut recevoir un message très rapidement grâce au fax.
✦ Le contraire de permettre, c'est **défendre**, **interdire**.

A B C D E F G H I J K L M N O P

permis nom masculin. Un permis, c'est un papier qui donne le droit de faire quelque chose. *Le policier a demandé à l'automobiliste de lui montrer son permis de conduire.*

permission nom féminin. *André a la permission de jouer dans le jardin,* il a le droit de jouer dans le jardin.
✦ Tu peux dire aussi **autorisation.**
✦ Le contraire de permission, c'est **interdiction.**

perroquet nom masculin. Un perroquet, c'est un oiseau qui a des plumes de couleurs vives, un gros bec recourbé et qui sait imiter la parole. *Les perroquets s'apprivoisent facilement.*
✦ Les perroquets peuvent vivre 80 ans.

Un perroquet.

perruche nom féminin. Une perruche, c'est un petit oiseau avec une longue queue qui ressemble à un perroquet mais qui ne parle pas. *Aude a un couple de perruches en cage.*

persil nom masculin. Le persil, c'est une plante dont on utilise les feuilles pour donner du goût aux plats ou aux sauces. *Mamie hache du persil et le met sur les champignons.*

personnage nom masculin. Un personnage, c'est une personne ou un animal inventé qui existe dans un livre, dans un film ou dans une pièce de théâtre. *Tintin et Milou sont deux célèbres personnages de bandes dessinées.*

personnalité nom féminin. La personnalité, c'est l'ensemble des qualités et des défauts d'une personne, c'est ce qui fait que cette personne est elle et pas une autre. *Louis n'a pas la même personnalité que son frère jumeau.*

personne pronom. Personne, c'est aucun homme, aucune femme, aucun enfant. *J'ai sonné chez Jérôme mais personne n'est venu ouvrir.*

personne nom féminin. **1.** Une personne, c'est un être humain. *On peut mettre 5 personnes dans cette voiture.* **2.** Une grande personne, c'est un homme ou une femme qui n'est plus un enfant, c'est un adulte.

personnel adjectif masculin,
personnelle adjectif féminin. *Quand la classe est finie, Sébastien remet ses affaires personnelles dans son cartable,* il remet dans son cartable les affaires qui n'appartiennent qu'à lui et à personne d'autre.

personnel nom masculin. Le personnel d'une usine, c'est l'ensemble des gens qui y travaillent.

persuader verbe. Persuader quelqu'un, c'est arriver à faire faire à quelqu'un ce que l'on a envie qu'il fasse ou arriver à lui faire penser ce que l'on a envie qu'il pense. *Émilie a réussi à persuader son père de lui acheter un nouveau blouson.*
✦ Tu peux dire aussi **convaincre.**

perte nom féminin. *Diane est contrariée par la perte de sa trousse*, elle est contrariée parce qu'elle a perdu sa trousse.

pesanteur nom féminin. La pesanteur, c'est la force qui entraîne les choses vers le centre de la Terre et qui fait qu'elles ont un poids. *Sur la Lune il n'y a pas de pesanteur, tout est très léger.*

peser verbe. **1.** Peser, c'est mesurer le poids. *Le boucher pèse le rôti sur la balance.* **2.** Peser, c'est avoir un poids. *Charles pèse 28 kilos*, son poids est de 28 kilos.

pessimiste adjectif masculin et féminin. Une personne pessimiste, c'est une personne qui pense, à chaque fois, que ce qui va arriver va mal se passer.

✦ Le contraire de pessimiste, c'est **optimiste**.

pétale nom masculin. Les pétales, ce sont les parties de couleur qui forment la fleur. *Toutes les tulipes se sont fanées, leurs pétales tombent un à un.*

Les tulipes perdent leurs pétales.

pétard nom masculin. Un pétard, c'est une petite quantité d'explosif enveloppée dans du papier. *Le soir de la fête, les enfants ont fait exploser des pétards pour s'amuser.*

✦ Les pétards font beaucoup de bruit mais ne blessent pas.

pétiller verbe. *François boit de l'eau qui pétille*, il boit de l'eau dans laquelle il y a des petites bulles qui montent à la surface en faisant un bruit.

petit adjectif masculin,
petite adjectif féminin. **1.** *Marc est petit pour son âge*, il ne mesure pas beaucoup de centimètres. **2.** *Léa suçait son pouce quand elle était petite*, elle suçait son pouce quand elle était très jeune.

✦ Le contraire de petit, c'est **grand**.

petit nom masculin. Un petit, c'est un jeune animal. *La chienne a eu des petits.*

petite-fille nom féminin. *Papi a emmené ses deux petites-filles au cinéma*, il a emmené au cinéma les deux filles de sa fille ou de son fils.

☞ Au pluriel : des **petites-filles**.
✦ Papi est leur **grand-père**.

petit-fils nom masculin. *Mamie a invité ses deux petits-fils à dîner*, elle a invité à dîner les deux fils de sa fille ou de son fils.

☞ Au pluriel : des **petits-fils**.
✦ Mamie est leur **grand-mère**.

petits-enfants nom masculin pluriel. *Papi et Mamie s'occupent beaucoup de leurs petits-enfants*, ils s'occupent beaucoup des enfants de leur fille ou de leur fils.

✦ Papi et Mamie sont leurs **grands-parents**.

pétrole nom masculin. Le pétrole, c'est un liquide noir et gras que l'on trouve sous la terre et qui sert à faire l'essence et le mazout.

A B C D E F G H I J K L M N O P

peu adverbe. Peu, c'est pas beaucoup. *Esther a mis un peu de sucre dans son yaourt,* elle a mis une petite quantité de sucre dans son yaourt. *Il y a peu de gens sur la plage aujourd'hui,* il y a une petite quantité de gens sur la plage aujourd'hui.

✦ Le contraire de peu, c'est **beaucoup**.

peuple nom masculin. Un peuple, c'est l'ensemble des personnes qui habitent le même pays, qui parlent la même langue et qui ont les mêmes coutumes. *Le peuple français vient d'élire un nouveau président,* les Français viennent d'élire un nouveau président.

peuplier nom masculin. Un peuplier, c'est un arbre très haut qui a des petites feuilles et qui pousse dans les endroits frais et humides. *La rivière est bordée de peupliers.*

peur nom féminin. La peur, c'est l'émotion très forte que l'on ressent lorsque l'on est en face d'un danger. *Anne a peur des chiens. Martial a eu peur quand il a entendu l'explosion, son cœur s'est mis à battre très vite.*

Jérôme s'amuse à faire peur à son frère.

peureux adjectif masculin,

peureuse adjectif féminin. *Marie est peureuse,* elle a peur de tout, elle n'a pas beaucoup de courage.

✦ Tu peux dire aussi **craintif**.

peut-être adverbe. Peut-être, c'est un mot qui indique que quelque chose n'est pas sûr, qu'il est possible que cela arrive ou n'arrive pas. *Nous irons peut-être à la piscine demain.*

phare nom masculin. 1. Un phare, c'est une haute tour, au bord de la mer, avec à son sommet une grande lumière qui guide les bateaux pendant la nuit. 2. Les phares d'une voiture, ce sont les lumières placées à l'avant d'une voiture pour éclairer la route quand on roule la nuit.

Le phare indique aux bateaux l'entrée du port. La voiture a ses phares allumés.

pharmacie nom féminin. Une pharmacie, c'est un magasin où l'on vend des médicaments. *Mamie est allée acheter des antibiotiques à la pharmacie.*

✦ Est-ce que tu sais comment est l'enseigne de la pharmacie ?

pharmacien nom masculin, **pharmacienne** nom féminin. Un pharmacien, une pharmacienne, c'est une personne qui s'occupe d'une pharmacie, qui prépare et qui vend des médicaments.

phoque nom masculin. Un phoque, c'est un gros animal au pelage très court et aux pattes avant palmées qui vit dans les mers froides.
- ✦ Les phoques sont des **mammifères.**
- ✦ Cherche aussi **otarie.**

photo nom féminin. Une photo, c'est une image exacte d'une personne, d'un objet ou d'un paysage qui a été faite avec un appareil photo. *Mamie colle les photos des vacances dans un album.*
- ✦ Photo, c'est le mot **photographie** en plus court.

photocopie nom féminin. *La maîtresse a fait une photocopie d'une page de notre livre de lecture,* elle a fait copier la page du livre par une machine qui photographie ce qui est écrit sur du papier.

photographe nom masculin et féminin. Un photographe, une photographe, c'est une personne qui prend des photos parce qu'elle aime bien faire cela ou parce que c'est son métier. *Le photographe nous a demandé de sourire quand il a fait la photo de classe.*

photographier verbe. Photographier, c'est prendre en photo. *Richard a photographié sa petite sœur sur la plage.*

phrase nom féminin. Une phrase, c'est une suite de mots qui veut dire quelque chose. *Une phrase, quand elle est écrite, commence par une majuscule et finit par un point.*

physique adjectif masculin et féminin. *Il faut faire un gros effort physique pour monter une côte à bicyclette,* il faut faire un grand effort avec son corps pour monter une côte à bicyclette.

pianiste nom masculin et féminin. Un pianiste, une pianiste, c'est une personne dont le métier est de jouer du piano.

Le pianiste donne un concert.

piano nom masculin. Un piano, c'est un instrument de musique qui a des touches blanches et des touches noires que l'on frappe avec les doigts pour jouer les notes. *Jérémie apprend à jouer du piano.*
- ✦ L'ensemble des touches sur lesquelles on appuie s'appelle le **clavier.**

pic nom masculin. Un pic, c'est une montagne au sommet très pointu. *On aperçoit au loin les pics couverts de neige.*

à **pic** adverbe. *Le bateau a coulé à pic,* il a coulé en allant tout droit au fond de l'eau.

picorer verbe. *Les moineaux picorent les miettes de pain,* ils piquent les miettes de pain avec leur bec.

A B C D E F G H I J K L M N O P

pie nom féminin. Une pie, c'est un oiseau au plumage noir et blanc qui a une longue queue. *Les pies jacassent.*

✦ Ne confonds pas pie et **pis**.

La pie vole les objets brillants et les emporte dans son nid.

pièce nom féminin. 1. Une pièce, c'est un élément, c'est chacune des parties qui forment un ensemble. *David cherche une pièce de son puzzle.* 2. Une pièce, c'est chaque partie d'un appartement ou d'une maison qui est entourée de cloisons et dans laquelle on peut s'installer. *Les parents d'Émilie habitent un appartement de 4 pièces.* 3. Une pièce, c'est un petit objet rond et plat en métal avec lequel on paye. *Dans son porte-monnaie, Antoine a deux pièces de 2 euros et trois pièces de 50 centimes.* 4. Une pièce, c'est une histoire qui est écrite pour être jouée au théâtre par des comédiens. *« L'Avare » est une pièce de Molière.*

pied nom masculin. 1. Le pied, c'est la partie du corps située au bout de la jambe, qui sert à marcher et à se tenir debout. *On a deux pieds et chaque pied a cinq orteils. Hier, Laure est allée à l'école à pied,* elle est allée à l'école en marchant. 2. *Alexandre s'est assis au pied d'un arbre,* il s'est assis près de la partie de l'arbre qui touche le sol. 3. *La table a quatre pieds,* elle a quatre parties qui servent à la faire tenir debout.

piège nom masculin. 1. Un piège, c'est un appareil qui sert à attraper les animaux. *Papi a mis un piège à souris dans la cave.* 2. Un piège, c'est une difficulté qui est cachée. *Il y a beaucoup de pièges dans cette dictée.*

pierre nom féminin. 1. La pierre, c'est une matière dure qui se trouve dans le sol. *La jetée est faite avec des blocs de pierre.* 2. Une pierre, c'est un morceau de rocher. *Sébastien fait un barrage dans le torrent avec des pierres et des morceaux de bois.*

piétiner verbe. Piétiner, c'est bouger les pieds comme pour marcher mais sans avancer. *La foule piétine devant le cinéma en attendant l'heure de la séance.*

piéton nom masculin. Un piéton, c'est une personne qui marche à pied dans une ville. *Les piétons doivent faire attention aux voitures en traversant la rue.*

✦ Les piétons marchent sur les **trottoirs**.

piéton adjectif masculin,
piétonne adjectif féminin. Une rue piétonne, c'est une rue réservée aux piétons, une rue où les voitures n'ont pas le droit d'aller.

pieu nom masculin. Un pieu, c'est un grand morceau de bois dont l'un des bouts, qui est pointu, est enfoncé dans la terre. *L'âne est attaché à un pieu.*

☞ Au pluriel : des **pieux**.
✦ Cherche aussi **piquet**.

Une pieuvre.

pieuvre nom féminin. Une pieuvre, c'est un animal qui vit dans la mer et qui a huit longs bras avec lesquels il peut se fixer sur ce qu'il touche.

✦ Les bras de la pieuvre s'appellent des **tentacules**.

pigeon nom masculin. Un pigeon, c'est un oiseau qui a des ailes courtes et un plumage gris, blanc ou brun. *Les pigeons roucoulent.*

✦ Certains pigeons sont dressés pour transporter des messages, on les appelle les pigeons voyageurs.

pile nom féminin. 1. *La maîtresse a une pile de livres sur son bureau,* elle a un tas de livres posés les uns sur les autres, sur son bureau. 2. *Le réveil de Jérôme s'est arrêté, il faut changer la pile,* il faut changer le petit appareil que l'on met à l'intérieur du réveil et qui fabrique de l'électricité. 3. Le côté pile d'une pièce de monnaie, c'est le côté où il y a les chiffres. *Marie et Nicolas jouent à pile ou face,* ils jettent une pièce en l'air après avoir fait chacun le pari qu'elle tombera sur le côté pile ou sur le côté face.

pilier nom masculin. Un pilier, c'est une colonne en pierre ou en métal qui soutient un pont ou un bâtiment. *Il y a deux rangées de piliers dans l'église.*

piller verbe. Piller, c'est voler tout ce qu'il y a dans une maison, dans une ville ou dans une région en abîmant et en cassant les choses autour de soi. *Les soldats ennemis ont pillé la ville et ont mis le feu au château.*

pilote nom masculin et féminin. Un pilote, une pilote, c'est une personne qui conduit un avion, une moto ou une voiture de course. *Le pilote a fait atterrir l'avion dans un champ.*

piloter verbe. *La mère de Stéphane apprend à piloter un avion,* elle apprend à conduire un avion.

pin nom masculin. Un pin, c'est un arbre dont les feuilles sont des aiguilles qui restent toujours vertes. *Les grands-parents d'Antoine ont une maison au bord de la mer, au milieu des pins.*

✦ Ne confonds pas pin et pain.

pince nom féminin. 1. Une pince, c'est un objet qui sert à serrer quelque chose. *Papa arrache le clou avec une pince.* 2. Une pince, c'est le bout des pattes avant des crabes, des homards et des écrevisses.

pinceau nom masculin. Un pinceau, c'est un instrument formé d'une touffe de poils au bout d'un manche, avec lequel on peint. *Le peintre étale la peinture sur le mur avec un gros pinceau.*

☞ Au pluriel : des **pinceaux**.

pincer verbe. Pincer, c'est serrer très fort entre les doigts ou entre deux objets. *Aurélie a pincé son petit frère au bras. Edwige pleure parce qu'elle s'est pincé le doigt dans la porte.*

pingouin nom masculin. Un pingouin, c'est un gros oiseau noir et blanc aux pattes palmées qui vit au pôle Nord. *Les pingouins peuvent voler.*

✦ Le **manchot**, qui ressemble au pingouin mais qui ne vole pas, vit au pôle Sud.

ping-pong nom masculin. Le ping-pong, c'est un jeu qui ressemble au tennis, où deux joueurs se renvoient une petite balle en la faisant rebondir sur une table spéciale.

✦ On appelle aussi le ping-pong **tennis de table**.

pinson nom masculin. Un pinson, c'est un petit oiseau aux plumes bleues et vertes. *Le pinson a un joli chant.*

pintade nom féminin. Une pintade, c'est un oiseau gris de la taille d'une poule. *Mamie a préparé de la pintade au chou.*

✦ La pintade est une **volaille**.

pioche nom féminin. Une pioche, c'est un outil formé d'un manche et d'un morceau de fer pointu avec lequel on creuse des trous dans le sol. *Les ouvriers ont fait des trous dans le trottoir avec des pioches.*

piocher verbe. **1.** Piocher, c'est creuser un trou dans le sol avec une pioche. *Le jardinier pioche la terre du potager.* **2.** Piocher, c'est prendre une carte ou un domino au hasard dans un tas.

pion nom masculin. Un pion, c'est une pièce du jeu de dames ou du jeu d'échecs. *Pascal a déplacé un pion, c'est à Cédric de jouer.*

pipe nom féminin. Une pipe, c'est un objet formé d'un creux dans lequel on met du tabac et d'un tuyau par lequel on aspire la fumée. *Papi fume la pipe.*

piquant adjectif masculin,
piquante adjectif féminin. **1.** *La moutarde a un goût piquant,* la moutarde pique un peu la langue quand on en mange. **2.** *Les épines des roses sont piquantes,* elles piquent quand on les touche.

piquant nom masculin. Un piquant, c'est une épine ou un poil dur qui pique quand on le touche. *Les cactus ont des piquants.*

Le hérisson, l'oursin et le cactus ont des piquants.

pique-nique nom masculin. Un pique-nique, c'est un repas que l'on prend en plein air, dans la nature. *La maîtresse nous a emmenés faire un pique-nique en forêt.*
☞ Au pluriel : des **pique-niques**.

pique-niquer verbe. Pique-niquer, c'est prendre un repas en plein air, dans la nature, c'est faire un pique-nique. *Franck et Émilie ont pique-niqué au bord de la rivière.*

piquer verbe. **1.** Piquer, c'est percer la peau avec quelque chose de pointu. *Un moustique m'a piqué. Mamie s'est piqué le doigt avec une épingle.* **2.** Piquer, c'est avoir un goût fort qui brûle un peu la langue. *Ces radis sont bons, mais ils piquent la langue.*

piquet nom masculin. Un piquet, c'est un bâton ou une tige en métal que l'on enfonce dans le sol. *Papa enfonce les piquets de la tente.*
✦ Cherche aussi **pieu**.

piqûre nom féminin. **1.** Une piqûre, c'est un petit trou fait dans la peau par un insecte. *Julien a des piqûres de moustiques sur les bras.* **2.** *Le médecin m'a fait une piqûre,* il m'a piqué avec l'aiguille d'une seringue pour m'envoyer un médicament liquide dans le corps.

pirate nom masculin. Un pirate, c'est un bandit qui, autrefois, attaquait et pillait les bateaux.
✦ Cherche aussi **corsaire**.

pire adjectif masculin et féminin. *Aujourd'hui, le temps est pire qu'hier,* le temps est encore plus mauvais qu'hier.
✦ Le contraire de pire, c'est **meilleur**.

pirouette nom féminin. Une pirouette, c'est un tour que l'on fait debout, sans changer de place. *La danseuse a fait une pirouette.*

pis nom masculin. Un pis, c'est une mamelle. *L'agneau tète le pis de la brebis.*
✦ Ne confonds pas pis et **pie**.

piscine nom féminin. Une piscine, c'est un grand bassin dans lequel on nage et on plonge. *Isabelle va à la piscine tous les mercredis.*

pissenlit nom masculin. Un pissenlit, c'est une plante qui a de longues feuilles très découpées et dont la fleur est jaune. *Les pissenlits poussent partout dans la campagne.*

pistache nom féminin. Une pistache, c'est une graine verte contenue dans une petite coquille.

Les pistaches poussent sur les pistachiers. On peut les manger salées ou les utiliser pour faire de la glace.

piste nom féminin. Une piste, c'est un terrain où peuvent atterrir les avions. C'est aussi un terrain sur lequel on peut faire du ski. *L'avion se pose sur la piste d'atterrissage. Sur quelle piste vas-tu skier demain ?*

A B C D E F G H I J K L M N O P

pistolet nom masculin. Un pistolet, c'est une petite arme à feu que l'on tient dans une main et avec laquelle on envoie des balles. *Les bandits ont tiré des coups de pistolet.*

✦ Un pistolet est plus petit qu'un **revolver**.

pitié nom féminin. La pitié, c'est le sentiment que l'on éprouve pour quelqu'un que l'on plaint parce qu'il est malheureux et qu'il a besoin qu'on l'aide. *Maman a eu pitié du mendiant et lui a donné de l'argent.*

pitre nom masculin. Un pitre, c'est une personne qui fait rire les autres en faisant des plaisanteries et des grimaces, c'est une personne qui fait le clown. *Louis a été puni parce qu'il faisait le pitre au fond de la classe.*

pivert nom masculin. Un pivert, c'est un oiseau vert et jaune qui frappe le bois avec son bec pointu pour en faire sortir les insectes dont il se nourrit.

✦ Tu peux écrire aussi **pic-vert**.

pivoine nom féminin. Une pivoine, c'est une grosse fleur rouge, rose ou blanche.

Des pivoines.

pizza nom féminin. Une pizza, c'est une tarte salée faite d'une pâte comme celle du pain, recouverte de tomates et de fromage ou sur laquelle on peut mettre aussi du jambon, des champignons, des oignons, des olives, des anchois, etc. *Nadège a mangé une pizza dans un restaurant italien.*

pizzeria nom féminin. Une pizzeria, c'est un restaurant dans lequel on mange des pizzas.

placard nom masculin. Un placard, c'est une sorte d'armoire qui est dans un mur et que l'on ne peut pas bouger. *Cyrille range son manteau dans le placard de l'entrée.*

place nom féminin. 1. Une place, c'est un endroit, dans une ville ou dans un village, où arrivent plusieurs rues. *Il y a une statue au milieu de la place de la Mairie.* 2. Une place, c'est un endroit où doit se trouver quelqu'un ou quelque chose. *Papi ne retrouve plus ses lunettes, elles ne sont pas à leur place. Jérémie est retourné s'asseoir à sa place.* 3. *Il n'y a pas assez de place sur le banc pour nous tous*, il n'y a pas assez d'espace libre sur le banc pour nous tous. 4. *Le cinéma était complet, à la place, nous sommes allés au zoo*, nous sommes allés au zoo au lieu d'aller au cinéma. 5. *Que ferais-tu à ma place?* que ferais-tu si tu étais moi?

placer verbe. Placer, c'est mettre à une certaine place. *Lucas a placé son lit face à la fenêtre.*

plafond nom masculin. Le plafond, c'est la surface horizontale qui forme le haut d'une pièce.

✦ Le sol d'une pièce, c'est le **plancher**.

Les enfants jouent sur la plage.

plage nom féminin. Une plage, c'est un endroit plat couvert de sable ou de galets, au bord de la mer.

plaie nom féminin. Une plaie, c'est une entaille dans la peau, à l'endroit du corps où l'on s'est coupé, où l'on a reçu un coup. *L'infirmière nettoie la plaie avec de l'alcool.*

✦ Tu peux dire aussi **blessure**.

plaindre verbe. 1. Plaindre quelqu'un, c'est avoir de la peine pour lui, être triste de ce qui lui arrive. *Je plains cette pauvre Aurélie de s'être cassé la jambe le premier jour des vacances.* 2. Se plaindre, c'est dire que l'on n'est pas bien parce que l'on a mal ou que l'on n'est pas content. *Sylvain se plaint tout le temps.*

plaine nom féminin. Une plaine, c'est une grande étendue de terrain plat à basse altitude. *La ferme de mon oncle est dans la plaine.*

plaire verbe. 1. Plaire, c'est être agréable. *Le film m'a bien plu*, j'ai trouvé le film bien et intéressant, je l'ai bien aimé. *Cette robe me plaît*, je la trouve jolie. 2. S'il te plaît, s'il vous plaît, ce sont des mots que l'on emploie, par politesse, pour demander quelque chose à quelqu'un. *Prête-moi ton stylo, s'il te plaît.*

plaisanter verbe. Plaisanter, c'est dire des choses amusantes exprès, pour faire rire. *Papa aime bien plaisanter.*

plaisanterie nom féminin. Une plaisanterie, c'est une chose que l'on dit ou une farce que l'on fait pour s'amuser et faire rire. *Mon grand frère fait souvent des plaisanteries.*

plaisir nom masculin. Le plaisir, c'est l'impression agréable que l'on ressent quand on est content. *Les cadeaux qu'a eus Gilles pour son anniversaire lui ont fait plaisir. Quel plaisir d'être sur la plage, au soleil !*

plan nom masculin. 1. Un plan, c'est un dessin qui représente un bâtiment ou une ville vus d'en haut. *Sur le plan de l'appartement on voit bien les dimensions des pièces. Papa regarde un plan de métro avant de partir.* 2. Un plan, c'est un ensemble de choses que l'on décide quand on prépare un projet. *Quel est votre plan pour les vacances ?*

planche nom féminin. 1. Une planche, c'est un morceau de bois long, étroit et plat. *Papa a acheté des planches pour faire des étagères.* 2. *Claire fait la planche dans la piscine*, elle flotte sur l'eau, sur le dos, sans bouger. 3. Une planche à roulettes, c'est une planche avec des roulettes dessous, sur laquelle on se met debout pour se déplacer. 4. Une planche à voile, c'est une planche avec une voile, sur laquelle on se met debout pour glisser sur l'eau.

plancher nom masculin. Le plancher, c'est le sol à l'intérieur d'une maison. *Le plancher du salon est recouvert d'un grand tapis.*

✦ Cherche aussi **plafond**.

planer verbe. Planer, c'est voler sans battre des ailes. *La buse plane au-dessus de sa proie.*

planète nom féminin. Une planète, c'est un astre qui tourne autour du Soleil. *La Terre est une planète.*

✦ Il y a 9 planètes : Mercure, Vénus, la Terre, Mars, Jupiter, Saturne, Uranus, Neptune et Pluton.

plante nom féminin. **1.** Une plante, c'est ce qui pousse dans la terre, c'est un végétal. *Fabrice arrose les plantes du salon.* **2.** La plante du pied, c'est le dessous du pied.

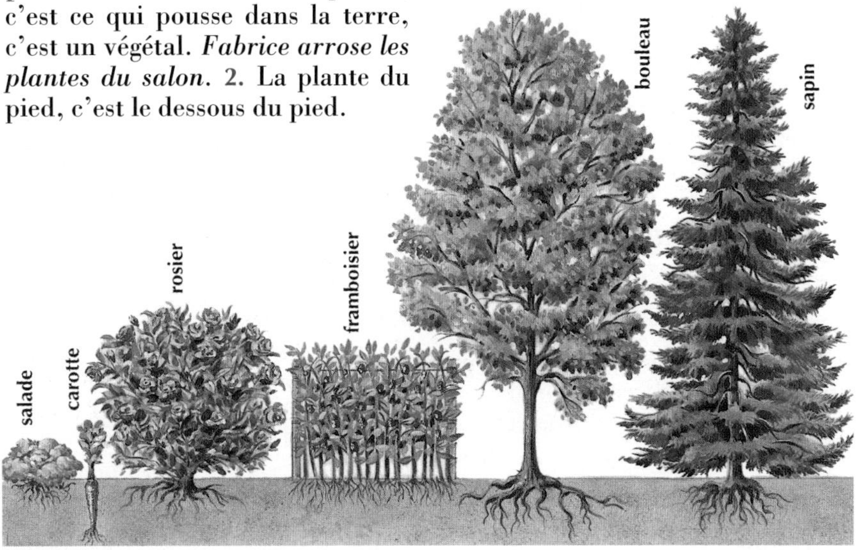

Les arbres, les arbustes et les légumes sont des plantes.

planter verbe. **1.** Planter, c'est mettre une plante dans la terre pour la faire pousser. *Papi a planté des hortensias dans le jardin.* **2.** Planter, c'est enfoncer. *Lucien plante un clou dans le mur.*

plaque nom féminin. **1.** Une plaque, c'est un morceau plat et peu épais d'une matière dure. *La table est recouverte d'une plaque de verre.* **2.** *Mathilde a des plaques rouges sur le visage*, elle a des petits boutons qui dessinent des taches rouges sur le visage.

plastique nom masculin. Le plastique, c'est une matière fabriquée par l'homme, avec laquelle on fait de nombreux objets. *Joanne joue sur la plage avec son seau et sa pelle en plastique.*

plat adjectif masculin,
plate adjectif féminin. Une chose plate, c'est une chose qui est sans creux et sans bosse. *Roméo s'est assis sur une pierre plate.*

plat nom masculin. **1.** Un plat, c'est une grande assiette dans laquelle on apporte la nourriture à table. *Attention, le plat est très chaud !* **2.** Un plat, c'est un aliment préparé pour être mangé. *Le plat préféré d'Érica, c'est du gigot avec de la purée.*

platane nom masculin. Un platane, c'est un grand arbre qui a des feuilles larges. *Il y a des platanes tout le long de la route.*

plateau nom masculin. 1. Un plateau, c'est un objet plat sur lequel on pose des objets pour pouvoir les transporter plus facilement. *Le serveur apporte les boissons sur un plateau.* 2. Un plateau, c'est une très grande étendue de terrain plat qui est située en hauteur. *Lorsqu'on est sur le plateau, on domine la vallée.*

☞ Au pluriel : des **plateaux**.

plâtre nom masculin. Le plâtre, c'est une poudre blanche que l'on mélange avec de l'eau et qui fait une pâte dure quand elle sèche.

Le maçon bouche un trou dans le plafond avec du plâtre.

plein adjectif masculin,
pleine adjectif féminin. 1. *Le coffre de la voiture est plein*, le coffre de la voiture est rempli, on ne peut pas y mettre quelque chose en plus. 2. *Loïc vient de réparer son vélo, ses mains sont pleines de cambouis*, ses mains sont couvertes de cambouis, il a beaucoup de cambouis sur les mains. 3. *Juliette a fait un cauchemar et elle s'est réveillée en pleine nuit*, elle s'est réveillée au milieu de la nuit.

pleurer verbe. Pleurer, c'est avoir des larmes qui coulent de ses yeux. *Michel pleure car il s'est fait mal en tombant.*

✦ Cherche aussi **sangloter**.

pleuvoir verbe. *Il pleut*, il tombe de l'eau de pluie. *Il a plu à torrents pendant toute la journée.*

pli nom masculin. Un pli, c'est une partie d'un tissu ou d'un papier qui a été pliée ou froissée. C'est aussi la marque qui reste quand on a plié ou froissé quelque chose. *Pour fabriquer un accordéon, Jérémie prend une feuille de papier et fait plusieurs plis.*

plier verbe. 1. Plier, c'est rabattre une partie du papier ou du tissu sur une autre partie. *Maman plie la nappe avant de la ranger.* 2. *La branche plie sous le poids des fruits*, la branche descend un peu et prend la forme d'une courbe parce que les fruits sont lourds.

plissé adjectif masculin,
plissée adjectif féminin. *Audrey a mis une jupe plissée*, elle a mis une jupe dont le tissu fait des plis tout autour du corps.

plomb nom masculin. Le plomb, c'est un métal gris très lourd. *Les tuyaux qui amènent l'eau sont en plomb. Les cartouches des chasseurs sont remplies de plombs*, elles sont remplies de petites boules de plomb.

plombier nom masculin. Un plombier, c'est une personne dont le travail est d'installer ou de réparer les lavabos, les baignoires, les toilettes, les éviers et tous les tuyaux. *Papi a appelé le plombier parce qu'il y avait une fuite d'eau dans la salle de bains.*

A B C D E F G H I J K L M N O P

plongée nom féminin. *Cet été, mon grand frère a fait de la plongée sous-marine,* il est descendu sous l'eau en nageant, avec des palmes et des bouteilles d'oxygène, pour regarder les poissons, les algues et les rochers, au fond de la mer.

plongeoir nom masculin. Un plongeoir, c'est une grande planche qui est installée au-dessus de l'eau au bord d'une piscine ou au bord de la mer et sur laquelle on se met pour plonger dans l'eau.

Gabriel plonge du grand plongeoir.

plongeon nom masculin. Un plongeon, c'est un saut que l'on fait dans l'eau, la tête la première et les bras en avant. *Gabriel a fait un très beau plongeon dans la piscine, du haut du plongeoir.*

plonger verbe. 1. Plonger, c'est se jeter dans l'eau, la tête la première et les bras en avant. *Gabriel a plongé dans la piscine du haut du grand plongeoir.* 2. Plonger, c'est mettre dans un liquide. *Maman a plongé les assiettes dans l'eau.*

pluie nom féminin. La pluie, c'est de l'eau qui tombe en gouttes des nuages sur la terre. *La pluie s'est enfin arrêtée,* il s'est enfin arrêté de pleuvoir.

plumage nom masculin. Le plumage, c'est l'ensemble des plumes d'un oiseau. *Les corbeaux ont un plumage noir.*

plume nom féminin. 1. Les plumes, ce sont les petits éléments longs, plats et doux qui recouvrent la peau des oiseaux. 2. Une plume, c'est une petite lame de métal pointue, attachée au bout d'un stylo, qui sert à écrire.

L'oiseau a des plumes de toutes les couleurs.
Il y a trop d'encre sur la plume de mon stylo.

la plupart nom féminin. La plupart, c'est le plus grand nombre. *La plupart de mes amis sont allés en vacances au bord de la mer.*

pluriel nom masculin. Un mot est au pluriel lorsqu'il désigne plusieurs personnes, plusieurs animaux ou plusieurs choses. *Dans la phrase : « les singes mangent des bananes », tous les mots sont au pluriel.*

✦ Le contraire de pluriel, c'est **singulier**.

plus adverbe. **1.** Plus, c'est un mot qui indique une quantité plus grande. *Zoé a plus de livres que moi sur sa table; moi, j'en ai moins.* **2.** Plus, c'est un mot qui indique que l'on ajoute quelque chose. *Deux plus deux égalent quatre* (2 + 2 = 4). **3.** *Il ne neige plus*, la neige s'est arrêtée de tomber.

✦ On prononce le *s* de plus au sens 1 et au sens 2. On ne prononce pas le *s* de plus au sens 3.

plusieurs adjectif masculin et féminin pluriel. Plusieurs, c'est plus d'une chose, plus d'une personne, plus d'un animal. *Antoine a mangé plusieurs parts de tarte aux fraises.*

plutôt adverbe. Plutôt, c'est un mot que l'on emploie pour dire ce que l'on préfère quand on a plusieurs possibilités. *Depuis qu'il y a le tunnel sous la Manche, Papa prend le train plutôt que l'avion quand il va en Angleterre.*

pluvieux adjectif masculin,
pluvieuse adjectif féminin. *L'automne a été pluvieux*, il a beaucoup plu cet automne.

✦ Le contraire de pluvieux, c'est **sec**.

pneu nom masculin. Un pneu, c'est une grosse bande de caoutchouc qui contient de l'air et qui entoure une roue. *La bicyclette d'Arnaud a un pneu crevé.*

☞ Au pluriel : des **pneus**.

pneumatique adjectif masculin et féminin. Un matelas pneumatique, c'est un matelas en caoutchouc, rempli d'air, sur lequel on peut se coucher et avec lequel on peut aller sur l'eau.

poche nom féminin. Une poche, c'est une partie d'un vêtement qui forme comme une sorte de petit sac où l'on peut mettre des objets que l'on porte sur soi. *Camille a mis son porte-monnaie dans la poche de son pantalon.*

poêle nom masculin. Un poêle, c'est un appareil qui sert à chauffer une pièce, une maison. *On utilisait les poêles autrefois, et on mettait du bois ou du charbon dedans pour les faire marcher.*

✦ Maintenant on chauffe plutôt les maisons avec des **radiateurs**.

✦ Ne confonds pas poêle et **poil**.

poêle nom féminin. Une poêle, c'est un ustensile rond et plat avec des petits bords et un long manche, dans lequel on fait cuire des aliments.

Un poêle.

Mamie fait cuire l'omelette dans la poêle.

a b c d e f g h i j k l m n o p

A B C D E F G H I J K L M N O P

poème nom masculin. Un poème, c'est une petite histoire écrite en vers avec des rimes. *Victor récite un poème qu'il a appris par cœur.*
✦ Tu peux dire aussi **poésie**.
✦ Cherche aussi **strophe**.

poésie nom féminin. 1. La poésie, c'est l'art d'écrire des poèmes. 2. Une poésie, c'est un poème. *Laure apprend une poésie par cœur.*

poète nom masculin et féminin. Un poète, une poète, c'est un écrivain qui écrit des poèmes. *Victor Hugo est un grand poète.*

poids nom masculin. Le poids, c'est ce que pèse un objet ou une personne. *Le poids de ce livre est de 700 grammes. Sais-tu quel est ton poids?* sais-tu combien de kilos tu pèses?
✦ Ne confonds pas poids et **pois**.

poignard nom masculin. Un poignard, c'est une petite arme qui ressemble à un couteau avec une lame courte et large et très pointue au bout. *Le prince a été tué à coups de poignard.*

poignée nom féminin. 1. *Martin a jeté une poignée de sable sur le journal que j'étais en train de lire,* il a jeté une petite quantité de sable qu'il tenait dans sa main fermée et serrée. 2. *Pour ouvrir la fenêtre, il faut tourner la poignée,* il faut tourner la partie de la fenêtre que l'on peut tenir avec la main.

poignet nom masculin. Le poignet, c'est l'ensemble des petits os qui se trouvent entre le bras et la main et qui servent à bouger la main. *Elsa porte un bracelet à son poignet gauche.*
✦ Sais-tu comment s'appelle l'ensemble des petits os qui se trouvent entre la jambe et le pied?

poil nom masculin. Les poils, ce sont les petites parties de matière longues et fines comme un fil qui poussent sur le corps des hommes et des animaux. *Le chat d'Olivier a de longs poils. Papi a des poils dans les oreilles.*
✦ Ne confonds pas poil et **poêle**.

poing nom masculin. Le poing, c'est la main fermée.
✦ Ne confonds pas poing et **point**.

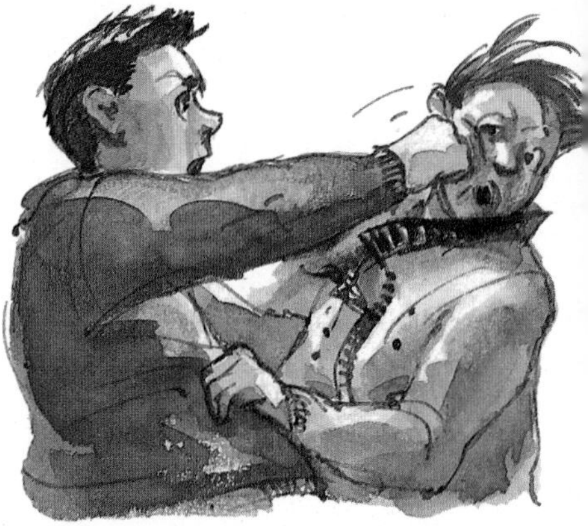

Romain a donné un coup de poing à Hervé.

point nom masculin. 1. Un point, c'est un petit signe rond que l'on met au-dessus de certaines lettres ou à la fin d'une phrase. *Il ne faut pas oublier de mettre un point sur les « i » et sur les « j ».* 2. *Après avoir fait le tour de la piste les coureurs automobiles sont revenus à leur point de départ,* ils sont revenus à l'endroit d'où ils étaient partis. 3. Un point, c'est une unité que l'on donne aux joueurs, dans un jeu ou dans un sport, pour montrer qui gagne. *Notre équipe a marqué un point.*
✦ Ne confonds pas point et **poing**.

pointe nom féminin. La pointe, c'est le bout pointu d'un objet servant à percer ou à piquer. *Mamie a cassé la pointe de son aiguille.*

pointu adjectif masculin,
pointue adjectif féminin. *La mine de mon crayon est très pointue quand je viens de le tailler*, la mine de mon crayon est terminée par une pointe quand je viens de le tailler.

pointure nom féminin. La pointure, c'est la taille des chaussures d'une personne. *Quelle pointure fais-tu ? Je fais du 32.*

poire nom féminin. Une poire, c'est un fruit qui a une forme un peu ovale et qui contient des pépins. *Mamie épluche des poires pour faire une tarte.*
✦ Les poires poussent sur les **poiriers**.

poireau nom masculin. Un poireau, c'est un légume long et mince dont les feuilles sont vertes et le bout blanc. *Elsa mange des poireaux à la vinaigrette.*
☞ Au pluriel : des **poireaux**.

Des poireaux.

pois nom masculin. 1. *Maman fait cuire des petits pois*, elle fait cuire des petites graines rondes et vertes que l'on mange comme légume. 2. *Aurore a une jupe rouge à pois blancs*, elle a une jupe rouge avec des petits ronds blancs.
✦ Ne confonds pas pois et **poids**.

poison nom masculin. Le poison, c'est une matière qui est très dangereuse pour la santé si on la mange et qui peut faire mourir. *Le traître a versé du poison dans le verre de la reine.*
✦ Le traître veut **empoisonner** la reine.

poisseux adjectif masculin,
poisseuse adjectif féminin. *Après avoir mangé sa sucette, Arthur avait les mains poisseuses*, il avait les mains qui collaient car elles étaient pleines de sucre.

poisson nom masculin. Un poisson, c'est un animal qui a des nageoires et qui vit dans l'eau. *La truite est un poisson d'eau douce. Le thon est un poisson de mer. Franck a des poissons rouges dans un aquarium.*

Un poisson.

poissonnerie nom féminin. Une poissonnerie, c'est un magasin où l'on vend des poissons et des crustacés. *Maman est allée acheter des soles à la poissonnerie.*

poitrine nom féminin. La poitrine, c'est la partie du corps qui est entre les épaules et le ventre et qui contient le cœur et les poumons. *Lorsque tu respires fort, ta poitrine se gonfle d'air.*
✦ Tu peux dire aussi **thorax**, **torse**.

poivre nom masculin. Le poivre, c'est une graine que l'on moud pour faire une poudre qui donne un goût fort et piquant à ce que l'on mange. *Papa met du sel et du poivre sur la viande.*

pôle nom masculin. Les pôles, ce sont les deux points opposés tout à fait en haut et tout à fait en bas du globe terrestre. *Il y a le pôle Nord et le pôle Sud.*

poli adjectif masculin,
polie adjectif féminin. *Aude est très polie*, elle dit «bonjour» et «merci» et elle se tient bien, elle est bien élevée.

✦ Le contraire de poli, c'est **impoli**.

police nom féminin. La police, c'est l'ensemble des personnes dont le métier est de faire régner l'ordre dans la ville, dans la campagne et sur les routes et de protéger les personnes des bandits et des voleurs. *Les agents et les commissaires font partie de la police.*

policier nom masculin, **policière** nom féminin. Un policier, une policière, c'est une personne qui fait partie de la police. *Des policiers empêchent la foule de s'approcher trop près du président.*

poliment adverbe. Poliment, c'est d'une manière polie. *Sébastien a remercié poliment la dame qui lui a indiqué le chemin.*

politesse nom féminin. La politesse, c'est l'ensemble des choses qu'il faut faire et qu'il faut dire pour être poli. *La politesse c'est de dire «s'il vous plaît» lorsque tu demandes quelque chose à quelqu'un et «merci» lorsqu'il te l'a donné.*

✦ Le contraire de politesse, c'est **impolitesse**.

politique nom féminin. La politique, c'est la manière de gouverner un pays. *Avant les élections, les candidats expliquent quelle sera leur politique, s'ils sont élus.*

pollen nom masculin. Le pollen, c'est une sorte de poussière, faite de tout petits grains, que fabriquent les fleurs et qui est nécessaire pour que la fleur donne un fruit. *Les insectes et le vent transportent le pollen d'une fleur à l'autre.*

pollué adjectif masculin,
polluée adjectif féminin. *L'air est pollué dans cette ville*, l'air est sale et il est dangereux pour la santé de le respirer.

✦ Le contraire de pollué, c'est **pur**.

L'air est très pollué dans cette ville.

pollution nom féminin. La pollution, c'est l'ensemble des dégâts qui sont faits dans un endroit par toutes les choses qui le salissent en le rendant dangereux. *On ne peut plus se baigner dans la rivière à cause de la pollution.*

pommade nom féminin. Une pommade, c'est une crème que l'on met sur la peau pour soigner ou pour ne plus avoir mal. *Maman se met de la pommade à l'endroit où elle s'est brûlée.*

pomme nom féminin. Une pomme, c'est un fruit rond qui contient des pépins. *Camille mange une pomme pendant la récréation.*

✦ Les pommes poussent sur les **pommiers**.

pomme de terre nom féminin. Une pomme de terre, c'est un légume qui pousse dans la terre. *J'aide Maman à éplucher les pommes de terre. Est-ce que tu préfères la purée de pommes de terre ou les frites ?*

☞ Au pluriel : des **pommes de terre**.

pompe nom féminin. Une pompe, c'est un appareil avec lequel on aspire ou on envoie du liquide ou de l'air. *Ludovic gonfle le pneu de son vélo avec une pompe. Maman arrête sa voiture devant une pompe à essence.*

pompier nom masculin. Un pompier, c'est une personne dont le métier est d'éteindre les incendies. *Quand il y a le feu, il faut tout de suite appeler les pompiers.*

On entend la sirène de la voiture des pompiers.

pompon nom masculin. Un pompon, c'est une boule faite avec des fils de laine. *Martin a un pompon sur son bonnet de laine.*

pondre verbe. *La poule a pondu un œuf*, elle a fait un œuf.

poney nom masculin. Un poney, c'est un cheval de petite taille. *Margot a fait une promenade sur un poney.*

pont nom masculin. Un pont, c'est un passage construit au-dessus d'une rivière, d'une route ou d'une voie ferrée. *Un vieux pont de bois franchit le torrent.*

pont-levis nom masculin. Un pont-levis, c'est un petit pont en bois au-dessus du fossé d'un château fort, que l'on peut relever pour que personne ne puisse entrer.

☞ Au pluriel : des **ponts-levis**.

populaire adjectif masculin et féminin. *Cet acteur est très populaire*, tout le monde le connaît et l'aime bien.

population nom féminin. La population, c'est l'ensemble des personnes qui vivent dans un endroit. *La population de la France est d'environ 58 millions d'habitants.*

porc nom masculin. Un porc, c'est un cochon. *Le jambon et le saucisson sont de la viande de porc.*

✦ La femelle du porc, c'est la **truie**.
✦ Ne confonds pas porc et **port**.

Le porc et la truie.

a b c d e f g h i j k l m n o p

A B C D E F G H I J K L M N O P

porcelaine nom féminin. La porcelaine, c'est une matière fragile qui sert à fabriquer des assiettes, des plats, des tasses et des objets avec lesquels on décore une maison. *Le bouquet de roses est dans un vase en porcelaine.*

porc-épic nom masculin. Un porc-épic, c'est un petit animal plus gros qu'un hérisson, qui a le corps couvert de longs piquants. *On trouve des porcs-épics en Afrique, en Asie et dans le sud de l'Europe.*
☞ Au pluriel : des **porcs-épics**.

porcherie nom féminin. Une porcherie, c'est un bâtiment dans lequel dorment les porcs.
✦ Les chevaux dorment dans une **écurie**, les vaches dans une **étable**, les moutons dans une **bergerie**.

port nom masculin. Un port, c'est un endroit au bord de la mer ou d'un fleuve où viennent s'arrêter les bateaux.
✦ Ne confonds pas port et **porc**.

portable nom masculin. Un portable, c'est un téléphone qui fonctionne partout et que l'on peut emporter avec soi. *Paul a appelé Juliette sur son portable.*

portail nom masculin. Un portail, c'est une grande porte à l'entrée d'un bâtiment ou d'un jardin. *Le portail de l'église est grand ouvert.*
☞ Au pluriel : des **portails**.

porte nom féminin. Une porte, c'est un grand rectangle en bois ou en verre qui sert à fermer une ouverture dans un bâtiment, un véhicule ou un meuble. *Quelqu'un a frappé à la porte. La porte de l'armoire est ouverte.*
✦ Cherche aussi **portière**.

porte-bagages nom masculin. Un porte-bagages, c'est un objet fixé au-dessus de la roue arrière d'une bicyclette ou d'une moto, qui sert à transporter des choses ou des personnes. *Adeline attache le paquet sur son porte-bagages.*
☞ Au pluriel : des **porte-bagages**.

porte-clés nom masculin. Un porte-clés, c'est un anneau ou un étui qui sert à faire tenir des clés ensemble.
☞ Au pluriel : des **porte-clés**.

portée nom féminin. Une portée, c'est un ensemble de 5 lignes sur lesquelles sont écrites les notes de musique.

portefeuille nom masculin. Un portefeuille, c'est une sorte d'enveloppe en cuir ou en plastique avec des poches, dans laquelle on range des billets de banque, des papiers, des cartes, des tickets, des timbres, etc. *Maman range son portefeuille dans son sac.*

portemanteau nom masculin. Un portemanteau, c'est un gros crochet fixé au mur, auquel on suspend un vêtement. *Saturnin suspend son blouson au portemanteau.*
☞ Au pluriel : des **portemanteaux**.

Il faut vite refermer le portail.

porte-monnaie nom masculin. Un porte-monnaie, c'est un petit sac dans lequel on met son argent. *Thérèse met sa pièce de 2 euros dans son porte-monnaie.*

☞ Au pluriel : des **porte-monnaie**.

On range les billets dans son portefeuille et les pièces de monnaie dans son porte-monnaie.

porter verbe. **1.** Porter, c'est soulever et tenir un objet ou une personne. *Papa, je suis fatigué, porte-moi! La valise est trop lourde, Caroline n'arrive pas à la porter.* **2.** Porter, c'est avoir sur soi. *Max porte des lunettes.* **3.** *Depuis son opération, Mamie se porte bien,* elle est en bonne santé.

portière nom féminin. Une portière, c'est une porte de voiture ou de train. *Angélique vérifie que les portières de la voiture sont bien fermées.*

portrait nom masculin. Un portrait, c'est un dessin, une peinture ou une photo représentant une personne. *Xavier a fait le portrait de son grand-père.*

poser verbe. **1.** Poser, c'est mettre. *Arnaud pose son livre sur la table. L'oiseau s'est posé sur une branche.* **2.** *Je t'ai posé une question,* je t'ai interrogé, je t'ai demandé quelque chose à quoi tu dois répondre. **3.** *Pierre-Yves pose son addition,* il écrit les nombres comme il faut, en mettant bien les chiffres les uns en dessous des autres. **4.** Poser, c'est rester sans bouger pour être pris en photo. *Les mannequins posent pour les photographes.*

position nom féminin. **1.** Une position, c'est une façon de se tenir, de placer son corps. *Cette nuit, Claudine a pris une mauvaise position dans son lit et maintenant elle a mal au cou.* **2.** Une position, c'est la place occupée par une chose ou par une personne. *Matthias observe la position des pions avant de jouer. Ce coureur est en troisième position,* il est le troisième de la course.

posséder verbe. Posséder, c'est avoir à soi, être propriétaire. *Mes parents possèdent deux voitures.*

possessif adjectif masculin,
possessive adjectif féminin. Un adjectif possessif, c'est un adjectif qui montre à qui appartient quelque chose. *Dans la phrase « ceci est mon crayon », « mon » est un adjectif possessif qui montre que ce crayon est à moi.*

possibilité nom féminin. *Mamie a la possibilité de me garder le mercredi,* elle peut me garder le mercredi.

possible adjectif masculin et féminin. *Il est possible d'apprendre ses leçons tout seul,* on peut apprendre ses leçons tout seul. *Il est possible qu'il neige ce soir*, il peut neiger ce soir, il risque de neiger ce soir.

✦ Le contraire de possible, c'est **impossible**.

poste nom féminin. Une poste, c'est une sorte de magasin où l'on achète des timbres et où l'on apporte les lettres et les paquets que l'on veut envoyer.

Maman est allée à la poste.

poste nom masculin. Un poste de radio, c'est un appareil qui reçoit les émissions de radio, c'est une radio. Un poste de télévision, c'est un appareil qui reçoit les émissions de télévision, c'est un téléviseur.

Le poste de radio marche.
Le poste de télévision est allumé.

poster verbe. Poster, c'est envoyer par la poste. *Clara a posté une lettre pour sa grand-mère.*

poster nom masculin. Un poster, c'est une affiche qui sert à décorer. *Corentin a des posters de lapins dans sa chambre.*

✦ Poster est un mot qui vient de l'anglais.

pot nom masculin. Un pot, c'est un récipient. *Mamie a mis des pots de fleurs sur son balcon. Papa a acheté un pot de confiture de fraises.*

✦ Ne confonds pas pot et **peau**.

potable adjectif masculin et féminin. De l'eau potable, c'est de l'eau que l'on peut boire, de l'eau qui ne rend pas malade. *Attention, cette eau n'est pas potable !*

potage nom masculin. Un potage, c'est une soupe assez liquide. *Lucas aime beaucoup le potage aux poireaux et aux pommes de terre.*

potager nom masculin. Un potager, c'est un jardin dans lequel on fait pousser des légumes et des fruits. *Anne-Lise va cueillir une salade et du persil dans le potager.*

poteau nom masculin. Un poteau, c'est un long morceau de bois, de métal ou de ciment enfoncé dans le sol. *Il y a des poteaux électriques tout le long de la route.*

☞ Au pluriel : des **poteaux**.

✦ Cherche aussi **pilier** et **pylône**.

potelé adjectif masculin,

potelée adjectif féminin. *Mon petit frère est un bébé potelé*, c'est un bébé bien gras.

✦ Le contraire de potelé, c'est **maigre**.

poterie nom féminin. 1. *Nous avons visité un atelier de poterie*, nous avons visité un atelier où l'on fabrique des objets en terre cuite. 2. Une poterie, c'est un objet en terre cuite.

potier nom masculin. Un potier, c'est une personne qui fabrique et vend des objets en terre cuite, qui fait de la poterie.

potiron nom masculin. Un potiron, c'est une grosse citrouille. *Mamie a préparé de la soupe au potiron.*

Un potiron.

pou nom masculin. Un pou, c'est un tout petit insecte qui se met dans les cheveux. *Mathilde a attrapé des poux à l'école.*

☞ Au pluriel : des **poux**.

✦ Les œufs de poux s'appellent des **lentes**.

✦ Ne confonds pas pou et **pouls**.

poubelle nom féminin. Une poubelle, c'est une sorte de seau dans lequel on jette tout ce que l'on ne garde pas, dans lequel on met les ordures. *Sabine jette son mouchoir en papier dans la poubelle.*

pouce nom masculin. Le pouce, c'est le doigt de la main le plus court et le plus gros. *Nicolas suce encore son pouce.*

poudre nom féminin. De la poudre, c'est une matière faite de grains très fins. *Hortense met du sucre en poudre sur les crêpes.*

poulailler nom masculin. Un poulailler, c'est une maison dans laquelle les poules sont à l'abri. *Le soir, la fermière enferme les poules dans le poulailler.*

poulain nom masculin. Le poulain, c'est le petit du cheval et de la jument.

poule nom féminin. Une poule, c'est un oiseau de basse-cour. *Le soir, Isabelle ramasse les œufs que les poules ont pondus.*

✦ La poule est une **volaille**. Son mâle, c'est le **coq**, son petit c'est le **poussin**.

Le coq, la poule et les poussins.

poulet nom masculin. Un poulet, c'est une jeune poule ou un jeune coq. *Nous avons mangé du poulet rôti avec des haricots verts.*

pouls nom masculin. *Le médecin prend le pouls du malade*, il met son doigt sur le poignet du malade pour voir si son cœur fonctionne bien et si la circulation du sang est normale.

✦ Ne confonds pas pouls et **pou**.

poumon nom masculin. Les poumons, ce sont les deux organes qui sont dans la poitrine et qui servent à respirer.

A B C D E F G H I J K L M N O P

poupée nom féminin. Une poupée, c'est un jouet qui représente une personne.

Olivia joue à la poupée.

pour préposition. 1. *Il faut manger pour grandir*, il faut manger afin de grandir, il faut manger si l'on veut grandir. 2. *Marguerite a une leçon à apprendre pour demain*, elle doit savoir sa leçon demain. 3. *Anatole a un cadeau pour la maîtresse*, il a un cadeau à donner à la maîtresse. 4. *Le magasin est fermé pour travaux*, il est fermé parce qu'il y a des travaux.

pourboire nom masculin. Un pourboire, c'est un peu d'argent que l'on donne en plus de ce que l'on doit payer, pour remercier. *Maman a donné deux euros de pourboire au livreur.*

pourquoi adverbe. Pourquoi, c'est un mot qui sert à poser la question : pour quelle raison? *Valérie, pourquoi pleures-tu? Dis-moi pourquoi tu rentres si tard.*

✦ La réponse commence par **parce que**.

pourrir verbe. *Quelques pommes sont tombées de l'arbre et ont pourri par terre*, elles se sont abîmées, elles sont devenues mauvaises à manger.

poursuite nom féminin. Une poursuite, c'est une course derrière une personne ou un animal pour essayer de le rattraper. *Le chien s'est lancé à la poursuite du lièvre.*

poursuivre verbe. *Le chien poursuit le lièvre à travers les champs*, il court derrière le lièvre pour essayer de le rattraper.

pourtant adverbe. Pourtant, c'est un mot qui indique qu'il se passe quelque chose de différent de ce qui devrait arriver. *Ce matin, Nicolas est fatigué et pourtant il a bien dormi.*

✦ Tu peux dire aussi **cependant**.

pourvu que conjonction. Pourvu que, c'est un mot qui indique que l'on souhaite très fort quelque chose. *Pourvu qu'il fasse beau demain, pour le match!* espérons qu'il fera beau demain, pour le match.

pousse nom féminin. Une pousse, c'est une feuille, une fleur ou une branche qui commence à pousser et qui est encore toute petite. *Au printemps, les arbres sont couverts de pousses vertes.*

✦ Tu peux dire aussi **bourgeon**.

pousser verbe. 1. Pousser, c'est grandir, se développer. *Les cheveux de Myriam poussent vite. Les tulipes que Maman a plantées commencent à pousser.* 2. Pousser, c'est faire bouger en appuyant. *Mamie a poussé la porte de ma chambre et elle est entrée. Armelle pousse ses camarades pour passer devant elles.*

poussette nom féminin. Une poussette, c'est une petite voiture dans laquelle on assied les enfants qui ne savent pas encore bien marcher et que l'on pousse devant soi. *Mamie promène Damien dans sa poussette.*

poussière nom féminin. La poussière, c'est une sorte de poudre faite de terre ou de saleté qui vole dans l'air et se met sur les objets. *Les meubles qui sont dans le grenier sont couverts de poussière.*

poussin nom masculin. Le poussin, c'est le petit de la poule et du coq, qui vient de sortir de l'œuf. *Les poussins sont couverts d'un duvet jaune.*
✦ Cherche aussi **poulet**.

poutre nom féminin. Une poutre, c'est un long morceau de bois qui soutient le toit ou le plafond.

Il y a de jolies poutres dans cet appartement.

pouvoir verbe. 1. Pouvoir, c'est avoir la possibilité, être capable de faire quelque chose. *Est-ce que tu peux me prêter ta gomme ? Valentin peut rester longtemps sous l'eau sans respirer.* 2. Pouvoir, c'est avoir le droit, avoir la permission de faire quelque chose. *Marie, qui est pensionnaire, peut revenir chez ses parents pendant le week-end.* 3. *Fais attention, tu peux te faire mal avec ce couteau*, tu risques de te faire mal avec ce couteau.

pouvoir nom masculin. *Les fées ont des pouvoirs magiques*, elles sont capables de faire des actions magiques que personne d'autre ne peut faire.

prairie nom féminin. Une prairie, c'est un terrain couvert d'herbe. *Anne cueille des coquelicots dans la prairie.*
✦ Tu peux dire aussi **pré**.

pratique adjectif masculin et féminin. *Ce sac à dos est très pratique*, il est très facile à utiliser, il est bien fait et peut contenir beaucoup de choses.
✦ Tu peux dire aussi **commode**.

pré nom masculin. Un pré, c'est un terrain où pousse de l'herbe qui sert à nourrir le bétail. *Les moutons broutent dans le pré.*
✦ Tu peux dire aussi **prairie**.

préau nom masculin. Le préau, c'est la partie de la cour de l'école qui est recouverte d'un toit. *Les enfants jouent sous le préau.*
☞ Au pluriel : des **préaux**.

précaution nom féminin. Une précaution, c'est ce que l'on fait à l'avance pour ne pas avoir d'ennui ou pour éviter un danger. *Papi a réservé les places de train longtemps à l'avance, c'est une sage précaution car beaucoup de gens voulaient partir ce jour-là.*

A B C D E F G H I J K L M N O P

précédent adjectif masculin,
précédente adjectif féminin. *Antoine n'aime pas le professeur de gymnastique qu'il a cette année, il préférait celui qu'il avait l'année précédente,* il préférait celui qu'il avait l'année d'avant.

✦ Le contraire de précédent, c'est **suivant**.

précéder verbe. 1. Précéder, c'est être devant, marcher devant. *Jérôme précède Sophie pour lui montrer le chemin.* 2. Précéder, c'est avoir lieu avant, exister avant. *Pour comprendre cet épisode du feuilleton, il faut avoir vu les épisodes qui précèdent.*

✦ Le contraire de précéder, c'est **suivre**.

précieusement adverbe. *Isabelle garde précieusement les cartes postales que son oncle lui envoie d'Amérique,* Isabelle garde les cartes postales que son oncle lui envoie d'Amérique en y faisant très attention parce qu'elle trouve que ces cartes sont très précieuses, qu'elles sont très belles et très intéressantes.

précieux adjectif masculin,
précieuse adjectif féminin. 1. *La petite statue que mon grand-père a rapportée du Mexique est un objet très précieux,* cette petite statue est un objet qui a une grande valeur et qui coûte très cher. 2. Les pierres précieuses, ce sont des pierres très rares que l'on trouve sous le sol et qui valent très cher. Elles servent à faire des bijoux. *Le diamant est une pierre précieuse.*

précipice nom masculin. Un précipice, c'est un trou très profond qui a une paroi à pic, en montagne.

✦ Tu peux dire aussi **ravin**.

se **précipiter** verbe. Se précipiter, c'est se mettre à courir tout d'un coup vers quelqu'un ou vers quelque chose. *Dès la fin du cours, Marine s'est précipitée vers la sortie.*

✦ Tu peux dire aussi s'**élancer**, se **ruer**.

précis adjectif masculin,
précise adjectif féminin. 1. *Mamie nous a donné des indications précises pour trouver l'entrée du zoo,* elle nous a donné des indications claires avec beaucoup de détails. 2. *Viens chez moi à 8 heures précises,* viens chez moi à 8 heures, pas avant et pas après.

précision nom féminin. Une précision, c'est un détail en plus, un renseignement en plus, qui rend plus précis ce que l'on vient de dire ou ce que l'on vient d'écrire. *J'ai raconté mes vacances à Gérard qui m'a demandé des précisions sur la maison où l'on habitait et sur la plage où l'on allait.*

La route longe un dangereux précipice.

précoce adjectif masculin et féminin. 1. *Victor a 5 ans et il sait déjà lire et écrire, c'est un enfant précoce*, c'est un enfant qui a fait des progrès plus vite que les enfants de son âge. 2. *Le printemps est précoce, cette année*, le printemps est arrivé plus tôt cette année que les autres années.

prédire verbe. Prédire, c'est dire à l'avance que quelque chose va arriver comme si on connaissait l'avenir. *On a prédit à ce jeune pianiste qu'il serait célèbre.*

préface nom féminin. Une préface, c'est un petit texte qui est placé au début d'un livre et qui explique ce qu'il y a dans ce livre.

préférence nom féminin. *Parmi tous les gâteaux, Alex a une préférence pour les éclairs au chocolat*, de tous les gâteaux, il préfère les éclairs au chocolat.

préférer verbe. Préférer, c'est aimer mieux. *Au petit-déjeuner, Maman préfère boire du thé plutôt que du café.*

préhistoire nom féminin. La préhistoire, c'est une période très ancienne où les hommes ne savaient pas écrire. *Les hommes de la préhistoire fabriquaient des outils avec des morceaux de pierre.*

préhistorique adjectif masculin et féminin. *Les dinosaures sont des animaux préhistoriques*, ce sont des animaux qui vivaient pendant la préhistoire.

premier adjectif masculin,
première adjectif féminin. 1. *Romain est premier en récitation*, il est le meilleur de la classe en récitation. 2. *Aujourd'hui, c'est le premier jour des vacances*, c'est le jour qui est au commencement des vacances.

✦ Le contraire de premier, c'est dernier.

prendre verbe. 1. Prendre, c'est mettre dans sa main, saisir. *Alix a pris un livre sur l'étagère de la bibliothèque.* 2. Prendre, c'est emporter avec soi. *Prends un parapluie, il va pleuvoir.* 3. Prendre, c'est absorber. *Julien prend du sirop avant de se coucher, car il tousse.* 4. Prendre, c'est attraper. *Le pêcheur a pris une grosse truite.* 5. Prendre, c'est utiliser. *Papa prend le métro pour aller au bureau.* 6. *Les bûches sont humides, le feu ne prend pas*, le feu ne s'allume pas. 7. *Cette place est prise*, elle est remplie par quelqu'un, elle n'est pas libre. *Je ne viendrai pas dîner chez vous ce soir je suis pris*, j'ai une autre occupation.

Des outils et des armes préhistoriques.

prénom nom masculin. Le prénom, c'est le nom qui est avant le nom de famille. *Mon prénom est Juliette.*

✦ Quel est ton prénom?

A B C D E F G H I J K L M N O P

préparatoire adjectif masculin et féminin. Le cours préparatoire, c'est la première année de l'école primaire. *Yasmina est au cours préparatoire.*
✦ On dit aussi le **C.P.**

préparer verbe. Préparer, c'est faire tout ce qu'il faut à l'avance pour qu'une chose soit prête. *Maman est à la cuisine, elle prépare le dîner.*

préposition nom féminin. Une préposition, c'est un mot qui relie deux mots. *Dans, chez, sur, sous, contre sont des prépositions.*

près adverbe. Près, c'est à une petite distance, pas loin. *Mathilde habite près de l'école.*
✦ Le contraire de près, c'est **loin**.
✦ Ne confonds pas près et **prêt**.

présence nom féminin. La présence, c'est le fait d'être présent, d'être là. *À la fin de l'année la maîtresse nous a donné des récompenses, en présence de la directrice,* elle nous a donné des récompenses quand la directrice était là.

présent adjectif masculin,
présente adjectif féminin. Une personne présente, c'est une personne qui est là. *Aujourd'hui, tous les élèves de la classe sont présents.*
✦ Le contraire de présent, c'est **absent**.

présent nom masculin. 1. Le présent, c'est la partie du temps qui est en train de se passer. *Il faut vivre dans le présent, sans s'inquiéter pour l'avenir.* 2. Le présent, c'est un temps du verbe qui indique que l'action est en train de se passer. *Dans la phrase : « Chloé mange une glace », le verbe « manger » est au présent.*

Le présentateur accueille la chanteuse invitée à son émission.

présentateur nom masculin,
présentatrice nom féminin. Un présentateur, une présentatrice, c'est une personne qui présente une émission de radio, de télévision ou un spectacle. *La présentatrice annonce le programme de la soirée.*

présentation nom féminin. 1. *Quand il écrit son devoir, Joël fait très attention à la présentation,* il fait très attention à l'apparence de son devoir : il écrit lisiblement et il dispose le texte de façon à ce que la page soit agréable à regarder et facile à lire. 2. *Aujourd'hui, il y a beaucoup d'invités à la maison et certains ne se connaissent pas, alors Papa fait les présentations,* il présente les gens les uns aux autres.

présenter verbe. 1. *Ariane m'a présenté son cousin,* elle me l'a fait connaître en me disant son nom. 2. *Ce soir, c'est une femme qui a présenté le journal télévisé,* c'est une femme qui a fait connaître à ceux qui regardaient la télévision les informations du journal télévisé. 3. *Notre voisin se présente aux élections pour être maire du village*, il s'est inscrit sur une liste et a dit qu'il aimerait être choisi comme maire du village, il est candidat.

préservatif nom masculin. Un préservatif, c'est une sorte d'étui très mince, en caoutchouc, que l'homme met sur son sexe quand il fait l'amour pour ne pas attraper de maladies et ne pas faire d'enfant.

président nom masculin,
présidente nom féminin. 1. Un président, une présidente, c'est une personne qui dirige des gens qui travaillent ou qui font partie d'une association. *Le président du club de football s'appelle Monsieur Guillou.* 2. Le président de la République, c'est le chef de l'État.

presque adverbe. Presque, c'est à peu près, pas tout à fait. *David est presque aussi grand que moi. Il est presque midi.*

presqu'île nom féminin. Une presqu'île, c'est un morceau de terre qui avance dans la mer et qui est entouré d'eau de tous les côtés sauf un.

pressé adjectif masculin,
pressée adjectif féminin. *Papa marche vite car il est pressé*, il marche vite car il n'a pas beaucoup de temps, il doit se dépêcher.

presser verbe. Presser un fruit, c'est en faire sortir le jus. *Mamie presse des oranges pour faire du jus d'orange.*

se **presser** verbe. Se presser, c'est aller le plus vite possible quand on fait quelque chose. *Presse-toi un peu si tu ne veux pas être en retard.*

✦ Tu peux dire aussi se **dépêcher**.

prestidigitateur nom masculin,
prestidigitatrice nom féminin. Un prestidigitateur, une prestidigitatrice, c'est une personne qui fait des tours de magie.

Le prestidigitateur a fait sortir un lapin de son chapeau.

prêt adjectif masculin,
prête adjectif féminin. *Les enfants sont prêts, nous pouvons partir*, les enfants ont fini de se préparer, nous pouvons partir. *Le dîner est prêt, à table!* le dîner est préparé, à table!

✦ Ne confonds pas prêt et **près**.

prétentieux adjectif masculin,
prétentieuse adjectif féminin. *Aude est prétentieuse*, elle croit qu'elle a beaucoup de qualités et qu'elle est mieux que les autres.

✦ Tu peux dire aussi **orgueilleux**.
✦ Le contraire de prétentieux, c'est **modeste**.

prêter verbe. Prêter, c'est donner mais pour un certain temps, pas pour toujours. *Je te prête mon vélo jusqu'à ce soir.*

prétexte nom masculin. Un prétexte, c'est une fausse excuse que l'on donne pour expliquer ce que l'on fait, parce que l'on veut cacher la vraie raison. *Papi a trouvé un prétexte pour ne pas aller dîner chez les Duval : il a dit qu'il avait mal aux dents. Quel prétexte vas-tu encore inventer pour ne pas travailler ?*

prêtre nom masculin. Un prêtre, c'est un homme qui emploie sa vie entièrement pour servir Dieu et qui donne les sacrements, dans la religion catholique. *Le prêtre dit la messe, donne la communion et baptise les enfants.*

✦ Cherche aussi **imam, pasteur, rabbin.**

preuve nom féminin. Une preuve, c'est ce qui sert à montrer qu'une chose est vraie. *J'ai la preuve que c'est toi qui m'as pris mon crayon rouge : tu es en train d'écrire avec.*

✦ Cela **prouve** que c'est toi qui m'as pris mon crayon rouge.

prévenir verbe. Prévenir, c'est dire à l'avance qu'il va se passer quelque chose. *Mon oncle nous a prévenus qu'il arriverait tard. Préviens-moi si tu ne viens pas.*

✦ Tu peux dire aussi **avertir.**

prévoir verbe. Prévoir, c'est dire à l'avance ou imaginer à l'avance que quelque chose va arriver. *Les spécialistes de la météo prévoient du beau temps pour le week-end. J'avais prévu qu'Antoine oublierait d'apporter son pique-nique alors j'ai pris à manger pour deux.*

prier verbe. 1. Prier, c'est faire une prière. *François va à l'église pour prier.* 2. Prier, c'est demander quelque chose en insistant. *Je te prie de te taire.*

prière nom féminin. 1. Une prière, c'est ce que l'on dit quand on parle à Dieu. *Pauline fait sa prière tous les soirs avant de se coucher.* 2. Prière, c'est un mot que l'on emploie pour donner un ordre ou interdire de faire quelque chose. *Prière de s'essuyer les pieds !*

primaire adjectif masculin et féminin. L'école primaire, c'est l'école où vont les enfants depuis la maternelle jusqu'au CM2.

✦ Avant d'aller à l'école primaire, on va à l'école **maternelle** et après on va au **collège.**

prince nom masculin. Un prince, c'est le fils d'un roi ou d'une reine.

princesse nom féminin. Une princesse, c'est la fille d'un roi ou d'une reine, ou la femme d'un prince.

Le prince et la princesse ouvrent le bal.

principal adjectif masculin,
principale adjectif féminin. *Peux-tu dire le nom des principaux fleuves français ?* peux-tu dire le nom des fleuves français les plus importants ?

☞ Au masculin pluriel : **principaux.** Au féminin pluriel : **principales.**

principal nom masculin. Le principal, c'est le plus important. *Nous sommes tous en bonne santé, c'est le principal.*

principe nom masculin. 1. Un principe, c'est une règle que l'on se force à suivre dans sa vie. *Paul a un principe, il ne ment jamais.* 2. *En principe, Maman vient me chercher à l'école à 4 heures,* si tout va bien, normalement, Maman vient me chercher à l'école à 4 heures.

printemps nom masculin. Le printemps, c'est la saison de l'année qui vient après l'hiver et qui est avant l'été. *Au printemps, les arbres sont en fleur.*

✦ Le printemps commence le 21 ou le 22 mars et finit le 20 juin.

priorité nom féminin. *Les voitures qui viennent de droite ont la priorité,* elles ont le droit de passer avant les autres.

pris va voir prendre.

prise nom féminin. 1. *Alexandre connaît plusieurs prises de judo,* il connaît plusieurs façons d'attraper son adversaire au judo. 2. Une prise électrique ou une prise de courant, c'est l'endroit d'un mur dans lequel on branche un appareil électrique. *Martin branche la lampe sur la prise qui est près de son lit.* 3. *Le médecin a fait une prise de sang à Clémence,* il lui a pris un peu de sang avec une seringue pour voir si elle est en bonne santé.

prison nom féminin. Une prison, c'est une maison où l'on enferme des personnes qui ont fait quelque chose de mal. *Le voleur a été mis en prison.*

prisonnier nom masculin, **prisonnière** nom féminin. Un prisonnier, une prisonnière, c'est une personne qui est enfermée dans une prison. *Deux prisonniers ont essayé de s'évader.*

privé adjectif masculin, **privée** adjectif féminin. *La piscine de l'immeuble est privée,* la piscine est seulement pour les personnes de l'immeuble, tout le monde n'a pas le droit d'y aller.

✦ Le contraire de privé, c'est **public**.

priver verbe. Priver, c'est empêcher d'avoir quelque chose d'agréable. *Mes parents m'ont privé de dessert.*

prix nom masculin. 1. Le prix d'un objet, c'est la somme d'argent qu'il faut donner pour l'acheter. *Quel est le prix de ces chaussures ?* combien coûtent ces chaussures ? 2. Un prix, c'est une récompense donnée aux meilleurs, dans une compétition. *Damien a eu le premier prix au concours de tir à l'arc.*

☞ Au pluriel : des **prix**.

probable adjectif masculin et féminin. *Est-ce que Jacques est invité à l'anniversaire de Marie ? C'est probable,* c'est presque sûr.

probablement adverbe. Probablement, c'est d'une manière presque sûre, sans doute. *Luc va probablement venir.*

✦ Tu peux dire aussi **certainement**, **sûrement**.

problème nom masculin. 1. Un problème, c'est quelque chose qui donne du souci, une difficulté qui empêche d'être bien. *Monsieur Imbert a des problèmes d'argent.* 2. Un problème, c'est un exercice de mathématiques avec des questions qui obligent à faire des calculs pour trouver la solution.

procès nom masculin. Un procès, c'est une séance, dans un tribunal, au cours de laquelle on juge une personne accusée d'avoir fait quelque chose de mal.

Monsieur Roy est témoin au procès.

prochain adjectif masculin,
prochaine adjectif féminin. *Guillaume part en classe de neige la semaine prochaine,* il part la semaine qui suit celle où nous sommes.

- ✦ Tu peux dire aussi **suivant.**
- ✦ Le contraire de prochain, c'est **précédent.**

proche adjectif masculin et féminin. *L'école est proche de la mairie,* elle est près de la mairie.

produire verbe. 1. *Ce pommier produit de très bonnes pommes,* il donne de très bonnes pommes. 2. Produire, c'est fabriquer. *Cette usine produit des téléviseurs.* 3. Se produire, c'est avoir lieu. *Un accident s'est produit sur l'autoroute,* il est arrivé un accident sur l'autoroute.

produit nom masculin. 1. Un produit, c'est une chose que l'on trouve dans la nature ou qui est fabriquée par l'homme. *Maman a acheté un produit pour enlever les taches sur la moquette.* 2. Le produit, c'est le résultat d'une multiplication. *10 est le produit de 2 multiplié par 5.*

professeur nom masculin et féminin. Un professeur, une professeur, c'est une personne qui enseigne à des élèves. *Mademoiselle Lemaire est professeur de latin.*

profession nom féminin. Une profession, c'est le travail que l'on fait pour gagner de l'argent. *La maîtresse nous a demandé la profession de nos parents.*

- ✦ Tu peux dire aussi **métier.**

profil nom masculin. Le profil, c'est le visage vu de côté. *Adèle est plus jolie de face que de profil.*

profiter verbe. *Monsieur Colin a profité de ses vacances pour repeindre sa cuisine,* il a utilisé ses vacances à repeindre sa cuisine.

profond adjectif masculin,
profonde adjectif féminin. *À cet endroit, la rivière est profonde,* le fond de la rivière est à une grande distance de la surface.

profondeur nom féminin. *Le trou a deux mètres de profondeur,* il y a deux mètres entre le fond du trou et le bord.

programme nom masculin. 1. Un programme de télévision, c'est la liste des émissions de télévision, avec l'heure à laquelle elles passent. 2. Le programme, c'est l'ensemble des choses que l'on doit apprendre en classe. *Les soustractions à 3 chiffres sont au programme de mathématiques du CE2.*

progrès nom masculin. *Grégoire a fait des progrès en orthographe*, il est meilleur qu'avant en orthographe, il travaille mieux et il a de meilleurs résultats.

proie nom féminin. Une proie, c'est un animal qu'un autre animal attrape pour le manger. *Le renard s'est jeté sur sa proie. La buse est un oiseau de proie*, c'est un oiseau qui attrape des animaux et les mange vivants, c'est un rapace.

projecteur nom masculin. 1. Un projecteur, c'est une lampe qui envoie une lumière très forte. 2. Un projecteur, c'est un appareil qui permet de passer des photos ou des films sur un écran.

La scène est éclairée par des projecteurs.

projet nom masculin. Un projet, c'est quelque chose que l'on prévoit de faire. *Quels sont vos projets pour les vacances?* qu'avez-vous l'intention de faire pour les vacances?

prolonger verbe. Prolonger, c'est faire durer plus longtemps. *Le médecin a prolongé le congé de maladie de Papa d'une semaine.*

promenade nom féminin. *Papi et Mamie m'ont emmené faire une promenade en forêt*, ils m'ont emmené me promener en forêt.

se **promener** verbe. Se promener, c'est marcher ou rouler en voiture ou à bicyclette, juste pour le plaisir, sans se presser. *Dimanche, nous irons nous promener dans la campagne.*

promesse nom féminin. Une promesse, c'est ce que l'on promet. *Maman tient toujours ses promesses*, elle fait toujours ce qu'elle a promis.

On a sorti le projecteur pour passer des photos.

promettre verbe. Promettre, c'est affirmer que l'on va faire ce que l'on a dit. *Le maître nous a promis de nous emmener au zoo avant la fin de l'année.*

pronom nom masculin. Un pronom, c'est un mot qui remplace un nom dans une phrase. *Dans la phrase «Éric et moi, nous sommes frères», «moi» et «nous» sont des pronoms.*

A B C D E F G H I J K L M N O P

prononcer verbe. Prononcer, c'est dire les sons. *Sais-tu prononcer le mot « wagon » ? « Pain » et « pin » se prononcent de la même façon mais ne veulent pas dire la même chose.*

proposer verbe. *Magali a proposé à Charles de venir goûter chez elle*, elle a dit à Charles qu'il pouvait venir goûter chez elle s'il en avait envie.

proposition nom féminin. Une proposition, c'est ce que l'on propose à quelqu'un. *Je te fais une proposition : je te passe mon vélo et tu me prêtes ton nouveau jeu vidéo.*

propre adjectif masculin et féminin. *Le pantalon de Ségolène est propre*, il n'a pas de taches.

✦ Le contraire de propre, c'est **sale**.

Le pantalon de Ségolène est propre, celui de Victor est sale.

propreté nom féminin. *Papa vérifie la propreté de mes mains*, il regarde si mes mains sont bien propres.

✦ Le contraire de propreté, c'est **saleté**.

propriétaire nom masculin et féminin. Un propriétaire, une propriétaire, c'est une personne qui possède quelque chose. *Les propriétaires des appartements de notre immeuble se réunissent une fois par an.*

✦ Le **locataire** paie un loyer au propriétaire de la maison dans laquelle il habite.

protéger verbe. 1. Protéger, c'est défendre contre un danger. *Antoine protège les petits pendant la récréation.* 2. Protéger, c'est mettre à l'abri. *Un parapluie et un imperméable protègent de la pluie.*

protestant adjectif masculin, **protestante** adjectif féminin. *Jacques et Zoé sont protestants*, ce sont des chrétiens, ils croient en Dieu et en Jésus-Christ, ils sont baptisés et ils vont au culte.

✦ Les protestants n'obéissent pas au pape.

✦ Cherche aussi **catholique**, **juif** et **musulman**.

protester verbe. Protester, c'est dire et montrer que l'on n'est pas d'accord. *Le joueur de tennis a protesté quand l'arbitre a dit que sa balle avait touché le filet.*

prouver verbe. Prouver, c'est montrer que quelque chose est vrai en donnant des preuves. *Ton lit est encore chaud, cela prouve que tu t'es levé il y a peu de temps.*

province nom féminin. 1. Une province, c'est une partie d'un pays, c'est une région. *La Normandie et l'Auvergne sont des provinces françaises.* 2. La province, c'est l'ensemble de la France, sans Paris. *Les grands-parents d'Anne-Charlotte habitent en province.*

provision nom féminin. 1. Une provision, c'est une certaine quantité de choses que l'on met de côté pour pouvoir s'en servir quand on veut. *La provision de cahiers et de craies est dans le placard, au fond de la classe.* 2. *Papi est allé faire les provisions,* il est allé acheter de la nourriture et des produits pour la maison, il est allé faire les courses, les commissions.

prudence nom féminin. La prudence, c'est la qualité d'une personne qui fait attention à tout et qui évite de faire des choses dangereuses. *Maman conduit toujours avec prudence.*

prudent adjectif masculin,
prudente adjectif féminin. Une personne prudente, c'est une personne qui fait attention au danger et qui réfléchit avant de faire quelque chose. *Sois prudent, regarde bien à gauche et à droite avant de traverser la rue.*

✦ Le contraire de prudent, c'est **imprudent**.

prune nom féminin. Une prune, c'est un petit fruit rond qui a un noyau. *Jean a fait une tarte aux prunes.*

✦ Les prunes poussent sur des **pruniers**.

Il y a plusieurs sortes de prunes.

pruneau nom masculin. Un pruneau, c'est une prune séchée, de couleur noire. *As-tu déjà mangé du lapin aux pruneaux ?*

☞ Au pluriel : des **pruneaux**.

✦ Les pruneaux d'Agen sont très connus.

prunelle nom féminin. La prunelle, c'est le petit rond noir qui est au centre de l'œil.

✦ Tu peux dire aussi **pupille**.

public adjectif masculin,
publique adjectif féminin. Un lieu public, c'est un lieu où tout le monde peut aller. *Nicolas et Benjamin vont faire de la balançoire dans le jardin public.*

✦ Le contraire de public, c'est **privé**.

public nom masculin. 1. Le public, c'est l'ensemble des personnes. *L'entrée de l'immeuble en construction est interdite au public.* 2. Le public, c'est l'ensemble des spectateurs. *Le public a applaudi le chanteur à la fin du spectacle.*

publicité nom féminin. Une publicité, c'est une image, un texte ou un petit film fait exprès pour donner envie d'acheter quelque chose. *Coralie regarde les publicités à la télévision.*

puce nom féminin. Une puce, c'est un petit insecte qui pique et suce le sang. *Le chien est couvert de puces, on les voit sauter ! Martine s'est fait piquer par une puce.*

pudeur nom féminin. La pudeur, c'est la gêne qu'a une personne de se montrer nue. *Gwendoline s'enferme dans sa chambre pour se déshabiller, par pudeur.*

puer verbe. Puer, c'est sentir très mauvais. *Ce fromage pue, c'est une infection !*

A B C D E F G H I J K L M N O P

puis adverbe. Puis, c'est après cela. *Jeanne a appris sa leçon, puis elle est allée jouer.*

✦ Tu peux dire aussi **ensuite**.
✦ Ne confonds pas puis et **puits**.

puisque conjonction. Puisque, c'est un mot qui indique la cause. *Puisque tu es là, aide-moi à mettre le couvert.*

puissance nom féminin. *Cette voiture a une grande puissance*, elle peut rouler très vite.

puissant adjectif masculin,
puissante adjectif féminin. *Pour éclairer la pièce, il faudrait une ampoule plus puissante*, il faudrait une ampoule capable de donner plus de lumière.

puits nom masculin. Un puits, c'est un trou très profond creusé dans le sol. *Autrefois, on allait chercher de l'eau au puits.*

✦ Ne confonds pas puits et **puis**.

pull nom masculin. Un pull, c'est un tricot en laine ou en coton que l'on met en le passant par la tête. *Benoît a mis son pull jaune.*

✦ Pull est un mot qui vient de l'anglais. C'est le mot **pull-over** en plus court.
✦ Tu peux dire aussi **chandail**.

punaise nom féminin. 1. Une punaise, c'est un petit insecte plat qui pique et qui sent très mauvais. 2. Une punaise, c'est un petit clou avec un bout plat et une petite pointe courte. *Élise appuie avec son doigt sur la punaise pour l'enfoncer dans le mur.*

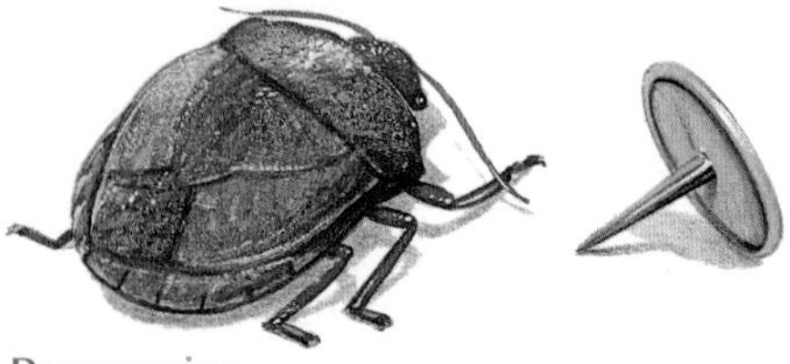

Deux punaises.

punir verbe. Punir quelqu'un, c'est l'obliger à faire une chose désagréable ou ennuyeuse ou le priver d'une chose agréable, parce qu'il a fait quelque chose de mal. *Le maître a puni Cécile parce qu'elle n'écoutait pas : elle restera dans la classe pendant la récréation.*

✦ Le contraire de punir, c'est **récompenser**.

punition nom féminin. Une punition, c'est une chose désagréable que l'on oblige quelqu'un à faire pour le punir. *Pour sa punition, Cécile est restée dans la classe pendant la récréation.*

✦ Le contraire de punition, c'est **récompense**.

pupille nom féminin. La pupille, c'est le petit rond noir au centre de l'œil.

✦ Tu peux dire aussi **prunelle**.

pur adjectif masculin,
pure adjectif féminin. 1. *Vanessa a un pull en pure laine*, elle a un pull qui est seulement en laine, qui n'est fait avec aucune autre matière que de la laine. 2. *L'air est pur à la montagne*, il est propre, il n'est pas pollué.

purée nom féminin. Une purée, c'est un plat fait de légumes cuits dans l'eau bouillante et écrasés. *Marion mange de la purée de pommes de terre.*

pus nom masculin. Le pus, c'est un liquide un peu jaune qui coule d'une blessure ou d'un bouton. *Le pus contient des microbes.*

puzzle nom masculin. Un puzzle, c'est un jeu fait de morceaux que l'on doit mettre ensemble les uns à côté des autres pour faire un dessin.

✦ Puzzle est un mot qui vient de l'anglais.

pyjama nom masculin. Un pyjama, c'est un vêtement composé d'une veste et d'un pantalon que l'on met pour dormir. *Elsa est en pyjama et Marie en chemise de nuit.*

pylône nom masculin. Un pylône, c'est un grand poteau.

pyramide nom féminin. Une pyramide, c'est un grand monument qui a ses quatre côtés en forme de triangle et un sommet pointu. *Les pyramides d'Égypte servaient de tombeaux.*

python nom masculin. Un python, c'est un très grand serpent d'Asie et d'Afrique. Il serre très fort l'animal qu'il a attrapé pour l'écraser avant de le manger, comme le boa.

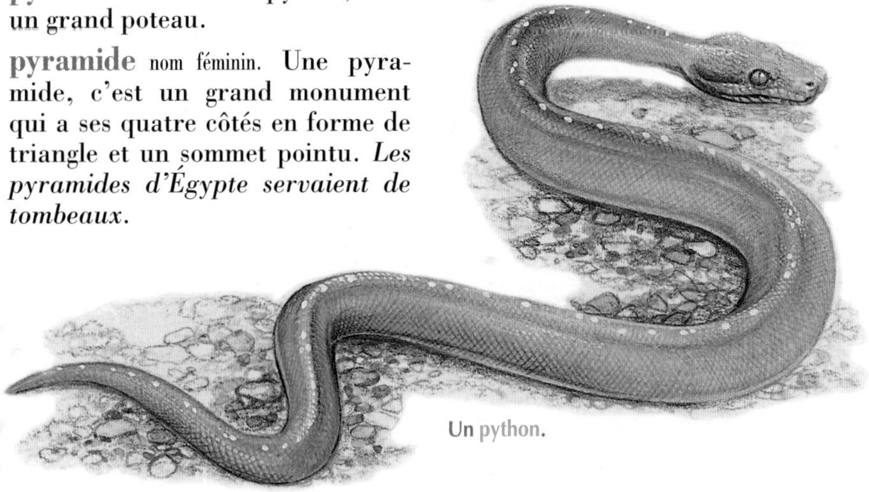

Un python.

Q

q Q q

quadrillé adjectif masculin,

quadrillée adjectif féminin. *Rosine écrit sur du papier quadrillé,* elle écrit sur du papier à carreaux.

✦ Du papier **quadrillé** peut être à petits ou à gros carreaux.

quai nom masculin. **1.** Un quai, c'est une sorte de trottoir le long des rails, dans une gare. **2.** Un quai, c'est une sorte de trottoir au bord de l'eau, dans un port.

qualité nom féminin. **1.** *Cette casserole est de bonne qualité,* elle est solide et on pourra s'en servir pendant longtemps. *Ces skis sont de mauvaise qualité,* ils ne sont pas bien faits et ils vont s'abîmer rapidement. **2.** Une qualité, c'est quelque chose de bien dans le caractère d'une personne. *La gentillesse est la plus grande qualité de Marc, la gourmandise est son plus gros défaut.*

Les voyageurs attendent le train sur le quai.

Le bateau va arriver à quai.

A B C D E F G H I J K L M N O P Q

quand adverbe et conjonction. 1. Quand, c'est un mot qui sert à poser la question : à quel moment? *Quand auras-tu 7 ans?* 2. *Pauline a ouvert son parapluie quand il s'est mis à pleuvoir,* elle a ouvert son parapluie au moment où il s'est mis à pleuvoir, lorsqu'il s'est mis à pleuvoir.

✦ Ne confonds pas quand et **camp**.

quantité nom féminin. 1. *Quelle quantité de farine faut-il pour faire ce gâteau?* quel poids de farine faut-il pour faire ce gâteau? combien de farine faut-il pour faire ce gâteau? 2. *Carine a des quantités de bandes dessinées,* elle a beaucoup de bandes dessinées.

quart nom masculin. Un quart, c'est une partie d'une chose divisée en quatre parts égales. *Jérémie a bu un quart de litre de lait. Laure a attendu Armelle pendant un quart d'heure,* elle l'a attendue 15 minutes.

✦ Ne confonds pas quart et **car**.

quartier nom masculin. 1. Un quartier, c'est une partie d'une ville. 2. Un quartier, c'est un morceau de fruit.

Léa habite dans le vieux quartier de Strasbourg.

que pronom. Que, c'est un mot qui sert à poser la question : quelle chose? *Que fais-tu? Qu'est-ce que tu veux?*

Il ne faut pas se tromper dans les quantités quand on fait un gâteau.

quel adjectif masculin,
quelle adjectif féminin. Quel, c'est un mot qui sert à poser une question. *Quel jour sommes-nous? Quelles chaussures vas-tu mettre?*

quelque chose pronom masculin. Quelque chose, c'est une chose dont on ne dit pas le nom. *Gilles a caché quelque chose sous son lit.*

Grégoire donne un quartier de mandarine à sa sœur.

quelquefois adverbe. Quelquefois, c'est de temps en temps. *Quelquefois, je rentre de l'école avec Séverine.*

✦ Tu peux dire aussi **parfois.**

✦ Le contraire de quelquefois, c'est **jamais, souvent, toujours.**

quelques adjectif masculin et féminin pluriel. Quelques, c'est un petit nombre de personnes ou de choses. *Julien a invité quelques amis à goûter.*

✦ Tu peux dire aussi **plusieurs.**

Reconnais la queue du renard, du cheval, du rat, du lapin, du chat, du lézard et du singe.

quelqu'un pronom masculin. Quelqu'un, c'est une personne dont on ne dit pas le nom. *Quelqu'un a sonné à la porte.*

quenouille nom féminin. Une quenouille, c'est un petit bâton dont on se servait autrefois pour faire des fils de laine.

question nom féminin. **1.** Une question, c'est une phrase par laquelle on demande quelque chose à quelqu'un. *Je t'ai posé une question, réponds-moi.* **2.** *Il est question que Gaétan parte en colonie de vacances,* il est possible que Gaétan parte en colonie de vacances, on en parle.

questionnaire nom masculin. Un questionnaire, c'est une liste de questions. *Le professeur nous a donné un questionnaire auquel les parents doivent répondre.*

queue nom féminin. **1.** Une queue, c'est une partie du corps que de nombreux animaux ont au bas du dos et qui continue leur colonne vertébrale. *Le chat remue la queue quand il est énervé.* **2.** Une queue, c'est une file de personnes qui attendent leur tour, les unes derrière les autres.

Geoffroy et Marguerite font la queue devant le cinéma.

qui pronom. Qui, c'est un mot qui sert à poser la question : quelle personne? *Qui est là? À qui parlais-tu? Qui sont ces enfants?*

quille nom féminin. Une quille, c'est un morceau de bois ou de plastique long et rond que l'on doit faire tomber avec une boule que l'on lance. *Lucie et ses amis jouent aux quilles dans le jardin.*

A B C D E F G H I J K L M N O P Q

quincaillerie nom féminin. Une quincaillerie, c'est un magasin où l'on vend des outils et tout ce qu'il faut pour bricoler, des ustensiles de cuisine et tout ce qu'il faut pour faire le ménage. *Maman est allée à la quincaillerie acheter des clous et une cuvette.*

quitter verbe. **1.** Quitter un endroit, c'est partir, s'éloigner de cet endroit. *Les parents de Carlos ont quitté l'Espagne il y a 10 ans.* **2.** Quitter une personne, c'est la laisser en partant. *Il est tard, il faut que je te quitte. À bientôt !* **3.** *Madame Leduc a quitté son mari,* elle est partie et elle ne vit plus avec son mari. *Les parents d'Antoine se sont quittés l'année dernière,* ils se sont séparés l'année dernière, ils ne vivent plus ensemble.

quoi pronom. Quoi, c'est un mot qui sert à poser une question. *À quoi penses-tu ?* à quelle chose penses-tu ?

quoique conjonction. Quoique, c'est un mot qui indique que l'on va ajouter quelque chose qui s'oppose à ce que l'on vient de dire. *Victor regarde la télévision quoique son père le lui ait interdit.*

✦ Tu peux dire aussi **bien que**.

quotidien adjectif masculin,
quotidienne adjectif féminin. *Papi fait sa promenade quotidienne,* il fait la promenade qu'il fait tous les jours.

quotient nom masculin. Le quotient, c'est le résultat d'une division. *3 est le quotient de 12 divisé par 4.*

✦ Sais-tu comment s'appelle le résultat d'une multiplication ?

R

R r

rabâcher verbe. Rabâcher, c'est répéter tout le temps la même chose. *Arrête de rabâcher !*

rabattre verbe. Rabattre, c'est baisser quelque chose qui était relevé.

Sophie rabat le couvercle de son coffre à jouets.

rabbin nom masculin. Un rabbin, c'est un chef de la religion juive.

raccommoder verbe. Raccommoder, c'est réparer un trou en cousant. *Mamie a raccommodé mon jean qui était déchiré.*

raccompagner verbe. Raccompagner quelqu'un, c'est ramener quelqu'un chez lui. *Le père de Julie m'a raccompagné en voiture.*

raccourci nom masculin. Un raccourci, c'est un chemin plus court que le chemin normal. *Prenons ce raccourci, nous arriverons avant les autres !*

raccourcir verbe. 1. Raccourcir, c'est rendre plus court. *Ma jupe est trop longue, Maman va la raccourcir.* 2. Raccourcir, c'est devenir plus court. *En automne, les jours raccourcissent*, ils diminuent.

✦ Le contraire de raccourcir, c'est **rallonger**.

raccrocher verbe. Raccrocher, c'est arrêter une communication en posant la partie du téléphone dans laquelle on parle et on entend. *Thomas a dit « au revoir » et il a raccroché.*

✦ Le contraire de raccrocher, c'est **décrocher**.

race nom féminin. 1. Une race, c'est un ensemble de personnes qui se ressemblent parce qu'elles ont la même couleur de peau et des aspects du visage identiques. *Moussa est de race noire, Tévy de race jaune et Corinne de race blanche.* 2. *Ces deux chiens sont de la même race*, ils appartiennent au même groupe de chiens qui se ressemblent entre eux.

A B C D E F G H I J K L M N O P Q R

racine nom féminin. La racine, c'est la partie de la plante qui est dans la terre. *Le chêne a de très grandes racines.*

✦ Les carottes et les radis sont des racines.

raciste adjectif masculin et féminin. Une personne raciste, c'est une personne qui méprise les gens qui ne sont pas de sa race, parce qu'elle se croit mieux qu'eux.

raconter verbe. Raconter, c'est dire ou écrire une histoire ou ce qui s'est passé. *Tous les soirs, Papa me raconte une histoire. La maîtresse nous a demandé de raconter un souvenir de vacances.*

radar nom masculin. Un radar, c'est un appareil qui permet de savoir où se trouve un objet que l'on ne peut pas voir.

✦ Radar est un mot qui vient de l'anglais.

Les radars permettent de savoir où se trouvent les avions dans le ciel.

radeau nom masculin. Un radeau, c'est un ensemble de morceaux de bois attachés les uns aux autres qui sert de bateau. *Les rescapés du naufrage ont construit un radeau.*

☞ Au pluriel : des **radeaux**.

radiateur nom masculin. Un radiateur, c'est un appareil qui donne de la chaleur dans une pièce.

radio nom féminin. Une radio, c'est un appareil dans lequel on peut entendre de la musique et des paroles qui sont envoyées de loin. *Sandrine écoute un jeu à la radio.*

✦ On dit aussi un **poste de radio**.

radio nom féminin. Une radio, c'est une photo de l'intérieur du corps qu'un médecin fait avec un appareil spécial. *On a fait une radio des poumons à Pierre.*

✦ Radio, c'est le mot **radiographie** en plus court.

radis nom masculin. Un radis, c'est la racine d'une plante. Les radis sont blancs à l'intérieur et sont recouverts d'une peau rose ou blanche. Il existe aussi de gros radis qui ont une peau noire. *Clara mange des radis avec du beurre et du sel.*

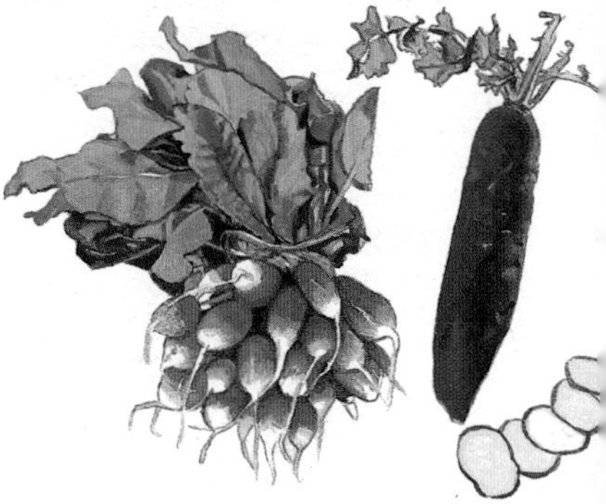

Une botte de radis et un radis noir.

se **rafraîchir** verbe. Se rafraîchir, c'est devenir plus frais. *Le temps s'est rafraîchi.*

rage nom féminin. 1. La rage, c'est une maladie très grave des chiens et des renards. *Il est obligatoire de vacciner les chiens contre la rage.* 2. Une rage de dents, c'est un mal de dents très douloureux. *Maman* *est vite allée chez le dentiste car elle avait une rage de dents.* 3. *Ivan se met en rage quand on ne fait pas ce qu'il veut*, il se met dans une très grande colère quand on ne fait pas ce qu'il veut.

raide adjectif masculin et féminin. 1. *Coralie a les cheveux raides*, elle a les cheveux tout droits, elle n'a pas les cheveux frisés. 2. *Papi a une jambe raide*, il a une jambe qu'il ne peut pas plier. 3. *L'escalier qui va au grenier est raide*, il est difficile à monter parce qu'il est très incliné.

raie nom féminin. 1. Une raie, c'est une ligne droite de couleur tracée sur quelque chose, c'est une rayure. 2. Une raie, c'est une ligne qui sépare les cheveux.

Salomé a la raie au milieu et un pull à raies rouges et bleues.

raie nom féminin. Une raie, c'est un poisson plat qui vit dans la mer. Sa queue est recouverte de piquants. *Lambert a mangé de la raie.*

rail nom masculin. Les rails, ce sont les barres d'acier parallèles sur lesquelles roulent les trains.

✦ Les rails forment la voie ferrée.

raisin nom masculin. Le raisin, c'est le fruit de la vigne. Il est formé de grains ronds réunis en grappes. *Préfères-tu le raisin blanc ou le raisin noir ?*

✦ Le raisin sert à faire le vin.

raison nom féminin. 1. La raison, c'est le bon sens qui permet à une personne intelligente de réfléchir et de savoir ce qu'il faut faire. *On dit qu'à 7 ans on a l'âge de raison*, on dit qu'à 7 ans on est capable de savoir tout seul ce que l'on doit faire. 2. Avoir raison, c'est faire ou dire ce qu'il faut, c'est ne pas se tromper. *Il pleut, tu as eu raison de mettre des bottes, j'ai eu tort de mettre des sandales.* 3. Une raison, c'est ce qui explique pourquoi quelque chose se produit, c'est une cause, un motif. *Sais-tu pour quelle raison Sonia est absente aujourd'hui ?*

Une raie.

raisonnable adjectif masculin et féminin. Une personne raisonnable, c'est une personne qui réfléchit toujours avant d'agir, qui évite de faire des choses dangereuses ou imprudentes et qui comprend que l'on ne peut pas toujours faire ce que l'on aimerait faire. *Martin a été très raisonnable, il est allé se coucher au lieu de regarder la télévision, car il devait se lever tôt le lendemain matin.*

a b c d e f g h i j k l m n o p q r

A B C D E F G H I J K L M N O P Q R

rajouter verbe. Rajouter, c'est ajouter encore une fois. *Jean rajoute du sel dans sa soupe.*

ralentir verbe. Ralentir, c'est aller moins vite. *Les voitures ralentissent en arrivant au carrefour.*
✦ Le contraire de ralentir, c'est **accélérer**.

rallonger verbe. 1. Rallonger, c'est rendre plus long. *Noémie a grandi, il faut rallonger ses jupes.* 2. Rallonger, c'est devenir plus long. *Au printemps, les jours rallongent.*
✦ Le contraire de rallonger, c'est **raccourcir**.

ramassage nom masculin. *Le car de ramassage scolaire passe à 8 heures*, le car qui prend les enfants pour les emmener à l'école passe à 8 heures.

ramasser verbe. 1. Ramasser, c'est prendre ce qui est par terre. *Julien ramasse sa gomme qui est tombée sous sa chaise.* 2. Ramasser, c'est prendre et mettre ensemble. *La maîtresse a ramassé tous les cahiers.*

rame nom féminin. Une rame, c'est une longue barre de bois dont le bout est plat et qui sert à faire avancer une barque ou un petit bateau.
✦ Cherche aussi **aviron**.

ramener verbe. Ramener quelqu'un, c'est aller avec lui jusqu'à l'endroit où il était avant. *Le maître nous a emmenés au zoo et ensuite il nous a tous ramenés à l'école.*
✦ Cherche aussi **raccompagner**.

ramer verbe. Ramer, c'est utiliser les rames d'un bateau pour le faire avancer. *Le moteur du bateau est tombé en panne, il a fallu ramer pour rentrer au port.*

se **ramollir** verbe. Se ramollir, c'est devenir mou. *Le beurre se ramollit si on ne le met pas dans le réfrigérateur.*
✦ Le contraire de se ramollir, c'est **durcir**.

rampe nom féminin. Une rampe, c'est une barre fixée tout le long d'un escalier à laquelle on peut se tenir. *Mamie se tient à la rampe pour descendre l'escalier.*

ramper verbe. Ramper, c'est avancer en se traînant sur le ventre. *Les serpents se déplacent en rampant.*

ranch nom masculin. Un ranch, c'est une grande ferme en Amérique.
☞ Au pluriel : des **ranchs** ou des **ranches**.
✦ Ranch est un mot qui vient de l'anglais.

Un ranch.

rançon nom féminin. Une rançon, c'est la somme d'argent exigée pour libérer une personne qui a été enlevée. *Les ravisseurs de la petite Édith demandent une rançon d'un million d'euros.*

rancune nom féminin. La rancune, c'est le sentiment que l'on éprouve quand on ne pardonne pas à quelqu'un ce qu'il a fait et qu'on a toujours envie de se venger de lui. *Aurélien a de la rancune contre Charlotte parce qu'elle a raconté son secret à tout le monde.*

✦ Aurélien est **rancunier**.

rancunier adjectif masculin,
rancunière adjectif féminin. Une personne rancunière, c'est une personne qui n'oublie pas quand quelqu'un lui a fait du mal et qui continue à lui en vouloir. *Aurélien est rancunier, il n'a toujours pas pardonné à Charlotte.*

✦ Aurélien garde **rancune** à Charlotte.

rang nom masculin. Un rang, c'est une ligne formée par des personnes ou des choses qui sont les unes à côté des autres.

rangée nom féminin. Une rangée, c'est un ensemble de personnes ou de choses placées les unes à côté des autres sur la même ligne. *Une rangée d'arbres borde le chemin.*

rangement nom masculin. *Émilie fait du rangement,* elle range ses affaires, elle met de l'ordre.

ranger verbe. Ranger, c'est mettre les choses à l'endroit où elles doivent être. *Odile range ses affaires avant de se coucher. Christophe a rangé sa chambre,* il a mis de l'ordre dans sa chambre.

rapace nom masculin. Un rapace, c'est un oiseau qui a un bec recourbé et des griffes. Il attrape des animaux et les mange vivants. *Les aigles, les buses et les hiboux sont des rapaces.*

✦ Tu peux dire aussi **oiseau de proie**.

râpé adjectif masculin,
râpée adjectif féminin. *Anne-Laure mange des carottes râpées,* elle mange des carottes coupées en morceaux allongés très fins.

rapetisser verbe. Rapetisser, c'est faire devenir plus petit. *D'un coup de baguette magique, la fée a rapetissé le dragon.*

rapide adjectif masculin et féminin. *La voiture de Madame Jouanet est rapide,* elle roule vite.

✦ Le contraire de rapide, c'est **lent**.

Au cinéma, Tom aime bien s'asseoir au premier **rang**.

rapidement adverbe. Rapidement, c'est en peu de temps. *Les pompiers sont arrivés rapidement. Philippe travaille rapidement.*

✦ Tu peux dire aussi **vite**.
✦ Le contraire de rapidement, c'est **lentement**.

rapidité nom féminin. La rapidité, c'est la qualité d'une personne, d'un animal ou d'un appareil qui se déplace ou qui fait quelque chose en peu de temps. *Magali a rangé ses affaires avec rapidité.*

✦ Cherche aussi **vitesse**.
✦ Le contraire de rapidité, c'est **lenteur**.

rappeler verbe. 1. Rappeler, c'est appeler une nouvelle fois au téléphone. *Je rappellerai Daniel plus tard.* 2. Se rappeler, c'est faire venir dans sa mémoire. *Bernard se rappelle le jour où il a rencontré Nicole,* il ne l'a pas oublié, il s'en souvient. *Nathalie n'arrive pas à se rappeler son rêve.*

rapport nom masculin. 1. *Il n'y a aucun rapport entre ces deux histoires,* il n'y a rien de commun dans ces deux histoires, elles n'ont rien à voir l'une avec l'autre. 2. *Judith est grande par rapport à Hervé,* si on compare Judith et Hervé, Judith semble grande.

rapporter verbe. 1. Rapporter, c'est apporter une chose pour la remettre où elle était ou pour la rendre. *Caroline m'a rapporté le ballon que je lui avais prêté.* 2. Rapporter, c'est apporter une chose en revenant d'un endroit. *Mamie nous a rapporté des chocolats de Suisse.* 3. Rapporter, c'est raconter ce que l'on a entendu ou ce que l'on a vu, souvent pour dénoncer quelqu'un. *Régis a rapporté à Maman ce qu'avait fait François.*

rapprocher verbe. Rapprocher, c'est mettre plus près. *Suzanne rapproche sa chaise de la table. Étienne s'est rapproché de Lucie,* il s'est approché d'elle.

raquette nom féminin. 1. Une raquette, c'est un instrument avec un manche qui sert à renvoyer la balle dans certains jeux comme le ping-pong et le tennis. 2. Une raquette, c'est une semelle très large que l'on attache sous sa chaussure pour marcher dans la neige sans s'enfoncer.

rare adjectif masculin et féminin. Une chose rare, c'est une chose qui n'arrive pas souvent ou que l'on ne voit pas souvent. *Timoléon est un prénom rare.*

✦ Le contraire de rare, c'est **courant**, **fréquent**.

raser verbe. 1. Raser, c'est couper les poils ou les cheveux très court. *Papi a rasé sa moustache. Papa se rase tous les matins,* il se coupe les poils qui poussent sur ses joues et son menton. 2. Raser, c'est passer tout près. *L'hélicoptère a rasé le clocher de l'église.*

rasoir nom masculin. Un rasoir, c'est un instrument qui sert à raser.

rassembler verbe. Rassembler, c'est mettre ensemble au même endroit. *Élodie a rassemblé toutes ses affaires et les a mises dans son cartable. Tous les élèves se sont rassemblés sous le préau.*

✦ Le contraire de rassembler, c'est **disperser**, **éparpiller**.

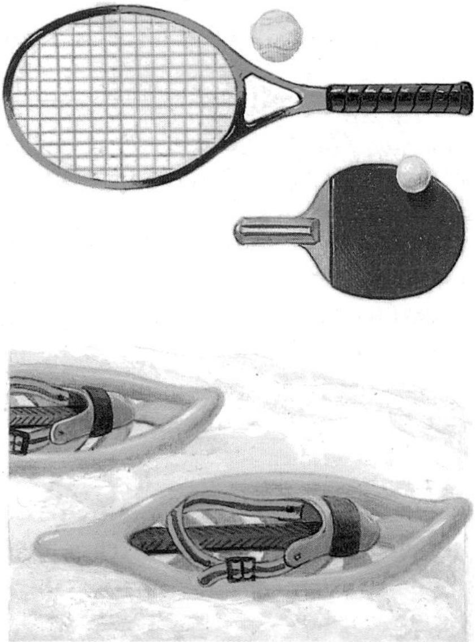

Une raquette de tennis, une raquette de ping-pong et des raquettes.

rassurer verbe. Rassurer, c'est enlever l'inquiétude ou la peur. *Le médecin a rassuré Maman en lui disant que la maladie de Papi n'était pas grave. Rassure-toi, tout va bien,* ne t'inquiète pas.

rat nom masculin. Un rat, c'est un animal au museau pointu, qui a une longue queue. Il ressemble à une grosse souris. *Tatiana a vu un gros rat dans la cave.*
✦ Le rat est un **rongeur**.

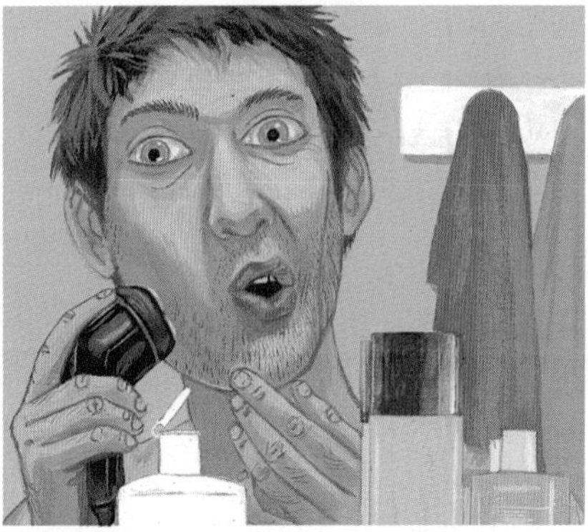
Papa se rase avec un rasoir électrique.

râteau nom masculin. Un râteau, c'est un outil qui est fait d'un manche au bout duquel sont fixées des pointes en métal. *Le jardinier enlève les feuilles qui sont sur la pelouse avec un râteau.*
☞ Au pluriel : des **râteaux**.
✦ Les pointes du râteau s'appellent des **dents**.

rater verbe. 1. *Laurence a raté son train,* elle n'a pas pu monter dans le train parce qu'elle est arrivée trop tard, elle a manqué son train. 2. Rater, c'est ne pas réussir. *Ma grande sœur a raté son examen,* elle n'a pas été reçue à son examen.

rattraper verbe. 1. Rattraper quelqu'un, c'est réussir à aller près de lui alors qu'il était parti avant. *Cédric rattrapera Jérôme s'il prend son vélo,* il rejoindra Jérôme. 2. *Paul a failli tomber mais il s'est rattrapé à une branche,* il s'est accroché avec ses mains à une branche et cela l'a empêché de tomber.

rature nom féminin. Une rature, c'est un trait que l'on fait sur une lettre ou sur un mot pour le barrer parce que l'on veut le supprimer. *Le devoir de Cécile est couvert de ratures.*

ravalement nom masculin. Un ravalement, c'est le nettoyage des murs d'un bâtiment. *Les ouvriers ont installé un échafaudage pour faire le ravalement de l'immeuble.*

ravi adjectif masculin,
ravie adjectif féminin. *Anne est ravie de tous ses cadeaux,* elle est très contente de tous ses cadeaux.
✦ Tu peux dire aussi **enchanté**.

ravin nom masculin. Un ravin, c'est une petite vallée étroite avec des parois à pic. *Un camion est tombé au fond du ravin.*
✦ Tu peux dire aussi **précipice**.

ravissant adjectif masculin,
ravissante adjectif féminin. *Laetitia est ravissante,* elle est très jolie.

ravisseur nom masculin,
ravisseuse nom féminin. Un ravisseur, une ravisseuse, c'est une personne qui enlève quelqu'un pour toucher de l'argent en le libérant. *La petite Édith a été rendue à ses parents par ses ravisseurs contre une forte rançon.*
✦ Les ravisseurs ont **kidnappé** Édith.

rayé adjectif masculin,
rayée adjectif féminin. *Dimitri a mis une chemise rayée,* il a mis une chemise à rayures.

A B C D E F G H I J K L M N O P Q R

rayon nom masculin. 1. Un rayon, c'est une tige de métal qui va du milieu d'une roue de bicyclette jusqu'au bord. 2. Un rayon, c'est une longue bande de lumière. 3. Un rayon, c'est une partie d'un magasin où l'on vend des objets de la même sorte.

réagir verbe. Réagir, c'est avoir une certaine attitude quand il se passe quelque chose. *Quand il y a un incendie, il faut réagir vite et appeler les pompiers.*

✦ Cherche aussi **réaction**.

L'étiquette s'est prise dans les rayons. Un rayon de soleil entre dans le magasin. Maman s'est arrêtée au rayon des chaussures.

rayure nom féminin. 1. Une rayure, c'est une bande de couleur, c'est une raie. *Gabriel a un pull à rayures bleues et blanches.* 2. Une rayure, c'est une ligne tracée en creux par quelque chose de pointu. *Il y a une rayure sur la portière de la voiture.*

raz-de-marée nom masculin. Un raz-de-marée, c'est une très grosse vague qui inonde les terres. *Un raz-de-marée arrive à la suite d'un tremblement de terre ou de l'éruption d'un volcan.*

☞ Au pluriel : des **raz-de-marée**.

✦ Tu peux écrire aussi **raz de marée**.

réaction nom féminin. Une réaction, c'est l'attitude qu'a une personne quand il se passe quelque chose, c'est la façon de réagir. *La première réaction de Thomas quand on le gronde, c'est de pleurer.*

réaliser verbe. Réaliser, c'est faire exister vraiment. *Le père de Samuel a réalisé son rêve : il s'est acheté un bateau.*

réalité nom féminin. La réalité, c'est ce qui existe vraiment. *Tu ne crois pas ce que je te dis, et pourtant, c'est la réalité.*

rebondir verbe. *Le ballon a rebondi sur le sol,* il est remonté en l'air après avoir touché le sol.

✦ Le ballon a fait un **bond**.

rébus nom masculin. Un rébus, c'est une devinette faite d'une suite de dessins qui représentent chacun un mot ou un morceau de mot.

récemment adverbe. Récemment, c'est il y a peu de temps. *Les parents de Quentin ont déménagé récemment.*

récent adjectif masculin,
récente adjectif féminin. *Cet aéroport est récent,* il existe depuis peu de temps.

✦ Le contraire de récent, c'est **ancien.**

recette nom féminin. 1. La recette, c'est tout l'argent que l'on a reçu. *Le soir, la caissière du magasin compte la recette.* 2. Une recette, c'est l'ensemble des explications qui sont données pour préparer un plat. *La mère de Samantha a demandé à Maman sa recette de poulet aux champignons.*

recevoir verbe. 1. *Paul a reçu une lettre,* une lettre lui a été envoyée et elle est arrivée chez lui. 2. *Sophie reçoit des amis pour son anniversaire,* elle a invité des amis et ils sont venus chez elle. 3. *Le grand frère de Renaud a été reçu à son examen,* il a réussi son examen.

de **rechange** adjectif masculin et féminin. *Maman emporte toujours des vêtements de rechange pour le bébé,* elle emporte toujours des vêtements pour pouvoir changer le bébé s'il le faut.

Quel prénom est caché dans ce rébus?

réchauffer verbe. 1. Réchauffer, c'est remettre à chauffer quelque chose qui a refroidi. *Papa a fait réchauffer les légumes.* 2. *David a couru pour se réchauffer,* il a couru pour avoir chaud.

recherche nom féminin. Une recherche, c'est le mal que l'on se donne pour retrouver quelqu'un ou quelque chose. *Les sauveteurs font des recherches pour retrouver des rescapés du naufrage.*

rechercher verbe. Rechercher, c'est chercher en se donnant du mal, en faisant beaucoup d'efforts. *La police recherche le prisonnier qui s'est évadé.*

récipient nom masculin. Un récipient, c'est un objet creux qui sert à contenir quelque chose.

Le seau, les cuvettes, le vase, le bidon, la bouteille, le verre, le bol, les casseroles sont des récipients.

récit nom masculin. Un récit, c'est une histoire que l'on raconte. *Amandine nous a fait le récit de sa première journée d'école.*

récitation nom féminin. Une récitation, c'est un texte, un poème que l'on apprend par cœur pour pouvoir le réciter. *Jennifer apprend sa récitation.*

réciter verbe. Réciter, c'est dire à haute voix une récitation ou une leçon que l'on a apprise par cœur. *Maman me fait réciter mes leçons pour voir si je les ai bien apprises.*

réclamer verbe. Réclamer, c'est demander en insistant. *Le maître réclame l'argent de la cantine aux élèves qui ne l'ont pas encore donné.*

récolte nom féminin. *Les agriculteurs sont en train de faire la récolte des olives*, ils sont en train de cueillir les olives.

✦ Cherche aussi **moisson** et **vendange**.

récolter verbe. Récolter, c'est cueillir et ramasser les fruits, les légumes et les céréales. *Cette année, on a récolté beaucoup de maïs.*

✦ Cherche aussi **moissonner**.

recommander verbe. Recommander, c'est conseiller en insistant. *Mamie me recommande toujours d'attendre que le feu soit rouge pour traverser la rue.*

recommencer verbe. Recommencer, c'est faire une deuxième fois, depuis le début. *Vincent doit recommencer son dessin parce qu'il a renversé son verre d'eau dessus.*

✦ Tu peux dire aussi **refaire**.

récompense nom féminin. Une récompense, c'est un cadeau que l'on donne à quelqu'un parce qu'il a fait quelque chose de bien. *Madame Comte a promis une récompense de 100 euros à la personne qui retrouvera son chat.*

✦ Le contraire de récompense, c'est **punition**.

récompenser verbe. Récompenser quelqu'un, c'est lui donner une récompense pour lui montrer que l'on est content de lui. *Mes parents m'ont offert un jeu vidéo pour me récompenser d'avoir bien travaillé.*

✦ Le contraire de récompenser, c'est **punir**.

se **réconcilier** verbe. Se réconcilier, c'est ne plus être fâchés, redevenir amis. *Martin et Lucas se sont réconciliés.*

reconnaître verbe. 1. Reconnaître quelqu'un ou quelque chose, c'est savoir qui c'est ou ce que c'est parce qu'on l'a déjà vu et que l'on s'en souvient. *Gildas a beaucoup grandi, Mamie ne l'a pas reconnu tout de suite.* 2. *Je reconnais que je me suis trompé*, je me rends compte que je me suis trompé et j'accepte de le dire.

recopier verbe. Recopier, c'est écrire ce qui a déjà été écrit. *Nina recopie sa récitation dans son cahier de poésies.*

record nom masculin. Un record, c'est le meilleur résultat qui est obtenu pour la première fois. *Cet athlète a battu le record du monde du saut à la perche.*

recoudre verbe. Recoudre, c'est coudre ce qui est décousu ou déchiré. *Mamie a recousu le bouton de mon manteau.*

recourbé adjectif masculin,
recourbée adjectif féminin. *L'aigle a un bec recourbé*, il a un bec qui fait une courbe, qui n'est pas droit.

recouvrir verbe. Recouvrir, c'est couvrir complètement. *La neige recouvre le sol.*

récréation nom féminin. La récréation, c'est le moment où les élèves ne travaillent plus entre les heures de classe et où ils peuvent jouer. *Claire et Salomé jouent à l'élastique pendant la récréation.*

✦ Comment s'appelle la cour où a lieu la récréation ?

rectangle nom masculin. Un rectangle, c'est une figure qui a quatre côtés égaux deux par deux et ses quatre angles droits. *Dessinez un rectangle de 4 centimètres de long et 3 centimètres de large. Ma chambre a la forme d'un rectangle.*

reçu va voir recevoir.

recueillir verbe. *Bertrand a recueilli un petit oiseau tombé du nid,* il a pris le petit oiseau chez lui pour s'en occuper.

reculer verbe. Reculer, c'est aller en arrière. *Faites attention, le camion va reculer, ne restez pas derrière !*

✦ Le contraire de reculer, c'est **avancer.**

à **reculons** adverbe. À reculons, c'est en reculant, en allant en arrière. *Didier s'amuse à marcher à reculons.*

L'aigle a un bec recourbé.

récupérer verbe. 1. Récupérer, c'est retrouver et reprendre une chose que l'on avait prêtée ou perdue. *Véronique a récupéré le pull qu'elle avait prêté à Adeline.* 2. Récupérer, c'est garder des choses qui semblent bonnes à jeter mais qui peuvent encore servir à quelque chose. *La maîtresse récupère de vieux magazines pour que nous fassions des découpages.*

rédaction nom féminin. Une rédaction, c'est un texte qu'un élève doit imaginer et écrire. *Le professeur nous a donné un sujet de rédaction : « Racontez votre meilleur souvenir de vacances ».*

redire verbe. Redire, c'est dire une fois de plus. *Écoutez bien ce que j'ai à vous dire, je ne le redirai pas cent fois.*

✦ Tu peux dire aussi **répéter.**

redoubler verbe. Redoubler une classe, c'est rester dans la même classe un an de plus. *Cyrille doit redoubler son CE1 parce qu'il n'a pas assez travaillé.*

redresser verbe. Redresser, c'est remettre droit. *Sandrine va porter un appareil qui redresse les dents.*

réduction nom féminin. *Le marchand de jouets m'a fait une réduction de 20 francs sur le prix de la petite voiture,* il m'a fait payer la petite voiture 20 francs de moins que ce qu'elle coûte, il a baissé le prix de 20 francs.

✦ Le contraire de réduction, c'est **augmentation.**

réduire verbe. Réduire, c'est faire devenir plus petit, moins important. *Monsieur Leroy va réduire ses dépenses,* il va dépenser moins d'argent. *La maîtresse a eu des billets à prix réduit pour l'entrée du zoo,* elle a eu des billets moins chers, on lui a fait une réduction.

A B C D E F G H I J K L M N O P Q R

réel adjectif masculin,
réelle adjectif féminin. Une chose réelle, c'est une chose qui existe vraiment. *Les journaux racontent des événements réels,* ils racontent des événements qui ont vraiment eu lieu.

refaire verbe. Refaire, c'est faire à nouveau ce que l'on a déjà fait. *Jérôme a refait son addition,* il l'a recommencée.

réfectoire nom masculin. Un réfectoire, c'est une grande salle à manger où des personnes qui travaillent ensemble prennent leur repas. *Le réfectoire de l'école est au fond de la cour.*

réfléchir verbe. Réfléchir, c'est penser en ne se laissant pas distraire avant de parler, avant de prendre une décision ou avant de faire quelque chose. *Louise réfléchit avant de répondre.*

reflet nom masculin. Un reflet, c'est une image plus ou moins floue que l'on voit sur une surface brillante.

On voit le reflet de l'église dans l'eau du lac.

réflexe nom masculin. Un réflexe, c'est un mouvement rapide que l'on fait sans y penser. *L'automobiliste a eu le réflexe de freiner pour éviter le chien.*

réflexion nom féminin. 1. *Laisse-moi un temps de réflexion avant de répondre,* laisse-moi le temps de réfléchir. 2. Une réflexion, c'est une remarque désagréable que l'on fait à quelqu'un. *Carole m'a fait des réflexions sur ma nouvelle coiffure.*

refrain nom masculin. Le refrain, c'est la partie d'une chanson dont les paroles ne changent pas, que l'on chante entre chaque couplet. *Nous allons chanter le refrain tous en chœur.*

réfrigérateur nom masculin. Un réfrigérateur, c'est un appareil qui ressemble à une armoire, dans lequel on garde les aliments au froid. *Rodolphe range le beurre dans le réfrigérateur.*
✦ Cherche aussi **congélateur**.

refroidir verbe. Refroidir, c'est devenir froid ou moins chaud. *La sauce a refroidi, il faudrait la faire réchauffer.*

réfugié nom masculin,
réfugiée nom féminin. Un réfugié, une réfugiée, c'est une personne qui a quitté son pays parce qu'elle y était en danger.

se **réfugier** verbe. Se réfugier, c'est se mettre à l'abri dans un endroit où l'on ne se sent plus en danger. *Quand elle a entendu le tonnerre, Charlotte a couru se réfugier dans les bras de sa mère.*

refuser verbe. Refuser, c'est dire non à quelqu'un qui demande quelque chose. *Rosalie a refusé de me prêter sa gomme.*

✦ Le contraire de refuser, c'est **accepter**.

se **régaler** verbe. Se régaler, c'est avoir beaucoup de plaisir à manger quelque chose de très bon.

Antoine va se régaler.

regard nom masculin. Un regard, c'est la façon de regarder, l'expression que prennent les yeux. *Rémi a souvent un regard triste.*

regarder verbe. 1. Regarder, c'est faire aller ses yeux vers ce que l'on veut voir. *Luce regarde des photos. Marc se regarde dans la glace.* 2. *Cette histoire ne te regarde pas*, tu n'as pas à t'intéresser à cette histoire, ne t'en occupe pas.

régime nom masculin. Un régime, c'est une manière de se nourrir en mangeant moins ou en mangeant seulement certains aliments.

région nom féminin. Une région, c'est une partie d'un pays. *L'Alsace est une très belle région.*

✦ Cherche aussi **province**.

règle nom féminin. 1. Une règle, c'est une barre de bois, de plastique ou de métal qui sert à tirer des traits droits et à mesurer. *Karim souligne la phrase avec sa règle.* 2. Une règle, c'est ce que l'on doit faire. *Joris explique à ses camarades la règle du jeu*, il explique comment on joue et ce que l'on a le droit de faire.

règlement nom masculin. Un règlement, c'est une liste des choses que l'on doit faire et que l'on ne doit pas faire. *On n'a pas le droit de mâcher du chewing-gum en classe, c'est dans le règlement de l'école.*

régler verbe. Régler, c'est faire marcher un appareil le mieux possible. *L'image est floue, il faut régler la télévision.*

règne nom masculin. Un règne, c'est le temps pendant lequel un roi, une reine, un empereur ou une impératrice gouverne son pays. *Le règne de Louis XIV a été très long.*

régner verbe. 1. Régner, c'est gouverner, quand on est roi, reine, empereur ou impératrice. *Quel roi a régné après Louis XIII?* 2. *Il régnait un grand silence dans la forêt*, il y avait un grand silence dans la forêt.

Ma tante fait un régime pour maigrir.

A B C D E F G H I J K L M N O P Q R

regonfler verbe. Regonfler, c'est gonfler une chose qui s'est dégonflée. *Ludovic regonfle les pneus de sa bicyclette.*

regretter verbe. Regretter, c'est être triste parce que l'on pense à quelque chose que l'on n'a plus ou parce que l'on se rend compte que l'on n'a pas fait ce qu'il aurait fallu faire. *Simon regrette son cartable de l'année dernière. Anaïs regrettera sûrement de ne pas être allée à l'anniversaire de Julien.*

régulier adjectif masculin,
régulière adjectif féminin. *Les arbres de l'allée sont plantés à intervalles réguliers,* ils sont tous plantés à la même distance les uns des autres.

✦ Le contraire de régulier, c'est **irrégulier**.

régulièrement adverbe. *Benoît va régulièrement chez son oncle à la campagne,* il va souvent chez son oncle à la campagne et il y a à peu près le même espace de temps entre chacune de ses visites.

rein nom masculin. 1. Les reins, ce sont les deux organes qui se trouvent dans le bas du dos et qui servent à faire partir les déchets qui sont dans le sang. *Les reins fabriquent l'urine.* 2. *Papi a mal aux reins,* il a mal au bas du dos.

reine nom féminin. Une reine, c'est la femme d'un roi ou une femme qui gouverne un royaume. *La reine Marie-Antoinette était la femme de Louis XVI.*

✦ Ne confonds pas reine, **rêne** et **renne**.

rejeter verbe. *Le pêcheur a rejeté dans la rivière le poisson qu'il avait pêché,* il a remis dans l'eau le poisson qu'il avait pêché.

rejoindre verbe. Rejoindre quelqu'un, c'est le retrouver là où il est allé. *Sylvie a rejoint Claude devant la boulangerie.*

relâcher verbe. Relâcher quelqu'un ou un animal, c'est le laisser partir, le remettre en liberté. *Les ravisseurs ont relâché l'enfant qu'ils avaient enlevé.*

relever verbe. 1. Se relever, c'est se mettre debout quand on est tombé. *Michel m'a aidé à me relever.* 2. Relever, c'est mettre plus haut. *Anita relève les manches de son pull.* 3. Relever, c'est faire une liste. *Le professeur nous a demandé de relever tous les adjectifs du texte écrit au tableau.*

relief nom masculin. Le relief, c'est l'ensemble des creux et des bosses de la surface de la Terre. *Sur une carte de géographie, les différentes couleurs indiquent le relief.*

relier verbe. 1. Relier un livre, c'est faire tenir ensemble toutes les feuilles d'un livre et mettre une couverture autour. 2. *Un car relie les deux villages,* un car fait le trajet d'un village à l'autre.

Élisabeth II est la reine d'Angleterre.

religion nom féminin. Avoir une religion, c'est croire en Dieu, prier et suivre certaines règles. *Karim est de religion musulmane, Esther est de religion juive.*

relire verbe. Relire, c'est lire une deuxième fois. *Élisabeth relit sa leçon avant de se coucher.*

remarquable adjectif masculin et féminin. *Pascale joue du piano d'une façon remarquable,* elle joue très bien du piano, d'une façon que l'on remarque.

remarque nom féminin. Une remarque, c'est quelque chose que l'on dit ou que l'on écrit pour montrer qu'il faut faire attention. *Le maître écrit ses remarques dans la marge.*

remarquer verbe. Remarquer, c'est faire attention à quelque chose ou à quelqu'un. *Agnès a tout de suite remarqué la nouvelle robe de la maîtresse. Nicolas aime bien se faire remarquer,* il aime bien que tout le monde fasse attention à lui.

rembourser verbe. Rembourser, c'est rendre de l'argent. *Yves ne m'a pas encore remboursé les 2 euros que je lui ai prêtés la semaine dernière.*

remède nom masculin. Un remède, c'est un produit que l'on utilise pour se soigner ou pour arrêter d'avoir mal. *Ce sirop est un remède contre la toux.*
✦ Tu peux dire aussi **médicament**.

remercier verbe. Remercier, c'est dire merci. *Loïc a remercié Marie d'être venue.*

remettre verbe. 1. Remettre, c'est mettre un objet à la place où il était. *Roméo remet sa trousse dans son cartable.* 2. Remettre, c'est mettre une nouvelle fois. *Aurélie a remis le même pull qu'hier.* 3. Remettre, c'est donner. *La maîtresse nous a donné un mot à remettre à nos parents.* 4. Se remettre, c'est aller mieux quand on a été malade. *Papi se remet de son opération.* 5. *Julie s'est remise à sucer son pouce,* elle a recommencé à sucer son pouce alors qu'elle avait arrêté de le faire.

remonter verbe. 1. Remonter, c'est monter de nouveau après être descendu. *Le vent se calme, la température va remonter.* 2. *Maman remonte son réveil,* elle tourne le petit bouton qui tend le ressort du mécanisme grâce auquel le réveil fonctionne. 3. Remonter, c'est remettre comme il faut les pièces d'un objet que l'on a démonté. *Le garagiste remonte le moteur de la moto.*

remorquer verbe. Remorquer, c'est tirer un véhicule derrière soi.

La dépanneuse remorque la voiture.

rempart nom masculin. Un rempart, c'est un grand mur qui entoure un château fort ou une ville. *Les remparts de Carcassonne sont très beaux.*

Un renard.

remplaçant nom masculin, **remplaçante** nom féminin. Un remplaçant, une remplaçante, c'est une personne qui en remplace une autre dans son travail. *Le docteur Poulain est absent, c'est sa remplaçante qui m'a soigné.*

remplacer verbe. 1. Remplacer, c'est mettre à la place. *Maman a remplacé l'ampoule de ma lampe.* 2. Remplacer une personne, c'est faire son travail à sa place quand elle est absente. *Quand la maîtresse n'est pas là, c'est le directeur qui la remplace.*

remplir verbe. Remplir, c'est rendre plein. *Madeleine remplit son verre d'eau fraîche.*

✦ Le contraire de remplir, c'est **vider**.

remporter verbe. 1. Remporter, c'est emporter ce que l'on avait apporté. *Éric a remporté les jeux vidéo qu'il avait prêtés à son cousin.* 2. *Notre équipe a remporté la victoire*, elle a gagné.

remuer verbe. Remuer, c'est faire des mouvements, ne pas rester tranquille. *Si tu remues, la photo sera floue.*

✦ Tu peux dire aussi **bouger**.

renard nom masculin, **renarde** nom féminin. Un renard, une renarde, c'est un animal sauvage de la taille d'un chien, au museau pointu, qui a une longue queue. Il a une fourrure très douce. *Un renard est entré dans le poulailler et a dévoré une poule.*

✦ Le renard est un **mammifère**.

rencontre nom féminin. *Françoise est partie à la rencontre de Fabien*, elle est partie en prenant le chemin que va prendre Fabien en sens inverse pour se trouver face à lui.

rencontrer verbe. 1. Rencontrer quelqu'un, c'est se trouver face à lui par hasard. *Benjamin a rencontré Amélie devant le cinéma.* 2. Se rencontrer, c'est se voir et se parler pour la première fois. *Mes parents se sont rencontrés à l'usine où ils travaillaient*, ils ont fait connaissance à l'usine.

rendez-vous nom masculin. *David et Arnaud se sont donné rendez-vous à la piscine à 11 heures*, ils se sont dit d'être à la piscine à 11 heures pour s'y trouver ensemble.

☞ Au pluriel : des **rendez-vous**.

se **rendormir** verbe. Se rendormir, c'est recommencer à dormir après s'être réveillé. *Magali s'est réveillée parce qu'elle a fait un cauchemar et elle n'a pas réussi à se rendormir.*

rendre verbe. 1. Rendre, c'est rapporter à quelqu'un quelque chose qu'il avait prêté. *Marc me rendra mes baskets demain.* 2. Rendre, c'est faire devenir. *J'ai mangé trop de bonbons, cela m'a rendu malade.* 3. Se rendre dans un endroit, c'est y aller. *Maman se rend à son bureau en voiture.* 4. Se rendre, c'est reconnaître que l'on est vaincu, arrêter de se battre et poser ses armes. *L'ennemi s'est rendu après une dure bataille.*

rêne nom féminin. Les rênes, ce sont les bandes de cuir avec lesquelles on fait aller son cheval dans la direction que l'on veut. *Le cavalier tire sur les rênes pour arrêter son cheval.*

✦ Ne confonds pas rêne, **reine** et **renne**.

renifler verbe. Renifler, c'est faire entrer de l'air par le nez en faisant du bruit.

Arrête de renifler, mouche-toi !

renne nom masculin. Un renne, c'est un animal des pays froids qui ressemble à un gros cerf. Les bois qu'il a sur la tête sont aplatis. *Le traîneau du père Noël est tiré par des rennes.*

✦ Ne confonds pas renne, **reine** et **rêne**.

renoncer verbe. Renoncer à faire quelque chose, c'est décider de ne pas le faire ou de ne pas continuer à le faire. *Alban a renoncé à réparer son vélo tout seul car c'était trop difficile.*

renseignement nom masculin. Un renseignement, c'est quelque chose que l'on fait savoir à quelqu'un qui le demande. *La vendeuse donne un renseignement au client.*

✦ Tu peux dire aussi **information.**

renseigner verbe. 1. Renseigner, c'est dire à quelqu'un la chose qu'il cherche à savoir, c'est donner un renseignement. *L'employé de la poste m'a renseigné sur le temps que met un colis pour arriver au Portugal.* 2. Se renseigner, c'est chercher à savoir quelque chose, c'est demander un renseignement. *Mes parents se sont renseignés sur les horaires des trains.*

rentrée nom féminin. La rentrée des classes, c'est le jour où l'on revient à l'école après les vacances d'été. *Cette année, la rentrée est un mardi.*

rentrer verbe. 1. Rentrer, c'est revenir dans sa maison. *Adrien n'est pas encore rentré.* 2. Rentrer, c'est mettre à l'intérieur. *Amina rentre les chaises de jardin.*

✦ Le contraire de rentrer, c'est **sortir.**

renverser verbe. Renverser, c'est faire tomber.

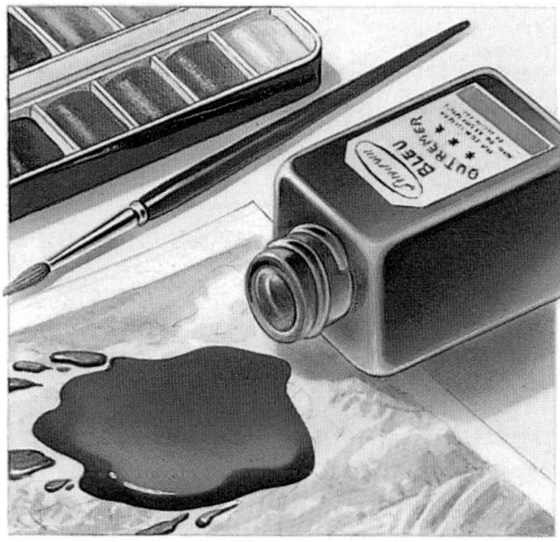

Luc a renversé la bouteille d'encre sur son dessin.

A B C D E F G H I J K L M N O P Q R

renvoyer verbe. 1. Renvoyer un objet, c'est lancer un objet à celui qui l'a envoyé. *Anne reçoit le ballon et le renvoie à Clément.* 2. Renvoyer une personne, c'est la faire partir de son travail et ne pas vouloir qu'elle revienne. *Le patron de l'usine a renvoyé plusieurs ouvriers.*

repaire nom masculin. Un repaire, c'est un endroit caché où des gens dangereux se mettent à l'abri. *La maison isolée dans la forêt servait de repaire aux voleurs.*

✦ Ne confonds pas repaire et **repère**.

répandre verbe. *Le jardinier répand du gravier dans les allées du parc,* il laisse tomber du gravier et il l'étale dans les allées du parc. *L'essence s'est répandue par terre,* elle a coulé partout par terre.

réparation nom féminin. Une réparation, c'est un travail que l'on fait pour réparer quelque chose. *L'ascenseur ne marche plus, il a besoin d'une réparation.*

réparer verbe. Réparer, c'est faire ce qu'il faut pour mettre en bon état un objet cassé ou abîmé. *La machine à laver fuit, il faut la réparer.*

repartir verbe. Repartir, c'est partir après s'être arrêté. *Nous nous sommes arrêtés dans un village pour déjeuner et nous sommes repartis une heure après.*

répartir verbe. Répartir, c'est partager quelque chose et en donner une part à chacun. *Maman a réparti les chocolats entre Léa, Paul et Marc.*

repas nom masculin. Un repas, c'est la nourriture que l'on mange à certains moments de la journée. *Hier soir, Papa avait préparé un très bon repas.*

✦ Les repas sont le **petit-déjeuner**, le **déjeuner**, le **goûter** et le **dîner**.

repassage nom masculin. *Maman fait du repassage,* elle repasse le linge.

repasser verbe. 1. Repasser, c'est venir une nouvelle fois. *Manon n'était pas chez elle, je repasserai plus tard.* 2. Repasser le linge, c'est passer sur le linge un fer chaud pour enlever les plis et le rendre lisse. *Papa repasse son pantalon.*

repère nom masculin. Un point de repère, c'est un endroit dont on se souvient facilement et qui sert à savoir où l'on est. *On voit de loin l'enseigne de la pharmacie, c'est un bon point de repère pour trouver l'école.*

✦ Ne confonds pas repère et **repaire**.

repérer verbe. 1. Repérer, c'est découvrir où se trouve quelqu'un ou quelque chose. *Les gendarmes ont repéré l'endroit où se cachent les prisonniers évadés.* 2. Se repérer, c'est savoir exactement où l'on est. *Je ne connais pas bien ce quartier, je n'arrive pas à me repérer.*

répéter verbe. 1. Répéter, c'est dire quelque chose que l'on a déjà dit. *Écoute bien ce que j'ai à te dire, je ne le répéterai pas,* je ne le redirai pas. 2. Répéter, c'est dire à quelqu'un ce qu'un autre a dit. *C'est un secret, ne le répète à personne.* 3. *Les comédiens répètent plusieurs mois,* ils jouent la pièce de théâtre plusieurs mois, sans spectateurs, pour s'exercer.

répétition nom féminin. 1. Une répétition, c'est un mot que l'on dit ou que l'on écrit plusieurs fois. *Il faut éviter les répétitions dans une rédaction.* 2. Une répétition, c'est une séance de travail pendant laquelle des comédiens, des chanteurs ou des musiciens s'exercent avant de donner une représentation devant des spectateurs.

replier verbe. Replier, c'est plier une chose qui a été dépliée. *Marine replie sa serviette après le dîner.*

répondeur nom masculin. Un répondeur, c'est un appareil qui répond au téléphone quand on n'est pas là.

Andrée a laissé un message sur le répondeur.

répondre verbe. 1. Répondre, c'est dire ce que l'on sait ou ce que l'on pense à quelqu'un qui l'a demandé. *Alexandre répond à la question que lui a posée sa mère.* 2. Répondre, c'est écrire à quelqu'un qui a envoyé une lettre. *Loïc a répondu à la lettre de Marthe.* 3. Répondre, c'est décrocher le téléphone quand il sonne et parler. *J'ai téléphoné chez Laurent et c'est Louise qui a répondu.*

réponse nom féminin. Une réponse, c'est ce que l'on dit ou ce que l'on écrit quand on répond à une question. *Richard a trouvé la bonne réponse.*

reportage nom masculin. Un reportage, c'est un article de journal ou une émission où un journaliste raconte et montre ce qu'il a vu et entendu. *Rachid regarde à la télévision un reportage sur les lions.*

repos nom masculin. *Maman a besoin de repos,* elle a besoin de se reposer.

se **reposer** verbe. Se reposer, c'est arrêter de travailler et de bouger, rester tranquille et se détendre quand on est fatigué. *Nous nous sommes reposés un petit moment sous un arbre avant de reprendre notre promenade.*

repousser verbe. 1. Repousser, c'est pousser à nouveau. *Le gazon a repoussé, il faut tondre la pelouse.* 2. Repousser, c'est pousser vers l'arrière. *Maman repousse la table contre le mur.*

reprendre verbe. 1. Reprendre, c'est prendre une autre fois. *Jean-Marie reprend de la purée.* 2. Reprendre, c'est recommencer après s'être arrêté. *Christelle et Gary ont repris leur conversation après le départ de Sylvain.*

représentation nom féminin. Une représentation, c'est un spectacle joué sur une scène devant des spectateurs. *La représentation commence à 20 heures 30.*

A B C D E F G H I J K L M N O P Q R

représenter verbe. *Le dessin de Jérémie représente sa maison,* son dessin montre sa maison, on reconnaît la maison de Jérémie sur le dessin.

reptile nom masculin. Un reptile, c'est un animal qui a des écailles ou une carapace. Il n'a pas de pattes ou des pattes très courtes.

Le serpent, le lézard, le crocodile et la tortue sont des reptiles.

reproche nom masculin. Un reproche, c'est une remarque désagréable que l'on fait à quelqu'un pour lui montrer que l'on n'est pas content de lui. *Papa m'a fait des reproches parce que je n'avais pas bien travaillé.*

✦ Le contraire de reproche, c'est **compliment**.

reprocher verbe. Reprocher quelque chose à quelqu'un, c'est lui dire que l'on n'est pas content de ce qu'il a fait, c'est lui faire des reproches. *La maîtresse reproche à Karine d'être distraite.*

se **reproduire** verbe. 1. Se reproduire, c'est avoir lieu une autre fois. *J'ai menti mais je promets que cela ne se reproduira pas,* je promets que je ne mentirai plus. 2. Se reproduire, c'est donner naissance à ses petits ou à ses enfants. *Les oiseaux se reproduisent en pondant des œufs.*

république nom féminin. Une république, c'est un pays qui est dirigé par un président élu par le peuple. *Le président de la République française est élu pour 7 ans.*

requin nom masculin. Un requin, c'est un très grand poisson de mer. *Les requins blancs peuvent manger des hommes.*

rescapé nom masculin,
rescapée nom féminin. Un rescapé, une rescapée, c'est une personne qui aurait pu mourir dans un accident mais qui n'a rien eu. *Les rescapés du naufrage ont été ramenés par les sauveteurs.*

✦ Cherche aussi **survivant**.

réserve nom féminin. Une réserve, c'est un ensemble de choses que l'on met de côté pour pouvoir s'en servir quand on en a besoin. *La réserve de piles est dans le placard.*

✦ Tu peux dire aussi **provision**.

réserver verbe. 1. Réserver, c'est demander à l'avance que l'on vous garde quelque chose pour plus tard. *Papa a réservé une chambre d'hôtel,* il a retenu une chambre d'hôtel. 2. *Les trottoirs sont réservés aux piétons,* ils ne doivent servir qu'aux piétons.

réservoir nom masculin. Un réservoir, c'est un récipient ou un endroit où l'on garde un liquide. *On met de l'essence dans le réservoir de la voiture.*

résistant adjectif masculin,
résistante adjectif féminin. 1. Une chose résistante, c'est une chose solide, qui ne s'use pas vite. *Papa enveloppe le colis dans du papier résistant.* 2. Une personne résistante, c'est une personne qui ne se fatigue pas vite et qui n'est jamais malade. *Martial est très résistant, il n'a pas eu un seul rhume cet hiver.*

✦ Le contraire de résistant, c'est **fragile**.

Un requin.

résister verbe. Résister, c'est être solide, ne pas se casser ni s'abîmer facilement. *La chaise n'a pas résisté au poids du gros monsieur, elle s'est cassée quand il s'est assis.*

résolution nom féminin. Une résolution, c'est quelque chose que l'on décide de faire, même si c'est difficile ou si l'on n'a plus envie de le faire. *Larissa a pris la résolution de ranger sa chambre tous les jours.*

résonner verbe. Résonner, c'est faire du bruit que l'on entend de loin, comme un écho. *La voix de Papa résonne dans la grotte.*

résoudre verbe. Résoudre, c'est trouver la solution. *Le policier a résolu l'énigme : le voleur était entré par la lucarne.*

respect nom masculin. Le respect, c'est l'attitude que l'on a en face d'une personne importante ou âgée, avec qui on est toujours poli et devant laquelle on fait attention à ce que l'on dit. *Les élèves ont du respect pour leurs professeurs.*

respecter verbe. Respecter une personne, c'est avoir du respect pour elle. *Les enfants doivent respecter les personnes âgées.*

respiration nom féminin. La respiration, c'est le mouvement par lequel on fait entrer de l'air dans les poumons et on le rejette ensuite. *Gabriel retient sa respiration et plonge.*

respirer verbe. Respirer, c'est faire entrer de l'air dans les poumons et le rejeter ensuite. *Hortense a le nez bouché, elle doit respirer par la bouche.*

responsable adjectif masculin et féminin. 1. *L'automobiliste responsable de l'accident s'était endormi en conduisant,* l'automobiliste à cause de qui l'accident s'est produit s'était endormi en conduisant. 2. *Quand mes parents ne sont pas là, je suis responsable de ma petite sœur,* je dois surveiller ma petite sœur et l'empêcher de faire des bêtises.

ressemblance nom féminin. *Sur la photo, on voit bien la ressemblance entre Martin et Lucas*, on voit bien qu'ils se ressemblent.

✦ Le contraire de ressemblance, c'est **différence**.

ressemblant adjectif masculin,
ressemblante adjectif féminin. *Le portrait que le peintre a fait de Xavier est très ressemblant*, le portrait ressemble beaucoup à Xavier, on voit bien que c'est le portrait de Xavier.

ressembler verbe. *Lydia ressemble à sa mère*, Lydia et sa mère ont les lignes du visage semblables.

Lydia et sa mère se ressemblent.

ressentir verbe. Ressentir, c'est avoir un sentiment ou une impression. *Manon a ressenti une grande peine quand sa petite chienne est morte.*

✦ Tu peux dire aussi **éprouver**.

ressort nom masculin. Un ressort, c'est un fil de métal enroulé sur lui-même qui peut se tendre et reprendre sa forme. *Le magnétoscope ne marche plus, il faut changer un ressort.*

restaurant nom masculin. Un restaurant, c'est un endroit où l'on se fait servir un repas en payant. *Mes parents m'ont emmené au restaurant.*

reste nom masculin. Un reste, c'est ce qui n'a pas été pris, ce qui n'a pas été utilisé ou ce qui n'a pas été mangé. *Maman a mis le reste du rôti dans le réfrigérateur.*

rester verbe. 1. Rester, c'est être quelque part, ne pas s'en aller. *Edmond est resté chez sa tante pendant une semaine.* 2. Rester, c'est ne pas changer de position, continuer à être comme on est. *Papi ne peut pas rester debout longtemps.* 3. *Il reste du gâteau*, il y a encore du gâteau.

résultat nom masculin. 1. Le résultat d'une opération, c'est le nombre que l'on trouve après avoir fait un calcul, c'est la solution. *Quel est le résultat de cette addition? Le résultat de ta division est faux.* 2. Un résultat, c'est ce à quoi on arrive. *Laetitia a été reçue à son examen, c'est le résultat de son travail.*

résumé nom masculin. Un résumé, c'est un texte qui dit en peu de mots ce qu'il y a dans un texte plus long, sans donner les détails. *Thomas fait un résumé du livre qu'il a lu.*

résumer verbe. Résumer, c'est dire ou écrire en peu de mots, sans donner de détails. *La maîtresse nous a demandé de résumer l'histoire de Blanche-Neige.*

se **rétablir** verbe. Se rétablir, c'est aller mieux après avoir été malade, c'est retrouver la santé. *Anne-Lise s'est vite rétablie après sa grippe*, elle a guéri rapidement.

retard nom masculin. *Éloïse est arrivée en retard à l'école,* elle est arrivée après l'heure à laquelle il faut arriver.

✦ Le contraire de retard, c'est **avance**.

retarder verbe. 1. *Ma montre retarde de dix minutes,* elle indique dix minutes de moins que l'heure exacte. 2. *Les embouteillages nous ont retardés,* ils nous ont fait arriver en retard. 3. *Papa a retardé son rendez-vous d'une heure,* il a mis son rendez-vous une heure plus tard que l'heure prévue.

retenir verbe. 1. Retenir, c'est rattraper pour empêcher de tomber. *Solange a retenu Pierre qui avait glissé. Henri se retient à la rampe pour descendre l'escalier.* 2. Retenir quelque chose, c'est s'en souvenir, le garder dans sa mémoire. *Paul retient les numéros de téléphone de tous ses amis.* 3. *Maman a retenu une chambre d'hôtel,* elle a demandé qu'on lui garde une chambre pour elle à l'hôtel, elle a réservé une chambre. 4. Retenir, c'est faire une retenue dans une opération. *Je pose 2 et je retiens 1.*

retenue nom féminin. Une retenue, c'est un chiffre que l'on garde pour le compter dans la colonne suivante quand on fait une opération. *Hippolyte apprend à faire des additions avec retenue.*

retirer verbe. Retirer, c'est enlever.

retomber verbe. Retomber, c'est tomber après s'être élevé. *Le ballon est retombé dans la flaque d'eau.*

retour nom masculin. 1. Le retour, c'est le chemin que l'on fait pour revenir d'un endroit. *Quand nous sommes allés à la campagne, Maman a conduit à l'aller et Papa a conduit au retour.* 2. Le retour, c'est le moment où l'on revient. *Patrice m'appellera à son retour de vacances,* il m'appellera quand il sera rentré de vacances.

retourner verbe. 1. Retourner, c'est tourner dans l'autre sens. *Mamie retourne la crêpe dans la poêle. Quand il a entendu son nom, Miguel s'est retourné,* il a tourné la tête vers l'arrière. 2. Retourner dans un endroit, c'est aller de nouveau dans un endroit où l'on est déjà allé. *Cet été, nous retournons au bord de la mer.*

retraite nom féminin. *Papi est à la retraite,* il ne travaille plus parce qu'il a l'âge de ne plus travailler.

retrancher verbe. Retrancher, c'est enlever. *Si on retranche 4 de 7, il reste 3.*

✦ Tu peux dire aussi **ôter**, **soustraire**.
✦ Le contraire de retrancher, c'est **ajouter**.

Arnaud retire son pull parce qu'il a trop chaud.

a b c d e f g h i j k l m n o p q r

A B C D E F G H I J K L M N O P Q R

rétrécir verbe. Rétrécir, c'est devenir plus petit, plus étroit. *Le pull de Geoffroy a rétréci au lavage.*

retrousser verbe. **1.** *Damien retrousse ses manches*, il relève ses manches en les repliant. **2.** *Coralie a le nez retroussé*, elle a le bout du nez qui va vers le haut.

retrouver verbe. **1.** Retrouver une chose, c'est trouver une chose que l'on avait perdue et que l'on cherchait. *Frédérique a retrouvé son petit camion au fond de son cartable.* **2.** Retrouver une personne, c'est la rejoindre. *Pars avant moi, je te retrouverai chez Marc. Florent et Clémentine se sont retrouvés chez Sabine*, ils se sont trouvés ensemble chez Sabine.

rétroviseur nom masculin. Un rétroviseur, c'est une petite glace dans laquelle le conducteur d'une voiture, d'un camion ou d'une moto, peut voir ce qui se passe derrière lui sur la route.

Christian regarde dans son rétroviseur.

réunion nom féminin. *Mamie a organisé une réunion de famille*, elle a invité tous les membres de la famille à se retrouver ensemble. *La réunion des parents d'élèves a lieu ce soir*, les parents d'élèves se réunissent ce soir.

réunir verbe. Réunir, c'est mettre ensemble. *Le directeur de l'école a réuni tous les instituteurs dans son bureau*, il a fait venir tous les instituteurs dans son bureau. *Les médecins de l'hôpital se réunissent une fois par semaine*, ils se retrouvent tous ensemble une fois par semaine.

réussir verbe. Réussir, c'est arriver à faire ce que l'on voulait. *Louis a réussi à réparer son vélo tout seul.*
✦ Le contraire de réussir, c'est **échouer**.

réussite nom féminin. Une réussite, c'est un bon résultat. *Mon frère est fier de sa réussite à son examen.*
✦ Tu peux dire aussi **succès**.
✦ Le contraire de réussite, c'est **échec**.

revanche nom féminin. Une revanche, c'est une deuxième partie ou un deuxième match qui donne au perdant une chance de gagner. *Nous allons jouer la revanche.*

rêve nom masculin. Un rêve, c'est une suite d'images qui peuvent raconter une histoire que l'on voit pendant que l'on dort.

réveil nom masculin. **1.** Le réveil, c'est le moment où l'on se réveille. *Nicolas est souvent de mauvaise humeur au réveil.* **2.** Un réveil, c'est une petite pendule que l'on fait sonner à l'heure où l'on veut se réveiller. *Le réveil de Coline sonne à 7 heures et demie.*

réveiller verbe. Réveiller quelqu'un, c'est le faire cesser de dormir. *L'orage m'a réveillé en pleine* *nuit. Clément s'est endormi à minuit et il s'est réveillé à 10 heures,* il a cessé de dormir à 10 heures.

revenant nom masculin. Un revenant, c'est un mort qui serait revenu sur terre. *On dit que des revenants viennent dans ce château toutes les nuits.*

✦ Tu peux dire aussi **fantôme**.

revenir verbe. 1. Revenir, c'est venir une nouvelle fois dans un endroit où l'on est déjà allé. *Henri reviendra me voir demain,* il repassera demain. 2. Revenir, c'est rentrer chez soi. *Papi et Mamie sont revenus de Rome hier.*

rêver verbe. 1. Rêver, c'est faire un rêve. *Charlotte a rêvé qu'elle était la fille d'un roi.* 2. Rêver de quelque chose, c'est avoir très envie de quelque chose. *Lambert rêve de devenir danseur.* 3. Rêver, c'est se laisser aller à penser sans faire attention à ce qui se passe autour de soi. *Catherine rêve au lieu d'écouter la maîtresse.*

Isabelle fait un rêve.

révérence nom féminin. *Les dames font la révérence devant la reine,* elles baissent la tête et plient les genoux devant la reine.

réviser verbe. Réviser, c'est relire une leçon que l'on a déjà apprise. *Carole révise sa leçon de géographie.*

révision nom féminin. *À la fin de l'année, nous faisons des révisions,* à la fin de l'année, nous voyons ce que nous avons déjà appris et nous le révisons.

revoir verbe. Revoir, c'est voir quelqu'un ou quelque chose que l'on a déjà vu avant. *Matthias a revu sur la plage ses amis de l'année dernière.*

au **revoir** interjection. Au revoir, ce sont des mots que l'on dit à quelqu'un quand on le quitte. *Au revoir, Magali, à demain !*

✦ Le contraire de au revoir, c'est **bonjour**.

revolver nom masculin. Un revolver, c'est une arme à feu que l'on tient d'une seule main. *Le bandit a tiré un coup de revolver.*

✦ Un revolver est plus long qu'un **pistolet**.

✦ Revolver est un mot qui vient de l'anglais.

rez-de-chaussée nom masculin. Le rez-de-chaussée d'un bâtiment, c'est le niveau qui est à la hauteur de la rue. *Dans la maison de Noémie, le salon est au rez-de-chaussée et les chambres sont au premier étage.*

☞ Au pluriel : des **rez-de-chaussée**.

se **rhabiller** verbe. Se rhabiller, c'est remettre ses vêtements après s'être déshabillé. *« Tout va bien, tu peux te rhabiller » m'a dit le médecin après m'avoir examiné.*

A B C D E F G H I J K L M N O P Q R

rhinocéros nom masculin. Un rhinocéros, c'est un très gros animal d'Afrique et d'Asie. Il a la peau très épaisse et une ou deux cornes sur le nez.
✦ Le rhinocéros est un **mammifère**.

Un rhinocéros.

rhume nom masculin. Un rhume, c'est une petite maladie qui fait éternuer et couler le nez. *Léonard a attrapé un rhume.*
✦ Léonard s'est **enrhumé**.

riche adjectif masculin et féminin. Une personne riche, c'est une personne qui a beaucoup d'argent. *Les parents de Geoffroy sont très riches.*
✦ Le contraire de riche, c'est **pauvre**.

richesse nom féminin. *Les parents de Geoffroy vivent dans la richesse*, ils ont beaucoup d'argent, ils sont riches.
✦ Le contraire de richesse, c'est **pauvreté**.

ride nom féminin. Une ride, c'est un petit pli de la peau, sur le visage ou dans le cou. *Mamie a des rides sur le front et au coin des yeux.*
✦ Mamie a le visage **ridé**.

rideau nom masculin. Un rideau, c'est un tissu que l'on met devant une fenêtre. *Alexandre ferme les volets et tire les rideaux.*
☞ Au pluriel : des **rideaux**.

ridicule adjectif masculin et féminin. *Madame Faure a un chapeau ridicule*, elle a un chapeau qui donne envie de rire, un chapeau dont on se moque.

rien pronom. Rien, c'est pas une seule chose. *Luce n'a rien mangé de la journée. Clément a fait tomber de l'eau par terre mais cela ne fait rien*, cela n'est pas grave, cela n'a pas d'importance.

rime nom féminin. Une rime, c'est le dernier mot d'un vers, dans un poème, qui finit par le même son que le dernier mot d'un autre vers dans le même poème.

On croit que c'est facile
de ne rien faire du tout
au fond c'est difficile
c'est difficile comme tout.
Prévert

Cherche les rimes de ce poème.

rincer verbe. Rincer, c'est passer de l'eau propre pour enlever la lessive, le savon ou le shampooing. *Il faut bien rincer ton pull avant de le mettre à sécher.*

rire verbe. Rire, c'est montrer que l'on trouve quelque chose drôle, que l'on s'amuse, en faisant remonter les coins de la bouche vers les oreilles et en faisant des petits bruits. *L'histoire drôle que Benjamin a racontée m'a bien fait rire.*

rire nom masculin. Le rire, c'est le mouvement du visage et le bruit que l'on fait quand on rit. *On entend de loin le rire de Vanessa.*

risque nom masculin. Un risque, c'est un danger qui peut arriver. *Ne partez pas skier sur cette piste, il y a des risques d'avalanche.*

risquer verbe. 1. Risquer, c'est mettre en danger. *Les pompiers risquent leur vie pour sauver des gens.* 2. *Ne joue pas avec ce canif, tu risques de te faire mal,* tu pourrais te faire mal parce que c'est dangereux. *Il risque de pleuvoir,* il est possible qu'il pleuve.

rivage nom masculin. Le rivage, c'est le bord de la mer. *Le bateau s'approche du rivage.*

✦ Tu peux dire aussi **côte**.

rive nom féminin. La rive, c'est le bord d'une rivière ou d'un fleuve. *Angela et Martin se promènent sur la rive.*

rivière nom féminin. Une rivière, c'est un cours d'eau qui se jette dans un autre cours d'eau. *Le pêcheur a attrapé un poisson dans la rivière.*

✦ Cherche aussi **fleuve**.

riz nom masculin. Le riz, c'est une plante des pays chauds qui pousse sur un terrain humide. On mange ses grains. *Papa a préparé du riz à la sauce tomate.*

✦ Le riz est une **céréale**.

robe nom féminin. 1. Une robe, c'est un vêtement de fille ou de femme, qui va des épaules jusqu'aux jambes. *Ève a mis sa robe rouge.* 2. Une robe de chambre, c'est un vêtement long, avec des manches, qui ressemble à un manteau et que l'on met pour rester chez soi. *Laurent a mis son pyjama et sa robe de chambre.*

robinet nom masculin. Un robinet, c'est un objet que l'on tourne dans un sens pour faire couler l'eau et que l'on tourne dans l'autre sens pour empêcher l'eau de couler. *Le robinet du lavabo n'est pas bien fermé, on entend l'eau couler.*

robot nom masculin. 1. Un robot, c'est une machine qui fait le travail d'un homme. *Des robots participent à la fabrication des voitures.* 2. Un robot, c'est un jouet qui représente une machine qui ressemble à un homme. *Aurélie joue avec son robot.*

roche nom féminin. Une roche, c'est une matière très dure qui se trouve dans le sol.

✦ Tu peux dire aussi **pierre**.

Le riz pousse dans des rizières.

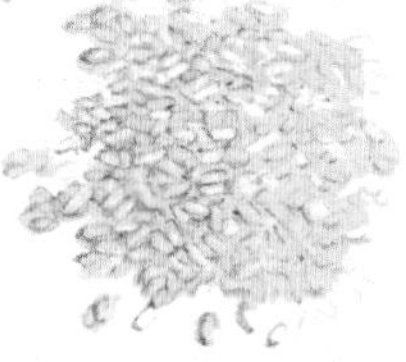

rocher nom masculin. Un rocher, c'est un gros bloc de pierre. *Jean et Emma aiment escalader les rochers dans la forêt de Fontainebleau.*

rock nom masculin. Le rock, c'est une musique qui a beaucoup de rythme et sur laquelle on danse à deux.
✦ Rock est un mot qui vient de l'anglais.
✦ Rock, c'est le mot **rock'n'roll** en plus court.

Adine et Max dansent le rock.

rôder verbe. Rôder, c'est aller et venir dans un endroit avec un air bizarre. *Il y a un homme qui rôde dans la rue, c'est peut-être un voleur de voitures.*

roi nom masculin. Un roi, c'est un homme qui gouverne un royaume. *Louis XIV a été un grand roi de France.*
✦ Cherche aussi **reine**.

rôle nom masculin. Un rôle, c'est le texte que dit un personnage dans une pièce de théâtre ou dans un film. *Dans le spectacle de fin d'année, Emma joue le rôle de Cendrillon.*

roller nom masculin. Un roller, c'est une chaussure spéciale sous laquelle est fixé un patin à roulettes. *Valérie a eu des rollers pour son anniversaire.*
✦ Roller est un mot qui vient de l'anglais.

Papa coupe des rondelles de citron.

roman nom masculin. Un roman, c'est un livre dans lequel on raconte une histoire inventée. *Monsieur Delaplace lit beaucoup de romans.*

ronces nom féminin pluriel. Des ronces, ce sont des arbustes avec des épines sur lesquels poussent les mûres. *Il y a des ronces au bord du chemin.*

rond nom masculin. Un rond, c'est une figure formée par une courbe fermée sur elle-même. *Pour dessiner des cerises, Charlotte commence par tracer des ronds sur sa feuille.*
✦ Tu peux dire aussi **cercle**.

rond adjectif masculin,
ronde adjectif féminin. 1. *La table de la salle à manger est ronde,* elle a la forme d'un cercle. 2. *Ma sœur est un peu ronde,* elle est un peu grosse.

ronde nom féminin. Une ronde, c'est une danse où plusieurs personnes se tiennent par la main et tournent ensemble en formant un cercle. *Les enfants chantent en faisant une ronde.*

rondelle nom féminin. Une rondelle, c'est une petite tranche ronde.

ronfler verbe. Ronfler, c'est faire un bruit très fort en respirant quand on dort. *Papi ronfle si fort qu'on l'entend dans tout l'appartement.*

ronger verbe. Ronger, c'est user en coupant avec les dents par petits morceaux. *Le lapin ronge une carotte. Marc se ronge les ongles.*

rongeur nom masculin. Un rongeur, c'est un petit animal qui ronge sa nourriture.

✦ Les rongeurs ont les deux dents de devant qui coupent très fort et qui n'arrêtent pas de pousser.

rose adjectif masculin et féminin. *Coralie a des chaussettes roses,* elle a des chaussettes rouge très pâle.

roseau nom masculin. Un roseau, c'est une plante qui a une grande tige droite et lisse et qui pousse dans l'eau. *Le canard s'est caché dans les roseaux de l'étang.*

☞ Au pluriel : des **roseaux**.

rosée nom féminin. La rosée, c'est l'ensemble des toutes petites gouttes d'eau qui se posent sur le sol et sur les plantes pendant la nuit. *Le matin, l'herbe est humide de rosée.*

rosier nom masculin. Un rosier, c'est un arbuste sur lequel poussent les roses. *Papi taille les rosiers dans son jardin.*

rossignol nom masculin. Un rossignol, c'est un petit oiseau qui a un très joli chant.

Le castor, le hamster, la souris et l'écureuil sont des rongeurs.

ronronner verbe. *Le chat ronronne,* il fait un petit bruit régulier dans sa gorge.

rose nom féminin. Une rose, c'est une belle fleur qui sent très bon. *Odile a acheté un bouquet de roses jaunes.*

✦ Les tiges des roses ont des **épines**.
✦ Les roses poussent sur les **rosiers**.

rôti nom masculin. Un rôti, c'est un morceau de viande que l'on fait cuire dans le four ou dans une cocotte. *Marion a mangé deux tranches de rôti de veau.*

roucouler verbe. *Les pigeons et les tourterelles roucoulent,* ils poussent leur cri.

Maman change la roue de sa voiture.

Le paon fait la roue.

roue nom féminin. 1. Une roue, c'est un cercle qui tourne sur un axe et qui permet à un véhicule de rouler. *Les roues de l'avion viennent de toucher le sol.* 2. *Le paon fait la roue,* il dresse les plumes de sa queue et fait comme un grand éventail avec elles.

✦ Ne confonds pas roue et **roux**.

rouge adjectif masculin et féminin. *Clément a une écharpe rouge,* il a une écharpe de la couleur du sang. *Mamie boit un verre de vin rouge. Les poissons rouges tournent dans leur bocal. Les voitures s'arrêtent au feu rouge.*

rouge nom masculin. *Maman se met du rouge à lèvres,* elle se met un produit spécial rouge, rose ou orange sur les lèvres pour les rendre plus jolies.

rougeole nom féminin. La rougeole, c'est une maladie qui donne des boutons rouges sur la peau. *Ma petite sœur a été vaccinée contre la rougeole.*

✦ La rougeole est une maladie contagieuse.

rougeur nom féminin. Une rougeur, c'est une tache rouge sur la peau. *Aurélie a des rougeurs sur le visage.*

rougir verbe. Rougir, c'est avoir le visage qui devient rouge parce que l'on a chaud ou parce que l'on est ému. *Sébastien a rougi quand Victoire lui a demandé s'il voulait venir à son anniversaire.*

rouille nom féminin. La rouille, c'est une matière brun-rouge qui apparaît sur les objets en fer lorsqu'ils restent longtemps mouillés.

rouleau nom masculin. 1. Un rouleau, c'est une bande de papier enroulée qui a une forme de cylindre. *Papi a acheté trois rouleaux de papier peint.* 2. Un rouleau, c'est un objet en forme de cylindre. *Coralie étale la pâte avec un rouleau à pâtisserie.*

☞ Au pluriel : des **rouleaux**.

rouler verbe. 1. Rouler, c'est avancer en tournant sur soi-même. *La balle a roulé sous le lit.* 2. Rouler, c'est avancer grâce à des roues ou des roulettes. *Les voitures roulent doucement quand elles traversent le village.* 3. Rouler, c'est mettre en rouleau. *Maman a roulé le tapis du salon pour cirer le parquet.*

roulette nom féminin. 1. Une roulette, c'est une petite roue. *Olivier fait du patin à roulettes sur la piste du jardin public.* 2. La roulette, c'est l'instrument qui a une pointe qui tourne très vite et que le dentiste utilise pour soigner les caries.

roulotte nom féminin. Une roulotte, c'est une sorte de maison qui roule, tirée par des chevaux ou par une voiture. *Les gens qui travaillent dans les cirques habitent dans des roulottes.*

✦ Cherche aussi **caravane**.

rousseur nom féminin. Les taches de rousseur, ce sont les petites taches brunes que l'on a sur le visage, sur les mains, les bras ou les épaules, lorsque l'on a la peau claire et les cheveux blonds ou roux.

Alexandre a des taches de rousseur.

route nom féminin. Une route, c'est un grand chemin recouvert de goudron sur lequel on circule pour aller d'une ville à une autre ou d'un village à un autre. *Sur le bord de la route, un panneau indique qu'il va y avoir des virages.*

✦ À l'intérieur des villes et des villages, il y a des **rues**.

✦ Cherche aussi **autoroute**.

roux adjectif masculin,
rousse adjectif féminin. *Yann a les cheveux roux,* il a les cheveux d'une couleur entre le brun, l'orange et le rouge.

✦ Ne confonds pas roux et **roue**.

royal adjectif masculin,
royale adjectif féminin. La famille royale, c'est la famille du roi et de la reine.

☞ Au masculin pluriel : **royaux**.
Au féminin pluriel : **royales**.

royaume nom masculin. Un royaume, c'est un État gouverné par un roi ou par une reine. *Autrefois, la France était un royaume, maintenant c'est une république.*

ruban nom masculin. Un ruban, c'est une bande de tissu ou de papier étroite et longue. *La vendeuse a mis un ruban rouge autour du paquet.*

ruche nom féminin. Une ruche, c'est une petite maison de bois, construite par les hommes, pour abriter les abeilles. *Les abeilles fabriquent le miel dans la ruche.*

rude adjectif masculin et féminin. *En montagne, l'hiver est rude,* l'hiver est dur à supporter.

✦ Tu peux dire aussi **pénible**.

rue nom féminin. Une rue, c'est un chemin recouvert de goudron, avec des maisons de chaque côté, dans une ville ou un village. *Il faut faire attention aux voitures en traversant la rue. Renée habite 8 rue des Granges.*

✦ À l'extérieur des villes et des villages, il y a des **routes**.

✦ Cherche aussi **avenue**, **boulevard**.

ruer verbe. *Le cheval rue,* il lance violemment ses pattes de derrière vers l'arrière.

Le cheval rue.

se **ruer** verbe. Se ruer, c'est se mettre à courir tout d'un coup très vite vers quelqu'un ou vers quelque chose.

✦ Tu peux dire aussi se **précipiter**.

Les invités se sont rués sur le buffet.

rugby nom masculin. Le rugby, c'est un sport où deux équipes de quinze joueurs essaient de poser le ballon derrière la ligne de but de l'adversaire ou de la faire passer entre les poteaux de but. *Nous avons assisté à un match de rugby.*

✦ Le ballon avec lequel on joue au rugby est ovale.

✦ Rugby est un mot qui vient de l'anglais.

rugir verbe. *Le lion rugit*, il pousse son cri.

rugueux adjectif masculin,
rugueuse adjectif féminin. *L'écorce de l'arbre est rugueuse*, elle fait un peu mal aux doigts quand on la touche car elle a des petits morceaux qui dépassent et qui griffent.

✦ Le contraire de rugueux, c'est **lisse**.

ruine nom féminin. Des ruines, ce sont les restes d'un bâtiment qui s'est écroulé ou qui est tout abîmé parce qu'il est très vieux ou parce qu'il y a eu la guerre. *En Italie, nous avons visité les ruines de la ville de Pompéi.*

ruiné adjectif masculin,
ruinée adjectif féminin. *Monsieur Legrand a fait de mauvaises affaires et il est complètement ruiné*, il n'a plus du tout d'argent et il n'a plus rien à lui, ni maison, ni meubles, ni voiture.

ruisseau nom masculin. Un ruisseau, c'est une toute petite rivière.

☞ Au pluriel : des **ruisseaux**.

ruminer verbe. *Les vaches ruminent*, elles mâchent une deuxième fois l'herbe qui revient de leur estomac, avant de l'avaler.

ruse nom féminin. Une ruse, c'est un moyen habile que l'on emploie pour tromper quelqu'un. *Les Indiens ont trouvé une ruse pour entrer dans le camp de leurs ennemis sans qu'ils s'en doutent.*

rusé adjectif masculin,
rusée adjectif féminin. *Le renard est un animal très rusé*, il est très habile pour atteindre son but en trompant ses ennemis.

rythme nom masculin. **1.** Le rythme, c'est le mouvement plus ou moins rapide d'une musique. *Pour bien danser, il faut suivre le rythme.* **2.** Le rythme, c'est la vitesse à laquelle on fait quelque chose. *Benjamin est très rapide et Thomas va moins vite, chacun travaille à son rythme.*

rythmer verbe. Rythmer, c'est montrer le rythme. *Le chanteur rythme sa chanson en tapant dans ses mains.*

S

S S s

sa va voir **son**.

sable nom masculin. Le sable, c'est un ensemble de petits grains qui viennent des roches ou des coquillages écrasés. *Sur la plage, Adrien met du sable dans son seau pour faire des pâtés.*

sabot nom masculin. 1. Un sabot, c'est une chaussure faite d'un morceau de bois creusé ou d'une semelle en bois et d'un dessus en cuir. *Lorraine met des sabots quand elle est à la campagne.* 2. *Les chevaux, les moutons, les vaches ont des sabots*, ils ont une matière très dure qui entoure le bout de leurs pattes.

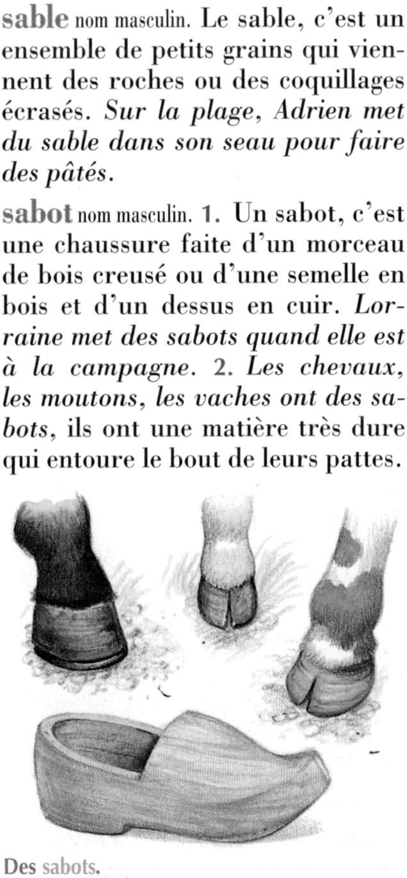

Des sabots.

saboter verbe. Saboter une chose, c'est l'abîmer pour que l'on ne puisse plus s'en servir. *Pendant la guerre, les militaires essaient de saboter les avions de leurs ennemis.*

sac nom masculin. Un sac, c'est un objet en papier, en tissu, en plastique ou en cuir qui ressemble à une grande poche et qui sert à transporter des choses. *La boulangère a mis les croissants dans un sac en papier. Maman ouvre son sac et sort son porte-monnaie. Constance met ses affaires dans son sac à dos.*

saccager verbe. Saccager, c'est abîmer énormément. *Le chien a saccagé le massif de fleurs.*

sachet nom masculin. Un sachet, c'est un petit sac en papier ou en tissu. *Mamie met deux sachets de thé dans la théière.*

sacoche nom féminin. Une sacoche, c'est une sorte de sac assez grand et solide. *Carole met son maillot de bain et sa serviette de plage dans les sacoches de sa bicyclette.*

sacrement nom masculin. Un sacrement, c'est une cérémonie chrétienne très importante. *Le baptême et le mariage sont des sacrements.*

A B C D E F G H I J K L M N O P Q R S

sacrer verbe. *Charlemagne fut sacré empereur en l'an 800*, il fut fait empereur, durant une cérémonie, dans une église.

✦ Cherche aussi **couronner**.

Saint Pierre.

sacrifice nom masculin. Faire un sacrifice, c'est accepter de se priver de quelque chose que l'on aime pour faire ou pour obtenir quelque chose de plus utile. *Monsieur et Madame Brion ont fait de gros sacrifices pour que leurs enfants puissent faire des études.*

sage adjectif masculin et féminin. 1. *Charlotte est très sage en classe*, elle ne fait pas de bruit, elle écoute la maîtresse et elle lui obéit. 2. *Ce serait plus sage de rentrer avant qu'il fasse nuit*, ce serait plus raisonnable et plus prudent de rentrer avant qu'il fasse nuit.

sagesse nom féminin. La sagesse, c'est la qualité d'un enfant qui est obéissant et calme. *Le maître a félicité Clément pour sa sagesse.*

saigner verbe. Saigner, c'est avoir du sang qui sort de son corps. *Ariane s'est coupée, elle saigne. Nicolas saigne souvent du nez.*

sain adjectif masculin,
saine adjectif féminin. 1. *L'air de la montagne est très sain*, il est bon pour la santé. 2. *Tous les passagers de l'avion sont sortis sains et saufs de l'accident*, ils n'ont pas été blessés ni tués alors qu'ils ont failli mourir.

✦ Ne confonds pas sain, **saint** et **sein**.

saint nom masculin,
sainte nom féminin. Un saint, une sainte, c'est une personne que l'on admire et que l'on prie quand elle est morte, dans la religion catholique, parce qu'elle a été très bonne et très généreuse pendant sa vie. *Les noms des saints sont écrits sur le calendrier.*

✦ Ne confonds pas saint, **sain** et **sein**.

saisir verbe. Saisir, c'est attraper avec la main très vite ou avec force. *Laurence a saisi le ballon que lui lançait Michel.*

saison nom féminin. Une saison, c'est une partie de l'année pendant laquelle il fait à peu près le même temps. *Il y a quatre saisons qui durent chacune trois mois : le printemps, l'été, l'automne et l'hiver.*

salade nom féminin. 1. Une salade, c'est une plante dont on mange les feuilles généralement crues avec de la vinaigrette. *La laitue est une salade.* 2. Une salade, c'est un plat froid fait d'un mélange de légumes, de viande, d'œufs ou de poisson, assaisonné avec de la vinaigrette. *Est-ce que tu veux une salade de pommes de terre ou une salade de tomates ?* 3. Une salade de fruits, c'est un dessert fait de plusieurs fruits coupés en morceaux et mélangés.

saladier nom masculin. Un saladier, c'est un plat creux comme un grand bol, dans lequel on sert la salade.

salaire nom masculin. Le salaire, c'est l'argent que l'on gagne chaque mois lorsqu'on travaille.

sale adjectif masculin et féminin. *Ta chemise est sale, il faut la laver,* ta chemise est pleine de taches et de poussière, il faut la laver.
✦ Le contraire de sale, c'est **propre**.
✦ Ne confonds pas sale et **salle**.

salé adjectif masculin,
salée adjectif féminin. *L'eau de mer est salée,* elle contient du sel. *La purée est trop salée,* elle a un trop fort goût de sel car il y a trop de sel dedans.

salement adverbe. *Aurélie mange salement,* elle mange en faisant des taches sur ses vêtements et en salissant tout autour d'elle.

saleté nom féminin. *Tes mains sont d'une saleté effrayante, va te les laver,* tes mains sont pleines de poussière et de traces noires, elles sont sales, va te les laver.
✦ Le contraire de saleté, c'est **propreté**.

Une salade de tomates, une salade de fruits, une salade verte.

salière nom féminin. Une salière, c'est un petit pot dans lequel on met du sel et que l'on pose sur la table du repas.

salir verbe. Salir, c'est rendre sale. *Jérémie a sali son tee-shirt en mangeant de la glace au chocolat.*

salissant adjectif masculin,
salissante adjectif féminin. 1. *Ce pantalon blanc est très salissant,* il devient vite sale. 2. *C'est salissant de réparer un moteur,* cela salit de réparer un moteur.

salive nom féminin. La salive, c'est le liquide que tout le monde a dans la bouche.
✦ Cherche aussi **bave**.

salle nom féminin. Une salle, c'est une pièce. *Nous dînons dans la salle à manger. Mamie se lave les mains dans la salle de bains. Notre salle de classe a deux grandes fenêtres.*
✦ Ne confonds pas salle et **sale**.

salon nom masculin. 1. Le salon, c'est la pièce où l'on reçoit les invités. *Avant le dîner, les invités prennent l'apéritif au salon.* 2. Un Salon, c'est une exposition. *Papa va tous les ans au Salon de l'Auto.*

salopette nom féminin. Une salopette, c'est un pantalon avec en plus une partie tenue par des bretelles qui recouvre la poitrine.

Marion est en salopette.

saluer verbe. 1. Saluer, c'est dire bonjour ou au revoir en faisant un salut. *Lambert salue Yves d'un grand geste de la main.* 2. *À la fin du spectacle, les comédiens viennent saluer le public*, ils reviennent sur la scène et se penchent en avant, face aux spectateurs.

salut nom masculin. Un salut, c'est un geste que l'on fait, avec la main ou avec la tête, pour dire bonjour ou au revoir. *Papi répond au salut de la voisine en soulevant son chapeau.*

sandale nom féminin. Une sandale, c'est une chaussure d'été qui est faite d'une semelle et de petites bandes de cuir, de tissu ou de plastique qui passent sur le dessus du pied. *Il fait chaud, Anaïs a mis ses sandales blanches.*

sandwich nom masculin. Un sandwich, c'est un ensemble de deux tranches de pain entre lesquelles il y a des aliments froids. *Judith mange un sandwich au jambon et Jennifer un sandwich au fromage.*

☞ Au pluriel : des **sandwichs** ou des **sandwiches**.

✦ Sandwich est un mot qui vient de l'anglais.

sang nom masculin. Le sang, c'est le liquide rouge qui circule à travers notre corps. *Un adulte a environ 5 litres de sang dans le corps.*

✦ Le sang coule dans les **veines** et les **artères**.

✦ Cherche aussi **saigner**.

✦ Ne confonds pas sang, **cent** et **sans**.

sang-froid nom masculin. Le sang-froid, c'est la qualité d'une personne qui arrive à ne pas être émue et à rester calme lorsqu'il y a un danger, pour pouvoir agir vite et bien. *Les passagers de l'avion ont tous été sauvés grâce au sang-froid du pilote.*

sanglier nom masculin. Un sanglier, c'est un porc sauvage à la peau épaisse recouverte de poils très durs qui vit dans la forêt.

✦ La femelle du sanglier, c'est la **laie**. Le petit du sanglier, c'est le **marcassin**.

Le sanglier, la laie et le marcassin.

sanglot nom masculin. Un sanglot, c'est la respiration qui fait tout d'un coup beaucoup de bruit, plusieurs fois de suite, comme si on avait le hoquet, quand on pleure très fort. *Olivier a éclaté en sanglots.*

sangloter verbe. Sangloter, c'est pleurer très fort, avec des sanglots. *Marc sanglote dans les bras de son père.*

sans préposition. Sans, c'est un mot qui dit que l'on n'a pas avec soi ou qu'il n'y a pas la chose dont on parle. *Jérôme est venu à mon anniversaire sans sa sœur. Cette chambre d'hôtel coûte 500 francs sans le petit-déjeuner.*

✦ Le contraire de sans, c'est **avec**.

✦ Ne confonds pas sans, **cent** et **sang**.

santé nom féminin. *Mamie est en bonne santé*, le corps de Mamie va bien, Mamie n'est pas malade. *Bernard est en mauvaise santé*, le corps de Bernard ne va pas bien, Bernard est malade.

Anne et Xavier décorent le sapin de Noël.

sapin nom masculin. Un sapin, c'est un arbre qui reste toujours vert et dont les feuilles sont des aiguilles.

sardine nom féminin. Une sardine, c'est un petit poisson qui vit dans la mer et que l'on mange frais ou conservé dans l'huile. *Papa fait des sardines grillées pour le déjeuner.*

satellite nom masculin. 1. Un satellite, c'est un astre qui tourne autour d'une planète. *La Lune est le satellite de la Terre.* 2. Un satellite, c'est un engin que l'on lance de la Terre à l'aide d'une fusée pour qu'il tourne autour de la Terre. *Les satellites permettent de faire passer des émissions de télévision et de donner des indications pour la météo.*

satin nom masculin. Le satin, c'est un tissu doux, lisse et brillant comme de la soie. *Le chanteur avait une veste de satin bleu.*

satisfaction nom féminin. La satisfaction, c'est le plaisir que l'on ressent quand les choses sont exactement comme on veut. *Camille a éprouvé une grande satisfaction quand elle a su qu'elle avait gagné le concours.*

✦ Camille a été très **satisfaite**.

satisfaisant adjectif masculin,
satisfaisante adjectif féminin. *Le travail d'Alexandre en classe est satisfaisant*, c'est un bon travail qui peut rendre ses parents et ses professeurs contents, mais ce n'est pas un excellent travail.

satisfait adjectif masculin,
satisfaite adjectif féminin. *Camille est satisfaite d'avoir gagné le concours*, elle est contente d'avoir gagné le concours car elle a ce qu'elle voulait.

✦ Camille éprouve une grande **satisfaction**.

sauce nom féminin. Une sauce, c'est un liquide plus ou moins épais que l'on prépare pour donner du goût à certains plats. *Judith aime beaucoup les pâtes à la sauce tomate.*

saucisse nom féminin. Une saucisse, c'est de la viande de porc hachée qui est mise dans une peau très fine, en forme de petit cylindre long et que l'on mange cuite. *Romane mange des saucisses avec des lentilles.*

saucisson nom masculin. Un saucisson, c'est une grosse saucisse cuite ou séchée que l'on mange froide. *Nous avons eu des tranches de saucisson comme hors-d'œuvre.*

sauf préposition. *Clara aime tous les gâteaux sauf les éclairs*, elle aime tous les gâteaux, il n'y a que les éclairs qu'elle n'aime pas.

✦ Tu peux dire aussi : Clara aime tous les gâteaux à l'**exception** des éclairs.

saumon nom masculin. Un saumon, c'est un gros poisson de mer à la chair rose qui quitte la mer et remonte les fleuves pour pondre ses œufs. *Anaïs et Léa ont mangé du saumon fumé.*

saut nom masculin. Un saut, c'est un mouvement par lequel un homme ou un animal s'élève au-dessus du sol.

✦ Ne confonds pas saut, **seau** et **sot**.

David a fait un saut de 3 m en longueur.

saute-mouton nom masculin. *Les enfants jouent à saute-mouton,* chaque enfant saute par-dessus un autre enfant qui se tient penché en avant.

sauter verbe. Sauter, c'est s'élever un instant au-dessus du sol. *Coline a sauté par-dessus la barrière.*

sauterelle nom féminin. Une sauterelle, c'est un insecte vert ou gris qui avance en sautant sur ses pattes de derrière qui sont très longues.

✦ Cherche aussi **criquet**.

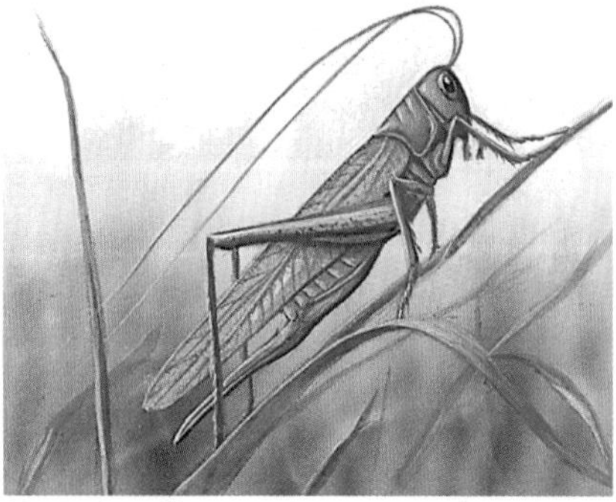

Une sauterelle.

sauvage adjectif masculin et féminin. 1. Un animal sauvage, c'est un animal qui vit en liberté dans la nature, ce n'est pas un animal domestique. *Les lions et les loutres sont des animaux sauvages.* 2. Une plante sauvage, c'est une plante qui pousse sans être cultivée. *Georges a cueilli des fleurs sauvages,* il a cueilli des fleurs des champs. 3. *Adrien est très sauvage,* il préfère être seul et n'aime pas parler aux autres.

sauver verbe. 1. Sauver, c'est réussir à empêcher de mourir une personne ou un animal qui est en danger. *Un passant a plongé pour sauver le petit garçon qui était en train de se noyer dans la rivière.* 2. Se sauver, c'est partir très vite, s'enfuir. *La porte du poulailler était ouverte, toutes les poules se sont sauvées,* toutes les poules se sont échappées.

sauvetage nom masculin. *Le sauvetage des passagers du bateau qui a coulé a été difficile,* cela a été difficile de sauver les passagers du bateau.

sauveteur nom masculin. Un sauveteur, c'est une personne qui sauve quelqu'un qui est en danger de mort. *Les sauveteurs sont arrivés très vite sur le lieu de l'accident.*

savane nom féminin. La savane, c'est une grande prairie, dans les pays très chauds, où il y a beaucoup d'animaux sauvages. *Flore a regardé un reportage sur la savane africaine à la télévision.*

savant adjectif masculin,
savante adjectif féminin. Une personne savante, c'est une personne qui sait beaucoup de choses. *Le maître est très savant.*

savoir verbe. **1.** Savoir, c'est avoir appris quelque chose et s'en souvenir. *Amélie sait sa leçon. Albert sait le prénom du directeur,* il connaît le prénom du directeur. **2.** Savoir faire quelque chose, c'est être capable de le faire. *Mon petit frère ne sait pas encore nager. Depuis quand sais-tu lire?*

savon nom masculin. Le savon, c'est une matière qui sert à laver. *Clara se lave les mains avec du savon liquide.*

✦ Un bloc de savon, c'est un **savon** ou une **savonnette**.

savonner verbe. Savonner, c'est laver en frottant avec du savon. *Christian se savonne les pieds sous la douche.*

scaphandre nom masculin. Un scaphandre, c'est l'ensemble formé par un vêtement fait d'un pantalon et d'une veste en une seule pièce et par un casque, pour aller sous l'eau.

✦ Les cosmonautes mettent aussi un scaphandre pour aller dans l'espace.

scaphandrier nom masculin. Un scaphandrier, c'est une personne qui va sous l'eau avec un scaphandre.

scène nom féminin. **1.** La scène, c'est la partie du théâtre qui ressemble à une grande estrade, où jouent les comédiens. *À la fin du spectacle, les comédiens reviennent tous sur scène pour saluer.* **2.** Une scène, c'est un événement qui a lieu et que l'on regarde comme si on était au théâtre. *Léo a glissé sur la neige, j'ai assisté à la scène,* j'ai vu Léo en train de glisser sur la neige.

sceptre nom masculin. Un sceptre, c'est un bâton qu'un roi tient à la main. *Sur le tableau, on voit qui est le roi parce qu'il a une couronne et un sceptre.*

schéma nom masculin. Un schéma, c'est un dessin très simple qui sert à expliquer quelque chose. *Le maître a fait le schéma d'une ruche pour nous montrer comment les abeilles fabriquent le miel.*

scie nom féminin. Une scie, c'est un outil qui a une lame avec des pointes et qui sert à couper des matières très dures. *Maman coupe la planche en deux avec une scie.*

✦ Ne confonds pas scie et **si**.

✦ Les pointes de la scie s'appellent des **dents**.

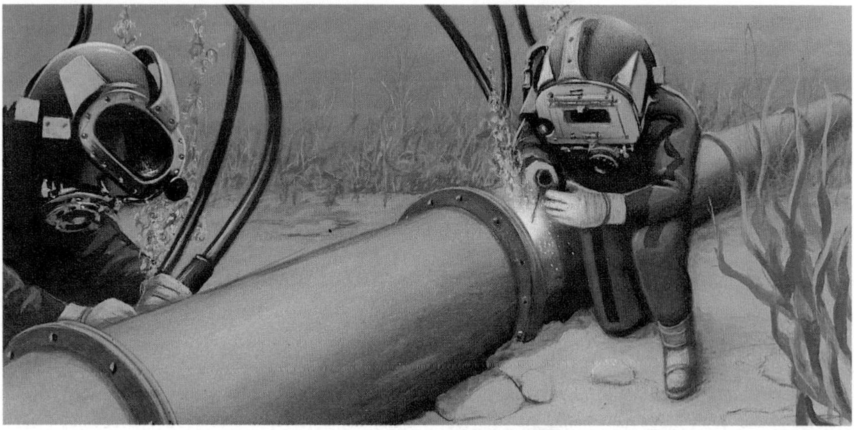

Les scaphandriers peuvent rester longtemps sous l'eau grâce à leur scaphandre.

science nom féminin. La science, c'est l'ensemble des choses que les hommes savent et qui leur permet de faire des découvertes et des inventions. *On soigne de mieux en mieux les maladies grâce à la science.*

science-fiction nom féminin. Un roman de science-fiction, c'est un roman qui raconte une histoire qui se passe dans très longtemps et où il arrive des choses extraordinaires qui ne pourraient pas se produire aujourd'hui.

scientifique adjectif masculin et féminin. *Il y a une explication scientifique de l'apparition de l'homme sur la Terre,* il y a une explication que l'on peut donner de l'apparition de l'homme sur la Terre grâce à la science.

scier verbe. Scier, c'est couper avec une scie.

Papa scie une bûche.

scintiller verbe. *Les étoiles scintillent dans la nuit,* elles brillent, disparaissent et brillent à nouveau.

✦ Tu peux dire aussi **étinceler**.

scolaire adjectif masculin et féminin. *Demain c'est la rentrée scolaire,* c'est la rentrée des classes.

score nom masculin. Un score, c'est le nombre de points qu'obtient un joueur ou une équipe dans un match. *Le score final du match de football d'hier soir est de 3 à 1.*

scorpion nom masculin. Un scorpion, c'est un petit animal des pays chauds qui a huit pattes et deux grandes pinces à l'avant. Il a une queue recourbée terminée par une pointe remplie de poison avec laquelle il pique. *Une piqûre de scorpion peut être très dangereuse.*

✦ Le scorpion est de la même famille d'animaux que l'araignée.

scout nom masculin. Un scout, c'est un petit garçon ou un adolescent qui fait partie d'un groupe de jeunes catholiques.

✦ Les filles qui font partie d'un groupe de jeunes catholiques s'appellent des **jeannettes**.

Des scouts campent près de la ferme.

sculpter verbe. Sculpter, c'est faire une forme dans la pierre ou dans du bois en enlevant des morceaux et en grattant avec des outils spéciaux. *Cette statue a été sculptée dans du marbre.*

sculpteur nom masculin. Un sculpteur, c'est une personne qui fait des sculptures. *Rodin était un grand sculpteur.*

sculpture nom féminin. 1. *Cet artiste fait de la sculpture sur bois,* il sculpte le bois. 2. Une sculpture, c'est un objet d'art sculpté par un sculpteur. *Les statues sont des sculptures.*

séance nom féminin. Une séance, c'est la durée d'un spectacle. *Papi nous a emmenés voir Guignol, à la séance de 15 heures.*

seau nom masculin. Un seau, c'est un récipient plus haut que large, avec une anse pour le porter. *Vladimir fait des pâtés de sable sur la plage avec son seau et sa pelle.*

☞ Au pluriel : des **seaux**.

✦ Ne confonds pas seau, **saut** et **sot**.

sec adjectif masculin,
sèche adjectif féminin. 1. *Avec le soleil et le vent, le linge sera vite sec,* le linge ne sera plus mouillé, il n'y aura plus d'eau dans le linge. 2. *La branche s'est cassée en faisant un bruit sec,* elle s'est cassée en faisant un bruit assez fort qui s'est arrêté tout de suite.

sécher verbe. 1. Sécher, c'est devenir sec. 2. Sécher, c'est rendre sec.

Le linge sèche au soleil.

sécheresse nom féminin. La sécheresse, c'est le temps qu'il fait quand il ne pleut pas pendant longtemps. *Cette année, aucune fleur n'a poussé dans le jardin à cause de la sécheresse.*

seconde nom féminin. Une seconde, c'est une durée très courte. *Marie-José a couru 100 mètres en 12 secondes.*

✦ Il y a 60 secondes dans une minute, et 3600 secondes dans une heure.

secouer verbe. Secouer, c'est faire bouger, remuer dans tous les sens. *Jacky secoue la bouteille de jus de fruits avant de l'ouvrir.*

✦ Tu peux dire aussi **agiter**.

secours nom masculin. Au secours, ce sont des mots que l'on crie quand on est en danger et que l'on a besoin de l'aide de quelqu'un pour être sauvé. *Les pompiers entendaient quelqu'un appeler au secours derrière la porte.*

secret nom masculin. Un secret, c'est quelque chose que l'on sait et que l'on ne dit à personne ou seulement à quelqu'un en qui on a confiance. *Jessica est amoureuse de Kévin, mais c'est un secret, ne le répète à personne!*

Maman se sèche les cheveux.

secret adjectif masculin,
secrète adjectif féminin. *Xavier cache son argent dans un endroit secret,* il cache son argent dans un endroit que personne ne connaît et qui est difficile à trouver.

secrétaire nom masculin et féminin. Un secrétaire, une secrétaire, c'est une personne dont le métier est de s'occuper du courrier, de répondre au téléphone, de prendre des rendez-vous et de classer des dossiers. *La secrétaire du directeur de l'usine est en train de taper une lettre.*

Une selle de cheval et une selle de bicyclette.

section nom féminin. *Mon frère est à l'école maternelle, dans la section des petits,* il est dans la classe des petits.

sécurité nom féminin. *Pendant l'orage, Camille se sentait en sécurité dans son lit,* elle pensait qu'elle était à l'abri du danger, qu'elle ne risquait rien.
✦ Tu peux dire aussi **sûreté**.

seigle nom masculin. Le seigle, c'est une plante qui a des épis recouverts de longs poils. On fait de la farine avec ses grains. *Le pain de seigle a une mie foncée.*
✦ Le seigle est une **céréale**.

sein nom masculin. Les seins, ce sont les mamelles d'une femme. *Ma petite sœur tète le sein de Maman.*
✦ Ne confonds pas sein, **sain** et **saint**.

séjour nom masculin. Un séjour, c'est un temps assez long que l'on passe dans un endroit. *Yannick est très content de son séjour en Auvergne.*

sel nom masculin. Le sel, c'est une matière blanche que l'on trouve dans l'eau de mer et qui donne plus de goût aux aliments. *Louis rajoute du sel sur ses frites.*
✦ Cherche aussi **salé**.
✦ Ne confonds pas sel et **selle**.

selle nom féminin. **1.** Une selle, c'est un morceau de cuir que l'on met sur le dos d'un cheval et sur lequel le cavalier s'assied. **2.** Une selle, c'est la partie d'une bicyclette ou d'une moto sur laquelle on s'assied.
✦ Ne confonds pas selle et **sel**.

selon préposition. *Je partirai avec vous ou je vous rejoindrai plus tard, selon l'heure à laquelle je me réveillerai,* cela dépendra de l'heure à laquelle je me réveillerai.

semaine nom féminin. Une semaine, c'est une période de 7 jours qui va du lundi au dimanche. *Le mercredi est le jour de la semaine que je préfère !*
✦ Lundi, mardi, mercredi, jeudi, vendredi, samedi, dimanche.

semblable adjectif masculin et féminin. *Ces deux tables sont semblables,* elles ont la même taille, la même forme, la même couleur, elles se ressemblent tellement qu'on peut les confondre.

✦ Tu peux dire aussi **identique**, **pareil**.
✦ Le contraire de semblable, c'est **différent**.

semblant nom masculin. *Vincent fait semblant d'écouter le maître*, il fait comme s'il écoutait le maître mais il ne l'écoute pas vraiment.

sembler verbe. **1.** Sembler, c'est avoir l'air, paraître. *La mère de Sandrine semble très jeune.* **2.** *Il me semble que tu as grandi*, j'ai l'impression que tu as grandi, on dirait bien que tu as grandi.

semelle nom féminin. Une semelle, c'est le dessous d'une chaussure, la partie d'une chaussure qui touche le sol quand on marche. *Les semelles de mes bottes sont en caoutchouc.*

semer verbe. Semer, c'est mettre des graines dans la terre pour qu'elles donnent des plantes. *Papi a semé des carottes dans le potager.*

semoule nom féminin. La semoule, c'est une sorte de farine faite de morceaux de grains de blé. *Mamie a fait un gâteau de semoule.*

sens nom masculin. **1.** Un sens, c'est une direction. *Dans quel sens faut-il tourner la clé pour fermer la porte?* **2.** Le sens d'un mot, c'est ce que veut dire ce mot, c'est sa signification. *Connais-tu le sens du mot «saboter»?* **3.** *Le goût, l'odorat, l'ouïe, le toucher et la vue sont les cinq sens*, ce sont eux qui permettent aux hommes et aux animaux d'avoir des sensations. **4.** Le bon sens, c'est la qualité d'une personne raisonnable, qui sait tout de suite ce qu'il faut faire pour que tout aille le mieux possible. *Pascal a du bon sens.*

sensation nom féminin. Une sensation, c'est une impression que l'on ressent à l'intérieur de soi. *Ludovic n'a rien mangé depuis hier, il éprouve une sensation de faim.*

sensible adjectif masculin et féminin. **1.** *Augustin a la gorge sensible*, il a souvent mal à la gorge, il attrape facilement des angines. **2.** *Anne-Laure est très sensible*, elle est rapidement émue, même par des choses qui ne sont pas graves ou importantes, elle est émotive.

sentier nom masculin. Un sentier, c'est un petit chemin étroit. *Paul et Léa se promènent dans la forêt, ils connaissent tous les sentiers.*

sentiment nom masculin. Un sentiment, c'est ce que l'on ressent au fond de soi. *Pauline ne montre pas ses sentiments*, elle ne montre pas qu'elle est contente ou triste, qu'elle aime quelqu'un ou non, qu'elle est jalouse ou inquiète, etc.

sentir verbe. **1.** Sentir, c'est reconnaître une odeur. *Rodrigue aime sentir le parfum de sa mère.* **2.** Sentir, c'est avoir une odeur. *Ces roses sentent très bon*, elles ont une odeur agréable. *Ce fromage sent mauvais*, il pue. **3.** Sentir, c'est se rendre compte de quelque chose. *Yves a senti que Romain avait envie de rester seul, alors il est parti.*

séparation nom féminin. **1.** *Mathilde habite seule avec sa mère depuis la séparation de ses parents*, elle habite seule avec sa mère depuis que ses parents se sont séparés. **2.** *Un petit mur fait une séparation entre le jardin et le potager*, un petit mur sépare le jardin et le potager.

Le boa, la couleuvre et la vipère sont des serpents.

séparer verbe. 1. Séparer des personnes, c'est les éloigner les unes des autres. *Le maître a séparé Antoine et Anne qui se battaient.* 2. *Une cloison sépare la grande pièce en deux,* une cloison partage la grande pièce en deux, elle transforme la grande pièce en deux pièces. 3. Se séparer, c'est se quitter, ne plus vivre ensemble. *Les parents de Mathilde se sont séparés l'année dernière.*

série nom féminin. Une série, c'est un ensemble de choses du même genre. *La dictée est suivie d'une série de questions.*

sérieux adjectif masculin,
sérieuse adjectif féminin. 1. *Richard a l'air sérieux,* il ne rit pas et ne sourit pas. 2. *Myriam est une élève sérieuse,* elle est consciencieuse, elle travaille en s'appliquant.

serin nom masculin. Un serin, c'est un petit oiseau au plumage jaune. *Les serins chantent dans leur cage.*
✦ Le **canari** est un serin.

seringue nom féminin. Une seringue, c'est une petite pompe avec une aiguille au bout, qui sert à envoyer un liquide dans le corps. *L'infirmière met un médicament dans la seringue pour faire une piqûre à Guillaume.*

serpent nom masculin. Un serpent, c'est un animal dont le corps est rond, très long et couvert d'écailles. Il n'a pas de pattes et il avance en rampant. *Certains serpents sont venimeux, leur morsure peut être très dangereuse.*
✦ Les serpents sont des **reptiles**.

serre nom féminin. Une serre, c'est une sorte de jardin fermé partout par de grandes vitres et quelquefois chauffé, où l'on fait pousser des plantes qui n'aiment pas le froid.
✦ Ne confonds pas serre, **cerf** et **serres**.

On cultive des arbres et des fleurs des pays chauds dans la serre.

serrer verbe. 1. Serrer, c'est tenir très fort. *Clara serre son chat dans ses bras.* 2. *Joris serre très fort le robinet pour qu'il n'y ait plus de gouttes qui tombent,* il tourne très fort le robinet jusqu'au bout, pour qu'il n'y ait plus de gouttes qui tombent. 3. Serrer, c'est faire mal en appuyant. *Ces chaussures neuves me serrent les pieds.*

serres nom féminin pluriel. Les serres, ce sont les griffes très fortes des oiseaux de proie.

✦ Ne confonds pas serres, **cerf** et **serre**.

L'aigle emporte un lapin dans ses serres.

serrure nom féminin. Une serrure, c'est un mécanisme dans lequel on met une clé que l'on tourne et qui sert à ouvrir ou fermer une porte. *Coline regarde par le trou de la serrure.*

serrurier nom masculin. Un serrurier, c'est une personne dont le métier est de poser ou de réparer les serrures et de fabriquer les clés.

serveur nom masculin,
serveuse nom féminin. Un serveur, une serveuse, c'est une personne qui sert les plats et les boissons aux clients dans un restaurant ou dans un café. *Maman a laissé un pourboire à la serveuse.*

serviable adjectif masculin et féminin. *Alexis est très serviable,* il est toujours prêt à rendre service aux autres.

service nom masculin. 1. *Alexis aime bien rendre service,* il aime bien aider les autres. 2. Le service, c'est le travail de la personne qui sert les clients dans un café, un restaurant, un hôtel. *Le service est très rapide dans ce restaurant.*

serviette nom féminin. Une serviette, c'est un morceau de tissu qui sert à s'essuyer, à table ou lorsqu'on fait sa toilette. *Quand il mange, Clément met sa serviette autour du cou pour ne pas se faire de taches.*

servir verbe. 1. Servir, c'est donner une chose à quelqu'un pour qu'il la mange ou pour qu'il l'utilise. *Julien tend son assiette et Papa le sert. La vendeuse sert les clients.* 2. Servir, c'est aider, être utile. *À quoi sert cet outil? Ne pleure pas, cela ne sert à rien.* 3. *Maman se sert de sa voiture tous les jours,* Maman utilise sa voiture tous les jours.

seuil nom masculin. Le seuil, c'est la partie du sol qui est juste devant la porte d'entrée d'une maison.

Jean nous attend sur le seuil.

seul adjectif masculin,
seule adjectif féminin. 1. *Léonore sait attacher ses lacets toute seule*, elle sait attacher ses lacets sans que personne ne l'aide. *Nicolas a pris l'avion tout seul pour aller chez sa grand-mère*, Nicolas a pris l'avion sans personne de sa famille avec lui. 2. *Romane a un seul pantalon et beaucoup de jupes*, elle a seulement un pantalon, elle a un unique pantalon et beaucoup de jupes.

seulement adverbe. *Nous étions seulement trois dans le bus, ce matin*, nous n'étions que trois, pas plus.

sève nom féminin. La sève, c'est le liquide qui circule dans les plantes et qui les nourrit.

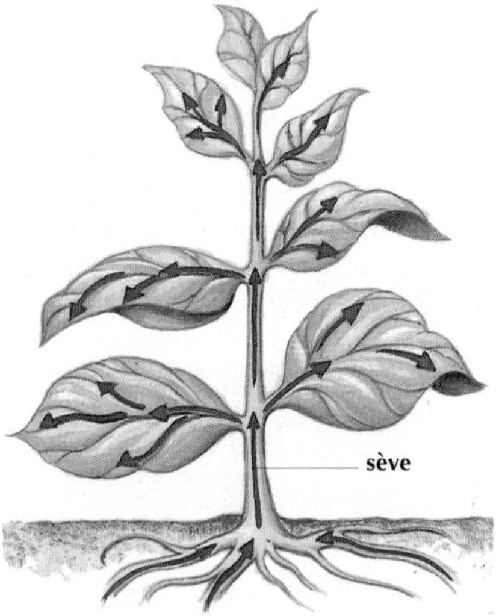

La sève monte dans les feuilles au printemps.

sévère adjectif masculin et féminin. *Les grands-parents de Sonia sont très sévères*, ils se fâchent si l'on n'est pas sage et ils punissent tout de suite.

✦ Le contraire de sévère, c'est **indulgent**.

sévérité nom féminin. La sévérité, c'est le caractère d'une personne sévère. *Les grands-parents de Sonia sont d'une grande sévérité.*

sexe nom masculin. 1. Le sexe, c'est ce qui fait que l'on distingue un homme d'une femme ou un mâle d'une femelle. *Victor est un enfant du sexe masculin, Anaïs est une enfant du sexe féminin*. 2. Le sexe, c'est la partie du corps qui est en bas du ventre, entre les cuisses, et qui est différente chez les hommes et chez les femmes.

shampooing nom masculin. Le shampooing, c'est un savon liquide qui sert à laver les cheveux. *Mamie m'a lavé les cheveux avec du shampooing à la pomme.*

✦ Shampooing est un mot qui vient de l'anglais.

shérif nom masculin. Le shérif, c'est le chef de la police d'une ville, aux États-Unis. *Adrien a vu un western dans lequel le shérif n'arrivait pas à arrêter les bandits.*

✦ Les shérifs portent une étoile sur la poitrine.

✦ Shérif est un mot qui vient de l'anglais.

short nom masculin. Un short, c'est une sorte de pantalon qui s'arrête sous les fesses ou au milieu des cuisses. *Alexandre a mis un short pour jouer au football.*

✦ Short est un mot qui vient de l'anglais.

si conjonction et adverbe. 1. *Si tu finis ta purée, tu auras du dessert*, il faut que tu finisses ta purée pour avoir du dessert. *Si j'étais riche, j'achèterais une grande maison*, j'imagine que je suis riche et je me dis que je vais acheter une maison, mais je ne suis pas riche. 2. Si, c'est oui. *Tu ne viens pas avec nous ? – Si, j'arrive !*

✦ Ne confonds pas si et **scie**.

siècle nom masculin. Un siècle, c'est une période de cent ans. *Le 20e siècle a commencé en 1901 et finira en l'an 2000.*

siège nom masculin. Un siège, c'est un meuble qui sert à s'asseoir. *Les chaises, les fauteuils, les canapés, les bancs et les tabourets sont des sièges.*

sieste nom féminin. Faire la sieste, c'est dormir un peu après le déjeuner. *Maman fait la sieste.*

sifflement nom masculin. Un sifflement, c'est le bruit que fait quelqu'un ou quelque chose qui siffle. *Le chanteur a été accueilli par les sifflements du public.*

siffler verbe. Siffler, c'est faire un bruit aigu en faisant sortir de l'air par sa bouche. *Papi siffle pour appeler son chien.*

sifflet nom masculin. Un sifflet, c'est un petit tuyau qui fait des bruits aigus quand on souffle dedans. *L'arbitre a donné un coup de sifflet.*

signal nom masculin. Un signal, c'est un geste, un bruit ou une lumière qui indique qu'il faut faire quelque chose. *Le professeur de gymnastique a donné le signal du départ de la course.*

☞ Au pluriel : des **signaux**.

signaler verbe. Signaler, c'est annoncer, prévenir. *L'automobiliste signale qu'il va tourner à gauche.*

signature nom féminin. La signature d'une personne, c'est son nom qu'elle écrit elle-même à la main, toujours de la même façon. *Madame Villaume met sa signature en bas de son chèque,* elle signe son chèque.

signe nom masculin. **1.** Un signe, c'est un geste qui sert à faire savoir quelque chose. *Claudine fait des signes à Élisabeth pour lui dire qu'elle l'attendra à la sortie de la classe.* **2.** Un signe, c'est un trait, un dessin qui veut dire quelque chose. *Le point est un signe qui montre qu'une phrase est finie.*

✦ Ne confonds pas signe et **cygne**.

signer verbe. Signer, c'est écrire sa signature. *Nous avons tous signé la carte postale pour Mamie.*

signification nom féminin. La signification, c'est ce que signifie quelque chose. *Quelle est la signification de ce mot?* que veut dire ce mot?

✦ Tu peux dire aussi **sens**.

signifier verbe. Signifier, c'est vouloir dire. *Le mot anglais « cat » signifie « chat ».*

silence nom masculin. **1.** Le silence, c'est le fait de ne pas parler. *Aude et Olivier travaillent en silence.* **2.** Le silence, c'est le calme. *Jean aime le silence de la montagne sous la neige.*

La maîtresse demande le silence.

silencieusement adverbe. Silencieusement, c'est sans faire de bruit. *Le traîneau du père Noël glisse silencieusement sur la neige.*

A B C D E F G H I J K L M N O P Q R S

silencieux adjectif masculin, **silencieuse** adjectif féminin. 1. *La machine à laver est très silencieuse,* elle ne fait pas de bruit. 2. *Flora est restée silencieuse pendant toute la soirée,* Flora n'a pas parlé pendant toute la soirée.

silex nom masculin. Un silex, c'est une pierre très dure. *Les hommes préhistoriques faisaient du feu en frottant deux silex l'un contre l'autre.*

☞ Au pluriel : des **silex**.

silhouette nom féminin. Une silhouette, c'est une personne ou un objet dont on voit juste la forme, dont on ne voit que les contours. *On aperçoit des silhouettes qui marchent dans le brouillard.*

sillage nom masculin. Le sillage, c'est la trace qu'un bateau laisse derrière lui, sur l'eau, quand il avance.

sillon nom masculin. Un sillon, c'est une longue fente que fait une charrue dans la terre. *L'agriculteur creuse des sillons dans le champ avec sa charrue.*

✦ Ensuite l'agriculteur sèmera les grains dans les sillons.

L'agriculteur creuse des sillons.

simple adjectif masculin et féminin. 1. *Ce jeu est très simple,* il n'est pas compliqué, il est facile. 2. *La directrice portait une robe bleu marine, très simple,* elle portait une robe bleu marine qui n'avait rien de spécial.

simplement adverbe. Simplement, c'est d'une manière simple. *La directrice s'habille simplement.*

simplicité nom féminin. La simplicité, c'est la qualité d'une chose qui est facile à faire ou à utiliser. *Cette soustraction est d'une grande simplicité,* elle n'est pas difficile.

sincère adjectif masculin et féminin. *Christophe est un garçon sincère,* il dit ce qu'il pense vraiment sans rien cacher quand on le lui demande, ce n'est pas un menteur.

✦ Tu peux dire aussi **franc**.

✦ Le contraire de sincère, c'est **hypocrite**.

sincérité nom féminin. La sincérité, c'est la qualité d'une personne sincère. *Christophe a répondu à ma question avec une grande sincérité.*

singe nom masculin. Un singe, c'est un animal d'Amérique, d'Afrique et d'Asie qui souvent n'a pas de poils sur la face et qui a les pattes de devant plus courtes que les pattes de derrière. Il a des mains, des pieds et une longue queue qui peuvent prendre les objets.

singulier nom masculin. Un mot est au singulier lorsqu'il désigne une seule personne, un seul animal ou une seule chose. *Dans la phrase : « le chien ronge un os », tous les mots sont au singulier.*

✦ Le contraire de singulier, c'est **pluriel**.

sinistre adjectif masculin et féminin. *La maison de la sorcière est sinistre,* elle est sombre et triste et elle fait peur.

sinon conjonction. Sinon, c'est un mot qui veut dire : si tu ne le fais pas. *Dépêche-toi, sinon nous serons en retard,* si tu ne te dépêches pas, nous serons en retard.

sirène nom féminin. 1. Une sirène, c'est une femme avec une queue de poisson à la place des jambes. Les sirènes n'existent que dans les contes de fées. *Est-ce que tu connais l'histoire de « La Petite Sirène » ?* 2. Une sirène, c'est un appareil qui fait un bruit très fort pour donner un signal. *Les pompiers font marcher la sirène de leur voiture pour qu'on les laisse passer.*

Le chimpanzé, le ouistiti et le gorille sont des singes.

sirop nom masculin. 1. Le sirop, c'est un liquide épais et très sucré que l'on boit mélangé avec de l'eau. *Clarisse boit du sirop de framboise.* 2. Le sirop, c'est un médicament liquide très sucré. *Quentin a pris du sirop contre la toux.*

situation nom féminin. 1. *La situation de cette maison est exceptionnelle,* l'emplacement de cette maison est exceptionnel. 2. *Papi a une belle situation,* il a un travail très important où il gagne beaucoup d'argent.

situer verbe. *La maison de Bruno est située à l'entrée du village,* la maison de Bruno est à l'entrée du village.

ski nom masculin. Un ski, c'est une longue planche étroite que l'on attache sous sa chaussure pour glisser sur la neige. *Julien a loué une paire de skis. Carine aime bien faire du ski,* elle aime bien glisser sur la neige avec ses skis.

skier verbe. Skier, c'est glisser sur la neige avec des skis. *Carine et Julien skient très bien.*

slip nom masculin. Un slip, c'est une culotte. *Le vent a soulevé la jupe de Nathalie et on a vu son slip. Jérôme a emporté son slip de bain pour aller à la piscine.*

slogan nom masculin. Un slogan, c'est une phrase courte que l'on répète souvent. On utilise des slogans dans la publicité pour donner envie d'acheter quelque chose et on en utilise aussi dans les manifestations pour faire savoir ce que l'on veut.

✦ Slogan est un mot qui vient de l'anglais.

Ils crient des slogans.

société nom féminin. 1. Une société, c'est l'ensemble de toutes les personnes qui vivent dans un pays, qui obéissent aux mêmes lois et qui ont les mêmes coutumes. 2. Un jeu de société, c'est un jeu auquel on joue à plusieurs. *Le jeu de dames et le jeu de l'oie sont des jeux de société.*

sœur nom féminin. *Léa est la sœur de Paul,* Léa est une fille qui a les mêmes parents que Paul.
✦ Paul est le **frère** de Léa.

soi pronom masculin et féminin. Soi, c'est un mot qui représente la troisième personne du singulier. *Il est tard, c'est l'heure de rentrer chacun chez soi.*
✦ Ne confonds pas soi, **soie** et **soit**.

soie nom féminin. La soie, c'est un tissu très fin et très doux qui est fait avec un fil fabriqué par la chenille d'un papillon. *Luce a une chemise en soie bleue.*
✦ La chenille qui fabrique le fil de soie s'appelle un **ver à soie**.
✦ Ne confonds pas soie, **soi** et **soit**.

soif nom féminin. La soif, c'est le besoin, l'envie de boire. *Il fait très chaud, j'ai soif.*

soigner verbe. 1. Soigner, c'est faire ce qu'il faut pour guérir un malade. *Le médecin me fait prendre des médicaments pour me soigner. Mamie se soigne avec des plantes.* 2. *Marguerite soigne son travail,* elle s'applique, elle fait attention.

soigneux adjectif masculin,
soigneuse adjectif féminin. Une personne soigneuse, c'est une personne qui fait attention à ses affaires et qui s'applique quand elle fait quelque chose. *Marguerite est très soigneuse.*

soin nom masculin. 1. *Léonard range ses affaires avec soin,* il fait attention à ses affaires. 2. Les soins, ce sont toutes les choses que l'on fait pour essayer de guérir un malade. *Le blessé va recevoir des soins à l'hôpital.*

soir nom masculin. Le soir, c'est la fin de la journée quand le soleil est couché, entre l'après-midi et la nuit. *Hier soir, Lucas s'est couché tard.*
✦ Le début de la journée, c'est le **matin**.

soirée nom féminin. La soirée, c'est la période de la journée qui va du moment où la nuit tombe jusqu'à ce que l'on se couche. *Valérie a lu toute la soirée.*

soit conjonction. *Soit tu viens avec nous, soit tu restes ici,* ou bien tu viens avec nous, ou bien tu restes ici.
✦ Ne confonds pas soit, **soi** et **soie**.

sol nom masculin. 1. Le sol, c'est la partie de la Terre qui est à la surface, c'est la terre. *Rien ne pousse dans cette région, le sol est trop sec.* 2. Le sol, c'est la surface sur laquelle on marche. *Le sol de la salle de bains est recouvert de carrelage.*
✦ Ne confonds pas sol et **sole**.

solaire adjectif masculin et féminin. *Sur la plage, Maman me met de la crème solaire,* elle me met de la crème qui protège du soleil, qui empêche d'attraper des coups de soleil.

soldat nom masculin. Un soldat, c'est une personne qui est dans l'armée.
✦ Tu peux dire aussi **militaire**.

sole nom féminin. Une sole, c'est un poisson de mer plat. *Aïcha mange une sole à la crème.*
✦ Ne confonds pas sole et **sol**.

soleil nom masculin. 1. Le Soleil, c'est l'astre qui donne la lumière et la chaleur à la Terre. *La Terre fait partie des 9 planètes qui tournent autour du Soleil.* 2. Le soleil, c'est la lumière et la chaleur que le Soleil envoie. *Il n'y a pas de soleil aujourd'hui,* il ne fait pas beau. *Benjamin a mis des lunettes de soleil,* il a mis des lunettes qui protègent ses yeux du soleil.

solfège nom masculin. *Jean-Louis apprend le solfège,* il apprend à lire et à écrire la musique.

solide adjectif masculin et féminin. Un objet solide, c'est un objet qui ne se casse pas facilement et qui ne s'abîme pas rapidement. *Tu peux monter sur cette chaise, elle est solide.*

✦ Tu peux dire aussi **résistant**.
✦ Le contraire de solide, c'est **fragile**.

solide nom masculin. Un solide, c'est une matière dure, qui n'est ni un liquide ni un gaz. *La pierre, le bois, la glace sont des solides.*

solidité nom féminin. La solidité, c'est la qualité d'une chose qui est solide. *Papa s'est acheté des skis d'une grande solidité, il va pouvoir s'en servir pendant longtemps.*

Une sole.

solitaire adjectif masculin et féminin. *Rémi est un enfant solitaire,* c'est un enfant qui reste seul, qui n'aime pas être avec les autres.

solitude nom féminin. *Madame Dulac vit dans une grande solitude,* elle vit seule et elle ne voit jamais personne.

solution nom féminin. 1. *Véronique a trouvé la solution du problème de mathématiques,* elle a trouvé le résultat du problème en réfléchissant et en faisant des calculs. 2. Une solution, c'est un moyen pour faire quelque chose de difficile. *Maman a trouvé une solution pour que mon petit frère n'ait plus peur tout seul la nuit, elle laisse une petite lampe allumée dans sa chambre.*

✦ Cherche aussi **résoudre**.

sombre adjectif masculin et féminin. 1. *La cave est très sombre,* elle est mal éclairée, elle est obscure. 2. *Le bleu marine est une couleur sombre,* c'est une couleur foncée, une couleur plus proche du noir que du blanc.

✦ Le contraire de sombre, c'est **clair**.

somme nom féminin. 1. Une somme, c'est le résultat d'une addition. *8 est la somme de 6 plus 2,* 8 est le total de 6 plus 2. 2. Une somme, c'est une quantité d'argent. *Monsieur Masson a déposé une grosse somme d'argent à la banque.*

sommeil nom masculin. *Il est tard, Basile a sommeil,* Basile a envie de dormir.

sommet nom masculin. Le sommet, c'est l'endroit le plus élevé. *Le sommet de la montagne est recouvert de neige.*

✦ Tu peux dire aussi **cime**.

A B C D E F G H I J K L M N O P Q R S

sommier nom masculin. Un sommier, c'est la partie d'un lit sur laquelle est posé le matelas.

somnambule adjectif masculin et féminin. *Agathe est somnambule*, elle se lève la nuit sans se réveiller et elle marche en dormant.

son adjectif masculin,
sa adjectif féminin. *Ferdinand a mis son bonnet, sa grosse veste et ses gants*, il a mis le bonnet, la veste et les gants qui sont à lui.
☞ Au masculin et au féminin pluriel : ses.

son nom masculin. Un son, c'est ce que l'on entend. *J'ai reconnu Hervé au son de sa voix.*
✦ Cherche aussi **bruit.**

sonner verbe. 1. *Les cloches de l'église ont sonné à midi*, elles ont fait leur bruit à midi. *Le téléphone sonne*, il fait le bruit qui signale que quelqu'un est en train d'appeler. 2. Sonner, c'est appuyer sur une sonnette.

sonnerie nom féminin. Une sonnerie, c'est le bruit que fait un objet qui sonne. *Thomas a décroché dès qu'il a entendu la sonnerie du téléphone.*

sonnette nom féminin. Une sonnette, c'est un mécanisme qui fait marcher une sonnerie quand on appuie dessus. *J'ai entendu un coup de sonnette.*

sorcière nom féminin. Une sorcière, c'est une femme laide et méchante qui a des pouvoirs magiques.
✦ Les sorcières n'existent pas vraiment. On les rencontre dans les contes de fées.

sort nom masculin. 1. Le sort, c'est ce qui arrive à quelqu'un dans sa vie, sans que l'on ne puisse rien y changer. *Julien est assez content de son sort.* 2. *Le nom du gagnant a été tiré au sort*, il a été pris au hasard, sans avoir été choisi.

sorte nom féminin. 1. Une sorte, c'est un ensemble de personnes, d'animaux ou de choses qui se ressemblent. *Il existe plusieurs sortes de poires*, il existe plusieurs genres, plusieurs types de poires. 2. *La robe que portait Lucette était une sorte de chemise de nuit*, sa robe ressemblait à une chemise de nuit mais ce n'en était pas une.
✦ Tu peux dire aussi **espèce.**

Le téléphone sonne. Quelqu'un sonne à la porte. La cloche sonne.

sortie nom féminin. 1. La sortie, c'est l'endroit par où l'on sort de quelque part. *La sortie est au fond du couloir.* 2. La sortie, c'est le moment où l'on sort. *La sortie de l'école est à 4 heures et demie.*

✦ Le contraire de sortie, c'est **entrée**.

La sorcière voulait manger les enfants du prince et de la princesse.

sortir verbe. 1. Sortir, c'est aller dehors. *Stanislas est sorti jouer dans le jardin. Les enfants sortent de l'école à 4 heures et demie.* 2. Sortir, c'est enlever d'un endroit. *Maman sort son manteau du placard.*

✦ Le contraire de sortir, c'est **entrer**, **rentrer**.

sot adjectif masculin,
sotte adjectif féminin. *Marie-Louise est un peu sotte,* elle est un peu bête, elle ne comprend rien.

✦ Tu peux dire aussi **idiot**, **stupide**.
✦ Le contraire de sot, c'est **intelligent**.
✦ Ne confonds pas sot, **saut** et **seau**.

sottise nom féminin. 1. La sottise, c'est le défaut d'une personne qui ne comprend rien. *Marie-Louise est d'une grande sottise.* 2. Une sottise, c'est quelque chose que l'on dit ou que l'on fait et qu'il ne fallait pas dire ou faire. *Arrête de dire des sottises !*

✦ Tu peux dire aussi **bêtise**.

sou nom masculin. *Éric n'a pas un sou sur lui,* il n'a pas d'argent dans sa poche.

☞ Au pluriel : des **sous**.
✦ Ne confonds pas sou, **soûl** et **sous**.

souci nom masculin. Un souci, c'est quelque chose qui inquiète, qui empêche d'être bien. *Monsieur Besson a des soucis. Lucie se fait du souci pour son chien,* elle s'inquiète pour son chien, elle a peur qu'il soit arrivé quelque chose à son chien.

soucoupe nom féminin. 1. Une soucoupe, c'est une petite assiette que l'on met sous une tasse. 2. Une soucoupe volante, c'est un objet mystérieux qui viendrait d'une autre planète et que des personnes croient voir voler dans le ciel. *Renaud dit qu'il a vu une soucoupe volante se poser dans la clairière.*

soudain adverbe. Soudain, c'est tout à coup, à un moment où l'on ne s'y attendait pas. *Tout était calme lorsque, soudain, on a entendu un cri.*

✦ Tu peux dire aussi **brusquement**.

souder verbe. Souder, c'est faire tenir ensemble deux morceaux de métal en les chauffant très fort pour les faire fondre. *Le plombier soude les deux tuyaux.*

souffle nom masculin. 1. Le souffle, c'est l'air qui sort de la bouche quand on respire. 2. Le souffle, c'est le mouvement de l'air. *Il n'y a pas un souffle de vent.*

Émilie souffle sur les bougies de son gâteau d'anniversaire.

Le vent souffle fort.

souffler verbe. 1. Souffler, c'est faire sortir de l'air par la bouche ou par le nez. 2. *Le vent souffle fort aujourd'hui,* il y a beaucoup de vent aujourd'hui.

souffrance nom féminin. La souffrance, c'est une sensation très désagréable que l'on ressent dans son corps quand on a mal. *Le médecin a fait une piqûre au blessé pour soulager sa souffrance.*

✦ Tu peux dire aussi **douleur**.

souffrant adjectif masculin,
souffrante adjectif féminin. *Juliette n'est pas allée à l'école aujourd'hui parce qu'elle est souffrante,* elle n'est pas allée à l'école parce qu'elle est un peu malade.

souffrir verbe. Souffrir, c'est avoir mal. *Aurélien s'est tordu le pied, il souffre beaucoup quand il marche.*

souhait nom masculin. Un souhait, c'est l'envie très forte de faire ou d'avoir quelque chose. *Mon plus grand souhait est de partir aux sports d'hiver.*

✦ Tu peux dire aussi **désir**, **vœu**.

souhaiter verbe. 1. Souhaiter, c'est avoir envie de quelque chose, c'est désirer quelque chose. *Guillaume souhaite revoir Mélanie bientôt.* 2. Souhaiter, c'est dire à quelqu'un que l'on espère qu'il aura ce qu'il désire. *Mamie nous a souhaité de bonnes vacances.*

soûl adjectif masculin,
soûle adjectif féminin. Une personne soûle, c'est une personne qui a bu tellement d'alcool qu'elle ne tient plus très bien debout et qu'elle ne sait plus ce qu'elle dit.

✦ Tu peux écrire aussi **saoul**.
✦ Tu peux dire aussi **ivre**.
✦ Ne confonds pas soûl, **sou** et **sous**.

soulager verbe. 1. Soulager, c'est rendre une douleur moins forte. *Si tu as mal aux dents, ce médicament te soulagera.* 2. *Max n'a pas appris sa leçon, il est soulagé car ce n'est pas lui que le maître interroge,* il n'est plus inquiet.

soulever verbe. Soulever, c'est lever pas très haut. *Papi soulève la chaise pour passer le balai dessous.*

soulier nom masculin. Un soulier, c'est une chaussure. *Henri a des souliers neufs.*

souligner verbe. Souligner, c'est tirer un trait sous un mot ou sous des mots. *Claire souligne tous les noms féminins du texte.*

soupçon nom masculin. Un soupçon, c'est l'impression que l'on a de savoir qui a fait quelque chose de mal. *On ne connaît pas encore le nom du voleur, mais la police a des soupçons.*

soupçonner verbe. Soupçonner une personne, c'est penser qu'elle a fait quelque chose de mal, sans avoir de preuve. *La maîtresse soupçonne Patrice d'avoir copié sur Jeanne.*

soupe nom féminin. La soupe, c'est un aliment liquide, plus ou moins épais, qui est fait avec des légumes écrasés dans de l'eau. *François mange de la soupe aux tomates.*
✦ Cherche aussi **potage**.

soupière nom féminin. Une soupière, c'est un récipient large et profond, dans lequel on sert la soupe.

Max est soulagé.

soupir nom masculin. Un soupir, c'est un bruit que l'on fait quand on respire puis qu'on souffle fort parce qu'on s'ennuie ou parce qu'on est soulagé. *Audrey pousse de gros soupirs en faisant son addition. Papi a poussé un soupir quand il a su que tout le monde était bien arrivé.*

soupirer verbe. Soupirer, c'est pousser un soupir. *Audrey soupire en faisant son addition.*

souple adjectif masculin et féminin. 1. *Le caoutchouc est une matière souple*, le caoutchouc est une matière que l'on peut plier sans la casser. 2. *Sylvain est bon en gymnastique car il est souple*, il est bon en gymnastique car il peut plier son corps et le bouger très facilement, il n'est pas raide.

souplesse nom féminin. *Les chats sont des animaux d'une grande souplesse*, les chats sont des animaux dont le corps est très souple.

source nom féminin. Une source, c'est de l'eau qui sort du sol. *La source jaillit entre deux rochers.*

sourcil nom masculin. Le sourcil, c'est la ligne de poils qui est au-dessus de chaque œil. *Papi a des sourcils très épais.*

sourd adjectif masculin,
sourde adjectif féminin. Une personne sourde, c'est une personne qui n'entend pas ou qui entend mal. *Notre voisine est devenue un peu sourde en vieillissant.*

souriant adjectif masculin,
souriante adjectif féminin. *Coline est très souriante*, elle sourit souvent et elle est aimable et gaie.

sourire verbe. Sourire, c'est faire remonter un peu les coins de sa bouche vers les oreilles en fermant un peu les yeux pour montrer que l'on est content ou que l'on veut être aimable. *La vendeuse sourit à la cliente qui vient d'entrer dans le magasin.*
✦ Quand on sourit on ne fait pas de bruit, alors que quand on rit cela s'entend.

A B C D E F G H I J K L M N O P Q R S

sourire nom masculin. Le sourire, c'est le mouvement de la bouche et des yeux que l'on fait quand on sourit. *Arthur a un joli sourire.*
✦ Vanessa a un **rire** qu'on entend de loin.

souris nom féminin. **1.** Une souris, c'est un petit animal qui a des poils gris ou des poils blancs et une longue queue. *Les souris sont plus petites que les rats. La souris est un rongeur.* **2.** Une souris, c'est une pièce d'ordinateur qui ressemble à une petite boîte et que l'on fait bouger pour se déplacer sur l'écran.

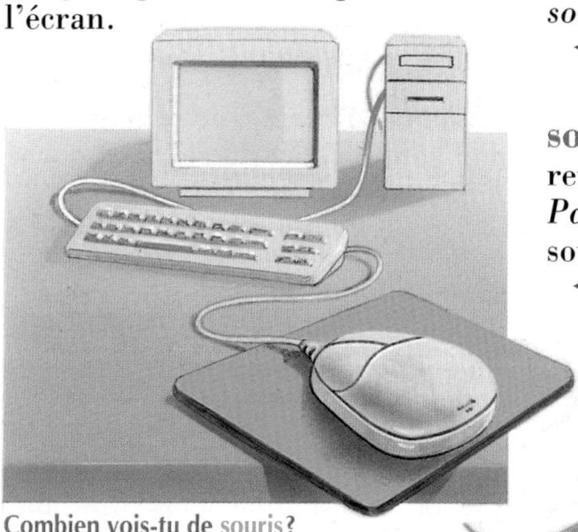

Combien vois-tu de souris?

sous préposition. Sous, c'est en bas par rapport à quelque chose qui est en haut, c'est en-dessous. *Le chien s'est réfugié sous le lit.*
✦ Le contraire de sous, c'est **sur**.
✦ Ne confonds pas sous, **sou** et **soûl**.

Le chien est caché sous le lit.
Le chat est couché sur le lit.

sous-marin nom masculin. Un sous-marin, c'est un navire qui peut naviguer sous l'eau.
☞ Au pluriel : des **sous-marins**.

sous-sol nom masculin. Le sous-sol, c'est la partie d'une maison qui est sous le rez-de-chaussée. *Papa descend au sous-sol pour prendre sa voiture dans le parking.*
☞ Au pluriel : des **sous-sols**.

soustraction nom féminin. Une soustraction, c'est une opération par laquelle on retranche un nombre d'un autre. *Pascal sait faire les soustractions.*
✦ Le contraire de soustraction, c'est **addition.**

soustraire verbe. Soustraire, c'est retrancher un nombre d'un autre. *Pascal soustrait 5 de 15,* il fait la soustraction : 15 – 5.
✦ Le contraire de soustraire, c'est **additionner.**

soutenir verbe. **1.** *De grosses poutres soutiennent le toit,* elles portent le toit par-dessous et l'aident à tenir. **2.** *L'infirmière soutient le malade qui n'arrive pas à marcher tout seul,* elle tient le malade pour l'aider à rester debout et à marcher.

souterrain nom masculin. Un souterrain, c'est un passage sous le sol. *Rose et Natacha ont découvert l'entrée des souterrains du château.*

souvenir nom masculin. **1.** Un souvenir, c'est un moment dont on se souvient. *Mamie aime bien nous raconter ses souvenirs de jeunesse.*

2. Un souvenir, c'est un objet que l'on rapporte d'un voyage pour se souvenir d'un endroit ou un objet qui a appartenu à une personne et que l'on garde pour se souvenir d'elle. *Papa aime beaucoup ce vieux fauteuil car c'est un souvenir de son oncle Henri.*

se **souvenir** verbe. Se souvenir, c'est faire venir dans sa mémoire. *Maman se souvient du jour où Martin a commencé à marcher.*
✦ Tu peux dire aussi se **rappeler**.
✦ Le contraire de se souvenir, c'est **oublier**.

souvent adverbe. Souvent, c'est plusieurs fois de suite. *Il pleut souvent depuis un mois.*
✦ Tu peux dire aussi **fréquemment**.
✦ Le contraire de souvent, c'est **jamais**.

spaghetti nom masculin. Les spaghettis, ce sont des pâtes longues et fines.

Arnaud mange des spaghettis.

sparadrap nom masculin. Le sparadrap, c'est un tissu collant que l'on utilise pour faire des pansements.

spatial adjectif masculin,
spatiale adjectif féminin. Un engin spatial, c'est un engin qui voyage dans l'espace. *Les cosmonautes viennent de rentrer de leur voyage spatial,* ils viennent de rentrer de leur voyage à travers l'espace.
☞ Au masculin pluriel : **spatiaux**.
Au féminin pluriel : **spatiales**.

spécial adjectif masculin,
spéciale adjectif féminin. *Mamie a un produit spécial pour enlever les taches,* elle a un produit fait exprès pour cela, un produit particulier.
☞ Au masculin pluriel : **spéciaux**.
Au féminin pluriel : **spéciales**.

spécialement adverbe. Spécialement, c'est plus que tout le reste, surtout. *Flora aime tous les fruits et spécialement les bananes.*
✦ Tu peux dire aussi **particulièrement**.

spectacle nom masculin. Un spectacle, c'est ce que l'on montre au public pour le distraire, c'est un film, une pièce de théâtre, un opéra, un ballet. *Gilles et Dominique sont allés voir un spectacle de marionnettes.*

spectateur nom masculin,
spectatrice nom féminin. Un spectateur, une spectatrice, c'est une personne qui regarde un spectacle ou une compétition sportive. *Les spectateurs ont beaucoup applaudi.*

sphère nom féminin. Une sphère, c'est une boule. *La Terre a la forme d'une sphère.*

spirale nom féminin. Une spirale, c'est une ligne qui s'enroule en montant ou en descendant. *Augustin dessine dans un grand cahier à spirale.*

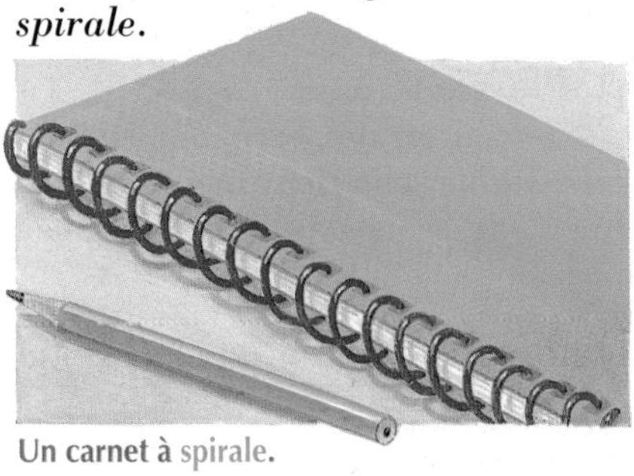

Un carnet à spirale.

a b c d e f g h i j k l m n o p q r s

A B C D E F G H I J K L M N O P Q R S

splendide adjectif masculin et féminin. *Il fait un temps splendide, aujourd'hui,* il fait un temps magnifique, il fait très beau aujourd'hui.
- ✦ Tu peux dire aussi **superbe**.
- ✦ Le contraire de splendide, c'est **affreux**, **horrible**.

spontané adjectif masculin,
spontanée adjectif féminin. *Marine est très spontanée,* elle dit tout de suite ce qu'elle pense et elle agit comme elle ressent qu'elle doit le faire, sans faire semblant.

sport nom masculin. Le sport, c'est un exercice que l'on fait faire à son corps, régulièrement, en suivant certaines règles, pour faire un effort ou pour jouer ou se battre contre quelqu'un. *Papi fait du sport le dimanche matin. Il y a un terrain de sport derrière l'école. La gymnastique, la natation, l'équitation, le golf, le football, la boxe sont des sports.*

sportif adjectif masculin,
sportive adjectif féminin. Une personne sportive, c'est une personne qui aime faire du sport et qui en fait régulièrement.

square nom masculin. Un square, c'est un petit jardin public, dans une ville. *Sabine et Guillaume font du toboggan dans le square.*

squelette nom masculin. Le squelette, c'est l'ensemble des os du corps.

stable adjectif masculin et féminin. *Tu peux monter sur l'échelle, elle est bien stable,* elle tient bien en équilibre sur ses pieds, elle ne bouge pas.

stade nom masculin. Un stade, c'est un terrain de sport. *Les deux équipes de rugby sont entrées sur le stade.*

stand nom masculin. Un stand, c'est un emplacement réservé dans une kermesse ou une exposition. *À la fête de l'école, Maman tient un stand où l'on vend des gâteaux et des confitures.*
- ✦ Stand est un mot qui vient de l'anglais.

station nom féminin. **1.** Une station, c'est l'endroit où un bus, un car, un métro ou un taxi s'arrête régulièrement. *Nous descendons à la prochaine station. Il y a une file de taxis qui attendent à la station.* **2.** Une station de sports d'hiver, c'est un village dans la montagne où tout est organisé pour faire du ski.

stationnement nom masculin. *Le stationnement est interdit sur le pont,* on ne peut pas garer sa voiture, on ne peut pas stationner sur le pont.

stationner verbe. Stationner, c'est garer sa voiture dans la rue. *Il est interdit de stationner sur le pont.*

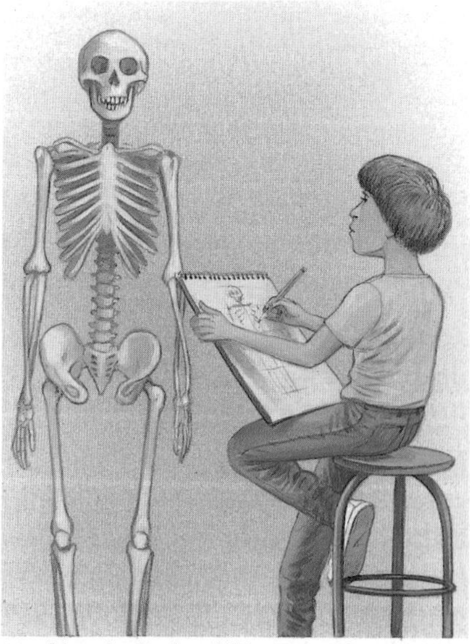
Matthieu étudie les différents os du squelette de l'homme.

station-service nom féminin. Une station-service, c'est un endroit où l'on vend de l'essence pour les voitures. *Nous nous sommes arrêtés dans une station-service sur l'autoroute.*

☞ Au pluriel : des **stations-service**.

statue nom féminin. Une statue, c'est une sculpture qui représente une personne ou un animal tout entier. *Il y a une statue du général Dufour sur la place Neuve.*

steak nom masculin. Un steak, c'est un morceau de viande de bœuf. *Charles mange un steak au poivre avec des frites.*

✦ Tu peux dire aussi **bifteck**.
✦ Steak est un mot qui vient de l'anglais.

stock nom masculin. Le stock, c'est l'ensemble des marchandises qu'un commerçant a en réserve. *Le marchand de chaussures fait des soldes pour vendre ce qui reste en stock à la fin de l'hiver.*

stop interjection. Stop, c'est un mot que l'on dit pour ordonner de s'arrêter. *Stop ! n'allez pas plus loin.*

✦ Stop est un mot qui vient de l'anglais.

store nom masculin. Un store, c'est un rideau fait de tissu ou de petits morceaux de plastique ou de bois minces et étroits que l'on déroule devant une fenêtre.

strapontin nom masculin. Un strapontin, c'est un petit siège attaché quelque part, qui se replie. *Au théâtre, Barthélemy était assis sur un strapontin au bout du rang.*

strophe nom féminin. Une strophe, c'est un ensemble de vers qui se suivent et sont séparés des autres, dans un poème. *Ce poème a quatre strophes.*

✦ Cherche aussi **couplet**.

studio nom masculin. 1. Un studio, c'est un petit appartement d'une seule pièce. *Pierre habite dans un studio.* 2. Un studio, c'est un endroit où il y a tout ce qu'il faut pour tourner un film ou une émission de télévision, pour faire une émission de radio ou un disque. *Cette scène du film a été tournée en studio.*

stupide adjectif masculin et féminin. *Linda est stupide,* elle ne comprend rien à ce qu'on lui dit, elle est bête.

✦ Tu peux dire aussi **idiot**, **sot**.
✦ Le contraire de stupide, c'est **intelligent**.

stupidité nom féminin. La stupidité, c'est le défaut d'une personne stupide, qui ne comprend rien. *Linda est d'une grande stupidité.*

✦ Tu peux dire aussi **bêtise**, **sottise**.
✦ Le contraire de stupidité, c'est **intelligence**.

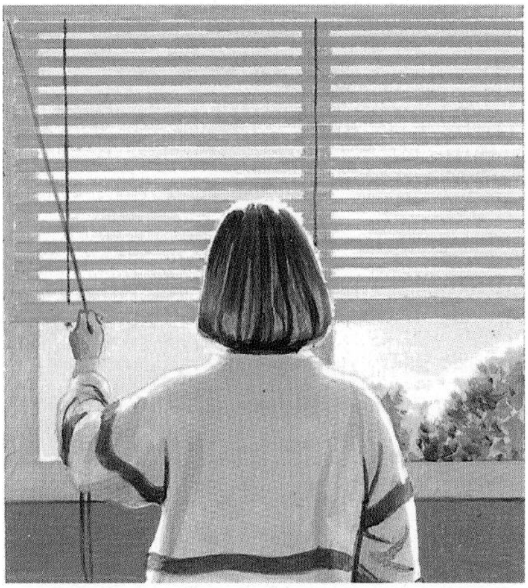

Delphine baisse le store car il y a trop de soleil.

stylo nom masculin. Un stylo, c'est un objet qui sert à écrire avec de l'encre. *Papi a un stylo avec une plume en or.*

✦ Stylo, c'est le mot **stylographe** en plus court.

A B C D E F G H I J K L M N O P Q R S

subir verbe. Subir, c'est supporter quelque chose parce que l'on y est obligé. *Le voleur a subi un long interrogatoire. Mamie a subi une opération,* elle a été opérée.

subitement adverbe. Subitement, c'est tout d'un coup, alors que personne ne pensait que cela pouvait arriver. *Notre voisine est morte subitement.*

succéder verbe. 1. Succéder, c'est venir après. *L'été succède au printemps,* l'été suit le printemps. 2. Se succéder, c'est venir l'un après l'autre. *Jean et Marie se sont succédé dans le bureau de la directrice.*

✦ Le contraire de succéder, c'est **précéder**.

succès nom masculin. *Ce film a beaucoup de succès,* il plaît à de nombreuses personnes.

succession nom féminin. Une succession, c'est une suite de choses qui arrivent les unes après les autres. *Maman a reçu une succession de coups de téléphone.*

sucer verbe. 1. Sucer, c'est faire fondre dans la bouche sans croquer. 2. *Richard suce son pouce,* il met son pouce dans sa bouche et le tète comme si c'était une tétine.

Elsa suce une sucette. Richard suce son pouce.

sucette nom féminin. Une sucette, c'est un bonbon fixé au bout d'un petit bâton et que l'on suce.

sucre nom masculin. Le sucre, c'est une matière blanche au goût très doux, qui fond dans l'eau. *Maman met deux morceaux de sucre dans son thé. Marc met du sucre en poudre sur ses fraises.*

✦ On trouve le sucre dans deux plantes : la **betterave à sucre** et la **canne à sucre**.

sucré adjectif masculin,
sucrée adjectif féminin. *Mon café n'est pas assez sucré,* il n'y a pas assez de sucre dedans.

sucrier nom masculin. Un sucrier, c'est un récipient dans lequel on met le sucre. *Papi a sorti les tasses, la théière et le sucrier.*

sud nom masculin. Le sud, c'est l'un des quatre points grâce auxquels on peut savoir où se trouvent des lieux. *L'Espagne est au sud de la France.*

✦ Le nord, l'est, l'ouest, le sud.
✦ Sur une carte de géographie, le sud est toujours en bas.

suer verbe. Suer, c'est avoir des gouttes de sueur sur la peau.

✦ Tu peux dire aussi **transpirer**.

sueur nom féminin. La sueur, c'est un liquide qui sort de la peau quand on a chaud ou quand on a peur. *La chemise d'Arnaud est trempée de sueur.*

✦ Tu peux dire aussi **transpiration**.

suffire verbe. 1. Suffire, c'est être assez nombreux. *Six œufs suffiront pour nous faire une omelette.* 2. *Pour que l'eau soit bien fraîche, il suffit de mettre un glaçon dans le verre,* il faut seulement mettre un glaçon dans le verre, il n'y a qu'à mettre un glaçon dans le verre.

suffisamment adverbe. Suffisamment, c'est assez. *Sandra pense qu'elle a suffisamment travaillé aujourd'hui.*

suffisant adjectif masculin,
suffisante adjectif féminin. *Le nombre de chaises est suffisant pour que tout le monde puisse s'asseoir*, il y a assez de chaises pour que tout le monde puisse s'asseoir.
✦ Le contraire de suffisant, c'est **insuffisant.**

se **suicider** verbe. Se suicider, c'est se tuer volontairement.

suite nom féminin. 1. Une suite, c'est un ensemble de choses qui se suivent. *Un numéro de téléphone, c'est une suite de chiffres.* 2. La suite, c'est ce qui suit, ce qui vient après. *Papi me racontera la suite de l'histoire demain.* 3. *Édouard s'est couché tout de suite après le dîner*, il s'est couché immédiatement après le dîner, il s'est couché sans attendre.

Laura sue à grosses gouttes.

suivant adjectif masculin,
suivante adjectif féminin. *La solution du rébus est à la page suivante*, elle est à la page qui est après, à la page qui suit.
✦ Le contraire de suivant, c'est **précédent.**

suivre verbe. 1. Suivre, c'est aller derrière. *Papa marche devant, Maman et moi nous le suivons.* 2. Suivre, c'est venir après. *Le mois de février suit le mois de janvier*, le mois de février succède au mois de janvier, le mois de janvier précède le mois de février. 3. *Suivez cette route jusqu'au carrefour*, prenez cette route et continuez jusqu'au carrefour. 4. *Martin a suivi les conseils de Bérengère*, il a fait ce qu'elle lui a conseillé de faire. 5. *Amélie suit bien en classe*, elle travaille bien et elle comprend tout.

sujet nom masculin. Le sujet, c'est ce dont il est question. *Quel est le sujet de cette histoire?* de quoi parle cette histoire? *Luce et Bernard ont eu une conversation au sujet des vacances*, ils ont parlé des vacances.

superbe adjectif masculin et féminin. *Il fait un temps superbe*, il fait très beau.
✦ Tu peux dire aussi **magnifique, splendide.**
✦ Le contraire de superbe, c'est **affreux, horrible.**

superficie nom féminin. Une superficie, c'est la grandeur d'une étendue. *L'appartement de Maxime et de Delphine a une superficie de 60 mètres carrés.*
✦ Tu peux dire aussi **surface.**

supérieur adjectif masculin,
supérieure adjectif féminin. 1. *Les chambres sont à l'étage supérieur*, elles sont à l'étage du dessus. *Les bras sont les membres supérieurs*, ce sont les membres du haut du corps. 2. *Dix est supérieur à huit*, dix est un nombre plus grand que huit.
✦ Le contraire de supérieur, c'est **inférieur.**

A B C D E F G H I J K L M N O P Q R S

supermarché nom masculin. Un supermarché, c'est un grand magasin où l'on vend de tout et où l'on se sert soi-même. *Papa et Maman font les courses au supermarché.*

superposé adjectif masculin,
superposée adjectif féminin. *Martin et Lucas dorment dans des lits superposés,* ils dorment dans des lits qui sont l'un au-dessus de l'autre.

Martin et Lucas dorment dans des lits superposés.

superstitieux adjectif masculin,
superstitieuse adjectif féminin. Une personne superstitieuse, c'est une personne qui croit que certaines choses portent bonheur et que d'autres portent malheur. *Laura est superstitieuse, elle ne passe jamais sous une échelle.*

supplément nom masculin. Un supplément, c'est quelque chose que l'on ajoute. *Il a fallu payer un supplément pour prendre ce train.*

supplier verbe. Supplier, c'est demander en insistant beaucoup. *Je t'en supplie, prête-moi ta corde à sauter.*
✦ Cherche aussi **prier**.

supporter verbe. **1.** Supporter, c'est porter un poids assez lourd. *Les poutres supportent le plafond.* **2.** Supporter, c'est accepter quelque chose de désagréable et pouvoir y résister. *Le bébé ne supporte pas la chaleur. Papi a du mal à supporter que nous fassions du bruit.*

supposer verbe. Supposer, c'est penser que quelque chose est possible sans en être sûr et sans avoir de preuve. *Il n'y a plus de bonbons dans la boîte, je suppose que Clément les a tous mangés.*

supprimer verbe. Supprimer, c'est faire disparaître. *On a supprimé la baignoire dans la salle de bains et on a mis une cabine de douche à la place.*
✦ Tu peux dire aussi **enlever**.

sur préposition. Sur, c'est un mot qui indique qu'une personne, un animal ou une chose est au-dessus d'une personne, d'un animal ou d'une chose. *Papa me porte sur ses épaules. Samuel est monté sur le cheval. Les cahiers sont sur le bureau.*
✦ Le contraire de sur, c'est **sous**.
✦ Ne confonds pas sur et **sûr**.

sûr adjectif masculin,
sûre adjectif féminin. **1.** *Coralie était sûre qu'il allait pleuvoir,* elle savait qu'elle ne se trompait pas en pensant qu'il allait pleuvoir, elle était certaine qu'il allait pleuvoir. **2.** *Aurélien doit venir goûter à la maison, mais ce n'est pas sûr,* peut-être qu'Aurélien ne viendra pas. **3.** *Est-ce que tu m'accompagneras à l'école, Papa? – Mais oui, bien sûr,* mais oui, évidemment, c'est certain, je vais t'accompagner.
✦ Ne confonds pas sûr et **sur**.

sûrement adverbe. *Hippolyte va sûrement venir ce soir,* c'est sûr qu'Hippolyte va venir ce soir.
✦ Tu peux dire aussi **certainement**.

sûreté nom féminin. *Les bijoux de Maman sont en sûreté dans un coffre,* les bijoux de Maman sont dans un coffre dans lequel ils ne risquent pas d'être volés.
✦ Tu peux dire aussi **sécurité**.

surf nom masculin. Le surf, c'est un sport où l'on doit se tenir debout sur une planche qui glisse sur de grosses vagues. *Charles a fait du surf à Biarritz.*
✦ On fait aussi du surf sur la neige.
✦ Surf est un mot qui vient de l'anglais.

surface nom féminin. 1. La surface, c'est le dessus d'une étendue d'eau. *Luc a plongé et il est remonté à la surface.* 2. Une surface, c'est la grandeur d'une étendue, c'est une superficie. *Ma chambre a une surface de 8 mètres carrés.*

surgelé adjectif masculin,
surgelée adjectif féminin. Un aliment surgelé, c'est un aliment que l'on conserve à une température bien plus basse que zéro degré. *Maman sort la pizza surgelée du congélateur et la met dans le four.*

surgir verbe. Surgir, c'est apparaître tout à coup, sans qu'on s'y attende. *Une moto a surgi du chemin.*

surnom nom masculin. Un surnom, c'est un nom que l'on donne à quelqu'un à la place de son vrai nom. *Lapin est le surnom de Dominique parce qu'elle mange beaucoup de carottes.*

surprendre verbe. 1. Surprendre quelqu'un, c'est le trouver en train de faire quelque chose alors qu'il ne s'y attendait pas. *Paul a surpris Léa qui fouillait dans ses affaires.* 2. *Cela m'a surpris de voir la neige ce matin en me réveillant,* cela m'a étonné, je ne m'y attendais pas.

surprise nom féminin. Une surprise, c'est quelque chose que l'on n'attendait pas. *Isabelle a eu la surprise de trouver ses amis chez elle pour son anniversaire.*

sursauter verbe. Sursauter, c'est se mettre droit tout d'un coup, sans le faire exprès, quand on est surpris ou réveillé brusquement.

Jérôme sursaute.

surtout adverbe. *Laetitia aime beaucoup les gâteaux, surtout les éclairs,* elle aime les éclairs encore plus que les autres gâteaux, elle aime particulièrement les éclairs. *Surtout, n'oublie pas tes skis!* il faut vraiment que tu n'oublies pas tes skis.

surveillant nom masculin,
surveillante nom féminin. Un surveillant, une surveillante, c'est une personne qui surveille les élèves dans un collège ou dans un lycée.

A B C D E F G H I J K L M N O P Q R S

surveiller verbe. Surveiller quelqu'un, c'est rester avec lui, en faisant attention, pour qu'il ne lui arrive rien ou pour l'empêcher de faire quelque chose de mal ou de dangereux. *Bérénice surveille son petit frère qui prend son bain.*

survêtement nom masculin. Un survêtement, c'est un vêtement composé d'un pantalon et d'une veste que l'on met pour faire du sport ou après avoir fait du sport pour ne pas avoir froid. *Il y a un cours de gymnastique aujourd'hui, tous les élèves ont mis un survêtement.*

survivant nom masculin,
survivante nom féminin. Un survivant, une survivante, c'est une personne qui est encore en vie après un accident dans lequel elle aurait pu mourir et où d'autres personnes sont mortes. *Les pompiers ont pu sortir deux survivants de l'incendie.*

✦ Cherche aussi **rescapé**.

survoler verbe. Survoler, c'est voler au-dessus. *L'avion survole la vallée du Rhône.*

susceptible adjectif masculin et féminin. Une personne susceptible, c'est une personne qui ne supporte pas qu'on lui fasse des réflexions, qui se vexe facilement. *Rodolphe est très susceptible.*

suspendre verbe. Suspendre, c'est faire tenir en laissant pendre, c'est accrocher. *Catherine suspend sa veste au portemanteau. L'acrobate se suspend au trapèze par les pieds.*

suspense nom masculin. Le suspense, c'est le moment d'une histoire où l'on a peur en attendant la suite et où l'on se demande comment elle va se terminer. *Nicolas aime bien les films à suspense.*

✦ Suspense est un mot qui vient de l'anglais.

syllabe nom féminin. Une syllabe, c'est une lettre ou un groupe de lettres que l'on prononce d'un seul coup. *Il y a 2 syllabes dans le mot « couteau » : « cou » et « teau ».*

sympathie nom féminin. La sympathie, c'est le sentiment que l'on éprouve pour une personne que l'on trouve agréable et gentille et avec laquelle on pense que l'on pourrait devenir ami. *Mes parents ont beaucoup de sympathie pour la directrice de l'école.*

sympathique adjectif masculin et féminin. Une personne sympathique, c'est une personne aimable avec qui on aimerait être ami. *La sœur d'Igor est très sympathique.*

✦ Le contraire de sympathique, c'est **antipathique**.

synagogue nom féminin. Une synagogue, c'est une maison dans laquelle les juifs vont prier. *Esther et Samuel se sont mariés à la synagogue.*

✦ Les catholiques vont prier à l'**église**, les protestants au **temple** et les musulmans à la **mosquée**.

synonyme nom masculin. Un synonyme, c'est un mot qui veut dire la même chose qu'un autre mot. *Beau est le synonyme de joli.*

✦ Laid est le **contraire** de beau.

système nom masculin. **1.** Un système, c'est un ensemble de choses qui marchent ensemble et forment un tout. *Le cerveau et les nerfs font partie du système nerveux.* **2.** Un système, c'est un moyen pour arriver à faire quelque chose, c'est une méthode. *Basile a trouvé un système pour faire tenir ses lunettes quand il joue au football.*

T

t T t

ta va voir **ton**.

tabac nom masculin. Le tabac, c'est une plante qui a de grandes feuilles que l'on fait sécher pour les fumer.

Avec le tabac on fait des cigarettes et des cigares, on peut aussi fumer le tabac dans une pipe.

table nom féminin. 1. Une table, c'est un meuble fait d'un plateau posé sur un ou plusieurs pieds. *Estelle pose les assiettes sur la table de la salle à manger.* 2. *Théo met la table,* il met tout ce qu'il faut sur la table pour le repas, il met le couvert. 3. Une table, c'est une sorte de liste. *Anatole apprend ses tables de multiplication,* il apprend la liste des multiplications des nombres de 1 à 10 avec leur résultat. *Nathalie regarde la table des matières de son livre,* elle regarde la liste des chapitres de son livre.

tableau nom masculin. 1. Un tableau, c'est un dessin fait avec de la peinture et mis dans un cadre pour l'accrocher au mur. *On voit beaucoup de tableaux dans les musées.* 2. Un tableau, c'est une plaque sur laquelle on peut écrire. *Le maître a écrit la récitation au tableau.* 3. Un tableau, c'est une sorte de liste de renseignements. *Il y a un tableau des conjugaisons au début de ton dictionnaire.*

☞ Au pluriel : des **tableaux**.

tablette nom féminin. 1. Une tablette, c'est une petite étagère. *Le verre à dents est sur la tablette au-dessus du lavabo.* 2. Une tablette, c'est une petite plaque. *Tristan a partagé une tablette de chocolat avec son frère.*

tablier nom masculin. Un tablier, c'est un vêtement que l'on met par-dessus les autres pour ne pas les salir. *Camille met un tablier quand elle fait de la peinture.*

A B C D E F G H I J K L M N O P Q R S T

tabouret nom masculin. Un tabouret, c'est un siège sans bras ni dossier, pour une seule personne. *Tatiana monte sur le tabouret pour attraper le pot de confiture.*

tache nom féminin. **1.** Une tache, c'est une trace de saleté. *Damien a fait des taches sur son pull en mangeant des pâtes à la sauce tomate.* **2.** Une tache, c'est une petite étendue de couleur différente. *La panthère a un pelage jaune avec des taches noires.*

tâche nom féminin. Une tâche, c'est un travail à faire. *Aujourd'hui, c'est Mohammed qui a la tâche d'effacer le tableau.*

tacher verbe. Tacher, c'est faire une ou plusieurs taches. *Rose a taché son tee-shirt en faisant de la peinture.*

tâcher verbe. Tâcher, c'est faire tout ce que l'on peut pour arriver à faire quelque chose. *Sally va tâcher d'apprendre ses leçons toute seule.*

✦ Tu peux dire aussi s'**efforcer**, **essayer**.

taie nom féminin. Une taie, c'est une enveloppe en tissu dans laquelle on met un oreiller.

taille nom féminin. **1.** Une taille, c'est une grandeur. *La taille de Viviane est 1 mètre 30,* la hauteur du corps de Viviane est de 1 mètre 30, Viviane mesure 1 mètre 30. *Quentin a un pull de taille 8 ans,* il a un pull fait pour un enfant de 8 ans. **2.** La taille, c'est la partie du corps qui est sous les côtes et au-dessus des hanches. *Anne-Marie s'est mis une ceinture autour de la taille.*

taille-crayon nom masculin. Un taille-crayon, c'est un instrument qui sert à tailler les crayons. *Vincent range son taille-crayon dans sa trousse.*

☞ Au pluriel : des **taille-crayons**.

tailler verbe. Tailler, c'est couper pour donner une forme particulière. *Vincent taille son crayon parce que la mine s'est cassée. Le jardinier taille la haie.*

tailleur nom masculin. **1.** Un tailleur, c'est un homme dont le métier est de faire des vêtements pour les hommes. *Monsieur Dupré est allé chez son tailleur pour se faire faire un costume.* **2.** *Angélique est assise en tailleur,* elle est assise par terre les jambes pliées, les genoux écartés et les pieds croisés.

se **taire** verbe. Se taire, c'est ne pas parler, garder le silence. *Tais-toi, laisse-moi lire tranquille! Emmanuelle s'est tue quand le directeur est entré dans la classe.*

talon nom masculin. **1.** Le talon, c'est l'arrière du pied. **2.** Le talon, c'est la partie arrière d'une chaussette ou d'une chaussure.

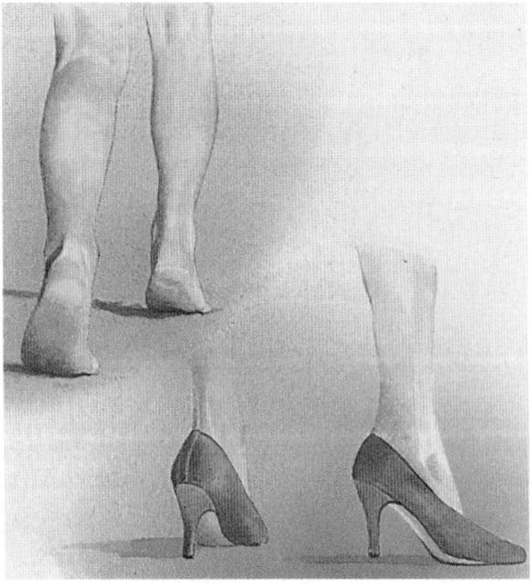

Sylvain marche sur la pointe des pieds, sans poser le talon par terre.
Gilberte a des chaussures à talons.

tambour nom masculin. Un tambour, c'est un instrument de musique qui a la forme d'un cylindre sur lequel on tape avec des baguettes. *Blaise joue du tambour.*

tambourin nom masculin. Un tambourin, c'est un petit tambour avec des grelots tout autour.

tampon nom masculin. Un tampon, c'est une plaque de caoutchouc portant une inscription que l'on imprime sur du papier. *Le pharmacien donne un coup de tampon sur l'ordonnance.*

tandis que conjonction. *Sabine met le couvert, tandis que Guillaume ferme les volets,* Sabine met le couvert et pendant ce temps Guillaume ferme les volets.

tanière nom féminin. Une tanière, c'est un trou dans lequel un animal sauvage se met à l'abri. *Le renard est rentré dans sa tanière.*

✦ Cherche aussi **terrier**.

tank nom masculin. Un tank, c'est un véhicule avec un canon, qui peut rouler partout. Il est utilisé par les militaires. *Des tanks ont encerclé la ville.*

tant adverbe. 1. *Jean-François a tant mangé de bonbons que maintenant il a mal au cœur,* Jean-François a mangé beaucoup trop de bonbons, il a mangé tellement de bonbons que cela lui a donné mal au cœur. 2. *La récréation aura lieu sous le préau tant qu'il neigera,* la récréation aura lieu sous le préau pendant tout le temps où il neigera. 3. *Jacques va bientôt arriver, tant mieux!* c'est une bonne chose, je suis content. *Laurent est déjà parti, tant pis!* c'est dommage mais ce n'est pas grave.

✦ Ne confonds pas tant, **taon** et **temps**.

tante nom féminin. La tante, c'est la sœur du père ou de la mère. *L'oncle et la tante de Charles et de Louise viennent déjeuner dimanche.*

✦ Charles et Louise sont leur **neveu** et leur **nièce**.

✦ Ne confonds pas tante et **tente**.

taon nom masculin. Un taon, c'est une grosse mouche qui pique. *Valéry s'est fait piquer par un taon.*

✦ Ne confonds pas taon, **tant** et **temps**.

tape nom féminin. Une tape, c'est un petit coup donné avec la main. *Christophe m'a donné une petite tape sur l'épaule.*

taper verbe. 1. Taper, c'est donner des coups. *Mathilde a tapé son petit frère. On a tapé à la porte,* on a frappé à la porte. 2. *La secrétaire tape une lettre,* elle écrit une lettre avec une machine à écrire ou un ordinateur.

tapis nom masculin. Un tapis, c'est un tissu épais que l'on met par terre dans une pièce. *Solène s'est assise sur le tapis du salon.*

tapisserie nom féminin. Une tapisserie, c'est un morceau de tissu avec des motifs que l'on accroche au mur pour décorer.

Une tapisserie.

A B C D E F G H I J K L M N O P Q R S T

taquiner verbe. Taquiner, c'est s'amuser à agacer quelqu'un sans être méchant. *Aurélien aime bien taquiner sa sœur.*

tard adverbe. *Le dimanche, Ninon se lève tard,* elle se lève après l'heure à laquelle elle se lève d'habitude. *Matthias arrivera plus tard que nous,* il arrivera après nous.
✦ Le contraire de tard, c'est **tôt**.

tarder verbe. *Il ne va pas tarder à pleuvoir,* il va pleuvoir dans peu de temps.

tarif nom masculin. Le tarif, c'est le prix à payer. *Le tarif des tickets de métro a augmenté.*

tarte nom féminin. Une tarte, c'est un gâteau plat, fait de pâte recouverte de fruits ou de crème. *Mamie a fait une tarte aux pommes.*

tartine nom féminin. Une tartine, c'est une tranche de pain. *Le matin, Bérengère mange des tartines de confiture de fraise.*

tas nom masculin. Un tas, c'est un ensemble de choses mises les unes sur les autres. *Jérémie a fait un tas avec tous ses cubes.*

tasse nom féminin. Une tasse, c'est un petit récipient avec une anse, dans lequel on boit. *Papi pose sa tasse de café sur la soucoupe.*
✦ Un **bol** n'a pas d'anse.

tasser verbe. Tasser, c'est appuyer fort sur une chose pour qu'elle prenne moins de place. *Marianne tasse ses chaussettes dans le tiroir pour le fermer.*

tâter verbe. Tâter, c'est toucher avec les doigts pour bien se rendre compte. *Maman tâte les pêches pour voir si elles sont mûres.*

tatou nom masculin. Un tatou, c'est un animal qui a le corps recouvert d'une carapace. Il vit en Amérique du Sud. *Les tatous peuvent se mettre en boule.*
☞ Au pluriel : des **tatous**.

taupe nom féminin. Une taupe, c'est un petit animal qui vit sous terre. *Des taupes ont creusé des galeries dans le jardin.*
✦ Les taupes sont presque aveugles.

taureau nom masculin. Le taureau, c'est le mâle de la vache.
☞ Au pluriel : des **taureaux**.
✦ Cherche aussi **bœuf**.

taxi nom masculin. Un taxi, c'est une voiture conduite par un chauffeur que l'on paye pour être emmené dans un endroit. *Papa a pris un taxi pour aller à l'aéroport.*

Un taxi à Paris, un taxi à Londres et un taxi à New York.

technique nom féminin. Une technique, c'est une méthode qui permet de faire, de fabriquer ou de faire fonctionner quelque chose. *On cultive mieux la terre grâce aux progrès de la technique.*

tee-shirt nom masculin. Un tee-shirt, c'est un maillot en coton en forme de T. *Joseph a mis un jean bleu et un tee-shirt blanc.*
☞ Au pluriel : des **tee-shirts**.
✦ Tee-shirt est un mot qui vient de l'anglais.

teindre verbe. Teindre, c'est donner une nouvelle couleur. *Maman a teint sa jupe blanche en rouge. Mamie se teint les cheveux.*

teint nom masculin. Le teint, c'est la couleur de la peau du visage. *Jérémie a le teint clair.*
✦ Ne confonds pas teint et **thym**.

teinte nom féminin. Une teinte, c'est une couleur. *J'aime bien la teinte de ton pull.*

teinturier nom masculin,
teinturière nom féminin. Un teinturier, une teinturière, c'est une personne dont le métier est de teindre et de nettoyer les vêtements. *Papa a donné son costume bleu à nettoyer chez le teinturier.*

télécommande nom féminin. Une télécommande, c'est un petit appareil qui permet de faire fonctionner un appareil, de l'éteindre et de le régler de loin. *Ludovic appuie sur un bouton de la télécommande de la télévision pour changer de chaîne.*

télécommandé adjectif masculin,
télécommandée adjectif féminin. Un appareil télécommandé, c'est un appareil que l'on peut faire fonctionner de loin, sans se déplacer, grâce à une télécommande. *Marie joue avec sa voiture télécommandée.*
✦ Tu peux dire aussi **téléguidé**.

télégramme nom masculin. Un télégramme, c'est un message écrit, le plus souvent assez court, qui arrive très vite.

Les mariés viennent de recevoir un télégramme.

téléguidé adjectif masculin,
téléguidée adjectif féminin. *Marie a une petite voiture téléguidée,* elle a une petite voiture qu'elle fait marcher de loin, sans la toucher, grâce à une télécommande.
✦ Tu peux dire aussi **télécommandé**.

téléphérique nom masculin. Un téléphérique, c'est une cabine suspendue à un câble qui transporte des passagers en haut d'une montagne. *Noémie a pris le téléphérique pour aller en haut des pistes.*
✦ Tu peux écrire aussi **téléférique**.

téléphone nom masculin. Un téléphone, c'est un appareil avec lequel on peut parler avec quelqu'un qui est loin, sans le voir. *Capucine a reçu un coup de téléphone de Julien.*

Les touristes visitent un temple en Grèce.

Jacques va au temple tous les dimanches.

téléphoner verbe. Téléphoner, c'est parler à quelqu'un au téléphone. *Julien a téléphoné à Capucine.*

télescope nom masculin. Un télescope, c'est un instrument avec lequel on observe les astres.

téléspectateur nom masculin, **téléspectatrice** nom féminin. Un téléspectateur, une téléspectatrice, c'est une personne qui regarde la télévision. *Des millions de téléspectateurs ont regardé le match de football hier soir.*

télévisé adjectif masculin, **télévisée** adjectif féminin. *Papa regarde le journal télévisé*, il regarde les informations qui sont données par un journaliste à la télévision.

téléviseur nom masculin. Un téléviseur, c'est un appareil qui permet de regarder des émissions de télévision. *Mes parents viennent d'acheter un nouveau téléviseur.*

✦ Tu peux dire aussi un **poste de télévision**.

télévision nom féminin. *Christian regarde la télévision*, il regarde une émission ou un film qui passe sur l'écran du téléviseur grâce à un système spécial.

tellement adverbe. Tellement, c'est un mot qui indique une très grande quantité. *Marine a tellement de livres qu'elle ne sait plus où les ranger.*

témoigner verbe. Témoigner, c'est dire devant des policiers ou devant un juge ce que l'on a vu ou entendu. *La jeune fille qui avait vu l'assassin sortir de la maison a témoigné au procès.*

témoin nom masculin. Un témoin, c'est une personne qui a assisté à quelque chose de grave sans le vouloir. *Les témoins de l'accident sont allés faire une déclaration au commissariat.*

température nom féminin. 1. La température, c'est la mesure de la chaleur ou du froid qu'il fait dans un lieu. *Ce matin la température est de 4 degrés.* 2. La température, c'est la mesure de la chaleur du corps. *Louise prend sa température*, elle vérifie avec un thermomètre si elle a de la fièvre.

✦ La température se mesure en **degrés**.

tempête nom féminin. La tempête, c'est un vent très fort avec des orages. *Il y a de très grosses vagues sur la mer, c'est la tempête.*

✦ Un **cyclone** et un **ouragan** sont des tempêtes très fortes.

temple nom masculin. 1. Un temple, c'est un grand bâtiment construit autrefois par les Grecs, les Romains ou les Égyptiens pour leurs dieux. 2. Un temple, c'est une grande maison dans laquelle les protestants vont prier.

✦ Les catholiques vont prier à l'**église**, les musulmans à la **mosquée** et les juifs à la **synagogue**.

temps nom masculin. 1. Le temps, c'est la durée. *Combien de temps mets-tu pour aller à l'école le matin? Dépêche-toi, nous partons dans peu de temps*, nous partons bientôt. *Victoire n'a pas eu le temps d'apprendre sa poésie.* 2. Le temps, c'est l'aspect du ciel, la température de l'air dehors, le vent ou la pluie qu'il y a à un moment donné. *Quel temps fera-t-il demain? La météo prévoit du beau temps. Nous n'avons pas eu beau temps pendant les vacances.*

✦ Ne confonds pas temps, **tant** et **taon**.

tendre verbe. 1. *Mamie tend une corde entre deux arbres pour faire sécher du linge*, elle tire sur une corde pour la rendre droite. 2. *Papa tend la main à la directrice pour lui dire bonjour*, il allonge son bras et avance sa main vers la directrice.

tendre adjectif masculin et féminin. 1. *Cette viande est très tendre*, elle est facile à couper et à mâcher, elle n'est pas dure. 2. *Mamie est très tendre avec ses petits-enfants*, elle est gentille et affectueuse avec ses petits-enfants.

tendrement adverbe. *Papa embrasse tendrement Martin*, il l'embrasse en souriant et en le serrant doucement avec amour.

tendresse nom féminin. La tendresse, c'est le sentiment d'une personne qui aime avec douceur. *Papa regarde Martin avec tendresse.*

tenir verbe. 1. Tenir, c'est garder dans sa main ou dans ses bras sans faire tomber. *Olivier tient sa fourchette dans la main gauche.* 2. Tenir, c'est être attaché, être fixé, ne pas bouger. *L'échelle tient bien contre le mur, tu peux monter.* 3. Tenir, c'est s'occuper de quelque chose. *L'oncle d'Armelle tient un restaurant à Lyon.* 4. *Pierre et Sophie se tiennent par la main*, ils tiennent chacun la main de l'autre. 5. *Constant se tient bien à table*, il reste bien assis et mange proprement.

tennis nom masculin. Le tennis, c'est un sport dans lequel deux ou quatre joueurs s'envoient une balle avec des raquettes.

✦ Le terrain sur lequel on joue au tennis s'appelle un **court**.

Carine et Jérémie jouent au tennis.

A B C D E F G H I J K L M N O P Q R S T

tentative nom féminin. Une tentative, c'est un essai pour obtenir un résultat. *Jeanne a essayé deux fois de lancer un anneau autour du goulot d'une bouteille, elle a réussi à la troisième tentative.*

tente nom féminin. Une tente, c'est une petite maison, faite d'une toile tendue sur des piquets, que l'on installe soi-même dehors. *En vacances, Alice et Lambert dorment sous une tente,* ils font du camping.
✦ Ne confonds pas tente et **tante**.

tenter verbe. 1. Tenter, c'est essayer. *Un prisonnier a tenté de s'évader.* 2. Tenter, c'est faire envie. *Ces gâteaux me tentent,* j'ai envie de manger ces gâteaux.

tenue nom féminin. 1. La tenue, c'est la façon dont une personne se tient, c'est sa conduite, son comportement. *Louis a une mauvaise tenue en classe : il bavarde et n'écoute pas la maîtresse.* 2. Une tenue, c'est un vêtement que l'on met pour une occasion particulière. *Sonia a mis sa tenue de gymnastique. Papa et Maman sont allés à l'opéra en tenue de soirée.*

terminaison nom féminin. La terminaison d'un mot, c'est la fin de ce mot. *Les terminaisons de l'imparfait sont : -ais, -ais, -ait, -ions, -iez, -aient.*

terminer verbe. 1. Terminer, c'est faire jusqu'à la fin, finir. *Papa a terminé son travail.* 2. *Le spectacle se termine à dix heures,* la fin du spectacle est à dix heures, le spectacle finit à dix heures.
✦ Le contraire de terminer, c'est **commencer**.

terminus nom masculin. Le terminus, c'est la dernière station où s'arrête un train, un autobus ou un autocar. *Terminus ! Tout le monde descend !*

terne adjectif masculin et féminin. *Ce plat en argent est terne,* ce plat en argent n'a pas une couleur brillante, il ne brille pas.

terrain nom masculin. Un terrain, c'est une grande étendue de terre. *Nous jouons au football sur le terrain de sport.*

terrasse nom féminin. 1. Une terrasse, c'est un grand espace dehors tout en haut d'un immeuble ou d'une maison ou un grand balcon. 2. La terrasse d'un café ou d'un restaurant, c'est la partie qui est devant, sur le trottoir.

L'été, Christiane et Pierre déjeunent sur leur terrasse.

Il y a du monde à la terrasse du café.

terre nom féminin. 1. La Terre, c'est la planète où vivent les hommes. *La Terre tourne autour du Soleil.* 2. La terre, c'est le sol sur lequel vivent les hommes, les animaux et les plantes. *Justine est tombée par terre. Il y a eu un tremblement de terre en Californie. Le métro roule sous terre.* 3. La terre, c'est la matière qui est à la surface de la Terre. *Papa creuse la terre avec une pelle.*

terrestre adjectif masculin et féminin. Le globe terrestre, c'est la Terre.

terreur nom féminin. *Jean-François éprouve une grande terreur quand il est dans un tunnel,* il éprouve une très grande peur quand il est dans un tunnel.

terrible adjectif masculin et féminin. 1. *Ce tremblement de terre est une catastrophe terrible pour la population,* c'est une catastrophe qui fait très peur, une catastrophe épouvantable, horrible. 2. *Ces jumeaux sont terribles, ils font tout le temps des farces,* ces jumeaux sont insupportables, ils font tout le temps des farces. 3. *Il fait une chaleur terrible aujourd'hui,* il fait une chaleur très forte, très difficile à supporter aujourd'hui.

terrier nom masculin. Un terrier, c'est un abri creusé dans la terre par les lièvres, les lapins, les renards. *Le lièvre et ses petits se sont cachés dans leur terrier.*

✦ Cherche aussi **tanière**.

territoire nom masculin. Un territoire, c'est une étendue de terre sur laquelle vivent des hommes ou des animaux. *Les troupes ennemies ont envahi notre territoire. Les lions n'aiment pas que les hyènes viennent sur leur territoire.*

terroriste nom masculin et féminin. Un terroriste, une terroriste, c'est une personne qui fait des actes violents pour aider ceux qui, dans son pays, veulent prendre le pouvoir. *Les terroristes ont pris les passagers de l'avion en otages.*

têtard nom masculin. Le têtard, c'est le petit de la grenouille. Il a une grosse tête et un corps très fin et il vit dans l'eau.

Peu à peu, les têtards deviennent des grenouilles.

tête nom féminin. 1. La tête, c'est la partie du corps qui contient le cerveau. *Papi a mis sa casquette de travers sur sa tête. Victor a mal à la tête.* 2. La tête, c'est le visage, la figure. *Cet homme a une tête sympathique.* 3. La tête, c'est la partie avant d'une chose. *Papa est monté en tête du train.*

téter verbe. Téter, c'est boire en suçant un sein, une tétine de biberon ou une mamelle. *Le bébé tète sa mère.*

tétine nom féminin. La tétine, c'est le bouchon en caoutchouc d'un biberon.

têtu adjectif masculin,
têtue adjectif féminin. Une personne têtue, c'est une personne qui ne veut pas changer d'idée. *Yann est têtu comme une mule,* il est très têtu.

A B C D E F G H I J K L M N O P Q R S T

texte nom masculin. Un texte, c'est une suite de phrases écrites. *Le maître écrit le texte de l'exercice au tableau.*

thé nom masculin. Le thé, c'est une boisson que l'on obtient en versant de l'eau bouillante sur les feuilles séchées d'un petit arbre d'Asie. *Le matin, Maman boit du thé.*

théâtre nom masculin. 1. Un théâtre, c'est un endroit où des comédiens jouent une pièce de théâtre devant des spectateurs. *Ce soir, Papi et Mamie vont au théâtre.* 2. Une pièce de théâtre, c'est une histoire écrite pour être dite à haute voix par des comédiens. *Les comédies sont des pièces de théâtre.*

théière nom féminin. Une théière, c'est un récipient dans lequel on prépare et on sert le thé. *Maman apporte la théière et les tasses sur un plateau.*

thermomètre nom masculin. Un thermomètre, c'est un instrument qui mesure la température.

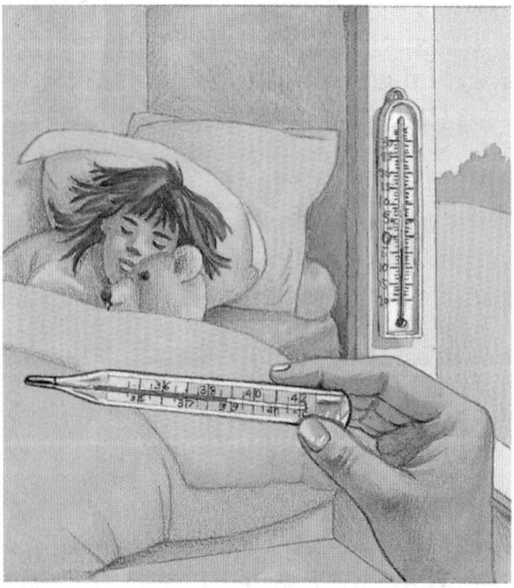

Il fait froid, le thermomètre indique – 4°. Louise a de la fièvre, le thermomètre indique 38°7.

thon nom masculin. Un thon, c'est un grand poisson qui vit dans la mer. *Chantal mange une tranche de thon grillé.*

✦ Ne confonds pas thon et **ton**.

thorax nom masculin. Le thorax, c'est la partie du corps de l'homme située entre les épaules et le ventre, qui contient le cœur et les poumons. *Quand on respire, on gonfle le thorax.*

✦ Tu peux dire aussi **poitrine**, **torse**.

thym nom masculin. Le thym, c'est une plante qui sent très bon et que l'on utilise dans la cuisine pour donner du goût aux aliments.

✦ Ne confonds pas thym et **teint**.

tibia nom masculin. Le tibia, c'est l'os du devant de la jambe, entre le genou et le pied.

tic nom masculin. Un tic, c'est un petit mouvement ou un petit bruit que l'on fait tout le temps sans le faire exprès. *Josette a un tic : elle se touche tout le temps le nez.*

ticket nom masculin. Un ticket, c'est un petit morceau de carton ou de papier qui montre que l'on a payé et qui permet d'entrer dans un endroit. *Mamie a acheté des tickets de métro.*

✦ Cherche aussi **billet**.

tiède adjectif masculin et féminin. *L'eau du bain est tiède,* elle est un peu chaude, mais ni très chaude ni très froide.

✦ Le contraire de tiède, c'est **brûlant**, **glacé**.

tiers nom masculin. Un tiers, c'est une partie d'une chose divisée en trois parts égales. *Coline a mangé les deux tiers de la tarte.*

✦ Comment s'appelle la partie d'une chose divisée en quatre parts égales?

tige nom féminin. La tige, c'est la partie longue et fine d'une plante qui commence au-dessus de la racine et qui porte les feuilles. *La tige des roses a des épines.*

tigre nom masculin,
tigresse nom féminin. Un tigre, une tigresse, c'est un grand animal d'Asie au pelage jaune-roux rayé de noir.

✦ Le tigre est un **félin.**

Un tigre.

tilleul nom masculin. Un tilleul, c'est un grand arbre dont les fleurs blanches ou jaune pâle sentent très fort. *Mamie boit du tilleul,* elle boit une tisane faite avec les fleurs du tilleul.

Adrien met de l'argent dans sa tirelire.

timbre nom masculin. Un timbre, c'est un petit morceau de papier que l'on colle sur l'enveloppe quand on envoie une lettre. Il sert à payer le transport du courrier par la poste. *Antoine fait une collection de timbres.*

timide adjectif masculin et féminin. *Aurélie est timide,* elle n'ose pas parler, elle n'ose pas faire les choses.

✦ Le contraire de timide, c'est **audacieux.**

timidité nom féminin. La timidité, c'est le caractère d'une personne timide. *Aurélie est d'une grande timidité, elle rougit dès qu'on lui demande quelque chose.*

tir nom masculin. *Augustin fait du tir à la carabine,* il envoie des balles avec une carabine.

tire-bouchon nom masculin. Un tire-bouchon, c'est un instrument qui sert à ouvrir les bouteilles fermées par un bouchon de liège.

☞ Au pluriel : des **tire-bouchons.**

tirelire nom féminin. Une tirelire, c'est une boîte avec une fente où l'on met l'argent que l'on veut économiser.

tirer verbe. 1. Tirer, c'est faire avancer en déplaçant derrière soi, en traînant derrière soi. *La voiture tire une caravane.* 2. Tirer, c'est envoyer des balles avec un pistolet, un fusil ou une carabine ou envoyer une flèche avec un arc. *Le chasseur a tiré sur le lièvre.* 3. Tirer, c'est prendre au hasard. *Victor a tiré le numéro 13.*

tiroir nom masculin. Un tiroir, c'est une partie d'un meuble en forme de boîte que l'on tire pour l'ouvrir. *Maman range les chaussettes de Kevin dans le tiroir de la commode.*

tisane nom féminin. Une tisane, c'est une boisson chaude faite avec des plantes. *Mamie boit de la tisane après le dîner.*

✦ Tu peux dire aussi **infusion.**

tissu nom masculin. Un tissu, c'est un ensemble de fils qui se croisent. *Mamie a acheté du tissu pour se faire une jupe.*
✦ Tu peux dire aussi **étoffe**.

titre nom masculin. Un titre, c'est le nom d'un livre, d'un poème, d'une chanson, d'un film, d'une pièce de théâtre ou d'un opéra. *Quel est le titre du conte qui raconte l'histoire d'une jeune fille qui est recueillie par 7 nains ?*

toboggan nom masculin. Un toboggan, c'est une sorte de planche en plastique en pente sur laquelle on s'amuse à se laisser glisser. *Loïc monte à l'échelle et glisse sur le toboggan.*

toi pronom masculin et féminin. Toi, c'est un mot qui représente la deuxième personne du singulier. *Toi, ne bouge pas ! C'est à toi de jouer.*
✦ Cherche aussi **tu**.
✦ Ne confonds pas toi et **toit**.

toile nom féminin. 1. Une toile, c'est un tissu solide. 2. Une toile d'araignée, c'est un ensemble de fils très fins que fabrique une araignée pour attraper les insectes qui se prennent dedans.

toilette nom féminin. 1. *Marc fait sa toilette,* il se lave. 2. Une toilette, c'est un vêtement de femme. *Madame Rostand a beaucoup de toilettes.*

toilettes nom féminin pluriel. Les toilettes, ce sont les cabinets. *Danièle avait envie de faire pipi, elle a demandé à la maîtresse la permission d'aller aux toilettes.*
✦ Tu peux dire aussi **waters**.

toise nom féminin. Une toise, c'est une grande règle que l'on met debout pour mesurer la taille de quelqu'un. *Vladimir est passé sous la toise : il mesure 1 mètre 20.*

toit nom masculin. Le toit, c'est la partie qui est sur le dessus d'un bâtiment. *L'antenne de la télévision est sur le toit de la maison.*
✦ Les toits peuvent être recouverts de **tuiles** ou d'**ardoises**.
✦ Ne confonds pas toit et **toi**.

tomate nom féminin. Une tomate, c'est un fruit rouge de forme ronde, que l'on mange cru ou cuit.

tombe nom féminin. Une tombe, c'est un trou creusé dans la terre pour enterrer un mort. *Papi est allé au cimetière mettre des fleurs sur la tombe de sa sœur.*

tombeau nom masculin. Un tombeau, c'est un monument construit au-dessus d'une tombe. *Le tombeau de Napoléon est à Paris, aux Invalides.*
☞ Au pluriel : des **tombeaux**.

Le pantalon et le torchon sont en toile. Une mouche s'est fait prendre dans la toile d'araignée.

tombée nom féminin. La tombée de la nuit, c'est le moment où la nuit arrive.

✦ Cherche aussi **crépuscule**.

tomber verbe. 1. Tomber, c'est être entraîné par terre, c'est faire une chute. *Lambert est tombé dans l'escalier*. 2. Tomber, c'est descendre vers le sol. *La neige tombe depuis hier*. 3. *La nuit va bientôt tomber*, la nuit va bientôt arriver, il va bientôt faire nuit. 4. Tomber, c'est baisser. *Aurélie va mieux, la fièvre est tombée*. 5. Tomber, c'est devenir tout à coup. *Bérengère est tombée malade le jour des vacances*.

tombola nom féminin. Une tombola, c'est une loterie où l'on gagne des objets. *Georges a gagné une couette à la tombola*.

ton adjectif masculin,
ta adjectif féminin. *Ton ours et ta poupée sont rangés avec tous tes jouets*, l'ours et la poupée qui t'appartiennent sont rangés avec tous les jouets qui sont à toi.

☞ Au masculin et au féminin pluriel : **tes**.

✦ Ne confonds pas ton et **thon**.

ton nom masculin. Le ton, c'est la façon de parler qui montre si l'on est content ou fâché, en colère ou de bonne humeur. *Yves m'a répondu d'un ton très désagréable*.

✦ Ne confonds pas ton et **thon**.

tondeuse nom féminin. Une tondeuse à gazon, c'est une machine qui coupe l'herbe. *Le jardinier passe la tondeuse sur la pelouse*.

tondre verbe. Tondre, c'est couper très court.

tonne nom féminin. Une tonne, c'est 1 000 kilos. *Cette voiture pèse deux tonnes*.

tonneau nom masculin. Un tonneau, c'est un grand récipient en bois et en fer qui a la forme d'un cylindre plus large au milieu, dans lequel on garde le vin. *On laisse vieillir le vin dans des tonneaux et après on le met dans des bouteilles*.

☞ Au pluriel : des **tonneaux**.

Le berger tond les moutons.

Le jardinier tond la pelouse.

A B C D E F G H I J K L M N O P Q R S T

tonnerre nom masculin. Le tonnerre, c'est le bruit de l'orage. *Dès qu'il a entendu le tonnerre, le chat s'est caché sous le lit.*
✦ Cherche aussi **éclair** et **foudre**.

torche nom féminin. **1.** Une torche, c'est un bâton spécial que l'on fait brûler à un bout pour éclairer. *L'entrée du château était éclairée par des torches.* **2.** Une torche électrique, c'est une lampe électrique en forme de long cylindre, qui fonctionne avec des piles. *Papa a pris la torche électrique pour descendre à la cave.*

torchon nom masculin. Un torchon, c'est un morceau de tissu qui sert à essuyer la vaisselle. *Raphaël essuie les verres avec un torchon.*
✦ Comment s'appelle le morceau de tissu qui sert à s'essuyer ?

tordre verbe. **1.** Tordre, c'est tourner les deux bouts d'un objet en sens inverse. *Mamie tord les draps qu'elle vient de laver avant de les mettre à sécher.* **2.** *Flora s'est tordu le pied,* sa cheville s'est pliée et son pied s'est mis de travers.

torrent nom masculin. Un torrent, c'est une petite rivière en pente qui coule très vite. *Monsieur Loisy va à la montagne pour pêcher des truites dans les torrents.*

torse nom masculin. Le torse, c'est la partie du corps qui va du cou à la taille. *Papa s'est mis torse nu au soleil.*
✦ Tu peux dire aussi **thorax**.

tort nom masculin. Avoir tort, c'est faire ou dire ce qu'il ne faut pas, c'est faire une erreur ou se tromper. *Tu as tort de ne pas mettre tes lunettes, tu ne vas pas pouvoir lire ce qui est écrit au tableau.*
✦ Le contraire de tort, c'est **raison**.

torticolis nom masculin. Un torticolis, c'est une douleur dans le cou qui empêche de tourner la tête. *Béatrice a un torticolis.*

tortue nom féminin. Une tortue, c'est un animal qui a le corps entouré d'une carapace d'où sortent la tête et les quatre pattes qui sont très courtes. *Les tortues avancent très lentement.*
✦ La tortue est un **reptile**.

Une tortue.

tôt adverbe. *Agathe est partie tôt ce matin,* elle est partie avant l'heure à laquelle elle part d'habitude.
✦ Le contraire de tôt, c'est **tard**.

total adjectif masculin,
totale adjectif féminin. *Maman me fait une confiance totale,* elle a vraiment confiance en moi.
☞ Au masculin pluriel : **totaux**.
Au féminin pluriel : **totales**.

total nom masculin. Le total, c'est le résultat d'une addition. *Romuald a fait le total de ses billes,* il a compté ses billes.
☞ Au pluriel : des **totaux**.
✦ Tu peux dire aussi **somme**.

totalement adverbe. *Florence est totalement guérie,* elle est tout à fait guérie, elle n'est plus du tout malade.
✦ Tu peux dire aussi **complètement**, **entièrement**.

totalité nom féminin. La totalité, c'est l'ensemble. *Patrick a dépensé la totalité de son argent,* il a dépensé tout son argent.

touche nom féminin. Une touche, c'est une pièce d'un clavier sur laquelle on appuie avec le doigt. *Un piano a des touches blanches et des touches noires. Amélie cherche la touche du E sur le clavier de l'ordinateur.*

toucher verbe. 1. Toucher, c'est mettre la main ou les doigts sur quelqu'un ou sur quelque chose. *Maman touche mon front pour voir si j'ai de la fièvre. Ne touche à rien!* 2. Toucher, c'est émouvoir en faisant plaisir. *La lettre que le directeur a écrite quand Mamie est morte a beaucoup touché mes parents.* 3. *Les deux maisons se touchent,* elles sont l'une à côté de l'autre.

toucher nom masculin. Le toucher, c'est ce qui permet de sentir avec la peau. *Les aveugles reconnaissent les objets au toucher.*

✦ Le toucher est l'un des cinq sens.

touffe nom féminin. Une touffe, c'est un groupe de poils ou de brins d'herbe. *Marguerite arrache les touffes d'herbe qui ont poussé dans l'allée.*

toujours adverbe. Toujours, c'est tout le temps. *Justin est toujours de bonne humeur.*

✦ Le contraire de toujours, c'est jamais.

toupie nom féminin. Une toupie, c'est un jouet que l'on fait tourner très vite sur lui-même. *Paul fait tourner sa toupie.*

tour nom féminin. Une tour, c'est un bâtiment très haut et pas très large. *La tour Eiffel est un monument de Paris. Christiane habite au 40e étage d'une tour.*

tour nom masculin. 1. Un tour, c'est une petite promenade. *Xavier est allé faire un tour après l'averse.* 2. *Béatrice fait le tour de la maison,* elle tourne autour de la maison. 3. *Papa donne un tour de clé pour fermer la porte,* il fait tourner la clé une fois dans la serrure. 4. *C'est au tour de Franck de lancer les dés,* c'est à Franck de lancer les dés.

tourbillon nom masculin. Un tourbillon, c'est le mouvement très rapide que fait quelque chose qui tourne. *Le vent soulève des tourbillons de poussière.*

tourbillonner verbe. Tourbillonner, c'est tourner très vite, en faisant des tourbillons. *La neige tombe en tourbillonnant.*

touriste nom masculin et féminin. Un touriste, une touriste, c'est une personne qui est en voyage et qui visite un endroit pour son plaisir.

Les touristes descendent du car.

A B C D E F G H I J K L M N O P Q R S T

tournant nom masculin. Un tournant, c'est un endroit où une route tourne. *Il faut prendre la deuxième route à droite après le tournant.*
✦ Tu peux dire aussi **virage**.

tournée nom féminin. *Le facteur fait sa tournée,* il distribue le courrier dans les maisons, les unes après les autres.

tourner verbe. **1.** Tourner, c'est se déplacer autour de quelque chose. *La Lune tourne autour de la Terre.* **2.** Tourner, c'est aller ou faire aller dans un autre sens. *Tournez à gauche au carrefour. Jérôme a tourné la tête pour voir qui arrivait. Céline s'est tournée vers moi,* elle s'est retournée vers moi. **3.** Tourner un film, c'est faire un film. *Ce film a été tourné en Provence.*

tournesol nom masculin. Un tournesol, c'est une plante qui a une grosse fleur jaune qui se tourne vers le soleil. *On fabrique de l'huile avec le tournesol.*

tournevis nom masculin. Un tournevis, c'est un outil qui sert à visser et à dévisser une vis. *Le plombier range ses tournevis dans sa boîte à outils.*

tournoi nom masculin. **1.** Un tournoi, c'est un combat qui se passait entre deux chevaliers portant une lance, au Moyen Âge. **2.** Un tournoi, c'est une compétition sportive. *Le professeur d'éducation physique a organisé un tournoi de ping-pong au collège.*

tourterelle nom féminin. Une tourterelle, c'est un oiseau qui ressemble à un petit pigeon. *On entend des tourterelles roucouler.*

Il y a des traces de pneus sur le chemin.

tousser verbe. Tousser, c'est faire sortir de l'air de sa bouche avec un bruit qui part de la gorge. *Diego est enrhumé, il tousse beaucoup.*

tout adjectif masculin,
toute adjectif féminin. **1.** *Il a plu toute la journée,* il a plu la journée entière. **2.** *Claire a invité tous ses amis,* elle a invité l'ensemble de ses amis. **3.** *Camille va à la piscine tous les mercredis,* elle va à la piscine chaque mercredi.
☞ Au masculin pluriel : **tous**.
Au féminin pluriel : **toutes**.
✦ Ne confonds pas tout et **toux**.

tout adverbe. Tout, c'est entièrement. *Le pantalon d'Arthur est tout sale.*
✦ Ne confonds pas tout et **toux**.

toux nom féminin. *Brigitte prend du sirop contre la toux,* elle prend du sirop qui l'empêche de tousser.
✦ Ne confonds pas toux et **tout**.

toxique adjectif masculin et féminin. Un produit toxique, c'est un produit qui est dangereux pour la santé. *Les gaz qui sortent des voitures sont toxiques.*

trac nom masculin. Le trac, c'est la peur que l'on éprouve avant de parler ou de chanter devant des spectateurs. *Les comédiens ont le trac avant d'entrer en scène.*

tracasser verbe. Tracasser, c'est donner du souci, rendre inquiet. *Ma petite sœur est souvent malade, cela tracasse beaucoup mes parents. Tout va s'arranger, ne te tracasse pas,* ne t'inquiète pas.

trace nom féminin. Une trace, c'est une marque laissée par quelque chose ou par quelqu'un.

tracer verbe. Tracer, c'est dessiner en faisant des traits. *Le maître trace un rectangle au tableau.*

tracteur nom masculin. Un tracteur, c'est un véhicule à moteur puissant qui sert à tirer des machines pour faire des travaux dans les champs. *L'agriculteur laboure le champ au volant de son tracteur.*

traduire verbe. Traduire, c'est écrire ou dire dans une langue ce qui était dans une autre langue. *Papa m'a traduit en français le titre de la chanson qui était en anglais.*

tragique adjectif masculin et féminin. *Un tragique incendie a détruit tout le quartier,* un incendie très grave a détruit tout le quartier.

trahir verbe. Trahir quelqu'un, c'est l'abandonner alors qu'il nous faisait confiance et préférer ceux qui avant étaient des ennemis. *Clément a trahi ses amis en racontant à d'autres leurs secrets.*

train nom masculin. Un train, c'est un ensemble formé par une locomotive et les wagons qu'elle tire. *Le train entre en gare.*

en train de préposition. *Anne est en train de regarder un film à la télévision,* elle regarde un film à la télévision en ce moment.

traîne nom féminin. La traîne, c'est le bas d'un manteau ou d'une robe qui est très long et qui traîne par terre derrière une personne qui marche.

La robe de la mariée a une longue traîne.

traîneau nom masculin. Un traîneau, c'est une grande luge qui avance sur la neige tirée par des chevaux, par des rennes ou par des chiens. *Le traîneau du père Noël glisse sans bruit à travers la forêt.*

☞ Au pluriel : des **traîneaux**.

traîner verbe. 1. Traîner, c'est tirer derrière soi. *Papi a traîné son fauteuil près de la fenêtre.* 2. Traîner, c'est être par terre étalé. *Attention! tes lacets se sont défaits, ils traînent par terre.* 3. Traîner, c'est mettre trop de temps à faire quelque chose et se mettre en retard. *Léonore et Coline traînent en rentrant de l'école.*

A B C D E F G H I J K L M N O P Q R S T

traire verbe. Traire, c'est tirer sur les mamelles d'une vache, d'une brebis ou d'une chèvre pour en faire sortir le lait. *On trait les vaches tous les jours.*

trait nom masculin. 1. Un trait, c'est une petite ligne. *Max écrit son nom et le souligne d'un trait bleu.* 2. Les traits, ce sont les lignes qui forment le visage. *Anaïs a les traits fins.*

✦ Ne confonds pas trait et **très**.

traiter verbe. 1. *Le patron du restaurant traite bien ses clients,* il est gentil avec eux. 2. *Marion m'a traitée d'idiote,* elle m'a appelée «idiote».

traître nom masculin. Un traître, c'est une personne qui trahit ses amis ou son pays.

trajet nom masculin. Un trajet, c'est le chemin à faire pour aller d'un endroit à un autre. *Maman a une demi-heure de trajet pour aller de la maison à son bureau.*

trampoline nom masculin. Un trampoline, c'est une grande toile sur laquelle on fait des sauts. *David saute et rebondit sur le trampoline.*

tramway nom masculin. Un tramway, c'est un grand véhicule qui transporte beaucoup de personnes dans les villes, qui roule sur des rails et avance grâce au courant électrique.

✦ Tramway est un mot qui vient de l'anglais.

tranche nom féminin. Une tranche, c'est un morceau assez mince que l'on a coupé dans toute la largeur d'un aliment. *Olivier a mangé deux tranches de jambon.*

✦ Cherche aussi **rondelle**.

tranquille adjectif masculin et féminin. 1. *Laurent et Mélissa habitent dans un quartier tranquille,* ils habitent dans un quartier calme, où il n'y a pas de bruit, un quartier qui n'est pas bruyant. 2. *Les enfants, restez tranquilles!* soyez gentils, sages. 3. *Laisse ce chien tranquille!* ne l'embête pas.

tranquillement adverbe. *Sébastien joue tranquillement dans le jardin,* il joue sans faire de bruit, sans crier.

✦ Tu peux dire aussi **calmement**.

transformer verbe. Transformer, c'est donner une autre forme. *La fée a transformé les souris en de très beaux chevaux gris. La chenille va se transformer en papillon,* elle va prendre la forme d'un papillon, elle va devenir un papillon.

transparent adjectif masculin, **transparente** adjectif féminin. *Le verre de cette vitre est transparent,* il laisse passer la lumière et l'on voit bien les objets et les personnes qui se trouvent derrière.

Papa prend le tramway pour aller au bureau.

transpiration nom féminin. La transpiration, c'est le liquide qui sort à la surface de la peau quand on a chaud ou quand on a peur. *Benjamin a beaucoup couru, son visage est couvert de transpiration.*
✦ Tu peux dire aussi **sueur**.

transpirer verbe. Transpirer, c'est avoir la peau couverte de transpiration. *Benjamin transpire à grosses gouttes.*
✦ Tu peux dire aussi **suer**.

transport nom masculin. 1. *Le transport du piano a été fait par quatre déménageurs,* quatre déménageurs ont porté le piano pour le changer de place. *L'avion, le train, la voiture, le bateau sont des moyens de transport,* ils servent à transporter les voyageurs. 2. Les transports en commun, ce sont les véhicules qui transportent un grand nombre de personnes à la fois : le métro, l'autobus, le tramway, le train.

transporter verbe. Transporter quelque chose ou quelqu'un, c'est le changer de place en le portant. *Les déménageurs ont transporté le piano. Les pompiers transportent le blessé à l'hôpital.*

trapèze nom masculin. Un trapèze, c'est une barre de bois suspendue par deux cordes placées à chaque bout.

trapéziste nom masculin et féminin. Un trapéziste, une trapéziste, c'est un acrobate, une acrobate qui fait du trapèze dans un cirque.

trappe nom féminin. Une trappe, c'est une petite porte qui ouvre sur un trou au sol ou au plafond. *Papi monte l'escalier et soulève la trappe pour entrer dans le grenier.*

travail nom masculin. 1. Un travail, c'est une occupation utile aux autres grâce à laquelle on gagne de l'argent. *Maman a changé de travail l'année dernière,* elle a changé d'emploi l'année dernière. 2. *Mon grand frère est au lycée, il a beaucoup de travail,* il a beaucoup de devoirs à faire et de leçons à apprendre.
☞ Au pluriel : des **travaux**.

travailler verbe. 1. Travailler, c'est avoir une occupation utile aux autres grâce à laquelle on gagne de l'argent, c'est avoir un métier. *Mon oncle travaille dans un restaurant.* 2. *Flora travaille bien en classe,* elle fait des efforts pour bien faire ses devoirs et elle a de bonnes notes.

Justine fait du trapèze.

travers nom masculin. 1. *Martin s'est couché en travers du lit,* il s'est couché sur son lit dans le sens de la largeur. 2. *Un rayon de soleil passe à travers les volets,* un rayon de soleil passe par les volets. 3. *Alice a mis sa casquette de travers,* elle a mis sa casquette sur le côté.

A B C D E F G H I J K L M N O P Q R S T

traverser verbe. 1. Traverser, c'est passer à travers. *La pluie traverse la toile de la tente.* 2. Traverser, c'est aller d'un bord à l'autre. *Yann donne la main à sa sœur pour traverser la rue.*

traversin nom masculin. Un traversin, c'est un long coussin en forme de cylindre que l'on met dans un lit. *Jean dort avec un traversin sous son oreiller.*

trèfle nom masculin. Un trèfle, c'est une petite plante qui a une feuille formée de trois petites feuilles.

On dit que cela porte bonheur de trouver un trèfle à quatre feuilles.

tremblement nom masculin. 1. *Jérôme a des tremblements de fièvre*, il a des petits mouvements du corps qu'il ne peut pas empêcher parce qu'il a de la fièvre. 2. Un tremblement de terre, c'est une suite de mouvements brusques qui secouent la terre.

trembler verbe. Trembler, c'est avoir des petits mouvements du corps que l'on ne peut pas empêcher. *Agnès tremble de froid.*

tremper verbe. 1. Tremper, c'est mettre dans un liquide. *Anne trempe son croissant dans son café au lait.* 2. *J'ai marché une heure sous la pluie, je suis trempé*, je suis très mouillé.

très adverbe. Très, c'est beaucoup. *La maîtresse est très gentille. Olivier court très vite.*

✦ Ne confonds pas très et **trait**.

trésor nom masculin. Un trésor, c'est un ensemble d'objets précieux qui ont été cachés.

Les explorateurs ont découvert un trésor.

tresse nom féminin. Une tresse, c'est une coiffure que l'on fait en passant trois mèches de cheveux l'une sur l'autre, chacune à son tour. *Coralie a une tresse dans le dos.*

✦ Tu peux dire aussi **natte**.

tri nom masculin. *Maman a fait un tri parmi ses vêtements*, elle a trié ses vêtements.

triangle nom masculin. Un triangle, c'est une figure qui a trois côtés.

tribord nom masculin. Tribord, c'est le côté droit du bateau quand on regarde vers l'avant. *Une île à tribord !*

✦ Le côté gauche du bateau, c'est **bâbord**.

tribu nom féminin. Une tribu, c'est un groupe de familles qui ont le même chef. *Le grand chef indien a parlé aux membres de sa tribu.*

tribunal nom masculin. Un tribunal, c'est un endroit où l'on juge les personnes. *Monsieur Juvin a été convoqué au tribunal pour son procès.*

☞ Au pluriel : des **tribunaux**.

tricher verbe. Tricher, c'est ne pas suivre les règles d'un jeu, pour gagner. *Je ne veux plus jouer aux cartes avec Blandine, elle triche.*

tricheur nom masculin,
tricheuse nom féminin. Un tricheur, une tricheuse, c'est une personne qui triche.

tricot nom masculin. 1. Un tricot, c'est un vêtement tricoté que l'on porte sur le haut du corps, c'est un pull, un chandail. *Chloé a mis un tricot bien chaud.* 2. *Mamie fait du tricot en regardant la télévision,* Mamie tricote en regardant la télévision.

tricoter verbe. Tricoter, c'est fabriquer un pull, un bonnet, une écharpe, avec de la laine ou du coton, en se servant de longues aiguilles. *Mamie tricote en regardant la télévision.*

tricycle nom masculin. Un tricycle, c'est un petit vélo à trois roues dont deux à l'arrière et une à l'avant.

trier verbe. Trier, c'est mettre d'un côté ce qui n'est pas abîmé, ce qui sert encore et d'un autre côté ce qui est vieux ou abîmé, ce qui ne sert plus. *Maman a trié ses vêtements et elle a donné ceux qu'elle ne mettait plus.*

trimestre nom masculin. Un trimestre, c'est une période de trois mois. *Le premier trimestre scolaire va de la rentrée aux vacances de Noël.*

triomphe nom masculin. Un triomphe, c'est un très grand succès ou une très grande victoire. *Le chanteur a remporté un triomphe pendant son concert.*

triple nom masculin. *Quinze est le triple de cinq,* quinze c'est trois fois cinq.

✦ Cherche aussi **double**.

triste adjectif masculin et féminin. 1. *Marine est triste car son chat a disparu,* Marine a du chagrin, elle a envie de pleurer, elle est malheureuse. 2. *Papi nous a raconté une histoire triste,* il nous a raconté une histoire qui donne envie de pleurer.

✦ Le contraire de triste, c'est **gai**.

tristement adverbe. *Sébastien regarde tristement par la fenêtre du train,* il regarde d'un air triste par la fenêtre du train.

✦ Le contraire de tristement, c'est **gaiement**.

Lola fait du tricycle.

tristesse nom féminin. La tristesse, c'est ce que l'on ressent quand on est triste, quand on a envie de pleurer. *Sébastien a dit au revoir à son père avec tristesse.*

✦ Cherche aussi **chagrin**, **peine**.

✦ Le contraire de tristesse, c'est **gaieté**.

trognon nom masculin. Le trognon, c'est la partie qui est au milieu d'un fruit ou d'un légume et qui ne se mange pas. *Marc a jeté son trognon de pomme dans la poubelle.*

trompe nom féminin. La trompe, c'est la partie très longue du nez de l'éléphant. *L'éléphant en colère a arraché l'arbre avec sa trompe.*

✦ L'éléphant peut aussi aspirer de l'eau avec sa trompe et s'en arroser.

tromper verbe. **1.** Tromper quelqu'un, c'est lui faire croire des choses qui ne sont pas vraies en lui mentant. *Le marchand nous a trompés en nous disant que ses biscuits étaient frais.* **2.** Se tromper, c'est faire une erreur. *Papa s'est trompé de route, il faut faire demi-tour.*

trompette nom féminin. Une trompette, c'est un instrument de musique dans lequel on souffle.

Les musiciens de la fanfare jouent de la trompette.

tronc nom masculin. **1.** Le tronc, c'est la partie de l'arbre qui est entre le sol et les branches. *Le tronc est recouvert d'écorce.* **2.** Le tronc, c'est la partie du corps humain où sont attachés la tête, les bras et les jambes.

trône nom masculin. Le trône, c'est le fauteuil du roi ou de la reine. *Le roi reçoit ses ministres, assis sur son trône.*

trop adverbe. Trop, c'est plus qu'il ne faut. *Le panier est trop lourd, Mathilde ne peut pas le porter. Il fait trop chaud au soleil, je reste à l'ombre. Ne faites pas trop de bruit, le bébé dort.*

✦ Ne confonds pas trop et **trot**.

trot nom masculin. Le trot, c'est la façon de courir du cheval, moins rapide que le galop.

✦ Ne confonds pas trot et **trop**.

Le cheval avance au trot.

trotter verbe. **1.** *Le cheval trotte,* il avance au trot. **2.** Trotter, c'est marcher très vite à petits pas. *Mon petit frère trotte derrière moi.*

trottoir nom masculin. Le trottoir, c'est la partie haute de chaque côté de la rue, où marchent les piétons.

✦ La partie de la rue où roulent les voitures, c'est la **chaussée**.

trou nom masculin. **1.** Un trou, c'est un endroit creux et vide dans le sol. *Le chien creuse un trou pour cacher son os.* **2.** Un trou, c'est une ouverture dans une chose. *Marthe a fait un trou dans sa chaussette.*

☞ Au pluriel : des **trous**.

trouble adjectif masculin et féminin. *Après l'orage, l'eau de la rivière était trouble,* elle n'était pas claire ni transparente.

✦ Le contraire de trouble, c'est **limpide**.

troubler verbe. 1. Troubler, c'est rendre trouble. *Germain a troublé l'eau de la mare en lançant un caillou dans la vase.* 2. Troubler, c'est gêner, déranger, empêcher que quelque chose se passe normalement. *Les cris du bébé ont troublé le sommeil de Mamie.*

troué adjectif masculin,
trouée adjectif féminin. *Les chaussettes de Marthe sont trouées,* elles ont des trous.

troupe nom féminin. 1. Une troupe, c'est un groupe de soldats. *En France, les troupes défilent le 14 juillet.* 2. Une troupe, c'est un groupe de comédiens qui jouent ensemble. *Le père d'Olivier fait partie d'une troupe.*

troupeau nom masculin. Un troupeau, c'est un groupe d'animaux qui sont élevés ensemble. *Le berger a conduit le troupeau de moutons dans la montagne.*

☞ Au pluriel: des **troupeaux**.

trousse nom féminin. Une trousse, c'est une sorte de petit sac où l'on range certaines choses. *Rémi range ses crayons et sa gomme dans sa trousse. Monique met sa brosse à dents et son peigne dans sa trousse de toilette.*

trouver verbe. 1. Trouver, c'est apercevoir ce que l'on cherchait ou découvrir par hasard quelque chose que l'on ne cherchait pas. *Laure ne trouve plus ses lunettes. Claude a trouvé un petit oiseau tombé du nid.* 2. Trouver, c'est penser. *Le maître trouve que nous ne sommes pas très sages.* 3. Se trouver, c'est être situé à un endroit. *La boulangerie se trouve à côté de l'école.*

truc nom masculin. Un truc, c'est une façon de faire facilement quelque chose de difficile ou qui semble impossible. *Le prestidigitateur a un truc pour faire apparaître des colombes tout d'un coup.*

truie nom féminin. La truie, c'est la femelle du porc.

truite nom féminin. Une truite, c'est un poisson qui vit dans les rivières et les torrents et qui est très bon à manger. *Ce soir, nous allons manger les truites que Papa a pêchées.*

Une truite.

tu pronom masculin et féminin. Tu, c'est un mot qui représente la deuxième personne du singulier. *Tu as de beaux yeux. Comment t'appelles-tu?*

✦ Cherche aussi **toi**.

tube nom masculin. 1. Un tube, c'est un cylindre aplati à un bout et fermé par un bouchon. *Maman a acheté un tube de dentifrice à la menthe.* 2. Un tube, c'est un cylindre creux, long et mince. *La vendeuse a roulé le poster et l'a mis dans un tube en carton.*

tuer verbe. Tuer, c'est faire mourir. *Le lion a tué une gazelle et l'a mangée.*

a b c d e f g h i j k l m n o p q r s t

Les toits de ces maisons sont en tuiles.

tuile nom féminin. Une tuile, c'est une plaque de terre cuite qui sert à couvrir les toits des maisons.

✦ Cherche aussi **ardoise**.

tulipe nom féminin. Une tulipe, c'est une belle fleur qui a une longue tige. *Papi a acheté un bouquet de tulipes jaunes.*

✦ Les tulipes fleurissent au printemps.

tunnel nom masculin. Un tunnel, c'est un passage creusé sous terre ou dans une montagne. *Nous avons pris le tunnel sous la Manche pour aller en Angleterre.*

turbulent adjectif masculin, **turbulente** adjectif féminin. *Joachim est un enfant turbulent,* c'est un enfant qui n'est pas sage, qui remue tout le temps et qui fait beaucoup de bruit.

✦ Le contraire de turbulent, c'est **calme**.

tutoyer verbe. Tutoyer, c'est dire «tu» à quelqu'un quand on lui parle. *Le maître nous tutoie, mais nous le vouvoyons.*

tuyau nom masculin. Un tuyau, c'est un long tube ouvert aux deux bouts dans lequel on fait passer un liquide ou un gaz. *Le jardinier arrose la pelouse avec le tuyau d'arrosage.*

☞ Au pluriel : des **tuyaux**.

tympan nom masculin. Le tympan, c'est la peau très fine qui est au fond de l'oreille. *Le tympan sert à entendre.*

type nom masculin. Un type, c'est une sorte, un genre. *La voiture de Papi est d'un type très courant.*

tyran nom masculin. Un tyran, c'est une personne très autoritaire et cruelle qui gouverne un pays en faisant peur à tout le monde pour se faire obéir.

U

u U u

un article masculin,
une article féminin. *Paul est un garçon et Léa est une fille, ce sont tous les deux des enfants.*

☞ Le pluriel de **un** et de **une**, c'est **des**.

uni adjectif masculin,
unie adjectif féminin. Un tissu uni, c'est un tissu d'une seule couleur, sans dessins ni rayures.

Olivier a une cravate à rayures, Christophe a une cravate **unie**.

uniforme nom masculin. Un uniforme, c'est un vêtement qui est le même pour toutes les personnes qui font partie d'un groupe. *Les policiers sont en uniforme.*

union nom féminin. *Les décorations de Noël dans la rue sont payées par l'union des commerçants,* elles sont payées par les commerçants qui se sont réunis et qui se sont mis d'accord pour décorer la rue.

unique adjectif masculin et féminin. 1. *La rue du Château est à sens unique,* on ne peut rouler dans cette rue que dans un seul sens, ce n'est pas une rue à double sens. 2. *Séverin est un enfant unique,* il est le seul enfant de ses parents, il n'a ni frère ni sœur. 3. *Cette bague est unique,* elle est différente des autres bagues, il n'existe pas une seule autre bague comme elle.

unir verbe. 1. *Une grande amitié unit Louise et Emmanuelle,* Louise et Emmanuelle sont très amies. 2. *Marc et Antoine se sont unis pour gagner la partie contre Paul,* ils se sont mis ensemble pour battre Paul.

unité nom féminin. 1. *Peut-on acheter ces yaourts à l'unité?* peut-on acheter un seul de ces yaourts à la fois? 2. Une unité de mesure, c'est une certaine grandeur qui sert à mesurer d'autres grandeurs. *Le mètre est une unité de longueur, le gramme est une unité de poids.*

A B C D E F G H I J K L M N O P Q R S T U

univers nom masculin. L'univers, c'est l'ensemble de tout ce qui existe. *La Terre et les autres planètes, le Soleil et tous les astres appartiennent à l'univers.*

✦ Tu peux dire aussi **monde**.

urgence nom féminin. *Le blessé a été transporté à l'hôpital en urgence*, le blessé a été transporté à l'hôpital immédiatement pour être soigné le plus vite possible.

urgent adjectif masculin,
urgente adjectif féminin. Une chose urgente, c'est une chose dont il faut s'occuper tout de suite, une chose qu'il faut faire sans attendre. *Maman a un travail urgent à finir.*

urine nom féminin. L'urine, c'est le liquide jaune qui vient des reins. *Quand tu fais pipi, tu rejettes de l'urine.*

usage nom masculin. *Sais-tu quel est l'usage de cet outil?* sais-tu à quoi sert cet outil?

usé adjectif masculin,
usée adjectif féminin. Une chose usée, c'est une chose qui est abîmée parce qu'elle a beaucoup servi. *Les chaussettes de Bénédicte sont usées, elles sont trouées sous le talon.*

usine nom féminin. Une usine, c'est un bâtiment où des ouvriers fabriquent des objets avec des machines.

ustensile nom masculin. Un ustensile de cuisine, c'est un objet qui sert dans la cuisine. *Une cocotte, une louche, une passoire, une poêle sont des ustensiles de cuisine.*

utile adjectif masculin et féminin. *Ne jette pas cette boîte, elle peut être utile*, cette boîte peut servir à quelque chose, on peut en avoir besoin.

✦ Le contraire de utile, c'est **inutile**.

utiliser verbe. *Maman utilise sa voiture tous les jours*, elle se sert de sa voiture tous les jours. *Mamie utilise de l'huile d'olive pour faire cuire les courgettes*, elle emploie de l'huile d'olive pour faire cuire les courgettes.

utilité nom féminin. L'utilité, c'est la qualité d'une chose utile. *Mon parapluie m'a été d'une grande utilité pendant mon voyage : il a plu tous les jours.*

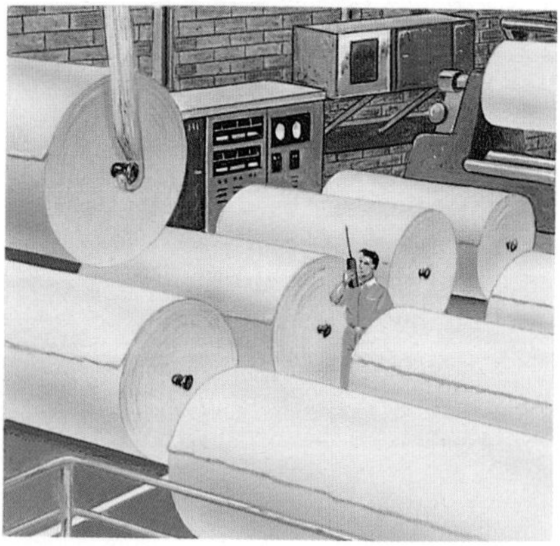

Dans cette usine, on fabrique du papier.

V

v V v

vacances nom féminin pluriel. Les vacances, ce sont les jours pendant lesquels on ne travaille pas, on ne va pas à l'école. *François et Laurent passent leurs vacances au bord de la mer.*

✦ Cherche aussi **congé**.

vacarme nom masculin. Le vacarme, c'est du bruit fait par beaucoup de gens, beaucoup de voitures ou beaucoup de machines en même temps. *Quel vacarme dans cette rue !*

vaccin nom masculin. Un vaccin, c'est une sorte de médicament, fabriqué à partir d'un microbe, qui protège de la maladie que donne ce microbe. *Le médecin a fait un vaccin à Olivia contre la rougeole.*

vacciner verbe. Vacciner, c'est faire un vaccin. *Le médecin a vacciné Olivia contre la rougeole.*

vache nom féminin. Une vache, c'est un gros animal domestique qui donne du lait. *La fermière trait les vaches tous les soirs.*

✦ Le mâle de la vache c'est le **taureau**, le petit c'est le **veau**.

vagabond nom masculin. Un vagabond, c'est une personne très pauvre qui n'a pas de travail et pas de maison. *Un vagabond a dormi dans la grange.*

✦ Cherche aussi **clochard**.

vague nom féminin. Une vague, c'est une masse d'eau qui monte et qui redescend, dans la mer ou sur un lac. *Aujourd'hui on ne peut pas se baigner car il y a de très grosses vagues.*

✦ Sais-tu comment s'appelle la mousse blanche qui se forme sur les vagues ?

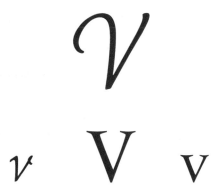

Le soir, Joseph ramène les vaches à l'étable.

vague adjectif masculin et féminin. 1. *Olivier n'a qu'un souvenir très vague de la maison où il est né*, il a un souvenir qui n'est pas précis, qui n'est pas clair. 2. Un terrain vague, c'est une grande étendue de terre où il n'y a pas de maisons, pas d'arbres et qui est un peu sale, dans une ville.

vaincre verbe. Vaincre, c'est remporter une victoire sur son adversaire. *Les Romains ont vaincu les Gaulois à Alésia.*

vainqueur nom masculin. Le vainqueur, c'est la personne qui a gagné. *Le vainqueur de la compétition a reçu une médaille.*

✦ Tu peux dire aussi **gagnant**.
✦ Le contraire de vainqueur, c'est **perdant**.

vaisseau nom masculin. 1. Un vaisseau, c'est un grand bateau d'autrefois. *Les vaisseaux du roi naviguent vers l'Espagne.* 2. Un vaisseau spatial, c'est un engin qui voyage dans l'espace.

☞ Au pluriel : des **vaisseaux**.

vaisselle nom féminin. 1. La vaisselle, c'est l'ensemble des assiettes et des plats dans lesquels on sert et on mange la nourriture. *La vaisselle est rangée dans le buffet.* 2. Faire la vaisselle, c'est laver les assiettes, les verres, les couverts, les plats et les casseroles dont on s'est servi pour le repas.

valable adjectif masculin et féminin. *Ce billet de train est valable un mois*, il peut être utilisé pendant un mois.

valeur nom féminin. La valeur, c'est le prix que coûte quelque chose si on veut le revendre ou l'échanger. *Papi a une collection de timbres de grande valeur.*

Mamie fait sa valise.

valise nom féminin. Une valise, c'est un bagage qui est comme une sorte de boîte et que l'on porte grâce à une poignée. *Mamie fait sa valise car elle part en voyage*, Mamie met dans une valise tous les vêtements qu'elle veut emporter.

vallée nom féminin. Une vallée, c'est un long passage où coule une rivière, entre deux montagnes. *L'autoroute passe au fond de la vallée.*

valoir verbe. 1. Valoir, c'est coûter un certain prix. *Cette bague vaut 1 500 euros.* 2. *Il vaudrait mieux partir tout de suite*, ce serait mieux de partir tout de suite. 3. *Ne pleure pas, cela ne vaut pas la peine*, ce qui t'arrive n'est pas assez grave pour que tu pleures.

valse nom féminin. Une valse, c'est une danse que l'on danse à deux et où les couples de danseurs tournent sur eux-mêmes. *Le prince et la princesse ont ouvert le bal en dansant une valse.*

vampire nom masculin. Un vampire, c'est un fantôme qui sort la nuit de sa tombe pour aller sucer le sang des personnes vivantes. *On fait peur aux vampires avec de l'ail.*

✦ Les vampires n'existent que dans les histoires.

vanille nom féminin. La vanille, c'est un produit qui est fait avec le fruit d'une plante et qui sent très bon. *Anaïs mange une glace à la vanille.*

La vanille pousse sur le vanillier. On en met dans des glaces et dans des crèmes.

se **vanter** verbe. Se vanter, c'est raconter une chose que l'on a faite en exagérant pour faire croire que l'on est très intelligent ou très fort. *David dit qu'il a construit tout seul cette cabane, mais il se vante.*

vapeur nom féminin. La vapeur, c'est l'ensemble des très petites gouttes d'eau qui sont dans l'air. *Quand l'eau bout elle se transforme en vapeur.*

✦ L'eau s'**évapore** quand elle bout.

varicelle nom féminin. La varicelle, c'est une maladie qui donne des boutons sur tout le corps.

✦ La varicelle est une maladie contagieuse.

varier verbe. Varier, c'est être différent. *La température varie au cours de la journée.*

✦ Tu peux dire aussi **changer**.

vase nom masculin. Un vase, c'est un récipient dans lequel on met des fleurs. *Papi a rempli le vase d'eau et il a mis les roses dedans.*

vase nom féminin. La vase, c'est de la boue qui est au fond de l'eau des mares et des étangs. *La grenouille s'est cachée dans la vase.*

vaste adjectif masculin et féminin. *Le parc du château est vaste,* il est très grand.

vautour nom masculin. Un vautour, c'est un grand oiseau au bec recourbé qui mange des cadavres.

✦ Le vautour est un **rapace**.

Les vautours mangent le zèbre mort.

veau nom masculin. Le veau, c'est le petit de la vache et du taureau. *Le veau tète sa mère.*

☞ Au pluriel : des **veaux**.

vedette nom féminin. Une vedette, c'est un acteur ou un chanteur très célèbre.

végétal nom masculin. Un végétal, c'est un être vivant qui pousse dans la terre. *Les arbres et les fleurs sont des végétaux.*

☞ Au pluriel : des **végétaux**.

✦ Tu peux dire aussi **plante**.

On fait les vendanges en automne.

végétarien adjectif masculin,
végétarienne adjectif féminin. Une personne végétarienne, c'est une personne qui ne mange pas de viande. *Coralie est végétarienne car elle ne veut pas manger des animaux.*

végétation nom féminin. La végétation, c'est l'ensemble des plantes qui poussent dans un endroit. *Au printemps, la végétation est d'un joli vert.*
✦ Cherche aussi **flore**.

véhicule nom masculin. Un véhicule, c'est un engin avec des roues qui sert à transporter des personnes ou des marchandises. *Les voitures, les camions, les avions, les motos sont des véhicules.*

veille nom féminin. La veille, c'est le jour qui est juste avant le jour dont on parle. *La veille de la rentrée des classes, Alix a préparé son cartable.*
✦ Cherche aussi **hier**.
✦ Le contraire de **veille**, c'est **lendemain**.

vélo nom masculin. Un vélo, c'est une bicyclette. *Ariane est allée au village à vélo.*

velours nom masculin. Le velours, c'est un tissu très doux dont un côté est formé de petits poils courts. *Guillaume a un pantalon en velours bleu.*

vendange nom féminin. La vendange, c'est la récolte du raisin pour faire du vin.

vendeur nom masculin,
vendeuse nom féminin. Un vendeur, une vendeuse, c'est une personne qui vend quelque chose dans un magasin. *La vendeuse fait essayer plusieurs paires de chaussures à Damien.*
✦ Tu peux dire aussi **marchand**.

vendre verbe. Vendre, c'est donner quelque chose à quelqu'un contre de l'argent. *Le boucher vend de la viande.*
✦ Le client **achète** de la viande.

vénéneux adjectif masculin,
vénéneuse adjectif féminin. Un champignon vénéneux, c'est un champignon qui contient du poison, un champignon qu'il ne faut pas manger.
✦ Le contraire de vénéneux, c'est **comestible**.

vengeance nom féminin. La vengeance, c'est l'action de faire du mal à une personne pour se venger. *Je vais déchirer ton livre préféré, ce sera ma vengeance.*

se **venger** verbe. *Je me vengerai de toi*, je te ferai autant de mal que tu m'en as fait.

venimeux adjectif masculin,
venimeuse adjectif féminin. *La vipère est un serpent venimeux*, c'est un serpent qui a du venin.

Le ventriloque fait parler la marionnette.

venin nom masculin. Le venin, c'est un poison que certains animaux ont dans leur corps et qu'ils envoient dans le corps d'un homme ou d'un autre animal en le piquant ou en le mordant. *Le venin des scorpions peut tuer.*

venir verbe. 1. Venir, c'est aller dans un endroit. *Alice et Roland sont venus à la maison hier.* 2. Venir, c'est arriver d'un endroit. *Ce bateau vient de Corse. Les pommes que tu es en train de manger viennent d'Argentine.* 3. *Frédéric vient de partir,* il est parti il y a très peu de temps.

vent nom masculin. Le vent, c'est de l'air qui se déplace. *Le vent souffle fort aujourd'hui.*

vente nom féminin. La vente, c'est l'échange de quelque chose contre de l'argent. *Cette maison est en vente,* elle est à vendre.

ventre nom masculin. Le ventre, c'est la partie du corps de l'homme et des animaux qui se trouve devant, entre le thorax et le début des jambes. Il contient l'intestin. *Alexis a mal au ventre. Le chat a des poils plus clairs sur le ventre.*

ventriloque nom masculin. Un ventriloque, c'est une personne qui arrive à parler sans bouger les lèvres avec une voix qui a l'air de venir de son ventre.

ver nom masculin. Un ver, c'est un petit animal au corps mou et long qui n'a pas de pattes. *Le pêcheur a accroché un ver à son hameçon. En faisant un trou dans le jardin, Papi a fait sortir des vers de terre.*
✦ Cherche aussi **asticot**.
✦ Ne confonds pas ver, **verre**, **vers** et **vert**.

verbe nom masculin. Un verbe, c'est un mot qui indique, dans la phrase, ce que l'on fait ou ce que l'on est. Il change de forme selon la personne (je, tu, il, nous, vous, ils) et selon le temps qu'il indique (présent, imparfait, futur). *Est-ce que tu sais conjuguer le verbe aller au présent ?*

verger nom masculin. Un verger, c'est un terrain où sont plantés des arbres qui donnent des fruits. *Il y a des poiriers et des pommiers dans le verger.*

verglas nom masculin. Le verglas, c'est une plaque de glace sur la route quand il gèle.

La voiture dérape sur le verglas.

a b c d e f g h i j k l m n o p q r s t u v

A B C D E F G H I J K L M N O P Q R S T U V

vérification nom féminin. *Le contrôleur passe dans les wagons pour faire la vérification des billets,* il passe dans les wagons pour vérifier les billets.

✦ Tu peux dire aussi **contrôle**.

vérifier verbe. Vérifier, c'est regarder pour voir si tout est bien comme il faut. *Le contrôleur vérifie les billets des passagers.*

✦ Tu peux dire aussi **contrôler**.

vérité nom féminin. La vérité, c'est ce qui est vrai, ce qui s'est passé en réalité. *Louise a dit la vérité à son père, elle ne lui a pas menti.*

vernis nom masculin. Un vernis, c'est un liquide brillant que l'on passe sur quelque chose pour le rendre joli et le protéger.

Maman se met du vernis à ongles.

verre nom masculin. 1. Le verre, c'est une matière transparente et dure qui se casse facilement. *Le dessus de la table basse est en verre.* 2. Un verre, c'est un morceau de verre que l'on met devant l'œil pour mieux voir. *Philippe a des lunettes avec des verres incassables.* 3. Un verre, c'est un récipient en verre dans lequel on boit. *Béatrice remplit son verre de jus d'orange.*

✦ Ne confonds pas verre, **ver**, **vers** et **vert**.

verrou nom masculin. Un verrou, c'est un objet formé d'une petite barre de métal que l'on fait glisser pour que l'on ne puisse pas ouvrir la porte. *Luc met le verrou pour s'enfermer dans la salle de bains.*

☞ Au pluriel : des **verrous**.

✦ Cherche aussi **serrure**.

verrue nom féminin. Une verrue, c'est une petite boule dure qui pousse sous la peau. *Monsieur Meunier a une verrue sur la joue.*

vers nom masculin. Un vers, c'est une ligne d'un poème. *Thérèse a appris par cœur les quatre premiers vers de sa récitation.*

✦ Ne confonds pas vers, **ver**, **verre** et **vert**.

vers préposition. 1. *Le camion se dirige vers l'autoroute,* il va en direction de l'autoroute. 2. *Benoît sera là vers midi,* il sera là à peu près à midi, un peu avant ou un peu après midi.

✦ Ne confonds pas vers, **ver**, **verre** et **vert**.

versant nom masculin. Le versant d'une montagne, c'est le côté d'une montagne.

L'un des deux versants de la colline est au soleil.

à verse adverbe. *Il pleut à verse*, il pleut très fort.

verser verbe. Verser, c'est faire couler un liquide d'un récipient dans un autre. *Juliette verse du jus d'orange dans son verre.*

vert adjectif masculin,
verte adjectif féminin. 1. La couleur verte, c'est la couleur de l'herbe. *Matthieu a les yeux verts.* 2. Un fruit vert, c'est un fruit qui n'est pas encore mûr. *Les tomates sont encore vertes.*

✦ Ne confonds pas vert, **ver**, **verre** et **vers**.

vertébral adjectif masculin,
vertébrale adjectif féminin. La colonne vertébrale, c'est la longue tige de petits os que nous avons dans le dos et qui soutient notre corps.

☞ Au masculin pluriel : **vertébraux**. Au féminin pluriel : **vertébrales**.

vertèbre nom féminin. Une vertèbre, c'est chacun des petits os de la colonne vertébrale. *L'homme a 33 vertèbres.*

vertical adjectif masculin,
verticale adjectif féminin. Une ligne verticale, c'est une ligne droite qui va de bas en haut. *Quand on est debout, on est en position verticale.*

☞ Au masculin pluriel : **verticaux**. Au féminin pluriel : **verticales**.
✦ Quand on est couché, on est en position **horizontale**.

vertige nom masculin. Le vertige, c'est l'impression que l'on a, quand on est à un endroit élevé, que tout tourne autour de soi et que l'on va tomber. *Amandine a le vertige quand elle est sur le balcon.*

veste nom féminin. Une veste, c'est un vêtement ouvert devant qui couvre le haut du corps, avec des manches longues ou des manches courtes.

vestiaire nom masculin. Un vestiaire, c'est une pièce où l'on se change et où l'on laisse ses vêtements. *Carole se met en maillot de bain dans le vestiaire de la piscine.*

vêtement nom masculin. Un vêtement, c'est ce que l'on met sur son corps pour le couvrir et le protéger, c'est ce que l'on met pour s'habiller. *En hiver, on met des vêtements chauds.*

✦ Tu peux dire aussi **habit**.
✦ Quels noms de vêtements connais-tu ?

vétérinaire nom masculin et féminin. Un vétérinaire, une vétérinaire, c'est une personne dont le métier est de soigner les animaux, c'est un médecin pour animaux. *Flora a emmené son chat chez le vétérinaire.*

veuf adjectif masculin,
veuve adjectif féminin. Une personne veuve, c'est une personne dont le mari ou la femme est mort. *Monsieur Dubois est veuf, sa femme est morte l'année dernière.*

Étienne est en position verticale, Séverine est en position horizontale.

vexer verbe. Vexer quelqu'un, c'est lui faire de la peine en lui disant des choses désagréables ou en se moquant de lui pour qu'il ait honte, c'est l'humilier. *Bernard a vexé Aurélie en lui disant qu'elle était ridicule avec son bonnet. Antoine se vexe facilement,* il ne supporte pas qu'on lui fasse des réflexions, il est susceptible.

Un viaduc.

viaduc nom masculin. Un viaduc, c'est un pont très long sur lequel passe une route ou une voie ferrée.

viande nom féminin. La viande, c'est la chair des animaux que l'on mange. *On achète de la viande chez le boucher.*

Nathalie met une cassette vidéo dans le magnétoscope.

victime nom féminin. 1. Une victime, c'est une personne tuée ou blessée. *Le tremblement de terre a fait de nombreuses victimes.* 2. Une victime, c'est une personne à qui l'on a fait quelque chose de désagréable. *La victime du vol a appelé la police.*

victoire nom féminin. Une victoire, c'est une guerre ou une compétition que l'on a gagnée. *L'équipe qui remportera la victoire recevra une coupe.*

✦ Le contraire de victoire, c'est **défaite**.

vide adjectif masculin et féminin. *La boîte est vide,* il n'y a rien dedans. *La salle de cinéma était vide,* il n'y avait personne dedans.

✦ Le contraire de vide, c'est **plein**.

vidéo adjectif masculin et féminin. Une cassette vidéo, c'est une cassette sur laquelle sont enregistrés des sons et des images que l'on se passe à la télévision. Un jeu vidéo, c'est un jeu qui fait passer sur un écran des images que l'on fait bouger en appuyant sur des boutons.

☞ Au masculin et au féminin pluriel : **vidéo**.

François joue avec son jeu vidéo.

vider verbe. Vider, c'est rendre vide. *Maxime sort de son bain et vide la baignoire.*

✦ Le contraire de vider, c'est **remplir**.

vie nom féminin. 1. *Le chien est blessé mais il est toujours en vie*, il continue à respirer, il n'est pas mort. 2. La vie, c'est le temps qui passe entre la naissance et la mort. *Mamie a eu une vie très heureuse.* 3. La vie, c'est la manière de vivre. *Dorothée a regardé une émission sur la vie des chimpanzés.*

vieillard nom masculin. Un vieillard, c'est une personne très vieille.

vieillesse nom féminin. La vieillesse, c'est le moment de la vie où l'on est vieux, c'est la dernière partie de la vie.

vieillir verbe. Vieillir, c'est devenir vieux. *Papi a beaucoup vieilli depuis sa maladie.*

vieux adjectif masculin,
vieille adjectif féminin. 1. Une personne vieille, un animal vieux, c'est une personne ou un animal qui est né depuis longtemps, qui n'est plus jeune. *Le chien de Virginie est très vieux.* 2. *Marc est plus vieux que son frère*, il est plus âgé que lui, il a plus d'années que lui. 3. *Maman a mis une vieille robe*, elle a mis une robe qu'elle a depuis longtemps, une robe qui n'est pas neuve.

✦ On dit un homme **vieux** et un **vieil** homme.

vif adjectif masculin,
vive adjectif féminin. 1. *Magali est très vive*, elle est rapide, elle réagit et comprend vite. 2. *Paul a mis un pull rouge vif*, il a mis un pull d'un rouge brillant, éclatant.

vigne nom féminin. Une vigne, c'est un petit arbre sur lequel pousse le raisin. *Il y a plusieurs régions de France où l'on cultive la vigne.*

✦ Le terrain où l'on cultive la vigne s'appelle un **vignoble**.

vilain adjectif masculin,
vilaine adjectif féminin. 1. *C'est vilain de mentir*, ce n'est pas bien de mentir. 2. *Mathilde a été vilaine avec son petit frère*, elle a été méchante avec son petit frère, elle n'a pas été gentille. 3. *Le père de Jérôme est très vilain*, il est laid, il n'est pas beau.

villa nom féminin. Une villa, c'est une maison avec un jardin. *Nous avons passé nos vacances dans une villa au bord de la mer.*

village nom masculin. Un village, c'est un groupe de maisons à la campagne, plus petit qu'une ville. *La mairie du village est en face de l'église.*

ville nom féminin. Une ville, c'est un grand groupe de maisons, avec beaucoup de rues, d'avenues, de boulevards et de places, et de nombreux habitants. *Bordeaux est une grande ville française.*

vin nom masculin. Le vin, c'est une boisson qui est faite avec du jus de raisin et qui contient de l'alcool. *Il y a du vin rouge, du vin blanc et du vin rosé.*

On fabrique le vin avec du jus de raisin que l'on fait vieillir dans un tonneau puis que l'on met en bouteille.

a b c d e f g h i j k l m n o p q r s t u v

Les violettes sentent très bon.

vinaigre nom masculin. Le vinaigre, c'est un liquide piquant fabriqué avec du vin, du cidre ou de l'alcool. *Papi mélange de l'huile et du vinaigre.*

vinaigrette nom féminin. Une vinaigrette, c'est une sauce faite avec de l'huile et du vinaigre. *Papi met la vinaigrette dans le saladier.*

violemment adverbe. Violemment, c'est avec violence, avec force. *Le vent souffle violemment.*

violence nom féminin. 1. La violence, c'est une très grande force. *Le toit de la cabane s'est envolé à cause de la violence du vent.* 2. La violence, c'est la force dont on se sert pour faire mal à quelqu'un. *Henri a giflé son frère avec violence.*

violent adjectif masculin,
violente adjectif féminin. 1. Une personne violente, c'est une personne qui devient brutale quand elle est en colère. *Fais attention à Alexis, il peut être violent s'il perd la partie.* 2. *Le vent est très violent aujourd'hui,* il est très fort.

violet adjectif masculin,
violette adjectif féminin. La couleur violette, c'est la couleur que l'on obtient en mélangeant du bleu et du rouge. *Denis a une chemise violette.*

✦ Cherche aussi **mauve**.

violette nom féminin. Une violette, c'est une petite fleur de couleur violette qui pousse au printemps.

violon nom masculin. Un violon, c'est un instrument de musique qui a quatre cordes que l'on frotte avec une baguette spéciale. *On tient le violon entre l'épaule et le menton.*

✦ La baguette que l'on passe sur les cordes s'appelle un **archet**.

violoncelle nom masculin. Un violoncelle, c'est un instrument de musique qui ressemble à un gros violon. *On joue du violoncelle assis, en le tenant entre les jambes.*

vipère nom féminin. Une vipère, c'est un serpent venimeux qui a la tête en forme de triangle.

virage nom masculin. Un virage, c'est un endroit où une route tourne. *Attention, ce virage est dangereux.*

✦ Tu peux dire aussi **tournant**.

virgule nom féminin. Une virgule, c'est un petit signe qui sert à séparer des mots ou des groupes de mots dans une phrase.

virus nom masculin. Un virus, c'est un être vivant très petit qui donne des maladies. *La grippe est due à un virus.*

✦ Un virus est encore plus petit qu'un **microbe**.

vis nom féminin. Une vis, c'est une tige de métal pointue que l'on enfonce en tournant avec un tournevis. *Papa a fixé l'étagère dans le mur avec des vis.*

visage nom masculin. Le visage, c'est le devant de la tête, où il y a le front, les joues, les yeux, le nez, la bouche et le menton. *Damien se passe un gant de toilette sur le visage.*

✦ Tu peux dire aussi **face**, **figure**.

viser verbe. Viser, c'est mettre son arme dans la bonne direction pour atteindre ce que l'on veut toucher. *Le chasseur vise le sanglier et tire.*

visible adjectif masculin et féminin. Une chose visible, c'est une chose que l'on peut voir. *Avec le brouillard, le sommet de la montagne n'est pas visible.*

✦ Le contraire de visible, c'est **invisible**.

Une vipère.

visiblement adverbe. *Visiblement, Claudia est contente de son cadeau,* on voit bien que Claudia est contente.

✦ Tu peux dire aussi **manifestement**.

visière nom féminin. Une visière, c'est la partie d'une casquette qui avance sur le front, au-dessus des yeux. *La visière protège du soleil.*

vision nom féminin. 1. La vision, c'est la façon dont on voit, c'est la vue. *Aurélien a une meilleure vision quand il met ses lunettes.* 2. *Notre voisine a des visions,* elle croit voir des choses qui n'existent pas ou qui n'arrivent pas vraiment.

visite nom féminin. 1. *Les parents de Stéphane nous ont rendu visite,* ils sont venus nous voir et ont passé un moment avec nous. 2. *La visite du château est payante,* il faut payer pour visiter le château.

visiter verbe. Visiter un endroit, c'est aller voir tout ce qu'il y a dans cet endroit, tout regarder en s'y promenant. *Ma grande sœur a visité le château de Versailles.*

visiteur nom masculin,
visiteuse nom féminin. Un visiteur, une visiteuse, c'est une personne qui fait une visite à quelqu'un ou qui visite un endroit. *Les visiteurs attendent l'heure de l'ouverture du musée.*

visser verbe. 1. Visser, c'est faire tenir en enfonçant une vis. *Papa visse le pied du lit,* il enfonce une vis et la fait tourner avec un tournevis. 2. Visser, c'est faire tourner un couvercle pour fermer un récipient. *Julia visse le couvercle du pot de confiture.*

✦ Le contraire de visser, c'est **dévisser**.

vitamine nom féminin. Une vitamine, c'est un produit très bon pour la santé que l'on trouve dans certains aliments. *Il y a beaucoup de vitamines dans les fruits.*

vite adverbe. Vite, c'est en peu de temps. *Sylvie marche vite.*

✦ Tu peux dire aussi **rapidement**.
✦ Le contraire de vite, c'est **lentement**.

vitesse nom féminin. La vitesse, c'est le temps plus ou moins long que l'on met pour faire quelque chose ou pour aller d'un endroit à un autre. *Le train roulait à toute vitesse,* il roulait très vite.

✦ Cherche aussi **rapidité**.

vitrail nom masculin. Un vitrail, c'est une plaque faite de morceaux de verre de couleurs différentes qui font un dessin. *On voit des vitraux dans les églises.*

☞ Au pluriel : des **vitraux**.

vitre nom féminin. Une vitre, c'est la plaque de verre d'une fenêtre ou d'une porte. *Il a neigé, les vitres sont sales.*

✦ Tu peux dire aussi **carreau**.

vitrine nom féminin. Une vitrine, c'est la partie d'un magasin qui est derrière une vitre et que l'on voit quand on est dans la rue.

Guillaume regarde la vitrine du magasin de jouets.

vivant adjectif masculin,
vivante adjectif féminin. **1.** Une personne vivante, un animal vivant, c'est une personne, un animal qui est en vie, qui n'est pas mort. *Le cerf a été blessé mais il est toujours vivant.* **2.** *Karim est un enfant très vivant,* c'est un enfant vif, qui remue et ne reste pas sans rien faire.

vive interjection. Vive, c'est un mot qui sert à montrer que l'on aime beaucoup quelqu'un ou quelque chose et que l'on est très content. *Vive le roi ! Vive les vacances !*

vivement adverbe. Vivement, c'est un mot qui sert à montrer que l'on est pressé que quelque chose arrive. *Vivement Noël !*

vivre verbe. **1.** Vivre, c'est être en vie, ne pas être mort. *Certains papillons ne vivent qu'un jour.* **2.** Vivre, c'est habiter un certain temps dans un endroit. *Mes grands-parents ont vécu 20 ans à Paris, maintenant ils vivent à la campagne.*

vocabulaire nom masculin. Le vocabulaire, c'est l'ensemble des mots d'une langue. *Mon petit frère n'a pas encore beaucoup de vocabulaire,* il ne connaît pas encore beaucoup de mots.

vœu nom masculin. Un vœu, c'est le souhait que quelque chose arrive. *Noémie a fait un vœu : elle voudrait être dans la même classe que Candice l'année prochaine. Mes parents ont envoyé leurs vœux à tous leurs amis,* mes parents ont souhaité une bonne année à tous leurs amis.

☞ Au pluriel : des **vœux**.

voici préposition. Voici, c'est un mot qui sert à montrer une personne, un animal ou une chose qui est assez près. *Voici ma chambre et voilà la tienne.*

✦ Cherche aussi **voilà**.

voie nom féminin. **1.** Une voie, c'est une partie de route sur laquelle roulent des voitures les unes derrière les autres. *Cette autoroute a trois voies.* **2.** Une voie ferrée, c'est l'ensemble des deux rails sur lesquels roulent les trains.

✦ Ne confonds pas **voie** et **voix**.

voilà préposition. Voilà, c'est un mot qui sert à montrer une personne, un animal ou une chose qui est assez près, mais pas tout près. *Voilà mon frère qui arrive. Voilà un taxi,* un taxi arrive près de nous.

✦ Cherche aussi **voici**.

voile nom masculin. Un voile, c'est un tissu très fin. *La mariée avait un voile qui recouvrait ses cheveux et descendait dans le dos jusqu'à la taille.*

voile nom féminin. Une voile, c'est un grand morceau de tissu que l'on accroche au mât et qui permet au bateau d'avancer quand le vent souffle dedans.

voilier nom masculin. Un voilier, c'est un bateau à voiles.

voir verbe. 1. Voir, c'est se rendre compte de ce qui est autour de nous grâce à nos yeux. *Charlotte a vu un renard près du poulailler. Les aveugles ne voient pas.* 2. *Paul m'a fait voir ses nouvelles chaussures,* il m'a montré ses nouvelles chaussures et je les ai regardées. 3. *Papi et Mamie vont venir nous voir,* ils vont nous rendre visite.

voisin nom masculin,
voisine nom féminin. Un voisin, une voisine, c'est une personne qui habite tout près. *Les voisins de l'étage du dessus font beaucoup de bruit.*

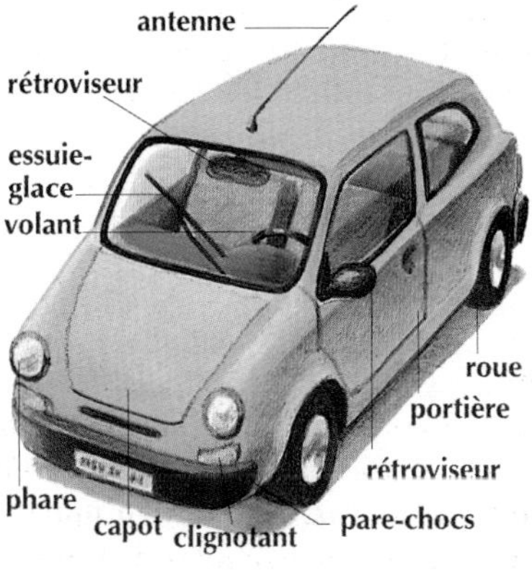

Une voiture.

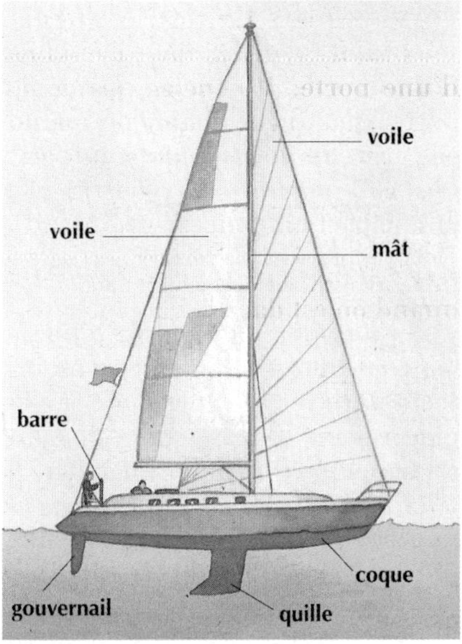

Un voilier.

voiture nom féminin. 1. Une voiture, c'est un véhicule à quatre roues avec un moteur, dans lequel plusieurs personnes peuvent s'asseoir, c'est une automobile. *Papa est venu me chercher à l'école en voiture.* 2. Une voiture, c'est une partie d'un train dans laquelle sont les voyageurs, c'est un wagon.

Maman est allée boire un café dans la voiture-bar.

A B C D E F G H I J K L M N O P Q R S T U V

voix nom féminin. La voix, c'est l'ensemble des sons qu'une personne fait sortir de sa bouche quand elle parle, quand elle chante ou quand elle crie. *Stanislas a une jolie voix. Iris m'a parlé à voix basse*, elle m'a parlé tout doucement.

☞ Au pluriel : des **voix**.
✦ Ne confonds pas voix et **voie**.

vol nom masculin. 1. Le vol, c'est le mouvement qu'un oiseau ou un insecte fait avec ses ailes pour se déplacer dans l'air. 2. Un vol, c'est un trajet parcouru par un avion. *Il y a une heure de vol entre Paris et Londres*. 3. Un vol, c'est ce que fait une personne qui prend pour elle ce qui appartient à quelqu'un d'autre. *Yves a déclaré le vol de sa moto au commissariat*.

volaille nom féminin. Une volaille, c'est un oiseau de basse-cour. *Les poules, les pintades, les canards sont des volailles*.

volant nom masculin. Un volant, c'est un objet en forme de cercle derrière lequel s'assied le conducteur d'une voiture et qu'il tourne pour faire aller les roues vers la gauche ou vers la droite. *Papa tourne le volant pour garer sa voiture*.

volcan nom masculin. Un volcan, c'est une montagne qui a un grand trou au sommet d'où peuvent sortir des matières brûlantes. *Émilie a vu un documentaire sur un volcan en éruption*.

✦ Le trou au sommet du volcan s'appelle un **cratère**.
✦ Cherche aussi **lave**.

voler verbe. 1. Voler, c'est se déplacer dans l'air sans toucher le sol. *Le petit oiseau vole d'un arbre à l'autre. L'avion vole haut dans le ciel*. 2. Voler, c'est prendre quelque chose qui appartient à quelqu'un et ne pas lui rendre. *Quelqu'un a volé le portefeuille de Madame Faure*.

volet nom masculin. Un volet, c'est un rectangle de bois ou de métal que l'on met devant une fenêtre. *Le soir, Alice ferme les volets de sa chambre*.

voleur nom masculin,
voleuse nom féminin. Un voleur, une voleuse, c'est une personne qui vole les choses qui appartiennent aux autres. *Un voleur a pris le portefeuille de Papi*.

✦ Cherche aussi **cambrioleur**.

volontaire adjectif masculin et féminin. 1. *Marine a abîmé le dessin de Thomas, mais c'est volontaire*, elle a voulu le faire, elle l'a fait exprès. 2. *Qui est volontaire pour effacer le tableau ?* qui veut bien effacer le tableau ?

volontairement adverbe. *Marine a volontairement abîmé le dessin de Thomas*, elle voulait vraiment abîmer son dessin, elle l'a abîmé exprès.

volonté nom féminin. La volonté, c'est la qualité d'une personne qui décide elle-même de ce qu'elle veut faire et qui le fait jusqu'au bout. *Claire est une femme énergique qui a beaucoup de volonté*.

volume nom masculin. 1. Le volume, c'est la place qu'occupe un objet. *Alain s'est tordu le pied et sa cheville a doublé de volume*. 2. Un volume, c'est un livre. *Dans le bureau de la directrice, il y a un dictionnaire en six volumes*.

vomir verbe. Vomir, c'est rejeter par la bouche ce que l'on a mangé. *Alexandre a eu mal au cœur et il a vomi*.

vorace adjectif masculin et féminin. *Le chien d'Anne est vorace*, il mange beaucoup.

vote nom masculin. *Le vote a eu lieu dimanche*, on a voté dimanche.

voter verbe. Voter, c'est choisir le président de la République, le député ou le maire que l'on veut avoir, pendant une élection.

Papa a voté pour le candidat qu'il préférait.

votre adjectif masculin et féminin. *Vous pouvez enlever votre manteau*, vous pouvez enlever le manteau qui est à vous.

☞ Au masculin et au féminin pluriel: **vos**.

vouloir verbe. 1. Vouloir, c'est désirer, souhaiter très fort. *Marion veut une poupée pour Noël. Je voudrais rentrer à la maison.* 2. *Je veux bien te prêter mon vélo*, je suis d'accord pour te prêter mon vélo, j'accepte de te prêter mon vélo. 3. *Que veut dire ce mot?* quel est le sens de ce mot, que signifie ce mot? 4. *Cédric en veut à sa sœur de lui avoir perdu sa trousse*, Cédric a de la rancune contre sa sœur, il n'arrive pas à lui pardonner d'avoir perdu sa trousse.

vous pronom masculin et féminin pluriel. Vous, c'est un mot qui représente la deuxième personne du pluriel. 1. Vous s'emploie quand on parle à plusieurs personnes. *Aude et Valérie, je vous félicite. Papi vous a acheté une glace à chacun.* 2. Vous s'emploie quand on parle à une seule personne et que l'on veut être très poli. *Je vous remercie, madame.*

vouvoyer verbe. Vouvoyer, c'est dire « vous » à quelqu'un quand on lui parle. *La maîtresse vouvoie la directrice mais tutoie ses élèves.*

voyage nom masculin. Faire un voyage, c'est partir dans un endroit assez lointain pendant un certain temps. *Mes parents ont fait un voyage en Italie l'été dernier.*

voyager verbe. Voyager, c'est faire un voyage. *Maman aime voyager en voiture. Mon oncle a beaucoup voyagé quand il était jeune*, il a fait de nombreux voyages dans des pays différents.

A B C D E F G H I J K L M N O P Q R S T U V

voyageur nom masculin,
voyageuse nom féminin. Un voyageur, une voyageuse, c'est une personne qui fait un voyage. *Les voyageurs qui vont à Chamonix doivent changer de train.*

voyelle nom féminin. Une voyelle, c'est une lettre qui représente un son qui résonne dans la bouche. *A, e, i, o, u, y sont les six voyelles de l'alphabet.*
✦ Cherche aussi **consonne**.

voyou nom masculin. Un voyou, c'est un garçon mal élevé qui traîne dans la rue. *Arnaud s'est fait attaquer par des voyous qui lui ont pris son blouson.*
☞ Au pluriel : des **voyous**.

vrai adjectif masculin,
vraie adjectif féminin. 1. *Ce que dit Alice est vrai*, ce que dit Alice, c'est ce qui s'est passé en réalité, c'est la vérité. 2. *Mamie a un collier en vraies perles*, elle a un collier qui n'est pas fait avec des boules qui ressemblent à des perles.
✦ Le contraire de vrai, c'est **faux**.

vraiment adverbe. Vraiment, c'est en vérité, en réalité. *Tu as vraiment vu un ours dans la forêt ?*

vue nom féminin. 1. La vue, c'est ce qui permet, grâce aux yeux, de voir. *La vue est l'un des cinq sens. Ferdinand met des lunettes car il n'a pas une bonne vue*, il n'a pas une bonne vision. 2. La vue, c'est ce que l'on voit de là où l'on est. *Quand on est sur la terrasse de l'immeuble, on a une belle vue.*

W

W W w

wagon nom masculin. Un wagon, c'est une voiture de train.

✦ Wagon est un mot qui vient de l'anglais.

La locomotive tire les wagons.

waters nom masculin pluriel. Les waters, ce sont les cabinets. *Jean-Marc est aux waters.*

✦ Tu peux dire aussi **toilettes**.

✦ Waters est un mot qui vient de l'anglais.

week-end nom masculin. Le week-end, c'est la fin de la semaine, le samedi et le dimanche. *Éric est parti en week-end à la campagne.*

☞ Au pluriel : des **week-ends**.

✦ Week-end est un mot qui vient de l'anglais.

western nom masculin. Un western, c'est un film qui se passe en Amérique, avec des Indiens et des cow-boys. *Géraldine a vu un western au cinéma.*

✦ Western est un mot qui vient de l'anglais.

X

x X x

xylophone nom masculin. Un xylophone, c'est un instrument de musique formé de petites barres de bois sur lesquelles on tape avec deux petits marteaux spéciaux.

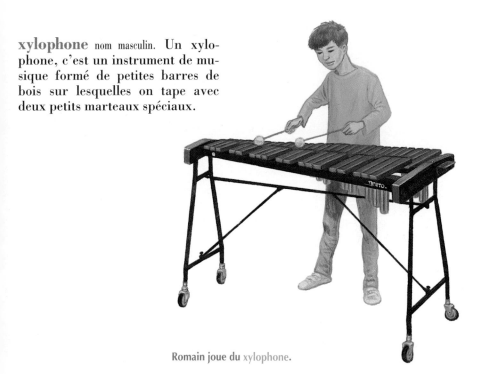

Romain joue du xylophone.

Y

y **Y** y

yaourt nom masculin. Un yaourt, c'est un aliment fait avec du lait. *Camille a mangé deux yaourts.*
✦ Tu peux dire aussi **yogourt**.

yeux va voir œil.

yo-yo nom masculin. Un yo-yo, c'est un jouet rond que l'on fait monter et descendre le long d'une ficelle.
☞ Au pluriel : des **yo-yo**.

Manon et Alexis jouent au yo-yo.

Z

Z Z z

Un zèbre.

zapper verbe. Zapper, c'est changer de chaîne quand on regarde la télévision en appuyant sur les boutons de la télécommande. *David zappe dès qu'il y a de la publicité.*

✦ Zapper est un mot qui vient de l'anglais.

zèbre nom masculin. Un zèbre, c'est un animal d'Afrique qui ressemble à un âne et qui a des rayures noires et blanches.

zigzag nom masculin. Un zigzag, c'est une ligne qui monte et qui descend. *La route fait des zigzags*, elle a de nombreux virages, elle est en lacets.

zone nom féminin. Une zone, c'est une partie d'un endroit. *L'usine où travaille Papa est dans la zone industrielle.*

zoo nom masculin. Un zoo, c'est un grand jardin entouré d'une clôture où l'on peut voir des animaux de tous les pays.

Benoît est au zoo, il regarde les ours.

PLANCHES THÉMATIQUES

noyer
écureuil
mésange charbonnière
avion
merle
village
luzerne
colza
haies
clôture
passage à niveau
route
platanes
tournesol
corbeau freux
fil de fer barbelé
coquelicots
pré
moutons
pâquerettes
belette
ornières
hérisson

noisetier
rouge-gorge
hirondelles
colline
montgolfière
moulin
à vent
hâteau
d'eau
vigne
champ de blé
pont
train de marchandises
locomotive
Diesel
charrue
rivière
tracteur
maïs
pie
buisson
épouvantail
carottes
agriculteur
campagnol
pommes de terre
panier
taupe
musaraigne

LE JARDIN

gouttière
clématites
marronnier
bouleaux
roses
serre
hortensias
binette
bêche
troène
jardinier
brouette
arrosoir
tuyau d'arrosage
chrysanthèmes
arroseur
capucines
plate-bande
tuteur
allée
violettes
glaïeuls
pétunias

cerisier
tilleul
poirier
pommier
bambous
lupins
campanules
massif
iris
lavande
pelouse
pavots
géraniums
œillets
bégonias
anémones
sécateur
orchidée
râteau
fraisiers

pré
haie
taureau
bœuf
vache
veau
râtelier
clôture
bottes de foin
grange
étable
foin
pigeon
râteau
engrais
élévateur
remorque
faux
cour de ferme
chien
lapin
fermier
fourche
oie
clapier
canard
brouette
pintade
coq
poule
dindon

champ labouré
sillons
silo à grain
balles de paille
parabole
hangar
ensileuse
silo d'ensilage
pigeonnier
habitation
chat
écurie
porcherie
fumier
5140
charrue
salle de traite
tracteur
trayeuse
électrique
bouse de vache
vache à lait
abreuvoir

phare
moutons (écume)
cap
mouettes
île
albatros
voilier
pêcheur
détroit
récifs
chalutier
courant
rochers
presqu'île

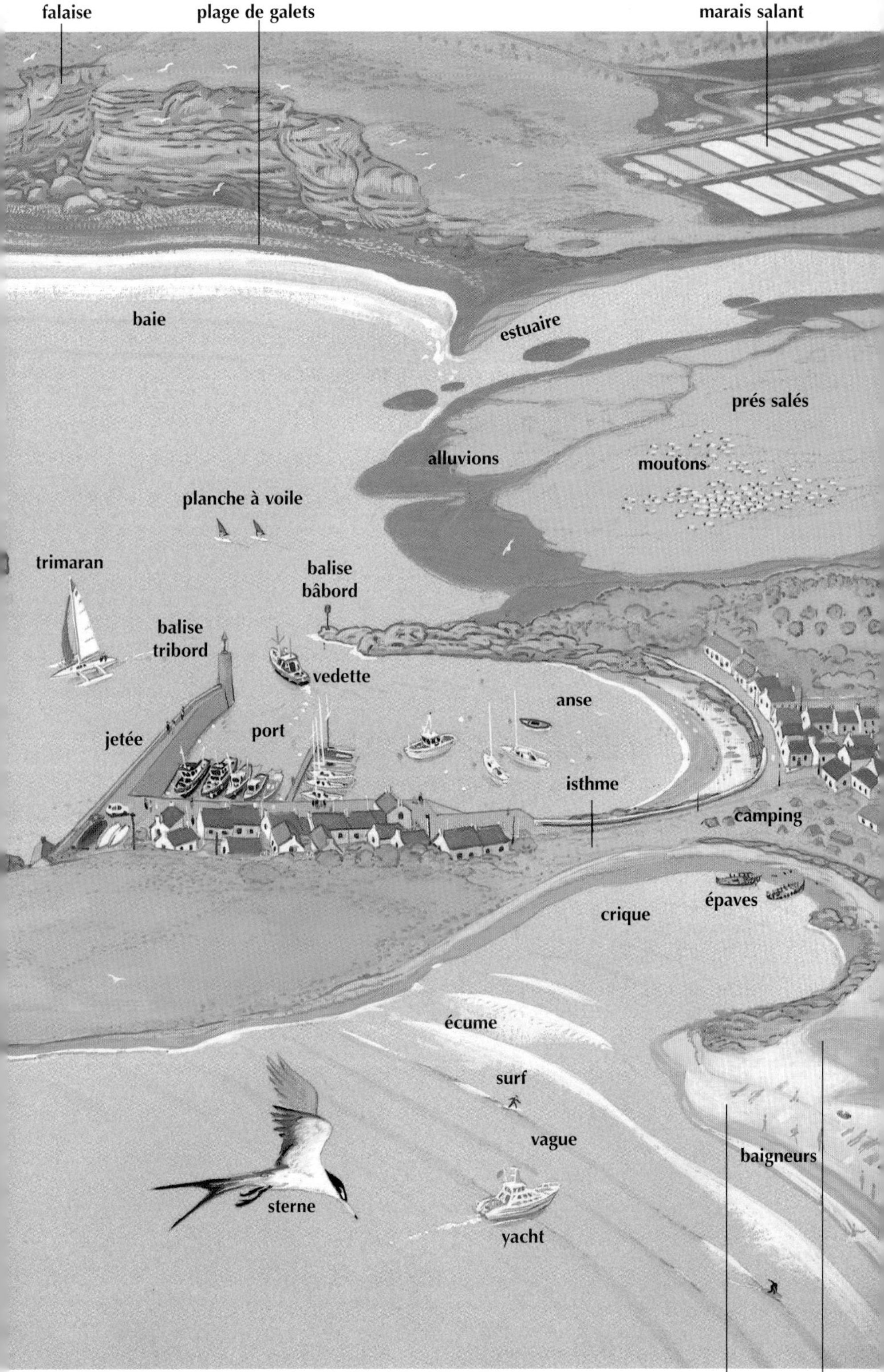
falaise
plage de galets
marais salant
baie
estuaire
prés salés
alluvions
moutons
planche à voile
trimaran
balise
bâbord
balise
tribord
vedette
anse
jetée
port
isthme
camping
épaves
crique
écume
surf
vague
baigneurs
sterne
yacht
plage de sable
dunes

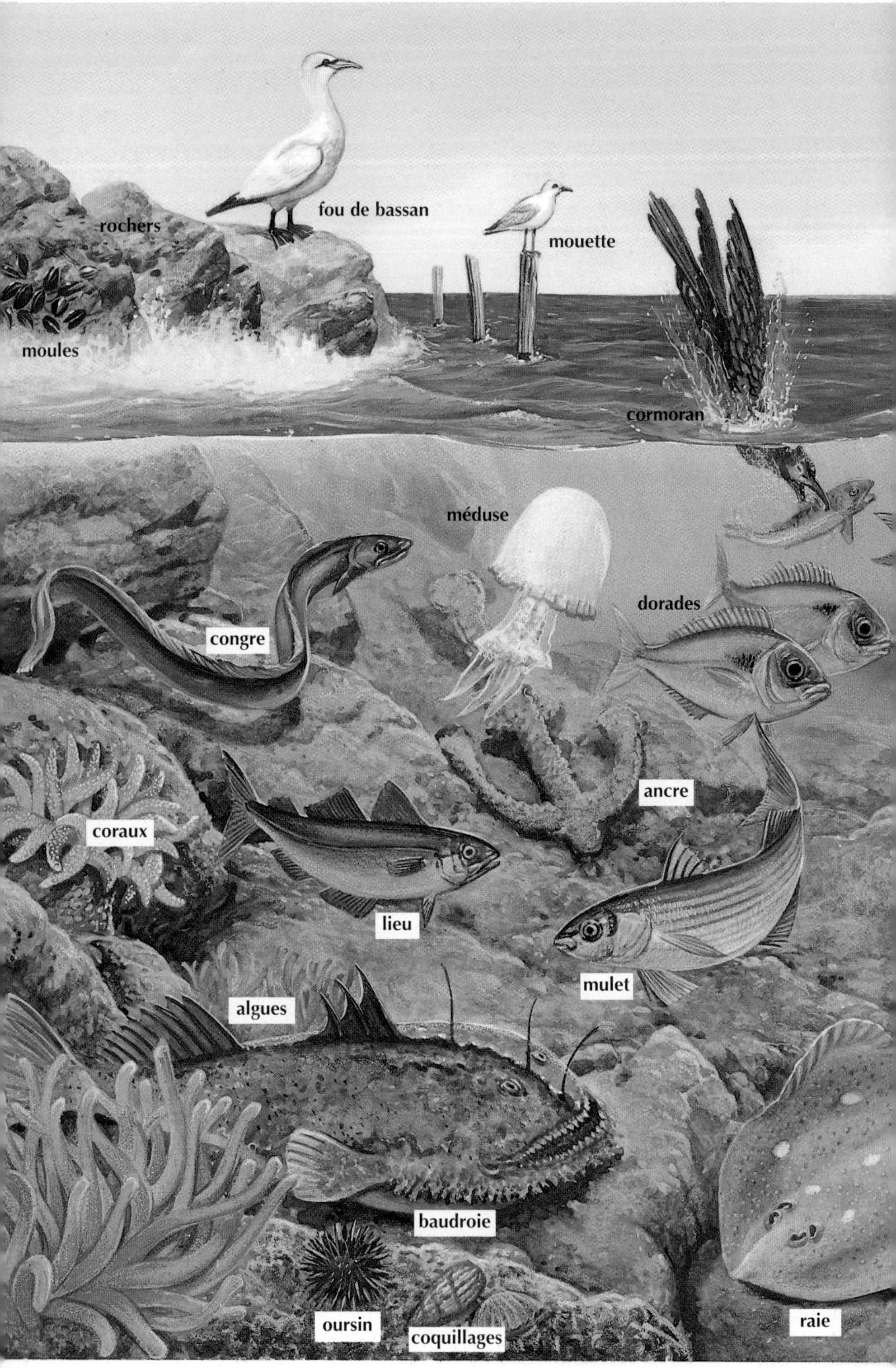
fou de bassan
rochers
mouette
moules
cormoran
méduse
dorades
congre
ancre
coraux
lieu
mulet
algues
baudroie
oursin
coquillages
raie

anémone de mer

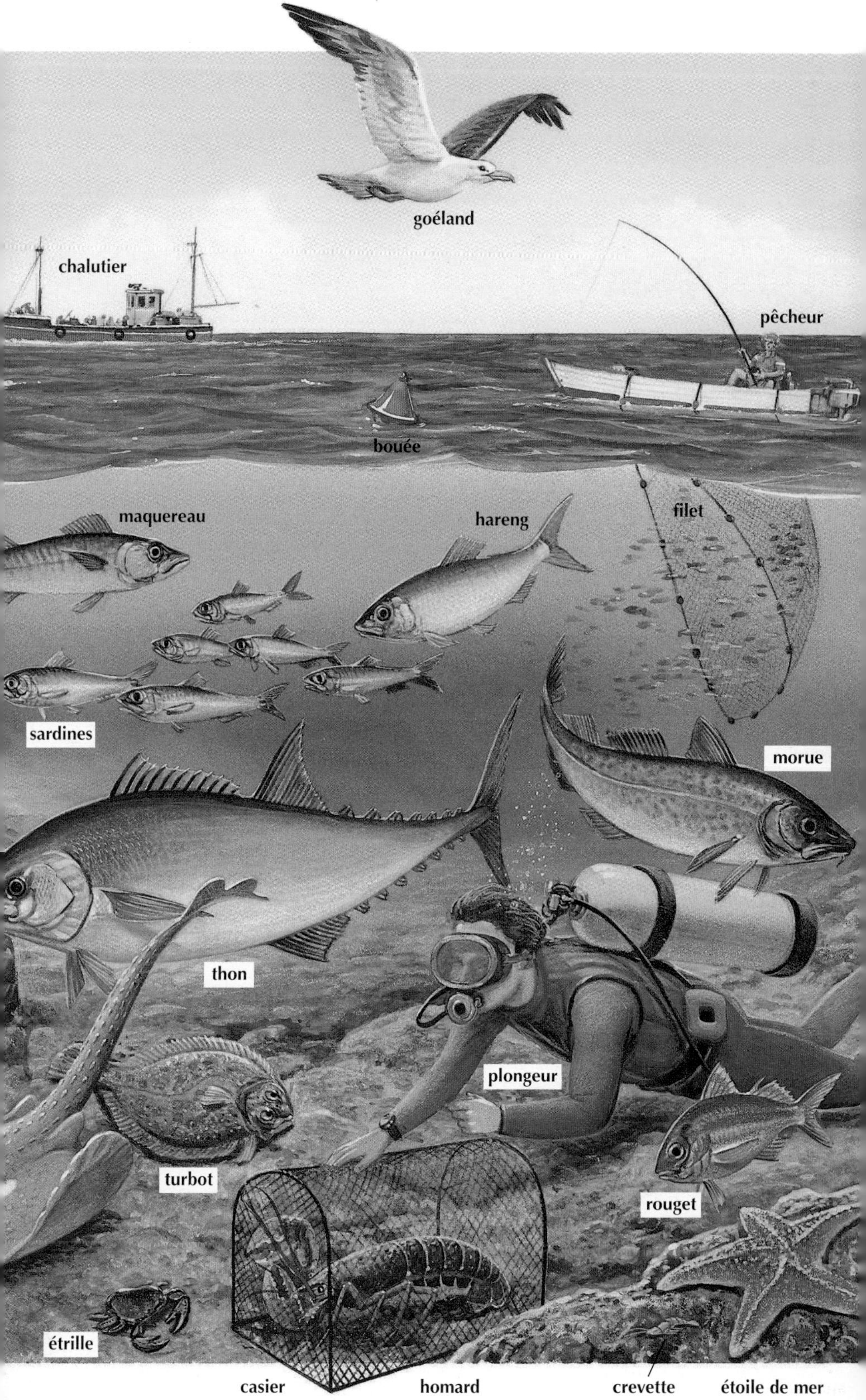
goéland
chalutier
pêcheur
bouée
maquereau
hareng
filet
sardines
morue
thon
plongeur
turbot
rouget
étrille
casier
homard
crevette
étoile de mer

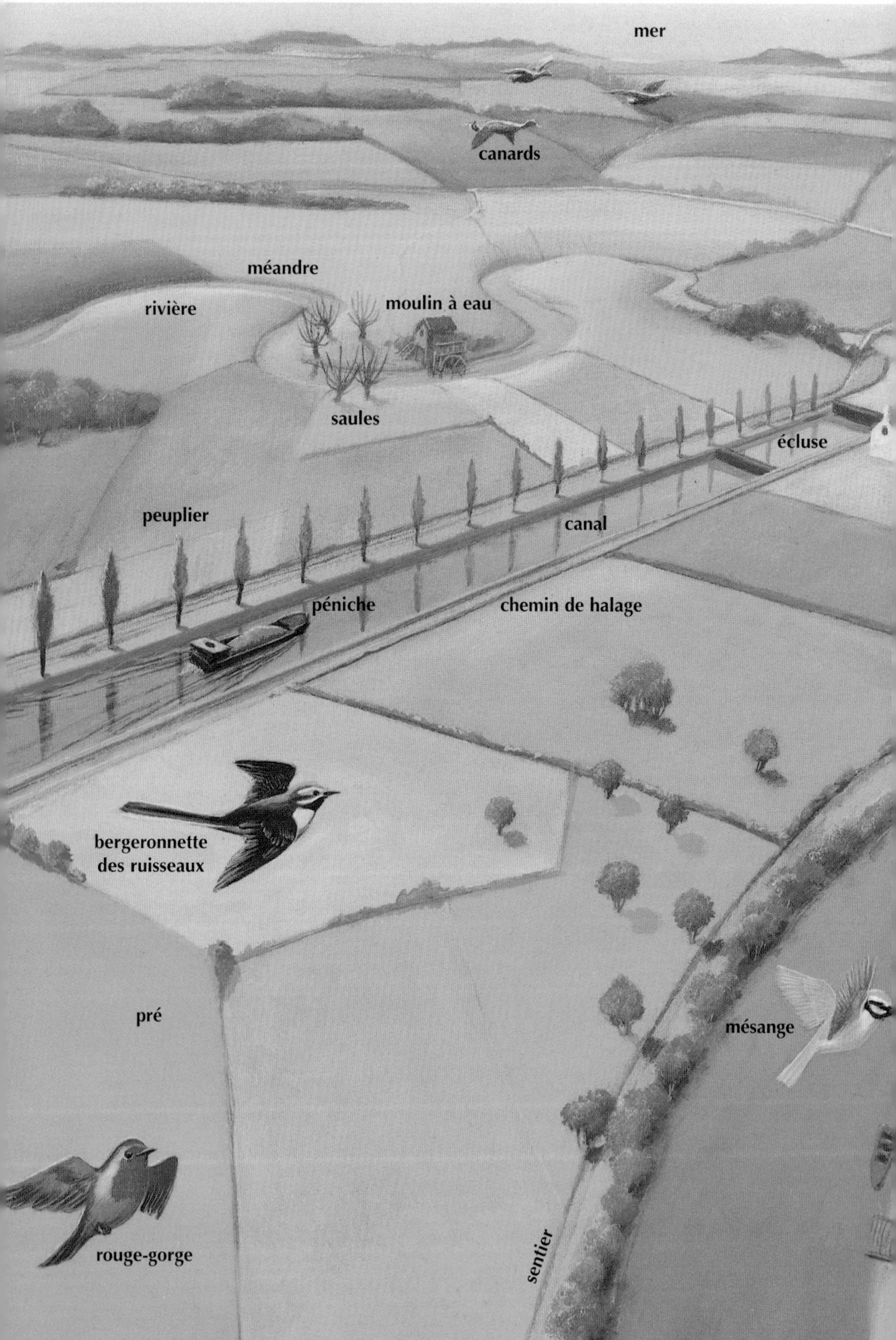
mer
canards
méandre
rivière
moulin à eau
saules
écluse
peuplier
canal
péniche
chemin de halage
bergeronnette
des ruisseaux
mésange
pré
sentier
rouge-gorge

côte
embouchure
pont
échasse
noisetiers
taillis
fleuve
héron cendré
nénuphars
roseaux
étang
gardon
nfluent
pêcheur
brochet
anguille
carpe
perche
goujon
affluent
poissons d'eau douce

LA MONTAGNE

edelweiss
pic
aiguilles
téléphérique
refuge
versant
chamois
source
chalet
torrent
cascade
barrage
vautour
deltaplane
sentier
télésiège
gypaète
lac
berger
alpage
ons
vaches
cabane de berger
épicéa
myrtilles
randonneur

sommet
crête
crevasse
arête
hélicoptèr
neige
(éternelle)
glacier
séracs
parapente
aigle
royal
mélèzes
sapin
lupins
rhododendrons
marmottes
gentiane

tits pingouins *(Alca Torda)*

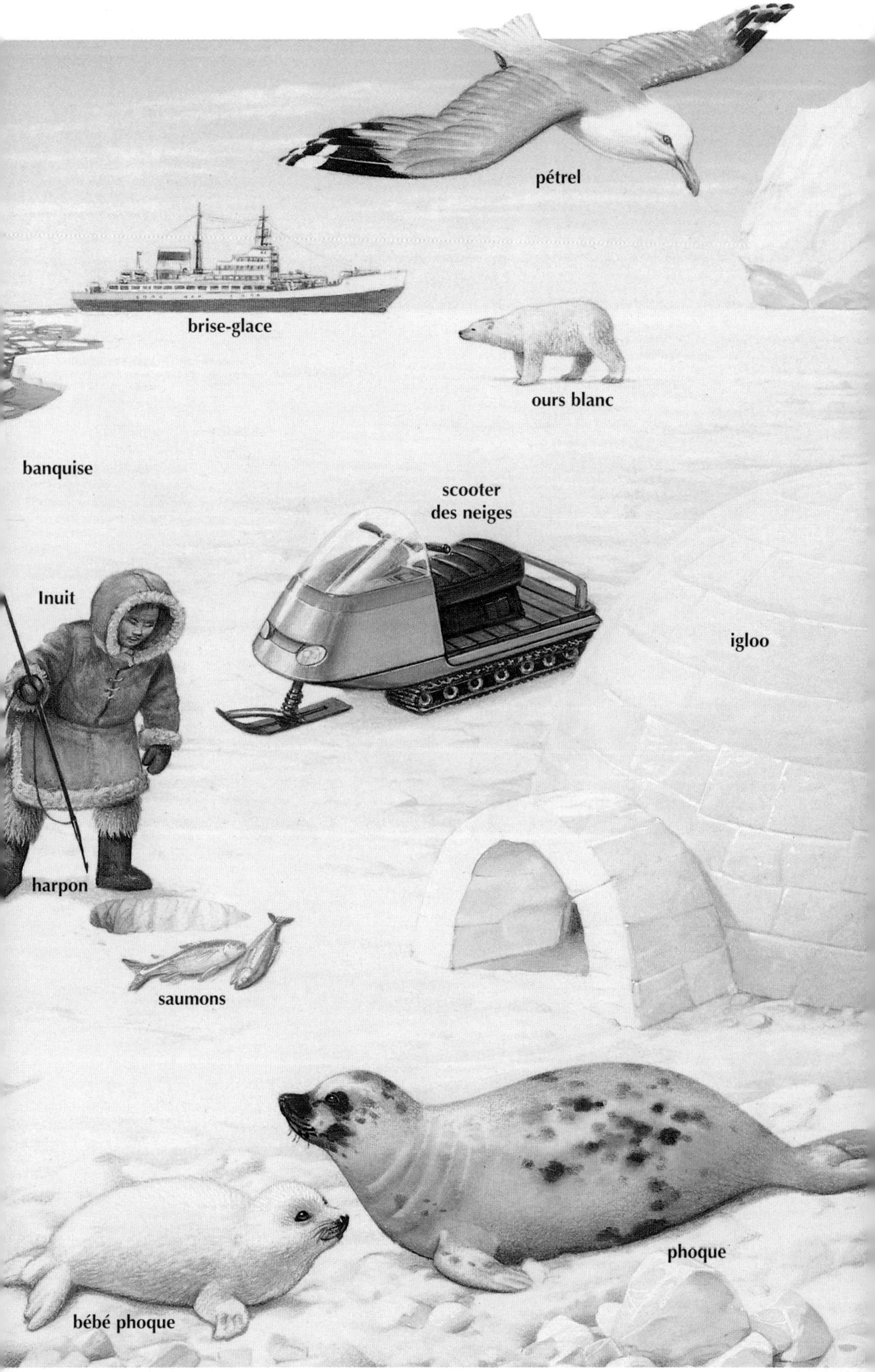
pétrel
brise-glace
ours blanc
banquise
scooter
des neiges
Inuit
igloo
harpon
saumons
phoque
bébé phoque

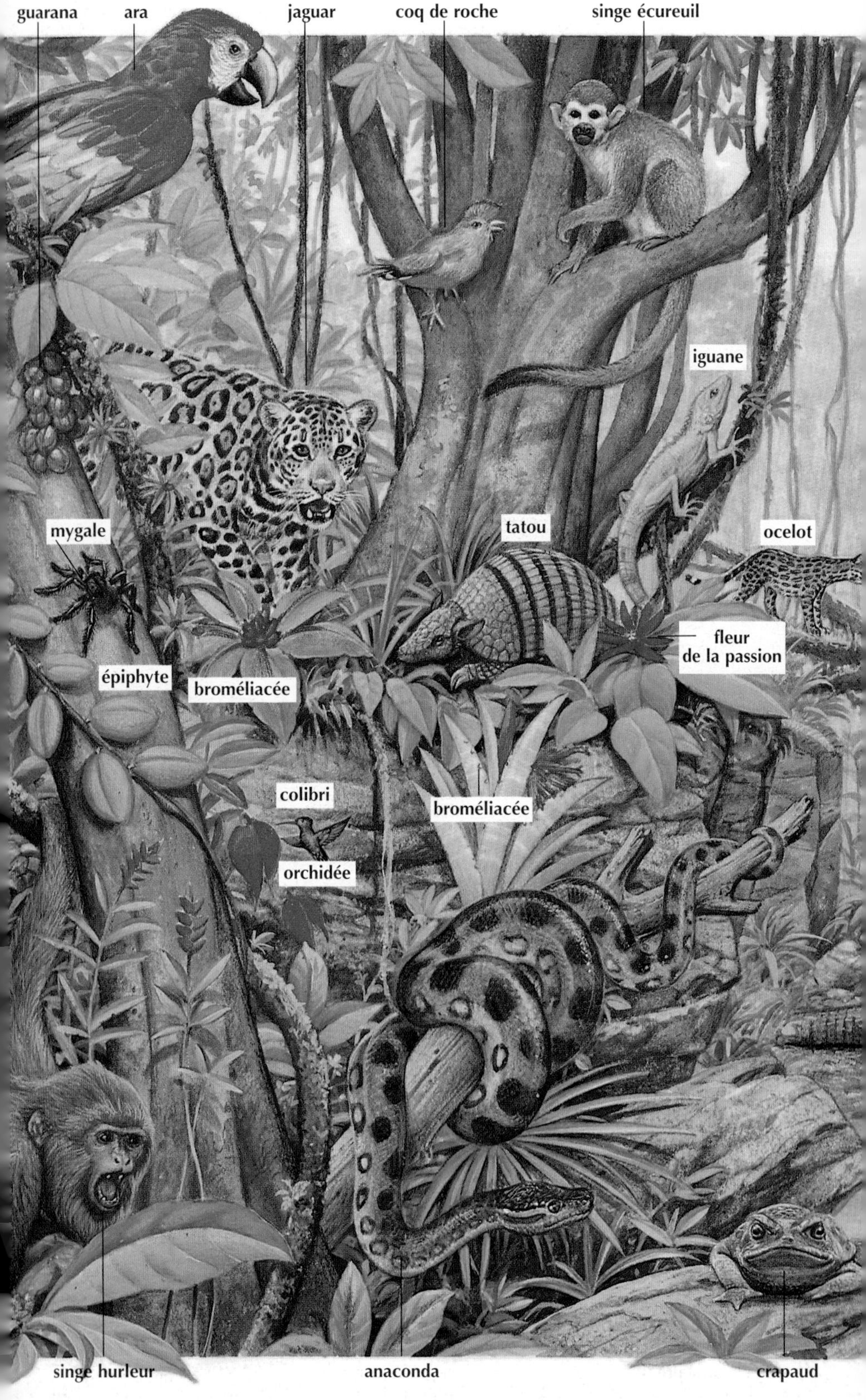
guarana
ara
jaguar
coq de roche
singe écureuil
iguane
mygale
tatou
ocelot
fleur de la passion
épiphyte
broméliacée
colibri
broméliacée
orchidée
singe hurleur
anaconda
crapaud

hévéa
singe araignée
toucan
yuccas
paresseux
boa
constricteur
liane
échelle
de tortue
kinkajou
orchidée
rillo
tapir
épi de safran
jacaré
loup de rivière
palétuvier
scalaire
dauphin rose
piranhas

arbre à saucisses
buffle
héron
girafe
éléphant
zèbre
chacal
crocodile
termitière
lion
vipère
serpentaire

nids de tisserins
baobab
gnou
gazelle
guépard
rhinocéros
vautour
autruche
hyènes
ochère
serval
scorpion
hippopotame
léopard

LE CALENDRIER

hiver

JANVIER	FÉVRIER	MARS
1 jeudi	1 dimanche	1 dimanche
2 vendredi	2 lundi	2 lundi
3 samedi	3 mardi	3 mardi
4 dimanche	4 mercredi	4 mercredi
5 lundi	5 jeudi	5 jeudi
6 mardi	6 vendredi	6 vendredi
7 mercredi	7 samedi	7 samedi
8 jeudi	8 dimanche	8 dimanche
9 vendredi	9 lundi	9 lundi
10 samedi	10 mardi	10 mardi
11 dimanche	11 mercredi	11 mercredi
12 lundi	12 jeudi	12 jeudi
13 mardi	13 vendredi	13 vendredi
14 mercredi	14 samedi	14 samedi
15 jeudi	15 dimanche	15 dimanche
16 vendredi	16 lundi	16 lundi
17 samedi	17 mardi	17 mardi
18 dimanche	18 mercredi	18 mercredi
19 lundi	19 jeudi	19 jeudi
20 mardi	20 vendredi	20 vendredi
21 mercredi	21 samedi	21 samedi
22 jeudi	22 dimanche	22 dimanche
23 vendredi	23 lundi	23 lundi
24 samedi	24 mardi	24 mardi
25 dimanche	25 mercredi	25 mercredi
26 lundi	26 jeudi	26 jeudi
27 mardi	27 vendredi	27 vendredi
28 mercredi	28 samedi	28 samedi
29 jeudi		29 dimanche
30 vendredi		30 lundi
31 samedi		31 mardi

JUILLET	AOÛT	SEPTEMBRE
1 mercredi	1 samedi	1 mardi
2 jeudi	2 dimanche	2 mercredi
3 vendredi	3 lundi	3 jeudi
4 samedi	4 mardi	4 vendredi
5 dimanche	5 mercredi	5 samedi
6 lundi	6 jeudi	6 dimanche
7 mardi	7 vendredi	7 lundi
8 mercredi	8 samedi	8 mardi
9 jeudi	9 dimanche	9 mercredi
10 vendredi	10 lundi	10 jeudi
11 samedi	11 mardi	11 vendredi
12 dimanche	12 mercredi	12 samedi
13 lundi	13 jeudi	13 dimanche
14 mardi	14 vendredi	14 lundi
15 mercredi	15 samedi	15 mardi
16 jeudi	16 dimanche	16 mercredi
17 vendredi	17 lundi	17 jeudi
18 samedi	18 mardi	18 vendredi
19 dimanche	19 mercredi	19 samedi
20 lundi	20 jeudi	20 dimanche
21 mardi	21 vendredi	21 lundi
22 mercredi	22 samedi	22 mardi
23 jeudi	23 dimanche	23 mercredi
24 vendredi	24 lundi	24 jeudi
25 samedi	25 mardi	25 vendredi
26 dimanche	26 mercredi	26 samedi
27 lundi	27 jeudi	27 dimanche
28 mardi	28 vendredi	28 lundi
29 mercredi	29 samedi	29 mardi
30 jeudi	30 dimanche	30 mercredi
31 vendredi	31 lundi	

été

saison

mois jour semaine

printemps

AVRIL	MAI	JUIN
1 mercredi	1 vendredi	1 lundi
2 jeudi	2 samedi	2 mardi
3 vendedi	3 dimanche	3 mercredi
4 samedi	4 lundi	4 jeudi
5 dimanche	5 mardi	5 vendredi
6 lundi	6 mercredi	6 samedi
7 mardi	7 jeudi	7 dimanche
8 mercredi	8 vendredi	8 lundi
9 jeudi	9 samedi	9 mardi
10 vendredi	10 dimanche	10 mercredi
11 samedi	11 lundi	11 jeudi
12 dimanche	12 mardi	12 vendredi
13 lundi	13 mercredi	13 samedi
14 mardi	14 jeudi	14 dimanche
15 mercredi	15 vendredi	15 lundi
16 jeudi	16 samedi	16 mardi
17 vendredi	17 dimanche	17 mercredi
18 samedi	18 lundi	18 jeudi
19 dimanche	19 mardi	19 vendredi
20 lundi	20 mercredi	20 samedi
21 mardi	21 jeudi	21 dimanche
22 mercredi	22 vendredi	22 lundi
23 jeudi	23 samedi	23 mardi
24 vendredi	24 dimanche	24 mercredi
25 samedi	25 lundi	25 jeudi
26 dimanche	26 mardi	26 vendredi
27 lundi	27 mercredi	27 samedi
28 mardi	28 jeudi	28 dimanche
29 mercredi	29 vendredi	29 lundi
30 jeudi	30 samedi	30 mardi
	31 dimanche	

OCTOBRE	NOVEMBRE	DÉCEMBRE
1 jeudi	1 dimanche	1 mardi
2 vendredi	2 lundi	2 mercredi
3 samedi	3 mardi	3 jeudi
4 dimanche	4 mercredi	4 vendredi
5 lundi	5 jeudi	5 samedi
6 mardi	6 vendredi	6 dimanche
7 mercredi	7 samedi	7 lundi
8 jeudi	8 dimanche	8 mardi
9 vendredi	9 lundi	9 mercredi
10 samedi	10 mardi	10 jeudi
11 dimanche	11 mercredi	11 vendredi
12 lundi	12 jeudi	12 samedi
13 mardi	13 vendredi	13 dimanche
14 mercredi	14 samedi	14 lundi
15 jeudi	15 dimanche	15 mardi
16 vendredi	16 lundi	16 mercredi
17 samedi	17 mardi	17 jeudi
18 dimanche	18 mercredi	18 vendredi
19 lundi	19 jeudi	19 samedi
20 mardi	20 vendredi	20 dimanche
21 mercredi	21 samedi	21 lundi
22 jeudi	22 dimanche	22 mardi
23 vendredi	23 lundi	23 mercredi
24 samedi	24 mardi	24 jeudi
25 dimanche	25 mercredi	25 vendredi
26 lundi	26 jeudi	26 samedi
27 mardi	27 vendredi	27 dimanche
28 mercredi	28 samedi	28 lundi
29 jeudi	29 dimanche	29 mardi
30 vendredi	30 lundi	30 mercredi
31 samedi		31 jeudi

automne

rue
tour
quartier moderne
immeubles
HOTEL DE VILLE
drapeaux
trottoir
EPICERIE
magasin
statue
autobus
station de taxis
avenue
pigeons
place
marronnier
TAXI
sens unique
marché
BUS
agents de police
poubelles
PARKING
boîte à lettres
réverbère
parking
rails du tramway
moto
panneau de signalisation
panneau publicitaire
boulevard

église
quartier ancien
cinéma
VOX
5 salles CINEMA 5 salles
lampadaire
errasse
le café
square
banc
public
autocar
abribus
kiosque
à journaux
PRESSE
horodateur
NANCY
COLMAR
cabine de téléphone
panneaux
indicateurs
feu tricolore
chaussée
tramway
vélo
piéton
piste cyclable
voiture
camionnette
passage
pour piétons

LA MUSIQUE

flûte traversière
clarinette
hautbois
trompette
trombone
cor
saxophone
tuba
xylophone
triangle
tambourin
maracas
métronome
diapason
gong
cymbales
batterie
caisse claire
grosse caisse
timbale

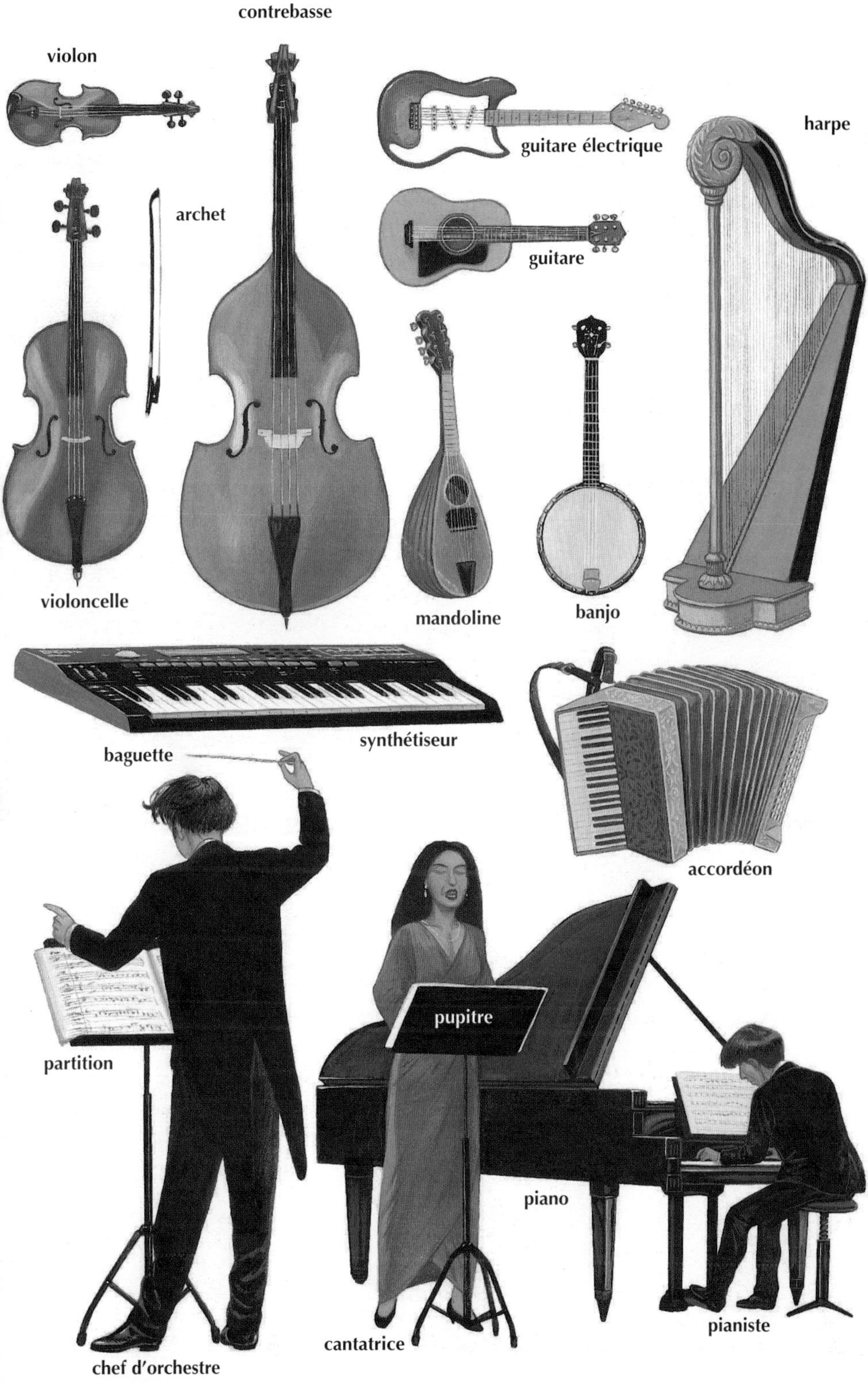
contrebasse
violon
harpe
guitare électrique
archet
guitare
violoncelle
mandoline
banjo
synthétiseur
baguette
accordéon
pupitre
partition
piano
pianiste
cantatrice
chef d'orchestre

LE CORPS HUMAIN

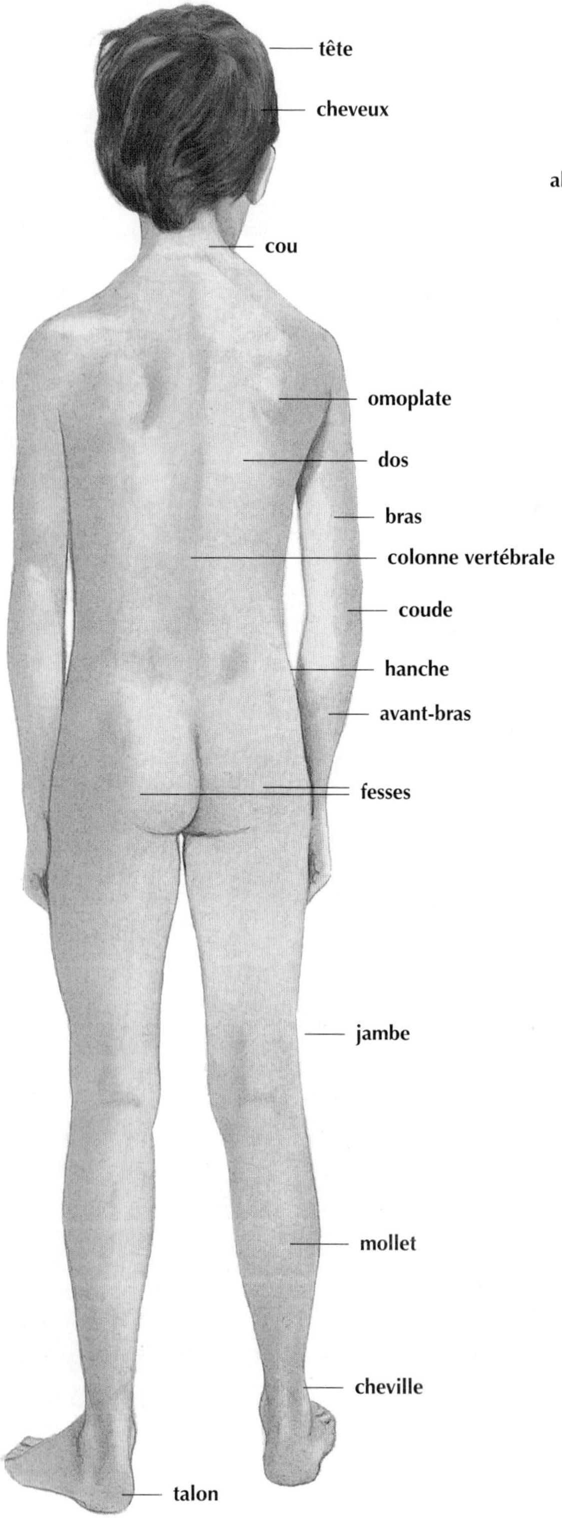

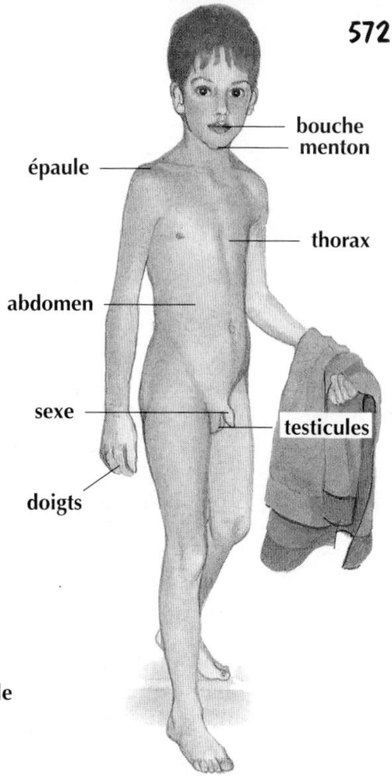

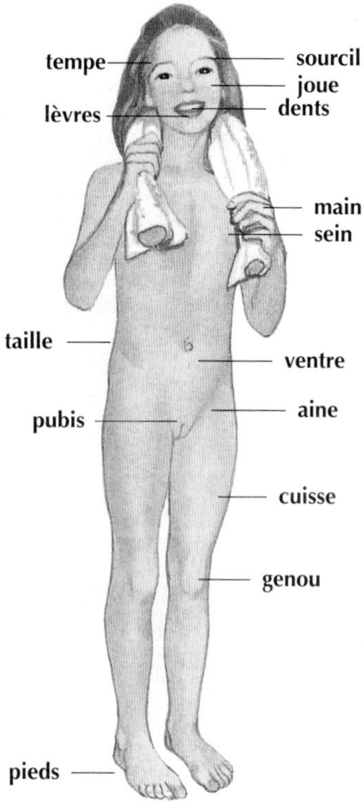

TABLE DES MATIÈRES

N° d'editeur 10130353 - Dépôt légal avril 2006
Imprimé en Italie par Rotolito

moutarde
châtain
orange
vert pomme
carmin
vieux rose
bleu pétrole
corail
anthracite
bleu turquoise
indigo
sépia
bordeaux
laque de garance
bleu canard
blond
vert tilleul
gris tourterelle
terre de Sienne
bleu marine
auburn
rt olive
bleu ciel
pourpre
beige
jaune d'or
bleu de cobalt
rose tyrien
vert Véronèse